Anicii Manlii Severini Boetii Commentarii In Librum Aristotelis Peri Hermenias, Volume 1...

Boethius, Aristotle, Karl Meiser

BIBLIOTHECA ⁶⁵/₁₁₁₂.
SCRIPTORUM GRAECORUM ET ROMANORUM TEUBNERIANA.

ANICII MANLII SEVERINI BOETII

COMMENTARII

IN LIBRUM ARISTOTELIS

ΠΕΡΙ ΕΡΜΗΝΕΙΑΣ

RECENSUIT

CAROLUS MEISER.

PARS PRIOR

VERSIONEM CONTINUAM ET PRIMAM EDITIONEM CONTINENS.

LIPSIAE

IN AEDIBUS B. G. TEUBNERI.

MDCCCLXXVII.

BIBLIOTHECA
SCRIPTORUM GRAECORUM ET ROMANORUM TEUBNERIANA.

A. Griechische Autoren.

	Mk.	
Aeliani opera, 2 voll.	Mk. 9	—
— varia historia	" —	90
Aeneae comment.	" 1	35
Aeschinis orationes	" —	90
Aeschyli tragoediae	" 1	20
Aesopicae fabulae	" —	90
Anacreon	" 1	—
Andocidis orationes	" 1	20
Anthologia lyrica	4	50
Antiphontis orationes	" 2	10
Apollodorus	" 1	—
Apollonii Rhodii Argonaut.	" 1	—
Appiani hist. Romana, 2 voll.	" 6	—
Aristophanis comoediae, 2 voll.	" 3	—
Aristoteles de part. animal.	" 1	80
Arriani expeditio Alex.	" 1	20
— scripta minora	" 1	—
Athenaeus, 4 voll.	" 12	—
Babrii fabulae	" —	60
Bucolici Graeci	" —	60
Cebetis tabula	" —	60
Demosthenis orationes, 3 voll.	" 4	50
Dinarchi orationes	" 1	—
Dio Cassius, 5 voll.	" 13	50
Dio Chrysostomus, 2 voll.	" 5	40
Diodorus Siculus, 5 voll.	" 15	75
Dionysius Halic. 4 voll.	" 10	80
Epicorum Graec. fragmenta. I.		
Erotici scriptores, 2 voll.	" 7	50
Euripides, 2 voll.	" 3	—
— Vol. III. fragmenta	" 2	70
Eusebius. Vol. I—IV	" 15	—
Fab. Rom. graece conscr. Vol. I.	" 3	75
Heliodorus	" 2	40
Herodianus	" 1	20
Herodoti historiae, 2 voll.	" 2	70
Hesiodus	" —	45
Historici graeci min., Vol. I & II	" 8	25
Homeri Ilias, 2 voll.	" 1	50
— — mit Einleit. v. Sengebusch	" 2	25
— Odyssea, 2 voll.	" 1	50
— — mit Einleit. v. Sengebusch	" 2	25
Hymni Homerici	" —	75
Hyperidis orationes	" 1	35
Iliadis carmina XVI, ed. Köchly	" 3	—
Iosephus Flavius, 6 voll.	Mk. 12	60
Isaeus	" 1	20
Isocratis orationes, 2 voll.	" 2	70
Iulianus, 2 voll.	6	75
Luciani opera, 3 voll.	" 6	30
Lycurgus	" —	60
Lydus de ostentis	" 2	70
Lysiae orationes	" 1	20
Manetho	" 1	50
Maximi et Ammonis carmina	" 1	80
Metrologici scriptores, 2 voll.	" 5	10
Nicomachus Gerasenus	" 1	80
Nonnus, 2 voll.	" 9	—
Onosander	" 1	20
Pausanias, 2 voll.	" 3	60
Philostrati opera, 2 voll.	" 8	25
Pindari carmina	" 1	—
Platonis dialogi, 6 voll.	" 10	50
Plotinus, 2 voll.	" 6	—
Plutarchi vitae, 5 voll.	" 8	40
Plutarchi moralia. Vol. I	" 1	80
Polemon	" 1	—
Polyaenus	" 4	50
Polybius, 4 voll.	" 10	80
Porphyrius	" 1	80
Proclus	" 6	75
Quintus Smyrnaeus	" 1	50
Rerum natur. Script. Graeci. Vol. I.	" 2	70
Rhetores Graeci, 3 voll.	" 9	—
Simeon Seth	" 1	80
Sophoclis tragoediae	" 1	50
Stobaei florilegium, 4 voll.	" 9	60
— eclogae, 2 voll.	" 6	—
Strabo, 3 voll.	" 6	—
Themistii paraphrases, 2 voll.	" 6	—
Theodorus Prodromus	" —	50
Theophrastus Eresius, 3 voll.	" 6	60
Theophrasti characteres	" 1	20
Thucydides, 2 voll.	" 2	40
Xenophontis expeditio Cyri	" —	75
— historia graeca	" —	90
— institutio Cyri	" —	90
— commentarii	" —	45
— scripta minora	" —	90
Zonaras. 6 voll.	" 15	75

B. Lateinische Autoren.

	Mk.	
Ammianus Marcellinus. 2 voll.	Mk. 3	60
Anthimi epistula	" 1	—
Anthologia lat. Vol. I. fasc. I & II	" 7	50
Augustinus de civit. Dei, 2 voll.	" 6	—
Aulularia ed. Peiper	" 1	50
Boetii libri de inst. mathem. et de inst. musica	" 5	10
— de consolatione libri V	" 2	70
— comm. in Aristot. I.		
Caesaris commentarii ed. Dinter, Vol. I. II. III. à Vol.	" 1	—
— Ed. minor (in 1 vol.)	" 1	50
— — de bello Gallico. Ed. min.	" —	75
— — de bello civili. Ed. minor	" —	60
Catulli Tibulli Propertii carmina	" 2	70
Catullus	" —	45
Ceisus	" 3	—
Censorinus	" 1	20
Ciceronis opera, 11 voll.	" 22	35
Ciceronis oration. selectae. 2 voll.	Mk. 1	50
Ciceronis oratt. XVIII. ed. Eberhard et Hirschfelder.	" 2	—
Ciceronis epist. select. Pars I	" 1	—
— epist. select. Pars II	" 1	50
— — ed. Wesenberg. 2 voll.	" 6	—
Commodianus. Part. II.	" —	90
Cornelius Nepos	" —	30
Curtius Rufus	" 1	20
Dares Phrygius	" 1	20
Dictys Cretensis lib. VI	" 1	50
Dracontii carmina	" 1	20
Eutropius	" —	30
Florus et Ampelius	" 1	—
Frontinus	" 1	50
Gajus	" 2	70
Gellius, 2 voll.	" 3	30
Historia Apollonii regis Tyri	" 1	—
Horatii carmina	" 1	—

ANICII MANLII SEVERINI BOETII

COMMENTARII

IN LIBRUM ARISTOTELIS

ΠΕΡΙ ΕΡΜΗΝΕΙΑΣ

RECENSUIT

CAROLUS MEISER.

PARS PRIOR

VERSIONEM CONTINUAM ET PRIMAM EDITIONEM CONTINENS.

LIPSIAE

IN AEDIBUS B. G. TEUBNERI.

MDCCCLXXVII.

LIPSIAE: TYPIS B. G. TEUBNERI.

LEONARDO SPENGEL

PRAECEPTORI ET SOCERO

CARISSIMO

Quinquaginta sunt hodie anni, ex quo Tu, egregie Aristotelis interpres, summos in philosophia honores adeptus es: hoc tam longo spatio nec ipse Aristoteli Tuo operam navare desiisti et alios ad studium summi philosophi excitasti. me vero cum et philosophiae amore imbutum et artis criticae studiosum videres, abhinc nonnullos annos monuisti, ut Boetii in libros Aristotelis commentarios, qui per trecentos iam annos neglecti iacerent, quoad possem in integrum restituere conarer. nec dubitavi opus laboris ac taedii plenum aggredi et in eum scriptorem operam ac tempus impendere, qui ut quondam nimis celebratus ita nunc nimis contemptus esse videatur. nam quamvis multis rebus sit vituperandus et prolixitate sua fastidiosissimus, tamen vel ideo non spernendus est, quod, ut Martiani Rotae verbis utar, 'cum barbaros armis ab Italia prohibere consul non posset, barbariem ab Europa disciplinis eiicere doctus non dubitavit'. et profecto hodie quoque hic vir singularis admiratione dignus est: 'ultimus omnium, ut ait idem ille Martianus, qui ex antiquis Romanis aliquid literarum monumentis consecrarint, primus omnium, qui Aristotelicam disciplinam latinis literis illustrare coeperint, tantae apud posteros auctoritatis, ut ab eius sententiis nulla ferme sit provocatio.' nec piget me laboris suscepti: nam ita veterum codicum auxilio maculis purgatus Boetii textus nunc prodit, ut hominibus doctis gratum me fecisse arbitrer.

Accipe ergo quaeso hunc primum curae meae fructum, in librum de interpretatione commentarios, unde fore ut etiam in Aristotelem nostrum aliquid redundet iure sperare posse mihi videor.

Monachii die XX. mensis Martii a. MDCCCLXXVII.

PRAEFATIO.

———

Cum in quibusdam codicibus ante Boetii commentarios primae vel secundae editionis versionem Boetianam libri Aristotelici περὶ ἑρμηνείας continue scriptam invenissem, et ipse hos codices secutus totius libri versionem continuam commentariis praemisi. legitur autem haec versio continua

in codice (Salisb. 10) Vindobonensi 80 s. X ante secundam editionem (versionem continuam littera Σ, ipsum codicem l. S signavi)

in codice (Tegernseensi 479) Monacensi 18479 s. XI inter primam et secundam editionem (versionem continuam l. 𝔗, ipsum codicem l. T signavi)

in codice Sangallensi 817 s. XI ante primam editionem (versionem continuam l. 𝔖, ipsum codicem l. S signavi).

Translatio Boetiana sola sine commentariis exstat

in codice Sangallensi 818 s. XI cum celeberrima versione theotisca Notkeri Labeonis, quem codicem l. A signavi,

in codice Einsidlensi 324 s. XII, quem l. D signavi. et hic quidem codex neglegentissime scriptus et mutilus est, nam statim ab initio desunt c. 1 *adfirmatio* — c. 6 *negaverit*.

Quorum quinque codicum textum versionis cum viderem parum fidei habere et nimis incertum, corruptum, interpolatum esse nec posse veram translationem Boetianam restitui nisi ex ipsis Boetii commentariis, ne inutilem farraginem lectionum pessimarum coacervarem, satis habui horum quinque codicum quasdam notabiles lectiones seligere, quas partim in commentariis criticis versionis continuae partim in commentariis criticis primae et secundae editionis subieci, et quam maxime potui ex locis primae et secundae editionis, ubi Boetius suam ipse versionem profert, textum versionis continuae constitui.

In recensendo vero primae editionis textu codicem omnium antiquissimum

   (Frisingensem 174) Monacensem 6374 s. IX, quem
     l. F signavi,

praeter ceteros secutus sum. lemmata autem in hoc codice ita comparata sunt, ut si ea componas non totum Aristotelis textum habeas, sed cum prima sex capita integra sint, cetera, inde a septimo capite medio, iam non plenum Aristotelis textum exhibent, sed initia tantum sententiarum et certos ac definitos modo longiores modo breviores locos Aristotelicos Boetius, si huic codici credas, excerpsit, qui paullo difficiliores vel maioris momenti esse viderentur, omissis quae per se plana vel faciliora intellectu essent. unde factum est, ut in ceteris codicibus librarii, cum textum Aristotelis mancum deprehenderent, quae deesse videbantur supplerent. et magna inde mihi difficultas nata est et dubitatio, utrum haec supplementa in textum recipienda essent necne. sed omnibus locis diligenter excussis cum cognovissem verba Aristotelis modo hic modo illic, interdum alienissimo loco continuata esse nec raro pro vera versione Boetiana interpolatam et ex Boetii expositione ita petitam, ut Boetii verba textui Aristotelis immiscerentur, additam esse, haec supplementa spuria iudicavi et unum codicem F secutus tantum quidem Aristotelici textus dedi, quantum in hoc egregio codice repperi, sed diligenter, ubi in ceteris codicibus verba Aristotelis continuata essent, adnotavi. sunt autem codices, in quibus illa additamenta inveniuntur quorumque varias lectiones praeter codicis F scripturam adposui, hi:

cod. Monacensis 14377 s. X, quem l. M signavi, mutilus, nam octo folia perierunt et desunt p. 181, 24 nostrae editionis *moveri* — p. 208, 10 *illa est.*

cod. (Tegernseensis 479) Monacensis 18479 s. XI, quem l. T signavi, qui in priore parte ita codici M consentit, ut ex eo esse descriptus videatur, in posteriore vero (circiter inde a p. 155) optimo codici F magis convenit.

cod. (Ratisbonensis S. Emm. 401) Monacensis 14401 s. XI, quem l. E signavi, codex iam interpolatus, in quo quaedam ex ingenio correcta sunt, et habet quasdam peculiares lectiones (cf. v. c. p. 73, 5 ubi habet ingeniosissimam coniecturam, quae quamquam non necessaria ab homine artis criticae peritissimo profecta et prorsus Madvigio digna videatur).

Praeterea ad textum primae editionis statuendum omnibus locis paullo difficilioribus hos duos codices, qui et ipsi pleniorem habent Aristotelis textum, adhibui:

cod. Sangallensem 820 s. X, quem l. G signavi, in quo tamen codice prior liber solus exstat et ne hic quidem totus, nam deest finis inde a vv. *ut canescere* p. 121, 5.

cod. Sangallensem 817 s. XI, quem l. S signavi.

Iam vero ut plane dicam, qua ratione praemissae versionis continuae commentarios criticos instruxerim: his locis, qui in codice antiquissimo primae editionis F exstant, nullas fere varias lectiones subieci, cum satis multas et in primae et in secundae editionis commentariis criticis collegerim, illis vero locis, qui

a

in eodem codice F desunt, in ceteris exstant, ne ceterorum codicum variae lectiones prorsus desiderarentur, eorum (MTE) scripturae varietatem in versionis continuae adnotationes criticas recepi.

Omnes quos nominavi codices ipse contuli: ex codicibus Sangallensibus 817 et 820 (itemque ex codice secundae editionis 830) et Gulielmus Meyer amicus meus, qua est liberalitate, quaedam diligentissime mihi descripsit et ipse omnes locos difficiliores accurate perscrutatus sum.

Quae in commentariis criticis editioni Basileensi adscripsi, plurima illa quidem iam in editione principe, quae prodiit Venetiis a. 1491 per Ioannem de Forlivio et Gregorium fratres invenies. sed cum neutra editio ad codices meos maioris momenti esset, brevitati studens plerisque locis editionem Basileensem, ut novissimam et notissimam textus recensionem, solam adhibui. cum autem in editione illa principe, quamquam textus pessimis erroribus ac mendis scatet, tamen permulti loci rectius quam in Basileensi traditi reperiantur, quasdam lectiones illius editionis, quae notatu dignae videbantur nec in codicibus meis exstabant, in notis criticis commemoravi.

Qualem Boetius textum Aristotelicum habuisse videatur et quibus locis versio Boetiana a vulgato Aristotelis textu discrepet, alio loco paullo uberius exponam. Indices posteriori parti, quae secundam editionem continebit, addentur.

ARISTOTELIS

LIBER ΠΕΡΙ ΕΡΜΗΝΕΙΑΣ

A BOETIO TRANSLATVS.

NOTARUM INDEX.

𝕾 = versio continua, quae in codice Sangallensi n. 817 (= S) praecedit I. editionem.

A = codex Sangallensis n. 818.

D = codex Einsidlensis n. 324.

𝕿 = versio continua, quae in codice Tegernseensi n. 479 (= T) inter I. et II. editionem exstat.

𝞢 = versio continua, quae in codice Vindobonensi n. 80 (= S) praecedit II. editionem.

M
T
E } codices primae editionis.
G
S

b = editio Basileensis a. 1570.

INCIPIT LIBER ΠΕΡΙ ΕΡΜΗΝΕΙΑΣ ARISTOTELIS A BOETIO DE GRAECO IN LATINVM TRANSLATVS.

---

1. Primum oportet constituere, quid nomen et quid verbum, postea quid est negatio et adfirmatio et enuntiatio et oratio. sunt ergo ea quae sunt in voce earum quae sunt in anima passionum notae et ea quae scribuntur eorum quae sunt in voce. et quemadmodum nec litterae omnibus eaedem, sic nec voces eaedem. quorum autem haec primorum notae, eaedem omnibus passiones animae et quorum hae similitudines, res etiam eaedem. de his quidem dictum est in his quae sunt dicta de anima, alterius est enim negotii. est autem, quemadmodum in anima aliquotiens quidem intellectus sine vero vel falso, aliquotiens autem cui iam necesse est horum alterum inesse, sic etiam in voce; circa conpositionem enim et divisionem est falsitas veritasque. nomina igitur ipsa et verba consimilia sunt sine conpositione vel divisione intellectui, ut homo vel album, quando non additur aliquid; neque

5

10

15

1. *Titulus ex Σ, nisi quod* DE GR. IN LAT. *om. hic, habet in subscriptione.*
ARISTOTELIS LIBER PERIERMENIAS INCIPIT 𝔗   INCIPIT LIBER
PERIERMENIARUM ARISTOTELIS 𝔖   INCIPIT LIBER PERIERMENIAS A D
(PERIERMINIAS D)

1*

enim adhuc verum aut falsum est. huius autem signum hoc est: hircocervus enim significat aliquid, sed nondum verum vel falsum, si non vel esse vel non esse addatur, vel simpliciter vel secundum tempus.

5   **2.** Nomen ergo est vox significativa secundum placitum sine tempore, cuius nulla pars est significativa separata. in nomine enim quod est equiferus ferus nihil per se significat, quemadmodum in oratione quae est equus ferus. at vero non quemadmodum
10 in simplicibus nominibus, sic se habet etiam in conpositis. in illis enim nullo modo pars significativa est, in his autem vult quidem, sed nullius separati, ut in equiferus ferus. secundum placitum vero, quoniam naturaliter nominum nihil est, sed quando fit
15 nota. nam designant et inlitterati soni, ut ferarum, quorum nihil est nomen.

Non homo vero non est nomen. at vero nec positum est nomen, quo illud oporteat appellari. neque enim oratio aut negatio est, sed sit nomen infinitum.
20 Catonis autem vel Catoni et quaecumque talia sunt non sunt nomina, sed casus nominis. ratio autem eius est in aliis quidem eadem, sed differt quoniam cum est vel fuit vel erit iunctum neque verum neque falsum est, nomen vero semper; ut Catonis est vel non
25 est, nondum enim neque verum dicit neque mentitur.

    3. Verbum autem est quod consignificat tempus, cuius pars nihil extra significat, et est semper eorum quae de altero dicuntur nota. dico autem quoniam consignificat tempus, ut cursus quidem nomen est,
30 currit vero verbum, consignificat enim nunc esse. et semper eorum quae de altero dicuntur nota est, ut eorum quae de subiecto vel in subiecto.

Non currit vero et non laborat non verbum dico. consignificat quidem tempus et semper de aliquo est,
35 differentiae autem huic nomen non est positum; sed sit infinitum verbum, quoniam similiter in quolibet

est, vel quod est vel quod non est. similiter autem
vel curret vel currebat non verbum est, sed casus
verbi. differt autem a verbo, quod hoc quidem praesens consignificat tempus, illa vero quod conplectitur.

Ipsa quidem secundum se dicta verba nomina 5
sunt et significant aliquid. constituit enim qui dicit
intellectum et qui audit quiescit. sed si est vel non
est, nondum significat; neque enim esse signum est
rei vel non esse, nec si hoc ipsum est purum dixeris.
ipsum quidem nihil est, consignificat autem quandam 10
conpositionem, quam sine conpositis non est intellegere.

4. Oratio autem est vox significativa, cuius partium
aliquid significativum est separatum, ut dictio, non
ut adfirmatio. dico autem, ut homo significat aliquid,
sed non quoniam est aut non est, sed erit adfirmatio 15
vel negatio, si quid addatur. sed non una hominis
syllaba. nec in eo quod est sorex rex significat, sed
vox est nunc sola. in duplicibus vero significat quidem, sed non secundum se, quemadmodum dictum est.

Est autem oratio omnis quidem significativa non 20
sicut instrumentum, sed, quemadmodum dictum est,
secundum placitum. enuntiativa vero non omnis, sed
in qua verum vel falsum inest. non autem in omnibus, ut deprecatio oratio quidem est, sed neque vera
neque falsa. et ceterae quidem relinquantur; rhetoricae 25
enim vel poeticae convenientior consideratio est; enuntiativa vero praesentis est speculationis.

5. Est autem una prima oratio enuntiativa adfirmatio, deinde negatio; aliae vero coniunctione unae.
necesse est autem omnem orationem enuntiativam ex 30
verbo esse vel casu. etenim hominis ratio, si non
aut est aut erit aut fuit aut aliquid huiusmodi addatur, nondum est oratio enuntiativa. quare autem
unum quiddam est et non multa animal gressibile
bipes, neque enim eo quod propinque dicuntur unum 35
erit, est alterius hoc tractare negotii. est autem una

oratio enuntiativa quae unum significat vel coniunctione
una, plures autem quae plura et non unum vel inconiunctae. nomen ergo et verbum dictio sit sola,
quoniam non est dicere sic aliquid significantem voce
5 enuntiare, vel aliquo interrogante vel non, sed ipsum
proferentem. harum autem haec quidem simplex est
enuntiatio, ut aliquid de aliquo vel aliquid ab aliquo,
haec autem ex his coniuncta velut oratio quaedam iam
conposita. est autem simplex enuntiatio vox signifi-
10 cativa de ₍eo quod est aliquid vel non est, quemadmodum tempora divisa sunt.

    6. Adfirmatio vero est enuntiatio alicuius de ali-
quo, negatio vero enuntiatio alicuius ab aliquo. quoniam autem est enuntiare et quod est non esse et quod
15 non est esse et quod est esse et quod non est non
esse, et circa ea quae sunt extra praesens tempora
similiter omne contingit quod quis adfirmaverit negare
et quod quis negaverit adfirmare: quare manifestum
est, quoniam omni adfirmationi est negatio opposita
20 et omni negationi adfirmatio. et sit hoc contradictio,
adfirmatio et negatio oppositae. dico autem opponi
eiusdem de eodem, non autem aequivoce et quaecumque cetera talium determinamus contra sophisticas
inportunitates.

25   **7.** Quoniam autem sunt haec quidem rerum universalia, illa vero singillatim; dico autem universale quod
in pluribus natum est praedicari, singulare vero quod
non, ut homo quidem universale, Plato vero eorum
quae sunt singularia: necesse est autem enuntiare
30 quoniam inest aliquid aut non aliquotiens quidem
eorum alicui quae sunt universalia, aliquotiens autem
eorum quae sunt singularia. si ergo universaliter
enuntiet in universali quoniam est aut non, erunt
contrariae enuntiationes. dico autem in universali
35 enuntiationem universalem, ut omnis homo albus est,
nullus homo albus est. quando autem in universali-

bus non universaliter, non sunt contrariae, quae autem
significantur est esse contraria. dico autem non universaliter enuntiare in his quae sunt universalia, ut
est albus homo, non est albus homo. cum enim universale sit homo, non universaliter utitur enuntiatione. 5
omnis namque non universale, sed quoniam universaliter consignificat. in. eo vero, quod praedicatur universale, universale praedicare universaliter non est
verum; nulla enim adfirmatio erit, in qua de universali praedicato universale praedicetur, ut omnis homo 10
omne animal est. opponi autem adfirmationem negationi dico contradictorie, quae universale significat
eidem, quoniam non universaliter, ut omnis homo
albus est, non omnis homo albus est, nullus homo
albus est, est quidam homo albus; contrarie vero 15
universalem adfirmationem et universalem negationem,
ut omnis homo iustus est, nullus homo iustus est.
quocirca has quidem inpossible est simul veras esse,
his vero oppositas contingit in eodem, ut non omnis
homo albus est, est quidam homo albus. quaecumque 20
igitur contradictiones universalium sunt universaliter,
necesse est alteram veram esse vel falsam et quaecumque in singularibus sunt, ut est Socrates albus,
non est Socrates albus; quaecumque autem in universalibus non universaliter, non semper haec vera 25
est, illa vero falsa. simul enim verum est dicere quoniam est homo albus et non est homo albus, et est
homo pulcher (probus) et non est homo pulcher
(probus). si enim foedus (turpis), et non pulcher
(probus); et si fit aliquid, et non est. videbitur autem 30
subito inconveniens esse, idcirco quoniam videtur
significare non est homo albus simul etiam quoniam

19 ut *om.* MT⌇   20 est et est ⌇ (*καί habent Arist.*
codices praeter duos)   28. 29 *pro* καλός *et* αἰσχϱός *in editione*
prima posuit pulcher *et* foedus, *in editione secunda* probus *et*
turpis

nemo homo albus. hoc autem neque idem significat neque simul necessario.

Manifestum est autem quoniam una negatio unius adfirmationis est; hoc enim idem oportet negare nega-
5 tionem, quod adfirmavit adfirmatio, et de eodem, vel de aliquo singularium vel de aliquo universalium, vel universaliter vel non universaliter. dico autem ut est Socrates albus, non est Socrates albus. si autem aliud aliquid vel de alio idem, non opposita, sed erit
10 ab ea diversa. huic vero quae est omnis homo albus est illa quae est non omnis homo albus est, illi vero quae est aliqui homo albus est illa quae est nullus homo albus est, illi autem quae est est homo albus illa quae est non est homo albus.

15   Quoniam ergo uni negationi una adfirmatio oppo-
sita est contradictorie et quae sint hae dictum est et quoniam aliae sunt contrariae et quae sint hae et quoniam non omnis vera vel falsa contradictio et quare et quando vera vel falsa.

20   **8.** Una autem est adfirmatio et negatio quae unum de uno significat, vel cum sit universale universaliter vel non similiter, ut omnis homo albus est, non est omnis homo albus; est homo albus, non est homo albus; nullus homo albus est, est quidam homo albus,
25 si album unum significat. sin vero duobus unum

5. 6 vel — singularium *om.* M¹T¹   *postremum* vel *om.*
T¹   12 aliquis MT   13 est homo albus *ed. II. Ar.:* h. a.
est *codices*   15—17 (hae) *hic locus in paucis admodum codicibus
exstat;* SMTA𝔛 *habent hanc falsam versionem ex Boetii expositione natam:* Manifestum ergo quoniam una negatio unius
affirmationis est. quoniam aliae sunt contrariae, aliae contradictoriae et quae sint hae dictum est. *duplicem versionem et
superiorem veram et hanc falsam, exhibent:* 𝔖Σ, *solam veram* D,
falsam omisso initio: Manifestum — aff. est. E, *veram in
marg.* 𝔛²   16 sint edictum 𝔖Σ *et om.* 𝔖Σ   17. 18 uel
quoniam SMT¹𝔖Σ𝔛¹ uel quando E   23 est homo a. non est
h. a. *om.* MT𝔖

nomen est positum, ex quibus non est unum, non est
una adfirmatio, ut si quis ponat nomen tunica homini
et equo, est tunica alba haec non est una adfirmatio
nec negatio una. nihil enim hoc differt dicere quam
est equus et homo albus. hoc autem nihil differt 5
quam dicere est equus albus et est homo albus. si
ergo hae multa significant et sunt plures, manifestum
est quoniam et prima multa vel nihil significat; neque
enim est aliquis homo equus. quare nec in his
necesse est hanc quidem contradictionem veram esse, 10
illam vero falsam.

9. In his ergo quae sunt et facta sunt necesse est
adfirmationem vel negationem veram vel falsam esse,
in universalibus quidem universaliter semper hanc quidem veram, illam vero falsam, et in his quae sunt 15
singularia, quemadmodum dictum est; in his vero,
quae in universalibus non universaliter dicuntur, non
est necesse; dictum autem est et de his. in singularibus vero et futuris non similiter: nam si omnis adfirmatio vel negatio vera vel falsa est, et omne necesse 20
est vel esse vel non esse. nam si hic quidem dicat
futurum aliquid, ille vero non dicat hoc idem ipsum,
manifestum est, quoniam necesse est verum dicere
alterum ipsorum, si omnis adfirmatio vera vel falsa.
utraque enim non erunt simul in talibus. nam si 25
verum est dicere, quoniam album vel non album est,
necesse est esse album vel non album, et si est album
vel non album, verum est vel adfirmare vel negare;
et si non est, mentitur, et si mentitur, non est. quare
necesse est aut adfirmationem aut negationem veram 30
esse. nihil igitur neque est neque fit nec a casu nec
utrumlibet nec erit nec non erit, sed ex necessitate

2 nomen quod M T¹ (quod est M²)   3 affirm. una M T
4 una neg. M²E   differre M T¹   5 et *om.* E   6 dicere
equus est M T¹   18 est autem M T �$ 30. 31 veram esse
vel falsam D *Ar.*

omnia et non utrumlibet. aut enim qui dicit verus
est aut qui negat. similiter enim vel fieret vel non
fieret; utrumlibet enim nihil magis sic vel non sic se
habet aut habebit. amplius si est album nunc, verum
5 erat dicere primo quoniam erit album, quare semper
verum fuit dicere quodlibet eorum quae facta sunt,
quoniam erit. quod si semper verum est dicere quoniam est vel erit, non potest hoc non esse nec non
futurum esse. quod autem non potest non fieri, in-
10 possibile est non fieri; quod autem inpossibile est non
fieri, necesse est fieri. omnia ergo quae futura sunt
necesse est fieri. nihil igitur utrumlibet neque a casu
erit; nam si a casu, non ex necessitate. at vero nec
quoniam neutrum verum est contingit dicere, ut quo-
15 niam neque erit neque non erit. primum enim cum
sit adfirmatio falsa, erit negatio non vera et haec
cum sit falsa, contingit adfirmationem esse non veram.
ad haec si verum est dicere, quoniam album est et
magnum, oportet utraque esse; sin vero erit cras, esse
20 cras; si autem neque erit neque non erit cras, non
erit utrumlibet, ut navale bellum; oportebit enim neque
fieri navale bellum neque non fieri navale bellum.

Quae ergo contingunt inconvenientia haec sunt
et huiusmodi alia, si omnis adfirmationis et negatio-
25 nis vel in his quae in universalibus dicuntur universaliter vel in his quae sunt singularia necesse est
oppositarum hanc esse veram, illam vero falsam, nihil
autem utrumlibet esse in his quae fiunt, sed omnia
esse vel fieri ex necessitate. quare non oportebit
30 neque consiliari neque negotiari, quoniam si hoc facimus, erit hoc, si vero hoc, non erit. nihil enim prohibet in millensimum annum hunc quidem dicere hoc

10 et quod imp. MTE   16. 17 et cum haec MTE𝕾
19. 20 oportet esse cras T³E𝕾   21 ut est T²𝕾   oportet E
24 alia *om.* M   affirmatio et negatio 𝕾   27 oppositarum]
oppositionem eorum MTE𝕾¹   32 quidem *om.* MT¹E

futurum esse, hunc vero non dicere. quare ex necessitate erit quodlibet eorum verum erat dicere tunc.
at vero nec hoc differt, si aliqui dixerunt contradictionem vel non dixerunt; manifestum est enim, quod sic
se habent res, et si non hic quidem adfirmaverit, ille 5
vero negaverit; non enim propter negare vel adfirmare erit vel non erit nec in millensimum annum
magis quam in quantolibet tempore. quare si in
omni tempore sic se habebat, ut unum vere diceretur, necesse esset hoc fieri et unumquodque eorum 10
quae fiunt sic se haberet, ut ex necessitate fieret.
quando enim vere dicit quis, quoniam erit, non potest
non fieri et quod factum est verum erat dicere semper,
quoniam erit.

Quodsi haec non sunt possibilia: videmus enim 15
esse principium futurorum et ab eo quod consiliamur
atque agimus aliquid et quoniam est omnino in his
quae non semper actu sunt esse possibile et non, in
quibus utrumque contingit et esse et non esse, quare
et fieri et non fieri. et multa nobis manifesta sunt 20
sic se habentia, ut quoniam hanc vestem possibile est
incidi et non incidetur, sed prius exteretur. similiter
autem et non incidi possibile est. non enim esset
eam prius exteri, nisi esset possibile non incidi. quare
et in aliis facturis, quaecumque secundum potentiam 25
dicuntur huiusmodi: manifestum est, quoniam non
omnia ex necessitate vel sunt vel fiunt, sed alia quidem
utrumlibet et non magis vel adfirmatio vel negatio, alia

1 quare quod MTE☉AD (quare quoniam ☉²)   2 prae·
dicere MTE   5 habeat MT¹☉¹ habeant E   et si non *ego:*
etiamsi non b: uel si (*om.* non) *codices*   5. 6 neg. ille vero aff. G
8 *alt.* in *om.* E   9 habeat MT   10 est MT¹ erat ☉²   11 habere
MTE☉   18. 19 et in quibus MTE   21 sese ☉T²
22 incidetur — exteretur b: inciditur — exteritur *codices*
25 facturisque (*om.* cumque) MT¹ (futuris quaecumque T²)
28 negatio uera est T²

vero magis quidem et in pluribus alterum, sed contingit fieri et alterum, alterum vero minime.

    Igitur esse quod est, quando est, et non esse
quod non est, quando non est, necesse est; sed non
5 quod est omne necesse est esse nec quod non est
necesse est non esse. non enim idem est omne quod
est esse necessario, quando est, et simpliciter esse ex
necessitate. similiter autem et in eo quod non est.
et in contradictione eadem ratio. esse quidem vel
10 non esse omne necesse est et futurum esse vel non;
non tamen dividentem dicere alterum necessario. dico
autem ut necesse est quidem futurum esse bellum
navale cras vel non esse futurum, sed non futurum
esse cras bellum navale necesse est vel non futurum
15 esse, futurum autem esse vel non esse necesse est.
quare quoniam similiter orationes verae sunt quemadmodum et res, manifestum est quoniam quaecumque
sic se habent, ut utrumlibet sint et contraria ipsorum
contingant, necesse est similiter se habere et contra-
20 dictionem. quod contingit in his, quae non semper
sunt et non semper non sunt. horum enim necesse
est quidem alteram partem contradictionis veram esse
vel falsam, non tamen hoc aut illud, sed utrumlibet
et magis quidem veram alteram, non tamen iam veram
25 vel falsam. quare manifestum est, quoniam non est
necesse omnis adfirmationis vel negationis oppositarum hanc quidem veram, illam vero falsam esse.
neque enim quemadmodum in his quae sunt, sic se
habet etiam in his quae non sunt, possibilibus tamen
30 esse aut non esse, sed quemadmodum dictum est.

    10. Quoniam autem est de aliquo adfirmatio signifi-

12 ut *add.* b: *om. codices*   necesse est *post* cras MT[1]
futurum quidem MTE   18 eorum A   26 omnes adfirmationes uel negationes *codices* et b (*Arist.*)   oppositionum
MT[1]E   27 esse *post* quidem MTE   illam autem ⌒   31 ʜɪᴄ
ᴛʜᴇᴍᴀ ɪɴᴄᴏᴀᴛ ⌒

ficans aliquid, hoc autem est vel nomen vel innomine,
unum autem oportet esse et de uno hoc quod est in
adfirmatione (nomen autem dictum est et innomine
prius; non homo enim nomen quidem non dico, sed
infinitum nomen; unum enim quodammodo significat 5
infinitum, quemadmodum et non currit non verbum,
sed infinitum verbum), erit omnis adfirmatio vel ex
nomine et verbo vel ex infinito nomine et verbo.
praeter verbum autem nulla adfirmatio vel negatio.
est enim vel erit vel fuit vel fit, vel quaecumque alia 10
huiusmodi, verba ex his sunt quae sunt posita; consignificant enim tempus. quare prima adfirmatio et
negatio est homo, non est homo, deinde est non homo,
non est non homo; rursus est omnis homo, non est
omnis homo, est omnis non homo, non est omnis non 15
homo. et in extrinsecus temporibus eadem ratio est.
quando autem "est" tertium adiacens praedicatur, dupliciter dicuntur oppositiones. dico autem ut "est iustus
homo"; est tertium dico adiacere nomen vel verbum in
adfirmatione. quare idcirco quattuor istae erunt, qua- 20
rum duae quidem ad adfirmationem et negationem
sese habebunt secundum consequentiam ut privationes,
duae vero minime. dico autem quoniam est aut iusto
adiacebit aut non iusto, quare etiam negatio. quattuor
ergo erunt. intellegimus vero quod dicitur ex his 25
quae subscripta sunt. est iustus homo, huius negatio
non est iustus homo; est non iustus homo, huius
negatio non est non iustus homo. est enim hoc loco
et non est iusto et non iusto adiacet. haec igitur,
quemadmodum in resolutoriis dictum est, sic sunt 30

1 innomine *ego ex ed. II:* innominatum *vel* innominabile
codices (*item* 3)   5 quodammodo *om.* MT¹E⊆   significat
et? (ut *add.* ⊆²)   6 non uerbum est MTE   8 inf. nom.
et uerbo erit MTES   10 vel fit *om.* MTE⊆   11. 12 cons.
— tempus *om.* MT¹ (consignificat T²)   25 ergo erunt]
enim sunt MTE   27 huius *om.* MT¹E⊆

disposita. similiter autem se habet et si universalis
nominis sit adfirmatio, ut omnis est homo iustus, non
omnis est homo iustus; omnis est homo non iustus,
non omnis est homo non iustus. sed non similiter
5 angulares contingit veras esse. contingit autem aliquando. hae igitur duae oppositae sunt, aliae autem
ad non homo ut subiectum aliquid addito, ut est iustus
non homo, non est iustus non homo; est non iustus
non homo, non est non iustus non homo. magis
10 plures autem his non erunt oppositiones. hae autem
extra illas ipsae secundum se erunt ut nomine utentes non homo. in his vero in quibus "est" non convenit, ut in eo quod est currere vel ambulare, idem
faciunt sic posita ac si est adderetur, ut est currit
15 omnis homo, non currit omnis homo; currit omnis
non homo, non currit omnis non homo. non enim
dicendum est non omnis homo, sed non negationem
ad homo addendum est. omnis enim non universale
significat, sed quoniam universaliter. manifestum est
20 autem ex eo quod est: currit homo, non currit
homo; currit non homo, non currit non homo. haec
enim ab illis differunt eo quod non universaliter sunt.
quare omnis vel nullus nihil aliud consignificat nisi
quoniam universaliter de nomine vel adfirmat vel
25 negat. ergo cetera eadem oportet adponi.

    Quoniam vero contraria est negatio ei quae est
omne est animal iustum illa quae significat quoniam
nullum est animal iustum, hae quidem manifestum
est quoniam numquam erunt neque verae simul neque
30 in eodem ipso, his vero oppositae erunt aliquando,
ut non omne animal iustum est et est aliquod animal

    2 affirmatio sit MTE   14 haec ac MT¹ESA   22 uero
MTE   non *om.* MTE   23 non ullus T   25 ergo et·
MTESD   opponi MTS apponi E   31 ut E, *om. ceteri*   et
om. MTE quoddam MTE et est — iustum *om.* S

iustum. sequuntur vero hae: hanc quidem quae est:
"nullus est homo iustus" illa quae est "omnis est homo
non iustus", illam vero quae est: "est aliqui iustus homo"
opposita quoniam non omnis est homo non iustus.
necesse est enim esse aliquem. manifestum est autem, 5
quoniam etiam in singularibus, si est verum interrogatum negare, quoniam et adfirmare verum est, ut
putasne Socrates sapiens est? non; quoniam Socrates
igitur non sapiens est. in universalibus vero non est
vera quae similiter dicitur, vera autem negatio, ut 10
putasne omnis homo sapiens? non. omnis igitur
homo non sapiens. hoc enim falsum est. sed non
omnis igitur homo sapiens vera est; haec autem est
opposita, illa vero contraria.

Illae vero secundum infinita oppositae nomina vel 15
verba, ut in eo quod est non homo vel non iustus,
quasi negationes sine nomine vel verbo esse videbuntur, sed non sunt; semper enim vel veram esse vel
falsam necesse est negationem, qui vero dixit non
homo, nihil magis de homine sed etiam minus verus 20
fuit vel falsus, si non aliquid addatur. significat autem
est omnis non homo iustus nulli illarum idem nec
huic opposita ea quae est non est omnis non homo
iustus. illa vero quae est omnis non iustus non homo
illi quae est nullus iustus non homo idem significat. 25

Transposita vero nomina vel verba idem significant, ut est albus homo, est homo albus. nam si
hoc non est, eiusdem multae erunt negationes. sed
ostensum est, quoniam una unius est. eius enim quae

3 illa MT¹E   *alt.* est *om.* MTE⊆   4 est *post* iustus
MTE⊆   5 enim *om.* MTE   8 non] non est M²⊆D   quoniam *om.* MTE⊆   10 dicuntur MT¹   11 sapiens est MTE
(*item* 12. 13)   igitur omnis MTE⊆   12 enim *om.* MTE
autem ⊆   13 ig. omnis MTE⊆   autem *om.* M igitur T
13. 14 opp. est MTE⊆   18 *prius* vel *om.* MTE   esse *om.* E
20 de homine] dicente homo b   27 ut est homo albus est
albus homo *codices: corr.* b   29 quoniam] quia MTE

est: est albus homo, negatio est: non est albus homo;
eius vero quae est: est homo albus, si non eadem est
ei quae est est albus homo, erit negatio vel ea quae
est: non est non homo albus vel ea quae est: non est
5 homo albus. sed altera quidem est negatio eius quae
est: est non homo albus, altera vero eius quae est est
albus homo. quare erunt duae unius. quoniam igitur
transposito nomine vel verbo eadem fit adfirmatio vel
negatio manifestum est.

10   **11.** At vero unum de pluribus vel plura de uno
adfirmare vel negare, si non est unum ex pluribus, non
est adfirmatio una neque negatio. dico autem unum
non si unum nomen sit positum, non sit autem unum
ex illis, ut homo est fortasse et animal et bipes et
15 mansuetum, sed ex his unum fit; ex albo autem et
homine et ambulare non unum. quare nec si unum
aliquid de his adfirmet aliquis erit una adfirmatio,
sed vox quidem una, adfirmationes vero multae, nec
si de uno ista; sed similiter plures. si ergo dialectica
20 interrogatio responsionis est petitio, vel propositionis
vel alterius partis contradictionis, propositio vero unius
contradictionis est, non erit una responsio ad haec;
nec una interrogatio, nec si sit vera. dictum autem
in Topicis de his est. similiter autem manifestum
25 est, quoniam nec hoc ipsum "quid est" dialectica est
interrogatio. oportet enim datum esse ex interrogatione eligere utram velit contradictionis partem enuntiare, quia oportet interrogantem determinare, utrum
hoc sit homo an non hoc.

30   Quoniam vero haec quidem praedicantur conposita,
ut unum sit omne praedicamentum eorum quae extra
praedicantur, alia vero non, quae differentia est? de

---

3 ei] quae etiam ei MT quae etiam est E   5 alia MTE
(*item* 6)   7 homo albus MT¹E S¹   13 unum (*post* autem)
om. MT¹   16 non unum. Quare non unum. quare nec MT¹E
24 de his est in Top. S *et codices plerique*   simul? ἅμα *Arist.*

homine enim verum est dicere et extra animal et
extra bipes et ut unum et hominem et album et haec
ut unum. sed non, si citharoedus et bonus, etiam
citharoedus bonus. si enim, quoniam alterutrum dicitur, et utrumque dicitur, multa et inconvenientia erunt.   5
de homine enim et hominem uerum est dicere et
album, quare et omne. rursus si album, et omne.
quare erit homo albus albus, et hoc in infinitum. et
rursus musicus albus ambulans; et haec eadem frequenter inplicita. amplius si Socrates Socrates et   10
homo, et Socrates Socrates homo. et si homo et
bipes, et homo bipes.

Quoniam ergo si quis simpliciter ponat conplexiones fieri plurima inconvenientia contingit dicere, manifestum est; quemadmodum autem ponendum, nunc   15
dicimus. eorum igitur quae praedicantur et de quibus
praedicantur quaecumque secundum accidens dicuntur
vel de eodem vel alterum de altero, haec non erunt
unum, ut homo albus est et musicus, sed non est idem
album et musicum; accidentia enim sunt utraque eidem.   20
nec si album musicum verum est dicere, tamen non
erit album musicum unum aliquid; secundum accidens
enim musicum album. quare non erit album musicum.
quocirca nec citharoedus bonus simpliciter, sed animal
bipes; non enim secundum accidens. amplius nec   25

---

3 si et cith. MTE℮   7 Quare et hominem rursus
et album si et album et hominem. Quare *sic vel similiter*
MTE℮ *alii*   8 homo homo albus albus MTE   10 simplicitas est ME℮   10—12 si Socrates *etc. hic locus, quem*
ex II. ed. restitui (ubi vide varias lectiones), in codicibus misere
corruptus est. plerique non versionem Arist. habent, sed exposi-
tionem Boetii ed. I (Si enim Socrates etc.) *vel hanc rursus inter-*
polatam et corruptam. D *nihil habet nisi:* amplius si Socrates
et homo et bipes et homo bipes   14 contingit dicere] contingere MTE℮   15 ponendum est TE℮   16 dicemus
MTE℮   19. 20 idem musicus et albus MTE℮   23 enim
est T   musicum album erit T   25 enim erit T

quaecumque insunt in altero. ·quare neque album **fre-**
quenter neque homo homo animal vel bipes; **insunt**
enim in homine bipes et animal. verum autem **dicere**
de aliquo et simpliciter, ut quendam hominem **homi-**
5 nem aut quendam album hominem album; non **semper**
autem, sed quando in adiecto quidem aliquid **opposi-**
torum inest quae consequitur contradictio, non **verum**
sed falsum est, ut mortuum hominem hominem **dicere,**
quando autem non inest, verum. vel etiam **quando**
10 inest quidem semper non verum, quando vero **non**
inest, non semper verum, ut Homerus est aliquid, **ut**
poeta. ergo etiam est an non? secundum **accidens**
enim praedicatur esse de Homero; quoniam enim **poeta**
est, sed non secundum se, praedicatur de Homero **quo-**
15 niam est. quare in quantiscumque **praedicamentis**
neque contrarietas inest; si definitiones pro **nominibus**
dicantur, et secundum se praedicantur et non **secun-**
dum accidens, in his et simpliciter verum erit **dicere.**
quod autem non est, quoniam opinabile est, non **verum**
20 dicere esse aliquid. opinatio enim eius non est, **quo-**
niam est, sed quoniam non est.

12. His vero determinatis perspiciendum **quemad-**
modum se habent negationes et adfirmationes ad se **in-**
vicem hae scilicet quae sunt de possibile esse et **non**
25 possibile et contingere et non contingere et de **in-**
possibili et de necessario; habet enim aliquas **dubita-**
tiones. nam si eorum quae conplectuntur illae **sibi**

9 uerum est T   10 non verum] falsum ME℃ non
.verum est T   11 uerum est TE℃   12 an] aut MTE
13 praedicatur enim E   enim *om. omnes codices praeter* T
16 contrarietas aliqua aut ulla oppositio (*ex expositione Boetii*)
ME℃ (*similiter* T²)   17 dicantur] praedicantur ME℃D   et
sec.] quae sec. ℃ et quae uel sec. T²   24 hae] de his D   de
om. MTE   24. 25 esse possibile et esse non p. MTA   non
possibile esse E non esse p. ℃   25 de *add.* b: *om. codices*
25. 26 inpossibili (imp.) *vel* inpossibile (imp.) *codices*   26 habent
plerique codices

invicem oppositae sunt contradictiones, quaecumque secundum esse et non esse disponuntur, ut eius quae est esse hominem negatio est non esse hominem, non, esse non hominem et eius quae est esse album hominem, non, esse non album hominem, sed non esse 5 album hominem. si enim de omnibus aut dictio aut negatio, lignum erit verum dicere esse non album hominem. quod si hoc modo, et quantiscumque esse non additur, idem faciet quod pro esse dicitur, ut eius, quae est ambulat homo, non, ambulat non homo, 10 negatio est, sed non ambulat homo; nihil enim differt dicere hominem ambulare vel hominem ambulantem esse. quare si hoc modo in omnibus, et eius quae est "possibile esse" negatio est "possibile non esse", sed non, "non possibile esse." videtur autem idem posse 15 et esse et non esse; omne enim quod est possibile dividi vel ambulare et non ambulare et non dividi possibile est. ratio autem, quoniam omne quod sic possibile est non semper actu est, quare inerit ei etiam negatio; potest igitur et non ambulare quod 20 est ambulabile et non videri quod est visibile. at vero inpossibile de eodem veras oppositas esse dictiones; non igitur est ista negatio. contingit enim ex his aut idem ipsum dicere et negare, simul de eodem aut non secundum esse et non esse quae adponuntur 25

1 quae T   3. 4 non autem ea quae est esse non h. MTE⊙ 5. 6 negatio est ea quae est non esse album hominem sed non ea quae est esse non a. h. MT⊙A *similiter* E   6 de] in MT   7 negatio uera M⊙ negatio uera est M²TE   8 *post* hominem *addunt (ex expositione Boetii)*: Cum lignum falsum sit dicere esse album hominem erit de eo uerum dicere esse non album hominem. SMT⊙A; *idem habet* E, *sed omissa versione* lignum erit — hominem   10. 11 negatio est non ea quae est ambulat non homo ME⊙ ambulat non homo neg. non est T sed ea quae est M²TE⊙   12 dicere vel MTE   15 posse] possibile MTE⊙   22 inpossibile est *codices (v. ed. II.)* oppositas ueras *codices (v. ed. II.)*   24 ipsum *om.* T¹   25 esse et *ed. II.*: esse vel *codices* opponuntur *plerique codices*

fieri adfirmationes vel negationes. si ergo illud inpossibilius, hoc erit magis eligendum. est igitur negatio eius quae est possibile esse non possibile esse.
eadem quoque ratio est et in eo quod est contingens
5 esse; etenim eius negatio non contingens esse. et in
aliis quoque simili modo, ut necessario et inpossibili.
fiunt enim quemadmodum in illis esse et non esse
adpositiones, subiectae vero res hoc quidem album,
illud vero homo, eodem quoque modo hoc loco esse
10 quidem subiectum fit, posse vero et contingere adpositiones determinantes quemadmodum in illis esse
et non esse veritatem, similiter autem hae etiam in
esse possibile et esse non possibile. eius vero quae
est possibile non esse negatio est non possibile non
15 esse. quare et sequi sese invicem videbuntur, idem
enim possibile esse et non esse; non enim contradictiones sibi invicem, sed possibile esse et non possibile esse numquam simul sunt; opponuntur enim. at
vero possibile non esse et non possibile non esse num-
20 quam simul sunt. similiter autem et eius quae est
necessarium esse, non, necessarium non esse, sed non
necessarium esse; eius vero quae est necessarium non
esse non necessarium non esse. et eius quae est inpossibile esse, non, inpossibile non esse, sed non in-
25 possibile esse; eius vero quae est inpossibile non esse
non inpossibile non esse. et universaliter vero, quemadmodum dictum est, esse quidem et non esse oportet
ponere quemadmodum subiecta, negationem vero et

1 vel] et b (*Arist.*)   5 negatio est M¹?T   12. 13 similiter — non possibile *eras. in* ⲋ   16 enim *om.* MT¹E
possibile *ego:* possibile est *codices*   17 invicem *ego:* invicem
sunt *ed. II.:* ceteri addunt: huiusmodi sunt (*vel* sunt huiusmodi)
possibile est esse et possibile est non esse, sed *etc.*   21 non
cod. E *editionis II.:* non est negatio *ceteri*   22. 23 non esse
ego: non esse ea quae est *codices*   24 non, inpossibile ⲋ𝔛:
non ea quae est imp. *ceteri*   25. 26 non esse non *ego:* non
esse ea quae est non *codices*

adfirmationem haec facientem ad unum adponere et
has putare oportet esse oppositas dictiones: possibile
non possibile, contingens non contingens, inpossibile
non inpossibile, necessarium non necessarium, verum
non verum.   5

13. Et consequentiae vero secundum ordinem fiunt
ita ponentibus: illi enim quae est possibile esse illa
quae est contingere esse, et hoc illi convertitur, et
non inpossibile esse et non necessarium esse; illi vero
quae est possibile non esse et contingere non esse ea 10
quae est non inpossibile non esse et non necessarium
non esse; illi vero quae est non possibile esse et non
contingens esse illa quae est necessarium non esse et
inpossibile esse; illi vero quae est non possibile non
esse et non contingens non esse illa quae est necesse 15
esse et inpossibile non esse. consideretur autem ex
subscriptione quemadmodum dicimus.

possibile esse	non possibile esse
contingens esse	non contingens esse
non inpossibile esse	necessarium non esse 20
non necesse esse	inpossibile esse
possibile non esse	non possibile non esse
contingens non esse	non contingens non esse
non inpossibile non esse	necesse esse
non necessarium non esse	inpossibile non esse. 25

1 ad unum id est tantummodo ad modum M T E ⊖ appo-
nere ad unum haec facientem id est ad modum tantummodo A   2 dictiones et negationes T ⊖   possibile et
T ⊖   8 quae contingit M E ⊖ quae est contingit M¹? T   conuertit E ⊖   9 et om. M¹ E ⊖   10 quae est et M¹? ⊖
11. 12. non necessarium non esse et non inpossibile non esse
ed. II. ⊖ Χ Σ   16 considerentur M¹? T ⊖   autem] ergo
M T E   18: *dispositio ex codice A, sed quaternae consequentes
ibi ita scriptae sunt, ut prima contra secundam, tertia contra
quartam collocata sit. ceteri om. (⊖² in marg. add. dispositionem,
quae Aristotelis apud Bekkerum et Waitzium dispositioni consentit, nisi quod quaternae consequentes ita scriptae sunt, ut
unam versum compleant.)*

Ergo inpossibile et non inpossibile illud quod est contingens et possibile et non contingens et non possibile sequitur quidem contradictorie, sed conversim;
illud enim quod est possibile esse negatio inpossibilis,
5 negationem vero adfirmatio; illud enim quod est non
possibile esse illud quod est inpossibile esse; adfirmatio enim est "inpossibile esse", "non inpossibile" vero
negatio. necessarium vero quemadmodum, considerandum est. manifestum quoniam non eodem modo, sed
10 contrariae sequuntur, contradictoriae autem extra. non
enim est negatio eius, quod est necesse non esse, non
necesse esse; contingit enim veras esse in eodem
utrasque; quod enim est necessarium non esse, non
est necessarium esse. causa autem cur non consequa-
15 tur similiter ceteris, quoniam contrarie inpossibile
necessario redditur idem valens. nam si inpossibile
est esse, necesse est hoc, non esse, sed non esse;
si vero inpossibile non esse, hoc necessarium est esse.
quare si illa similiter possibile et non, haec e con-
20 trario; nam idem significat necessarium et inpossibile,
sed, quemadmodum dictum est, contrarie. an certe
inpossibile sic poni necessarii contradictiones? nam
quod est necessarium esse, possibile est esse, nam si
non, negatio consequetur; necesse enim aut dicere aut
25 negare. quare si non possibile est esse, inpossibile
est esse: inpossibile igitur est esse quod necesse est
esse, quod est inconveniens. at vero illud quod est
possibile esse non inpossibile esse sequitur, hoc vero
illud quod est non necessarium esse. quare contingit
30 quod est necessarium esse non necessarium esse, quod

5 illi ⑤   17 sed non esse *ex ed. II. et Ar.*: om. TE⑤
alii   19 hae T   e *om.* E   20 nam si idem T
possibile T   21 sed *om.* E et T   est *om.* T (*add.* T¹)
23 quod nec. est esse TE   24 consequetur *ego ex Ar.*: consequitur (*vel* sequitur) *codices*   •enim *ego*: est enim *vel* enim
est *codices*   25 26. inp. est esse *om.* E⑤   29. 30 contingit id quod TE

est inconveniens. at vero neque necessarium esse sequitur possibile esse neque necessarium non esse; illi enim utraque contingit accidere, horum autem utrumlibet verum fuerit, non erunt illa vera. simul enim possibile esse et non esse; sin vero necesse esse vel 5 non esse, non erit possibile utrumque. relinquitur ergo non necessarium non esse sequi possibile esse. hoc enim verum est et de necesse non esse. ·haec enim fit contradictio eius quae sequitur non possibile esse; illud enim sequitur inpossibile esse et necesse 10 non esse, cuius negatio non necesse non esse. sequuntur igitur et hae contradictiones secundum praedictum modum et nihil inpossibile contingit sic positis.

Dubitabit autem aliquis, si illud quod est necessarium esse possibile esse sequitur. nam si non sequi- 15 tur, contradictio sequetur, non possibile esse; et si quis non hanc dicat esse contradictionem, necesse est dicere possibile non esse. sed utraeque falsae sunt de necesse esse. at vero rursus idem videtur esse possibile incidi et non incidi et esse et non esse, 20 quare erit necesse esse contingens non esse; hoc autem falsum est. manifestum autem quoniam non omne possibile vel esse vel ambulare et opposita valet, sed est in quibus non sit verum, et primum quidem in his quae non secundum rationem possunt, ut ignis 25 calfactibilis et habet vim inrationabilem. ergo secundum rationem potestates ipsae eaedem plurimorum etiam contrariorum. inrationabiles vero non omnes,

sed quemadmodum dictum est, ignem non est possibile calefacere et non, nec quaecumque alia semper
agunt. aliqua vero possunt et secundum inrationabiles
potestates simul quaedam· opposita. sed hoc quidem
5 idcirco dictum est, quoniam non omnis potestas oppositorum est, nec quaecumque secundum eandem speciem
dicuntur. quaedam vero potestates aequivocae sunt.
possibile enim non simpliciter dicitur, sed hoc quidem
quoniam verum est ut in actu, ut possibile est ambu-
10 lare quoniam ambulat, et omnino possibile est esse
quoniam iam est actu quod dicitur possibile, illud vero
quod forsitan aget, ut possibile est ambulare quoniam
ambulabit. et haec quidem in mobilibus solis est
potestas, illa vero et in inmobilibus. in utrisque vero
15 verum est dicere non inpossibile esse ambulare vel
esse, et quod ambulat iam et agit et ambulabile. sic
igitur possibile non est verum de necessario simpliciter dicere, alterum autem verum est. quare quoniam
partem universale sequitur, illud quod ex necessitate
20 est sequitur posse esse, sed non omnino. et est quidem fortasse principium quod necessarium est et quod
non necessarium omnium vel esse vel non esse, et
alia ut horum consequentia considerare oportet.

Manifestum est autem ex his quae dicta sunt,
25 quoniam quod ex necessitate est secundum actum est,
quare si priora sempiterna, et quae actu sunt potestate priora sunt. et haec quidem sine potestate actu
sunt, ut primae substantiae, alia vero cum potestate,
quae natura priora sunt, tempore vero posteriora, alia
30 vero numquam sunt actu, sed potestate solum.

---

3 irrationales E   6 nec *om.* E   .10 esse *om.* E
11 actu est E actum est T   13 ambulat T   15 uerum
erit E   esse] est T   16 iam agit (*om.* et) T   26 priora
sunt TE⑤   27. 28 actus sunt D *Ar.*   28 alia vero actu sunt
T E   potestate *ego ex ed. I.*: possibilitate *codices*   29 natura
quidem b *Ar.*

14. Utrum autem contraria est adfirmatio negationi et oratio orationi quae dicit quoniam "omnis homo
iustus est" ei quae est "nullus homo iustus est" an "omnis
homo iustus est" ei quae est "omnis homo iniustus est"?
Callias iustus est, Callias iustus non est, Callias iniustus 5
est: quae harum contraria est? nam si ea quae sunt
in voce sequuntur ea quae sunt in anima, illic autem
contraria est opinio contrarii, ut omnis homo iustus
ei quae est omnis homo iniustus, etiam in his quae
sunt in voce adfirmationibus necesse est similiter sese 10
habere. quodsi neque illic contrarii opinatio contraria
est, nec adfirmatio adfirmationi erit contraria, sed ea
quae dicta est negatio. quare considerandum est, quae
opinatio vera falsae opinioni contraria est, utrum
negationis an certe ea quae contrarium esse opinatur. 15
dico autem hoc modo. est quaedam opinatio vera
boni quoniam bonum est, alia vero quoniam non bonum falsa, alia vero quoniam malum. quaenam ergo
harum contraria est verae? et si est una, secundum
quam contraria? nam arbitrari contrarias opiniones 20
definiri in eo, quod contrariorum sunt, falsum est. boni
enim quoniam bonum est et mali quoniam malum
eadem fortasse et vera, sive plures sive una sit. sunt
autem ista contraria. sed non eo quod contrariorum
sint contrariae sunt, sed magis eo quod contrarie. si 25
ergo est boni quoniam est bonum opinatio, est autem
quoniam non bonum, est vero quoniam aliquid aliud quod
non est neque potest esse, aliarum quidem nulla ponenda
est, neque quaecumque esse quod non est opinantur

ALIVD THEMA INCOAT ⊖Σ (INCHOAT Σ)   2 *post* nega-
tioni *add.* b (*ex Arist.*): an affirmatio affirmationi   5 ut
Callias b (*ex Arist.*)   6 harum b: horum *codices*   10 sim-
pliciter se E   13 *alt.* quae] cui T¹E⊖AD   15 negationi
TE⊖AD   ea] ei T¹E⊖AD   22 malum est TME
23 eadem opinio est fortasse T eadem (est *add.* M²) fort. op.
ME   plures sint sive una ME pl. sint sive una sit uera
M²T⊖

neque quaecumque non esse quod est (infinitae enim
utraeque sunt, et quaecumque esse opinantur quod
non est et quaecumque non esse quod est), sed in
quibus est fallacia. hae autem ex quibus sunt genera-
5 tiones. ex oppositis vero generationes, quare etiam
fallacia. si ergo quod bonum est et bonum et non
malum est, et hoc quidem secundum se, illud vero
secundum accidens (accidit enim ei malo non esse),
magis autem in unoquoque est vera quae secundum
10 se est, etiam falsa, si quidem et vera. ergo ea quae
est quoniam non est bonum quod bonum est eius quod
secundum se est falsa est, illa vero quae est quoniam
malum eius quod est secundum accidens. quare magis
erit falsa de bono ea quae est negationis opinio quam
15 ea quae est contrarii. falsus est autem magis circa
singula qui habet contrariam opinionem; contraria
enim eorum quae plurimum circa idem differunt. quod
si harum contraria est altera, magis vero contraria
contradictionis, manifestum est quoniam haec erit con-
20 traria. illa vero quae est quoniam malum est quod
bonum inplicita est; etenim quoniam non bonum est
necesse est fere idem ipsum opinari. amplius, si etiam
in aliis similiter oportet se habere, et hic videbitur
bene esse dictum; aut enim ubique ea quae est con-
25 tradictionis aut nusquam. quibus vero non est contraria, de his est quidem falsa ea quae est verae
opposita, ut qui hominem non putat hominem falsus
est. si ergo hae contrariae sunt, et aliae contradictionis. amplius similiter se habet boni quoniam bonum
30 est et non boni quoniam non bonum est, et super has

6 fallaciae b *Ar.*   13 malum est TME   15 quae
om. E contraria est TME est contraria ℭ   18 harum *ed. II.*:
horum *codices ed. I. et ceteri*   contraria quidem b *Ar.*
21 est bonum inpl. TM²ℭ   22 fere *om.* TMEℭA forte b.
25. 26 contrarium T³   27 putet esse TME   28. 29 contradictiones TM²EℭAD

boni quoniam non bonum est et non boni quoniam
bonum est. illi ergo quae est non boni quoniam non
bonum verae opinioni quae est contraria? non enim ea
quae dicit quoniam malum; simul enim aliquando erit
vera, numquam autem vera verae contraria est; est 5
enim quiddam non bonum malum, quare contingit
simul veras esse. at vero nec illa quae est non malum; simul enim et haec erunt. relinquitur ergo ei
quae est non boni quoniam non bonum contraria ea
quae est non boni quoniam bonum, quare et ea quae 10
est boni quoniam non bonum ei quae est boni
quoniam bonum. manifestum vero quoniam nihil
interest, nec si universaliter ponamus adfirmationem;
huic enim universalis negatio contraria erit, ut opinioni quae opinatur quoniam omne quod est bonum 15
bonum est ea quae est quoniam nihil eorum quae
bona sunt bonum est. nam ea quae est boni quoniam
bonum, si universaliter sit bonum, eadem est ei quae
opinatur quidquid est bonum quoniam bonum est.
⟨hoc autem⟩ nihil differt ab eo quod est omne quod 20
est bonum bonum est. similiter autem et in non
bono. quare si in opinione sic se habet, sunt autem
hae quae sunt in voce adfirmationes et negationes
notae earum quae sunt in anima, manifestum est, quoniam etiam adfirmationi contraria quidem negatio circa 25

4 malum est TM²   7 esse veras TMEꙅ   est quoniam b (*ex Arist.*)   7. 8 malum, vera enim et haec, b (*ex
Arist.*)   8 hae E   sequitur enim ꙅ   9 bonum est TM²E
ea *om.* ꙅ   10 bonum est. Falsa enim haec, quare b (*ex Arist.*)
11. 12 non boni TM²   quoniam bonum *om.* T¹   15 quod
bonum est TME   17 ea] eius M (*corr.* M²) Eꙅ   18 bonum
est TM²   ei b: et *ed. II. om. ceteri*   20 hoc autem
add. b: *om. codices*   20. 21 nihil — bonum est *om.* M¹Eꙅ
nihil — bono *om.* A   20 ab eo quod b: ab ea quae *codices*
22 se sic MEꙅ   23 ea T   in voce *om.* M¹Eꙅ   adfirmationis et negationis T   24 earum ME: eorum *ceteri*

idem universalis, ut ei quae est quoniam omne bonum
bonum est vel quoniam omnis homo bonus ea quae
est vel quoniam nullum vel nullus, contradictorie autem aut non omnis aut non omne. manifestum autem
5 quoniam et veram verae non contingit esse contrariam nec opinionem nec contradictionem. contrariae
enim sunt quae circa opposita sunt, circa eadem autem contingit verum dicere eundem; simul autem eidem
non contingit inesse contraria.

1 quoniam *om.* TME℀ (*item* 2)   2 bonus est ME
4 omnis homo M¹E℀   5. 6 uera — contraria ℀   6 contraria TME℀   EXPLICIT LIBER PERIERMENIAS ARISTOTELIS A
BOECIO DE GRECO IN LATINUM TRANSLATVS Σ   EXPLICIT LIBER
PERIERMENIAE ARISTOTELIS ℀ EXPLICIT A *subscr. om.* DƵ

ANICII MANLII SEVERINI BOETII

IN LIBRVM

ARISTOTELIS ΠΕΡΙ ΕΡΜΗΝΕΙΑΣ

COMMENTARII.

PRIMA EDITIO.

NOTARUM INDEX.

F = codex (Frisingensis n. 174) Monacensis n. 6374.
M = codex Monacensis n. 14377.
T = codex (Tegernseensis n. 479) Monacensis n. 18479.
E = codex (Ratisbonensis S. Emm. n. 401) Monacensis n. 14401.
G = codex Sangallensis n. 820.
S = codex Sangallensis n. 817.
  (ᘓ = praemissa translatio).
A = codex Sangallensis n. 818 ⎫
D = codex Einsidlensis n. 324 ⎬ solam versionem continentes.
b = editio Basileensis a. 1570.

ANICII MANLII SEVERINI BOETII

COMMENTARIORVM IN LIBRVM ARISTOTELIS ΠΕΡΙ ΕΡΜΗΝΕΙΑΣ

PRIMAE EDITIONIS

LIBER PRIMVS.

———

ed. Bas.
p. 215

Magna quidem libri huius apud Peripateticam
sectam probatur auctoritas; hic namque Aristoteles
simplicium propositionum naturam diligenter examinat;
sed eius series scruposa inpeditur semita et subtilibus
pressa sententiis aditum intellegentiae facilem non 5
relinquit. quocirca nos libri huius enodationem duplici commentatione supplevimus et quantum simplices
quidem intellectus sententiarum oratio brevis obscura-

·

INCIPIT COMMENTARIV EDITIONUM(?) BOETII IMPERIERMENIAS ARI-
STOTELIS A SE TRANSLATVS LIBER PRIMVS F   INCIPIT LIBER
PRIMVS EXPOSITIONIS COMMENTARIORVM BOETII VIRI ILLVSTRIS IN
PERIERMENIAS ARISTOTELIS G S   ·A·M·S·B· PRIMA EDITIO IN
LIBRVM PERIERMENIAS INCIPIT T   *om. titulum* M E   1 Magna
                                                          vl
quidem *om.* M   HVIVS LIBRI E   4 scrupos/// F scrupulosa
ceteri   semitta F   5 sentenciis pressa M' sententiis p̄ssa T
(*transponit* T²)

que conplectitur, tantum hac huius operis tractatione
digessimus: quod vero altius acumen considerationis
exposcit, secundae series editionis expediet. nunc a
me tantum lector exspectet, quantum pedetemptim mi-
5 nutatimque secundum orationis ordinem textumque
sermonis id quod angustia brevitatis latet intellegat.
et prius quae sit huius operis intentio breviter demonstrandum est. inscribitur etenim liber Graece
ΠΕΡΙ ΕΡΜΗΝΕΙΑΣ, quod Latine de interpretatione
10 significat. quid ergo sit interpretatio paucis absolvam.
interpretatio est vox significativa per se ipsam aliquid
significans. sive enim nomen sit, quod per se significat, ut est homo, sive verbum, ut est curro, sive
quod grammatici participium vocant, sive pronomen
15 est, sive ex his iuncta oratio, ut est homo currit,
sive quolibet alio modo vel nomen vel verbum vel ex
his oratio iuncta per se aliquid significet, interpretatio nominatur. quare cum sint quaedam in orationis partibus, quae per se nihil significant, aliis tamen
20 iuncta designant, ut sunt coniunctiones vel praepositiones, haec interpretationes esse non dicimus. interpretatio enim sive simplex est, ut nomen et verbum,
sive conposita, ut ex his iuncta copulataque oratio,
vel per se ipsam significare debet, si simplex est, vel
25 ex his quae per se significant iuncta esse, si conposita
est. quare interpretatio est vox aliquid per se ipsam
significans. sed quoniam verba nominaque interpreta-

3. 4 Nunc — expectet F *in marg.*   5 orationis M²E:
ordinationis *ceteri*   6 in angustia M²E   intellegit F *corr.*
(i *ex* a)   7 quidem *post* prius *supra lin.* T   huius *om.* E
operis *om.* G *addit* G²   breut (*sic*) F breuiter *post* est MT
———
8 et *om.* G   8. 9 ΠΕΡΙ ΕΡΜΝΕΝΙΑC F ΠΗΡΙΕΡΜΗΝΙΑC G ΠΕΡΙ-
ΕΡΜΕΝΙΑC MST peryermenias E   12 per se singillatim E
15 est *om.* b siue *supra lin.* T   16 quodlibet F (d *eras.*)
20 iuncta *ego:* iunctae *codices*   designent FE   27 nomina
uerbaq; M

tiones sunt, oratio quoque omnis quae ex significantibus per se praedicamentis iungitur interpretatio nuncupatur, et sunt plurimae interpretationes, inter quas illa quoque est oratio, in qua verum falsumve inveniri potest, id est enuntiativa, de qua hoc libro 5 tractandum est: idcirco igitur Aristoteles de communi nomine et continenti libro titulum scripsit. interpretatio namque est nomen et verbum, interpretatio etiam est huiusmodi oratio: omnis homo animal est. sed in hac verum falsumque auditor intellegit. haec enim 10 oratio quae dicit omnis homo animal est vera vel falsa est. interpretatio quoque est etiam huiusmodi oratio: da mihi codicem, in qua verum falsumque nullus inveniat. etenim da mihi codicem neque verum esse poterit neque falsum. quocirca quoniam 15 de his solis orationibus in quibus verum falsumque reperitur, quas enuntiationes vel propositiones vocamus, quae interpretationes sunt, disputaturus est quoniamque de nominibus illi verbisque dicendum est, quid sint quamque vim in significatione retineant, 20 recte librum de interpretatione signavit. nec hoc nos turbet, quod sunt quaedam interpretationes, de quibus in hoc libro non tractet. tamquam enim si quis de homine disputans titulum operis de animali posuisset, quamquam non de omni animali, tamen quoniam de 25 aliquo disputaturus esset, recte de animali libro nomen inponeret: ita nunc licet non de omni interpretatione pertractet, tamen quoniam de una quae est enuntiatio et de nominibus et verbis, quae interpretationes

4 falsumq; M T E   5 inuenire T   7 inscripsit F²
8 *alt.* est *om.* M T   10 falsumue F²   13 in quo F   14 inueniet M T   codicem da mihi E   16 ordinationibus F
uel orationibus *suprascr.* F¹?   in quib; solis T *del.* solis
T²?   17 repp. *sic semper codices*   17. 18 uocamus uel
prop. M T   19 illis M T   22 conturbet T²   23 in *om.*
M T   25 enim *post* quamquam *supra lin.* T²   29 et
de T

simplices sunt, dicendum erat, a communi et generali
vocabulum libri de interpretatione | conposuit. est au-
tem intentio de simplici enuntiativa oratione disserere.
simplex autem enuntiativa oratio est, in qua cum
5 verum falsumve sit, illud tamen est, ut sine coniunctione
totus orationis ordo proponatur, ut est: homo est,
homo animal est, homo currit, homo pavidus
currit. hae enim propositiones sine coniunctione
propositae sunt et hae dicuntur praedicativae, illae
10 vero, quae sunt huiusmodi: si sol super terram est,
dies est, duplices atque hypotheticae nec non etiam
conditionales vocantur. ponitur enim si hoc sit, hoc
esse, id est si sol est, esse diem. quare hae simplices non sunt; sol est.enim et dies est duae pro-
15 positiones sunt, quas una coniunctio quae est si copulat atque conponit. sed de his nullus hoc libro tractatus habebitur. quare quoniam de simplicibus enuntiativis orationibus tractaturus est, id est de simplici
adfirmatione et simplici negatione, quoniamque adfir-
20 mationes et negationes verbis ac nominibus coniunguntur, ut in ea quae est homo currit adfirmatione
homo nomen est, currit verbum, et rursum homo
non currit negatio eodem nomine verboque coniungitur: recte prius de simplici adfirmatione et de simplici
25 negatione omninoque de enuntiatione simplici disputaturus, quoniam omnis enuntiatio simplex verbis nominibusque coniungitur, primam disputationem de nominibus et verbis instituit. his enim prius ad scien-

---

1 sunt *om.* MT *supra lin.* T² de MTE communali
TM¹ 5 falsumq; MT ŏ totius MT 8. 9 Hae enim
sine coni. propositiones potes M¹T¹? (M² *corr.* prop. positae
sunt T² *corr. ut in textu est*) 12 fit FT 12. 13 hoc
erit MT¹ 13 si solē ē diē M (*corr.* M²) si sol ēē dies ē T
(*corr.* T²) 16 in hoc T² 18 id est *om.* MT (*addit* T²)
19 et de MT (*del.* de T²?) 20 *pro* ac: et E 22 currit
uero T² 24 *alt.* de *om.* MT 25 simplici enunciacione
M sĩmpl. ēnunt. T 27. 28 uerbis et nominibus MT

tiam venientibus tota facillime natura orationis aperi-
tur. de quibus autem ei in toto dicendum est libro,
incohans ipse praeponit.

1. Primum oportet constituere quid nomen
et quid verbum, postea quid est negatio et 5
adfirmatio et enuntiatio et oratio.

In principio, inquit, huius sermonis, qui de enuntiatione instituitur, constituere id est definire oportet,
quid nomen sit, quid verbum.. haec enim (ut dictum
est) omnem coniungere orationem valent. quae oratio 10
aliarum genus est orationum. sunt autem principales
quinque orationum differentiae. est autem prima oratio deprecativa ut Iuppiter omnipotens, precibus si flecteris ullis; secunda imperativa ut
Suggere tela mihi; tertia interrogativa ut Quo 15
te, Moeri, pedes? quarta vocativa ut Huc ades,
o Meliboee! quinta enuntiativa, in qua verum
inesse falsumque perspicitur. huius autem duae sunt
species, una adfirmatio, altera negatio. adfirmatio est
ut homo animal est, negatio ut homo animal non 20
est. ergo orationem verba nominaque constituunt.
enuntiationis autem oratio genus est, enuntiatio vero
adfirmationis et negationis. quare elementa quaedam
sunt quae coniungunt orationem verba et nomina et
de his disputat primum, dehinc propositionis duas 25

13 Verg. Aen. II 689   15 Verg. Aen. X 333   Ecl. IX 1
16 Verg. Ecl. VII 9

3 incoans F   proponit T²   4 quid *ego Ar.* τί: quid sit
codices 5 sit uerbum MT¹D   est *om.* MT¹☉A   9 sit nomen T
11 enim b   11. 12 ·v· principales MT   12 Prima est
autem EG   13 ulcipotens F (*corr.* F¹?) G altipotens MT
16 meri EM mere T (*suprascr.* i)   ut *om.* FMT¹   17 me-
libee FET² melibeae MT¹   18 inesse *om.* MT¹   falsumve
F²   sunt *om.* MT   20 *alt.* ut *om.* F   23 elimenta MT¹
24 coniungant E   25 prim. disp. E   propositiones T¹

ultimas species sumit et dicit se de adfirmatione et
negatione dicturum, post has harum genus proponit
id est enuntiationem, ultimum vero, quod horum maximum est, orationem. est vero quodammodo conver-
5 sus ordo ab speciebus usque ad earum genera prima
perveniens. progrediendo enim ab adfirmatione et
negatione ad enuntiationem, quod est genus, ascensum
est, ab enuntiatione ad enuntiationis genus, quod
est oratio, propositionem operis levavit; diverso tamen
10 modo de cunctis disputat. prius enim de oratione,
post de enuntiatione, dein de adfirmatione, postremo
de definitione negationis edisserit, converso scilicet
ordine. sed hoc posterius liquebit. quod autem prius
negationem, postea proposuit adfirmationem, nihil
15 interest, cum omnes species aequaevae sibimet sint et
uni generi aequaliter supponantur. quocirca si adfirmatio et negatio enuntiationis species sunt, rectum
est quamlibet earum prius indiscrete proponere. quemadmodum autem adfirmatio et negatio species enun-
20 tiationis sint et haec earum genus, secunda editione
monstrandum est.

　　Sunt ergo ea quae sunt in voce earum quae
sunt in anima passionum notae et ea quae
scribuntur eorum quae sunt in voce. et quem-
25 admodum nec litterae omnibus eaedem, sic nec
voces eaedem. quorum autem haec primorum
notae, eaedem omnibus passiones animae et
quorum hae similitudines, res etiam eaedem. |

1 sunt *suprascr.* sumit F　　4 Est enim E　　6 Propo-
nendi F (*suprascr.* o) Proponendo G E T²　　11 *post* adfirmatione
addit et negatione, *pro* negationis *corr.* utriusq; T²　　postremum E　　12 disserit M T　　18 ponere M T　　19. 20 enuntiationis species sunt M T¹　　20 edictione F　　25 eaedem *om.*
M T¹　　26 voces eaedem *Ar. cf. ed. II:* eaedem voces
codices　　autem *om.* F　　hae *codices; cf. ed. II*　　27 animae sunt *codices praeter* M T¹　　28 ʜᴀᴇ/// F　　iam b *Ar.*

Quoniam nomen et verbum in definitionibus suis p. 217
significativa paulo post propositurus est, primum explicat quorum sint significativa quaecumque significant
id est quae designent ipsum nomen et verbum. tota
autem ratio sensus huiusmodi est: tria sunt ex quibus 5
omnis conlocutio disputatioque perficitur: res, intellectus,
voces. res sunt quas animi ratione percipimus intellectuque discernimus, intellectus vero quibus res
ipsas addiscimus, voces quibus id quod intellectu capi-
mus significamus. praeter haec autem tria est aliud 10
quiddam quod significat voces, hae sunt litterae, harum
enim scriptio vocum significatio est. cum igitur haec
sint quattuor: res, intellectus, vox, littera, rem concipit intellectus, intellectum vero voces designant, ipsas
vero voces litterae significant. intellectus vero animae 15
quaedam passio est. nisi enim quandam similitudinem
rei quam quis intellegit in animae ratione patiatur,
nullus est intellectus. cum enim video orbem vel
quadratum, figuram eius mente concipio et eius mihi
similitudo in animae ratione formatur patiturque anima 20
rei intellectae similitudinem, unde fit ut intellectus
et similitudo sit rei et animae passio. horum autem
rursus quattuor duae sunt naturales, duae secundum
hominum positionem. voces namque et litterae secundum positionem sunt, intellectus autem et res natura- 25
liter. hoc illo adprobatur, quod apud diversas gentes
diversis vocibus utuntur et litteris, idcirco quoniam
ipsi sibi voces quibus uterentur et litteras quibus
scriberent conposuerunt. intellectus autem et res nullus
posuit, sed naturaliter sunt. neque enim quod apud 30

2 praepos. MT¹   3 sign. sint MT   quaeq; E   significent EF²   6 colloquuo M¹ colloquio T¹   proficitur MT¹
6. 7 voces intellectus MT   18 intellectus est E   20 parti-
turq; MT¹   anima *om.* MT¹ (animo *add.* T²)   22 harum?
23 rursū MT (*del.* T²)   28 ipsi *om.* MT¹ (ipsae *add.* T²)
29 autem *om.* MT

Romanos equus 'est apud barbaros cervus, sed apud
diversas gentes eadem rerum natura est. praeterea
non quod nos intellegimus esse equum canem barbari
putant, sed eadem apud diversissimas gentes sub-
5 stantiarum intellectuumque ratio est constituta. quare
duae harum sunt secundum hominum positionem id
est voces et litterae, duae secundum naturam: res et
intellectus. nunc ergo hoc dicit, quoniam voces quidem significant intellectum, ipsas autem voces litterae
10 significant. sunt autem intellectus animae passiones.
et voces quidem et litterae naturales non sunt. quemadmodum enim vox non eadem apud omnes est, ita
nec litterae. sed intellectus et res eadem apud omnes
quamlibet diversissimas gentes invenies. atque hoc
15 est quod ait: sunt ergo ea quae sunt in voce
earum quae sunt in anima passionum notae id
est ipsae, inquit, voces intellectus qui sunt animae
passiones significant eorumque sunt significativae; ergo
ea quae sunt in voce significant illas et earum sunt
20 notae quae sunt animae passiones. animae autem
passiones intellectus sunt. igitur ea quae sunt in voce
intellectuum qui sunt animae passiones notae sunt
eosque significant, quoniam his id est vocibus omnis
significatur intellegentia mentisque conceptio. at vero
25 quod addidit his: et ea quae scribuntur eorum
quae sunt in voce, tantundem valet tamquam si
diceret: notae sunt litterae quae scribuntur verborum
et nominum quae sunt in voce. monstravit igitur

---

4 diuersas E   5 intellectumq. F¹ intellectũumq; MT¹
oratio MT   Quarū MT (harum *del.* M²)   6. 7 id est *om.*
MT¹   7 duae *om.* T¹   11 *post* quidem: significant intellectus uoces autem *add.* T²   12 apud omnes non eadem
est MT   13 eaedem F² easdem MT   14 quaslibet MT¹
18 sunt signif. sunt F¹ sign. sunt MT   19 ea *eras. in* F
qui MT¹   20 autem *supra lin. et rasura post* passiones F
22 intellectum F¹   24 mentis T¹   25 his *om.* FGE, *del.* T²

voces intellectuum esse significativas et litteras vocum.
nunc de eorum natura pertractat dicens: et quemadmodum nec litterae omnibus eaedem, sic nec
voces eaedem. hoc ad monstrandum valet voces et
litteras positione constitui, non natura. etenim diver- 5
sae apud diversos sunt voces et litterae et quemadmodum litterae eaedem apud omnes homines non
inveniuntur, ita quoque nec voces. quare hae secundum positionem sunt, quod ipse reticuit velut planum.
manifestum enim est, quod per gentes singulas per- 10
mutatur, hoc non natura constitutum esse, sed positione. quod vero addidit: quorum autem haec
primorum notae, eaedem omnibus passiones
animae et quorum hae similitudines, res etiam
eaedem ad hoc pertinet, ut naturales esse res in- 15
tellectusque declaret. idem namque (ut dictum est)
intellectus passiones quidem animae sunt, rerum autem
similitudines. ergo nunc hoc dicit: quorum hae id est
voces, de quibus supra dixerat: sic nec voces eaedem, quorum ergo hae voces significativae sunt, id est 20
passionum animae, hae sunt apud omnes eaedem.
significant autem voces illa quae sunt in intellectibus:
intellectus igitur animi passio est apud omnes homines non diversa. ergo naturalis apud omnes homines

---

1 intellectum F¹   4 eaedem voces *codices* (*rasura post*
voces *in* F)   ad demonst. MTGS   4. 5 litteras et uoces
MT   6 uoces sunt MT   7 apud *om.* M¹T¹   omnes *in*
marg. F   12 heae F hae *ceteri*   13 notae sunt T²   14 animae sunt *codices*   heae F (*saepius*)   16 dedaret M¹ dederat
T¹   17 quaedam MT   18 hae] nec hae G²   19 *post* dixerat:
notae sunt eaedem animae passiones omnibus et ut nec litterae
sunt eaedem *in marg. add.* F¹? *idem add.* T² *omissis* eaedem
— omnibus   18—20 E *sic habet:* dicit quemadmodum hae
id est litterae non omnibus sunt eaedem, sic nec eaedem uoces
19. 20 eaedem uoces *codices* (eaedem literae G *idem* S, *sed*
litterae *in ras.*)   22 qui MT¹   23 animae b   homines
del. T²

p. 218 est animi conceptio atque animae passio, | quarum sunt
notae ea quae versantur in vocibus. docetur autem
et res, quarum sunt similitudines intellectus, et animae
passiones esse non positione, sed naturaliter consti-
5 tutas, idcirco quod eae res, quarum similitudines sunt
intellectus, qui intellectus animae passiones sunt, apud
omnes eaedem sunt. hoc est enim quod ait et quorum hae similitudines scilicet animae passiones,
quae sunt similitudines rerum, res etiam eaedem,
10 ac si diceret: quorum intellectus sunt similitudines,
qui intellectus animae passiones sunt, id est res apud
omnes eaedem sunt. quod autem ita posuit: quorum
autem haec primorum notae, hoc sentit: de vocibus enim dicit, quoniam quorum voces primorum notae
15 sunt, apud omnes sunt eaedem animae passiones. vox
enim et intellectum rei significat et ipsam rem. ut
cum dico lapis et intellectum lapidis et ipsum lapidem id est ipsam substantiam designat, sed prius intellectum, secundo vero loco significat rem. ergo non
20 omnia quae vox significat passiones animae sunt, sed
illa sola quae prima; prius enim significat intellectus,
secundo vero loco res. sed intellectus passiones animae sunt et quorum ergo primorum notae sunt voces,
eaedem sunt apud omnes homines animae passiones.
25 est alia quoque scriptura hoc modo sese habens:
quorum autem haec primorum notae, hae omnibus passiones animae et quorum hae similitudines, res etiam hae. quod si ita scriptum sit,

1 animi F   quarum *ego*: quorum *codices*   2 ea *supra
lin.* F   docet F G E²   3 quarum E: quorum *ceteri*   5 eas
M T¹ F¹? heae E   quarum E: quorum *ceteri*   7 enim *om.*
F *post* hoc *add.* F¹?   11 res *in* rerum *mut.* E¹   13 hae
codices   15 eaedem sunt MTE   21 prima est M T¹ E (est
del. T²)   prius (*suprascr.* primo) F T², primum M T¹ E   significatur MTE   23 et *om.* E   primorum *om.* E   25 quoque alia T²   structura M¹ T¹   se MT   26 hae *codices*
27 animae sunt *codices*   28 hae] eaedem T²   est T²

hoc videtur dicere: ostendit enim quorum sint voces
notae et quorum rursus animae passiones, tamquam
si diceret: voces quod significant et quorum notae
sunt, illae sunt animae passiones et rursus quorum
similitudines sunt hae quae sunt animae passiones, 5
hae sunt res; tamquam rursus si diceret: quorum sunt
similitudines ea quae in intellectibus atque animae
passionibus sunt, illae sunt res. sed de his disputationem trahere longius non vult. ait enim: de his
quidem dictum est in his quae sunt dicta de 10
anima, alterius est enim negotii. etenim aliud
est principaliter de intellectibus animae disputare, aliud
tantum sibi ad disputationem sumere, quantum ad
logicae possit pertinere peritiam. quare alterius negotii est principaliter de animae passionibus disputare. 15

Est autem, quemadmodum in anima aliquotiens quidem intellectus sine vero vel falso,
aliquotiens autem cui iam necesse est horum
alterum inesse, sic etiam in voce; circa conpositionem enim et divisionem est falsitas 20
veritasque.

De enuntiatione dicturus in qua veritas et falsitas invenitur recte prius monstrare proponit, in qua
prolatione vocum horum alterum id est aut veritas
aut falsitas inveniri queat. sed omnis vox animi 25
sensa significat, quare ex animi intellectibus quidquid
evenerit vocibus iudicatur. ergo nunc hoc dicit: similitudo est, inquit, quaedam inter se intellectuum

2 rursus sunt E   3 *pro* quod *corr*: quae T²   4 illa
ET²   sunt *supra lin.* M   quorum hae MT¹ (*del.* hae T²)
5 similitudines *om.* E   haeq; MT¹ (*corr.* hae quae T²) haec
quae E   6 si rursus T²   7 in *om.* MT¹   8 *prius* sunt *om.* MT¹
illa E   10 *post* dictum est *add.* videlicet satis MT¹ (*del.* T²)
11 enim *om.* MT¹ℭA   13 tamen F   14. 15 est negocii MT
18 cum MTEℭA   sit MT¹   20 enim *eras. in* ℭ autem A
20. 21 ueritas falsitasq; MTE   25 Si M¹T¹ (*corr.* M²T²)   26 intellectus M¹T   27 euenit F¹E   iudicatur *ego:* indicatur *codices*

atque vocum: quemadmodum enim sunt quaedam simplicia quae ratione animi concipiuntur constituuntur-
que intellegentia mentis, in quibus neque veritas ulla
neque falsitas invenitur, ita quoque in vocibus est.
5 simplex enim intellectus, ut verbi gratia hominis vel
equi, neque falsitatem ullam retinet neque veritatem.
cum enim intellego simpliciter hominem, substantiam
ipsam, nihil veri vel falsi in cogitatione retineo. quod
si cursum rursus animi cogitatione perspexero, cogita-
10 tio ipsa, quoniam simplicis rei tenet intuitum, a veritate et falsitate seclusa est. sed quando cursum et
hominem iunxero et ex his aliquid intellegentia mea
fecero (idque si voce proferam, huiusmodi erit homo
currit), tunc ex hac substantiae et accidentis conposi-
15 tione et coniunctione huiusmodi intellectus fit, in quo
vel falsitas possit esse vel veritas. ergo quemadmodum
in intellectu sunt quaedam aliquotiens simplicia vero
falsoque carentia, aliquotiens autem cum iam necesse
est aut veritatem inesse intellectui aut falsitatem, sic
20 est etiam in voce. nam si simplicem intellectum et
vero falsoque carentem vox proferat, ipsa quoque a
veritate et falsitate relinquetur. quod si huiusmodi
proferat intellectum, qui in se verum falsumque contineat, ipsa quoque veri falsique retinet significationem.
25 docuit autem per hoc quod ait: circa conpositio,
nem enim et divisionem est falsitas veritasque
p. 219 in qua prolatione vocis enuntiationes possimus | inve-
nire. quotiens enim substantiam cum accidenti con-

---

3. 4 nec — nec MT   5 enim *om.* MT   8 retinet T²
9 rursum cursum M¹T   10 rei retinet MT tenet *om.* E *post*
intuitum *add.* E¹?   a *om.* MT¹E   11 Si MT¹   16 *prius*
vel *om.* T   17 intellectus (*om.* in *et* sunt) M¹   quidam M¹T¹
20 et *om.* E   22 relinquitur MT   23. 24 retineat MT
24 falsumq; MT¹   25 circa *om.* F¹T¹   26 enim *om.* MT¹
ueritas fals. *codices*   27 enuntiationem E   possimus M¹T¹:
possumus FM²T²E

iungimus atque conponimus vel intellectum intellectui
copulamus, ut fieri propositio possit in cogitatione,
tunc fit idem in voce. et est nunc adfirmatio ut
homo currit, hominem quippe cursumque conposui
atque coniunxi et inde adfirmatio nata est veritatem 5
continens vel mendacium, nunc vero negatio, si huic
adverbium negativum iunxero et substantiam ab accidente divisero atque disiunxero, ut est homo non
currit; non id quod est adverbium negativum, hominem a cursu divisit atque disiunxit factaque inde nega- 10
tio rursus veritatem falsitatemve significans. recte
igitur dictum est circa conpositionem quod est adfirmatio vel divisionem quod est negatio veritatis falsitatisque
constare naturam.

Nomina igitur ipsa et verba consimilia 15
sunt sine conpositione vel divisione intellectui,
ut homo vel album, quando non additur aliquid;
neque enim adhuc verum aut falsum est.

Nunc qui sit intellectus sine vero vel falso ordinata continuatione persequitur. ea enim, inquit, quae 20
simpliciter dicuntur, similia sunt simplicibus intellectibus, qui sine ulla conpositione vel divisione animi
puro capiuntur intuitu. cum enim homo vel album
ipsa quidem simplicia sint et significent aliquid, nihil
tamen neque verum neque falsum designant. omne 25
enim simplex nomen vel verbum a veritate et falsitate secluditur. atque ideo, quoniam (ut dictum est)
quaecumque sunt in vocibus significant animae passiones, simplices voces et sine conpositione vel divisione
similes sunt his intellectibus quos sine conpositione 30

---

2 et ut MT   4 cursum est M¹T¹   4. 5 conposui atq;
coniunxi E: conposuit atq; coniunxit *ceteri*   9 id *om.* MT¹E
10 diuidit MT¹   factaq; F: factaq; est *ceteri* (*et* F²)
11 falsitatemq; T²   18 vel E   19 quis MT¹ quid F²
23 vel intuitu intellectu M¹T¹   28 animae F: animi F²
et ceteri   29 *post* simplices *add.* vero F²?

et divisione simplex intellegentia concipit. in his
enim atque in huiusmodi nulla neque veritas neque
falsitas invenitur. nisi enim aliquid addatur, ut id quod
simplex intellegis vel per se constituas esse vel ei
5 aliquid secundum esse coniungas, in his veritas et
falsitas non erit. cum enim simpliciter dico homo,
si non aliquid addidero, ut verbum est, ut fiat huiusmodi conpositio homo est, vel huiusmodi aliquid, ut
homo vivit, quod idem valet tamquam si dicamus
10 homo vivens est: ergo nisi aliquid huiusmodi fuerit
adiunctum, quod intellectam rem vel per se esse constituat, ut homo est cum dico per se esse hominem
designavi, vel iuncto accidenti tale aliquid adponatur,
quod idem ei quod est esse significet, ut est homo
15 vivit, vita enim homini iuncta est et vivit idem
designat quod vivens est, nulla veritas nec falsitas
valet intellegi. hoc autem convenientissimo monstrat
exemplo.

Huius autem signum hoc est: hircocervus
20 enim significat aliquid, sed nondum verum vel
falsum, si non vel esse vel non esse addatur,
vel simpliciter vel secundum tempus.

Magnam vim habet exempli huius subtilitas. non
enim sola illa nomina vel verba a veritate ac menda-
25 cio separata sunt, quaecumque simplicia sunt, sed
etiam illa quaecumque conposita, si sint simpliciter
dicta. hircocervus enim conpositum nomen est significans hircum et cervum, sed nisi ei aut esse aut
non esse addatur, ut dicamus hircocervus est vel
30 hircocervus non est, nullus inde veri falsive in-

1 concipiet F¹   7 ut fiat *ego:* et fiat *codices*   9 valet
est M est *suprascr.* vel valet T   dicam FE   14. 15 ut
homo est uiuit MT   16 significat MT   neq; MT
17 conuenienti MT   19 hoc est *om.* ⹂   20 sed quod MT¹
(quod *del.* T²) ⹂   22 *alt.* vel *in marg.* F²   24 a ueritate
T²E: falsitate (*om.* a) *ceteri*   26 si *om.* MT¹   30 falsiq; T

tellectus poterit provenire. ipsum enim quamquam sit conpositum, tamen simpliciter dictum veritati et falsitati proximum non est. si quis enim dicat tantum hircocervus, nihil enuntiat. quod si nihil enuntiat, praeter veritatem falsitatemque quiddam conpositum designans nomen auditor intellegit. quod vero ait vel simpliciter vel secundum tempus, ad hoc valet, ne putaremus tunc solum fieri de nomine enuntiationem, cum ei praesens tempus adicitur, ut cum dicimus: hircocervus est vel hircocervus non est; in his iam veritas est aut falsitas. sed non solum si praesens tempus designet propositio, sed etiam si praeteritum, ut si quis dicat hircocervus fuit, vel futurum, ut si quis dicat hircocervus erit, enuntiationem facit. ergo id quod ait vel simpliciter vel secundum tempus, huiusmodi est: simpliciter enim facta enuntiatio secundum praesens est. etenim quod praesens dicimus tempus non est, sed confinium temporum, tempus autem est futurum | vel praeteritum. p. 220 ergo non potest in eo quod est hircocervus veritas aut falsitas inveniri, nisi ei aut esse aut non esse addatur, vel praesens significans, quod est simpliciter, vel tempus, quod est praeteritum aut futurum. si quis enim sic dicat hircocervus est, simpliciter dixit id est secundum praesens, si quis autem hircocervus erit vel fuit, secundum tempus futurum scilicet et praeteritum. haec igitur quae erant utilia praelocutus ad definitionem nominis disputationis cursum intendit.

2. Nomen ergo est vox significativa secun-

2 ueritati dictum F¹ (corr. F²)   4. 5 enuntiat b: adnuntiat (vel ann.) utroque loco codices   5 propter M T¹   quoddam T²   8 putemus?   10 vel om. MT   11 etiam M¹T¹   14 qui M¹T   16 modi om. E   enim est simpliciter E huiusmodi enim simpl. T²   19 est om. MT   23 tempora MTE   25 enim MTE   30 DE NOMINE FMT   ergo om. MTE est ergo ⑤

dum placitum sine tempore, cuius nulla pars est significativa separata.

Omnis definitio genere differentiisque perficitur. sumpsit ergo ad definitionem vocem nominis genus, 5 cetera vero quae exsecutus est pro differentiis adgregavit. est autem huius termini talis expositio: nomen, inquit, est vox. sed vocum aliae sunt quae significant, aliae quae nihil significant. nomen autem significat id cuius nomen est. nomen igitur est vox significa- 10 tiva. vocum significativarum aliae sunt naturaliter, aliae non naturaliter. naturaliter est vox significativa, ut ea quae dolores naturaliter monstrat aut gaudia, non naturaliter vero significativae voces sunt, quas secundum positionem esse dicimus. secundum posi- 15 tionem vero sunt, quas ipsi sibi homines posuerunt, ut cum dixit aliquis primus qui rebus nomina condidit: haec substantia dicatur aurum, haec lapis, haec aqua, et alia similia. tales igitur voces secundum positionem sunt hominum, et ita secundum positio- 20 nem, quemadmodum ipsis hominibus placuit, a quibus nomina illa formata sunt. huiusmodi ergo voces, quae secundum positionem sunt, secundum ponentium placitum sunt. sed nomen non naturaliter significat. apud diversas enim gentes diversa sunt nomina. quae autem 25 apud diversos diversa sunt, ea non sunt naturaliter, sed secundum placitum eorum qui posuerunt positionemque ponentium. alioquin si naturaliter essent, quemadmodum ea quae dulcia sunt apud Romanos non eadem sunt apud Scythas amara nec acida, 30 sed apud ipsos quoque sunt dulcia et apud omnes

---

1 tempore diffinitum MT[1]   2 seperata F[1]   3 a genere MT differentisq. F   4 nominis uocem MT uocem quae est n. E   6 huius om. M[1]T[1] (add. T[2] term. huius M[2])   9. 10 uox sign. est MT uocum autem T[2]   12 naturaliter om. MT 13 sunt uoces MT   18 pro alia: his E   20 placet E[1] 29 sunt om. MT   acida sunt E

gentes eodem modo: ita quoque omnia nomina si
naturaliter essent, isdem omnes homines uterentur.
quare quoniam nomina naturaliter non sunt nec naturaliter significant, secundum placitum sunt scilicet
ponentium atque auctorum et a quibus nomina ipsa re- 5
bus inpressa sunt. est ergo nomen vox significativa
secundum placitum. secundum placitum autem positionemque significantium vocum aliae tempus secum
ad significationem trahunt, aliae praeter tempora
praedicantur. tempus secum trahunt, ut est curro 10
et lego vel cucurri vel legi et quaecumque sunt
verba. omne enim verbum cum tempore est, nomina
vero sine tempore sunt. cum enim dico Socrates
vel albedo vel aliquid huiusmodi, temporibus carent.
nomen ergo est vox significativa secundum 15
placitum sine tempore. vocum significativarum
secundum placitum sine tempore aliae sunt quarum
partes extra significent, aliae quarum partes extra
nihil designent. haec namque vox, quae est Socrates cum Platone aliisque discipulis, quae est 20
oratio, et significativa est et secundum placitum, partes
namque ipsius quae sunt nomina secundum placitum
sunt, et sine tempore, nulla namque in ea ne imaginatio quidem temporis invenitur, sed habet hoc quod
partes eius extra significant. tota namque oratio est 25
Socrates cum Platone aliisque discipulis, sed
eius pars Socrates si a tota oratione disiuncta sit,
significat aliquid. nominis autem pars nihil extra
significat; ipsius enim nominis quod est Socrates,

2 hisdem MT   ·   4 scilicet *om.* MT   5 et *om.* E
9 tempus E   11 et legi b   15 est *om.* MT   18 aliquid extra MT significant MT; nihil extra designent E   18.
19 nihil extra designant MT; aliquid extra significent E
23 eo FE¹   ne *om.* MT nec EF²   24 quidem *bis* F   sed
//////////// quod F habet hoc *in marg.* F²   25 significent E
29 autem T aut M

quod disiunctum a tota conexione significat, partes nihil extra designant. neque enim So neque c r a neque tes aliquid praeter totum nomen extra designant. quare rectissime definitio constituta est: nomen esse
5 vocem secundum placitum designativam sine tempore, cuius partes nihil extra significent. hoc autem propositis docet exemplis.

In nomine enim quod est equiferus ferus nihil per se significat, quemadmodum in ora-
10 tione quae est equus ferus. |

p. 221 Si enim sit oratio quae dicat equus ferus, duas res significat: equum et ferum. utrumque enim est, unum substantia, alterum quale. qui vero dicit equiferus, unum nomen est et ei unum quod significat
15 subiectum est. quocirca unum quoque permixtio ista significat. quod si unum significat tota permixtio, pars inde separata nihil extra designat. in toto enim nomine quod est equiferus, consignificat quidem ferus, per se vero nihil significat. quod si per se id quod
20 dicimus ferus aliquid significare arbitremur, non iam erit pars nominis, sed ipsum erit integrum nomen et habebit partes fe et rus. quocirca quoniam nominibus unum subiectum est et unum significat totum nomen, vel si sit aequivocum vel si non sit (canis
25 enim cum sit aequivocum, semel totum latrabilem, secundo totum rursus marinum significat): quare quoniam quodlibet nomen unum aliquid significat totum, pars eius separata et velut a tota conpositione seiuncta,

---

1 significat aliquid E   2 significant MT   3 neq; aliquid MT   designent F (n *del. et suprascr.* a F¹) designat MT   5 designificatiuam F designatiua MT¹   6 significant T *om.* M (*add.* M¹?)   6. 7 hoc — exemplis *om.* EMT (*in marg. add.* T¹?) Haec F prop. b: praep. FT   11 sit *om.* F   12 est nomen ET²   17 significat MT   21 pars erit MT   nom. int. MT   26 secundo caeleste sydus totum rursus m. E   28 pars autem E

in qua unum aliquid consignificabat, nihil extra significat. dat autem differentias simplicium nominum et conpositorum. dicit enim:

At vero non quemadmodum in simplicibus nominibus, sic se habet etiam in conpositis. 5 in illis enim nullo modo pars significativa est, in his autem vult quidem, sed nullius separati, ut in equiferus ferus.

Simplicis, inquit, nominis, quoniam non constat ex aliis, partes ne imaginatione quidem significationis 10 aliquid produnt, ut in eo nomine quod est homo neque ho neque mo quidquam significant nec significare putantur, idcirco quoniam simplex nomen est. in his vero quae conposita sunt, quoniam ex duobus significativis in unam significantiam rediguntur, vult 15 quidem significare aliquid pars, sed nihil separatum designat. in eo enim quod est equiferus dat quidem imaginationem aliquam significationis et putatur significare ferus (hoc est enim quod dixit: vult quidem), sed nihil extra separatumque significat. si enim hoc 20 ipsum ferus ut pars nominis dicatur, dimidium nomen dicitur eius quod est equiferus, dimidium autem nomen nihil designat. ergo id quod dicimus ferus cum alia parte nominis quae est equi unum consignificat equiferus, separatum autem nihil extra 25 designat. quod si rursus ipsum nomen extrinsecus,

2. 3 et — enim *om.* T (*add.* T²) dicit enim *om.* M E
4. Et M² *pro* uero: non M² non *om.* F M T 5 habent
F E ⹂ etiam *om.* M T et ⹂ 8 in ⹂ A: in eo quod est
ceteri ferus *om.* M T¹ ⹂ 9 Simplicius? F (*corr.* F²) *post*
nominis *add.* partes F² *ante* nom. E² constant T² 10 *post*
aliis *add. supra lin.* s. partibus M² partes *in* partibus *mutat* F²
partibus E G nec F² 12 neq; E 16 significari F E
19 *pro* hoc est enim: autem est nomen M T¹ 21 nominis
M² E 22 eius] id F T² E autem *om.* F 23 nominis
M² E 24 aliqua E 24. 25 signif. M T 25 autem nihil
in marg. F 26 significat E

non in alterius nominis parte ponatur, significat velut
nomen. ergo non est similis in simplicibus nominibus conpositisque partium significatio, sed simplicium
quidem nominum partes nec ipsae significant nec
5 significare putantur, conpositorum vero volunt quidem
partes aliquid significare et dant significationis imaginationem et significare aliquid putantur, sed nullius
separati retinent significationem.

    Secundum placitum vero, quoniam natura-
10 liter nominum nihil est, sed quando fit nota.
nam designant et inlitterati soni, ut ferarum,
quorum nihil est nomen.

    Dixerat superius in definitione nomen esse secun-
dum placitum, non natura. hoc autem nunc diligen-
15 tius monstrat dicens nihil esse nominum naturaliter.
atque ideo non illi sufficit ad definitionem, quod est
significativa vox, nisi illud quoque adderet, quod secundum placitum vox significativa est. alioquin multi
inlitterati soni significant, ut sibilus aliquid interdum
20 designat. ferarum quoque mutorumque animalium
voces interdum aliqua significatione praeditas esse

    1 in *om.* F¹T   parte nominis MT   signif. *suprascr.*
ibi (*ergo* ibi sign.), F²   sibi significat MT per se sibi sign.
M²E   uult F (uelut F²)   3 consign. F   6 designare
MT   10. 11 *inter* nota *et* nam *hos versus habet* b (*qui interpolati videntur, nam in codicibus meis desunt*): Tunc enim
significat nomen secundum placitum, quando fit nota alicuius
rei, id est quando significat aliquam rem, ut scindapsus. quamdiu enim huic voci nihil subiectum est, scindapsus nomen non
est. nam nominis est significare subiectum, scindapsus autem
subiectum non significat. non igitur nomen est. ac rursus est
huius constituere subiectum, nominis autem significare subiectum
est. non enim nomen aliquid diceretur, nisi a subiecti significatione hoc traheret, praecipue cum nomen dicatur quasi
notamen. itaque cum scindapsus subiectum significat, nomen
est. constat igitur nomen esse secundum placitum, sed tunc
quando fit nota, id est quando aliquod subiectum significat
19 sibi ius M¹T¹   20 mutorum MT   21 *supra* praeditas
scr. constitutas T²

perspicimus. quaedam enim vox | canum iras signi- p. 222
ficat, hinnitus quoque equorum saepe alterius equi
consuetudinem quaerit. sed haec naturaliter significant
atque ideo nomina non sunt. quod igitur naturaliter
significat, nomen non est. atque haec hactenus. nunc 5
quemadmodum facta sit definitio videamus. quod dixit
nomen esse **vocem**, traxit a genere definitionem; quod
significativam esse consequenter adposuit, nomen
ab non significantibus vocibus separavit; quod **secundum placitum**, ab naturaliter significantibus vocibus 10
nominis natura divisa est; quod **sine tempore**, ad
verborum discrepantiam respicit; quod eius **nullam
partem extra significare** propositum est, idcirco
dictum est, ut nomen ab orationibus distare videretur.
hactenus quidem de tota nominis definitione tracta- 15
tum est et quibus differentiis ab aliis vocibus distare
possit explicitum est, nunc autem quae videntur in
definitionem nominis incurrere an nomina sint, diligentius quaerit.

   **Non homo vero non est nomen. at vero 20
nec positum est nomen, quo illud oporteat
appellari. neque enim oratio aut negatio est,
sed sit nomen infinitum.**

   Nunc disserit qualia esse arbitrari oportet, quae
cum sub definitionem quidem nominis cadant, integra 25
tamen nomina non esse videantur. unde fit ut his
diligentissime distributis integerrima nominis definitio
concludatur. hoc enim quod dicimus **non homo** quid
sit ambigitur. oratio enim non est. omnis enim

   5 non est. ////////////// atque F; *supra* non est *scr.* al. esse
non poterit T² actenus *codices* 9 seperauit F 14 uidetur
M T¹ 17 possit nomen F²T²E *pro* autem: haec M T¹
18. 19 dilegentius F¹T¹ 20 nomen non est M T¹ 21 quod
℮¹ oportet F¹ 22 appellare E 25 finitionem F¹ quidem *om.* M T¹ cadunt T 26 uidentur M T 28 con-
claudatur M¹T¹

oratio verbis nominibusque coniungitur. hoc autem quod dicimus non homo duabus quidem partibus constat, sed unum in se retinet nomen, verbum vero non habet. negativa enim particula, quae est non,
5 neque nomen est neque verbum. rursus negatio non est. omnis enim negatio verum falsumve significat. non homo vero quod dicimus neque verum est neque falsum. nisi enim (ut supra ait) aliquid quod sit proximum ad id quod est esse addatur, nulla verita-
10 tis aut falsitatis ratio in qualibet orationis partium conpositione perficitur. at vero nomen non est. omne enim nomen unam rem significat definitam, ut cum dicimus homo, substantiam significat nec quamlibet, sed rationalem atque mortalem. eodem modo et cetera
15 nomina. qui vero dicit non homo, hominem quidem tollit, quid autem illa significatione velit ostendere, non definit. potest enim quod homo non est et equus esse et canis et lapis et cetera quaecumque homo non fuerint. quare quoniam id quod definite significare
20 potest aufert in eo negativa particula, quid vero significare debeat definite non dicit, sed multa atque infinita unusquisque auditor intellegit: dicatur, inquit, nomen infinitum. hoc enim quod dicimus non homo tam multa significat quam multa sunt quae a defini-
25 tione hominis disiunguntur. sed hoc Aristoteles voca-bulum, cum infinitum nomen vocaret, primus invenit. apud antiquiores enim ista quidem erat dubitatio, sed huic differentiae, qua differt nomen definitum ab huiusmodi nomine quod cum negatione proponitur,
30 inpressum vocabulum non erat, quod ipse testatur dicens: at vero nec positum est nomen, quo illud

3 *pro* uero: enim MT   5 est *post* uerbum E   9 est *om.* F¹ esse est T¹   11 conpositio F¹   13 neq; EM² 14 atque *om.* MT¹   25 nominis MT   27 antiquari/// F¹ enim *om.* F   illa MT¹   31 dicens /////////// F (Sequitur *videtur eras., quod* T² *add. in marg.*)   quod F¹

oporteat appellari. nullus enim posuit vocabulum, quo oporteat appellari id quod dicimus non homo, sed Aristoteles perspicaciter infinitum nomen huiusmodi praedicamentum censuit appellari.

Catonis autem vel Catoni et quaecumque 5 talia sunt non sunt nomina, sed casus nominis.

Omnis, inquit, casus alterius casus est. itaque fit ut quicumque casus sit alterius inflexio videatur. ergo quod dicimus huius Catonis vel huic Catoni vel alia huiusmodi casus nominamus, unde fit ut hi 10 casus inflexiones quoque dicantur. sed omnis inflexio alicuius inflexio est. quod autem inflectitur ab eo quod ipsa inflexione fit prius est. quare cum id quod dicimus Cato nomen sit et sit primum, distat inflexionibus suis. inflexio autem nominativi genetivus 15 et ceteri. nullus enim dixerit recte nomina casus esse. si enim id quod dicimus Cato alicuius casus sit, cuius casus | esse possit oportet ostendi. sed ante p. 223 id quod dicimus Cato nullus praedicatur casus: igitur quoniam Cato nomen nullius inflexio est, nec omnino 20 casus est. ceteri autem casus qui dicuntur nominativi inflexione formantur: Catonis et Catoni et Catonem. quare si distant ea quae ab inflexione nascuntur ab his quae inflectuntur, distant quoque hi omnes casus, qui sunt Catonis Catoni Catonem, eo quod 25 est Cato, id est a nomine principali. sed hic Cato nomen est, casus igitur nomina non sunt. aliud est

1 appellare E   appellari — oporteat (2) *om.* T   2 illud app. (*om.* id) M T¹   appellare E   4 appellare E¹ appellari ////// F app. sequitur E   5 Catoni] ni M T¹   7 *posterius* casus *del.* F²   est *om.* E   9 Catoni] ni M¹ T¹   11 uideantur M¹ T¹ 12 est *om.* M T¹ E   14 nomen est E   15 nominatiui *om.* M¹ T¹   gentes datiuus M¹ T¹   16 est et F² E   ceteri sunt T²   17 alius M T   18 possit *suprascr.* e E   19 nullus *del. et post* sed *transponit* F²   20 nomen //// F nomen est E 21 est *om.* E   autem *om.* M T   22. 23 Catonis·ni·nem M T (*item* 25)   25 ab eo F² T E   27 est *post* sed: M T *alt.* est *om.* M T E

enim ipse casus, aliud cuius est casus. quocirca si
nominis haec omnia casus sunt, haec nomina non sunt.
atque ideo prudenter veteres omnes casus genetivum,
dativum, accusativum, vocativum, ablativum suis di-
5 versisque nominibus vocaverunt, primum vero alias
rectum, quasi a nullo inflexum, alias nominis ipsius
vocabulo nominativum dixerunt. quare nunc hoc
Aristoteles exsequitur, quia casus nominum videantur non esse nomina, sed tantum nominum inflexiones
10 id est casus.

    Ratio autem eius est in aliis quidem eadem,
sed differt quoniam cum est vel fuit vel
erit iunctum neque verum neque falsum est,
nomen vero semper; ut Catonis est vel non
15 est; nondum enim neque verum dicit neque
mentitur.

    Ratio, inquit, id est definitio nominis et casus
nominis eadem est. nam sicut nomen vox significativa
est secundum placitum sine tempore, ut eius pars
20 nulla extra significet, sic etiam casus. nam vox est
et secundum placitum designativa et cuius separatae
partes nihil designant. ergo eadem definitio ratioque
est nominis et casus nominis, sed his una additur
differentia, quod omne nomen cum eo quod dicitur
25 est aut non est coniunctum aut adfirmativam enuntiationem facit aut negativam, ut Socrates est vel
Socrates non est. hic enim quoniam veritas aut
falsitas incidit, enuntiationem esse necesse est; in

---

    2 *pro altero* haec: casus E (*quod del. et* haec *suprascr.* E¹?)
7 uocabulum M¹T   8 quia E: qui E² *et ceteri*   9 tamen
M¹T¹   11 est *om.* FE   13 iunctum *ego:* adiunctum *codices
alt.* neque *om.* T¹   est *om.* E   14 semper *om.* F   15 enim
aliquid MT&A   dicit *om.* E   16 mentitur] falsum M¹TS
&A   17. 18 et casus nominis *om.* MT   20 nihil MT
22 nihil extra F²MT   et ratio MT¹ (*del.* T²)   23 *prius*
nominis *om.* M¹T¹ (et nom. *add.* M²)   24 eo quo F¹
26 vel *om.* MT   28 *pro* esse nec. est: facit MT

casibus vero quamvis addas est aut non est, nulla
inde adfirmatio neque negatio fit. neque enim ulla in
hos veritas aut falsitas cadit. si quis enim dicat Socratis est vel Socratis non est vel Catonis est vel
Catonis non est, quid sit vel non sit non adponens, 5
cum simplici casu est aut non est iungens inperfectam faciet orationem falsitate ac veritate disiunctam.
quare nulla enuntiatio est. ergo differt nomen casu,
quod nomen quidem cum est aut non est iunctum
aut verum aut falsum facit, casus vero nec verum 10
dicit neque mentitur. etenim nullo alio addito
trunca atque inperfecta sententia est. sed quorsum
istuc? ut definitio scilicet nominis integerrima con-
pleretur. etenim iam nunc definitio nominis hoc modo
est: nomen est vox significativa secundum placitum 15
sine tempore, cuius nulla pars significativa est separata,
definitum aliquid significans, cum est aut non est
iuncta faciens enuntiationem. sed de nomine hactenus, nunc verbum diligentissima definitione determinat.   20

3. Verbum autem est quod consignificat
tempus, cuius pars nihil extra significat.

Verbum distat a nomine hoc solo quod nomen
sine tempore est, ut supra iam dictum est, verbum
vim temporis in significationibus trahit. et esset qui- 25
dem plena definitio verbi, si alia in ea omnia quae
in nomine ponerentur, hoc solo discrepante quod ver-

2 neq. neg. fit *om.* M T¹ (*in marg. add.* T²)   enim *om.*
M T¹   nulla M T¹   7 uer. ac fals. E   *pro* ac: a F aut a
F²   8 en. nulla M T   a casu M T   10 *alt.* aut] uel M T E
13 istud M²E¹ istec T   18 iunctā M T   19 diligiten (*h. e.*
diligenti) E¹   21 DE VERBO M T S INCIPIT DE VERBO G²   signif.
E¹   22 extra nihil E   *verba Ar. continuant usque ad:* nota
M T¹S   23 solum M T   24 iam *om.* M T   25 est F¹
26 plena *in marg.* F²   eo T²   27 posita sunt ponerentur
M T F²

bum consignificat tempus, essetque definitio ita: verbum
est vox significativa secundum placitum cum tempore,
cuius nulla pars extra significativa est. sed quoniam
sunt illa nomini verboque communia, proprium autem
5 verbi consignificare tempus, a proprietate definiti verbum
voluit definire. diligenter autem ait consignificat.
nam significant nomina tempus, ut dies vel annus,
haec enim temporum nomina sunt; verbum autem
consignificat tempus. principaliter enim aut passionem
10 designat aut actum, ut cum dico accuso vel accu-
sor, sed cum ipsa actus passionisque significatione
vim quoque secum temporis trahit, ut ille actus aut
passio praeter aut futurum aut praeteritum aut quod |
p. 224 inter · haec est esse non possit. sequitur: et est
15 semper eorum quae de altero dicuntur nota.
sensus huiusmodi est: omne, inquit, verbum significat
aliquod accidens, quod accidens semper de altero
praedicatur. nam si omne verbum aut actionem aut
passionem designat, actio vero et passio in accidenti-
20 bus numerantur, omne verbum vim significat accidentis. sed accidens semper de eo praedicatur quod sibi
subiectum est, ut album de corpore et durum de ferro.
quare omnia verba eiusmodi aliquid designant, quae
semper de altero praedicantur, quod per hoc scilicet
25 dixit, quod ait verbum notam esse id est significationem eorum quae de altero praedicantur, quod idem
valet tamquam si diceret: verbum semper accidentia
significat, quorum haec natura est ut semper de altero

1 consignificat ///////// tempus ////////// difinitio F (essetque add. F²) 5 diffinitum G² nominis add. in marg. E²
7 consignificant (con eras.) F nomina signif. MT¹ non consign. nom. ET² annos F¹ 8 post autem add. in marg.
proprie F² 12 aut] uel MT 13 praeter aut E: praeter
praesens aut F praesens aut (om. praeter) MT 15 dicuntur
ego (cf. infra): praedicantur codices (om. E¹ add. in marg. E²)
18 si om. M add. M¹ 23 aliqua b 23. 24 quod — praedicatur MT¹ 27 accidens E 28 significant M¹T¹

praedicentur; cuius enim quaelibet res nota est, hanc
ipsam quae nota est designat.

Dico autem quoniam consignificat tempus,
ut cursus quidem nomen est, currit vero verbum, consignificat enim nunc esse.   5

Supra in definitione proposuit nomen esse sine
tempore, quod nunc quoque hoc monstrat exemplo et
diligentissimo quidem. nam idem praedicamentum ad
nomen relatum sine temporis consignificatione monstratur, ad verbum vero videtur esse cum tempore. 10
cursus enim simpliciter dictus ut nomen et ut res
propria sine tempore est, sin vero in actionem, quae
verbi semper est, inducatur, mox proprietatem verbi
ac temporis in se suscipit consignificationem. currit
enim verbum est et significat actionem et cum eadem 15
tempus ostendit, monstrat enim esse nunc id est praesens tempus. consignificat autem idcirco dictum
est, quoniam quod dicimus currit actum quidem quendam significat, cum eo vero actu in ipsa significatione
verbi praesens tempus inducitur. atque ideo diligenter 20
ait consignificat. et est haec verborum subtilitas
in Aristotele mirabilis.

Et semper eorum quae de altero dicuntur
nota est, ut eorum quae de subiecto vel in
subiecto.   25

Semper, inquit, verbum ea significat quae de altero praedicentur. quae sunt autem haec quamquam
brevissime, ipse tamen ostendit. est enim consuetudo

1 enim rei EM² (nota *del.* M²)   2 *pro* quae: cuius E²
significat E (*suprascr.* vel designat E¹)   3 uero F   10 at
MTE   uero uerbum MT   12 qua F¹   13 uerbis semp. inest
T²   14 consignificationem E: sign. *ceteri*   16 nunc esse
MTE   18 quidem *om.* E   21 haec *del.* M² *om.* E   23 Et
est MT¹   24 nota est ET²: nota *ceteri*   25 subiecto sunt
T²   27 praedicantur F²E²MT   autem *in ras.* F²   quem-
quam F¹   28 est autem MT

Aristotelis ea quae accidentia sunt in subiecto
esse dicere nec non etiam eadem ipsa accidentia de
subiecto praedicari, idcirco quod omnia quaecumque
accidentia sunt vel denominative vel quolibet alio
5 modo et de subiecto praedicantur et in subiecto sunt.
nunc ergo hoc dicit: tale quiddam significat verbum,
quod semper accidens sit, quod accidens vel in subiecto
semper vel de subiecto praedicatur. est alia quoque
expositio hoc modo: de subiecto dicitur genus semper
10 ad species. ergo eorum quae sunt accidentia alia
sunt individua, alia generalia. et illa quidem quae sunt
individua in subiecto tantum sunt, ut quodlibet particulari corpori accidens, alia vero sunt generalia accidentia, quae de aliis accidentibus praedicantur ut de
15 subiectis, ut est color. color namque praedicatur de
albedine et nigredine et ceteris. ergo nunc omne,
inquit, verbum quiddam quod de altero praedicetur
significat. sed hoc huiusmodi erit, quod aut particulare sit et in subiecto tantum sit, ut est currit,
20 cursus enim de nullo alio subiecto praedicatur, nisi
tantum in subiecto est, aut generale erit illud accidens
et universale, ut de alio rursus accidenti praedicetur
ut de subiecto, ut si dicam movetur. hoc enim quod
dicimus movetur de subiecto cursus praedicatur,
25 qui currit enim movetur. significat igitur verbum aut
particulare accidens, quod est tantum in subiecto, aut
universale, quod de alio accidente velut de subiecto
praedicetur. hactenus de definitione verbi distribuit.

3 praedicare T²   4 quodlibet F   5 *prius* et *om.* E
aut — aut MT   6 hoc *om.* MTE   significans F¹E
8 semper sit E   praedicetur E   10 ac MTE   qui MT¹
12 tamen F   cuilibet E²   15 *alt.* color *ego add:* om. *codices*
16. 17 inquit omne MT   17 praedicatur T²   18 hoc *in
marg.* F¹?   19 tantum ///// ut F tamen sit MT¹   21 illud
erit E   23. 24 ·hoc — movetur *om.* E   24 cursu E   25 enim
currit MT   26 tamen MT¹   27 accidente *om.* MT¹
28 praedicatur T²   definitionem (*vel* diff. *om.* de) MTE

nunc vero, sicut in nomine, ea quae in verbum incidere
poterant et verba non esse, a verbi ratione et proprietate disiungit.

Non currit vero et non laborat non verbum
dico. consignificat quidem tempus et semper 5
de aliquo est, differentiae autem huic nomen
non est positum; sed sit infinitum verbum. |

Sicut in nomine fecit, ita quoque in verbo ad p. 225
integram definitionem verbi proprietatemque contendit. ait enim non currit non esse verbum et id- 10
circo quod verbum omne finitum aliquid designat,
non currit autem quemadmodum infinitum sit paulo
post demonstrabitur. quod neque oratio est. in hoc
enim quod dicitur non currit neque duo verba sunt
neque duo nomina neque nomen et verbum, quae sola 15
possunt iungere orationem. at vero negatio non est,
etenim tota inperfecta sententia est. sed neque huic,
inquit, antiquiores posuere vocabulum. haec enim
differentia quae est non currit et non laborat,
quae a verbo puro et simplici distat, nulla apud anti- 20
quiores vocabulo nuncupata est differentia. differentiam autem vocavit id quod dicitur non currit et
non laborat ab eo quod est currit et laborat.
sed quoniam his nullum est ab antiquis nomen in-
positum, Aristoteles nomen ipse constituit dicens: 25
sit verbum infinitum. alioquin maximam dubitationem facit huius praedicamenti similitudo, quod
ipsum quidem praedicamentum vox est designativa
secundum placitum et de altero praedicatur et consignificat tempus, idem scilicet quod verbum quod est 30
currit. sed hoc solo differre perspicitur, quod illud

1 sicut fecit MTE   2 essent MT¹E   et a propr. E
4 et *om.* MT   8 Nunc uero sicut fecit in n. MT¹   10 esse]
est T²   17. 18 inquit huic MT   20 nulla F: nullo F² *et
ceteri*   21 differentia *eras. in* F *del.* T² *om.* E   24 ab
antiquis nullum est nomen MT

finitum verbum est, hoc infinitum. cur autem infinitum est, continua oratione persequitur.

Quoniam similiter in quolibet est, vel
quod est vel quod non est.

5 Infinitum, inquit, verbum est, quoniam cum de
altero semper praedicetur (non currit enim de altero
dicitur), tamen aeque vel de subsistente re vel de
non subsistente praedicari potest, ut in eo quod est
homo non currit. homo res est subsistens: ergo
10 dicitur id quod est non currit de homine id est de
re subsistente. rursus dicimus chimaera non currit. chimaera vero non est nec omnino subsistit et
potest de ea vere dici, quoniam non currit. quod
enim omnino non est, et non currit. ergo id quod est
15 non currit et de ea re quae subsistit atque est in
rebus dicitur et de ea quae neque est neque esse
poterit praedicatur; quare infinitum verbum dicatur.
nec solum hoc, sed illud etiam, quod qui dicit currit
rem quam quisque faciat definite significat, cum vero
20 dicit non currit, ipsum quidem cursum videtur
auferre, sed utrum sedeat, an iaceat, an ambulet, an
quid aliud faciat non relinquit. quare quoniam et ea
quae sunt et ea quae non sunt infinita sunt et de
his omnibus praedicatur quoniamque id quod tollit
25 finitum est, quid vero ponat infinitum, propter haec
verbum vocabitur infinitum.

Similiter autem vel curret vel currebat
non verbum est, sed casus verbi. differt autem

1 hoc] illud MT   autem hoc G¹?   2 sit MT
continuo ratione FG continua rat. F² *et ceteri* (*ut nos, editio
princeps*)   3. 4 et — et b   5 inquit *om.* F¹ *post* verbum *add.*
F²   quod T   de *om.* MT   7. 8 non de F   12 vero *om.* E
13 uera F¹   14 enim] uero F   et non F: nec GSMTE
15 atque *om.* F (*spatio relicto*) *pro quo add.* F² et de ea quae
17 dicitur M¹   18 hoc argumento est E²   dicimus M¹   19 facit
MT   20 cursum] currit E¹   21 aufferre F   22 et *om.* F
25 quod E ponit E   27 autem de futuro curret MT¹

a verbo, quod hoc quidem praesens consignificat tempus, illa vero quod conplectitur.

    Ut in nomine fecit, cum casus a nominibus dis-
tribuit, ita quoque casus verborum nunc a verborum ratione disiungit. curret enim quod in futurum 5
est vel currebat quod praeteriti retinet partem vel
cucurrit quod est integrum perfectumque praeteritum non sunt verba, sed verborum casus. praesens enim aut futurum exspectat aut praeteritum relinquit. atque ideo futurum tempus ad praesens 10
tendit, praeteritum a praesenti incohat. unde fit ut
principaliter contineat verbum id quod est praesens,
ut sit verbum integre quod praesens designat. haec
autem quae praeter praesens in aliqua significatione
sunt non sunt verba, sed verborum casus. hic quo- 15
que, sicut in nomine fecit, verborum et casuum differentiam prodit. ait enim: omne verbum praesens
significat tempus, casus vero verborum illud tempus
significat, quod circa ipsum praesens est idque conplectitur. conplectuntur autem id quod est praesens 20
circaque ipsum sunt futurum et praeteritum tempus;
inter utraque enim tempora praesens locatur. quidquid ergo vel futurum tempus vel praeteritum significat, quae tempora praesens conplectuntur et circa
sunt, non verba, sed verborum casus dicuntur. est 25
ergo integra definitio verbi: verbum est vox significativa secundum placitum cum tempore, cuius nulla
pars extra significativa est separata, definitum aliquid

---

    1 hoc quidem 𝕾: uerbum *ceteri*   1. 2 consignificat prae-
sens b praesens sign. 𝕾 signif. pr. *ceteri*   quod complectitur
𝕾A SM¹T¹: quae circa sunt FM²T² quae circa sunt complectitur E   3 cum *om.* M¹T   5 etenim MT¹   in *om.*
MT   futuro E   9 aufuturum M¹T¹   12 verbum *om.* E
ante contineat *add.* E²   16 et *om.* F   casum F¹   17 aut
F¹   18 significans F   19 significant E¹   20 complectitur E¹   26 enim F   28 separata *om.* E separatur T¹

significans, praesentis significationem tenens. quoniam
vero pars verbi nihil extra designet, ex eo mani-
p. 226 festum | est quod ne nominis quidem pars quidquam
extra significat.

5　　　Ipsa quidem secundum se dicta verba nomina sunt et significant aliquid. constituit
enim qui dicit intellectum et qui audit quiescit. sed si est vel non est, nondum significat.
Subtilissimum quidem ingreditur sensum, sed est
10 huiusmodi: omne, inquit, verbum per se et sine alterius coniunctione prolatum nominis quodammodo speciem tenet et vere nomen est. cum enim dico homo
currit, tunc id quod dixi currit ad hominem referens integrum feci verbum, quoniam sine dubio semper
15 de altero praedicatur. sin vero per se dixero currit,
suum quiddam quodammodo facio ipsum currit cum
nullo alio iungens et fit mihi nomen. unde Graeci
quoque his per se dictis verbis aliquotiens addunt
articularia praepositiva, ut est τὸ τρέχειν, τοῦ τρέχειν.
20 si quis enim dicat: velocius est id quod est currere
eo quod est ambulare, in illo nominativum iunxit
articulum dicens id quod est currere, in illo vero
ablativum dicens eo quod est ambulare; velut si
quis in nomine dicat: id quod est scamnum levius
25 est eo quod est ostium, hoc quod diximus id quod
est scamnum ad ipsum scamnum articulare prae-
positivum iunximus, tamquam si diceremus hoc scamnum, et quod rursus diximus eo quod est ostium,
tamquam si diceremus hoc ostio: ita quoque cum

3 nec MT¹E　　　quidquam om. E　　　8 sed — signif.
om. b　　11 modo om. E　　12 uere in marg. F²　　13 dixit F
14 quod E²　　16 quicquid quo admodum F¹　　17 sit MT¹
19 ut est om. MT¹　　20 enim om. E　　id om. F¹　　22 arti-
culo MT¹　　23 ablatiuo E　　24 leus M¹T¹　　25 hostium
MT¹ (item 28)　　an hic?　　dicimus E　　28 est om. F¹ (ostium
est F²)　　29 dixerimus F¹　　hostio MT　　quoque om. MT¹

dicimus: velocius est id quod est currere eo quod
est ambulare, hoc quod dicimus id quod est currere
ita ponimus tamquam si dicamus hoc currere, et
rursus eo quod est ambulare, tamquam si diceremus
ablativo modo ab hoc ambulare, quasi translatum 5
ad nomen sit dictumque hac ambulatione. quare
per se dicta verba nomina sunt. et est huius rei
probatio quam ipse Aristoteles ponit. cum enim
simplex dicimus nomen, auditoris incohat intellectus
cum nostra prolatione et dum proferimus, dicentis 10
sequitur vocem et tunc quiescit, cum illud nomen
fuerit expletum. cum enim dico hippocentaurus,
ingreditur a prima syllaba audientis intellectus et
usque ad finem totius nominis non quiescit. ubi vero
extremam audierit syllabam, mox quid dictum sit 15
auditor intellegit et eius intellegentia conquiescit. sic
ergo et in verbo. cum dicimus currere, intellectus
quoque audientis per eas syllabas quae sunt cur et
re et rursus re vadit, sed ubi extremam audierit
syllabam, mox totius verbi capiens significationem 20
intellectus quiescit. ergo verbum per se dictum nomini
simile est et est quodammodo nomen. sicut enim in
nomine is qui dicit intellectum audientis ultimae syllabae prolatione et totius nominis perfectione constituit
et is qui audit quiescit et ultra eius intellegentia non 25
progreditur: ita quoque et verbum si per se dicatur
audientis constituit intellectum. quod si cum alio coniungatur, nondum tota intellegentia constituitur audientis. ut cum dico Socrates ambulat, in solo ambulat, quod est verbum, non consistit perfecta sententia 30
nisi in toto, quod est Socrates ambulat. rursus

2 *prius* est *om.* MT¹E¹   *alt.* est *om.* E¹   ·5 ab
del. T²   9 inchat F   13 ad primam sillabam T²   audienti
F¹   17 ergo *om.* E   19 uidit F¹   19. 20 sillabam aud.
T¹   22 Si F¹   28 totam intellegentiam constituit E
29. 30 ambulat *om.* E   30 consentit E

cum dico ambulare moveri est, non in unoquoque
horum verbo sententia constituta est, sed in tota oratione conquiescit auditor, idcirco quoniam, si verbum
de altero subiecto praedicetur, utriusque significatio-
5 nem verbi iungit auditor et non per se verbum
ipsum considerat quod dicitur, sed ad alterum refert, ut ambulare moveri est ambulationem ad
motum vel Socrates ambulat ambulationem ad Socratem. tunc ergo fit integrum verbum, cum refertur
10 ad alterum. at si simpliciter praedicetur verbum
nomen est, idcirco quod sicut nomen dictum ita quoque verbum audientis constituit intellectum.

    Sed si est vel non est, nondum significat;
neque enim esse signum est rei vel non esse.

15   Sed quamquam nomen sit, inquit, verbum et aliquid definite significet per se dictum, solum tamen
non faciet enuntiationem neque verum aliquid falsumve
constituet. hoc est enim quod ait: sed si est vel
non est, nondum significat, ad adfirmationem
20 referens quod dixit sed si est, ad negationem quod
ait vel non est. nihil enim horum significat per se
verbi praedicata prolatio. cum enim dico currit,
hoc ipsum currit significat quidem aliquid, sed si
est aut non est nondum significat; neque enim
p. 227 esse signum est rei | aut non esse. quod tantum
26 valet tamquam si dicam: id quod dico currit non
significat esse ipsum cursum aut non esse. si enim
significaret, ita diceretur: currere est vel currere
non est. nunc autem currit non designat esse ipsam

---

4 praedicatur T²   4. 5 consignif. E   verbi signif. T²
8. 9 socraten E   10 ad simpliciter F¹   11 quoniam T²
dicta M¹T¹   14 neque — non esse *om.* MT   15 nomen
inquit et uerbum aliquid F²   18 constituit E   21 horum
in marg. F   23 aliquid quidem F   28. 29 *ante* currere est
add. in marg. currit homo T; modo currit homo *add.* M² modo
currit homo modo currere est vel modo currere non est E
29. pg. 65, 1 ipsam rem esse aut MT

rem vel non esse. dicitur enim solum et est intellectus
quidam, sed neque adfirmationem significat neque
negationem, idcirco quod neque ponit rem esse nec
eam interimit. quod per hoc monstravit quod ait:
neque enim esse signum est rei vel non esse, 5
id est neque enim quodlibet verbum ita praedicatur,
ut signum sit rei illius de qua praedicatur, quoniam
est vel quoniam non est.

Nec si hoc ipsum est purum dixeris. ipsum
quidem nihil est, consignificat autem quandam 10
conpositionem, quam sine conpositis non est
intellegere.

·Est verbum iunctum cum alio verbo vel nomine
solet facere propositionem, ut homo est vel currere
est, ipsum autem est purum si dictum, inquit, fuerit, 15
neque verum est neque falsum, a quo omnes paene
enuntiationes fiunt, quae sunt simplices. ergo nec si
hoc ipsum est purum dixeris, esse aliquid aut
non esse significat, id est aut adfirmat aut negat, idcirco quod ipsum est simpliciter dictum nihil est, 20
non quod omnino nihil significet, sed quod nihil neque
veritatis habeat neque falsitatis, id est non nihil est
ad significationem, sed ad veritatis falsitatisque significationem, de qua nunc tractabitur. cur autem nihil
veri falsique monstraret, ostendit. est enim duobus 25
modis dicitur, ut verum falsumque designet: aut cum
unam rem quamlibet propria conpositione constituit,
ut cum dico homo est, ipsum est cum homine
iunctum atque conpositum esse hominem constituit et fit exinde enuntiatio; aut rursus cum duae 30

1 vel non esse *om.* E   2 *an* quidem?   3 neq; T
6 verbum *om.* F¹   7 rei *om.* E   10 quia consignif. (*del.*
autem) T²   14 vel *om.* M¹T¹   15 inquit *om.* E (*add.* E¹)
17 nec *om.* F¹   18 aut *om.* F¹M (*add.* M¹)   22 ueritas M¹T¹
habeat *om.* E   24 tractabatur F²   25 monstret b   26 designat E   28 homine] homo est T¹   30 at rurs. T²

Boetii comment.   5

res per ipsius verbi conpositionem copulationemque
iunguntur, ut est homo animal est. homo namque
et animal copulantur atque iunguntur per id quod
dicitur homo animal est. ergo si omnis veri falsi-
5 que in enuntiatione significatio eius quod dicitur est
in conpositione est, cum aut sua conpositione aliquid
esse constituit aut duas res copulat atque conponit,
vis eius quae in enuntiationibus propositionibusque
monstratur in veri falsique scilicet designatione prae-
10 ter ipsas conpositiones, in quibus hoc solet efficere,
nulla est. atque hoc est quod ait: consignificat
autem quandam conpositionem, quam sine
conpositis non est intellegere. cum enim dico
est, nihil significavi quid sit aut non sit. quod si
15 faciam enuntiationem, conponam necesse est, ut homo
est aut ut homo animal est. quare si omnis eius
vis in veri falsique enuntiatione ad conpositionem refertur, cum praeter conpositionem dicitur, quod in
conpositione designare potest, id praeter conpositionem
20 non designat, potest autem conpositione facta verum
falsumque in enuntiatione monstrare. haec igitur
sine conpositis in verbo est nullus valet advertere. recte igitur dictum est consignificare quandam conpositionem, quae sine conpositis intellegi non
25 valeret.

4. Oratio autem est vox significativa, cuius
partium aliquid significativum est separatum,
ut dictio, non ut adfirmatio.

Omne quod conpositum est eorum suscipit natu-
30 ram ex quibus totum conpositi ipsius corpus efficitur.
quare quoniam oratio verbis constat atque nominibus,

8 propositionibus MT¹   10 ipsas *om.* T¹   16 ut *om.*
MTE   19 designari F²   21 falsumue E   23 igitur *om.*
M (*add.* M¹)   26 DE ORATIONE FTG   28 adfirmatio uel
affirmatio T¹ (uel aff. *del.* T²) adf. uel negatio MG²SƇ
30 totum *om.* MT   31 constat uerbis MT¹   et MT

quae significativa sunt, recte oratio quoque significativa esse definitur. sed distat oratio his ex quibus
ipsa effecta est id est nominibus atque verbis, quod
eorum partes nihil extra designant, orationis vero pars
aliquid separata significat. nam si nomen et verbum 5
partes orationis sunt, haec autem per se significant,
non est dubium separatas partes orationum significare.
quo modo autem designant, sequenti determinatione
monstravit. significant igitur partes orationum ut
dictio semper, non semper ut adfirmatio. nunc 10
autem dictionem dicit simplicem verbi aut nominis
nuncupationem. sunt enim quaedam orationes, quarum partes ita significant quasi adfirmatio, ut in ea
oratione quae est si dies est, lux est, id quod
dicimus lux est totius orationis pars est et ita est 15
significativa | ut quaedam adfirmatio. sed non omnis p. 228
oratio adfirmationem habet in parte. haec enim ipsa
quae dicit lux est, habet in partibus id quod dicimus
lux et rursus id quod dicimus est, sed neutra ipsarum adfirmatio est, sed tantum simplex dictio. omnis 20
ergo oratio dictionem quidem habet in parte, non
vero omnis oratio adfirmationem. recte igitur dixit
partes orationis significare ut dictionem, non ut
adfirmationem. quid autem sit dictio, ipse paulo
post clarius demonstravit.   25

  Ut dictio, non ut adfirmatio. dico autem,
ut homo significat aliquid, sed non quoniam

    1 recte *om.* M T¹   7 separates? F¹ separate F²   ora-
tionis E   8 Quod (*om.* modo) F   significant E   9 monstrabit
M T E   orationis T²   14 si dies est *om.* F¹   15 diximus
T¹   et F²: *om.* F¹ *et ceteri*   est *om.* E   19 et *om.* T
et rursus *om.* M (*add.* M¹)   19. 20 ipsarum b: ipsorum *codices* (*an* neutrum ipsorum?)   22 oratio *om.* E (*add.* E¹)
dictum est M T   23 sign. semper E   24 sit *om.* M¹ T¹
ipse *om.* M T¹ ipsa E (*corr.* E¹)   25 demonstrabit S M E
monstrabit G   26 Ut — adfirmatio *om.* M T S¹ (*in marg.*
add. S²)   *alt.* ut *om.* F¹

est aut non est, sed erit adfirmatio vel negatio, si quid addatur.

Quod supra proposuit dicens orationis partes ut
dictionem significare, non ut adfirmationem, hoc
5 convenienti monstravit exemplo: homo, inquit, dictio
est et est pars orationis, si in tota oratione ponatur,
ut est homo animal est. ergo id quod dicimus
homo dictio quaedam est, sed adfirmatio non est.
cum ergo nomen hoc id est homo pars orationis sit
10 et adfirmatio non sit, docetur verum esse quod dicitur orationis partes significare ut dictionem, non
ut adfirmationem. docet autem illa res nomen
hoc adfirmationem non esse, quod in adfirmatione
semper veritas aut falsitas invenitur, nomen vero sim-
15 pliciter dictum neque verum neque falsum est. quare
nomen hoc id est homo ut adfirmatio non significat,
sed designat aliquid simplex, significat igitur aliquid
ut dictio. haec autem dictio, si ei aliquid addatur,
ut est verbum aut quodlibet verbum aliud quod
20 enuntiationem possit efficere, erit adfirmatio. si enim
quis dicat homo est vel homo vivit, fit adfirmatio.
atque hoc est quod ait: sed erit adfirmatio vel
negatio, si quid addatur. si enim aliquid ita adponatur vel adpositum ita negetur, ut enuntiatio con-
25 stitui possit, adfirmatio negativove perficitur. si quis
enim dicat homo vivit, adfirmatio est; homo non
vivit, negatio est. docet autem dictionem esse vocem
secundum positionem per se significantem per hoc
quod ait: sed non una hominis syllaba. una

1 *prius* est *om.* F¹M¹T¹   2 addatur sed non una hominis syllaba SMT¹ (sed — syll. *del.* T²)   6 *alt.* est *om.* E
7 id *om.* M (*add.* M¹)   12 ut *om.* F¹   13 affirmationem E
16 non ut aff. consign. E   17 designant F¹ designet MT
alt. aliquid *om.* MT¹   19 ut] aut E   20. 21 quis enim E
23. 24 oppon. vel oppos. F   24. 25 possit const. MT   25 negatione M¹T¹   27 est *om.* MT   29 nominis E (*item* p. 69, 1)

enim hominis syllaba dictio non est, idcirco quod
nihil per se separata significat, ut ho. si quis enim
ab eo quod est homo tollat syllabam ut ho et mo
et in ceteris quae supra ostendimus, omnis eiusmodi
pars quae per se nihil significat non est dictio, sed 5
tantum in toto nomine quiddam positum designat et
consignificat, ut in eo quod ipse ponit exemplo:

Nec in eo quod est sorex rex significat,
sed vox est nunc sola. in duplicibus vero
significat quidem, sed non secundum se, quem- 10
admodum dictum est.

In eo, inquit, quod est sorex, rex videtur quidem aliquid significare, sed cum toto nomine consignificat potius quam quidquam per se ipsum designat,
quemadmodum supra iam dictum est. docuit enim 15
supra partes nominis nihil omnino significare separatas. quod ergo dicit sed non secundum se, id
est in eo quod est sorex rex per se nihil significat,
sed tantum quiddam consignificat, quod cum tota nominis conpositione designat, cum et so syllaba et 20
rex iuncta in unum id quod est sorex in tota syllabarum coniunctione designet.

Est autem oratio omnis quidem significativa non sicut instrumentum, sed, quemadmodum dictum est, secundum placitum.   25

2 ut in ho F²   ut ho *om.* G   2. 3 ut ho — syllabam
om. SMTE si — syllabam *del.* F²   3 tollet F   ut ho *om.*
F ut in ho E   et in mo F²   *post* mo *add. supra lin.* nihil
significat G¹   4 ut in cet. *corr.* G   quae G (*sed eras.*) T²:
om. ceteri   ut supra SMT¹E   omnis *ego:* omnis enim *codi-*
ces huiusmodi MT¹E   6 tantum b: tamen *codices* nomine
toto MT¹   *an* positum quiddam?   significat MT   9 nunc
om. MT   vero *om.* MT¹   10 quidem signif. M quod sign.
T¹ (*del.* quod *et* quidem *post* sign. *add.* T²)   secundum se
sed MT   11 est *om.* F¹   12. 13 quidem vid. MT
15 iam *om.* E   19 tantum b: tamen *codices*   21 unum
id F (*in medio* F² enim? *scripsisse videtur*)   22 designet b:
designat *codices*

Plato nomina naturalia esse constituit et hoc hinc probare contendit, quod quaedam supellex et quodammodo instrumentum sint invicem sensa prodendi. naturalium vero supellectiles sunt naturales: ut oculi
5 instrumenta quidem sunt videndi, qui visus res naturalis est, quare oculos quoque naturales esse necesse est: ita etiam oratio rerum naturalium supellex est atque instrumentum id est sententiarum, quare ipsa quoque est naturalis. Aristoteles autem dicit non
10 secundum naturam esse orationem, sed secundum placitum. quocirca nec esse orationem supellectilem naturalem. quod enim dicit non sicut instrumentum, non dicit non per hoc instrumentum sensa pro-
14 ferri, sed tantum rem esse orationem secundum posi-
p. 229 tionem, per quam proprias | sententias demonstremus. cuius enim rei partes ad placitum sunt, ipsa quoque est ad placitum. sed orationis partes nomen et verbum sunt, haec autem sunt ad placitum, non natura: oratio igitur ipsa secundum placitum positionemque
20 est, sed non est naturaliter constituta. est autem integra definitio orationis haec: oratio est vox significativa secundum placitum, cuius partes aliquid extra significent.

Enuntiativa vero non omnis, sed in qua
25 verum vel falsum inest. non autem in omnibus, ut deprecatio oratio quidem est, sed neque vera neque falsa.

Orationis (ut supra iam diximus) multae sunt

2 constudit E¹ (corr. E²)   supplex F¹ suppellex F² et ceteri (item infra)   3 sint T²: sit T¹ et ceteri   in uocem T²E   protendi M¹T profendi E¹   4 naturalis F¹ (item 6)   5 qui] Quoniam MT¹   12 sicut MT¹: esse FET²   14 tamen MT¹   18 prius sunt] est FMT¹   ad pl. sunt MT   19 autem MT   20 sed] et T²E   21 haec om. E   23 significant b   24 uero est T²   25 est MT¹ 26 est om. M¹T¹

species. est enim oratio prima optativa, ut Utinam
tibi istam mentem di inmortales duint! secunda
vocativa, ut Heus tu, tertia imperativa, ut Cape,
da hoc Dorcio, quarta deprecativa, ut Iuppiter
omnipotens et reliqua, quinta enuntiativa, ut dies 5
est, dies non est. sed in hac sola specie orationis
veritas et falsitas inest, in illis vero ceteris minime.
volens autem Aristoteles ostendere multas esse orationes et non omnem orationem esse enuntiativam
hoc addidit: deprecatio oratio quidem est, sed 10
neque vera neque falsa. etenim deprecatio in
orationis speciebus ponitur, sed nulla in ea veritatis
natura falsitatisque cognoscitur.

Et ceterae quidem relinquantur; rhetoricae enim vel poeticae convenientior considera- 15
tio est; enuntiativa vero praesentis est speculationis.

Deprecativam, inquit, et optativam et vocativam
atque imperativam poetis atque oratoribus relinqua-
mus. illis enim vel ad imitandos vel ad movendos 20
adfectus ceterae orationis species adsumuntur. nos
vero philosophi, quibus veritatis et falsitatis discretio
curae est, de illa sola oratione tractamus in qua
utrumlibet horum possit agnosci. in enuntiatione vero

1 Cic. in Cat. I c. 9 § 22   3 Cic. pro Mil. c. 22 § 60
3. 4 Ter. Phormio I, 2, 102   4. 5 Verg. Aen. II 689

1 autem MT   optiua F¹   2 dii MTE   duint de-
derunt F dedissent G²?   3 he eus G   tu] ita F
5 ulciputens F¹ (*suprascr*. omi F²) ulcipotens T² altipotens
T¹ME   et reliqua *om*. MT precibus si flecteris ullis b   6 in
om. MT¹   8. 9 orationis F¹   12 .orationib; M¹T¹   13 fals.
nat. MT   14 cetera FME   relinquitur M¹T¹   15. 16 assigna-
tio E (*suprascr*. consideratio E¹)   16. 17 spec. est MT
considerationis est ⅊   18 optiuam F¹   20 mitigandos F²
inuitandos M² inmutandos E¹   21 effectus E¹   23 tractemus MTE   24 posset E

aut veritas inest aut falsitas. quocirca nos quoque de enuntiatione tractemus.

5. Est autem una prima oratio enuntiativa adfirmatio, deinde negatio; aliae vero con-
5 iunctione unae.

Enuntiativarum orationum aliae sunt per se unae, ut est homo animal est; aliae coniunctione unae, ut est si homo est, animal est. homo est enim et animal est duae sunt, sed addita coniunctione quae
10 est si una redditur. earum autem quae unae sine coniunctione sunt prima est adfirmatio, secunda nega-
tio. hoc enim tollit negatio quod adfirmatio ante constituit et hoc negatio dividit quod illa coniunxit. enuntiativarum igitur orationum earum quae sunt per
15 se unae prima est adfirmatio, deinde negatio. aliae vero sunt non per se unae, sed cum plures sint naturaliter, unae fiunt coniunctione.

Necesse est autem omnem orationem enun-tiativam ex verbo esse vel casu. etenim homi-
20 nis ratio, si non aut est aut erit aut fuit aut aliquid huiusmodi addatur, nondum est oratio enuntiativa.

Aristotelis Graecus textus non habet ita ut nos supra posuimus, sed hoc modo: etenim hominis, si
25 non aut est aut erit aut fuit et cetera, subintelle-gendum relinquente philosopho, quod de ratione dice-ret id est definitione quam Graeci λόγον dicunt. sed

4 vero *om.* MT   6 Enuntiatiuarum uero MT   10 reddi-tur oratio T² unae sine E: unae FMTS una G   11 con-iunctiones G   est *om.* MT¹ est ut E   15 est *om.* E 16 sunt E   17 fiunt (sunt T²) coniunctione unae MT   18. 19 enunt. om. or. MT¹ en. or. ©   20 ratio F: rationi F² *et ceteri*   23 Aristoteli? F¹ Aristoteles M² Aristotiles E¹ Graecus *ego:* greco F¹G? greci T² in greco F² *et ceteri* textum G textu M²S² (s *eras.*) G²   25. 26 ubi subintell. M²   26 relinquente philosopho *in ras.* F²   27 de def. b longon F logon F² *et ceteri* (*item infra*)

cum supra de oratione tractasset, quae apud illos
eodem modo λόγος vocatur, dum de hominis ratione
id est definitione vellet dicere, quoniam non significat
verum vel falsum, nisi ei aut est aut fuit addatur,
communione vocabuli usus ad λόγον de quo superius 5
tractabat rettulit, ut non orationem intellegeremus, sed
potius rationem. de qua re illis nunc satisfacimus,
si qui Graecae orationis periti nos forte culpabunt,
cur quod illic non fuit nostrae translationi adiecerimus. nos enim ad faciliorem intellectum Latinae 10
orationi famulantes hoc adposuimus, quia de oratione
loquentibus intellectus ad rationem, nisi id esset adiectum, transferri non poterat. totum vero quod dicit
tale est: enuntiativae orationes si sunt simplices, has 14
verba constituunt. ex | duobus enim nominibus solis p. 230
enuntiatio non fit, ex nomine autem et verbo fit, ut
est homo vivit. fit quoque ex solis verbis, ut est
ambulare moveri est. fit etiam ex casu verbi, ut
Socrates fuit vel dies erit. erit enim et fuit
verbi casus sunt. quocirca enuntiativam orationem 20
simplicem sola maxime verba constituunt. eorumque ponit exemplum, in quo cum plura sint nomina,
nisi addito tamen verbo in enuntiationis proprietatem
et significantiam non venit, ut est definitio hominis.
ratio enim hominis est speciei hominis definitio. cui 25
si non aut est aut non est aut aliquid huiusmodi
addatur, enuntiatio esse non poterit. nam si quis

    2 dicitur MT   4 vel] aut MT   aut (post ei) del.
T²   post est add. aut erit b   5: 6 communionem vocabuli
huius id est logon — reticuit E²   7 re om. E   illas F¹
satisfacimus nunc E   9. 10 adiceremus FT²E² adiaceremus
E¹   14 orationis F¹   si om. F del. T²   sint MT¹
16 verbo] nomine E¹   19 uel T²: etiam uel codices vel
etiam b   21 maxime sola MT   22 exempla MT¹E (corr. E¹)
sunt E   23 tamen add. MT¹   24 inuenit (om. non)
M¹T¹   25 speciei def. (om. hominis) E   26 est aliquid (om.
aut) MT¹

dicat animal rationale mortale, nulla in eo adhuc
aut falsitas aut veritas intellegitur. si vero addatur
est, ut sit animal rationale mortale est, enuntiatio sine ulla dubitatione perficitur. solum igitur
5 verbum enuntiativam simplicem continet orationem.

Quare autem unum quiddam est et non
multa animal gressibile bipes, neque enim eo
quod propinque dicuntur unum erit, est alterius hoc tractare negotii.

10 Cum de simplicibus atque unis orationibus loqueretur, definitionem hominis interposuit, de qua nunc
hoc dicit: ita quidem interposita est definitio hominis, tamquam si una esset oratio, cur autem una
sit oratio, nunc, inquit, dicere intermittimus. neque
15 enim idcirco una esse putanda est, quia continue dicitur et sibimet propinque animal gressibile bipes. posset
enim videri horum continua et sub uno prolatio unam
facere enuntiationem, sed hoc Aristoteles negat.
nam non idcirco una oratio est, quia propinque et
20 continue dicitur, cur autem una sit, alterius est hoc
tractare negotii. et de eo disputat in his libris quos
μετὰ τὰ φυσικά inscripsit, quod est opus philosophi
primum. nobis autem hoc in secunda editione monstrandum est.

25 Est autem una oratio enuntiativa quae

<hr/>

1 ea E　　2 *prius* aut *om.* MTE　　1. 2 fals. adh. E　　3 est
om. T¹　　mortalis T¹　　5 uerbum *om.* F¹　　6 autem *om.*
MT¹　　7 //// eo M in eo T　　8 dic. prop. MTⒼ　　10 Dum
M²　　13 si *om.* E　　14 non sit T²　　15 continuo MT¹
16 possit E¹　　17 uideri horum uideri E (*corr.* E¹) horum
suprascr. ratio F² horum oratio M²　　uno *ego:* una *codi-*
ces (*v. indicem*)　　prolatio F: prolatione F² *et ceteri*
(prolatione edita M², *del.* sub *et corr:* et una prolatio E⁷)
18 hoc *om.* E　　20 continueq; (*om.* et) E　　una *om.* E
non sit T²　　21 de eo] deo F¹ ideo M¹T¹　　quos et T¹
22 meta //// phisica F metaphisica MTGS metaphysica E
23 primi G¹S²

unum significat vel coniunctione una, plures
autem quae plura et non unum vel inconiunctae.

Duplicem modum unarum multarumque orationum
esse denuntiat. est namque una oratio vel cum unam
rem significat vel cum coniunctione una est, ut est 5
ea quae dicit animal rationale mortale homo
est. hanc enim huius orationis sententiam nullus in
multas significationes diducere poterit, sed unum quiddam significat et est praeter coniunctionem. alia
vero oratio est una, quae per coniunctionem una est, 10
ut si dies est, lux est. est ergo una oratio quae
vel unam rem significat vel coniunctione iungitur.
plures autem sunt quae plura significant, ut est
canis movetur. hanc enim potest et ad latrabilem
et ad marinum et ad caelestem auditor advertere 15
atque ideo, quoniam multa significat, non est una
oratio, sed plures. sunt quoque orationes per se plures
et numero et significatione, quae nulla coniunctione
copulantur, ut si quis dicat sol est, pax erit, nox
est, caelum volvitur. haec cum plura significent, 20
nulla tamen coniunctione iunguntur atque ideo plures
orationes vocantur. in summam igitur unarum orationum aliae sunt significatione unae, aliae coniunctione;
non unarum vero orationum aliae sunt significatione
plures, aliae eo quoniam nulla coniunctione copu- 25
lantur.

Nomen ergo et verbum dictio sit sola, quoniam non est dicere sic aliquid significantem

1 continuatione F¹T²   2 plures F¹ (plura significant F²)
coniunctae M¹T¹   3 rationum F   4 autem MT   6 rationalis mortalis T¹   8 deducere F (corr. F¹) M²   9 coniunctiones E   12 iungitur una est MT¹ (una est del. T²)   15 auctor
T   18 quoniam MT¹   oratione F   19 copulant F   qui F¹
21 coniunguntur E   22 summa GT²   or. un. GE   23 coniunctione unae T²E   25 quod T²   nulle F   27 fit F²
28 aliquem F²T²

voce enuntiare, vel aliquo interrogante vel
non, sed ipsum proferentem.

Per hanc sententiam simplex dictio quid sit exponit. dicit enim verbum nomenque dictiones videri
5 solum, non etiam adfirmationes atque huius sententiae
causam subnectit. idcirco enim verba et nomina
dictiones solum sunt, quoniam cum dicta fuerint simplicia sive aliquo proferente vel sponte dicente sive
ad alterius interrogationem aliquo respondente neque
10 verum ex his neque falsum valet intellegi. si quis
enim per se dicat Socrates vel rursus per se solum
simplexque ambulat, neque verum efficit neque falsum.
sin vero alio interrogante Socratesne ambulet ille
respondeat ambulat, si huic ipsi verbo per se quis
15 animum velit advertere quod dixit ambulat, enun-
p. 231 tiatio | nulla est. quod si cum superiore interrogatione
coniungat, tunc ex interrogationis et responsionis coniunctione enuntiatio nascitur. solum autem nomen
vel verbum neque dicente aliquo et sponte proferente
20 nec respondente potest quisquam dicere, quoniam
enuntiatio facta est. et sensus quidem huiusmodi est,
ordo autem verborum talis est: nomen ergo et
verbum dictio sit sola, quoniam sic aliquid
significantem voce id est nomen aut verbum sim-
25 pliciter proferentem non est dicere enuntiare. non
enim possumus dicere, quod aliquid enuntiet is qui
simplex nomen aut simplex protulit verbum, sive alio
interrogante vel non interrogante, sed ipso sponte
proferente.

1 uocem F^{1}T^2 2 ipsum proferentem GF^1: ipso proferente *ceteri*   5 adfirmationem E   6 subuestit M subuertit
T^1 8 et E   12 simplex quod est E   13 ambulat MT
14 sed MT^1 hoc ipsum uerbum E   14. 15 quis animum *ego*:
quisquam *codices*   16 argumentatione vel interrogatione MT^1
23 sit *om.* E   aliquem FMT   24 uocem T^2 aut *in ras.*
F^2 25 proferente MT^1 28 sive b   interrogante
om. MT^1

Harum autem haec quidem simplex est
enuntiatio, ut aliquid de aliquo vel aliquid ab
aliquo, haec autem ex his coniuncta velut
oratio quaedam iam conposita.

Nunc quid sit oratio simplex conpositaque decla- 5
rat. est enim simplex oratio quae duobus terminis
constat. termini autem sunt nomina et verba, quae
in simplici propositione praedicamus, ut in eo quod
est Socrates disputat, Socrates et disputat termini sunt. et qui minor terminus in enuntiatione pro- 10
ponitur, ut Socrates, subiectus dicitur et ponitur
prior; qui vero maior, praedicatur et locatur posterior,
ut disputat. quaecumque ergo propositio ex uno
subiecto et ex uno praedicato facta est, illa simplex
enuntiatio nuncupatur. atque hoc est quod ait: harum 15
autem id est enuntiativarum simplex est enuntiatio, ut aliquid de aliquo, ut unum praedicatum
quod est aliquid de uno subiecto quod est de aliquo praedicetur. hoc autem pertinet ad adfirmationem, ut aliquid de aliquo praedices, ad negationem 20
vero, ut unum aliquid ab uno aliquo praedicando dis-
iungas, ut in eo quod est Socrates non disputat
disputare unum terminum a Socrate alio termino
praedicando disiunxi. aliae vero sunt orationes enuntiativae, quae conpositae nominantur, quae ex simplici- 25
bus orationibus conponuntur, ut est si dies est, lux
est. dies est et lux est duae sunt simplices enuntiativae orationes, idcirco quod binis terminis constant;
ex duabus autem simplicibus orationibus tota haec
oratio est, quae dicit si dies est, lux est. hoc est 30

1 est *om*. FMT¹   est quidem simpl. E   4 quaedam *om*.
FMT   5 oratio sit E   9. 10 terminis (*om*. sunt) M¹T¹
12 praedicatus E   13 ergo *om*. MT¹   conpositio F¹T²E
14 et *om*. M¹T¹   18 *prius* est *om*. MT¹   21 ab uno de MT¹
(uno de *del*. T²)   23 ab alio MT¹   25 ex *om*. E   28 constat F¹   29 duobus F

enim quod ait: haec autem ex his coniuncta id
est ex simplicibus orationibus enuntiativis velut oratio iam conposita; quippe quarum totum corpus
ex his iungitur, quas simplices esse supra iam docui.

5   Est autem simplex enuntiatio vox significativa de eo quod est aliquid vel non est,
quemadmodum tempora divisa sunt.

Postquam de conpositis orationibus simplicibus-
que tractavit, definitionem enuntiationis ingreditur.
10 ait enim: enuntiatio est vox significans adfirmationem
vel negationem, vel in praeteritum vel in praesens vel
in futurum tempus. quod enim dixit de eo quod
est, ad adfirmationem rettulit; quod addidit vel non
est, ad negationem; quod vero secutus est quem-
15 admodum tempora divisa sunt, ad singulorum
temporum rettulit rationem. sive enim aliquis sic dicat
Socrates vivit, Socrates non vivit sive Socrates vixit, Socrates non vixit vel sic Socrates
victurus est, Socrates victurus non est, quo-
20 niam adfirmatio est aut negatio . quoniamque quaelibet ipsarum in aliquo temporum est, quae dividuntur
in futurum, praesens ac praeteritum, plenam retinet
simplicis enuntiationis naturam.

6. Adfirmatio vero est enuntiatio alicuius
25 de aliquo, negatio vero enuntiatio alicuius ab
aliquo.

Ad adfirmationis et negationis determinationem
enuntiationis nomen sumpsit ut generis. est autem

---

3 quaedam iam b   posita MT[1]   cuius M[2] b   totum
del. G[2]   4 iam *om.* MT[1]   6 uel quod non MT   9 enuntiationis M[2]E[2]: adfirmationis FG aff. E[1] uel negationis *supra
scr.* G[1]? affirmationis uel negationis M[1]TS enuntiationis per
aff. et neg. b   14 enim MT   16 sic *om.* E   dicit F[1]
19. 20 quod F[1]   20 uel MTE   que *om.* MT   21 tempore F (*sed e in ras.* F[2]) MT   25 uero est MT   27 Ad
om. MT   determinatione MT[1]

adfirmatio quotiens aliquid de aliquo cum eo quod
est esse praedicamus, ut cum dicimus homo animal
est, animal de homine praedicavimus; quotiens
autem aliquid ab aliquo praedicando disiungimus, negatio est, ut homo lapis non est, lapidem enim ab 5
homine disiunximus. quare recta adfirmationis et
negationis facta est definitio. |

    Quoniam autem est enuntiare et quod est p. 232
non esse et quod non est esse et quod est esse
et quod non est non esse, et circa ea quae sunt 10
extra praesens tempora similiter omne contingit quod quis adfirmaverit negare et quod
quis negaverit adfirmare: quare manifestum
est, quoniam omni adfirmationi est negatio
opposita et omni negationi adfirmatio. et sit 15
hoc contradictio, adfirmatio et negatio oppositae.

    Nunc dividit enuntiationes, vel quae de his fieri
possunt rebus quae sunt vel quae de his quae non
sunt, sive in adfirmatione sive in negatione. dicit 20
enim, quoniam est enuntiare quod est non esse,
ut si quis dicat nullus homo animal est. hoc enim
quod est non esse proposuit. haec est falsa negatio.
et quod non est esse, ut si quis dicat omnis lapis
animal est. quod enim non est esse constituit et 25
haec est falsa adfirmatio. et quod est esse, ut si
quis dicat omnis homo animal est. quod enim
est esse confirmat et haec est adfirmatio vera. et
quod non est non esse, ut si quis dicat nullus
lapis animal est. quod enim non est non esse 30

3 praedicamus MT²E   4 enim MT   5 enim om. MT¹
6 disiungimus T²   recte M¹T   11 omne] prima F *quod
del. et suprascr.* omne F¹?   12 et quod M²   15 fit MT
18. 19 vel — quae sunt *in marg.* E² rebus fieri possunt
E²   23 *post* negatio ·ɪ· F ·ɪɪ· E   26 adfirmatio ·ɪɪɪ· FE
28 constituit MT¹   uera ·ɪɪɪɪ· FE   30 *prius* est *om.* F¹

proposuit et haec est vera negatio. et non solum hoc
in praesenti tempore, sed circa ea quoque quae praeter praesens sunt tempora. hoc autem tantum valet
ac si diceret: hoc non modo in praesenti tempore ita
5 enuntiari potest, ut sit et vera. et falsa negatio et
rursus vera falsaque adfirmatio, sed etiam in praeteritum et futurum, quae extra praesens tempus sunt.
similiter enim omne contingit quod adfirmatur negare
et quod negatur ab alio alium rursus adfirmare. quod
10 si omni veritati falsitas opponitur, est autem et adfirmationis et negationis falsa proferre, constat quod
omni negationi adfirmatio et omni adfirmationi negatio opponitur. hinc ergo quid sit quod dicitur contradictio declaratur. est enim contradictio adfirma-
15 tionis et negationis oppositio. cum enim quis adfirmat quod alius negat, ipsa utrarumque propositionum
pugna contradictio nominatur. atque hoc est quod
ait: et sit hoc contradictio, adfirmatio et negatio oppositae. cum enim adfirmatio negationi opponi-
20 tur, contradictio est. sed quae sit adfirmatio opposita
negationi aut quae sit harum propositionum oppositio, in sequentibus prodit. neque enim quaelibet negatio cuilibet adfirmationi opposita est, sed tantum
quas in sequentibus ipse determinat. quocirca erit
25 contradictio adfirmatio et negatio oppositae. quae sint
autem oppositae, sequens expositionis ordo contexit.
  Dico autem opponi eiusdem de eodem, non
autem aequivoce et quaecumque cetera talium

  5 *primum* et *om.* MT   6. 7 *an* praeterito et futuro?   7 tempora b   8 en//im F *om.* MT etenim b   contigit F   9 aliquo MT   10 *post* opponitur *add:* omni etiam falsitati veritas b   11 falsas? M¹ falsitas T   10. 11 affirmationes et negationes falsas proferri (*suprascr.* e) E   13 hic E (hinc E¹)
14 uero T   15 enim *om.* MT¹   quis *om.* E¹   17 uel
pugna oppositio MT¹ (uel *et* opp. *del.* T²)   18 sit *om.* E¹
fit MT   24 hae quas F² *et ceteri*   28 autem] sicut
MT¹   talia T²

determinamus contra sophisticas inportunitates.

Fieri tunc oppositionem in adfirmationibus negationibusque demonstrat, cum idem subiectum idemque
praedicatum in negatione sit, quod quilibet in adfir- 5
matione proposuit. oportet enim semper, si opposita
est adfirmatio negationi, unam esse veram, alteram
falsam. quod si utraeque falsae sunt aut utraeque
verae, non sunt oppositae. neque enim se perimunt.
si autem una sit falsa, alia vera, tunc vera perimit 10
falsam et si illa fuerit vera, alia mox a veritate discedit. quod si in qualibet adfirmatione aut subiectum
aut praedicatum fuerit aequivocum, non sunt oppositae. si quis enim dicat: Alexander Helenam rapuit
et hoc negetur: Alexander Helenam non rapuit, 15
quoniam Alexander nomen aequivocum est, potest
utrumque esse verum, et negatio, si de Alexandro
Magno loquatur, et adfirmatio, si de Alexandro
Troiano proponat. quare non sunt hae oppositae.
illas autem esse dicit oppositas, quaecumque eiusdem 20
praedicati habent oppositionem de eodem subiecto,
ut ibi nulla aequivocatio diversitatis causa sit. hoc
enim est quod ait: dico autem opponi eiusdem
de eodem, non autem aequivoce, ut eiusdem
praedicati sit oppositio in negatione, quod fuit in ad- 25
firmatione, et de eodem subiecto fiat negatio, de quo
ante facta est adfirmatio. | sed diligentius haec in p. 233

1. 2 argumentorum sophysticas ⟨S⟩ soph. inport. argumentorum E argum. inport. (*om.* soph.) D   5 quod libet (*om.* qui)
F¹ quod quaelibet T¹   8 quid F   uterq; (*prius*) MT¹
9 enim *om.* MT¹   se /// F (sese?)   10 sin E   altera E
peremit F¹   12 si *om.* MT¹   et negatione *add.* T²   14 ele-
nam E (*item* 15)   15 negatur E   16 alexandri MT   19 proponit M (*corr.* M¹)   hae *om.* MT¹   20 esse *om.* T   23 est
enim T²   24 *post* aequiuoce *add.* hoc est F²   25 quod *in
ras.* F² quae MT¹   26 ut F   eodem F²: eo *ceteri*   negatio]
Subiectio F (*suprascr.* negatio F²)   qua MTE

libro quem *σοφιστικῶν ἐλέγχων* inscripsit edisserit. illic
enim sophistarum, quos fallaces argumentatores Latine
possumus dicere, qui per huiusmodi propositiones quae
verum inter se falsumque non dividunt mendaces col-
5 ligunt syllogismos, argumenta distinxit, quibus capere
respondentem atque innectere consuerunt. ergo nunc
hoc dicit etiam illa esse observanda quae contra argumentatorum inportunitatem determinata sunt. quae
vero sunt illa, dicenda a me secundae editionis textus
10 exspectet.

7. Quoniam autem sunt haec quidem rerum
universalia, illa vero singillatim; dico autem
universale quod in pluribus natum est praedicari, singulare vero quod non.

15 Omnis propositio quemadmodum fiat ostendit.
secundum res enim quae significantur propositionis
natura perspicitur. rerum autem alia sunt universalia,
alia particularia. universale est quod de pluribus
praedicatur, ut homo de pluribus dicitur et est uni-
20 versalis. singillatim vero est, ut quaelibet res individua, cuius nulla praedicatio ad sibimet subiecta per-
veniat, ut Plato vel Socrates. horum autem naturam docet exemplis. ait enim: ut homo quidem
universale, Plato vero eorum quae sunt singu-
25 laria. nam si hoc est universale quod de pluribus
praedicatur, homo universale est, de pluribus enim
individuis dicitur. quod si hoc rursus est singulare,
quod de nullo alio praedicatur, Plato singularis est.

---

1 sophisticon elechon F sophisticon elchion G sophisticon helechin MT (helechon M²T²) soph. elechin S (elechon S²) sophyst. elencon E *Περὶ σοφιστικῶν ἐλέγχων* b
σοφιστικοὶ ἔλεγχοι? 2 etenim F² 4 diiudicant T²
9 sint b edictionis F¹ 10 expectat E expetet MT¹
12 singularia ⑤²b 17 perficitur T²b 20 singulare b
22 et ut MT¹ autem *om.* MT¹ 23 ut] Et M² 28 singulare b

individua namque de nullis aliis praedicantur. quoniam ergo sunt quaedam rerum universalia, alia vero singularia, manifestum est, quoniam omnis adfirmatio aut negatio per haec constituitur.

Necesse est autem enuntiare quoniam inest 5 aliquid aut non aliquotiens quidem eorum alicui quae sunt universalia, aliquotiens autem eorum quae sunt singularia.

Omnis namque propositio aut singulare habet aut universale subiectum, sive adfirmatione adnuat 10 sive abnuat negatione. si quis enim dicat homo animal est, homo animal non est, universalem rem id est hominem animal aut esse aut non esse proposuit. atque hoc est quod ait: necesse est autem enuntiare quoniam inest aliquid aut non 15 aliquotiens quidem eorum alicui quae sunt universalia. homo enim cum sit universale, animal illi inesse adfirmatio proposuit quae dixit homo animal est et non inesse negatio quae ait homo animal non est. si vero aliquis sic dicat: Socrates 20 disputat, Socrates non disputat, alicui eorum quae sunt singularia esse et non esse coniunxit. et hoc est quod ait: aliquotiens autem eorum quae sunt singularia. nam cum Socrates singulare quiddam sit, disputatio ei ab adfirmatione iuncta est, 25 sed a negatione seiuncta.

Si ergo universaliter enuntiet in universali quoniam est aut non, erunt contrariae enuntiationes. dico autem in universali enuntiationem universalem, ut omnis homo albus est, 30 nullus homo albus est. quando autem in uni-

---

1 namque] uero MT   7 autem *infra et ed. II*: quidem FE uero MTↄ   15 autem] aut MT¹   17 *post* uniuersalia *add*: aliquotiens quidem — singularia E   enim *om.* M (*add.* M¹) E   18 posuit F¹M¹T   27 en. univ. MT¹ univ. enuntietur T²   28 contr. erunt MT

versalibus non universaliter, non sunt contrariae, quae autem significantur est esse contraria.

Omnis adfirmatio omnisque negatio aut universalis est aut particularis aut indefinita. universalis est adfirmatio, ut si quis dicat omnis homo animal est. cum sit enim universale subiectum homo (de multis enim praedicari aliis potest), universaliter praedicatum est. diximus enim omnis homo animal est nec solum hominem, quod est universale, posuimus, sed etiam omnem, et universale id est omne adiecimus universali id est homini, et haec est adfirmatio universalis. sin vero dicat aliquis nullus homo animal est, rursus homini, universali rei, determinationem universalem, id quod dicitur nullus, adiecit. | sive ergo in adfirmatione sive in negatione, si eas universaliter aliquis proferat, universale in universali proponet. non proponet autem universale in universali quotiens ita dicit: homo animal est, homo animal non est. cum enim homo sit res universalis, nulla adiectione universalitatis, quae est nullus aut omnis, adfirmationem vel negationem fecit. quocirca repetendum est: adfirmatio universalis est, in qua universale universaliter praedicatur adfirmative, et negatio universalis, in qua rursus universale universaliter praedicatur negative. sed hae huiusmodi contrariae sunt. fieri enim non potest ut, ubi vera est adfirmatio universalis, illic universalis negatio vera sit, sed e contrario fieri tamen potest ut utraeque

p. 234 (line 16 margin)

---

8 aliis praed. MTE   11 sed *om.* MT¹   omne T²E omne] omnem MT¹   13 aliquis dicat T   16 *prius* in *om.* F 17 in *del.* T²   17. 18 uniuersale F¹   18 proponit (*prius*) F²E (*corr.* E¹)   in *del.* MT²   20 sit homo MT² (sit enim homo T¹) 25 univ. est T   26 haec MT¹   27 sunt contr. MT   non *om.* M¹T¹   28 sit MT   29 sed e contrario MT: uel contrario FE (uel e contr. T²) et econtr. b

inveniri falsae possint, ut omnis homo iustus est, nullus homo iustus est; hic enim utraeque sunt falsae; et ut una quidem vera, falsa altera reperiatur, ut in eo quod est omnis homo animal est, nullus homo animal est una vera est, altera falsa; ut vero 5 utraeque verae sint, fieri non potest. quocirca quoniam utraeque falsae inveniuntur, oppositae non sunt, sed sunt contrariae. cur autem contrariae dicantur, alio loco nobis erit dicendum. particulares vero propositiones sunt huiusmodi: quidam homo animal est, 10 quidam homo animal non est. hae dicuntur subalternae. adfirmatio enim particularis sub adfirmatione universali subalterna est. rursus eodem modo particularis negatio sub universali negatione subalterna est. sed hae ut aut utraeque verae sint aut una vera, 15 alia falsa fieri potest; ut utraeque falsae sint, non potest inveniri: ut in eo quod est quidam homo iustus est, quidam homo iustus non est utraeque sunt verae. cum vero dicimus quidam homo animal est, quidam homo animal non est, una 20 vera est, altera falsa. et dicuntur adfirmatio et negatio particulares subcontrariae. quare nec istae vocantur oppositae, idcirco quia utraeque verae inveniuntur interdum. sit autem harum talis descriptio:

1 possunt F¹E   3 ut *om.* T¹E   repperitur E (*corr.* E¹)
8 dicuntur MT   9 a nobis MT   15 ut *add.* F²T²: *om.*
ceteri   aut ut una T²   18 homo *om.* E iustus *om.* T¹
19 uerae sint MT¹   22 nec *om.* M (*add.* M¹)   24 horum
MT¹   discretio F   *figuram om.* EM¹T¹

S U B A L T E R N A E	CONTRARIAE		S U B A L T E R N A E
	Adfirmatio universalis	Negatio universalis	
	Omnis homo iustus est	Nullus homo iustus est	
	SUBCONTRARIAE		
	Adfirmatio particularis	Negatio particularis	
	Quidam homo iustus est	Quidam homo iustus non est	

Ergo neque superiores universales neque inferiores particulares oppositae sunt, idcirco quod inferiores quidem utraeque verae, superiores utraeque falsae esse possunt. sunt autem oppositae contradictorie (ut ipse
5 ait) si quis aspiciat angulares, ut adfirmationem universalem particulari conparet negationi, ut est omnis homo iustus est, quidam homo iustus non est; hae enim simul neque verae possunt inveniri neque falsae, sed semper in omnibus una vera est, altera
10 falsa. et rursus si universalis negatio particulari adfirmationi conparetur, reperiuntur oppositae, ut est nullus homo iustus est, quidam homo iustus est. semper enim una vera est, altera falsa. et hoc
14 in quibuslibet terminis dispexeris: ratio non discrepabit.
p. 235 sit autem plenissima hoc modo descriptio: |

3. 4 esse ///// possunt F   4 contradictorie *ego*: contradictoriae *codices*   8 haec F heae T²E   enim *om*. E   10. 11 adfirmatione F¹   13 uera est una T¹   14 terminis si F²M²T²E   despexeris T¹E¹ depinxeris T²   ratio E: oratio *ceteri*   15 Fit T²   discriptio F   descr. hoc modo MT *figuram om*. EM¹T¹

S		C O N T R A R I A E		S
U	Adfirmatio universalis		Negatio universalis	U
B	Omnis homo iustus est		Nullus homo iustus est	B
A		*vel oppositae* / *vel oppositae*		A
L				L
T				T
E				E
R		*Contradictoriae* / *Contradictoriae*		R
N	Adfirmatio particularis		Negatio particularis	N
A	Quidam homo iustus est		Quidam homo iustus non est	A
E		S U B C O N T R A R I A E		E

Sunt ergo determinationes universalium quidem omnis et nullus, particularium vero quidam. illae autem propositiones quae neque universale habent additum neque particulare indefinitae vocantur et particularibus similes sunt, ut est homo iustus est, 5 homo iustus non est. possunt enim utraeque esse verae, ut in hoc ipso exemplo quod diximus; potest una esse vera, altera falsa, ut homo animal est,

intra *figuram praeterea* F *habet haec additamenta: ad* CONTRARIAE: possunt simul esse falsa, numquam autem vera; *ad* SUBCONTRARIAE: possunt simul esse uera, numquam autem falsa; *inter adfirmationem universalem et adf. part:* si universale verum est, necesse est et particulare esse verum; non autem si particulare uerum est idcirco verum est universale (particulare F). *Similem figuram exhibent* M²T², *nisi quod* vel oppositae *om.*   5 est (*post* ut) *om.* E   7 hoc *om.* MT¹   quo F¹   8 esse *om.* MT¹ (esse una T²)

homo. animal non est; utraeque vero ut falsae
sint, non potest inveniri. et hae (ut dictum est) vocantur indefinitae. praeter has autem omnes singulares sunt, in quibus contradictio poterit evenire, ut in
5 eo quod est Socrates animal est, Socrates animal non est, Socrates iustus est, Socrates
iustus non est. nam si nulla eas aequivocatio vel
praedicati vel subiecti vel alterius temporis vel aliquid
eorum quae per singula determinantur inpediat, semper
10 una vera est, altera falsa. quare quoniam de omnibus in commune speculati sumus et quid quaeque
esset quantum brevitas patiebatur expressimus, ad
textum nunc, quoniam tempus est, revertamur. si
ergo, inquit, universaliter enuntiet in univer-
15 sali quoniam est aut non, erunt contrariae
enuntiationes. universaliter enuntiat aliquis in universali, quotiens universalem adfirmationem aut universalem fecerit negationem. cum enim dicit omnis
homo animal est, universalem hominem universa-
20 liter enuntiavit per id quod addidit omnis; quod si
rursus dicat nullus homo animal est, eodem modo
universalem hominem universaliter enuntiat per id
quod ait nullus: et sunt contrariae. quas autem dicat
esse contrarias, subiecto declarat exemplo: dico autem
25 in universali enuntiationem universalem, ut
omnis homo albus est, nullus homo albus est;
una siquidem est adfirmatio universalis, altera negatio universalis, quas contrarias esse supra in descriptione docuimus. quando autem in universali-
30 bus non universaliter, non sunt contrariae.
quotiens autem, inquit, indefinitae sunt propositiones

1 homo *om.* F¹   4 inueniri T²   7 eos F¹   9 per *om.* E¹
11 quicquid quaeq; M T¹   14 inquit *om.* E   enuntietur T²
14. 15 uniuersale M¹T¹   16 enuntiet F   18 feceret M
faceret T¹   21 dicit T² (*item* 23)   25 in *om.* F   enuntiatione F   26 est et n. F E T²

et universale universaliter non proponitur, contrariae
non sunt. ea enim adfirmatio quae dicit homo iustus
est ei quae dicit homo iustus non est contraria
non est. possunt enim utraeque simul esse verae et
in eodem id est homine, quod in contrariis fieri in- 5
possibile est. quod vero addidit: quae autem significantur est esse contraria, tale est: ipsae quidem
propositiones contrariae non sunt, significant tamen
aliquando contraria. si quis enim dicat homo albus
est et alius neget homo albus non est, ipsae qui- 10
dem contrariae non sunt, quod autem dicitur homo
albus non est potest quodammodo significare contrarium. nam designat hoc quod dicitur homo albus
non est et rubri coloris esse et pallidi et fusci, designat etiam nigri, quod est albo contrarium. potest 15
igitur id quod non est album esse nigrum. ergo
quamquam ipsae contrariae non sint, tamen potest
aliquando quiddam contrarium significari priori adfirmationi, ut in eo quod diximus. nam si id quod
dicitur non est homo albus nigrum esse designet, 20
quoniam is qui niger est albus non est, contrariae
quidem propositiones non sunt, quoniam possunt esse
utraeque verae, quae autem significantur interdum
contraria reperiuntur. quae autem sint huiusmodi
propositiones exemplorum subiectione monstravit. 25

    Dico autem non universaliter enuntiare
in his quae sunt universalia, ut est albus
homo, non est albus homo.

    5 homo T¹   9 homo *om.* T¹   10 neget] niger T¹
10 ipsae — non est (12) *om.* E   12 quodammodo F:
quiddam MTE   13 hoc *om.* MT¹   17 ipsae propositiones F²T²   possunt E   18 quiddam F *sed* dam *in
ras.* F²   significari *ego*: significare *codices*   sign. contr. E
20 dicitur] diximus MT¹   22. 23 utraeq; esse MT
24 contrariae FMT   sunt MT¹   25 monstrabit
GMT

Et quid dicat esse universale universaliter praedicare, planissime demonstravit dicens:

Cum enim universale sit homo, non universaliter utitur enuntiatione. omnis namque
5 non universale, sed quoniam universaliter con-
significat. |

p. 236   Nam id quod dicitur omnis illud ad quod praedicatur colligit atque in unum corpus adducit, ut cum
dicitur omnis homo iustus est, nullum excipit ho-
10 minem, sed totam colligit humanitatem et fit de re
universali, homine, praedicatio universalis, cum dicimus omnis homo. nam cum sit universale homo,
huic universali universalitatem consignificat id quod
additur omnis et res universalis universaliter prae-
15 dicatur.

In eo vero, quod praedicatur universale,
universale praedicare universaliter non est
verum.

Hac nos sententia quem ad locum universalitatis
20 determinationem recte ponamus instituit. docet enim
semper istam universalitatem, quam determinationem
universalem vocamus, ad subiectum poni debere terminum, numquam ad praedicatum. si quis enim sic
dicat: omnis homo animal est, recte dixerit omnis
25 ad subiectum id est ad hominem ponens. quod si
sic dicat: omnis homo omne animal est, falsum
dixerit. ergo hoc nunc dicit: in eo vero quod

---

1 univ. esse M T¹   non universaliter b   1. 2 praedicare
— universaliter (3. 4) *om.* T¹   2 plenissime M   5 uniuersale est E ⹂¹   5. 6 est significat ⹂¹   7 dicimus G M T¹
ad *om.* M T¹ (ad illud T²)   9 nullus M¹ T   10 collet F¹
14 dicitur M T¹   16 praedicatur universale *Ar.; cf. ed. II:*
univ. praed. *codices*   17 universale *cf. infra et ed. II:* id
quod est universale E M² ⹂² id quod est (*om.* univ.) F M¹ T ⹂¹
praedicare universaliter M T¹ *ed. II. Ar.:* univ. praed. *ceteri*
praedicari E²   19 Haec T²   21 semper *post* uocamus (22)
habent M T   23 sic *om.* E

universale praedicatur, ut animal de homine (animal enim universale est, de omni enim homine praedicatur), non est verum hoc ipsum universale, quod est animal, universaliter praedicare, ut dicatur omne animal esse hominem. nec solum in his, sed in nulla recte fieri adfirmatione concedit. ait enim:

Nulla enim adfirmatio erit, in qua de universali praedicato universale praedicetur.

Hoc autem cur eveniat paucis ostendam. praedicatum semper maius est subiecto vel aequum. maius, ut cum dico homo animal est. animal praedicatur, homo subicitur, sed maius est animal homine, de pluribus enim quam ipse homo praedicatur. rursus aequale est, cum sic dicimus homo risibilis est. homo subiectum est, risibile praedicatum, sed homo atque risibile aequalia sunt, proprium namque est hominis quod est risibile. ut autem minus praedicatum inveniatur quam subiectum fieri non potest. sive ergo maius sit praedicatum, falsum est universale adicere praedicato, ut in eo quod ipse posuit exemplo omnis homo omne animal est, sive aequale sit, superfluum, si quis dicat omnis homo omne risibile est. quare universale praedicatum praedicare universaliter non oportet.

Opponi autem adfirmationem negationi

1 universaliter F   1—3 ut — praedicatur *om.* M T¹ 4 praedicari G   6. 7 nulla in affirmatione recte fieri concedit dicens (*om.* ait enim) GSMT¹ (concedit *om.* G *add. in marg.* G¹?)   8 erit aff. MT   8. 9 universali *ego*: universaliter *codices*   9 praedico F¹   universaliter F¹   praedicatur E¹ ut omnis homo omne animal *add.* MT (animal est T²) b 10 pacis F¹   absoluam G b   11 subiecto maius est MT 12 ut] fit E   18 ut sit (sic T) risibilis MT¹   18. 19 risibile — inveniatur *in marg.* F²   21 ponit E   22 est *om.* MT¹   23 siue superfl. F (siue *del.* F²)   superfluum F: est *add.* F² *et ceteri*   ut si quis sic b   26 proponi MT¹

dico contradictorie, quae universale significat
eidem quoniam non universaliter, ut omnis
homo albus est, non omnis homo albus est,
nullus homo albus est, est quidam homo albus.

5   Quid sit proprie contradictio consequenter exponit. ait enim opponi contradictorie propositiones, quotiens universalem adfirmationem particularis abnuit
negatio et quotiens universalem negationem adfirmatio particularis destruxerit. cum enim dicitur omnis
10 homo albus est, illa negatio quae dicit non omnis
homo albus est de eodem homine non universaliter
tollit, quod universaliter adfirmatio constituerat. illa
enim omnem hominem esse album ponit, illa dicit
non omnem, tamquam si concedat aliquem, sed ei
15 tantum auferat universalitatem. hoc est enim quod
ait quae universale significat eidem quoniam
non universaliter. nam sicut universale significat
adfirmatio dicens hominem, ita quoque negatio universale significat, habet enim et ipsa hominem, sed
20 idem ipsum universale docet non esse universaliter,
id est non omnem hominem esse album, quod adfirmatio universaliter esse posuerat omnem hominem
esse album proponens. eodem modo etiam in negatione. quas nos supra angulares posuimus et contra-
25 dictorias in descriptione, hic nunc easdem oppositas
contradictorie vocat. quod autem universali adfirmationi, quae est omnis homo albus est, particularem
negationem opposuit, quae est non omnis homo
albus est, tantundem est tamquam si diceret qui-

2 ei M²   quae F²   4 *alt.* est *om.* FT¹E quidam h. a.
est T² quidam homo albus est, nullus homo albus est E
6 oppositiones F²   7 abnuerit?   9 a//struxerit F astruxerit
MT   11 non *bis* F¹   14 aliqui M¹T¹   14. 15 tamen
ei MT¹   16 quoniam] quae F²   20 universaliter esse MT
21 omne F²   hominem *om.* F   22 proposuerit E (a *supraser.*
E¹)   25 discr. F   28 omnis non M¹T¹   29 tantundem — homo (93, 1) *in marg.* F¹?

dam homo albus non est. nam si non omnis
homo albus est, quidam homo albus non est.

Contrarie vero universalem adfirmationem
et universalem negationem. | 4

Plenissime omnes exsequitur dicitque contrarias p. 237
universalem adfirmationem et universalem negationem.
has enim nos quoque supra descripsimus. hic vero
nunc easdem contrarie demonstrat opponi. illud quoque addidit, quod eas inpossibile sit in eodem veras
aliquando cognosci. nam sicut contrariorum natura 10
in eodem non potest inveniri, neque enim uno eodemque tempore aliquid nigrum est atque album, sic
quoque nec contrariae ut utraeque simul sint verae
fieri potest. quod autem adiecit his vero oppositas contingit in eodem, particularem adfirmationem 15
et particularem negationem designat. particularis namque adfirmatio universali negationi opposita est contradictorie, particularis vero negatio universali adfirmationi. contrariarum igitur oppositae possunt in
eodem verae aliquotiens inveniri id est particularis 20
adfirmatio et particularis negatio verae ut sint in
aliquibus fieri potest, ut est quidam homo albus
est, quidam homo albus non est: utraeque sunt
verae.

Quaecumque igitur contradictiones uni- 25
versalium sunt universaliter, necesse est alteram veram esse vel falsam et quaecumque in
singularibus sunt, ut est Socrates albus, non
est Socrates albus.

1. 2 nam — non est *om.* T¹   2 non *om.* F   4 *verba
Arist. continuant usque ad* nullus homo iustus est E *usque ad*
est quidam homo albus MT   5 Plenissime GSMT¹: Planissime *ceteri*   omnes *del.* S¹?   7 discr. F   8. 9 quoque
om. T¹   11 uno *om.* F   13 nec *om.* MT   14 non potest
MT   19 contrariorum MT¹   21. 22 in al.] aliquotiens T²
23 sint MT¹   27˙esse ueram FMT☾   28 albus est M²
29 albus est T (*non omisso priore* est)

De contradictorie oppositis loquitur et de singularibus propositionibus, quod unam semper veram,
falsam semper alteram necesse est inveniri. hoc enim
dicit: contradictiones, inquit, eorum, quae sunt univer-
5 salium universaliter praedicatorum, una semper vera
est, altera falsa. universalium autem universaliter
praedicatorum sunt contradictiones universalium particulariter praedicatorum. nam adfirmatio universalis
vel negatio in universalibus universaliter praedicantur.
10 harum contradictoriae particulares adfirmationes vel
negationes sunt, si sibi·angulariter conparentur. harum
igitur contradictionum, quae sunt universalium universaliter praedicatorum, una semper vera est, semper
falsa altera reperitur. in singularibus quoque idem
15 est. nam si nulla, ut dictum est, varietas aequivocationis inpediat idemque sit praedicatum idemque subiectum ad unum idemque tempus ad unam eandemque partem ad unum idemque relatum uno atque
eodem modo, una semper vera est, falsa altera
20 et veritatis inter se naturam et mendacii partiuntur.

Quaecumque autem in universalibus non
universaliter, non semper haec vera est, illa
vero falsa.

25 Quae vero sunt, inquit, indefinitae, ut neque
universalem habeant neque particularem determinationem, quod tacuit, non semper una vera est, altera
falsa, sed utraeque interdum inveniuntur verae. in
universalibus autem non universaliter praedicatur ali-
30 quid hoc modo: homo albus est, homo albus non
est, in quo uno eodemque tempore utrasque veras

·3 sit MT   7 universalium] particularium F¹E²   9 in
universalibus] universalis F²E   praedicatur F¹   10 harum
b: horum *codices*   14 altera falsa E   16. 17 sit subiectum
E   17. 18 eademque F   19 falsa semper altera T² semper
alt. f. E   24 autem MT¹   26 habeat F (*corr.* F¹)

esse contingit. hic enim cum universale sit homo,
non universaliter praedicatum est nomen. at vero
nec particulariter. neque enim quidam aut nullus
aut omnis adiectum est. docet autem huiusmodi
propositiones non inter se dividere veritatem atque 5
mendacium hoc modo:

·Simul enim verum est dicere quoniam est
homo albus et non est homo albus, et est
homo pulcher et non est homo pulcher. si
enim foedus, et non pulcher; et si fit aliquid, 10
et non est.

Documentum est huiusmodi dictum, indefinitam
adfirmationem negationemque veras utrasque posse
inveniri. verum est enim dicere est homo albus
et non est homo albus. huius autem rei probatio 15
est. nam si verum est dicere est homo niger et
est homo albus simul uno eodemque tempore, qui
autem niger est, albus non est, verum est dicere
uno eodemque tempore quoniam est homo albus
et non est homo albus. rursus si verum est dicere 20
quoniam est homo pulcher et est homo foedus uno
eodemque tempore, | qui autem foedus est, pulcher p. 238
non est, verum est dicere uno eodemque tempore
quoniam est homo pulcher et non est homo
pulcher. verum autem esse dicere hominem esse 25
pulchrum et hominem esse foedum uno eodemque
tempore manifestum est. cum enim Achilles esset

2 nomen *om.* MT¹E   6 homo T¹   8. 9 *duplicem versio-*
nem habent MTE℧ *addunt enim post alt.* albus: et est (*pro quo*
Est enim MT¹) homo probus et non est homo probus, si enim
turpis, non probus (est *add.* T²E℧) *deinde sequitur:* et est
homo pulcher *etc. priorem versionem solam habet* D   10 fedus
vel faedus *codices* (*et infra*)   ·prius *et ed. II et Arist.:* om.
codices   14 invenire FMT¹   *prius* est *om.* MT¹   14.
15 albus est et M²   20 Rursum MT   23 uerum autem
est E   25 *prius* esse] *suprascr.* est F² est uel esse MT¹
esse dicere *om.* E   27 achillis FMT

pulcher, erat claudus Thersites foedus. rursus verum
dicere est esse hominem album et rursus uno eodemque tempore fieri hominem album nec hoc ulla contrarietas vetat ut sit homo albus et rursus fiat homo
5 albus. sed qui fit albus nondum albus est: verum est
dicere igitur quoniam est homo albus et non
est homo albus. hoc enim est quod ait et si fit
aliquid, et non est: cum enim fit, non est; sed
potest dici quoniam est albus homo et fit albus homo,
10 ut utrumque vere dicatur: potest igitur vere utrumque dici et est homo albus et non est homo
albus.

Videbitur autem subito inconveniens esse,
idcirco quoniam videtur significare non est
15 homo albus simul etiam quoniam nemo homo
albus. hoc autem neque idem significat neque
simul necessario.

Tacite hominum dubitationi respondit. quod enim
dicimus est albus homo et non est albus homo
20 utrumque verum esse, videtur aliquotiens inconveniens
esse. si enim verum est dicere est albus homo,
quemadmodum fieri potest ut verum sit dicere non
est albus homo? hoc autem videtur idcirco, quoniam
adparet quibusdam id quod dicimus non est albus
25 homo hoc significare, tamquam si dicamus nullus
homo albus est; sed hoc verum non est. neque

---

1 claudus b: chlodius *codices*　　　　tersites F *om*. E (*add.*
E¹)　　Rursum MT　　2 est dicere MTE　　3—5 nec — homo
albus *om*. E¹　　3. 4 uarietas MT¹　　6 homo est E　　7 est
enim MTE　　ait *om*. MT¹　　　　9 homo albus E (*bis*)
9. 10 albus //// utrumque M (*om*. homo ut)　　10 ut *om*. F¹
10. 11 utrumque uere MT　　11 *prius* et *om*. MT　　14 uidetur
signif. *ed. II. Ar*. significare *ante* simul *codices* (sign. *post*
uidetur *et post* etiam ⊙)　　16 est albus MT albus est F²E⊙
18 Tacitae b　　respondet b　　Quid MT¹　　19 homo albus
(*utroque loco*) MT　　22 sit uerum MT　　23 est *om*. E
homo albus E

enim idem est dicere non est albus homo et nullus
homo albus est et quamquam cum dicimus nullus
homo albus est simul significamus quoniam non
est homo albus non tamen ex necessitate idem
utraque significat. cum enim dicimus non est homo   5
albus, simul nos dicere, quoniam nullus homo
albus est, non oportet intellegi. neque enim semper
simul est non est homo albus et nullus homo
albus est. nam aliquotiens simul est, scilicet cum
prius dicitur universalis negatio, cum vero indefinita   10
dicitur prius, non est simul negatio universalis negationi indefinitae. nam si dicam nullus homo albus
est, simul dixi, quoniam homo albus non est.
quod si dicam homo albus non est, non est simul
dicta negatio universalis, quae est nullus homo   15
albus est, quoniam potest quidam esse non albus,
de quo dicatur homo albus non est, neque tamen
omnes esse non albi. non igitur sunt simul necessario non est albus homo et nullus homo albus est.

    Manifestum est autem quoniam una nega-   20
tio unius adfirmationis est; hoc enim idem
oportet negare negationem, quod adfirmavit
adfirmatio, et de eodem.

    Hoc quoque argumentum est negationem indefini-
tam et universalem idem non significare et a se esse   25
diversas. nam si unius adfirmationis una negatio est,
contra eam quae dicit non est homo albus illa est
adfirmatio quae dicit est homo albus et contra eam
quae dicit nullus homo albus est illa adfirmatio

    3 significemus F¹?   3. 4 homo non est MT   11 simul
est MT¹   11. 12 negatio MT¹   14 Quoniam MT¹   *alt.* non
est *om.* F (non *add.* F²)   15 data MT¹   18 omnis E
albus E   18. 19 necessario simul E   19 et *om.* F¹   est
om. E   20 una *om.* F   23 de *om.* F¹   *verba Arist. continuant usque ad* vel non universaliter MTE   24. 25 indef.
neg. MT   25 id est F¹   non idem E   et eas MTE
a se *om.* MT   29 est albus T¹   29 p. 98, 1 est affirm. MT

est quae dicit quidam homo albus est. sed hae adfirmationes diversae sunt id est est homo albus et quidam homo albus est: diversae igitur illae quoque sunt quae his proportionaliter opponuntur.

5 diversa igitur est negatio quae dicit nullus homo albus est ea quae dicit non est homo albus. docet autem nos unius adfirmationis unam esse negationem idque hac ratione demonstrat: oportet enim idem praedicatum negare negationem, quod praedica-

10 verit adfirmatio, et rursus de eodem subiecto auferre praedicatum negationem oportet ad quod adfirmatio ante coniunxerat. quod si fit, dubium non est unius esse adfirmationis unam negationem. sive autem hoc in universalibus fiat, sive universaliter praedicatis sive

15 indefinite et non universaliter, sive in singularibus, una eademque propositionum natura est, ut unius adfirmationis sit tantum naturaliter una negatio. hoc autem inductione probat.

Dico autem ut est Socrates albus, non est

20 Socrates albus. |

p. 239   In hac enim propositione idem subiectum est, idem est praedicatum. et in medio exemplorum subiecit:

Si autem aliud aliquid vel de alio idem, non opposita, sed erit ab ea diversa.

25   Sensus huiusmodi est: si autem aliquid aliud praedicaverit negatio quam adfirmatio praedicavit vel

---

2 homo est E   3 igitur] generi T^1 4 illis E (vel his E^1)   6 est albus E   ei E et ea F^{2}T^1?   9. 10 praedicaverat?   10 vel MT^1 12 coniungebat MT^1 13 esse *post* unam MT   hoc *om.* MT^1 14 sive *post* fiat *eras. in* E *om.* MT 15 in indefinitis MT   16 edemq; MT   21 igitur E   subiunctum F   22 idemque T^{2}E   est *om.* MTE   23 aliquid aliud MT^1 vel *om.* F^1 24 diuersa Vsque et quando uera uel falsa G *uerba Arist. continuant usque ad finem huius capitis* SMT; *sed non habent veram et genuinam Arist. conclusionem, sed interpolatam et ex Boetii expositione factam v. p.* 8 25 aliud aliquid MT

de alio subiecto idem negatio praedicaverit quod in
adfirmatione fuerit praedicatum, non sunt sibi oppositae, sed a se tantum diversae sunt. si quis enim
dicat Socrates disputat et alius respondeat Socrates non ambulat, diversum praedicatum est et di-   5
versae sunt propositiones et non oppositae. et hoc est
quod dixit: si autem aliud aliquid, aliud enim
praedicavit negatio quam adfirmatio praedicaverat.
quod si quis sic dicat: Socrates disputat aliusque
respondeat Plato non disputat, de alio subiecto   10
idem praedicavit et sunt a se diversae propositiones
et non oppositae et erit id quod ait vel de alio
idem. quod si utraque sint diversa, multo magis
diversae propositiones fiunt. quibus positis ad proposita
rursus exempla contendit et uni adfirmationi unam   15
enuntiationem negationis opponit, angularibus angulares et adfirmativas negativis, particularibus universales, indefinitis indefinitas opponens et conparans.
et post haec concludit sententiam dicens manifestum
esse uni adfirmationi unam oppositam esse negatio-   20
nem. revolvit quoque breviter, quoniam aliae sunt
contrariae, aliae contradictoriae dicitque se quae sint
hae diligentius in superiore disputatione monstrasse,
ut illud quoque non omnem esse veram vel falsam
adfirmationis et negationis oppositionem, quam nunc   25

2 fuerat MTE   3 tamen MT¹   5 et *del.* T²   6 sunt
om. MT¹   7 aliquid aliud E   8 negatio *in ras.* T² *om.* E
s; neğ. M (*quod del.* M²)   quam quod MT   praedicauerit E
9 dicat sic MT¹E   12 id *om.* T   13 sunt E   molto M
17 et *del.* T² b   negationes F (*corr.* F¹?) negatiuas M¹ nega-
tiuus T affirmativis negativas b   17. 18 uniuersalis F¹   18 *post*
conparans *Aristot. textum* (Huic — non est homo albus) *inserit* E b
19—21 manifestum — negationem *om.* b *et addit verba Arist.*
usque ad et quando vera vel falsa. *post* negationem *subiungit*
verba Arist.: Quoniam aliae sunt contrariae — et quando vera
vel falsa. (*om. initium:* Quoniam ergo *etc.*) E *v. p.* 8   22 sunt
MT   23 haec F   diligentius *post* disputatione MT   superiori MTE¹?   24 ut *del.* F² *om.* MTE   25 nunc *om.* MT¹
7*

communiter et inproprie contradictionem vocat. et
quando sint verae vel falsae et cur se exposuisse
commemorat.

8. Una autem est adfirmatio et negatio,
5 quae unum de uno significat, vel cum sit universale universaliter vel non similiter.

Quid sit una adfirmatio et supra iam diximus et
nunc quoque idem docere non piget, cum idem Aristoteles revolverit. una enim adfirmatio est, quae
10 unam rem de una significat id est quae huiusmodi
habet praedicatum et huiusmodi subiectum, ut utrumque singula significet. nam si unum aliquid significet
praedicatum, simplex atque unum est. quod si rursus
unum aliquid significet subiectum et non plura, sim-
15 plex rursus est atque unum. quocirca si unum praedicatum de uno erit subiecto, utraque singula significabunt et non plura. eoque fit, ut non sit multiplex
propositionis significatio unumque significans una sit.
idem autem oportet esse etiam in universalibus uni-
20 versaliter praedicatis et in particularibus, quas universalibus opponi necesse est. quorum etiam subdit
exempla. dicit enim unam esse propositionem omnis
homo albus est et ei rursus oppositam unam esse
p. 240 negationem non est omnis homo albus. | si album,
25 inquit, unum significat. quod si plura significat, non

2 non sint FE et *ego*: uel *codices* 4 autem est adf.
ed. II., Ar.: aff. autem est MT[1] (autem aff. est T[2]) est *post*
negatio FE 5. 6 uniuersale sit MT 6 *verba Arist. continuant usque ad* unum significat MTS 7 iam *om.* MT[1]
9 reuoluerat M (*corr.* M[1]) 12 aliquod E 14 aliquod ET[1]
subi. sign. E 14. 15 simplex atq; rursus unum est MT[1]
18 unumque significans ET[2]: unum quae significat F (quae
del. et in marg. add. et quae F[2]) sed cum unum significet
MT[1]GS 19 autem *om.* E (*add.* E[1]) 21 quarum? 21.
22 exempla subdit E. *Aristotelis exempla·addit* b 24 negationem *om.* MT[1] *post* albus *inserit Arist. verba*: Si album
unum — una affirmatio neque negatio b 25 *alt.* signif.]
designet GMT designat G[1]?E

est una adfirmatio nec una negatio. hoc autem et in subiecto convenit custodire, scilicet ut subiecti quoque simplex significatio servetur. docet autem non esse unam propositionem, si praedicatum vel quodlibet in propositione verbum multa significet, 5 hoc modo:

Sin vero duobus unum nomen est positum, ex quibus non est unum, non est una adfirmatio.

Sunt quaedam res quae plura quidem significent, ex quibus omnibus iunctis unum quiddam valeat effici. 10 hominis quidem nomen significat animal, significat mortale, rationale quoque designat, sed haec iuncta unum quiddam efficiunt, quod est animal rationale mortale. haec namque omnia unum hominem conplent. sunt quoque alia quae duas vel plures huius- 15 modi res designant, ex quibus iunctis unum aliquid esse non possit, ut liber. dicitur namque et Diony-sus Liber, dicitur liber et ingenuus, sed ingenuus et Dionysus iuncti nihil efficiunt. quare si quid tale sit, inquit, aut subiectum aut praedicatum quod plura 20 significet, ex quibus unum aliquid esse non possit, non est illa una adfirmatio neque una negatio. et hoc ficticii exempli ratione confirmat. dicatur enim, inquit, equus et homo tunica et habeant verbi gra-

2 custodiri E T²   subiecto E¹   3 Dico T²   4 prae-dicatiuum M T¹   5 propositionem M T¹   7 Si M T¹   sit E 8 non est unum *om.* T¹   est non una definitio F affirmatio (*supraser.* diffinitio) G S *verba Arist. continuant usque ad* est equus albus et est homo albus: G S M T   10 inuictis M¹ T¹ quiddam unum M T¹   efficiunt (*om.* valeat) E (*corr.* E²) 11 quidem *om.* E (*add.* E¹?)   12 significat T   13 quidam F (*saepius*)   17 libet M¹ T¹ (*item* 18)   18 liber *post* dicitur *om.* M¹ T¹   19 iuncta M T   23 ficticii b: ficticia F E G² M² T², ficti G S M T   exempla F (*corr.* F²)   ratione exempli E *post* confirmat *Aristotelis textum* (Ut si quis — est equus albus et est homo albus) *addit* E b, *repetit in marg.* M²   24 homo et equus M T

tia hoc nomen: si quis dicat est tunica alba, quoniam tunica equum atque hominem designat, videtur
dicere quoniam est equus et homo albus. sed hoc
tale est, tamquam si dicat est equus albus et est
5 homo albus. sed hae duae sunt propositiones et
non una; duplex igitur illa quoque propositio est est
homo et equus albus; quare duplex illa quoque
quae dicit est tunica alba. etenim subiecti huius
id est tunicae duplex significatio propositiones fecit
10 esse multiplices. quod si quis dicat unum quiddam
significare est tunica alba, quia significat est homo
et equus albus, inpossibile est. neque enim ex,
homine et equo quiddam unum fit, ut haec propositio
unum aliquid designet. quare aut haec propositio
15 multa significat aut si non multa, nihil omnino designat. nihil enim est homo equus, ut simul dicatur atque intellegatur. hoc est enim quod ait: si ergo
hae multa significant et sunt plures, manifestum est quoniam et prima, id est ea quae dicit
20 est tunica alba, multa vel nihil significat.
nihil autem idcirco quoniam, si non multa designet
propositio cuius quilibet terminus aequivocus est, cum
illa quae nomine aequivoco significantur iuncta fuerint neque in unam substantiam convenerint, talis
25 iuncturae, quae res sibimet inconexas copulat, non

---

1 quis enim G M T¹   dicit F   tunica *om.* F¹   3 sed
— equus albus (4) *om.* F¹   4 si quis F²G²T²E (sic? G¹)
7 albus et equus T¹   quoque illa M T E   8 tonica E (*saepius*)
9 multiplex M¹T¹   10 duplices M²E   11. 12 quae est
significat homo equus et albus M¹T¹   13 ut] et F (*corr.* F²)
14 ut F (*corr.* F²)   16 nihil] neq; E (*corr.* E¹)   et equus
M T¹   17 *post* ait *habet Arist. verba:* Si ergo — aliquis homo
equus b (*deinde iterum* Si ergo *etc.*)   18 haec E   significent T²   sint E   19. 20 id est — alba *om.* S M T¹E
20 *verba Arist. continuant usque ad finem huius capitis, quem
hic ita habent:* veram uel falsam esse G S M T   23 significatur F¹   24 tales F (*corr.* F¹?) M T E   25 copulat F: copu·
lant *ceteri*

erit ullus intellectus, ut in ea quae est tunica alba
est. aliter esse una non potest, si tunica equum
hominemque significet, nisi si equus atque homo iuncti
unum aliquid efficiant. sed hi termini tales sunt, ut
necesse sit hanc propositionem vel multiplicem esse 5
vel nihil significare. nam si iungantur homo et equus,
fit nihil. nihil enim est homo equus. quod per hoc
monstravit, quod ait: neque enim est aliquis homo
equus. hoc autem cur nunc ab ipso propositum sit,
lucidissime demonstravit. cum enim de his proposi- 10
tionibus loqueretur, quae verum inter se falsumque
dividerent, hoc addidit, quia etiam hae quae habent
vel praedicatum aequivocum vel subiectum verum falsumque non dividunt. utraeque enim verae esse possunt,
ut hae quae dicunt est liber homo, si ad ingenui- 15
tatem referas, et non est liber homo, si ad Diony-
sum. recte igitur dictum est: |

Quare nec in his necesse est hanc quidem p. 241
contradictionem veram esse, illam vero falsam.

Cum enim multa significat, multiplex significatio 20
in negatione atque adfirmatione se invicem non perimit. quod si una sit adfirmatio, una negatio, quoniam
utraeque in eodem esse non possunt, unam veram
semper, falsam alteram esse necesse est.

9. In his ergo quae sunt et facta sunt 25
necesse est adfirmationem vel negationem veram vel falsam esse, in universalibus quidem

2 una esse MTE   3 significat MT   nisi sit E (sit *del.*
E¹?) si *del.* T²   7 nihil fit MT   8 est *om.* E   9 ab ipso
nunc MTE   10 monstrauit MT   cur E (*corr.* E¹?)   11 uel
falsum MT¹   ·   12 quia E: qui F quin F²T² quod MT
13 praedicamentum E (*corr.* E¹)   14 possunt esse E   15 dicuntur T¹?   homo liber M¹T¹ (*item* 16)   20 enim *om.* MT¹
21 negationem F¹   22 et una E unaq; MT   24 esse *om.*
E   est] esse MT   25 et quae facta MT (quae *del.* T²)
Ⓖ   27 vel falsam esse Ⓖ *ed. II. Ar.:* esse vel f. *codices ed. I.*

universaliter semper hanc quidem veram, illam
vero falsam, et in his quae sunt singularia,
quemadmodum dictum est.

　　In praesentibus rebus et in praeteritis factas con-
5 tradictorie enuntiationes dicit definite unam semper
veram, alteram definite semper esse mendacem, ut si
quis dicat: omnes Fabii perierunt, qui ad pugnam
contra Veientes privata conspiratione progressi sunt.
hoc si negetur sic: non omnes Fabii perierunt, qui
10 ad pugnam contra Veientes privata conspiratione
progressi sunt, necesse est quidem unam veram, unam
esse falsam, sed definite vera adfirmatio est, definite
falsa negatio. cum id enim quod factum est dicitur
factum, definite verum est; quod si id factum denege-
15 tur, falsum id est definite. sive ergo in universalibus
universaliter praedicatis contradictio per oppositionem
particularitatis fiat sive in singularibus, ut in Socrate
et in ceteris individuis, in his quae sunt praeterita
semper una vera est, altera falsa, ut in eo quod est
20 Socrates veneno peremptus est, Socrates veneno
peremptus non est vera est adfirmatio definite et ita
rursus falsa negatio. in praesentibus quoque idem
esse necesse est. si enim disputante Socrate dicat
aliquis Socrates disputat et hoc alius neget, sicut
25 disputare Socratem praesentis temporis ratione definitum est, ita quoque definite adfirmatio retinet
veritatem, negatio definite mendacium. et in universalibus quidem vel adfirmativis vel negativis, in

1 hanc quidem ℭ ed. II. Ar.: hanc codices ed. I.　3 verba
Arist. continuant usque ad dictum est autem et de his GSMT
4 alterum in om. MT¹　6 definite om. E　7 qui ad] quia
F¹　8 uehientes FMT (item 10)　9 hoc] Ho M¹ Homo T¹
ne/////ur F (ge in medio scr. F²)　13 enim id MTE　14 id
om. E (add. E¹)　15 id del. F² om. MTE　18 prius in om.
E (add. E¹)　20 Socrates — est om. T¹　22 falsa om. T¹
24 hoc om. E (add. E¹)　25 temporibus F　26 retinet et F
27 define F¹

quibus vel adfirmatio particularis vel negatio particularis opponitur, idem est. hoc est enim quod ait:
in his quae sunt et quae facta sunt, id est in
praesentibus atque praeteritis, una semper definite vera
est, semper altera falsa definite, sive universalis una 5
sit, altera particularis, quod per hoc monstratur quod
ait: in universalibus quidem universaliter
semper hanc veram, illam vero falsam, sive in
singularibus atque individuis praedicamentis, quod per
hoc designat quod addidit: et in his quae sunt 10
singularia. sed postquam de contradictoriis dixit,
adiecit: in his autem quae indefinitae sunt non necesse
est semper hanc quidem veram, illam vero esse mendacem, hoc scilicet designans quod dixit: in his vero
quae in universalibus non universaliter dicun- 15
tur, non est necesse. non est enim necesse in his
unam veram, alteram falsam proponi, potest enim
fieri ut utraeque sint verae quae fuerint indefinitae.

    In singularibus vero et futuris non similiter.

    Propositionum aliae sunt tantum inesse signi- 20
ficantes, ut si quis Socrate vivo dixisset Socrates
calvus est aliusque negaret Socrates calvus non
est. illa enim inesse posuit Socrati calvitium, illa
calvitium a Socrate disiunxit. aliae vero sunt necessariae, ut si quis dicat: necesse est solem annis 25
omnibus in arietem rursus redire. rem namque necessariam et ex necessitate evenientem praedicans
totam fecit necessariam propositionem. aliae autem
sunt contingentes, quae cum non sint, eas tamen

---

    2 enim est T   5. 6 sit una M T   7 in *om.* F¹T¹
universaliter *add.* F² *om. ceteri*   8 hanc quidem?   11 *ad* singularia *in marg. add.* E²: quemadmodum dictum est   14 designans per hoc quod M²   15 in *om.* M¹T¹   16 non est
necesse *del.* M² non est enim necesse *eras. in* F *om.* E   18 ut
om. F   fuerunt M T¹   22 alius M T E   23 caluiciem
M T¹ caluitiem E (*item* 24)   25. 26 omnibus annis E
26 ariete F   27 uenientem E

in futurum evenire possibile est, ut si quis dicat:
hodie Alexander pransurus est, hodie Alexander
pransurus non est. etenim cum ista dicuntur, quoniam illi adhuc prandere non inest, inesse tamen con-
5 tingit et potest fieri ut hodie prandeat, idcirco eas
p. 242 dicimus contingentes. contingit enim | fieri, quod
adhuc nondum factum est. sed hae non insunt quidem, ut dictum est, sunt enim futuri temporis. quae
autem non insunt, sed inesse possunt, necessariae
10 non sunt, quoniam huiusmodi retinent naturam, ut
eas et esse et non esse possibile sit. potest enim fieri,
ut hodie Alexander prandeat, et rursus potest fieri,
ut hodie non prandeat. et hanc eveniendi vel non
eveniendi possibilitatem utrumlibet vocamus. in
15 huiusmodi enim rebus utrumlibet contingit, aut adfirmatio aut negatio, et non est necesse aut adfirmationem fieri aut negationem. nam cum non sit adfirmatio necessaria, non interclusum est contingere negationem. rursus cum negatio necessaria non sit, inter-
20 dum accidit, ut adfirmatio contingat. quare haec
huiusmodi eveniendi et non eveniendi potentia utrumlibet vocatur, quod in his utrumlibet, id est vel
adfirmationes vel negationes, evenire conceditur. nunc
ergo Aristoteles hoc validissima argumentatione con-
25 tendit adstruere, quod quemadmodum in praeteritis et
in his quae sunt praesentia non modo in adfirmatione
et negatione unam veram, alteram falsam esse necesse
est, sed definite una vera est, definite altera suscipit
falsitatem, non ita in his quae contingentes vo-
30 cantur. necesse enim est ut aut adfirmatio vera

---

3 dicantur FET² 7 At T²E 9 autem *om.* E¹ si
MT 11 ea MT¹ 13 vel] et T² 16 uel neg. E
17 nam] Nunc autem T² non *om.* MT¹ 19 necessaria
negatio MT¹ 21 vel *editio princeps* 22 vel *om.* MT
23 adfirmationem vel negationem *an* adfirmatio vel negatio?
25 astruere MTE 29 ita erit T²

sit aut negatio, sed non ut definite quaelibet earum
vera sit, altera falsa definite. nam quod dicimus
Alexander lavandus est, id si alius neget dicatque
Alexander lavandus non est, totum quidem hoc
necesse est evenire, ut aut lavetur aut non lavetur,   5
et necesse est unam esse veram, alteram falsam, aut
adfirmationem, si lotus fuerit, aut si non lotus fuerit,
negationem, sed non necesse ut definite adfirmatio
vera sit, idcirco quod in huiusmodi rebus poterit evenire negatio. sed nec umquam definitum est, ut nega-   10
tio vera sit, falsa adfirmatio, idcirco quoniam potest
non evenire negatio. quare in tota contradictione
unam quidem veram, falsam alteram esse necesse est,
ut autem definite una vera sit, altera falsa definite,
sicut in his quae sunt praeterita quaeque praesentia,   15
nulla rerum ratione possibile est. sed hoc prius
Aristoteles in singularium praedicamentorum propositionibus probat, post autem idem debere in universalibus docet intellegi. idcirco enim ait in singularibus vero et futuris non similiter. id est   20
in singularibus propositionibus, de quibus primum
tractat, et futuris id est contingentibus non idem
modus est verarum falsarumque propositionum, qui in
praeteritis atque praesentibus, quoniam in praeteritis
atque praesentibus et totum contradictionis corpus in   25
veritatem falsitatemque dividitur et vera una est definite, ut possit ex his certus aliquis ac sciens dicere,
quoniam adfirmatio vera sit vel rursus quoniam negatio; vel si id nullus dixerit, certa praeteriti tamen
temporis vel praesentis secundum sui naturam ratio,   30

---

1 ut] aut F¹   quilibet F   2 sit uera MTE   nam
quod] namque FTE¹   4 haec F   5 uel non E   6 est
om. MT   7 non fuerit lotus MTE   8 non est F¹?MTE
9 in om. F¹   13 alteram falsam MTE   21 prius
b   23 qui est MTE   29 diceret F (corr. F¹?)
30 et T²

certus eventus est. in his vero in quibus contingens
est futurum, id est variabile et instabile, totum quidem
corpus contradictionis veritatem falsitatemque partitur,
sed haec veritas atque falsitas indiscreta est atque
5 volubilis. nullus enim potest dicere quoniam adfirmatio vera est: non est enim necesse veram esse adfirmationem, idcirco quoniam negationem fieri possibile est, nec rursus negationem, quoniam non est
inpossibile adfirmationem contingere, et postremo quo-
10 niam utrumlibet ipsorum contingit, idcirco una earum
vera esse definite et certa naturaliter non potest. quibus autem id argumentationibus exsequatur, manifestum erit hoc modo:

Nam si omnis adfirmatio vel negatio vera
15 vel falsa est, et omne necesse est vel esse vel
non esse. ⟨nam⟩ si hic quidem dicat futurum
aliquid, ille vero non dicat hoc idem ipsum

Si quidquid in adfirmationibus negationibusque
proponitur verum vel falsum est definite, sequitur ut,
20 quod illae negationes adfirmationesque significant, aut
evenire aut non evenire necesse sit. hoc est enim
quod dicit: nam si omnis adfirmatio vel negatio vera vel falsa est: definite. idcirco enim addi-
24 dit omnis. in his enim, quae sunt futura vel con-
p. 243 tingentia, | non esse adfirmationes et negationes veras
vel falsas definite probare contendit. nam si unus
dicat aliquid futurum, alius neget, ut utraque eveniant
fieri non potest. quis enim dixerit dicente alio, quoniam Socrates cenaturus est alioque Socrates ce-

---

1 certusque E   est *om.* M T¹   2 est et fut. T²E   6. 7 adfirmatio F (*corr.* F¹?)   9 contigere F   9. 10 quoniam *om.* E¹
10 earum b: eorum *codices*   12 autem *om.* M T¹E   id *om.*
T¹   13 hoc *om.* E¹   15 falsa est diffinite T²E   16 nam
ego addidi ex expositione Boetii: om. codices   17 *verba Arist.*
continuant usque ad simul in talibus *omnes codices praeter* F
18 quid M T¹   28 aliquo G   28. 29 quoniam *om.* GMTE
29 ali/////que F (aliquisque F²) alio quod T¹

naturus non est, utrasque veras in uno eodemque
contingere? hoc igitur fieri non potest. unus ergo
eorum verum dicturus est, alius mentietur. ponatur
enim definite una earum vera esse vel falsa: si ergo
omnis adfirmatio et negatio vera vel falsa est definite 5
et uterque negans adfirmansque veri in contradictionibus esse non possunt, necesse est unum verum dicere,
alterum falsum et unum definite verum, falsum alterum definite. hoc si est in omnibus adfirmationibus
atque negationibus, ut una definite falsa sit, altera 10
vera definite, quidquid vera dicit eventurum necesse
est evenire, quidquid non eventurum non evenire necesse est. hoc est enim quod ait: manifestum est,
quoniam necesse est verum dicere alterum
ipsorum. neque enim potest fieri ut adfirmatio nega- 15
tioque consentiant in talibus id est in contradictionis
oppositionibus. necesse autem esse evenire quaecumque vera definite adfirmatio loquitur et non evenire
quod profert definite vera negatio sic probat:

Nam si verum est dicere, quoniam album 20
vel non album est, necesse est esse album vel
non album, et si est album vel non album,
verum est vel adfirmare vel negare.

Quod de futuro possit esse iudicium, a praesentibus trahit exemplum. ait enim hanc esse rerum 25
consequentiam, ut rem subsistentem propositionis veritas consequatur, veritatem propositionis rei, de qua
loquitur propositio, essentia comitetur. nam si hic

---

3 est *om.* M¹ Ponetur M T¹ E¹ 4 earum *ego:* eorum
codices ueram — falsam F 11. 12 euenire nec. est T²
13 enim est E 15 fieri p. MT 16 *alt.* in *om.* E contradictionibus F¹ 17 positionibus F propos. F²ET² esse
om. MT (necesse est T²) 19 probatur MTE 20 dicere
— uerum est (23) *in marg.* M¹ 23 uel adf. ⑤ *ed. II:* adfirmare *codices ed. I. verba Arist. continuant usque ad* aut
neg. veram esse *omnes codices praeter* F 25 traxit MT¹
28 conmitetur M¹T¹

lapis vel quodlibet aliud album est, verum est de eo
dicere quoniam album est, et hoc convertitur. nam
si verum est dicere de eo quoniam album est, sine
dubio album est et album esse necesse est. itaque fit
5 ut res veritatem et veritas rem, de qua proponitur,
subsequatur. rursus si lapis hic albus non est, verum
est de eo dicere quoniam non est albus et si de eo
verum est dicere quoniam non est albus, ut sit albus
fieri non potest, cum vere dicatur quoniam non est
10 albus. idem quoque etiam in mendaciis valet. nam
si quid non est, cum hoc aliquis esse proposuit, mentietur. et si quis de aliquo mentietur, illud de quo
fit mendacium non est, ut si quam rem cum alba non
sit dicat aliquis esse albam, mentitus est, quocirca
15 necesse est illud quoque non esse de quo mentitus
est. ita igitur veritas quidem rei quae est et res
quae est veritati, falsitas vero rei quae non est et res
quae non est falsitati convertitur. quod si hoc est in
omnibus rebus et quidquid dicitur cum veritate vel
20 falsitate ad rem quae est vel non est convertitur, sive
negatio sit sive adfirmatio, et unam veram semper,
alteram falsam esse necesse est, si una definite vera
est: inpossibile quiddam ex hac positione continget.
eveniet namque omnia quaecumque sunt vel fiunt ex
25 necessitate fieri et nihil a casu nihilque esse possibile
quod sit et non esse possibile. nihil etiam in liberi
arbitrii moderamine relinquetur, sed totum erit ex
necessitate, quidquid evenerit. nam si verum est definite de qualibet re dicere quoniam erit, illam rem

1 aut MTE   quidlibet?   de eo uerum est MTE
3 dicere est E   7 *prius* est *om.* MT¹   et si — non
est albus (8) *in marg.* F²   10 in] ut M¹T¹   12 aliquo
ego: alio *codices*   15 qua E   17. 18 et res quae non est
om. T¹   22 esse *om.* T¹   23 propositione F²T²E²   24 eueniet *ego:* euenient FT² euenit MT¹E   25 possibile esse
MT¹E   26 in] et T²

sine dubio futuram esse necesse est et ut non fiat
non potest evenire. verum enim est dicere de ea quoniam futura est nec vere de ea quoniam futura est
poterat dici, nisi eam fore esset necesse. quare si in
omni adfirmatione et negatione aut adfirmatio aut 5
negatio in futurum definite vera vel falsa est, necesse
est vel quod ab adfirmatione vera definite vel quod
a negatione dicitur evenire. in falsitate quoque similis causa est. nam quod non erit falsum est dicere
quoniam erit et quod falsum est dicere quoniam erit 10
ex necessitate non erit. item quod erit falsum est
dicere quoniam non erit et quod falsum est dicere
quoniam non erit necessario erit. ut igitur veras
propositiones necessarius sequitur eventus ut fiat quod
dicitur, ita et falsas propositiones necessarius sequi- 15
tur eventus ut non fiat quod dicitur a falsa proposi-
tione. quod si in futurum | omnis adfirmatio vel nega- p. 244
tio definite semper dividunt veritatem et falsitatem,
erit rerum quae praedicuntur necessarius eventus et
omnia ex necessitate contingent vel non contingent. 20
itaque et casus et possibilitas et liberum periit arbitrium. syllogismus autem huiusmodi est: si omnis
adfirmatio vera est aut falsa definite et eodem modo
negatio, eveniet ut omnia inevitabili necessitatis ratione
contingant. quod si hoc est, liberum perit arbitrium. 25
sed hoc inpossibile est: non igitur verum est omnem
adfirmationem vel negationem veram definite esse vel
falsam. omnia autem ex necessitate contingere, si
illae definite verae vel falsae sunt, talis syllogismus
ostendit: omnis in futurum definita veritas vel falsitas 30

    2 evenire] fieri E   est enim MTE   7 est *om.* T[1]
uerum E[2]   9 non *om.* M (*add.* M[1])   10 quoniam non M
(*prius*)   quoniam non T (*posterius*)   18 uel T[2]   19 praedicantur MT[1]E   20 contingunt (*utroque loco*) E   21 *primum
et del.* T[2]   perit MTE   22 Syllogissimus F Sillogissi-
mus M   23 vera aut f. est MTE

eventum rei vel futurum vel non·futurum ex necessitate constituit.   sed omnes propositiones futurae definite verae vel falsae sunt: in omnibus est igitur
eveniendi vel non eveniendi necessitas.   pro.qua con-
5 clusione illud Aristoteles intulit quod ait:

     **Nihil igitur neque est neque fit nec a casu
nec utrumlibet nec erit nec non erit, sed ex
necessitate omnia.**

     Casus namque et id quod est utrumlibet ex-
10 stinguitur, libera etiam voluntas adimitur, si omnia
quaecumque fient ex necessitate futura sunt. et probat
superiorem conclusionem, quae dicit omnia ex necessitate contingere, per hoc quod ait: aut enim qui
dicit verus est, aut qui negat. si ergo veritas
15 rerum necessitati convertitur et aut qui negat verus
est aut qui adfirmat, omnia fieri ex necessitate necesse
est. nam si non erunt ex necessitate, non erunt verae
definite, id quod ipse subiunxit:

     Similiter enim vel fieret vel ṅon fieret;
20 **utrumlibet enim nihil magis sic vel non sic se
habet aut habebit.**

     Exponit enim quae sit contingentis natura, cum
quid sit utrumlibet exposuit. utrumlibet est cuius indiscretus eventus est id est quod aequaliter esse vel
25 non esse contingit. hoc est enim quod ait similiter
enim vel fieret vel non fieret. neque enim directam unam necessariamque·habet viam vel ad ad-

---

4 vel non ev. *om.* T¹   5 aristotele illud M aristoteles
illud TE (illud *bis* T¹)   8 omnia et non utrumlibet GSMT
verba Arist. continuant usque ad aut qui negat E b   9 quod
om. F¹   est *om.* MT¹   utrumlibet est E   12 qua TE
15 necessitate E (*corr.* E¹?)   et *om.* E   17 si non erit FMT¹
verae vel falsae E   18 id quod] idque F¹?T²E²   22 enim] namque GSMTE   23 exponit b   ut utruml. MT¹   24 vel *om.* F
25 contingat MT¹E   26 *prius* vel *om.* FG *del.* T²   aut non F
27 unam] uiam GSF²T²E   que *om.* E¹   habet] inter GSMT¹
viam *ego:* unam F (*sed ras.*) *et ceteri*   ad T²: *om. ceteri*

firmationem vel ad negationem, sed nihil se magis
sic habet vel sic non habet. et est utrumlibet quod
aequalem cursum et ad evenire retinet et ad non
evenire. nihil enim se magis vel sic habet vel sic
non habet id est aequaliter se habet et ad esse et 5
ad non esse. nihil enim magis sese habet, ut fiat
quam ut non fiat.

Amplius si est album nunc, verum erat
dicere primo quoniam erit album, quare semper verum fuit dicere quodlibet eorum quae 10
facta sunt, quoniam erit.

Validissimam sibi ipsi vim argumentationis opponit, qua possit ostendere adfirmationes negationesque
veras vel falsas esse definite. et ait providendum esse
ne forte necesse sit suspicari id quod iam factum est 15
vere dici potuisse antequam fieret esse faciendum, ut
si Socrates hesterna cenavit nocte, verum fuit hesterna matutina dicere, quoniam cenaturus est: quocirca definite quoque verum fuisset, si praediceretur.
omnia igitur ea quae fient definite poterant vere prae- 20
dici. hoc est enim quod ait si est album nunc,
verum erat dicere primo quoniam erit album.
nam si qua res nunc alba est, verum erat ante dicere
quoniam erit alba, quare definite quoque fuit quodlibet eorum quae facta sunt vere praedicere. hoc 25
autem rei ipsius exitus conprobavit. huic oppositioni

1 ad T²E²: *eras. in* F, *om. ceteri*   magis se MTE
4 nihil — non esse (6) *om.* E¹   magis se MT   6. 7 ut
non fiat quam non ut fiat E (*corr.* E²)   7 ut *del.* T²
8 erat *om.* T¹   9 prius b *Ar.*   10 quodlibet illud D (illud
eras. in ⑤)   12 Validam FG¹?E   sibi *om.* F¹   vim *om.*
M¹T¹ uim sub ipsi E¹   12. 13 opprimit E¹   14. 15 pro-
uidendum est *post* suspicari E¹   17 nocte cen. MTE
18 mattutina F   19 definite — quare (24) *in marg.* E²
si de eo F²E   praedicaretur FE   20 sunt F²T²E fiunt b
21 ait] dicit MT   22 uerum erum M uerum enim T¹
24 album E   25 praedicare F¹   26 enim b   rei ////////
ipsius F comprobabit MT

per eandem rursus occurrit. non enim qui haec dicit licet ei laqueum superioris argumentationis effugere, rursus enim eadem illum cuncta circumveniunt et eisdem iterum urgetur incommodis.

5   Quod si semper verum est dicere quoniam est vel erit, non potest hoc non esse nec non futurum esse. |

p. 245   Mira ratione superiorem argumentationem dicentes ad idem reduxit incommodum dicens: si verum
10 est omnia quaecumque facta sunt definite vere potuisse praedici, quoniam veritatem propositionis rei necessitas sequitur, quod vere definite praedictum erat non evenire non poterat. sed si non evenire non poterat, ut non eveniret erat inpossibile. quod autem
15 non fieri inpossibile est, fieri necesse est. eventus igitur eius ex necessitate consequitur. nihil ergo utrumlibet neque a casu erit; nam si a casu esse poterit, non ex necessitate futurum est; quod si non est ex necessitate futurum, non est inpossibile
20 non fieri; si non est inpossibile non fieri, potest non fieri; si potest non fieri, non potest definite vere praedici. quod enim vere definite praedicitur, ex necessitate futurum est: quod autem casu est, ex necessitate non evenit.

25   At vero nec quoniam neutrum verum est contingit dicere, ut quoniam neque erit neque non erit.

1 eadem E²   hoc T²   3 eandem E¹   5 uerum dicere est F¹   6 nec *ed. II et codices Arist. fere omnes:* vel *codices ed. I.*   7 *verba Arist. continuant usque ad* nam si a casu, non ex necessitate *omnes codices praeter* F   8. 9 dicentes *ego:* dicentis *codices*   11 dici MT¹   12 uere def. b: uere def. uere F uero def. uere F¹? *et ceteri* (uero *del.* T²)   14. 15 n. fieri autem F   16 eius F: rei F²MTE   17 si *om.* E 21 uere diffinite MTE   22 uerum E¹   definite b: definitum (*vel* diff.) *codices*   23 autem *om.* E¹   a casu E   25 utrum F¹ est verum F   27 *verba Arist. continuant usque ad* contingit adfirmationem esse non veram. *omnes codices praeter* F

Quattuor differentiis contingentium futurorum diversitas constat. aut enim id quod adfirmatur et negatur in futurum utrumque erit verum aut utrumque falsum aut unum verum, falsum alterum definite aut unum verum, falsum alterum indefinite. non esse 5 quidem et adfirmationem et negationem veram in his propositionibus, quae de rebus contingentibus in futurum tempus proponuntur, per hoc demonstravit superius quod ait: manifestum est, quoniam necesse est verum dicere alterum ipsorum, si omnis 10 adfirmatio vera vel falsa. utraque enim non erunt simul in talibus. neque enim fieri potest ut in contradictoria propositionum oppositione utrasque veras quisquam valeat invenire. nunc autem monstrat, quoniam ne hoc quidem fieri potest ut utrae- 15 que sint falsae. ait enim: at vero ne hoc quidem nobis contingit dicere, quoniam neutrum verum est id est nec adfirmatio nec negatio. contingeret autem utramque esse falsam adfirmationem scilicet et negationem, si nec quod diceret adfirmatio futurum esse esset 20 nec quod non esse negatio diceret non esset. ita enim fieret, ut nec esset quod esse adfirmatio praedicavit nec non esset quod negatio non esse proposuit. si quis ergo hoc ita dicat, primum, inquit, illud inconveniens atque inpossibile est, quod in contra- 25 dictoria oppositione cum adfirmatio falsa sit non est vera negatio et rursus cum negatio falsa sit falsa quoque adfirmatio est. hoc enim in solis contrariis contingebat, non etiam in contradictoria dispositione. in hac enim unam semper veram esse necesse est, 30 semper alteram falsam.

11 falsa est F² *et ceteri*   15 nec T²   16 ait enim *om.* MT¹   nec MT²E   18 contingere F¹   19 falsam esse MTE   21 negatio non esse MTE   26 oppositione *ego:* propos. *codices*   est] esse MTE¹   26. 27 non est — sit *in marg.* F¹?   28 est *ego:* sit *codices*   29 oppos. F²T²E² 30 semper unam MTE

Ad haec si verum est dicere, quoniam album
est et magnum, oportet utraque esse. |

p. 246   Addidit quoque aliud, quo magis id quod dicitur
videatur incongruum. omne enim quod praedicitur in
5 futurum, si vere praedicitur, erit. si quis enim dicat
in praesenti tempore: hoc animal quodlibet album est
vel magni corporis et hoc vere pronuntiet, album et
magnum illud animal esse necesse est. ita etiam in
futurum si quis vere dicat, quoniam hoc animal cras
10 album fiet et corporis vastioris, necesse est cras utraque contingere, ut et album fiat et corporis vastioris.
sin vero falso aliquid praedicatur, necesse est non
esse quod dicitur, si sit ⟨falsa⟩ adfirmatio: ut si quis
adfirmet falso futurum navale bellum, necesse est non
15 fieri quod a falsa adfirmatione praedicitur. at si sit
falsa negatio, necesse est fieri quod falsa negatio futurum non esse praedixit. sin vero utraque falsa sunt,
nec erit ex necessitate quod dicitur, quia definite adfirmatio falsa est, nec non erit quod dicitur ex necessi-
20 tate, quia definite est negatio falsa. unde fit ut
utrumlibet quod est in rebus omnino perimatur. utraque enim necessaria sunt et ex necessitate contingunt
et est necessitas ipsa inpossibilis. nam si quis dicat
cras futurum navale bellum aliusque neget et pro-
25 nuntiet non futurum, si utraeque sint falsae, necesse
quidem erit non esse cras navale bellum, quoniam
adfirmatio, quae illud dicit futurum, falsa est; rursus
necesse est esse cras navale bellum, quoniam negatio
quae dicit cras non futurum ipsa quoque mentitur.
30 quare necesse erit et esse navale bellum et non esse,

2 *verba Arist. continuant usque ad* neque non fieri navale
bellum. *omnes codices praeter* F; *usque ad* et quod factum est
verum erat dicere semper quoniam erit b   **7** pronuntiat F[1]
11 ut et] et ut T   **13** falsa *ego add.: om. codices*   **15** a
del. T[2]   **20** falsa neg. MTE   ut *om.* F   **24** negat E
25 sint *om.* MT[1]   **28** non necesse F[2]   non esse F (non *del.* F[1]?)

quod est inpossibile et praeter communem cogitatio-
nis naturam. non est igitur. verum utrasque simul
id est adfirmationem negationemque mentiri.

Quae ergo, inquit, contingunt inconvenien-
tia, haec sunt et huiusmodi   5
Si quis dicat vel in his quae universalia sunt
et universaliter praedicantur vel in his quae singularia in propositionibus enuntiantur unam necessario
definite esse veram, definite alteram falsam, talia illum,
inquit, inconvenientia consequentur et alia similia, hoc 10
scilicet dicens de superioribus argumentis, in quibus
ostendebat omnia ex necessitate contingere, si quis
unam veram definite, alteram diceret definite mendacem. quaenam vero adserat alia inconvenientia inpossibiliaque concurrere his qui unam definite veram 15
proponunt, haec sunt: si quis enim proponat unam
esse veram, alteram falsam, tollit (ut supra dictum
est) id quod est utrumlibet in rebus et omnia esse
vel fieri ex necessitate constituit, nihil a casu, nihil
a propria voluntate. unde fit ut neque negotiari sit 20
utile nec inire actum, quae omnia consilii ratione
tractantur: ipsum enim consilium supervacuum est,
cum omnia quaecumque futura sunt necesse sit evenire. quid enim unusquisque dicat: si hoc faciam,
illud mihi eveniet atque continget, si vero hoc, illa 25

1 communem *om.* M¹T¹   2 et simul F E   4. 5 Quae
— huiusmodi *om.* M (*add.* M²) T (Quae — huiusmodi alia (*om.*
inquit) *in marg.* T²)   4 inquit *om.* E   contingant F¹   5 ut
E *verba Arist. continuant usque ad* quodlibet eorum verum
erat praedicere tunc *omnes codices praeter* F   9. 10 inquit
illum M T E   11 de sup. dic. M T¹ E   12 quis autem M T
(autem *del.* T²)   14 quoniam F (*corr.* F¹?)   15 in his F
(in *eras.*) ·   diffinite unam M T E (indiffinite E¹)   ueram
alteram falsam E   16 enim *om.* E   17 ueram diffinite M T E
18 quod *om.* F   19 nil M T E (*bis*)   21 neq; E   quae
G M T: quoniam F T² quia E   23 sunt] sint F² E   24 faciam
si hoc E   25 coniunget M T¹   uera autem (*om.* hoc) F

res eveniet? etenim nihil prohibet quemvis illum adfirmare aliquid esse faciendum, alium vero negare,
cum omnia vi necessitatis eveniant. nam si omnia
quae fiunt nunc ante aliquis vere praediceret, quis
5 dubitat quin illa quae facta sunt inmutabili violentia
necessitatis evenerint? hoc est enim quod ait: quare
ex necessitate erit quodlibet eorum verum
erat dicere tunc. sed ne illud videatur incongruum
quod rerum eventum non ex ipsarum natura, sed ex
10 propositionum veritate et falsitate iudicamus. hunc
enim scrupulum ipse dissolvit dicens: at vero nec
hoc differt, si aliqui dixerunt contradictionem
vel non dixerunt. ad tollendum enim perimendum-
que consilium, quod nihil omnino homines oporteat
15 consiliari, parum valet aliquid praedici. sive enim |
p. 247 praedicatur aliquid, sive non, quidquid vere praedici
potuisset, illud etiam si non praedicatur evenire necesse est. idcirco enim vere praedicitur, quia vere
praedici potest; idcirco vere praedici potest, quia in-
20 mutabiliter futurum est. quare futurum est, si praedicitur vere, nec tantum si praedicitur, sed etiam si
praedici vere potest. sive enim praedicatur, sive non
praedicatur, quidquid vere praedici potest, hoc ex

1 res *om.* T¹   *post* prohibet *ex ed. II.* frustra *addendum videtur*   3 si *om.* F¹   5 dubitet T²?   quin *om.* M¹T¹
(*post* sunt *add.* M²)   immotabili MT¹ immortali E¹   6 Quare
quod F² *et ceteri*   7. 8 uerum erat quodlibet eorum praedicere tunc MT¹E   8 nec MT¹   9 ex ipsa rerum T²E
naturam F¹T¹   10 positionum MT . 11 enim *om.* SMTE
12 dixerint T¹E dixerit F²   contradictionem b: negationem
codices   13 dixerint E dixerit F² *verba Arist. continuant
usque ad* ut ex necessitate fieret GSMT *usque ad* semper quoniam erit E   At MTE   14 consilium est MT   nihil *om.*
MT¹   15 ante praedici F² *et ceteri*   16 praedicatur *ego:*
dicatur *codices*   quidquid] quid F¹   17 potest b   preiudica-
tur F praedicitur E²   17. 18 necesse esse est F   20. 21 praedicetur F (*item* 21)   21 tamen MT¹   21, 22 etiam *post*
praedici E   23 uere *bis* F

necessitate futurum est. manifestum est enim,
inquit, quod sic se habeat res, sive unus eam adfirmet, alius neget, ⟨sive non⟩: si eventura est, nihil
illi negatio officit; si eventura non est, nihil adfirmatio prodest. non enim, inquit, propter negare vel 5
adfirmare erit vel non erit, nec hanc vim naturae
tempus mutabit. eodem modo enim evenient ea quae
post millensimum annum eventura creduntur his quae
post quantumlibet tempus ex necessitate futura sunt.
unde fit ut, si in omni tempore omnia sic se habent, 10
ut unum definite vere dici possit, definite alterum
false, omnia quaecumque facta sunt vel fient inmutabili rerum ratione contingant. hoc est enim quod ait
necesse esset ⟨hoc⟩ fieri ⟨et⟩ unumquodque eorum quae fiunt sic se haberet, ut ex necessitate 15
fieret. et hoc superiore argumentatione confirmat dicens: quando enim vere dicit quis, quoniam erit,
non potest non fieri, eventus enim necessitas sequitur veritatem, et quod factum est verum erat
dicere semper quoniam erit, veritas namque pro-·20
positionibus ex rerum necessariis venit eventibus.

Quod si haec non sunt possibilia: videmus
enim esse principium futurorum et ab eo quod
consiliamur atque agimus aliquid

1 enim *om.* MTE   2 si sic FT² sese T² habeat *for-*
tasse in habent *et* eam *in* rem *mutandum est*   3 sive non *ego*
add.: om. codices   3. 4 illic nil MT¹GS illic neg. nil E
5 uel T²: et T¹ *et ceteri*   6 Nec enim F   7 mutauit MTE
10 omnia] communia F¹   11 diffinite unum E   12. 13 immotabili MT   14 est GMTE   hoc *ego add.: om. codices*   et
ego add.: om. codices   unumquidque E² unumquodcumque T²
15 fiunt *ego:* fiunt id est *codices*   si sic F   habere MTE
16 fieret *ego:* fierent omnia *codices*   superiori MTE   17 uere
om. E   18 necessitatem necessitas F²   18. 19 necessitatem
sequ. necessitas uer. T²   19 quod *om.* T¹   20 quoniam *om.*
MT¹   20. 21 propositionis F²T²E²   21 euenientibus E
22 uidemur MT   24 *uerba Arist. continuant usque ad* alterum vero minime *omnes codices praeter* F

Longum hyperbaton est, quod nos prius exponimus, postea continuamus. liquet enim aliquarum rerum nos esse principium, ut actuum nostrorum. si enim quis aliquid consilio facit, quidquid consiliatione
5 peregerit, eius rei ipse principium est. a consiliante enim incipit, quidquid consilii sollertia ministratur. sunt enim quaedam quae actu non sunt, sed potestate, quae potestas non fit ex necessitate, id est, ut possit quidem fieri, non tamen necesse sit: ut hanc vel quam-
10 libet tunicam possibile est quidem ferro incidi, sed non est necesse. fortasse enim utendo vetustabitur et ipso cotidiano solvetur adtritu. ergo potest quidem incidi, sed forte non incidetur, sed ante quam incidi possit exteritur. rursus potest fieri ut non dividatur,
15 neque enim exteri eam possibile esset, nisi prius esset possibile non incidi. quare possunt quidem quaedam fieri, sed si ita contingit fortasse non fient. sunt igitur quaedam possibilia non necessaria. et in aliis quoque quae fiunt eadem ratio est. omne enim quod fit
20 a quolibet consilio, ipse qui consiliatur illius rei principium est, non necessitas. et quaecumque sunt possibilia mutabiliter evenient. quae enim secundum aliquam possibilitatem dicuntur, non eveniunt secundum necessitatem. unde fit ut manifestum sit quoniam
25 non omnia ex necessitate vel sunt vel fiunt, sed quaedam sunt quae aequali modo vel fiunt vel non fiunt. et hoc est utrumlibet fieri. alia vero in pluribus quidem fiunt, in paucioribus vero non fiunt. et aequaliter quidem fiunt, ut egredientem domo amicum videre. fit
30 enim hoc et non fit aequaliter. quaedam vero fre-

quentius fiunt quam non fiunt, ut sexagenarium
canescere frequentius fit quam non fit, et tamen ita
hoc potest fieri, | ut et non fieri inpossibile non sit. p. 248
hoc est enim quod ait: alia vero magis quidem
⟨et⟩ in pluribus alterum, ut canescere in pluribus 5
sexagenariis quam non canescere, sed contingit fieri
⟨et⟩ alterum, scilicet ut non canescat, alterum vero
minime, scilicet ut canescat. est autem hyperbaton
hoc modo: quod si haec inpossibilia videmus, sumus
enim aliquibus ipsi principium et quaecumque possi- 10
bilia sunt fieri possunt et non fieri: si igitur possibile
est ut et sint et non sint, manifestum est non
omnia ex necessitate contingere, sed alia aequaliter, alia vero evenire quidem in pluribus, in paucioribus vero non evenire, sed ut non eveniant necesse 15
non est.

Igitur esse quod est, quando est, et non
esse, quod non est, quando non est, necesse est.

Nunc quid sit necessarium temporale describit. 20
ait enim: res omnis quando est eam sine dubio esse
necesse est. non enim fieri potest ut cum est non
sit. et rursus res quae non est quando non est eam
non esse necesse est. neque enim fieri potest ut
quando non est sit. sed si, quando est, eam esse ne- 25
cesse est, non idcirco simpliciter et sine temporis

1 ut *om.* E¹   2 ita *om.* MT¹   3 fieri pot. GMTE
4 est *om.* E¹   5 et *add.* b: *om. codices*   6 contigit E
7 et *ego add.*: *om. codices*   scilicet *om.* MT¹E¹   9 uidimus
MT¹   9. 10 videmus enim quod sumus *editio princeps*   13 con-
tingere] fieri E   15 uero non] uero minime MTE   16 esse
MT   19 *verba Arist. continuant usque ad* et in contradictione
eadem ratio est *omnes codices praeter* F *usque ad* futurum autem
vel esse vel non esse necesse est b   20 discribit F ostendit
(*suprascr.* vel describit) S ostendit uel describit MTE (ost. vel
del. T²E²)   22 ut — (24) fieri potest *om.* MT¹   24 necesse
est non esse E   25 si *supra lin.* T

praesentis descriptione ex necessitate. quando enim sedeo, non potest fieri ut non sedeam et necesse est mihi tunc sedere cum sedeo, sed ipsum sedere mihi non ex necessitate inest, possum enim surgere. rursus
5 cum non sedeo, tunc mihi necesse est non sedere, sed ipsum non sedere mihi ex necessitate non inest, possum enim sedere. ergo quod est, quando est, ex necessitate est, et quod non est, tunc cum non est, fieri ut sit non potest. non tamen omnia quaecum-
10 que sunt aut non sunt aut ex necessitate sunt prae- ter temporis praesentis nuncupationem aut ex necessi- tate non sunt nulla mentione praesentis temporis facta. quare, inquit, non est idem temporaliter neces- sarium esse, ut est mihi cum sedeo, et simpliciter ex
15 necessitate esse, ut homini mortalitas. nec idem est, cum non est, necessario non esse, ut mihi cum non sedeo non inest sedere, et quod simpliciter ex necessi- tate non habeo, ut tres oculos vel inmortalitatem. atque hoc est quod ait: similiter autem et in eo
20 quod non est. hoc autem cur dixerit sequitur: et in contradictione eadem ratio. esse quidem vel non esse omne necesse est et futurum esse vel non. similis est, inquit, ratio in contradictioni- bus contingentibus et in his quae, cum sunt, secun-
25 dum tempus necessaria sunt. quae autem secundum tempus, simpliciter necessaria non sunt. nam in futu-

1 discr. F   necessitate est F² *et ceteri. hic quaedam deesse statuunt et in marg. add.:* id est non simplex necessarium est, sicut solem oriri simpliciter, sed temporale necessarium ut sedeo F²T²E²   4 ex necessitate non MTE   6 non ipsum E (*corr.* E¹)   7 est (*post* quando) *om.* F¹   10 aut (*ante* ex) *om.* F¹   10. 11 praeter] propter F¹ praeteriti T¹E¹   11 nun- cupationem praesentis MTE (praes. temp. nunc. T²E²)   12 men- datione M¹T¹   19 Simpliciter F¹E³   20 non *om.* M¹T¹ 21 ratio est F² *et ceteri*   23 *verba Arist. continuant usque ad* futurum autem esse vel non esse necesse est *omnes codices prae- ter* F   24 quae cum] quaecumq; T²   25. 26 quae — tempus *om.* MT¹E¹   26 tempus sunt T   simpliciter autem MT¹E¹

ris et contingentibus contradictionibus totam quidem
contradictionem necesse est unam veram habere partem, alteram falsam, ut si quis adfirmet cras bellum
navale futurum (id ergo non est necesse) et rursus si
qui neget non futurum, est quidem aut esse aut non   5
esse necesse, sed non est necesse esse nec rursus
necesse est non esse, sed tantum aut esse aut non
esse. idcirco tota quidem contradictio unam habebit
partem veram, alteram falsam, sed non erit ipsarum
una definite vera, falsa altera definite. in praeteritis   10
enim sic dicimus: Romulus Romam condidit, Romulus Romam non condidit; una quidem vera est, altera
falsa, sed in his definite vera est adfirmatio, definite
falsa negatio. nam quia cum factum est fieri ut factum
non sit non potest, ideo definite in praeteritum contra-   15
dictio vera vel falsa est. in futuris vero propositionibus
non idem est, in his scilicet quae contingentia signi-
ficant. | ut si dicam Philoxenus cenaturus est, p. 249
Philoxenus cenaturus non est, in tota quidem contradictione una vera est, altera falsa, sed nullus potest   20
dividere, ut dicat aut adfirmationem constitute et definite veram esse aut negationem. ante enim quam
cenet, indefinitum est et variabile an cenet, postquam
vero cenaverit, praeteritum definitur. igitur aut esse
aut non esse aliquid in futuris contradictionibus necesse   25
est, ut autem unum fiat et unum non fiat, non est
necesse. in quo igitur similitudo est contingentis contradictionis et temporalis neque simplicis necessitatis?
in eo scilicet, quia sicut necesse est esse quod est,

5 quis MTE   6 necesse sed b: necesse est sed *codices*
9 ipsarum *ego:* ipsorum *codices*   11 diximus MT   11. 12 ut
Romulus T² (*hic*)   14 Namq, (*om.* quia) T   cum F: quod
MTE   15 praeterito b   16 est vel falsa MTE   vero
om. MTE   18 Phyloxerus F philoxcenus E¹ (*item* 19)   21 con-
stituit M¹T¹ (constituere T²)   24. 25 aliquid *post* aut esse
MTE   26 autem] aut MT¹E¹   et] aut (*suprascr.* uel et)
M uel et aut T¹E¹   27. 28 contradictionib; E¹

quando est, non tamen simpliciter necesse est esse
quod est praeter temporis adiectionem: ita in contradictione contingenti adfirmationem quidem vel negationem veram esse necesse est, non tamen vel adfirma-
5 tionem simpliciter ac definite veram vel negationem,
sed utramlibet et quam certae veritatis constituerit
eventus.

Quare quoniam similiter orationes verae
sunt quemadmodum et res, manifestum est
10 quoniam quaecumque sic se habent, ut utrumlibet sint et contraria ipsorum contingant,
necesse est similiter se habere et contradictionem.

Habent, inquit, quandam cognationem res et illa
15 quae res ipsas propria significatione designant. quare
et oratio, quae designat atque significat rem, sic se
habebit, quemadmodum res ipsa est. ergo si res non
fuerit, falsa oratio est; si res fuerit, vera oratio est;
et si vera vel falsa oratio est, erit id quod dicitur
20 vel non erit, ut sibi res et oratio convertantur. ergo
si res constituta non est nec definita necessitate pro-
veniens, nec illa oratio, quae rem ipsam designat,
definitae est veritatis. ergo in quibus rebus possibile
est non modo esse, sed etiam non esse contingere,
25 in his adfirmatio et negatio utrumlibet sese habet et
quemadmodum rem ipsam et esse et non esse contingit, ita quoque et contradictionem et veram et falsam esse indefinite, proveniet. hoc autem in quibus
fiat, ipse declarat. ait enim: in his quae non semper
30 sunt et non semper non sunt. sola enim sunt

6 utrumlibet M T¹ E¹   quia M T¹   certe F T   8 uera F
12 et *om.* F   13 *verba Arist. continuant usque ad* non tamen
iam veram vel falsam. *omnes codices praeter* F *usque ad* sed
quemadmodum dictum est b   14 cognitionem M T¹   16 qui
F   sic] se E¹   17 ipsa est F T²: ipsae M T¹ E ipsa *editio
princeps*   18 *alt.* est] non est F¹   27 et (*ante* ueram) *del.* T²
30 *prim.* sunt] est M T¹   *tertium* sunt *om.* M¹ T¹

quae et esse et non esse contingit, quae non semper
sunt et non semper non sunt. si enim semper essent,
status eorum mutari non posset atque ideo ex necessitate essent; si autem semper non essent, ea non
esse necesse esset. etenim sicut ipsa natura rerum 5
evenientium est varia, ita quoque altera pars contradictionis habet variabilem veritatem. et semper quidem
vera vel falsa est, non tamen una definite, ut hoc
verum sit determinate aut illud, sed utrumlibet, ut
sicut status ipse rerum mutabilis est, ita quoque veri- 10
tas aut falsitas propositionum dubitabilis sit et eveniat
quidem, ut in aliquibus frequentius una sit vera, non
tamen semper, et ut una rarius vera, non tamen eam
falsam esse necesse sit. quod per hoc demonstravit
quod dixit: et magis quidem veram alteram, non 15
tamen iam veram vel falsam. concludit igitur
totam de futuris et contingentibus propositionibus
quaestionem et ait: manifestum esse non necesse esse
omnes adfirmationes et negationes definite veras esse
(sed deest definite atque ideo subaudiendum est). 20
illarum enim quae contingentes et futurae sunt, numquam definite una vera est, altera falsa. neque enim,
inquit, quemadmodum in his quae sunt, sic se
habet etiam in his quae non sunt, possibilibus
tamen esse aut non esse, sed quemadmodum 25
dictum est. illa etenim quae sunt praesentis tempo-
ris, sicut ipsorum esse | definitum est, ita quoque de p. 250
his definita est propositionum veritas falsitasque. illa

---

1 contingunt E¹   2 et quae E²   3 possit F   4 ea *ego:*
eas *codices*   6 euenientium b: euentum F euentu MTE
9 ut] et T²   10 ipse status MTE   11 aut] vel T   et *om.*
MT¹   eueniet T²·   12 una sit F: inueniatur una MTE
16 *verba Arist. continuant usque ad* hanc quidem esse veram,
illam vero falsam. *omnes codices praeter* F   18 man. est E²
19 negationes et firmationes E   20 sed deest] sed esse T¹
21 Illorum MT¹ illa E¹   sunt et futurae MTE   24 habet b:
habent *codices*   etiam *om.* FMT   possibilius F possibile MT¹

vero quae non sunt quidem, possunt tamen esse et
non esse et ita futura sunt, ut non ex necessitate
proveniant, sed possint ita esse, ut etiam possint non
esse, in his hoc modo se habebit contradictio quem-
5 admodum dictum est. dictum autem est quoniam
esse quidem vel non esse omne necesse est et
futurum esse vel non necesse est, non tamen iam divise ac definite alterum eorum esse necesse est. erant autem quattuor diversitates: ut aut utraeque verae essent,
10 quod sustulit per hoc quod ait utraque enim non
erunt simul in talibus; aut ut utraeque falsae
essent, quod per hoc evertit quod ait: at vero nec
quoniam neutrum verum est contingit dicere;
aut ut una vera definite, una definite falsa esset, quod
15 illa argumentatione destruxit, per quam omnia ex
necessitate docuit evenire, si hoc admitteretur. quod
si res illae minime sunt, constat unam quidem veram
esse, aliam vero in contradictione mendacem; sed
sicut res ipsae mutabiliter et indefinite futurae sunt,
20 ita quoque enuntiationes variabili nec definita veritate
et falsitate proferentur.

3 etiam ut MTE   5 est autem MTE   7 non] non
esse MT¹E   est] esse E   9 ita ut T²   10 utraque *ego*:
utraeque FE ueraeque M¹T   11 ut *om.* MTE   13 neutrum]
iterum MT¹   14 ut *om.* M¹T¹E   definite uera MTE
17 constant M¹T¹   quidem unam MTE   21 proferentur
F¹?: proferetur F proferuntur SMTE   BOETII in periermenias aristotelis a se translantus (n *del.* F²) liber primus explicit.
Incipit liber secundus F   ANICII · MANLII · SEVERINI · BOETII · IN
PERIERMENIAS ARISTOTELIS A SE TRANSLATAS · PRIMAE EDITIONIS LIBER
PRIMVS EXPLICIT · INCIPIT SECVNDVS SMTE

LIBER SECVNDVS.

10. Quoniam autem est de aliquo adfirmatio significans aliquid, hoc autem est vel
nomen vel innomine

Postquam de praeteriti ac praesentis, futuri etiam 5
temporis veritate et falsitate disseruit, nunc vim simplicis et praedicativae propositionis informat dicens,
quoniam simplex adfirmatio unam rem de una significat id est de uno subiecto unum praedicat. subiectum
autem illud aut nomen est aut quod apud veteres 10
quidem fuit innominatum, ab Aristotele vero infinitum nomen vocatum est. prius enim dictum est,
quod homo nomen esset, non homo vero innominatum quidem apud antiquos, sed nunc infinitum nomen.
quoniam igitur manifestum est unum de uno praedi- 15
care simplicem propositionem, omnis erit propositio
simplex aut ex nomine et verbo aut ex infinito nomine et verbo. quod autem dixit non homo enim
nomen quidem non dico, sed infinitum nomen,
huiusmodi est: nomen, inquit, omnia quidem definita 20
significat, non homo vero quamvis unum quodlibet
eorum designare possit, quae homines non sunt, tamen
quid designet infinitum est et dubium. nam cum
multa sint quae homines non sunt et unum quodlibet
eorum significare possit, quid significet ignoratur: 25
sicut enim non currit non est verbum simpliciter,

---

2 est autem E   3 vel *om.* MT¹   4 innomine *ego
ex ed. II* (*cf. indicem*): innominatum FM²T² innominabile
MTE⑤D   *verba Arist. continuant usque ad* vel ex infinito nomine et verbo erit. *omnes codices praeter* F *usque ad* consignificant
enim tempus b   8. 9 significat b: significatione *codices*
10 apud *om.* MT¹   13 nomen homo T²   est MT¹E   17.
18 aut ex inf. n. et. v. *om.* T¹   19 quidem *post* dico F
20 quidem *om.* b   21 *locus incertus in* F: significat — unum
om. F, *quae et* F¹ *et* F² *addidisse videntur*   23 quod designat
E   est *om.* T¹   24 sint MT   25 signare E   quod F
26 est *om.* F (*add.* F¹?)

sed infinitum verbum, ita nomina cum negatione non
sunt nomina, sed infinita nomina. erunt igitur in
p. 251 propositionibus subiecta aut nomina aut infinita | no-
mina.

5 **Praeter verbum autem nulla adfirmatio
vel negatio.**

Planissime docuit, quae pars orationis in simplici
propositione optineat principatum. nam si praeter
verbum fieri simplex propositio non potest, constat
10 omnem vim simplicis propositionis verba conplecti.
omnis autem propositio aut esse aut fuisse aut futurum esse aut huiusmodi aliquid habebit. nam qui
dicit **currit currens est** dicit et qui dicit **cucurrit
currens fuit** proponit et qui **curret currens erit**.
15 si ergo omnis propositio aut esse aut fuisse aut futurum esse aut aliquid huiusmodi, ut sit enuntiatio,
retinebit, manifestum est, quod praeter verbum esse
non possit. haec enim id est fuit vel est aut futurum est verba sunt, ut ex his cognosci possit quae
20 sunt superius posita atque confessa, cum diceremus
verba esse quae consignificarent tempus. etenim est
et fuit et cetera significationem temporis secum trahunt.

**Quare prima adfirmatio et negatio est
homo, non est homo, deinde est non homo,**
25 **non est non homo; rursus est omnis homo,
non est omnis homo, est omnis non homo, non
est omnis non homo. et in extrinsecus temporibus eadem ratio est.**

Simplicium exempla propositionum adposuit. sim-

---

3 subiecta *om.* M T¹   5 nulla *ed. II. Ar.*: nulla est F
nulla erit M T E   6 *verba Arist. continuant usque ad* consignificant enim tempus. *omnes codices praeter* F (cons. — tempus
om. M T¹)   10 conpl. uerba E   18 id est] uel T¹E *et supra
lin.* M   18. 19 futurum est] erit M T E   20 concessa *ed. II.*
22 fuit] fuit et erit M T E   23 prima est F T² S²   negatio
est est M T¹E   24 h. et non F T²   25 rursus *om.* M T¹S¹

plices autem supra diximus esse propositiones quae
duobus terminis iungerentur. quare quoniam omne
definitum prius est infinito et non homo non est
nomen, sed infinitum nomen, homo vero finitum, recte
priores eas propositiones quae ex definito sunt nomine 5
in earum pronuntiavit exemplis. ait enim: quare
prima adfirmatio et negatio est est homo, non
est homo. deinde infiniti nominis adfirmationes negationesque subiunxit dicens est non homo, non est
non homo. et post universalitatem iungens easdem 10
rursus iterat propositiones. et prius illas proponit
quae ex finito nomine sunt, secundo vero loco eas
quae infinito nomine proponuntur. unde fit ut illud
intellegere necesse sit, illas quantitates quae universale
sale et particulare determinant in terminis non haberi. 15
nam cum duorum terminorum propositio sola simplex
sit, inter simplices huiusmodi numerat propositionem
quae dicit est omnis homo, cum tres sint partes
orationis. quare determinationes non numerantur in
terminis. eodem modo dicit eademque ratione in ex- 20
trinsecus temporibus simplices fieri propositiones, ut
est fuit homo, non fuit homo, fuit non homo,
non fuit non homo. et in aliis quoque temporibus
idem modus est. extrinsecus vero tempora vocat quae
sunt praeter praesens id est praeteritum et futurum. 25
sed haec de his solis propositionibus locutus est quae
unum subiectum habent, alterum praedicatum. nunc
de his loquetur quae unum habent subiectum, duo
praedicata. an vero hae quoque simplices sint, in
secundae editionis expositione dicendum est. nunc 30

1 esse *om.* MT   2 quare *om.* MT[1]   5 priores *om.* T[1]
6 earum *ego*: eorum *codices*   7 h. et non E   8 est *om.* E[1]
10 post haec F[2] *et ceteri*   11 ponit MT *del.* M[2] propositiones proponit T[2]   13 quae ex F[2]T[2]   ut *om.* F[1]   17 terminat T[2]   20 ratio F[1]   22. 23 fuit n. h. — non homo
om. T[1]   24 autem MTE   28 loquitur TE loquimur T[2]

vero praeter demonstrationem esse simplices intellegamus.

     Quando autem est tertium adiacens prae-
4 dicatur, dupliciter dicuntur oppositiones.

p. 252   Unum subiectum et duo praedicata quemadmodum
possint esse in propositione commemorat. si enim
hoc modo sit, ut dicamus est iustus homo, est et
iustus praedicantur, homo vero subiectus est. nunc
enim non illud aspiciamus, quid prius, quid posterius
10 dictum est, sed quoniam universalius est iustum esse
quam hominem (potest enim iustus esse et qui homo
non est ut deus et rursus potest esse simpliciter et
quod homo non est), idcirco est atque iustus, quamquam primo dicantur in eo quod est est iustus
15 homo, tamen, quoniam universaliora sunt, non de his
homo, sed haec de homine praedicantur et his homo
subiectus est. ex his igitur duplicem fieri oppositionem dicit et quattuor propositiones, quarum subter
exempla subiecit addens: dico autem quoniam est
20 aut iusto adiacebit aut non iusto. si quis enim
sic dicat faciens duas adfirmationes est iustus homo,
est non iustus homo, hae cum duae adfirmationes
sint duas habebunt negationes. nam si verbum est
in hac propositione quae dicit est iustus homo ad
25 iustum posuimus et in hac rursus propositione quae
dicit est non iustus homo rursus ad non iustum
idem est verbum iunximus: quoniam negationis oppositionem efficit cum est verbo iuncta negatio id est

    1 propter F¹   simpl. esse MTE   3 autem om. MT¹
est om. F¹   3. 4 adiacens praedicatur om. M¹T¹   4 propos.
FMT¹   verba Arist. continuant usque ad nomen vel verbum
in affirmatione omnes codices praeter F usque ad contingit
autem aliquando b   5. 6 quemadmodum — commemorat om.
F (add. F¹)   6 possunt F   7 hoc om. E¹   8 subiectum T¹
16 et de his F (de del. F¹?)   17. 18 oppos. fieri MTE
19 addens om. MT¹E¹   20 enim om. MT¹   23 habent MTE
27 negationes MT¹

non, manifestum est quoniam id quod dicitur n o n
est ad iustum rursus et ad non iustum adiungendum
est, ut negationes fiant huiusmodi n o n e s t i u s t u s
h o m o, n o n e s t n o n i u s t u s h o m o. recte igitur dixit:
q u a r e, s i e s t i u s t o e t n o n i u s t o a d i a c e b i t, e t i a m 5
n e g a t i o i u s t o e t n o n i u s t o a d i a c e b i t. sunt autem
propositiones quas dicit quattuor hae: e s t i u s t u s
h o m o; in hac ad iustum verbum est adiunximus;
h u i u s n e g a t i o n o n e s t i u s t u s h o m o; in hac quoque negationem quae dicit n o n e s t a d i u s t u m r u r s u s 10
adiunximus. i t e r u m e s t n o n i u s t u s h o m o; in hac
est ad non iustum iungitur; huius est negatio n o n
e s t n o n i u s t u s h o m o; etiam in hac quoque negatio
quae dicit n o n e s t a d n o n i u s t u m ponitur. quod
vero ait: d i c o a u t e m u t e s t i u s t u s h o m o; e s t 15
t e r t i u m d i c o a d i a c e r e n o m e n v e l v e r b u m i n
a d f i r m a t i o n e huiusmodi est: tertium, inquit, dico
a d i a c e r e v e r b u m est. h o m o enim et i u s t u s duo sunt,
quibus adicitur verbum est. idcirco autem dixit n o-
m e n v e l v e r b u m, quia superius quoque iam docuit 20
ipsa verba nomina esse: hoc eo scilicet loco ubi ait
i p s a q u i d e m v e r b a s e c u n d u m s e d i c t a n o m i n a
s u n t. quod autem sequitur continet difficillimum sensum, quem ipse solita brevitate perstrinxit. in medio
namque totius sententiae addidit: q u a r e i d c i r c o 25
q u a t t u o r i s t a e e r u n t, q u a r u m d u a e a d a d f i r m a-

---

1 quod E   2 et rursus MTE   ad *om.* F (*add.* F¹?)
7. 8 homo iustus MT¹   9 his F (*del.* F²?)   negatio est
EM²   non — homo *om.* M¹T¹   9. 10 quoque *om.* M¹T¹
10 negationem *ego*: negatione *codices*   quae dicit *om.* MT¹E
12 huius est *del.* F²   13 quoque *om.* MT¹   negatio F T²:
negatione F² *et ceteri*   14 quae dicit *om.* MT¹E   15 ut est
est E¹   16 dico *eras. in* E *del.* T² *om.* F   adiacere his F²
18 adiacere T²: id est iacere T id est adiacere *ceteri*   21 hoc
del. E²   24 pertrinxit F   25 totius *om.* MT¹E¹   additur
MT¹ addit M²E   26 duae quidem *ed. II. Arist.*   ad
om. F

tionem et negationem sese habebunt secundum
consequentiam ut privationes, duae vero minime. huius sententiae multiplex expositio ab Alexandro et Porphyrio, Aspasio quoque et Hermino
5 proditur. in quibus quid excellentissimus expositorum Porphyrius dixerit, alias dicemus. quoniam
vero simplicior explanatio Alexandri esse videtur,
eam nunc pro brevitate subiecimus. privatoriae propositiones sunt quaecumque praedicant privationem.
10 privatio autem est, ut si quis dicat iniustus, privat
enim iustitia. ergo adfirmatio privatoria est quae dicit
est homo iniustus, negatio rursus privatoria non est
homo iniustus. sed neque illa in significatione plena
adfirmatio est (aliquid enim tollit), sed privatoria ad-
15 firmatio, quoniam formam quidem adfirmationis tenet,
sed privationem praedicat et aliquid ab eo cui privationem copulat abiungit, ut in propositione est iniustus
homo ab homine iustitiam, nec haec rursus pura
negatio. fugans enim privationem, ut in ea quae est
20 non est homo iniustus, habitum retinet id est iustitiam, sed quoniam quod adfirmatio praedicabat, hoc
aufert negatio, licet habeat talis negatio quasi repo-
nendi habitus significationem, tamen, quia ipsam privationem subtrahit, privatoria negatio nominatur. ergo
25 nunc hoc dicit: cum sint, inquit, quattuor propositiones, quarum duae ex finitis nominibus sint, ut est
iustus homo, non est iustus homo, duae ex infinitis
nominibus, ut est non iustus homo, non est non iustus

1 habent F[1]   3 *verba Arist. continuant usque ad* sic sunt
disposita. *omnes codices praeter* F   scientiae MT[1]   4 Hermino b: hiermio F herinino MT (herminino M[2]) hermimo E
5 producitur F   8 subicimus T[2]   8. 9 promissiones
MT[1]   11 iusticiam M[1]T[1]E   12 priuatoria est E   16 et
om. MT[1]   17 adiungit F[1]T[1]   18 propria T[2]   19 negatio
est T[2]E[2]   fugat MT[1]E   20 iniustus homo E   21 prae-
dicebat MT (praedicauit T[2])   22 habet T[1]   22. 23 reapuendi
M[1]T[1]   26 quarum] quae FMT   sunt E[1]M[2]   28 sint ut MTE

homo, duae, inquit, hae quarum una adfirmatio est
habens infinitum nomen, ut est non iustus homo, et
una negatio habens rursus infinitum nomen, ut non
est | non iustus homo, sic se habent ad adfirmationem p. 253
et negationem id est eandem formam retinent adfir- 5
mationis et negationis et similes sunt ad adfirman-
dum aliquid vel negandum his quae sunt privatoriae.
nam quemadmodum privatoria quae dicit est iniustus
homo non solum adfirmatio est, sed privatoria adfirmatio, ita quoque ea quae dicit est non iustus homo 10
non solum est adfirmatio, sed cum infinito nomine et
cum aliqua privatione adfirmatio. idem enim valet
ad intellegentiam quod dicitur iniustus, tamquam si
dicatur non iustus. et rursus quemadmodum non est
iniustus homo non est solum negatio, sed privatoria 15
negatio, quoniam quamquam det habitum tamen privationem negat, ita quoque et ea quae est ex infinito
nomine, non est non iustus homo, non solum est
negatio, sed ex infinito facta nomine infinitum negans.
quia igitur infinitum negat et subiectum infinito 20
negando privat, privatoriae similis est. nam si idem
valet iniustum esse quod non iustum, idem valebit
non esse iniustum quod non esse non iustum. igitur
hae duae quae infinitum nomen habent, quantum ad
speciem formamque adfirmationis et negationis, simi- 25
liter se habent his quae sunt privatoriae adfirmationes
et negationes. - duae vero illae quae simplex defini-
tumque praedicant nomen ab omni similitudine privationum seclusae sunt. nihil enim similis est illa quae
dicit est iustus homo ei quae dicit est iniustus homo, 30
cum utraeque sint adfirmationes, sed illa est simplex,

1 quorum MT   4 habent *om.* F (*add.* F¹)   ad *om.* F
5 eadem uim ret. MT¹   9 sed — adfirmatio (11) *om.* MT¹
19 negans inf. E   20. 21 et — priuat *in marg.* F¹   20 ex
infinito E infinitum (*del.* ex) E²   29 Nil E   31 adfirmationis F

illa privatoria. at vero ea quae dicit non est iustus homo ad eam quae dicit non est iniustus homo nulla similitudinis ratione coniungitur, cum sint utraeque negationes, sed illa est simplex, illa privatoria. quare
5 duae, quae ex infinito nomine sunt, similiter sese habent quemadmodum privationes. similis namque adfirmatio est ea quae dicit est non iustus homo ei quae dicit est iniustus homo, et rursus ea quae dicit non est non iustus homo ei quae dicit non est iniustus
10 homo. privationes vero simplicibus propositionibus et his quae ex finitis nominibus fiunt non coniunguntur. neque enim quisquam dixerit eam quae dicit est iustus homo esse conparem ei quae dicit est iniustus homo, nec vero eam quae dicit non est iustus
15 homo posse aliquid conparari cum ea quae dicit non est iniustus homo. recte ergo dictum est de his quattuor propositionibus duas ad adfirmationem et ad negationem ita se habere, ut sunt privationes, duas vero esse simplices et praeter aliquam privationum
20 similitudinem. quod autem ait ad consequentiam, tamquam si dixisset ad similitudinem, ita debet intellegi. quae enim sibi sunt similia, a se quodammodo non recedunt et invicem consequuntur. describantur ergo duae prius simplices propositiones, post
25 has duae privatoriae, postremae quae ex infinitis nominibus constant, ut adfirmationes sub adfirmationibus, negationes sub negationibus constituantur.

Adfirmatio est iustus   Negatio non est iustus
    homo   homo

1 ista MTE   5 se MTE[1]   7 ea est MTE   9 non est — dicit om. M[1]T[1]   17 ad duas in marg. add: scilicet infinitas F[1]?   prius ad eras. in F   alt. ad om. MTE 18 sese E.   19 uero om. E[1]   esse del. F[2]   20 ad] a F[1] secundum?   23 se inv. F[2] et ceteri   23. 24 discr. F 25 postremo MTE   28 Affirmatio simplicis propositionis negatio simplicis propositionis etc. MTE

Adfirmatio est iniustus   Negatio non est iniustus
    homo   homo
Adfirmatio est non iu-   Negatio non est non iu-
    stus homo   stus homo

Sed hae, inquit, ita sunt dispositae eandemque ad se 5
similitudinem gerunt, quemadmodum in analyticis
id est resolutoriis dictum est. scripsit autem duos
resolutorios libros de syllogismo, in quorum primo
de propositionum ex finito nomine et infinito consequentia disseruit. est vero similitudo adfirmativae 10
quidem simplicis ex finito nomine et negativae eius
quae habet infinitum nomen. namque ea quae dicit
est iustus homo adfirmatio ei quae dicit non est non
iustus homo negationi similis est. negatio quoque
simplex finiti nominis adfirmationi infiniti nominis 15
convenit. ea enim quae dicit non est iustus homo
similis est ei quae dicit est non iustus homo. sed
quemadmodum istae sibi sint similes et quomodo in
consequentia proprium teneant ordinem, nunc quidem
exsequi distulimus, paulisper tamen describantur, ut 20
earum quaedam proprietas ostendatur. sit enim adfirmatio finiti nominis et sub ea negatio nominis infiniti. sit item negatio finiti nominis et sub ea ad-
firmatio nominis infiniti. |

                                              p. 254

Adfirm. fin. est iustus   Negatio fin. non est 25
    homo   iustus homo
Negatio infin. non est   Adfirm. infin. est non
    non iustus homo   iustus homo

1—4 Affirmatio priuatoria negatio priuatoria *etc.* Affirmatio infiniti nominis negatio infiniti nominis *etc.* MTE *(figu-*
ram add. M²T²)   5 eandem E¹   8 sylogismis E   11 qui-
dem] uero MT *(del.* T²) *om.* E   12 habent M¹T   14 similiter M¹T¹   17 *prius* est *om.* E¹   18 sunt E¹   similis E   19 sequentia E   20 discr. F   21 earum b:
eorum *codices*   quidam M¹T¹   21. 22 aspiratio M¹T¹
25 finiti nominis *(bis) et* 27 nominis infiniti *(bis)* MTE *(figu-*
ram add. T²) ◡

In hac igitur descriptione negatio ex infinito nomine sub adfirmatione finiti nominis ponitur et rursus adfirmatio infiniti nominis sub negatione finiti. quarum angulares, quoniam sunt indefinitae omnes, simul 5 in omnibus verae esse possunt, nisi in his tantum quae aut naturaliter insunt aut naturaliter inesse non possunt. ut si quis dicat est homo animal, numquam cum hac vera esse potest quae dicit est homo non animal, quae est angularis, idcirco quoniam animal 10 naturaliter in substantia hominis perspicitur inhaerere. rursus si quis dicat est homo lapis, est homo non lapis, ne hae quidem simul verae esse possunt, idcirco quod lapidem inesse homini naturaliter inpossibile est. quod si huiusmodi sint quae non insint 15 naturaliter, sed inesse possint, ut in his quae supra proposuimus exemplis, angulares verae sunt semper. potest enim vera esse et ea quae dicit est iustus homo et ea quae dicit est non iustus homo. rursus potest vera esse ea quae dicit non est iustus homo, si hoc 20 de Sylla dicatur, et ea quae dicit non est non iustus homo, si hoc de Catone praedicetur. in his igitur quae sunt indefinitae, si ea quae praedicantur naturaliter non insunt et ea inesse possibile est, semper angulares simul veras esse contingit. quod si huius-25 modi propositiones cum definitione ponamus, ita dicendum est: est omnis homo iustus, huius negatio non est omnis homo iustus; rursus est omnis homo non iustus, huius negatio non est omnis homo non iustus. quae disponantur hoc modo, ut negatio sub adfirma-30 tione sit et sub negatione adfirmatio.

1 discr. F   4 omnib; F (*sed* b *ex corr.*)   5 in omnibus] nominibus F   uera F   6 non *om.* F[1]   11 dicit E 12 non *om.* M[1]T[1]   13 quoniam MT   14 sunt E   sint MT   15 possunt E   16 proponimus E   20 silla *codices* praedicatur MT   23 sunt F[1]   24 angularis F[1]   uera F[1] 30 sub *om.* MT (aff. sub neg. T[2])

Adfirm. est omnis homo	Negat. non est omnis
iustus	homo iustus
Negat. non est omnis	Adfirm. est omnis homo
homo non iustus	non iustus.

In his ergo quandam dissimilitudinem monstrat. nam 5
in indefinitis si ea quae praedicantur naturaliter non
inessent, inesse tamen subiectis possent, semper angulares simul veras esse sine dubio contingebat. nam
et adfirmationes adfirmationibus et negationes negationibus conveniebant. in his autem quae cum defini- 10
tione quantitatis dicuntur non idem modus est. adfirmationes enim adfirmationibus nulla ratione iunguntur. nam si vera sit ea quae dicit est omnis
homo iustus, numquam vera esse potest ea quae dicit
est omnis homo non iustus, quae est angularis. et 15
hoc discrepare in nullo reperietur exemplo. negationes
autem particulares, quae sunt sibi angulares, simul
veras esse contingit. potest enim verum esse in his
quae naturaliter non insunt et possibilia sunt inesse,
ut negatio particularis negationi particulari eique an- 20
gulari conveniat, ut ea quae est non est omnis homo
iustus ei quae est angularis convenit non est omnis
homo non iustus. sed hoc dissimiliter in indefinitis.
nam in illis et ea quae dicit est iustus homo ei quae
dicit est non iustus homo angulari scilicet conveniebat, 25
rursus ea quae dicit non est non iustus homo ei quae
est non est iustus homo angulariter positae congruebat.

1—4 affirmatio negatio *etc.*   negatio affirmatio *etc.* ME
om. T (*figuram add.* T²)   5 similit. MT¹   6 in *add.* b:
om. codices   7 esse F¹   inesse tamen] sed inesse MTE
8 angularis F¹   uera F¹   contingit E   13 sit] est MTE
14 potest esse E   16 negationis F¹   17 particularis —
angularis F¹   19 sunt F   20 ut] in M¹T¹   eiusque MT
20. 21 ei quae est angularis F²T²E²   22 eius angulari conuenit quae est MT¹E¹   conueniat FT²E²   23 dissimiliter quam F² *et ceteri*   24 et *om.* MTE   praedicit MT¹
25 angularis FE²   26 et rursus F² *et ceteri*   27 posita F²?

p. 255 in | his autem id est secundum quantitatem definitis
adfirmationes quidem duae universales, quae sunt est
omnis homo iustus et est omnis homo non iustus,
numquam simul verae esse possunt, angulares autem
5 negationes, quae particulares sunt, id est non est omnis
homo iustus et non est omnis homo non iustus, in
his quae et esse et non esse possibilia sunt simul
verae sunt. non ergo similiter in his quae sunt indefinitae angulares sibimet congruunt, ut in his quae
10 definitae sunt. quod per hoc demonstrat quod ait:
sed non similiter angulares contingit veras
esse. in illis enim sibimet utraeque consentiunt angulares, in his autem angulares quidem adfirmativas
numquam simul veras esse contingit, alias vero an-
15 gulares quae sunt particulares negationes contingit
aliquando. hoc enim ipsius verba declarant dicentis:
sed non similiter angulares contingit veras
esse. contingit autem aliquando. non similiter
quidem contingit veras esse, idcirco quod adfirmatio-
20 nes universales angulares verae numquam sunt, quod
in his quae indefinitae sunt contingebat. contingere
autem aliquando dixit, cum angularium, quae sunt
particulares negationes, faciemus conparationem, si ea
quae praedicantur non sint naturalia subiectis, sed
25 tamen inesse possibilia.

Hae igitur duae oppositae sunt, aliae autem
ad non homo ut subiectum aliquid addito, ut
est iustus non homo, non est iustus non homo;

5 est (*post* non) *om.* M T¹ E   6 iustus est E   homo
omnis E   7 *alt.* esse *om.* E   8. 9 definitae M T E   10 indef.
M T E   10. 11 *post* ait *inserunt Arist. verba* Similiter autem
se habet — contingit autem aliquando *omnes codices praeter* F
11 angularis F¹   uera F¹ (*item* 14)   12 ergo S M T E
12. 13 angularis F¹ (*item* 13, 14 15, 17)   21 contingebant F¹
23 facimus F² *et ceteri*   26 sunt *om.* E   27 ad id quod
est F T²⍟¹   ut] quasi F   aliquod F T² E⍟   addito *ed. II:*
additum *codices ed. I. et* ⍟

est non iustus non homo, non est non iustus
non homo. magis plures autem his non erunt
oppositiones. hae autem extra illas ipsae secundum se erunt ut nomine utentes non homo.

Alias nobis rursus esse propositiones ostendit, 5
quarum alias quidem non praedicatum, sed subiectum
infinitum sit, alias utraque. si quis enim dicat est
iustus non homo, quoniam non homo subiectum est
et est infinitum nomen, vocatur propositio ex infinito
subiecto. idem est et in negatione quae est non est 10
iustus non homo. at vero sunt aliae propositiones
quae ex praedicato et ex subiecto infinitis esse videantur, ut est cum dicimus est non iustus non homo,
non est non iustus non homo. in his enim non iustus
praedicatum est, non homo subiectum; sed utraque 15
sunt infinita. unde fit ut in his propositionibus, in quibus est verbum tertium praedicatum ⟨sit⟩, magis plures
propositiones quam hae quae dictae sunt inveniri non
possint. aut enim ex utrisque erunt finitis, praedicato
scilicet et subiecto, ut est homo iustus, non est 20
homo iustus; aut solum praedicatum habebunt infinitum, ut est non iustus homo, non est non iustus
homo; aut praedicatum quidem finitum erit, infinitum
vero subiectum, ut est iustus non homo, non est
iustus non homo; aut et praedicatum et subiectum 25
infinita pronuntiantur, ut est non iustus non homo,
non est non iustus non homo. ultra autem propositiones, in quibus est verbum tertium praedicatum sit,

2 autem plures T²   4 utentes eo quod est F   6 *et* 7 aliis
F¹?   7 infinituum MT   11 aliae sunt MTE   12 quae
et ex pr. F²   15 utrique M¹T¹   16 sunt] sed T *del.* T²
infiniti MT¹   *prius* in *om.* F   17 sit *ego add: om.*
codices (est *add.* E²) *cf. v. 28 an* praedicatur?   19 erit
E   21 habebunt *ego*: habebit *codices* – 21. 22 infinitum
habebit MTE   25 *prius* et *om.* E   26 infinite MTE
proponuntur F² *et ceteri*   28 tertium uerbum MTE   sit
om. MTE

inveniri non possunt. sed hae quae subiectum infinitum habent vel utrumque infinitum praeter illas
superiores sunt, quae aut praedicatum infinitum habent
aut utraque finita, atque ideo praeter illas esse dicun-
5 tur et nullam ad eas consequentiam servant. et est
ita positum in ea propositione quae dicit est iustus
non homo nomen infinitum quod est non homo, tamquam si finitum nomen aliquod poneretur. atque hoc
est quod ait ut nomine utentes non homo. ita
10 enim infinitum nomen positum est, tamquam si finitum nomen esset positum; nominis enim locum tenet.
quamquam etiam si non ita positum sit nihilominus
tamen nomen sit: infinitum enim nomen licet simpliciter nomen non sit, tamen cum infinito iunctum
15 nomen est.

In his vero in quibus est non convenit, ut
in eo quod est currere vel ambulare
p. 256   Sunt, inquit, quaedam propositiones, quae cum
est praedicantur, aliae vero quas cum est verbo praedi-
20 care non possumus, ut in eo quod dicimus homo ambulat, homo currit. sed in his nihil differt an ita
quis dicat, ut dicitur, id est homo currit et homo
ambulat, an cum est verbo eas praedicet. idem namque est dicere homo currit et homo ambulat, tam-
25 quam si dicatur homo currens est, homo ambulans
est. quocirca nihil differt in huiusmodi propositionibus
utrum cum est verbo an praeter est adiuncto verbi actu
proponatur. idem quoque est etiam in universalibus.

1 possint MT¹   5 ad eas nullam MTE   8 aliquid F¹
12 si non *ego*: cum FT²E, *om.* MT¹   13 fit MT   14 tamen
om. F¹   cum finito uel infinito M¹T   14. 15 iunctum
nomen est *post verba Arist. habent* MT (*et hic add.* M²T²)
17 *verba Arist. continuant usque ad* non currit omnis non homo
omnes codices praeter F *usque ad* Ergo et caetera eadem oportet opponi b   19 *prius* est *om.* F (*add.* F¹?)   20 possimus
E   quo F¹   20. 21 homo currit homo amb. T   22 et
om. E   25 est et MTE   26 differt *om.* M¹T¹

nam cum dicimus omnis homo currit, omnis homo
non currit, et rursus omnis non homo currit, omnis
non homo non currit, idem est tamquam si dicamus
omnis homo currens est et omnis homo currens non
est, et rursus omnis non homo currens est, omnis 5
non homo currens non est. docet autem illud quoque
multum differre, an ad positum terminum iungatur
negatio, an certe ad determinationem. nam si ad
subiectum terminum dicitur, fit nomen infinitum, ut
est omnis non homo currit. quod si ad determinatio- 10
nem, fit negatio, ut est non omnis homo currit. unde
fit ut, si non ad determinationem universalem, sed ad
rem ac terminum negatio ponatur, sit infinitum nomen,
ut est non homo. quod si non ad rem universalem,
sed ad determinationem universalem, negatio est. cum 15
enim dicimus non omnis, omnis quidem universale non
est, sed consignificat, quoniam illud de quo dicitur
universaliter dicitur. ut cum dicimus omnis homo,
homo quidem ipsum universale est, omnis vero non
est quidem universale, sed consignificat, quoniam res 20
universalis id est homo universaliter dicta est. ergo
quotiens ad determinationem quae rem quamlibet universalem universaliter dictam demonstrat negatio ponitur, non nomen infinitum, sed negationem constituit.
atque hoc est quod ait: non enim dicendum est 25
non omnis homo, sed non negationem ad homo
addendum est. omnis enim non universale
significat, sed quoniam universaliter. ipsum
enim non est universalis terminus nec omnino termi-

6 non currens est M T¹   7 oppos. T²   12 *prius* ad *om.* M¹T
17 dicitur] queritur M T¹   18 universaliter dicitur *om.* M T¹
20 significat F   26 negatio F²   ad id quod est M T¹ E
non homo M T¹   26. 27 negatio est ad homo addenda T²
28 quando E¹   *verba Arist. continuant usque ad* Ergo et
cetera eadem oportet opponi (apponi E) *omnes codices praeter*
F   29 enim omnis F² *et ceteri*

nus, sed universali praedicato additum facit illud universaliter enuntiari. probat autem haec non esse universales terminos, sed tantum determinationes universaliter consignificantes hoc modo: cum enim dicimus
5 currit homo, non currit homo, currit non homo,
non currit non homo, universalia quidem subiecta
sunt in his propositionibus, sed non universaliter
praedicantur. distant autem hae ab his propositionibus in quibus sic dicimus: omnis homo currit, nullus
10 homo currit eo quod istae quidem universale universaliter praedicant, illae vero universale non universaliter.
manifestum est ergo quoniam omnis et nullus non
sunt universalia, sed id quod universale praedicatur
faciunt ut universaliter enuntietur. quare eadem omnia
15 ponenda sunt. cum enim dicimus currit omnis homo,
si infinitum nomen volumus facere, non dicamus currit non omnis homo, sed negationem id est non
nomini addemus eadem in propositione cuncta servan-
tes, si adfirmationem volumus ex infinito nomine
20 facere. quod si ad determinationem universalis rei
negationem aptemus, fit non adfirmatio nominis infiniti, sed propositionis ex nomine finito negatio.

Quoniam vero contraria est negatio ei
quae est omne est animal iustum illa quae
25 significat quoniam nullum est animal iustum
p. 257   Hoc quoque supra iam dictum est, | quoniam
hae quae contrariae sunt simul verae esse non possunt
neque in eodem. et possunt quidem vicissim et cum
temporis diversitate esse verae, simul autem esse non

3 tamen MT¹E¹   5. 6 currit non — non homo *om.* MT¹
8 praedicatur F (*corr.* F¹)   9 dicumus F   11 praedicauit
MT¹   14 enuntiatur F¹   15 enim *om.* MTE   currit dicimus
E (*corr.* E¹)   18 homini MTE   24 animal est E   25 animal
iustum est MTE   *verba Arist. continuant usque ad* est quoddam animal iustum *omnes codices praeter* F   26 Hoc — est
om. b   27 hae quae *ego:* Inquit F hae inquit F² hae inquit
quae *ceteri*   29 uerum F¹M rerum T¹

possunt. ut si quis dicat aureo quidem saeculo omnes homines esse iustos, ferreo vero nullum hominem esse iustum, utraeque verae esse possunt, sed non eodem tempore. hoc est enim quod ait neque verae simul, quod autem secutus est neque in eodem ipso scili- 5 cet subiecto, ut si dicamus: est omne vivens iustum, si referamus ad caelestes potestates, vera est, nullum vivens iustum est, si referamus ad equos; utraeque sunt verae, sed non in eodem ipso, illud enim in divinis, istud in equis retinet veritatem. his autem 10 quae sunt oppositae id est particulares possunt simul esse verae, tunc cum superiores universales simul falsae sunt. quae autem sunt hae, ipse planissimo monstra- vit exemplo dicens non omne animal iustum est, quae est particularis negatio, et est aliquod animal 15 iustum, quae est particularis adfirmatio.

Sequuntur vero hae: hanc quidem quae est nullus est homo iustus illa quae est omnis est homo non iustus.

Ostendit superius adfirmationem universalem et 20 universalem negationem, quoniam sibi essent contra- riae, simul veras esse non posse. nunc autem mon- strat universali negationi nominis finiti consentire uni- versalem adfirmationem nominis infiniti et particulari adfirmationi, quae est opposita universali negationi 25 nominis finiti, consentire eam, quae est opposita ⟨uni- versali⟩ adfirmationi nominis infiniti, scilicet particu-

2 esse E: fuisse *ceteri* (*prius*)   3 *utre* F (q; *add.* F²)   verae *om.* MT¹E   possent F   non] in MT non in M²T²E   5 ipso *editio princeps*: in ipso *codices*   7 uerum MTE   12 cum *om.* F (*add.* F¹)   13 sunt *om.* MT¹E   sint hae MTE   ple- nissimo MT¹E¹   13. 14 exemplo monstr. E   17 Sequuntur uero hae hanc *ed. II. Ar.*: Sequitur uero eam *codices ed. I. et* ℭAD (ea M¹T¹E¹)   18 n. h. i. est MTEℭ   illam E¹ 19 *verba Arist. continuant usque ad* necesse est esse aliquem *omnes codices praeter* F   25 negatio F¹   26. 27 uniuersali *add.* b: *om. codices*   27 *post* infiniti *add.* in qua est omnis homo non iustus T²

larem negationem praedicatum retinentem infinitum.
et prius describantur hoc modo:

Negatio nullus homo　　Adfirm. quidam homo
　　iustus est　　　　　　　iustus est

5 Adfirm. omnis homo non　Negatio non omnis homo
　　iustus est　　　　　　　non iustus est.

Est ergo universalis negatio ea quae dicit nullus
homo iustus est, huic opposita est contradictorie particularis adfirmatio quidam homo iustus est. rursus est
10 universalis adfirmatio infinitum habens praedicatum ea
quae dicit omnis homo non iustus est, huic contradictorie particularis ⟨negatio⟩ opponitur infinitum habens
praedicatum ea quae dicit non omnis homo non iustus
est. hae igitur sese perimunt. sed universalis ad-
15 firmatio nominis infiniti id est omnis homo non iustus
est sequitur negationem eam quae dicit nullus homo
iustus est. nam si verum est nullum esse hominem
iustum, verum est omnem hominem esse non iustum.
sed his oppositae sibi rursus ipsae consentiunt. nam
20 si verum est dicere quoniam quidam homo iustus est,
verum est dicere non omnis homo non iustus est.
si enim non omnis homo non iustus est, aliquem
iustum esse necesse est.

Manifestum est autem, quoniam etiam in
25 singularibus, si est verum interrogatum negare, quoniam et adfirmare verum est.

Quotiens aliquis, inquit, in singularibus rebus
interrogat et is qui interrogatur negat, tunc is qui
interrogat recte negationem cum singulari iungens ex
30 infinito nomine faciet adfirmationem. ut si aliquis

2 discr. F　　3—6 *dispositionem om.* T¹ Neg. *et* Adf. (3 *et* 5)
om. ME (*figuram add.* F²M²T²)　　7 autem E　　11 omnis
om. F¹　　12 negatio *ego add:* om. codices　　17 hominem esse E
19 ipsae *om.* MT¹E　　25 uerum est MTE　　26 *verba Arist.*
continuant usque ad illa vero contraria *omnes codices praeter* F

dicat: putasne Socrates sapiens est? alius respondeat non, erit recta conclusio dicentis: Socrates
igitur non sapiens est. ex negatione | ergo re- p. 258
spondentis ex infinito nomine non sapiens facta est
adfirmatio Socrates non sapiens est. atque hoc 5
quidem in singularibus. quod si hoc in universalibus
fiat universaliter praedicatis, negationem potius fieri
contingit quam adfirmationem. ut si quis interroget:
putasne omnis homo sapiens est? ille respondeat
non, non necesse est ita concludere ut dicatur omnis 10
igitur homo non sapiens est. hoc enim falsum
est nec hoc evenit necessario ex interrogati responsione, sed magis illud non omnis homo sapiens
est. nam cum aliquis interrogat putasne omnis
homo sapiens est? si ille neget dicens non, tu 15
concludas oportet non omnis igitur homo sapiens
est. hoc enim ex illius responsione necesse est evenire. sed haec contra iacens est interrogationi id est
opposita. interrogasti enim universalem adfirmationem
dicens putasne omnis homo sapiens est? respondit 20
non, concludes tu particularem negationem non omnis
homo sapiens est. et haec dividit verum vel falsum.
nam si contra eam interrogationem per quam adfirmationem universalem interrogasti ille neget et tu concludas eam propositionem quae dicit omnis homo 25
igitur non sapiens est, non potius contra iacentem, sed contrariam facies. haec enim quae dicit
omnis homo non sapiens est consentit ei quae
dicit nullus homo sapiens est. quare nihil differt,

3 est sapiens E¹   3. 4 respondentis id est non MTE
4 ex FE: ct F²MT et ex T²E²   finito nomine sapiens
MT¹E   est facta E   est om. MT¹   6 idem MT   in (post
hoc) om. F¹   8 at F¹   9 respondit E   11 homo igitur E
enim] igitur E   12 interrogata MT¹   14. 15 homo omnis
T¹   15 negat E   16 igitur om. E¹   17 alt. est om. F¹
20 sapiens E: animal ceteri (item 22)   24. 25 concludes E¹
28 est om. MTE   29 est om. MT   quare] quae MT¹

Boetii comment.   10

utrum hanc aliquis ex infinito nomine adfirmationem respondeat, an ex finito nomine universalem negationem, quae cum adfirmatione universali, quam interrogasti, verum falsumque non dividit. sed illa sola
5 concludenda sunt, in quibus unum verum est, alterum falsum. non igitur ita debet fieri in universalibus, ut interrogata universali adfirmatione, si alius negationem responderit, universalis adfirmatio ex infinito nomine concludatur, sed potius particularis negatio ex
10 nomine finito.

Illae vero secundum infinita oppositae nomina vel verba, ut in eo quod est non homo vel non iustus, quasi negationes sine nomine vel verbo esse videbuntur, sed non sunt.

15 Cum de propositionibus ex infinitis nominibus loqueretur, ipsa infinita nomina sola sumpsit et de his qualia videantur esse pertractat. sermonum, inquit, prolationes, quae secundum contra iacentia nomina vel verba sibi oppositae sunt, ut in eo quod
20 dicimus homo, non homo; currit, non currit, quotiens finitum infinito conparatur, videntur quasi quaedam esse negationes, sed non ita est. omnis namque negatio vel vera vel falsa est: qui autem dicit non currit et non laborat et non homo neque
25 verum aliquid enuntiavit neque falsum et fortasse minus aliquid veri vel falsi significavit, quam is qui finitum nomen ponit. nam qui finitum nomen con-

---

1 finito MT[1]   5 uerum unum T   8 ut univ. F[2]
11 uae uero (*prima littera omissa*) M Quae uero M[2]T sunt *add.* T[2]   oppositae] contraiacentes MTE⊖AD positae E[2]
14 uidebantur F[1]   *verba Arist. continuant usque ad* necesse est negationem *omnes codices praeter* F *usque ad* si non aliquid addatur b   16 ipsa *ego*: ipse *codices*   solum MT
17 Sermonem M[1]T[1]   18 iactantia MT[1]   19 oppositae b: opposita *codices*   23 autem *om.* T[1]   25 enuntiat MTE
26 significat MTE   27 ponit nomen T   finitum qui F[1]?

stituit nihil quidem adhuc verum falsumve enuntiavit,
sed quoniam quiddam finitum posuit, propinquior est
huiusmodi prolatio ad veritatem, quae aliquid finitum
ponit, ea prolatione quae aliquid infinitum, sicut illa
quae aliquid significant propinquiora sunt ad enuntia- 5
tionem faciendam his quae nihil significant. quare in
his quae infinita sunt minus ulla veritas falsitasve
perspicitur quam in his omnibus quae sunt finita ac
multo **magis** nihil adhuc verum falsumve designat id
quod dicitur n on h o m o vel n on c urrit, nisi aliquid 10
addatur, quod enuntiationem possit efficere. quod
autem dixit quasi n e g a t i o n e s sin e n o m i n e v el
verbo esse videbuntur, idcirco addidit quoniam
infinita nomina vel verba neque nomina sunt simpliciter neque verba et videntur non h o m o et n on 15
currit negationes esse. quod si ita est, sine nomine
et verbo esse negationes videntur. addidit etiam illud
nihil **magis** d e h o m i n e, sed etiam m i n u s v e r u s
fuit vel falsus. qui enim dicit h o m o rem constituit, qui dicit n on h o m o ipsam quidem rem tulit, 20
sed nihil addidit. quocirca longe minus quiddam
enuntiavit de homine qui infinitum de homine dixit,
quam qui finitum.

S i g n i f i c a t   a u t e m   e s t   o m n i s   n o n   h o m o
i u s t u s   n u l l i   i l l a r u m   i d e m   n e c   h u i c   o p p o s i t a | e a p. 259
q u a e   e s t   n o n   e s t   o m n i s   n o n   h o m o   i u s t u s.   26

Illae propositiones in quibus infinita nomina subiecta sunt longe aliud, inquit, significant et non idem
his propositionibus quae vel secundum finita vel se-

1 adhuc *post* falsumue F (*transponit* F¹?)   2 quoddam
MT   propos. E   6 is M¹T¹   7 quae *om.* M¹T¹
falsitasq; MTE   8 quae sunt *om.* MT¹   15 *alt.* et *om.* E
17—19 *post* illud *Arist. verba habent:* Qui uero — aliquid addatur *omnes codices praeter* F   20 rem quidem E   23 qui
om. T¹   26 *verba Arist. continuant usque ad* nullus iustus
non homo idem significat *omnes codices praeter* F (*sed* iustus
— significat *om.* M¹T idem significat *om.* E)

cundum infinita praedicata dicuntur. ea enim quae
dicit est omnis non homo iustus nihil idem significat quam illa quae dicit est omnis homo iustus
vel nullus homo iustus est vel iterum est omnis
5 homo non iustus vel nullus homo non iustus.
nulli enim similis est harum ea quae dicit est omnis
non homo iustus. nec huic opposita negatio particularis ea quae dicit non est omnis non homo
iustus ulli earum idem significat quae superius de-
10 scriptae sunt vel alicui earum quae sunt superius
descriptis oppositae. illae vero quae ex duobus terminis infinitis constitutae sunt illis sunt similes, quae
universales negationes sunt habentes subiectum infinitum: ut ea quae dicit est omnis non iustus non
15 homo illi idem significat eique consentit quae dicit
nullus iustus non homo. et prior quidem utrosque
terminos retinet infinitos, haec vero secunda praedicatum quidem finitum, subiectum vero infinitum. et
illa quidem est adfirmatio ex duobus infinitis, haec
20 vero ex finito praedicato et subiecto infinito negatio
universalis.

Transposita vero nomina vel verba idem
significant.

Quotiens, inquit, nomina permutantur et verba,
25 eaedem propositionum significationes permanent, quotiens autem negatio permutatûr, non eaedem. nam si
quis dicat est non homo albus et non est homo
albus, non idem significat permutata scilicet et transposita negatione, quotiens autem dicitur est albus
30 homo et rursus est homo albus, idem transposita

---

3 quam FT²: cum MTE   ille F illi F² (*eras.* quam)
9 ulli b: Nulli *codices*   9. 10 discr. F (*item* 11)   10 in
sup. MT¹   12 constituta F¹   12. 13 similis — universalis
negationis F¹   22 vero *om.* MTE   23 *verba Arist. conti-*
nuant usque ad finem capitis (manifestum est) *omnes codices*
praeter F   25 permaneant MT¹   27 et *om.* MT   28 non
albus F (non *del.* F¹?)   et *om.* MT¹

verba nominaque significant et erunt eaedem adfirmationes. nam si quis hoc negat, contingit ut unius
adfirmationis duae negationes sint. hoc autem monstratum est superius fieri non posse, sed semper unius
adfirmationis unam esse negationem. illius namque 5
adfirmationis quae dicit est albus homo illa negatio est quae dicit non est albus homo; illius autem
quae proponit est homo albus, si non est eadem
illi adfirmationi quae enuntiat est albus homo et
est ab ea diversa, sit negatio vel ea quae dicit non 10
est non homo albus vel ea quae dicit non est homo
albus. sed illa quae proponit non est non homo
albus habet suam adfirmationem ad quam referri
debeat, eam scilicet quae enuntiat est non homo
albus. illa vero quae dicit non est homo albus 15
negatio est eius quae proponit est homo albus.
sed si adfirmationes earum diversae sunt, diversae
erunt etiam negationes. si quis ergo dicat adfirmationem quae proponit est albus homo diversam esse
ab ea adfirmatione quae enuntiat est homo albus, 20
illud quoque concedat necesse est ut negationes quoque ipsarum diversae sint. est autem negatio illius
quae dicit est albus homo illa quae proponit non
est albus homo. rursus illius quae enuntiat est
homo albus est negatio non est homo albus. 25
quare hae duae negationes non est albus homo et
non est homo albus a se diversae sunt. rursus

1. 2 negationes E¹   2 neget E   3 autem *om.* E
3. 4 monstrauit est MT (est *del.* T²)   7 *prius* est *om.* F
(*add.* F¹)   8 eadem est MTE   9 illa F¹   9. 10 et si
est M²E²   10 fit TE   12 illa negatio E (*item* 15)
13 si iam E¹   15 vero *om.* MTE   16 *prius* est *om.* F
(*add.* F¹)   ei MT   eius affirm. E   17 earum *ego*:
eorum *codices*   diuersae sunt *om.* MT¹   19. 20 ab ea
esse E   23 illa scilicet MTE   24 homo albus F
(*corr.* F¹)   25 est negatio] illa quae est MT   27 div. non
sunt E²

cum dicimus est albus homo et negatur non est
homo albus, si de eodem homine utraeque dicantur,
unam veram, alteram falsam esse necesse est: ut si
de Socrate dicatur est albus homo, non est homo
5 albus. quae cum ita sint, necesse est ut eius quae
p. 260 ait est albus homo negatio sit ea quae | dicit non
est homo albus. sed posita est quidem prius negatio quae dicit non est albus homo eius adfirmationis esse quae dicit est albus homo, nunc vero
10 monstramus illam quoque quae dicit non est homo
albus eius adfirmationis negationem esse quae dicit
est albus homo. utraeque enim verum inter se falsumque dividunt. neque enim fieri potest ut, si de
uno eodemque homine dicatur est albus homo et
15 non est homo albus, utraeque sint verae. quod si
ita ut nunc sunt positae aliquando in veritate con-
cordant, hoc idcirco evenit quia indefinitae sunt, non
quia verbis fiunt nominibusque transpositis. quare
evenit ut unius adfirmationis duplex sit negatio. quod
20 autem diximus inferiore descriptione magis liquebit.

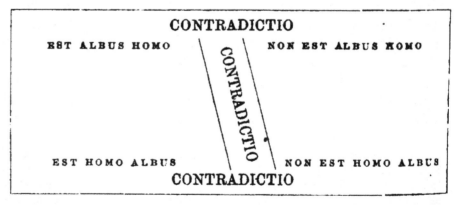

2 albus homo F (corr. F¹?)   3 esse om. MT¹   4 et
negatio sit non est E   4. 5 albus homo FE   7 albus homo E
8 est om. M¹T   10 monstrat MT   12 inter se uerum MTE
15 non om. MT¹   albus homo F   utrae F ut utraeq; F²E²
17 infinitae MT¹   18 a uerbis MTE   19 sit duplex MTE
20 in inferiori MTE   discr. F   figuram om. M¹T¹E

11. At vero unum de pluribus vel plura
de uno adfirmare vel negare, si non est unum
ex pluribus, non est adfirmatio una neque
negatio.

Multa Peripateticis de discernendis proposi- 5
tionibus, quae essent unae, quae multae, consideratio
fuit. atque ideo nunc hoc dicit: et si una res, inquit,
de pluribus praedicetur in propositionibus vel adfirmativis vel negativis vel rursus res plures de una
iterum praedicentur, et si pluribus illis rebus unum 10
nomen sit positum et una res de uno nomine plura
signanti praedicetur, si ex illis omnibus rebus unum
aliquid non fit, non est una adfirmatio nec una negatio. si quis enim dicat animal rationale bipes
homo est, unum hominem pluribus praedicando 15
subiecit. sed haec singillatim quidem dicta plura sunt,
unam vero quandam substantiam informant. coeunti-
bus namque animali rationali et bipedi fit una substantia animal rationale bipes, quod est homo. et
quamquam haec singillatim dicta multa sint (si quis enim 20
dicat animal et rursus rationale et intermisso tempore bipes, discerptim multa signant), tamen iuncta
in unum unam faciunt naturam. et hoc est quod
ait: ut homo est fortasse et animal et bipes et
mansuetum, sed ex his unum fit, tamquam si 25
diceret: homo enim plura significat, sed ita, si ea quae
signantur discerptim dicantur. nam et animal et bipes

4 *verba Arist. continuant usque ad* sed similiter plures
omnes codices praeter F   5 perhipaticis F¹   7 ideo nunc
om. M¹T¹ (nunc *om.* T²)   at F¹?   8. 9 affirmationis uel
negationis MT¹E   10 et si ex E   11 nomen *in marg.* F¹?
nomen] non MT¹ aliquid non E¹   *et ego:* uel *codices* (*an* ut?)
12 signanti *ego:* signatia F significanti F¹? significante MTE   )
praedicentur MT¹   1^∞ fit] sit MT¹E   14 rationabile F
15 homo est] homine ◫ M *om.* T¹   hominem unum T   18 sit
T   22 signant *ego:* signantia F significantia MTE   27 significantur F¹? *et ceteri*   dicuntur ME   *prius* et *om.* ME

et mansuetum designat. dicimus enim hominem animal esse et mansuetum et bipedem. sed haec iuncta
in unum corpus efficiunt animal mansuetum bipes,
quod est homo. quare quamquam de uno plura praedi-
5 cata sint, tamen, quoniam ex omnibus unum aliquid
fit, ex hoc una est adfirmatio atque negatio. quod
si duae res tales subiectae sint de quibus una res
praedicetur, ut de his unum fieri aliquid nequeat, non
est una adfirmatio nec una negatio. si quis enim
10 candido aliquo homine ambulante dicat album et
ambulans homo est, album et ambulare in unam
naturam non conveniunt nec fit ex utrisque unum
aliquid, ita ut alicuius haec duo iuncta substantiam
forment. quare sive adfirmentur sive negentur sive
15 subiecta sint sive praedicata, non erit una adfirmatio nec una negatio, sed vox quidem una est,
p. 261 tot autem in ea sunt adfirmationes et | negationes,
quot termini sunt positi ex quibus unum non fit. sive
autem de pluribus unus terminus praedicetur, sive
20 plura de uno praedicentur, idem modus est. ut si quis
dicat homo animal rationale bipes est, quoniam
ex his unum quiddam fit, una est propositio; sin vero
quis dicat homo album ambulans est, quoniam
ex his nihil unum fit, non est una propositio. amplius
25 quoque si pluribus rebus unum nomen sit positum,
ex quibus coniunctis nulla una natura sit, et de illo
uno nomine unum quodlibet aliud praedicetur, non
est una adfirmatio nec una negatio. marinus namque
et hic latrabilis uno vocabulo canes vocantur. si
30 quis igitur dicat canis animal est, quoniam ex his

1 significat E   2 bipedem F¹?E: bipes FMT   3 in
om. editio princeps   5 sunt F¹T   6 fit] sit F   9 neq; T
una om. T¹   12 ex om. F¹   14 affirmetur siue negetur M
16 neq; T   19 unus terminus F et in marg. E: unum MTE
22 unum ex his MTE   quoddam F (corr. F¹?)   est om. F
(add. F¹?)   Si MTE¹   23 dicit E   albus MTE¹   24 fit]
sit F   30 animal est canis T (corr. T¹).

quae signantur cani in unum coniunctis nihil efficie-
tur (ex cane enim latrabili et ex marino iunctis nulla
una substantia est), illa propositio multiplex est et
multa significans et non una. quare quemadmodum,
si quis huiusmodi propositiones interroget, debeat 5
responderi docet dicens:

Si ergo dialectica interrogatio responsionis est petitio, vel propositionis vel alterius
partis contradictionis

Sensus huiusmodi est: quicumque interrogat, si ab 10
arte dialectica non declinet, idcirco interrogat ut ei respondeatur, respondeatur autem aut tota propositio aut
contradictionis una particula. si quis enim sic dicat
interrogans: animane inmortalis est? tunc respondens aut est respondebit aut non. hoc autem est totius 15
contradictionis una particula. contradictio est enim
anima inmortalis est, anima inmortalis non est.
ergo. est et non contradictionis sunt particulae. quod
si quis sic interroget: animane inmortalis est an

1 signantur F: significantur MTE signat F² significat
T²E²   cani MT: canis FT²E   iunctis MTE   nihil
unum b   1. 2 efficitur F² *et ceteri*   2 latrabile F (*corr.* F¹)
ex *om.* MTE   marino] in animo M¹T¹   3 *prius* est *om.*
MT¹   4 significantia MT   6 respondere MTE   9 *verba
Arist. continuant omnes codices praeter* F, *sed pro genuina versione hanc interpolatam habent:* propositio enim unius contradictionis est. Quocirca huiusmodi interrogationi non erit una
responsio. Ad haec nec una interrogatio nec si sit uera est.
dictum autem de his est in topicis. (*hic addit in marg:* T² *et
in textu* E: Similiter autem manifestum est quoniam nec hoc
ipsum quid est dialectica est interrogatio.) Si quis interroget
quidem (Si — quidem *del.* T² *om.* E) oportet (enim *add.* E)
datum esse ex interrogatione hac (hoc E) eligere utrum (utram
T²E²) uelit contradictionis partem enuntiare quia oportet interrogantem determinare utrum hoc animal homo an non homo.
10 Sensus — est *om.* M¹TS   11 declinat MT   12 respondeatur autem *fortasse ex dittographia natum delendum est.*
13 sic *om.* MT   15 *prius* est *om.* MT¹   resp. est E
19 anima MT

non? tunc ille ita respondebit si velit totam propositionem dicens videtur mihi inmortalis esse vel
rursus videtur mihi non esse inmortalis. ergo
quisquis interrogat, ita responsionem petit, ut illa
5 responsionis petitio vel propositionis petitio sit vel
unius partis contradictionis. propositio autem unius
contradictionis est id est omnis adfirmatio una
unam habebit negationem et in duabus propositionibus una erit contradictio. quare quisquis plura signi-
10 ficantem propositionem dixerit, ille non facit propositionem ad quam sit una negatio. quocirca huiusmodi
interrogationi, quae plura significat, nec si vera sit
debet esse una responsio. si quis ⟨enim⟩ interroget
substantiane sit canis, quamquam verum sit dicere
15 substantia est, quoniam et latrabilis et marinus
substantiae sunt, tamen non est ad hanc una facienda
responsio, sed dicendum est de quo cane interroget.
quod si ille dixerit de marino vel rursus de latrabili,
tunc cum per illius determinationem definitionemque
20 interrogationis facta fuerit una propositio unumque
significans, adhibenda est una responsio. de his autem
in topicis dictum esse commemorat. similiter
autem manifestum est, quoniam nec hoc ipsum
quid est dialectica est interrogatio. qualis
25 debet esse modus dialecticae interrogationis exsequitur.
ait enim: si quis interroget quid est animal? haec
non est dialectica interrogatio. oportet enim per
dialecticam interrogationem optionem respondenti dari,
utrum adfirmare velit an negare quod dicitur. ut si

1 ita *eras. in* M *om.* TE　　velit] uel F (it *add.* F¹?)　　2 mihi
om. M¹T¹　　uel *om.* M　　3 imm. non esse E²　　4 si quia
MTE　　7 *prius* est *om.* MT　　9 negatio MT¹　　11 una
sit E　　13 enim *ego add: om. codices* (an ut si?)　　14 sit
uerum MTE　　20 unum E (q; *add.* E²)　　21 una resp.
est E　　25 debeat MTE　　26 quod MT¹ (*item* pg. 155, 4)
27 per] semper MTE¹　　28 respondendi T　　dare MTE

quis sic interroget: putasne bonum malo contrarium est? tunc respondenti datur electio utrum adfirmare velit an negare. dicit enim ille aut est aut
non est. qui autem interrogat: quid est animal?
nullum illi locum aut adfirmationis aut negationis 5
reliquit. quid enim dicturus est interrogante aliquo
quid est animal? dicturus est non, inconveniens
erit responsio. eodem quoque modo si dicat est animal, nihil adhuc ad causam. sola igitur illa est dia-
lectica | interrogatio, in qua datur respondenti ex p. 262
interrogatione optio utram velit partem contradictio- 11
nis eligere eamque enuntiare vel adfirmando scilicet
vel negando. oportet enim interrogantem determinare, utrum verbi gratia animal homo sit an non,
ut ex illa interrogatione quam velit partem contra- 15
dictionis possit is qui respondet eligere.

Quoniam vero haec quidem praedicantur
conposita, ut unum sit omne praedicamentum
eorum quae extra praedicantur

Postquam de unitate propositionis explicuit et 20
quid esset dialectica propositio terminavit, nunc ad
illa venit in quibus plura saepe de uno singillatim
veraciter praedicantur, quae· simul praedicata alias
vera sunt alias falsa. si quis enim sic dicat: Marius
malus est, fortasse verum est. rursus: Marius dux 25
est, et hoc verum est. quae iuncta in unum nulla

1 interrogat MTE   malum bono E   3 enim om. MT¹E
4 est om. MTE   autem ita MTE   6 relinquit MT
7 inconueniens] non conueniens MS   9 nihil adhuc om.
M¹E¹S¹   ad om. F¹   10. 11 respondenti eorum optio utrum
uelit interrogatione partem F (corr. F²)   11 utram T: utrum
ceteri   11. 12 contrad. partem SME   15 partem om. M¹E
16 respondit F   partem eligere M¹E   17 vero add. b: om.
codices (uera E)   haec om. E   quaedam E   18 conposita
om. F¹   omne om. MTE   19 verba Arist. continuant usque
ad etiam citharoedus bonus omnes codices praeter F usque ad
nunc dicamus b   21 esset om. M¹   dialectica interrogatio?
24 sic om. E   25 rursum T   26 coniuncta T

ratione sunt vera, velut si quis dicat: Marius malus dux est, est namque optimus omnium. rursus homo animal est verum est et homo bipes est verum est et haec iuncta vera rursus sunt. si quis enim
5 dicat homo animal bipes est, verum est. horum ergo qui modus sit vel quando ea, quae singula extra praedicantur, iuncta vera vel falsa sint, regulam daturus adgreditur. et sensus quidem huiusmodi est, ordo autem sermonum talis est: quoniam vero, in-
10 quit, quaedam sunt, quae ita coniuncta de aliquo praedicantur, ut eorum praedicamentum unum sit et in unam congruat formam eorum quae extra vere poterant praedicari (ut in eo quod est animal bipes: animal bipes de homine iuncta conpositaque dicun-
15 tur et fit una quodammodo praedicatio, eum animal et bipes extra singillatim valeant praedicari: dicimus enim homo animal est et rursus homo bipes est), alia vero quae non sunt eo modo, quae singillatim quidem praedicare verum est, conposita vero falsum:
20 quae horum differentia est vel quando illud, quando hoc evenit dicendum est. et hoc docet exemplis. de homine enim, inquit, verum est dicere et extra animal et extra bipes et ut unum, ut de eo dicatur animal bipes. rursus quemlibet hominem, ut
25 Socratem, possumus dicere ille homo albus est, rursus ille homo homo est et haec ut unum iuncta dicentes ille homo homo albus est. sed aliquotiens evenit ut aliquis homo citharoedus quidem sit inperitus, bonus autem homo. et si de ipso dica-

---

1 uera sunt E   uelut] uidelicet? (*an delendum?*)   dicit E   7 sunt T   9 uero T: uera *ceteri*   10 coniuncto F¹ 12 in *om.* F¹   unum T   forma F²T   13. 14 animal bipes *ego bis posui, semel habent codices*   19 falsa M (*corr.* M¹) 20 quae *editio princeps*: sed quae *codices*   eorum E   21 eueniat F¹?MT eueniebat E   23 bip. ut et T   *alt.* ut *om.* MTE   24 Rursum T   26 ut *om.* E¹   28 qui idem M

tur quoniam est citharoedus verum est et quia bonus
est hoc quoque verum est. sed non, si et citharoedus
est et bonus, idcirco iam bonus est citharoedus. fortasse enim est inperitissimus, homo autem bonus. si
enim, quoniam alterutrum dicitur, et utrum- 5
que dicitur, multa et inconvenientia erunt.
si quis sit qui dicat omnia, quaecumque singillatim |
vere dicuntur, ea iuncta etiam vere posse dici, multa p. 263
inconvenientia inpossibiliaque contingunt. hoc est enim
quod ait si enim, quoniam alterutrum dicitur, 10
et utrumque dicitur. si enim aliquis dicat, quoniam
alterutrum extra vere dicitur, et utrumque simul vere
semper posse dici, multa sunt inpossibilia quae contingunt. quae autem sint inpossibilia quae contingunt
haec sunt. de homine enim possumus dicere quoniam 15
homo est et rursus possumus dicere quoniam albus
est: dicimus igitur et simul de homine homo albus
est. [rursus 'de homine albo possumus dicere quoniam homo est, possumus dicere quoniam albus est:
igitur et haec iuncta dicuntur homo homo albus 20
albus est. nam si verum est dicere de homine quoniam homo est et de albo quoniam albus est, et omne
hoc vere dici potest id est homo homo albus albus
est.] et si de hoc iterum homine albo verum est
dicere quoniam albus est et verum est de eo album 25
praedicare, et rursus omne praedicare verum est: erit
ergo homo albus albus. et rursus de hoc album

1 est citharoedus est F citharoedus est F²T   2 et om.
MT   3 alt. est om. M   etiam cith. MTE   4 imper-
tissimus F   6 dicetur E b   et om. MTE   verba Arist.
continuant usque ad nunc dicemus omnes codices praeter F
7 quis enim b   9 enim om. T (add. T¹)   11 dicetur E
14 sunt T   15 possimus E   17. 18 dicimus — est om. M
18—24 rursus — albus est interpolati videntur   20 et om.
FM   alt. homo om. F¹   22. 23 et uerum est de eo omne
hoc dici id est T   23 alt. albus add. E²: om. E¹ et ceteri
24 si om. E¹   25 alt. est om. M   26. 27 Ergo erit E
27 homo homo E

praedicare verum est: erit igitur tertio homo albus albus albus. et hoc in infinitum progreditur. et rursus si verum est dicere de homine quoniam musicus est et rursus quoniam albus est et quoniam ambu-

5 lans est, et haec rursus in unum dicuntur, quoniam homo musicus albus ambulans est. rursus qui musicus albus ambulans est, et albus est et ambulans est et musicus est. dicuntur haec igitur rursus simul homo albus albus musicus musicus ambulans

10 ambulans est. et haec adsidue conplexa eadem faciunt superfluam locutionem. nec non etiam in singularibus quoque idem evenit. si enim Socrates Socrates est et homo, erit Socrates Socrates homo, et si Socrates Socrates est et homo et bipes, erit

15 Socrates Socrates homo bipes; et rursus si hic idem bipes est et homo, erit Socrates Socrates homo homo bipes bipes. quae omnia quam sint inconvenientia nullus ignorat. non igitur dicendum est quoniam omnia, quaecumque singillatim praedi-

20 cantur, eadem iuncta semper poterunt praedicari. ergo quae iuncta vere dici possunt et quae falso eorum, quae singillatim atque extra ante vere dicebantur, exponit. hoc enim solum hactenus demonstratum est quoniam, si quis simpliciter et omni modo fieri

25 conplexiones dicat, multa inconvenientia evenire necesse est: quemadmodum autem fiant conplexiones ponendum atque tractandum est.

Eorum igitur quae praedicantur et de quibus praedicantur quaecumque secundum acci-

---

1 ergo E   2 in *om.* F   infinito T   3 quia E
5 quoniam *om.* TE¹   5. 6 et haec — est *om.* M   8 igitur
haec E   9 albus albus est E   10 adsiduae FM   conple-
tae F conplexae F¹?ME¹   12 si enim *om.* E¹   13 erat F
(*corr.* F¹)   14 est *om.* M   14—16 erit — homo *om.* M
19 omnia *om.* T   22 extra ante] extraneae M   dicebantur
ego: dicuntur FT dicantur ME   26 fiunt E¹   28 orum M
Horum M²T

dens dicuntur vel de eodem vel alterum de
altero, haec non erunt unum.

In his, inquit, quae praedicantur et de his, de
quibus illa ipsa praedicantur, duplex ratio est. aut
enim duo accidentia de uno subiecto dicuntur, ut 5
Marius malus est, Marius dux est; aut unum accidens de uno subiecto praedicatur, aliud vero accidens
de illo praedicato accidenti praedicatur, ut si quis
dicat: Cicero est calvus, calvus orator est. hic enim
calvus de subiecto Cicerone, orator de calvo praedi- 10
catur. hoc est enim quod ait: quaecumque secundum accidens dicuntur vel de eodem vel alterum de altero: de eodem, ut si qua duo accidentia
de uno praedicentur; alterum de altero, ut si unum
accidens de altero accidenti dicatur, ut ipsum acci- 15
dens de quo dicitur de altero rursus subiecto praedicetur. quod si ita fiat praedicatio, in unum iungi accidentia copularique non possunt. etenim si quis sic
dicat: homo albus est, homo musicus est, haec iuncta
simul unum non facient, ut est musicus albus. vel si 20
rursus musicum praedicetur de albo, ut album de
homine dicatur et praedicetur illud album musicum
est, non idem est album musicum. nec in unam substantiam coeunt quaecumque sic vere praedicari possunt
singillatim. idcirco enim haec de se invicem videntur 25
posse praedicari, | quia de uno eodemque subiecto p. 264
praedicantur, non quod ex his unum aliquid fiat. accidentia enim sunt utraque. quare non erit album
musicum, sed quoniam homo albus idem musicus
est, per id quod utraque uni accidunt per accidens 30

        2 haec] autem F (haec autem F²)   *verba Arist. conti-*
nuant usque ad non enim secundum accidens *omnes codices
praeter* F   7 accidens *om.* ME¹   9 *prius* est *del.* E²   Hic
est enim M   11 est *om.* FME¹   12 *prius* vel *om.* M
15 praedicatur E   17 fit M   18 sic *om.* MT   20 faciunt
T   ut sit?   22 illum M (*corr.* M¹)   23 in *om.* F¹
24 si E¹   24. 25 sic — singillatim *in ras.* F

album musicum praedicatur. nec rursus si citharoedus est et bonus, idcirco iam bonus dici poterit citharoedus. neque enim bonus et citharoedus talia sunt
ut ex his unum fieri possit, sed quoniam utraque
5 eidem accidunt, idcirco de se secundum accidens praedicantur. sed magis fortasse possumus dicere: homo
animal est, homo bipes est, ut haec iuncta dicamus
animal bipes. et his iunctis secundum substantiam
non secundum accidens est facta praedicatio.
10 Amplius nec quaecumque insunt in altero.
quare neque album frequenter neque homo
homo animal vel bipes; insunt enim in homine
bipes et animal.
Quaecumque singillatim secundum accidens prae-
15 dicantur ea simul praedicari non posse monstravit.
nunc autem illud etiam docet, quoniam illa quoque
quae substantialiter praedicantur non semper simul
iuncta praedicentur. et haec ratio et accidentibus convenit et substantialibus rebus. quotiens enim inest
20 praedicato aliquid et nos illud extra volumus praedicare et in unum rursus duo praedicata coniungere,
tunc fit incongrua praedicatio. et hoc aliquotiens
quidem in ipsa nominum prolatione perspicitur, aliquotiens vero in vi et intellectu atque in ˙termini
25 continentia. si quis enim sit homo albus et de eo
dicatur verbi gratia Callias homo albus est et

1 musicus F² de musico TE²   2 et *om.* E¹   poterit
dici E   3 et *om.* E   5 accident M (*corr.* M¹)   6 possimus E¹   homo] hoc T   9 facta est MTE   10 alio
MTE⊊   13 animal et bipes MT⊊ et anim. et bip. E
15 ea] ita M   16 etiam *om.* ME   17 quae *om.* M
18 iunctae F   praedicantur T¹E   *alt.* et *om.* T   20 in
praedicato T inpraedicatio E¹ in praedicatione M   aliquod F   21 duo] de quo F¹   iungere ME   22 congrua
F¹   24 in ui et ME: inueniet F ueniet M²T inuenietur in
ui et F²   intellectum F (*corr.* F²) in intellectum T   25 conti-
nentiam T   homo sit E   de eo] ideo M

rursus de eo dicatur Callias albus est, si quis id
velit iungere, inconvenientissime praedicabitur (dicit
enim Callias homo albus albus est), idcirco quoniam albus in homine albo continebatur, quod ante
de Callia praedicatum est. atque hoc est quod ait: 5
quare neque album frequenter. alia vero sunt
quae hoc in prolatione non habent, sed in natura. si
quis enim sic dicat: Socrates Socrates est et rursus Socrates homo est et haec simul iungat et
dicat Socrates Socrates homo est, non recte fece- 10
rit praedicationem. nam homo in Socrate inerat et
rursus homo de Socrate praedicatum est. tale est
ergo qui haec iuncta id est Socratem hominem voluerit praedicare de Socrate, tamquam si dicat Socrates homo homo est. nam in Socrate inest hominis 15
natura. vel rursus si de aliquo homine velit aliquis
hominem praedicare et rursus animal et dicat homo
homo [est et] animal. homo enim idem est quod
animal. ergo qui haec duo iuncta conponit, nihil
differt quam si dicat homo animal animal est. 20
homo namque animal est. eodem modo et si de aliquo homine hominem praedicet aliquis et rursus bipedem atque haec iuncta velit dicere, incongruam faciet
praedicationem. nihil enim aliud dicit qui dixerit
homo homo bipes est, quam si dicat homo bipes 25
bipes est. etenim homo per se bipes est. quare
neque ea quae in ipsa prolatione in altero insunt cum
extra praedicantur recte iunguntur nec ea quae in
prolatione quidem non insunt, sed tantum in natura

2 iungere album M E¹   3 albus homo albus M   4 albo
esse E (esse *del.* E²)   continebitur F continetur T   9 Socrates Socrates homo T   9. 10 et haec — est *om. omnes
codices praeter* E   et dicat] ut dicat b   13 et hom. M T E
14. 15 Socrates homo] socrates socrates T   18 est et *delenda
videntur, nisi desunt quaedam*   19 iuncta duo T¹   22. 23 bipi-
dem E   25 *prim.* homo *om.* F M E¹   26 per se *om.* T¹   est *om.* M
.27—29 in altero — prolatione *om.* M¹   28 neq; E   29 tamen M

atque substantia. quod si neque accidentia sint nec alterum in altero et ea singillatim praedicentur, recte iuncta praedicantur. si quis enim dicat de homine quoniam animal est, verum dixerit, et rursus quo-
5 niam bipes, verum hoc quoque dixerit. haec si iungat, faciet homo est animal bipes; hoc recte praedicatur. nam neque accidentia dicuntur nec alterum alteri inest. illa autem sola aliquibus insunt substantialiter quaecumque in eorum definitione su-
10 muntur. ut in definitione hominis sumitur animal et in definitione rursus hominis sumitur bipes: inest ergo et bipes in homine. quare illa sola singillatim praedicata recte iuncta praedicantur, quae neque accidentia sunt nec alterum in altero inest vel prola-
15 tione vel natura. idque fiet manifestum, si eorum alterius definitio sumatur. velut si quaeratur an de homine homo et bipes praedicari simul possint, definiendus est homo et, si in hominis definitione bipes incurrerit, dicendum est bipes inesse homini et utrum-
20 que iunctum de homine non posse praedicari. |

p. 265   Verum autem dicere de aliquo et simpliciter, ut quendam hominem hominem aut quendam album hominem album.

Dudum quaesivit utrum omnia quae singillatim
25 vere praedicarentur ea iuncta veraciter dicerentur,

---

1 adque F   sunt MTE   3 praedicentur T¹   dicat om. T¹ dicit E   5 bipes est E   8 *post* inest *haec addit* b, *quae in codicibus meis desunt:* Non enim sumitur in definitione animalis bipes ac per hoc non inest illi substantialiter.   uero E   9—11 sumuntur — definitione *om.* M   10 ut] et E¹ 11 hominis rursus T   12 et *om. editio princeps* et animal et bipes E²   sola illa ME   14 est F   17 possunt F   19 non currerit M   20 non *om.* T¹   *post* praedicari *addit* b: quia cum dixeris homo homo bipes, tale est quasi dicas homo bipes bipes, quod est incongruum *quae in nullo codice inveni:* 21 Verum *ego ex ed. II:* Verum est *codices*   22 *alt.* hominem *om.* T   23 album, non semper autem STE

nunc autem considerat atque perpendit utrum omnia,
quaecumque simul vere dicuntur, et simpliciter vere
praedicentur. dicimus enim Socratem quendam hominem esse et rursus simpliciter dicimus Socratem
hominem esse. rursus dicimus verbi gratia Calliam 5
album hominem esse et de eo album simpliciter praedicamus. dicimus enim Callias albus est. quaerit
ergo utrum hoc in omnibus praedicamentis esse videatur, ut quaecumque verum est iuncta praedicare eadem
quoque verum sit simpliciter dicere. sed hoc non in 10
omnibus eveniet. nam si qua huiusmodi sit praedicatio, in qua aliquid oppositum addatur ipsi praedicationi, praeter illud oppositum simpliciter illa praedicatio non potest praedicari. ut si quis dicat de Socrate iam mortuo, quoniam hoc quod iacet homo 15
mortuus est, vere dicit, simpliciter autem dicere non
potest hoc quod iacet homo est, idcirco quoniam additum est praedicato id est homini id quod homini
oppositum est id est mortuus. dictum est enim hoc
quod iacet homo mortuus est. mortuus autem et 20
homo opposita quodammodo sunt. nam si eorum definitiones sumamus facile hoc perspici potest. homo
namque est animatus, mortuus vero praeter animam.
atque ideo quaedam est oppositio secundum privationem atque habitum hominis et mortui et utraque 25
simul vere praedicantur, unum ipsorum, quod est
homo, simpliciter et praeter mortuum de cadavere non
potest praedicari. atque hoc est quod ait:

Sed quando in adiecto quidem aliquid

---

7 queritur T   9 praedicata M (*corr.* M[1])   11 si *om.* E[1]
12 aliquod T   12. 13 praedicato E[2]   16 uere dicatur M   17 quoniam] quod non T   20 est *om.* ME[1]
24 ideo F: ideo quoniam F[1]? *et ceteri*   28 quod *in
marg.* F[1]   *post* ait *add. Arist. verba* Non autem semper b
29 quidem id est praedicato F (id est praedicato *in marg.*
add. E[2])

oppositorum· inest quae consequitur contradictio

Quae utraque id est et praedicatum et quod additur
praedicato ex ipsa oppositione contradictio comitatur
5 (ut quoniam homo et mortuus opposita sunt ea quaedam comitatur atque consequitur per oppositionem
contradictio: dicimus enim: qui homo est vivit, qui
mortuus est non vivit; vivit autem et non vivit quaedam contradictio est): ergo in huiusmodi praedica-
10 tionibus non est verum unum simpliciter praedicari.
quando autem huiusmodi oppositio ei quod praedicatur non iungitur, potest simpliciter vere praedicari. sed
nec hoc semper magisque illud verius dicitur, quoniam,
cum ista oppositio est, numquam verum est eorum
15 quae iuncta vere praedicantur simpliciter vere aliquid
appellari, cum autem ista oppositio non inest, non
semper vere simpliciter praedicari eorum aliquid, quae
de aliquo vere iuncta dicuntur. si quis enim sic dicat:
· Homerus poeta est, verum dixerit; quod si dicat:
20 Homerus est simpliciter praeter poetam, falsum est.
atqui esse et poeta non sunt opposita. ergo non
semper, quando oppositio non est in praedicatis, verum
est aliquid simpliciter praedicari, cum autem oppositio inest, semper falsum unum praedicamentorum quae
25 iuncta dicuntur simpliciter et praeter aliud dicere.
nam cum de Homero dicimus quoniam est aliquid
id est quoniam Homerus poeta est, verum est.
numquid etiam dicendum est per se quoniam est, an
potius esse non simpliciter, sed secundum accidens

1 quae? F quaedam F²T quia T²   2 *verba Arist. con-*
tinuant usque ad praedicatur de Homero quoniam est b *usque*
ad et simpliciter verum erit dicere *omnes codices praeter* F
3 Quaecutraq; M Quando? *prius et om.* MT   4 nnuncupatur
(*sic*) *suprascr.* uel comitatur M   11 huiusm. autem E   13 nec]
non E²   hoc] enim T¹   18 praedicuntur M¹E   enim] it M
del. M² *om.* E¹   dicit T   19 dicat] dixerit ME   24 falsum
est TE²   26 dicimus de homero ME   aliquid est T

de Homero praedicatum est? non enim quia est,
sed quia poeta est et quoniam ei et poetae esse
accidit, idcirco esse quoque Homerum aliquid id est
poetam, non per se esse praedicamus. concludit
igitur hoc modo: in quibuscumque praedicationibus 5
iunctis neque contrarietas aliqua aut ulla oppositio
est, si eorum definitiones | pro vocabulis sumantur p. 266
(in quibusdam enim nominibus dictis non adparet
oppositio: quod si definiatur, mox sese illa oppositio
patefacit, ut in eo quod est homo et mortuus nomina 10
quidem ipsa opposita non sunt, sed definita inveniuntur opposita): in huiusmodi igitur conpositionibus vel
quotiens non secundum accidens praedicatur aliquid,
ut esse de Homero secundum poetam scilicet quod
Homero accidens, sed per se et secundum ipsum 15
subiectum, manifestum est quoniam quidquid coniuncte
vere dici potest idem vere dicitur et simpliciter praedicatum. ut si quis dicat de aliquo homine quoniam
hic homo albus est, verum fortasse dixerit, et rursus hic albus est hoc quoque verum est dicere, 20
idcirco quoniam de eo non ideo album praedicavit,
quia dixit eum esse hominem, sicut de Homero idcirco esse praedicatur, quia poeta esse dicitur, sed
quod per se albus est. sed hoc non secundum accidens praedicatur, sed per se. quare recte dictum est 25
quoniam, in quibus iunctis praedicationibus neque
oppositio quaedam inest nec ipsa per accidens

2 poetae M: poeta FTE poetam M²E²   4 poeta ME¹
5 *post* modo *pro verbis Boetii* (in quibuscumque — sumantur)
textum Arist. (Quare — sed quoniam non est) *habet* b   6 illa
F¹   7 ////est M inest S   earum? uocalibus ME   8 quibus
F (dam *in marg.* F¹?)   9 quod] sed ME   diffiniantur E²
12 opsita F   conpositionibus *ego*: oppositionibus *codices* (*an*
praedicationibus?)   vel] et?   15 accidens est F² est acc.
ceteri   17. 18 praedicatur T   19. 20 rursus simpliciter T
24 per se] ipse M   sed *om.* M (*add.* M¹) E (et *add.* E²)
26 quoniam *om.* b   nec T

praedicatio est, illa simpliciter etiam et posse praedicari.

Quod autem non est, quoniam opinabile est,
non verum dicere esse aliquid. opinatio enim
5 eius non est, quoniam est, sed quoniam non est.

Quidam volentes id quod non est aliquo modo
esse monstrare tali utebantur syllogismo: quod opinabile est, est; quod autem non est, opinabile est; concludebant quod non est igitur est
10 docentes ea quae essent scibilia potius, non opinabi-
lia esse, quod autem non est opinioni tantum sub-
iacere, nulla etiam scientia claudi. quod Aristoteles
hoc modo discutit: ait enim: non idcirco est opinabile, quoniam est, sed idcirco est opinabile, quoniam
15 non est; sed hoc quod non est, est quidem quiddam, sed est non per se, sed opinabile. et quemadmodum Homerus est quidem quiddam id est poeta,
non tamen est per se, ita id quod non est, est quidem aliquid id est opinabile vel ignorabile, non tamen
20 est per se aliquid in natura.

12. His vero determinatis perspiciendum
quemadmodum se habent negationes et adfirmationes ad se invicem

Propositionum aliae sunt quae simpliciter profe-
25 runtur, aliae quibus aliquis modus in enuntiatione
miscetur. si quis enim dicat: Socrates disputat,

---

1 et *om.* MTE   4 non *ego ex ed. II*: non est *codices*
enim] autem ME   5 eius *om.* FT   7 utuntur M¹SE   11 autem *om.* E¹   oppinationi E   14 opin. est T   15. 16 quidem quid F²M quiddam quidem M²T   18 *alt.* non *om.* M¹
19 ignorabile T: ignorabile nescibile *ceteri* ignorabile uel nescibile F²   21 determinantis F   22 quemadmodum *ed. II*:
et quemadm. F est qu. *ceteri* (est et qu. F²)   se *om.* F sese
MESⲤ   habent FTⲤ: habeant *ceteri*   23 ad sese F
verba Arist. continuant usque ad aliquas dubitationes *omnes
codices praeter* F   25 in] sine F   26 — p. 167, 1 Socrates
— dicat *om.* M

simplicem propositionem fecit; si vero aliquis dicat:
Socrates bene disputat, modum propositioni quam
enuntiabat adiunxit; quomodo enim disputaret adposuit, cum dixit bene. nunc ergo hoc speculatur quemadmodum se habeant adfirmationes et negationes earum 5
propositionum, quae cum modo aliquo proferuntur: ut
si quis dicat possibile est hoc fieri et rursus non
possibile est hoc fieri, quemadmodum sese in his
adfirmationis habeat negationisque natura. similiter
autem et in eo quod est inpossibile esse et in eo 10
quod est necesse esse et in eo quod dicitur contingere esse et non contingere esse: quae horum
sint adfirmationes quaeve negationes aut quam adfirmationem cui negationi recte aliquis opponat: de
his omnibus perspiciendum, inquit, est, quoniam ea 15
quae de coniunctis praedicationibus et simplicibus dicenda fuerant terminata sunt. nam de earum propositionum quae cum modo proferuntur oppositionibus
multa causatio est. quae autem sint dubitationes vel
quemadmodum in his oppositiones inveniendae sunt, 20
continua disputatione persequitur. |

    Nam si eorum quae conplectuntur illae p. 267
sibi invicem oppositae sunt contradictiones,
quaecumque secundum esse et non esse disponuntur   25

    · Omnis propositio verborum et nominum conple-
xione formatur. ergo propositionum, quae conplectun-

    1 fecit] facit T ponit E   2 modum (modo E¹) quoque
ME   propositioni *corr. ex* propositionem F   quod F²
3 enuntiauit T   5 earum *om.* M eorum *add.* M¹   6 aliquo
modo T   8 in his sese ME   9 habeat *om.* T¹ (*ante na-*
tura *add.* T²)   10 inpossibile ///// (*om.* esse) F   esse] est M
12 harum?   15 est inquit ME   17 determinata MTE
harum T   20 sint?   21 perspicitur *in ras.* M¹?   24 et b
(*Arist.*): uel *codices*   25 *verba Arist. continuant usque ad*
lignum erit uerum dicere esse non album hominem *omnes codices*
praeter F *usque ad* et non dividi possibile est b

tur et quarum natura in conplexione est, illae solae
sunt, inquit, contradictiones, quaecumque secundum esse et non esse ponuntur: ut in ea propositione quae dicit est homo: non est illa negatio
5 huius adfirmationis quae proponit est non homo,
sed illa potius quae enuntiat, non est homo, ut sit
adfirmatio et negatio est homo, non est homo.
illa vero quae dicit est non homo non est negatio
eius quae enuntiat est homo. rursus cum dicimus
10 est albus homo, non est negatio illa huius adfirmationis quae dicit est non albus homo, sed illa
potius quae dicit non est albus homo. hoc autem
probatur sic: necesse est enim in contradictionibus
unam veram esse semper, alteram falsam. ergo si
15 eius adfirmationis quae dicit est albus homo negatio esset est non albus homo, unam veram, unam
falsam esse constaret. nunc autem si quis de ligno
dicat est albus homo, falsum dixerit; si quis vero
de ligno eodem neget dicens est non albus homo,
20 hoc quoque falsum est. haec enim propositio quae
dicit est non albus homo haec sentit hominem quidem esse non tamen album, quod de ligno falsum est
praedicare. ergo et ea quae dicit est albus homo
et illa quae proponit est non albus homo utrae-
25 que aliquando falsae sunt, ut in ligno. quare non sunt
sibimet oppositae. igitur nec ea quae dicit est non
albus homo negatio est eius quae dicit est albus
homo. quare illa huius negatio ponenda est quae
dicit non est albus homo. in his namque una

1 solae *om.* E¹   3 opponuntur ME   9 *post* homo
addit b: sed est affirmatio eius negationis quae est non est
non homo, *quae in nullo codice inveni*   10 illa negatio T
11 illa *supra lin.* M   16 est *om.* M¹   17. 18 dicat de ligno T
21 hoc MT hoc enim E   23 est *om.* T   26 sibi ME
oppositae sibimet T   26. 27 non albus *ego*: albus non *codices*
(nalbus non T n *del.* T¹)

semper vera est, altera semper falsa. quod si ita
est, secundum esse semper et non esse natura contradictionis efficitur. nam cum dico est homo, secundum id quod est esse fit negatio non est homo.
et cum rursus dico est albus homo, secundum id 5
quod est esse rursus negatio fit non est albus
homo. et sensus quidem totus huiusmodi est, ipsi
autem in oratione sermones propter similitudinem
videntur quandam obscuri, erit autem planius pronun-
tiantibus et subaudientibus sic: nam si eorum quae 10
conplectuntur, id est propositionum quarum natura
in conplexione est, illae sibi invicem oppositae
sunt contradictiones, quaecumque secundum
esse et non esse disponuntur, ut hae quas supra
digessimus quarumque ipse exempla proponit: ut eius 15
quae est esse hominem negatio est non esse
hominem, haec enim ipsius adfirmationis secundum
esse et non esse negatio est, non, et hic subaudiendum est illa negatio est per quam dicitur, esse non
hominem, ut sit sensus: adfirmationis quae est esse 20
hominem negatio est non esse hominem, non illa
quae dicit esse non hominem. et hoc quidem de
simplicibus. rursus de his in quibus est tertium
praedicatur eius quae est esse album hominem,
non, huic subaudiendum est illa est negatio quae dicit, 25
esse non album hominem, sed, hic quoque sub-
audiendum est illa quae | dicit, non esse album p. 268
hominem, ut sit hic sensus: eius adfirmationis quae
est esse album hominem non est illa negatio
quae dicit esse non album hominem, sed illa 30

potius quae proponit non esse album hominem.
et hoc adprobat inductione. si enim, inquit, de
omnibus aut dictio est id est adfirmatio aut negatio vera, cum lignum falsum sit dicere esse album
5 hominem, verum debet esse de eo dicere esse non
album hominem, si haec negatio est superioris adfirmationis. sed utraeque falsae sunt. haec igitur non
est illius adfirmationis negatio. ergo semper secundum esse et non esse contradictiones sibimet oppo-
10 nuntur.

Quod si hoc modo, et quantiscumque esse
non additur, idem faciet quod pro esse dicitur.
Sunt quaedam propositiones in quibus esse non
additur, sed id quod in his enuntiatur idem valet
15 tamquam si esse poneretur, ut in eo quod est homo
ambulat quod dico ambulat tale est tamquam si
dicam homo ambulans est. ergo in his quoque
quae non habent est verbum iunctum, si negationem
ad verbum illud iunxero, quod pro esse positum est,
20 talis mihi redit negatio, qualis esset si negatio ad
esse poneretur. ut in eo quod est ambulat homo
ambulat pro esse positum est. huius ergo adfirmationis ambulat homo non est negatio ea quae dicit
ambulat non homo, sed illa potius quae dicit non
25 ambulat homo. in hac enim ad id quod est ambulat negatio iuncta est, quod ambulat homini pro eo
quod est esse coniunctum est. tale est enim dicere

hòmo ambulat tamquam si quis dicat est ambulans homo.

Quare si hoc modo in omnibus, et eius
quae est possibile esse negatio est possibile
non esse, sed non, non possibile esse.   5

Si in omnibus, inquit, secundum esse contradictio fit, in his quoque quae possibilia dicuntur secundum esse et non esse contradictio facienda est.
in eo enim quod dicimus posse esse illa erit negatio quae dicit posse non esse, non illa quae est 10
non posse esse. nam si ei quae est possibile est
esse illa opponatur quae est non possibile est
esse, non secundum esse et non esse oppositio
facta est. quocirca quoniam supra docuit secundum
esse et non esse fieri contradictionem, dicendum est 15
eius quae est possibile est esse illam esse oppositionem quae dicit possibile est non esse. sed aliud
rursus occurrit, quod nos ab hac opinione dimoveat.
in omnibus enim aut adfirmatio vera est aut negatio.
in his autem utraeque sunt verae. nam quod possi- 20
bile est esse possibile est non esse, ut quia possibile
est hominem ambulare, possibile est non ambulare,
et quod possibile est videri possibile est non videri.
rursus quod possibile est secari et dividi et non secari
et non dividi possibile est. quare utraeque in eodem 25
verae sunt possibile est esse et possibile est non esse.
nam quod dicimus possibile est non esse ita intelle-

3 est et M¹?T   4 possibile est esse FT²   5 est non
FT²   sed *om.* MTE☉   non *ego ex ed. II*: non ea quae est
codices   est esse F   *verba Arist. continuant usque ad* et
non diuidi possibile est *omnes codices praeter* F   6 Si *om.*
M¹   secundum esse et non esse?   8 contradictio *om.* T¹
9 posse] possibile est F¹?T (*item* 10 *et* 11)   11 *alt.* est *om.*
ME   12 quae est *om.* ME   *alt.* est *om.* M   18 hac] illa
ME   oppinatione E   19 *prius* aut *om.* T¹   20 autem]
enim FT   21 quia] q, M   22 est ambulare hominem E
25 possibile est *om. editio princeps*

gendum est ut si diceremus possibile est hodie pluviam non esse, cum sit possibile ut sit. cur autem hoc ita eveniat, ipse demonstrat dicens:

Ratio autem, quoniam omne quod sic possi-
5 bile est non semper actu est.

Hoc huiusmodi est: quaecumque ita sunt possibilia ut sint actu et opere, illa nulla ratione possunt non esse, ut caelo semper actu est moveri. semper enim movetur et dicimus possibile esse caelum moveri,
10 idcirco quoniam caeli motus actu est, hoc est id agitur, movetur enim. in hac ergo possibilitate talis propositio non potest convenire, ut dicamus possibile esse caelum non moveri; hoc enim inpossibile est.
14 ergo in his quaecumque actu sunt hae duae proposi-
p. 269 tiones possibile est esse et possibile | est non esse nulla ratione conveniunt. in his autem quae non sunt semper actu et sunt possibilia esse, convenire possunt propositiones id est posse esse et posse non esse. non est enim semper actu pluvia et possibile
20 est esse aliquando, quare possibile est eam non esse aliquando. haec igitur ratio est, cur utraeque inveniuntur verae, quod in his possibilitatibus, quae non semper sunt actu, et esse aliquid et non esse contingit. quare si eius quae est possibile est esse
25 negatio est ea quae dicit possibile est non esse, in eodem simul et adfirmatio et negatio erunt verae, et

2. 3 cur — dicens *om.* SM (M *videtur habuisse post textum Arist., ubi rasura est*)   4 autem *ego (ex Arist.)*: est autem F autem est *ceteri*   5 in actu M²T℮   *verba Arist. continuant usque ad* hoc erit magis eligendum *omnes codices praeter* F 6. 7 sunt possibilia sunt M   8 inest b   8. 9 semper — movetur *om.* M   9 u mouetur F (u *del.* F¹?)   et] ut T   10 in actu T   actu //// F actu est F¹?   id illi semper b   10. 11 agatur F (*corr.* F¹)   11 enim semper b   12. 13 dicimus possibile non esse celum moueri M   14. 15 quaecumque — propositiones *in marg.* F   18 posse] possibile est F²T (*bis*) 21 cur T: cum *ceteri*   22 verae *om.* F (*add.* F¹)   23 sunt *om.* ME   26 et negatio et affirmatio ME

cui rei inest adfirmatio, ut sit esse possibile, eidem
rursus inerit negatio, ut sit possibile non esse. quare
et quod ambulabile est, id est quod ambulare potest,
potest non ambulare, et quod visibile est, id est quod
videri potest, potest etiam non videri. sed inpossi- 5
bile est ut de eodem oppositae et contra iacentes
dictiones simul verae sint. in omnibus enim aut adfirmatio vera est aut negatio. si ergo factis negationibus secundum esse et non esse in his quae
secundum aliquem modum dicuntur et adfirmatio et 10
negatio utraeque sunt verae, quod fieri non potest,
illud magis dicendum est, non faciendas secundum
esse et non esse negationes, sed potius secundum
modum. quod si illud est inpossibilius, ut adfirmatio
et negatio simul verae sint, illud magis est eligendum 15
ut non secundum esse et non esse fiat contradictio,
sed potius secundum modum. quod autem dixit si ergo
illud inpossibilius, hoc erit magis eligendum,
non sic dictum est quod utraque inpossibilia sint et -
adfirmationem et negationem veram esse et non se- 20
cundum esse et non esse fieri contradictionem. illud
enim unum id est contradictionem simul veram esse
inpossibile est. secundum esse autem et non esse
adfirmationem non fieri et negationem non est inpossibile, sed ad hoc rettulit inpossibilius est, tam- 25
quam si diceret minus possibile. minus enim possibile est ut oppositae in eodem propositiones verae sint,
quam ut non secundum esse et non esse negationes
ponantur. quocirca eligendum est hoc quod est possibilius, ut secundum modum potius quam secundum 30

7 enim *om.* E   8 factis *om.* T¹   9 in *om.* F (*add.* F¹?)
10 admodum F (ad *del.* F¹?)   11 sint T   13. 14 potius
post modum ME   18 impossibilius est MTE   19 sunt F
21 et *ego:* vel *codices*   24 est] esse M   27 propositiones]
contradictiones ME   28 ut] aut F   non (*post* ut) *om.* T
29 ponantur *suprascr.* nel fiant T

esse et non esse negationes fiant. quod ipse planius
exsequitur dicens:

Est igitur negatio eius quae est possibile
esse non possibile esse.

5   Hae namque simul verae inveniri non possunt.
nam si quid est possibile esse, ut idem illud non
possibile sit fieri non potest. nec hoc in solis possibilibus speculandum est, sed in omnibus quoque eadem
ratio est. nam in eo quod est contingere esse non
10 est illa negatio quae dicit contingere non esse, haec
enim consentit ei quae est contingere esse, sed illa
quae proponit non contingere esse. has enim duas
simul veras inveniri inpossibile est.

Et in aliis quoque simili modo, ut necessa-
15 rio et inpossibili. fiunt enim quemadmodum
in illis esse et non esse adpositiones, subiectae vero res, hoc quidem album, illud vero
homo

Et in aliis, inquit, omnibus idem faciendum est.
20 secundum modum enim negatio ponenda est, ut si
contingens est ad contingere, si possibilis ad possibile, si inpossibilis ad inpossibile, si necessarium ad
necessarium negatio coniungatur. quemadmodum enim,
inquit, in his quae praeter modum aliquem sunt et
25 aliquid esse proponunt esse quidem et non esse adpositiones quaedam id est praedicationes sunt, res

2 dicens *om.* SM¹E   3. 4 possibile est esse M T E
4 non possibile esse *ego ex ed. II*: ea quae est non possibile
est esse *codices fere omnes. verba Arist. continuant usque ad*
non contingens esse *omnes codices praeter* F   10 quod T
hoc T   10—13 haec — est *om.* E   11 illa *om.* M   12 non
om. M   13 simul *om.* T   inuenire F   14 quoque] quidem A   ut *om.* ☙   ut in nec. M T E   15. 16 in illis
quemadm. ☙   16 oppositiones M T   17 res *om.* F   18 *verba
Arist. continuant usque ad* ueritatem T, *usque ad* in eo quod
est esse M, *usque ad* et esse non possibile S E   21 possibile?
22 inpossibile?   23 iungatur M E   24 sint T (sunt T¹?)
25. 26 oppos. M

vero subiectae (ut in eo quod est homo est et homo
non est homo quod est res subiectum est, adpositio
autem quaedam est et praedicatio est et non est
vel in eo quod dicitur album est et album non
est album quidem res subiecta est, adpositum autem 5
et praedicatum est et non est): ita quoque in his
quae secundum aliquem modum dicuntur esse quidem
subiectum est velut quaedam res, modus autem de
esse praedicatur. nam cum dicimus hodie pluviam
esse possibile est, esse subiecimus, possibile praedi- 10
cavimus. et sicut vim totam in propositionibus
praedicatio tenet in simplicibus et praeter modum
quotiens aliquid | esse praedicamus, ut in eo quod p. 270
dicimus homo est totam propositionis vim continet
verbum est: ita quoque in his quae secundum modum 15
dicuntur, quoniam totam propositionem continet modus
aut possibilis aut contingentis aut inpossibilis aut
necessarii, haec praedicari, res vero aliae subiectae
esse dicuntur. hoc est enim quod ait:

Eodem quoque modo hoc loco esse quidem 20
subiectum fit, posse vero et contingere adpositiones determinantes quemadmodum in
illis esse et non esse veritatem.

Nam quemadmodum in simplicibus, si ad esse
et non esse negationes fiant, una semper vera est, 25
altera semper falsa, ita quoque in his quae secundum
modum dicuntur, si ad ipsum modum enuntiatio negationis aptetur velut ad quasdam adpositiones praedicationesque, veritas in adpositionibus et falsitas terminata dividitur. atque hoc est quod ait: similiter 30

3 est (*post* quaedam) *om.* ME   5 subiectum ME   est
om. T   appositio ME   7 quidem *om.* E   12 tenet *ego:*
tenet et *codices*   15 est verbum ME   18 hoc T   21 fit] est
ME   possibile MT⳨   23 *verba Arist. continuat usque ad* et
esse non possibile b   24 est si FM   26 semper *om.* MTE
hisq; et F his quae et E

autem hae etiam in esse possibile et esse non possibile. similiter enim secundum possibile et non possibile facta oppositio veritatem falsitatemque determinat, sicut in simplicibus et praeter modum po-
5 sitis secundum esse et non esse negatio. hinc in omnibus secundum modum adfirmationibus oppositiones digerit convenientium negationum. dicit enim:

Eius vero quae est possibile non esse negatio est non possibile non esse.

10 Ut demonstret eam quae dicit possibile est non esse non modo non esse negationem eius quae est possibile est esse, sed omnino negationem non esse, huius aliam invenit negationem. nam eius quae est possibile est non esse, quam adfirmationis loco posuit,
15 negatio reperitur illa quae dicit non possibile est non esse secundum modum scilicet addita negatione. unde fit, inquit, ut ea quae dicit possibile est esse et illa quae proponit possibile est non esse sese invicem consequantur. idem namque possibile est esse quod
20 est possibile non esse. cur autem se consequi possunt, haec causa est, quoniam non sunt oppositae. nam si essent oppositae, perimerent se potius quam consequerentur et dissentirent magis quam consentirent, ut est in his possibile est esse et non possibile est esse.
25 hae enim ita a se disiunctae sunt, ut simul esse non possint. idcirco autem hoc evenit, quoniam sunt oppositae. semper igitur secundum modum ponenda negatio est, si integra oppositionis natura facienda

1 in *ed. II*: in eo quod est *codices*   *prius* esse *om.* MT
2 autem T   3 facta est F   7 degerit F   8 huius T (*sed* hu T²)   possibile *ed. II*: possibile est *codices* (*item* 9)
9 *verba Arist. continuant usque ad* ea quae est non impossibile non esse *omnes codices praeter* F   10 demonstraret T   14 est *om.* E   18 proponat F (*corr.* F¹)   19. 20 quod possibile est ME   20 possint T   21 non *om.* E¹ (sunt non E²)
22. 23 consequentur M   23 et] ut F   24 *tert.* est *om.* M¹E
25 haec FT   26 possunt FE   27 igitur et F   modos E

est. quod plenissime exsequitur singulis propositionum modis negationes adcommodans atque integras naturaliter efficiens oppositiones. at vero, inquit, | ea quae p. 271 est possibile est non esse cum ea quae dicit non possibile est non esse simul esse non poterit. nam- 5 que oppositas esse manifestum est, siquidem harum negatio ad modum est posita, qui est possibile esse. eius autem quae est necessarium est esse non oportet dici illam esse negationem, per quam dicitur necessarium est non esse (huius enim alia negatio inveniri 10 potest, quoniam est adfirmatio quaedam; est autem eius negatio ea quae dicit non necessarium est non esse), sed potius ei quae dicit necessarium est esse ea opponenda est quae dicit non necessarium est esse. ad illam namque quae dicit necessarium est non esse 15 opponitur (ut dictum est) non necessarium est non esse. eius quoque quae est inpossibile est esse non dicenda est illa esse negatio per quam dicimus inpossibile est non esse, sed ea potius quae proponit non inpossibile est esse. namque adfirmatio quaedam 20 est inpossibile est non esse. huius enim invenitur negatio quae est non inpossibile est non esse.

Et universaliter vero, quemadmodum dictum est, esse quidem et non esse oportet ponere quemadmodum subiecta   25

Regulam dat universalem dicens: hoc universaliter in omnibus faciendum est, quod supra iam diximus, ut subiectum esse et non esse ponatur, adfirmationem

1 plenissime T: planissime *ceteri*   exsequitur b: sequitur *codices* (cf. p. 93, 5)   7 esse] est esse T   8 quae est autem F (*corr.* F¹)   *alt.* est *om.* M   9 dici *om.* ME   eam ME 13 ei] eius E   14 ponenda sunt F   15 at E   namque *om.* ME   est *om.* F   17 *alt.* est *om.* M   18 dicendum M¹E (dicendus? M)   esse *om.* ME   20 est *om.* M   22 quae est *om.* M   23 Et *om.* E   23. 24 Et — non esse *om.* M 25 *verba Arist. continuant usque ad* uerum non uerum (uerum non uerum *om.* T¹ non uerum *om.* M) *omnes codices praeter* F

autem et negationem ipsos modos faciamus. hoc est
enim quod ait negationem vero et adfirmationem haec facientem. modos enim ipsos id est
possibile et contingens et ceteros pro adfirmationibus
5 et ad hos negativo adverbio iuncto pro negationibus
disponentes aut ad id quod dicimus est aut ad id
quod dicimus non est adponamus, ut, quemadmodum
ad unam rem quod est homo est verbum, non est
negatio praedicatum quoddam est in his propositioni-
10 bus quae praeter modum sunt, ut in ea per quam
dicimus homo est, sic in his propositionibus quae
cum modo sunt est quidem aut non est subiecta
ponamus, modos vero ipsos aut adfirmationem, si
simpliciter dicantur, aut negationem, si cum negatione
15 ponantur, facientes ad subiectum, quod secundum esse
et non esse disposuimus, praedicemus, ut has arbitremur esse oppositas dictiones et negationes, quae
secundum modos factae sunt. eorum autem omnium
negationes et adfirmationes in contrarium dispo-
20 nantur.

Adfirmatio secundum esse	Negatio secundum modos
possibile est esse	non possibile est esse
contingit esse	non contingit esse
25 inpossibile est esse	non inpossibile est esse
necessarium est esse	non necessarium est esse

1 est *om.* ME   3 hoc T   facientem F: facientem ad
unum T facientem ad modum SME   5 coniuncto T   6 aut]
////ut F (a *eras.*) *om.* T.   6. 7 est — dicimus *om.* FT   8 et
non T   10 quae ////// praeter F (quaedamq; praeter *videtur*
fuisse)   12 sint T   13 ponimus M   aut secundum T
16 et] aut F   18 earum *editio princeps*   19. 20 disponatur M   21 p. 179, 6 *dispositionem om.* M[1]E

Adfirmatio secundum non esse	Secundum modos nega-tio
possibile est non esse	non possibile est non esse
contingit non esse	non contingit non esse
inpossibile est non esse	non inpossibile est non esse 5
necessarium est non esse	non necessarium est non esse.

Quod autem addidit verum non verum ad demonstrationem omnium modorum valet. nam si quis
dicat verum est, non est ipsius negatio verum non
est, sed potius non verum est. alioquin eius quae est 10
verum non est illa negatio est quae dicit non verum
non est.

13. Et consequentiae vero secundum ordi-
nem fiunt ita ponentibus. |
                                                        14
Expeditis omnibus, quae de modorum oppositioni- p. 272
bus disputabantur, ad consequentias venit. hoc enim
dicit, quae propositiones supra dictorum modorum quas
propositiones consequuntur quibusque consentiunt.
nos autem ex his quattuor fecimus ordines et consequentias propositionum · sub una serie disposuimus. 20
haec autem prius notans quid ab Aristotele dicatur facilius lector intellegit.

7 uerum est non uerum est M   9. 10 uerum est non uerum
est ipsius est negatio non ea quae dicit uerum non est. Ali-
quin (sic) ME   13 Et om. F   14 verba Arist. continuant
usque ad et impossibile non esse b; usque ad quemadmodum
dicimus omnes codices praeter F   16 disputantur M   Haec
M   18 consequantur ME   quibus quae? F   consentiant
ME   21 hoc F¹?   notans quo quid SM   nota sint ut
quid b   22 intellegat SME   hic addit b: Consideretur —
dicimus (ut verba Boetii, quae sunt Arist.)

Consequentes	Possibile est esse	Contingit esse	Non inpossibile est esse	Non necesse est esse
Consequentes	Possibile est non esse	Contingit non esse	Non inpossibile est non esse	Non necesse est non esse
Consequentes	Non possibile est esse	Non contingit esse	Necessarium est non esse	Inpossibile est esse
Consequentes	Non possibile est non esse	Non contingit non esse	Necesse est esse	Inpossibile est non esse

Superius autem descriptas consequentias ipse disponit. nobis autem reddenda est breviter ratio, cur hae propositiones sese invicem consequantur. quod possibile est esse, contingit aliquando ut sit, et hoc est contingit esse; quod autem contingit esse, non est inpossibile esse, et quod non est inpossibile esse, non idcirco iam esse necesse est. non est enim inpossibile hodie esse pluviam, sed non idcirco esse necesse est. quod ergo non est inpossibile, non necesse est esse. et hic est unus ordo consequentiae. rursus secundus ordo propositionum talem habet consequentiam: quod possibile est non esse, potest fieri ut non sit, quare contingit aliquando ut non sit, et quod possibile est non esse, contingit non esse; quod autem contingit non esse, potest fieri ut non sit, sed quod potest fieri ut non sit, non est inpossibile ut non sit: ergo quod contingit non esse, non est inpossibile. ut non sit; sed quod non est inpossibile non esse, non

1—12 *dispositionem om.* M¹E   14 breuiter reddenda
est T   20 iccirco esse iam esse M   24 est *om.* E   25 et
om. E   26 contingit non esse *om.* FME   28 *alt.* ut non
sit *om.* T¹   29 quod *om.* F¹   30 *postrem.* non *om.* F

idcirco iam illud non esse necesse est. hodie enim
pluviam non esse non est inpossibile, potest enim
esse, sed non idcirco ex necessitate hodie non pluit.
quare quod non est inpossibile non esse, non est
necessarium non esse. et secundus quidem ordo sese 5
sic habet. nunc ad tertium transeamus. quod non
possibile est esse, hoc fieri non potest, quod autem
fieri non potest, ut aliquando sit, non contingit: quod
ergo non possibile est esse, idem non contingit esse;
sed quod non contingit esse, necesse est ut non sit; 10
quod numquam contingit, numquam esse potest, quod
numquam esse potest, necesse est non esse: quod igitur non contingit esse, idem necesse est non esse; sed
quod necesse est non esse, hoc fieri non potest, quod
autem fieri non potest, inpossibile est ut fiat: quod 15
igitur necesse est non esse, inpossibile est esse. quartus etiam ordo hoc modo est: quod non possibile est
non esse, fieri non potest ut non sit; quod fieri non
potest ut non sit, non contingit non esse, ut quoniam
non possibile est non esse motum caelo, non contin- 20
git caelum non moveri; quare quod non possibile est
non esse, idem non contingit non esse; sed quod non
contingit non esse, necesse est esse, sicuti de caelo,
necesse enim est caelum moveri, quoniam non contingit caelum non moveri; sed quod necesse est esse, 25
ut non sit fieri non potest: quare quod necesse est
esse, inpossibile est non esse. et haec quidem est
ordinata ab Aristotele consequentia propositionum,
de qua paulo latius disputavit.

2 pluuia F   3 non esse *et* pluet *editio princeps*   5. 6 sic
se T   11 quod *om.* F[1] et quod ME (quod enim?)   *alt.* num-
quam] numquid M   12. 13 ergo ME   14 est *om.* E   16 *alt.*
est *om.* M[1]   17 *alt.* est *om.* ME   19 non contingit esse F
(non *del.* F[1]?)   20 caeli M[2]   22 idem contingit non esse F
(non *del.* F[1]?)   24 est enim MTE   26 *prius* non *om.* F
(*add.* F[1])   27 et] e F   28 ab aristotile ordinata T   29 disputabit E

· Ergo inpossibile et non inpossibile illud
quod est contingens et possibile et non contingens et non possibile sequitur quidem con-
4 tradictorie, sed conversim. |

p. 273   Quaedam de superiore consequentium ratione pertractat. in superioribus enim descriptionibus sese
sequentium adfirmationem possibilem sequebatur inpossibilis negatio, rursus negationem possibilis sequebatur inpossibilis adfirmatio, et de contingenti eodem
10 modo. adfirmationem namque possibilis dicentem possibile esse sequebatur negatio inpossibilis dicens non
inpossibile esse. rursus cum possibile negaretur per
id quod dicebatur non possibile esse hanc adfirmatio
inpossibilis subsequebatur ea scilicet quae dicit in-
15 possibile esse. atque hoc idem de contingenti. adfirmatio namque inpossibilis ea quae est inpossibile
esse sequebatur contingentis negationem eam quae
est non contingit esse. negatio vero inpossibilis ea
quae dicit non inpossibile est esse adfirmationem con-
20 tingentis sequebatur eam quae dicit contingit esse.

1 illud] ei F   2 quod est] quidem T   3 sequitur quidem]
consequens est quod F, secuntur quidem S T E   4 controuer-
sim F   *verba Arist. continuant usque ad* non inpossibile vero
negatio *omnes codices praeter* F   5 superiori T   6 discr. F
7 adfirmationum F T   possibilem *ego*: inpossibilem *codices*
possibilis b   7. 8 inposs. b: possibilis *codices*   8 negationem impossibilis E   9 possibilis E   10 possibilis *ego*: inpossibilis *codices*   10. 11 possibile *ego*: inpossibile *codices*
11 inpossibilis *ego*: possibilis *codices*   12 inpossibile *ego*:
possibile *codices (post* possibile esse *lacunam statuit* S² *et in
marg. add*: et hanc sequebatur negatio contingentis ea quae
dicit non contingit esse)   possibile *ego*: inpossibile *codices*
(*item* 13)   14 inpossibilis *ego*: possibilis *codices*   sequebatur E   14. 15 inpossibile *ego*: possibile *codices*   15 de] ad
F   15. 16 affirmatio — ea b: adfirmationem — eam *codices*
(impossibilis eam *om.* E)   16 est] dicit E (*item* 18)   17 negationem eam b: negatio ea *codices*   18 negatio b: negationem *codices*   ea E: eam *ceteri*   19 possibile F   est *om.* E
affirmationem b: adfirmatio *codices*   20 eam b: ea *codices*

quare hae propositiones se invicem sequuntur, sed
converse. namque adfirmatio inpossibilis contingentis
negationem et possibilis subsequitur, negatio vero
inpossibilis adfirmationem possibilis et contingentis,
ut subiecta descriptio docet.   5

Adfirmatio	contradic.	Negatio
inpossibile esse		non inpossibile esse
Negatio	contradic.	Adfirmatio
non possibile esse		possibile esse
Negatio	contradic.	Adfirmatio
non contingit esse		contingit esse.

Idcirco namque ait: sequitur quidem contradictorie, sed conversim, quod omnes in contrarium
locatae contradictiones sunt. contradictio namque est
inpossibile esse et non inpossibile esse et contingere 15
esse et non contingere esse et possibile esse et non
possibile esse. converse autem se sequuntur, quoniam
adfirmatio non sequitur adfirmationem et negatio negationem, sed adfirmatio negationes, negatio vero adfirmationes, quod ad supra scriptam descriptionem re- 20
vertentibus planius liquet. sensus ergo hic est, ordo
autem seriesque sermonum sese sic habet: ergo, inquit, contradictio quae est inpossibile et non inpossibile illud quod est contingens et possibile, quae duae adfirmationes sunt ac se sequuntur, 25

---

1 se propositiones TE   se inuicem se F   2 conuersae TE   affirmatio b: adfirmationem *codices*   2. 3 c. et
possibilis negatio E   3 negationem b: negatio *codices*   subsequitur E: subsequuntur *ceteri*   negatio b: negationem
codices   4 affirmationem b: adfirmatio *codices*   5 ut] et F
(*corr.* F[1])   disscr. F   6—11 *descriptionem om.* E   12 sequitur *ego*: sequuntur *codices*   14 est *om.* T[1]   16 *primum
esse om.* E   17 conuersae E   18 et] nec E   19 adfirmatio
ego: adfirmationem *codices*   negatio *ego*: negationem *codices*
20 discr. F   22 se E   23 contradictio *ego*: contradictionem
codices   25 ac se sequuntur *om.* E

et non contingens et non possibile, quae duae
sunt negationes, sequitur quidem contradictorie,
ut contradictiones sint in contrarium ductae, sed
conversim, ut adfirmatio negationem, negatio sequatur adfirmationem. huius talis ratio redditur: illud
enim quod est possibile esse, scilicet quod adfirmatio est, negatio inpossibilis sequitur. est
autem negatio inpossibilis non inpossibile esse: quod
ergo est possibile esse sequitur non inpossibile esse.
negationem vero possibilis adfirmatio inpossibilis sequitur. illud namque quod est non possibile esse sequitur adfirmatio quae est inpossibile esse. etenim adfirmatio est inpossibile
esse, non inpossibile esse negatio. et in contingentibus eodem modo. atque hoc quidem de possibilium et inpossibilium consequentia dictum est. nunc
de necessarii et possibilis consequentia tractat.

Necessarium vero quemadmodum, considerandum est. manifestum quoniam non eodem
modo, sed contrariae sequuntur, contradictoriae autem extra.

Quod dicit huiusmodi est: in his propositionibus
quae erant inpossibilis et non inpossibilis conveniebat
non possibile ei quod est inpossibile et possibile con-

---

1 et non possibile et non contingens E   2 neg. sunt E
sequitur *ego*: et sequuntur F (*unde conicias* et se sequuntur, sequitur) sequuntur *ceteri*   3 et (*corr.* F¹) contradictionis sunt
F (sint F¹?)   4 ut *om.* F   negatio vero E   5 Cuius T
6 quod scilicet T   7 negatio .*ego*: negationem *codices*   8.
9 quod — inpossibile esse *om.* E   10 negationem *ego*: negatio *codices*   adfirmatio *ego*: adfirmationem *codices* (*item* 12)
12 quod T   14 esse est neg. T   15 haec F   16 nunc]
non E   17 necessariis F   et *om.* F   inpossibilis FE
18 quemadmodum ⑤ *ed. II*: quemadmodum sit *codices ed. I*
19 est *eras. in* E   manifestum F: manifestum est F² *et ceteri*
21 extra sunt F²TE   *verba Arist. continuant usque ad* non
est necessarium esse *omnes codices praeter* F

sentiebat ei quod est non inpossibile, contradictio
scilicet inpossibilis contradictionem possibilis sequebatur ordine converso. in his autem, quae necessarium
praedicant vel adfirmative vel negative et quae sequuntur possibilem propositionem, eius quae possibili 5
consentit contradictio non sequitur contradictionem
possibilis, sed potius contraria. necessarias vero nunc
propositiones dico, quae tametsi non significent ne-
cessitatem, | tamen sive adfirmative sive negative ne- p. 274
cessarium praedicant. sensus ergo hic est: si qua ex 10
his quae necessarium praedicant consentit possibili
propositioni, eius quae necessarium praedicat contradictio non sequitur possibilis contradictionem, sed eius
quae necessarium praedicat contradictionis contraria,
ea consentit possibilis propositionis contradictioni. prius 15
autem disponamus quae sunt contradictoriae, quaeve
contrariae. eius enim quae dicit necesse est esse contradictio est non necesse est esse, contraria vero
necesse est non esse; rursus eius quae est necesse
est non esse contradictio est non necesse est non 20
esse, contraria vero necesse est esse. quare describantur et circa unam eandemque contraria et contradictoria disponantur, ut quod a nobis dicendum est,
clarius possit liquere.

1 contradictio *ego*: contradictionem *codices*   2 contradictionem *ego*: contradictio non *codices*   3 peruerso E   4 ad-
firmatioe F (*corr.* F¹) affirmatione vel negatione S   et quae
ego: quo et F quae et T (cum assequuntur T²) quae *om.* E
4. 5 possibilem secuntur E   7 possibilis *om.* S¹ (*add.* S², *et
in marg.* quae est non possibile)   8 tamenetsi E   10.
11 sensus — praedicant *om.* F (*add.* F¹)   11 qui F   13 est
non T (est *del.* T¹?)   16 sint E   18 *prius* est *om.* F (*add.*
F¹)   21. 22 discr. F   22 eadem F (eademq; F²)   22.
23 contradictoria et contraria E

Negatio con-tradic.	adfirmatio	contraria adfir-matio
Non necesse est esse	Necesse est esse	Necesse est non esse

	Negatio con-tradic.	adfirmatio	contraria adfir-matio
5	Non necesse est non esse	Necesse est non esse	Necesse est esse.

His igitur commode breviterque descriptis qui in
10 eorum consequentia ad possibiles propositiones modus
possit evenire monstrandum est. illam namque quae
est possibile est esse sequitur ea quae est non necesse
est esse; nam quod possibile est esse, non necesse
est esse. quod enim possibile est esse, possibile est
15 et non esse; sed quod possibile est non esse, non
necesse est esse. quare id quod est possibile esse
recte sequitur non necesse est esse. sed negationem
eius quae dicit possibile est esse id est non possibile
est esse non sequitur adfirmatio eius quae dicit non
20 necesse est esse, quae est scilicet necesse est esse;
haec est enim contradictio necessariae adfirmationis;
neque enim dici potest consentire propositiones quae
dicunt non possibile est esse et necesse est esse, sed
huius contraria sequitur. namque eam quae est non
25 possibile est esse illa quae dicit necesse est non esse
comitatur. sed necesse est non esse non est contradictoria eius quae est non necesse est esse; possunt
enim utraeque in eodem simul verae inveniri. nam
quoniam necesse est non esse ignem frigidum, non
30 necesse est esse frigidum ignem. quocirca hae con-

1—8 *descriptionem om.* E   9 discr. F   in] non F¹
10 modos F¹   12 ea sequitur T   13 *prius* esse *om.* E
21 enim est T   necessaria T   26 comitatur *om.* E (*quia
antea v.* 24 Sequitur namq;)   sed *om.* F¹   28 in eodem
om. E   30 est *om.* F   ignem frig. TE

tradictoriae non sunt, sed est contraria ea quae dicit
necesse est non esse eius quae dicit necesse est esse;
quae necesse est esse contradictio est eius quae ponitur non necesse est esse. quare contradictionem eius
quae dicit possibile est esse eam scilicet quae propo- 5
nit non possibile est esse non sequitur contradictio
eius quae est non necesse est esse, sed ea quae est
necesse est non esse, quae contraria scilicet est ei
quae est necesse esse, quae haec ipsa contradictio est
eius quae proponit non necesse esse. hoc autem de- 10
scriptione melius patebit.

Adfirmatio	contradictoriae	Negatio
possibile esse		non possibile esse
Negatio	Adfirmatio	Adfirmatio
contradic.	contraria	15
non necesse esse	necesse esse	necesse esse non esse

Ergo cum sit contradictio possibile esse et non
possibile esse, sequatur autem possibile esse non
necesse esse, contradictio tamen eius quae est necesse
esse non sequitur contradictionem eius quae est possi- 20
bile esse, sed contraria contradictoriae eius quae est
non necesse esse. nam si contradictio est non necesse
esse eius quae est necesse esse, contraria vero eiusdem necesse esse ea quae dicit necesse esse non esse,
sequitur autem necesse esse non esse eam quae est 25
non possibile esse, quae est contradictio eius quae est
possibile esse, quam sequitur non necesse esse: recte

1 ea *post* sed E   3 quae — esse *in marg.* T   3. 4 ponit b   5 dicit *om.* F   6 *alt.* non] Nam F   7 *alt.* est *om.* F
8 eius T   9 esse] est esse E   9. 10 eius est E·   10 est
esse TE   hoc autem] Quod E   10. 11 discr. F   12—16 *descriptionem om.* E   18 sequitur F (*corr.* F[1])   et non T
20 est esse T   24 *alt.* esse] est T   25 *prius* esse] est T
om. E   27 Recte igitur E

dicitur contradictiones quidem extra esse, contrarias vero contradictoriis consentire. nam possibile esse et non possibile esse, quae sunt contradictoriae, sequuntur non necesse esse et necesse non esse, quae non
5 sunt contradictoriae, quod in eodem utraeque verae inveniri possunt. quod si contradictio sequeretur, sicut ea quae est non necesse esse sequitur eam quae est possibile esse, sic eam quae est non possibile esse
p. 275 sequeretur necesse esse. | sed hoc inconveniens est.
10 quare quoniam haec illam non sequitur, contraria ipsius sequitur. contraria namque est ei quae proponit necesse est esse illa quae dicit necesse est non esse. eodem quoque modo et in eo quod est possibile non esse, cuius est contradictio non possibile non
15 esse, quod Aristoteles reticuit. sequitur namque eam quae est possibile est non esse illa quae dicit non necesse est non esse, sed negationem eam quae est non possibile est non esse eius adfirmationis quae est possibile est non esse non sequitur adfirmatio
20 eius quae est non necesse est non esse negationis ea quae est necesse est non esse (negatio enim eius quae dicit necesse est non esse illa est quae dicit non necesse est non esse), sed huius contraria id est adfirmationis quae est necesse est non esse illa scilicet
25 quae est necesse est esse sequitur negationem illam quae est non possibile est non esse. huius quoque sit talis descriptio:

1 quidem *om.* E   2 contradictorias F   5 eodem *om.*
F T[1]   utroque F   6 contradictionem contradictio E
sequeretur *ego*: queritur FT sequitur E   8 *prius* esse *om.*
E   9 sequitur T   26 est (*post* quae) *om.* F   27 fit?
E   discr. F

Adfirmatio   contradictio   Negatio
possibile est non esse   non possibile est non esse

Negatio   Adfirmatio   Adfirmatio
     contradictio   contrarium

non necesse est   necesse est non   necesse est esse. 5
     non esse   esse

Dissimili ergo modo evenit quam dudum contingebat
in his quae erant possibilia et quae inpossibilia. illic
enim contradictio contradictionem sequebatur, sed conversim, ut negationem adfirmatio, adfirmationem nega- 10
tio sequeretur. hic non idem modus est. nam cum
superiores contradictoriae sint et inferior negatio adfirmationem sequatur, negationem non sequitur contradictoria adfirmatio, sed adfirmationis illius contraria. quod si quis leget attentius, integre descriptum 15
esse ratione perspiciet. cur autem hoc eveniat causam prodit.

Causa autem cur non consequatur similiter ceteris, quoniam contrarie inpossibile
necessario redditur idem valens.   20

Ratio est cur non simili modo consequentia secundum contradictionem propositionis eveniat sicut
in his quae sunt possibilia et inpossibilia huiusmodi:
omne necessarium contrario modo inpossibile est. nam
quod est inpossibile esse, hoc est necessarium non 25
esse. non enim est necessarium esse quod est inpossibile esse; nullus enim dixerit necesse est esse quod
inpossibile est esse. non ergo necesse est esse, sed

1—6 *descriptionem om.* E   9 contradictio *om.* F   11 hoc
F   15 legit T   discr. F   16 ratione *om.* E   eueniet
T   18 autem 𝕾E: autem est FTE[1]   consequantur FE
sequatur 𝕾   19 contrarium E   20 ualet F   *verba Arist.
continuant usque ad* quemadmodum dictum est contrarie SE b
usque ad sic poni necessarii contradictiones T   21 autem est
SE   23 inpossibilia] non possibilia FE

potius necesse est non esse quod inpossibile est esse.
ergo converse idem potest inpossibile, quod necessarium.   quod enim inpossibile iunctum cum esse efficit, hoc efficit necessarium iunctum ad id quod est
5 non esse: igitur quod inpossibile est esse, hoc necesse
est non esse. rursus quod inpossibile est non esse,
hoc necesse est esse, ut igni inpossibile est non inesse
calorem, necesse est igitur inesse.   quare hic quoque
idem convertitur, ut quod inpossibile secundum non
10 esse efficit idem valeat necessarium secundum esse
positum. quare contrario modo necessarium et inpossibile idem potest.   quod si contrario modo inpossibile
et necessarium idem valet, manifestum est cur non
similiter consequatur necessarium possibilem et non
15 possibilem propositiones, sicut easdem ipsas id est
possibilem et non possibilem propositiones inpossibile
et non inpossibile sequebatur. nam si converso ordine
necessarium atque inpossibile idem valet, secundum
contrarietatem, non similis consequentia est necessarii
20 et possibilis ei quae fuit possibilis et inpossibilis.
nam quoniam non inpossibile esse sequitur possibile |
p. 276 esse, et hoc rursus id est idem possibile esse non
necesse esse comitatur. rursus id quod est inpossibile est esse quoniam sequitur non possibile esse,
25 necessarium autem inpossibili converso ordine idem
valet, sequitur id quod est inpossibile est esse necesse
est non esse ac per hoc etiam id quod est non possibile esse sequitur id quod est necesse est non esse.
rursus quoniam ei quod est non inpossibile non esse
30 consentit id quod est possibile est non esse, et huic
convenit non necesse est non esse; quoniamque id

.   3 quid F   8 igitur *om.* E   hoc E   10 ualet F (*corr.*
F¹) E   14 possibile FE (*item* 15)   15 eadem F   19 sequentia T   est consequentia E   21 inpossibile] possibile F
22 idem *om.* TE   23 non esse F   26. 27 nec. est non esse
om. T¹   30 id *om.* E   31 *alt.* non *om.* F

quod dicitur inpossibile est non esse socium est ei
quod est non possibile est non esse, ei autem quod
est inpossibile non esse converso modo redditum necessarium idem valet, sequitur id quod est inpossibile
est non esse id quod dicimus necesse est esse, ⟨et 5
necesse est esse⟩ sequitur et id quod proponimus non
possibile est non esse. id vero descriptione monstratur.

non inpossi- bile esse	inpossibile esse	inpossibilenon esse	non inpossi- bile non esse
possibile esse	non possibile esse	non possibile non esse	possibile non esse
non necesse esse	necesse est non esse	necesse est esse	non necesse est non esse

Causa igitur diversae consequentiae est in contrarium propositionum inpossibilis et necessariae facta 15
conversio. sed de his hoc modo speculatus sese quodammodo ipse reprehendit et ad aliam propriam magis
consequentiam disputationem deflectit.

**An certe inpossibile sic poni necessarii
contradictiones?** 20

Forte, inquit, erravimus ita consequentias con-
locantes. nunc enim disposuimus, ut id quod esset
possibile sequeretur illud quod est non necessarium,
ut secundum praecessionem possibilis sequentem negationem necessarii poneremus. nunc autem dicit hoc 25

2 *prius* est] dicitur E   4. 5 inpossibile est *om.* E (*add.* E¹)
5 est *om.* E   5. 6 et necesse est esse *ego add.* (et quod nec.
est esse *editio princeps*): *om. codices*   6 et id E: id *ceteri*
7 discr. F   8—13 *descriptionem om.* E   14 deuerse F   est
om. F   16 speculatur F (*corr.* F¹) speculatur et T   17 propriam magis *ego*: proprietatis *codices* (propietatis E) (*an* propositionum?)   19 Aut F²TESꙅ   inpossibile ꙅ: inp. est
ceteri   20 *verba Arist. continuant usque ad* quod est inconveniens *omnes codices praeter* F   22 tunc b   enim *om.* E
23 est *om.* F (*add.* F¹)

permutari oportere et non a possibili incohandum et
huic subiciendam necessarii negationem, sed potius
primo ponendum esse necessarium, secundo loco possibile. namque illa propositio quae necessarium conti-
5 net continere videtur etiam possibilitatem. nam quod
necessarium est idem possibile est. quod enim necesse
est esse idem esse possibile est. nam si quis hoc
neget et id quod est necessarium dicat non sequi
possibilitatem, negatio possibilitatis id quod est ne-
10 cessarium comitabitur. nam si id quod est necessarium esse falsum est dicere possibile est esse, verum
est dicere quoniam non possibile est esse. in omnibus enim aut dictio est, id est adfirmatio, aut negatio, ut si illa vera est, illa sit falsa, si illa non est,
15 illam mox esse necesse sit. sed non possibile esse
sequi diximus id quod est inpossibile esse: igitur id
quod dicitur necesse esse inpossibile est esse. sed
hoc inconveniens est. non igitur verum est, quoniam
ei quod est necessarium esse id quod est non possi-
20 bile esse convenit. quare sequitur id quod est necessarium possibilitas.

At vero illud quod est possibile esse non
inpossibile esse sequitur, hoc vero illud quod
est non necessarium esse.

25 Diximus ei quod est necessarium esse consentire
illam propositionem quae dicit possibile esse, sed
rursus hoc falsum videtur cogitantibus perspicientibus-
que, quoniam ei quod est possibile esse consentit et
convenit illa propositio quae dicit non inpossibile

1 permutare E   non *om.* F (*add.* F¹)   7 esse (*post*
idem) *om.* E   est poss. esse T   10 quod necess. est T
13. 14 negatio est ita ut E   14 illa] una T²   est] sit E
illa sit] altera sit T   15 sit *om.* E   17 nec. est esse F²T
inp. est esse *om.* T¹   19 esse] est F   non *om.* F¹   20 non
conuenit FT   21 possibile E   24 est *om.* F¹   *verba Arist.*
continuant usque ad non necessarium esse SE *usque ad* quod
est inconveniens T b   28. 29 et convenit *om.* E

esse, hoc vero id est quod dicitur non inpossibile esse
sequitur id quod proponimus non necesse est esse.
sed possibile esse consentire proposuimus ei quae dicit necesse est esse eamque consequi: sequitur ergo 4
ea quae est non necesse esse illam quae dicit | necesse p. 277
est esse eique consentit, quod est inpossibile. quid
igitur in his dubitationibus est statuendum? non potest quidem non consentire possibile esse ei quae est
necesse esse. alioquin propositionem necesse esse id
quod est inpossibile esse consequetur. si vero con- 10
venerit ei quae est necessarium esse illa quae est
possibile esse, rursus fit ut id quod est necessarium
non necessarium sit, sed hoc falsum est. sed hoc
quemadmodum sese habeat paulo post explicabitur.
nunc vero priorem sententiam permutantes hoc dici- 15
mus, quoniam id quod est possibile esse non potest
consequi id quod est ⟨non⟩ necesse esse nec hae
sibi propositiones consentiunt possibile esse et ⟨non⟩
necesse esse. quod Aristoteles hoc modo proponit:

At vero neque necessarium esse sequitur 20
possibile esse neque necessarium non esse.
illi enim utraque contingit accidere, horum
autem utrumlibet verum fuerit, non erunt illa
vera.

Docet id quod est possibile non consentire ei 25
quod est necessarium esse nec rursus ei quae est necessarium est non esse. nam quod necesse est esse

2 est *om.* E (*item* 4)   6 *prius* est *om.* E   7 ergo E
8 non *om.* E   quod T E   est *om.* E   9 nec. est esse E
(*priore loco*)   10 non inpossibile F²   consequeretur F²
consequitur T   12 poss. est esse E   15 priorum F E
sequentiam b   17 non *ego add.: om. codices* (*item* 18)   18 prop.
sibi E   20 neque id quod F neque id quod est T   est
esse F T   consequitur F T   21 id quod est possibile est
esse F T   neque id quod est F T   est non esse F   24 *verba
Arist. continuant usque ad* et de necesse non esse *omnes codices praeter* F *usque ad* nihil imp. contingit sic positis b

non potest non esse, quod autem necesse est non
esse non potest esse. quod autem dicimus possibile
esse, ita dicimus, tamquam si et non esse possibile
sit. utramque igitur habet naturam id quod dicimus
5 possibile esse, ut et sit esse possibile et sit possibile
non esse. qui vero dicit necesse esse aufert non esse
et qui dicit necesse est non esse aufert esse. ita si
hae verae sunt id est necesse esse aut rursus necesse
non esse, utraeque illae falsae sunt quae dicunt et
10 potest esse et potest non esse. illa enim quae proponit necesse est esse posse non esse subruit, illa iterum
quae dicit necesse est non esse posse esse subvertit.
neutra igitur consequitur eam propositionem quae
dicit possibile est esse: nec ea quae dicit ex necessi-
15 tate esse nec illa quae dicit ex necessitate non esse.
et sensus quidem huiusmodi est, sermonum autem
ratio talis est: at vero, inquit, neque id quod est
necessarium esse sequitur propositionem illam
quae proponit possibile esse nec rursus illa quae
20 dicit necessarium est non esse. illi enim, id est
possibili, utraque contingit accidere, id est et
posse esse et posse non esse (nam quod potest esse
idem potest non esse), horum autem, id est vel quae
dicit necessarium est esse vel quae dicit necessarium
25 est non esse, utrumlibet verum fuerit, non erunt
illa vera, id est posse esse et posse non esse: quod
enim possibile est esse idem possibile est non esse.
quod si neque necesse esse nec necesse non esse pro-

---

1 est] esse F   5 *prius* et *om.* E   5. 6 non esse poss.
E   7 est *om.* E   et aufert F (et *del.* F¹)   8 sint E
esse *om.* F (*add.* F¹)   11 est] esse F *del.* F¹? *om.* E   12 est]
esse F (*corr.* F²) *om.* E   14 poss. esse est F (*corr.* F¹)
eam F   dicit *om.* T   15 illam F   17 ratio] ordo E
alt. est] esse F   20 est] esse F (*corr.* F¹?) T *om.* E   23 et
non E   vel *om.* E   24 necesse esse vel E   quae dicit *om.*
E   necesse E   25 est *om.* TE   si.utrumlibet E

propositio eam quae est possibile esse consequitur,
relinquitur ut illa ei consentiat quae dicit non necessarium est non esse. haec enim sequitur eam quae
proponit possibile est esse. quidquid enim possibile
est esse, non necesse est non esse: ut quoniam homi- 5
nem possibile est ambulare, non est necesse non
ambulare. hoc enim verum est, inquit, et de eo
quod est necesse est non esse, id est haec enim
propositio quae dicit non necesse est non esse verum
est ut contra eam opponatur contradictorie, quae dicit 10
necesse est non esse. unde etiam secutus est: haec
enim fit contradictio eius quae sequitur non
possibile esse. unde huiusmodi facienda descriptio est:

Adfirmatio	contradictio	Negatio	15
Inpossibile est esse		Non inpossibile est esse	
Negatio	contradictio	Adfirmatio	
Non possibile est esse		Possibile est esse	
Adfirmatio	contradictio	Negatio	
Necesse est non esse		Non necesse est non esse	20

Haec enim quae dicit non necesse est non esse con- p. 278
tradictio est eius quae proponit necesse est non esse,
quae est sequens et consentiens ei quae est non possibile est esse, quae consentit ei quae dicit inpossibile
est esse, quam rursus sequitur ea quae est ultima, id 25

    3 est *om.* E   enim] eam F   5 *alt.* est *om.* E
6 non nec. est E (*corr.* E¹)   8 non necesse T   *alt.* est] esse F
(*corr.* F¹?)   9. 10 non nec. — dicit *om.* E   9 est] esse F
(*corr.* F¹?)   10 apponatur F   11 est] esse F (*corr.* F¹?)
etiam *om.* E (*add.* E¹)   13 *verba Arist. continuant usque
ad* sic positis *omnes codices praeter* F   13. 14 discr. F
15—20 *descriptionem om.* E   22 eius *om.* F   23 consequens T   24 est *om.* E   25 quam — ea *ego:* quae — eam
codices   25 — p. 196, 1 id est] idem F

est necesse est non esse, cuius contradictio est non
necesse est non esse; adfirmatio enim est necesse est
non esse, negatio non necesse est non esse. quocirca
secundum contradictionem fit haec quoque consequentia. nam inpossibile esse et non inpossibile esse contradictio ergo est, sed adfirmationem id est inpossibile esse sequitur negatio non possibile esse, negationem vero id est non inpossibile esse sequitur adfirmatio possibile est esse. sed non possibile est esse
et possibile est esse contradictio est. sed negationem
possibilis id est non possibile esse consequitur necesse
est non esse adfirmatio, adfirmationem possibilis id
est possibile esse sequitur non necesse est non esse
negatio. quare ita positis nihil evenit inpossibile,
sed omnia consentiunt et secundum superiorem possibilis et inpossibilis modum adfirmationes et negationes converso ordine contradictorie sequuntur. et sensus quidem totus huiusmodi est, ordo autem verborum sic: quoniam, inquit, ei quod est possibile esse
nec illud quod est necesse esse nec illud quod est
necesse non esse consentit, relinquitur ut id quod est
non necessarium non esse sequatur possibile esse.
hoc enim quod dicitur non necessarium non esse
verum est dicere de necesse esse non esse et
subaudimus quoniam est eius contradictio. haec
enim quae dicit non necesse esse non esse contradictio fit eius quae sequitur negationem possibilis id est non possibile esse. haec est autem ea

4. 5 sequentia T[1]   6 ergo *om.* TE   7 non impossibile T (im *del.* T[2]?)   9 *prius* esse *om.* E   *alt.* est
om. E   10 *prius* est *om.* E   12 adfirmatio *om.* E   13 possibilis FT[1]   15 conueniunt et consentiunt b   17 contradictorie b: contradictoriae *codices* (*item* p. 197, 9)   se sequuntur F[1]?T   18 huiusmodi totus F (*corr.* F[1])   24 de
om. E   *prius* esse] est F[1]? *om.* E   25 subaudiamus E
26 est enim F   28 autem est E

quae dicit necesse esse non esse. illud enim quod
est non possibile esse utrumque horum sequitur, et
quod est inpossibile esse et quod est necesse
esse non esse. cuius adfirmationis id est necesse
esse non esse negatio est non necesse esse non 5
esse. sed haec sequitur non inpossibile esse et possibile esse. igitur et hae contradictiones secundum praedictum modum se sequuntur, scilicet
contradictorie, sed conversim. et his sic positis atque
ita ordinatis nihil contingit inpossibile. 10

Dubitabit autem aliquis, si illud quod est
necessarium esse possibile esse sequitur.

Ad superiorem possibilis et necessarii consequentiae reversus est quaestionem. dicit enim dubitari
posse, si id quod est possibile esse consentiat ei pro- 15
positioni, quae est necessarium esse. sive enim consentire dicatur sive non consentire, aliquid inpossibile et inconveniens utroque modo contingit. nam
si quis dicat id quod dicitur possibile esse non consentire ei quod est necessarium esse, consentiet nega- 20
tio possibilis, ea quae est non possibile esse. sed si
ista consentiet, erit idem necessarium esse quod est
non possibile esse. quod si hoc rursus aliquis neget
et dicat non esse negationem eius propositionis quae
est possibile esse eam quae dicit non possibile esse, 25
sed illam potius quae proponit possibile esse non
esse, quamquam falsum sit, tamen ne haec quidem ei

4 *prius* esse] est E   5 *prim.* esse] est E²   *tert.*
esse] est E   7 et *om.* T   haec F   8 sequuntur se T
9 sic *om.* FE   9. 10 ita positis atq; ord. E   10 inp.
cont. E   11 dubitauit T   illud] ei F   11. 12 quod
nec. est poss. E   12 id quod est poss. F   esse *om.* F⊖
sequitur] consequens est F   *verba Arist. continuant usque*
ad hoc autem falsum est *omnes codices praeter* F   15 si
om. F   17 *alt.* consentire *om.* E   18 utro F (*corr.* F¹?)
20 sed consentiet T   23 non poss.] imposs. T (*suprascr.* uel
non T¹)   27 quamquam *om.* F *sed spatio relicto*

quod est necessarium esse convenire potest. sit enim negatio eius quae est possibile esse ea quae dicit possibile esse non esse, si adfirmatio possibile esse non sequitur adfirmationem quae dicit necesse est
5 esse, sequitur negatio ea quae est possibile est non esse. sed quod necesse est esse falsum est dicere quoniam possibile est non esse. quid enim? quod necesse est esse dici non potest fieri posse ut non sit, sed potius non posse fieri ut non sit. quod si
10 quis dicat rursus sequi id quod dicitur necesse esse et consentire ei quae dicit possibile esse, sic quoque aliquid inconveniens reperietur. quod enim possibile est esse, idem possibile est non esse: erit igitur quod necesse est esse possibile non esse et erit contingens
15 quod necessarium est. possibile enim et contingens in utramque partem facile vertitur et ad id quod est esse et ad non esse, quod autem necesse est inter-
p. 279 clusum | habet eventum ad contrariam dictionem et si necesse est esse, ut non sit fieri non potest, et si
20 necesse est non esse, ut sit inpossibile est. quare qui dicit possibile esse consentire ei quod est necesse esse, quoniam id quod est possibile esse potest etiam non esse et hoc est contingens, dicit id quod esse necesse est posse non esse et esse contingens, quod est incon-
25 veniens. hanc igitur dubitationem solvens ita sequitur:
Manifestum autem quoniam non omne pos-
sibile vel esse vel ambulare et opposita valet.

---

3 *prim.* esse *om.* E   7 quid enim quod F: quod enim *ceteri*   11 quae] id quod E   13 *alt.* est] esse F   15 p. est enim F   16 id quod est *om.* b   17 non ad E   18 et *ego:* ut *codices*   20 *prius* est *om.* F   imp. esse E   21 necessarium E   22 esse *om.* E   23 dicet T   25 ipse soluit //////// E ipse soluit S   ita sequitur *om.* ES   26 autem *ed. II*: est autem FTE autem est ⊙   27 app. F *verba Arist. continuant usque ad* et habet vim irrationabilem *omnes codices praeter* F *usque ad* secundum eandem speciem dicantur b

Multa, inquit, sunt quae unum esse possunt id
quod sunt, non etiam aliud aliquid quod non sunt.
plura enim sunt quae ab eo quod sunt non mutantur,
alia vero sunt quae mutari possunt: ut caelum unam
rem solam potest id est moveri, huic vero oppositum 5
id est non moveri non potest. ergo non omne quod
est possibile vel esse vel ambulare, id est non
omne de quo quaelibet possibilitas praedicatur, etiam
opposita valet, ut utrumque possit fieri et facere
quod facit et huic oppositum, id est non facere quod 10
facit, sed sunt quaedam in quibus ita potestates praedicentur, ut non sit verum de his dici quoniam et opposita possunt, ut est in his quae praeter rationem
aliquam possunt, ut ignis. namque ignis praeter rationem aliquam calidus est; non est enim reddere ratio- 15
nem cur ignis sit calidus, natura enim est calidus,
et cum possit esse calidus, non tamen potest id quod
est oppositum id est non potest non calere, quod est
oppositum ei scilicet quod est calere. ergo secundum rationem potestates ipsae eaedem plurimo- 20
rum etiam contrariorum. potestates, inquit, quae
sunt secundum rationem, id est in quibus est aliqua
ratio, non unius possibilitates, sed plurimorum sunt
atque oppositorum, ut possibilitas medicinae est curare;
quae, quoniam secundum rationem fit ut curet medi- 25
cus et est rationabilis potestas medico curandi, non
solum potest curare, sed etiam non curare et potest
aliquid plus quam unum et ipsum quod potest oppositum est id est non curare. oppositum namque est

5 vero *om.* E   app. F   6 est *om.* F   9 app. F
ut *om.* F (*add.* F¹)   possint et fieri facere F   10 non *om.*
F (*in marg. add.* F¹)   11 ita sunt possibilitates E   11.
12 praedicentur *om.* E   16 calidus sit T   20 eadem F
21 contrariorum sunt F T   22 sunt *post* rationem E   23 possibilitates *ego*: possibilitatis *codices*   24 app. F   //// medicinae F (ut? *eras.*)   est *om.* T¹   25 quoniam *om.* E   28 quod]
quidem E   29 *prim.* est *om.* E

ei quod est curare id quod dicitur non curare, quae
opposita contraria vocavit.   adfirmatio namque et
negatio contrarietatibus discernuntur.   inrationabiles vero non omnes, sed quemadmodum dictum
5 est, ignem non est possibile calefacere et non.
omnis, inquit, secundum rationem potestas opposita
quoque valet, inrationabilium vero non omnis huiusmodi potestas est, ut opposita non valeat.   nam cum
ferrum calere sine ratione potestas sit (non enim ex
10 ratione calet, quoniam rationem non habet), potest
etiam non calere, igni autem cum inrationabilis potestas sit calefacere, non potest et non calefacere.
quare recte dictum est inrationabiles potestates non
omnes non posse contraria, sed quasdam, ut ignem,
15 qui cum sit calfactibilis, non calfactibilis non est.
quae autem sint inrationabilia, quae unam tantum
habeant potestatem non etiam oppositam, sic demonstrat dicens: nec quaecumque alia semper agunt.
ignis enim opposita non potest, sed non solum ignis,
20 sed illa quoque omnia unum possunt et non multa
nec opposita, quaecumque actu semper sunt, ut sol
semper actu est lucidus, idcirco non potest non lu-
cere, et nix semper actu frigida est et ideo numquam
potest esse non frigida.   ergo quaecumque semper
25 agunt, id est in eo quod sunt semper in actu sunt,
manifestum est, quoniam sicut ignis non capit frigus,
ita nec illa quoque opposita possunt.   idcirco enim

2 namque] quoque E   3. 4 Inrationabilis — omnis F
irrationales E   4 sed est E²   5 *alt.* est] esse E   8 ualeant
E   12 sit calet facere F (facere *del.* F¹?) calefacere potest
et non calefacere non potest E   13 dicendum E   15 calef.
TE (*utroque loco*)   16 tamen FE   17 opposita FT   18 nec]
et T uel E   cumque (*om.* quae) F   *verba Arist. continuant
usque ad* secundum eandem speciem dicuntur *omnes codices
praeter* F   22 est *om.* E   23 est frig. T   nusquam E
24 esse *om.* E   25 id est *om.* E   *alt.* in *om.* E   26 sicut
om. E   27 ulla T (*corr.* T¹)

ignis quoque opposita non potest, quia semper in actu
habet propriam potestatem; | semper enim est cali- p. 280
dus. sed non omnia inrationabilia (ut dictum est)
unam tantum habent potestatem, ut opposita non
possint, sed sunt quaedam inrationabiles potestates, 5
quae utrumque possint, ut in eo quod est secari pellem vel non secari pellem. potest namque secari
pellis, potest etiam non secari, sed haec sunt opposita. secundum igitur inrationabiles quoque potestates possunt quaedam opposita. sed idcirco superiora 10
sunt dicta, inquit, quibus monstravimus quoniam ignis
et quaecumque semper sunt actu non possunt opposita, ut doceremus non omnem potestatem oppositorum esse potentiam, sed aliquas esse huiusmodi potestates quae actu essent et unam rem solam possent, 15
ab oppositorum vero potestate discederent. hoc autem
non solum in his quae secundum rationem potestates
dicuntur, sed etiam secundum eam speciem quae inrationabilis dicitur. sunt enim quaedam eorum quae
inrationabilis potestatis esse dicuntur, quae non solum 20
id quod sunt, verum etiam opposita possint, alia vero
unum tantum possunt. pellis enim potest secari et
non secari et idcirco opposita potest, ignis vero cum
sit calidus frigidus esse non potest et idcirco nulla
illi est oppositorum potestas.   25

    Quaedam vero potestates aequivocae sunt.
possibile enim non simpliciter dicitur.

---

    1 quoque ignis E   in actu semper T   2 epropriam
F et propr. E   4 tamen F   aposita F   6 possunt E   ut]
et F   8 etiam *om.* E   secari pellis T   9 inrationabilis F
irrationales E   11 dicta sunt E   inquit dicta T   13 docere-
mur F non in T   14 potentem?   aliqua F   esse *om.* T[1]
16 autem] enim T   20 potestas T[1]   irrationabiles potestates b
21 possunt E   22 pelles F   potest *om.* T[1]   26 potestates]
possibilitates FTE   27 dicit F   *verba Arist. continuant*
usque ad quoniam ambulabit *omnes codices praeter* F, *usque
ad* sed non omnino b

Possibilitatis breviter divisio facienda est. possibile enim duobus dicitur modis. est enim unum possibile quod cum non sit esse possit, ut homo cum sedet non quidem ambulat, sed ambulare potest. aliud
5 est possibile quod cum sit esse possibile est, ut quoniam ignis calet, potest esse calidus, et quoniam homo sedet, potest sedere. huius autem possibilis duae sunt species, una cum est quidem potest tamen non esse, ut si quis sedeat, ita quidem potest sedere,
10 ut possit etiam non sedere, alia vero ut cum sit non esse non possit, ut ignis calidus est, sed non potest esse non calidus. atque hoc est quod ait: quaedam vero potestates aequivocae sunt. possibile enim non simpliciter dicitur, sed hoc quidem
15 quoniam verum est, ut in actu, id est quod est et fit quod dicitur esse possibile, ut in actu possibile est ambulare, quoniam iam ambulat et est in actu, et omnino possibile est esse quidquid in actu est, illud vero quod forsitan aget, id est
20 quod non est quidem, sed esse poterit, ut possibile est ambulare, non quoniam nunc quidem ambulat, sed quoniam ambulaturus est aliquis. haec autem sunt quaecumque non secundum actum dicuntur, sed secundum potestatem tantum, quae nondum quidem
25 actu sint, esse tamen possint. et haec quidem in mobilibus solis est potestas, illa vero et in inmobilibus. mobilia vocat quaecumque sunt naturalia et in generatione et in corruptione. quaecumque enim

2 modis dicitur E   4 illud F   5 esse possibile est] possit esse E   est *om.* F   7 autem] his F   8 est] sit?   10 ut (*post* vero) *om.* E   15 quod] quoniam TE
17 iam *om.* E   19 agit T non agit T¹?   aget, ut possibile est ambulare quoniam ambulabit b   id est *om.* T¹   21 nunc] non F   25 actu *om.* T   sit — possit E   et *om.* F
26 possibilitas F   alia T   in *om.* F   27 *verba Arist. continuant usque ad* alterum autem verum est *omnes codices praeter* F   28 enim *om.* E

generata sunt et corrumpi possunt, ea semper in motu
sunt, ipsa enim generatio motus quidam est atque
ipsa corruptio. ergo in huiusmodi rebus, quaecumque generata sunt atque mortalia, in his vera est illa
potestas, quae non secundum actum dicitur, sed se- 5
cundum id quod non est quidem, sed esse potest.
nusquam enim evenit huiusmodi potestas nisi in his
quae nascuntur et mortem oppetunt. illa vero quae
sunt inmobilia id est quae sic in sua natura fixa sunt
et constituta, ut mutari moverique non possint, id 10
est divina, solam illam habent potentiam quae secundum actum dicitur, ut sol inmobilis quidem quantum
ad substantiam, quamquam sit mobilis secundum locum.
quoniam ergo | est inmobilis secundum substantiam p. 281
et ab ea non permutatur neque movetur, habet in se 15
lumen, quod ita habere potest, ut non habere non
possit. sed in utrisque his vel mobilibus vel inmobilibus illud verum est quod de his dicitur non inpossibile est esse. nam et quae actu quidem non est,
esse tamen poterit, ut homo cum non ambulat, ambu- 20
landi tamen retinet potestatem, non est eum inpossibile ambulare, et solem non est inpossibile habere
lucem, quam actu retinet sempiterno. in utrisque
igitur et mobilibus et inmobilibus verum illud est
quod dicitur non inpossibile esse. nam et de eo quod 25
agit et de eo quod agere potest de utrisque idem
vere dicitur, quoniam non est inpossibile esse. nam
et quod ambulat non est inpossibile ambulare et quod
est ambulabile id est quod ambulare potest non illi

---

3. 4 quacum F   4 illa est T   5 sed *om.* E   7 euenit enim T   evenit] erit E   8 app. E   9 sic *ego*: sunt
F *om. ceteri*   10 moriue E   possunt F¹E   11 diuina
om. E   illam *om.* T¹   12 quantum *om.* FE   14 inmobilis est E   15 et] id est T   17 in *om.* F   19 quod ˙b
21 est] esse E   eum] enim F   22 est] esse F   22. 23 lucem
habere T   29 *prius* est *om.* E

est inpossibile ambulare. sed quoniam diximus eam
quae secundum actum est potestatem duas habere
species, unam quidem cum in actu quidem sit et numquam possit non esse, ut igni actu est calere et num-
5 quam esse non potest calidus, aliam vero secundum
id quod dicimus esse quidem actu, posse tamen non
esse, ut aliquis cum sedet potest quidem sedere, sed
potest etiam non sedere: huiusmodi quidem secundum actum possibile de necessario nullo modo prae-
10 dicatur, quod enim in actu est et necessarium est
esse, est quidem, sed ita est ut non esse non possit.
hoc est enim quod ait: sic igitur possibile, id
est quod cum actu sit possit tamen non esse, non
est verum de necessario simpliciter dicere,
15 alterum autem verum est. nam quod ita est actu,
ut non esse non possit, et semper actu est, hoc iuste
de necessario praedicatur. quod enim necesse est
esse, est quidem, sed non esse non potest. quare
quoniam partem universale sequitur, illud
20 quod ex necessitate est sequitur posse esse,
sed non omnino. quoniam semper, inquit, speciem
sequitur genus et partem suam sequitur universalitas
(si enim homo est, animal est, id est si pars et species est, universalitatem et genus esse necesse est):
25 quod si ita est, sequitur scilicet eam propositionem
quae dicit necesse esse illa propositio quae dicit possibile esse eique consentit, sed non omnis significatio
possibilitatis sequitur necessarium. illa enim quae
ita possunt, ut non sint quidem, esse tamen possint,
30 nulla ratione de necessario praedicantur. necessarium

3 cum] quae cum E   et om. E   5 non pot. esse E
non cal. T   alia E   6 esse om. T   quidam F   actu quidem T   12 Si F   12. 13 id est om. E   13 quod om. T[1]
15 uerum esse T   16 iuste om. E   19 id quod est universale FT   illud] id E   20 sequitur] consequens est id quod
est FT   30 necessarium enim? (vero add. b)

non modo necesse est, sed etiam est. hoc est enim
quod ait sed non omnino. etenim de necessario
quod iam est non potest illud possibile praedicari,
quod non est adhuc quidem, sed esse poterit.

Et est quidem fortasse principium quod 5
necessarium est et quod non necessarium
omnium vel esse vel non esse, et alia ut horum
consequentia considerare oportet.

Principium, inquit, est fortasse harum propositionum consequentias inveniendi, si quis primo loco 10
necessarium ponat et non necessarium, secundo vero
loco possibile esse et cetera. naturaliter enim id quod
necessarium est prius est. nam si necessaria sunt ea
quae semper actu sunt, quae autem semper actu sunt
sempiterna sunt, sempiterna vero rerum omnium 15
principia sunt, recte initium quoque speculandi, quae
harum propositionum consequentia sit, ex his sume-
mus quae sunt necessariae, et praeter has ex necessarii negationibus id est ex non necessario. constat
igitur a necessario et non necessario harum conse- 20
quentias inveniendi sumenda esse principia. illae enim,
id est possibile esse et contingens esse et cetera,
necessarium et non necessarium velut natura ipsa
praecedens subsequuntur. atque ideo ait: et alia,
id est possibile esse et contingens esse, ut horum 25
consequentia considerare oportet. hoc est ita
haec considerari debent, tamquam si quod est necessarium et non necessarium praecedant, consequantur
vero possibile et contingens et cetera.

Manifestum est autem ex his quae dicta
sunt, quoniam quod ex necessitate est secun-
dum actum est. |

p. 282　　　Patet, inquit, ac liquet omnia quaecumque secun-
5 dum necessitatem sunt semper esse secundum actum.
quoniam enim ignis ex necessitate calidus est, actu
quoque semper est calidus. quocirca si quae sempiterna sunt omnibus quae non sunt sempiterna priora
sunt, etiam ea quae semper actu sunt his quae
10 sunt potestate priora sunt. horum autem omnium
divisionem facit: sunt enim, inquit, alia quidem praeter potestatem actu tantum, ut sol non potestate
movetur, sed actu, et illam movendi potestatem non
habet, quae non est quidem, sed esse potest, sed
15 actum habet solum, a potestate vero quae praeter
actum solet esse relinquitur. primae etiam substantiae actu quidem sunt, numquam vero potestate.
primas autem substantias dicit divinas scilicet et
sempiternas, non eas quas in praedicamentis primas
20 esse monstravit id est individuas. tunc enim de his
loquebatur primis, quae nobis primae sunt, nunc de
his quae natura sunt primae, quae divinae sunt scilicet et sempiternae. alia vero, ait, sunt quae actu
sunt cum potestate, id est quae et actum habent
25 et aliquando habuerunt potestatem, ut fabricata
iam domus aliquando potuit fabricari et prius habuit
potestatem secundum tempus, postea vero actum. sed
natura actus prior est potestate, ars vero ipsa actum
cogitatione praecipit formamque domus prius sibi
30 ipsa designat et efficit. quare natura actus prior est

---

3 *verba Arist. continuant usque ad* sed potestate solum
omnes codices praeter F　　　　8 priora b: superiora *codices*
10 autem *om.* E　　　13 mouet E　　illa F　　22. 23 scilicet
sunt T　　　23 et *om.* T　　　26 iam domus aliquando iam E
27 secundum actum T　　　29 percipit FT praecipit *suprascr.*
vel praeoccupat E　　　30 ipsa ars E

potestate, potestas actu prior est tempore. .alia vero
sunt, inquit, quae actu quidem numquam sunt,
semper autem sunt potestate, ut numerus infinitus
quidem est, quod eum semper in infinitum possis
augere, sed actu infinitus non est. quemcumque enim 5
numerum sumpseris, actu finitus est; quemlibet enim
numerum dicas, finita illum numerositas necesse est
conplectatur, ut decem vel centum. infinitus vero idcirco est potestate, quod eum possis facere in infinitum concrescere, non tamen ut quilibet actu sit nume- 10
rus infinitus.

14. Utrum autem contraria est adfirmatio negationi et oratio orationi quae dicit
quoniam omnis homo iustus est ei quae est
nullus homo iustus est an omnis homo iustus 15
est ei quae est omnis homo iniustus est?

Propositio quidem quaestionis talis est: quaerit
enim, quoniam huic propositioni quae dicit omnis
homo iustus est ea quae proponit nullus homo iustus
est et ea rursus quae dicit omnis homo iniustus est 20
videntur oppositae, quae harum magis superiori adfirmationi, quae dicit omnis homo iustus est, contraria est? utrum adfirmatio universalis contraria est
ei per quam proponimus omnis homo iniustus est
an certe negatio universalis ea quae est nullus homo 25

3 sunt *om.* T¹E   ut] et F   5 quemqumque F   8 ut]
aut F   decim F   8. 9 est iccirco E   9. 10 infinita FT
10 concressere T (*corr.* T¹) crescere E (*corr.* E¹)   actum F
11 finitus E   12 sit F   14 ea E   est *om.* F (*post* quae)
15 est *om.* Ꙅ   an]. an ea quae est F aut TꙄ aut ei quae
est E   16 *prim.* est *om.* Ꙅ   ea E   est (*post* quae) *om.*
F   *verba Arist. continuant usque ad* quae contrarium esse
opinatur *omnes codices praeter* F, *usque ad* secundum quam contraria b   19 *prius* homo *om.* T   est *om.* F   22 homo *om.* T
22. 23 contraria est *om.* FT   23 utrum] et F an SE   ad-
firmatio] negatio F   adf. univ. contraria est *om.* S¹E   24 ea
SE (ea aff. univ. contraria est ei S²)   iustus F

iustus est? similiter etiam huic propositioni, quae est
Callias iustus est, propositio quae proponit Callias
iniustus est an ea quae dicit Callias iustus non
est contraria est? de qua re hanc viam disputationis
5 ingreditur: nam si ea, inquit, quae sunt in voce
illis quae sunt in anima famulantur hisque in significatione consentiunt, necesse est ut quod in opinionibus animae reperitur hoc idem evenire videatur in
p. 283 voce. quod | si illic ei opinioni quae arbitratur omnem
10 hominem iustum esse illa opinio opposita est et illa
est maxime contraria, quae putat omnem hominem
iniustum esse, et in vocibus quoque adfirmatio ea
quae est omnis homo iustus est ei adfirmationi magis
contraria est quae dicit omnis homo iniustus est.
15 quod si in opinionibus non haec magis opponitur
potius quam illa quae dicit nullus homo iustus est,
et in vocibus quoque negatio universalis videatur esse
contraria, non adfirmatio quae dicit omnis homo iniustus est ⟨et⟩ erunt contrariae omnis homo iustus est
20 et nullus homo iustus est. quod autem dixit: quod
si neque illic contrarii opinatio contraria est
tale est: iustum enim esse et iniustum esse quamquam sit secundum habitum et privationem praedicatio, tamen haec nunc, id est iniustum esse, pro con-
25 trario sumitur. ergo si in opinionibus contrarii id
est iniusti adfirmatio contraria non est, non erit nec
in vocibus contraria adfirmatio, sed potius negatio

2 propositio] propositioni F   8 uenire FT   uid. euenire
E   9 ei *om.* E   10. 11 iustum — hominem *om.* T[1]
12 affirmationi ME   ea *om.* ME   ,13 ei *om.* T[1]   adfirmatio F ea affirmatio ME   15 magis *om.* T   17 adfirmatio FT   uidetur MSE   18 non *ego*: utrum F uerum MSE
non adfirmatio *om.* T   omnis *om.* T[1]   18. 19 iustus T   19 et
ego add: *om. codices*   erit contraria MSE   omnis *ego*: id
est omnis FT ei id est omnis ME ei quae dicit omnis E
21 opinationi F opinioni M opinio M[2]   24 hoc T[2]   26 non
erit nec] nec erit ME

quae est nullus homo iustus est. quare, inquit, considerandum est cui opinioni falsae opinio vera contraria est. nam si qua res bona sit, verum est de ea dicere, quoniam bonum est, contra quam propositionem falsum est dicere, quia malum est, falsum etiam quia non bonum est. sed videndum quae harum sit magis contraria verae adfirmationi, quae dicit bonum esse quod bonum est: utrum illa contraria est quae id quod bonum est dīcit esse malum an ea quae id quod bonum est dicit esse non bonum? atque hoc est quod ait: dico autem hoc modo. est quaedam opinatio vera boni quoniam bonum est, alia vero quoniam non bonum falsa, alia vero quoniam malum. quaenam ergo harum contraria est verae? id est utrum ea quae negat id quod est an ea quae ponit id quod non est? quae magis harum ei quae dicit esse id quod est videatur esse contraria, requirendum est. sed quod his adiecit et si est una, secundum quam contraria? tale est: contrariorum alia sunt habentia medium, alia vero sunt non habentia. et illorum quae habent, si quis unum contrarium neget, non necesse est per illam negationem illud aliud contrarium intellegere. nam quoniam inter album et nigrum est aliquid, si quis dicat non est album, non idcirco nigrum esse monstravit. potest enim esse et rubrum et quidquid

2 uera op. ME   3 quae E   3. 4 de ea est ME
4 quam *om.* M¹ hanc E   5 *prius* est *om.* F (*add.* F¹)   6. 7 magis
sit ME   7 non bonum M   8 *alt.* est *om.* ME   12 oratio
FM² oppinio TM¹? oppinioni M   13 falsa *ante* quoniam F
bonum est FTM²   14 malum est F   quaenam ergo] Quae
TM (quaenam M²) E   harum b: horum *codices*   15 *post*
verae *add. Arist. verba* et si est una, secundum quam contraria? *omnes codices praeter* F *deinde repetit* T: Quaenam ergo
harum contraria est vere?   17 esse *om.* ME   21 sunt *om.*
ME   22 non *om.* M   est *om.* F   24 quoniam *om.* T¹
26 enim *om.* F   et rubr. esse ME

aliud in talium contrariorum medietate locatum est.
in illis vero contrariis quae medio carent nihil differt
negare rem propositam an adfirmare contrariam. nihil
enim differt dicere diem non esse quam dicere noctem
5 esse. hoc est enim diem non esse quod esse noctem.
nihil enim est inter noctem atque diem. ergo in his
adfirmatio contrarii idem valet quod rei propositae
negatio. ergo nunc hoc dicit: etiamsi in aliquibus,
inquit, tales propositiones inveniuntur, ut negatio
10 rei propositae et adfirmatio contrarii idem valeat et
sint unae significatione, quaerendum est secundum
quam enuntiationem propositio magis est contraria,
secundum eam quae dicit non esse diem an secundum
eam quae proponit esse noctem. investigandum igi-
15 tur est quae harum, quamquam unum utraque significet, magis est contraria ei quae dicit esse diem. hoc
est enim quod ait: et si est una, secundum quam
contraria? id est et si unum significabunt aliquando
rei negatio et contrarii adfirmatio, secundum quam
20 harum magis est contraria propositio superiori propositae enuntiationi?

Nam arbitrari contrarias opiniones definiri in eo, quod contrariorum sunt, falsum est.

Contrariorum prius naturam recte determinet, qui
25 de contrariis propositionibus tractat. quidam enim
putant contrarias esse opiniones, quae contrariarum
essent rerum, quod Aristoteles negat. dicit enim
falsam esse definitionem, quae determinat eas esse

6 atque] et TME   9 ut et F¹?ME et ut T   negatione
M (corr. M¹?)   10 positae M   prius et om. F   15. 16 significent T   16 est] sit ME esse uideatur T   17 alt. est om.
M   18 et om. F   19 quod F   20. 21 superiore propo-
site enuntiatione F   23 verba Arist. continuant usque ad sive
plures sint sive una (una sit vera TM²) omnes codices praeter
F usque ad sed magis in eo quod contrarie b   24 determinat TE determinant M   25 quidem F   26 contrariorum F
(item p. 211, 10)

contrarias opiniones, quae sunt contrariarum rerum.
nam cum sit contrarium bonum malo, possumus habere
opinionem de bono quoniam bonum est, et haec vera
est; possumus rursus id quod malum est putare malum, et haec rursus vera est. et opiniones quidem 5
boni quoniam bonum est et mali quoniam malum
contrariarum | rerum sunt, tamen utraeque sunt verae. p. 284
sed contrariae utraeque verae esse non possunt. falso
igitur definitum est eas esse contrarias opiniones,
quae contrariarum sunt rerum. quod autem ait: boni 10
enim quoniam bonum est et mali quoniam
malum est eadem fortasse opinio est et vera
est, aut id quod dixit eadem ad id rettulit quod post
secutus est vera, namque verae in eo quod verae
sunt eaedem sunt, aut certe quod eiusdem esset opi- 15
nionis, quod bonum esset, bonum putare, quod malum
esset, malum. sive autem eaedem sint sive plures,
contrariae esse non poterunt, idcirco quoniam simul
verae sunt.

Sunt autem ista contraria. sed non eo quod 20
contrariorum sint contrariae sunt, sed magis
eo quod contrarie.

Sunt autem, inquit, ista scilicet quae sunt in
opinionibus contraria non tunc contraria quando contrariorum sunt, sed potius quando de uno eodemque 25
diverso modo et contrarie suspicantur. hoc est enim
quod ait: sunt autem ista contraria, ea scilicet
quae in animae opinionibus posita sunt, quorum pro-

---

1 sint T   3 et *om.* F   6 malum est T   7 utraeque]
ut F   sint M E   11 enim igitur M igitur enim E   12 ea-
dem] adest F   12. 13 est et vera est *om.* M E   13 *alt.* quod]
quoniam quod F   post T: praeter F per M S E   14 uera]
uere F S² et uera M S E   *prius* verae *om.* T   15 eaedem *ego*:
eadem *codices*   esse F   17 eadem F T   sunt F   20 autem
om. T¹   in eo T M E   21 sunt M¹ E ⹂   sunt *om.*
⹂   23 ista inquit T   scilicet *om.* M E   27 eas F
28 opposita T

positiones sunt contrariae, non eo quod sunt contrariorum, sed potius eo quod de uno eodemque subiecto
contrarie suspicentur: ut si quis de bono suspicetur
quoniam bonum est et rursus alius de eodem bono
5 quoniam malum est, hae sunt contrariae, quae verae
simul esse non possunt, et de eodem id est bono
nunc bene, nunc vero male id est contrarie suspicantur.

Si ergo est boni quoniam est bonum
10 opinatio, est autem quoniam non bonum,
est vero quoniam aliquid aliud quod non
est neque potest esse, aliarum quidem nulla
ponenda est, neque quaecumque esse quod non
est opinantur neque quaecumque non esse
15 quod est.

Huius argumenti principium est, quo pro confesso
utitur et probato, quod unius rei plura atque infinita non possint esse contraria: quare unius rei unum
erit contrarium. est ergo opinio boni quoniam bo-
20 num est, et haec vera est; est rursus boni quoniam
bonum non est, et haec falsa est. potest esse etiam
quae putet esse bonum id quod non est, ut si quis
dicat id quod est bonum quoniam malum est vel quoniam quantitas est vel quoniam ad aliquid quod non
25 est. sed haec quae de bono dici possunt, quae ipsum
bonum non est, infinita sunt. rursus possumus de

---

1 in eo T (*item* 2)   2 eodem (*om.* que) T   3 suspicantur b   5 haec FT   quae] quoniam E   5. 6 simul uere T
6 id est] idem F   7 uero] uere F   9 quon. bonum est
TME   10 opinio ⊆   11 est est M¹E   aliud aliquid ME
12 aliorum ME⊆   13 nec ME   neque cumque esset F
14 opinantur *ed. II., Ar.:* opinatur *codices*   nec ME   non
om. F   15 quod est *om.* E   *verba Arist. continuat usque
ad* quare etiam fallaciae b   16 pro *om.* F¹   confesso T:
conferso F confuso ME   18 possunt TME   20 est *om.* F
hae F   est rursus ME: et r. FT   22 putat M   23 bonum
est ME   24 ad aliquid M: aliquid *ceteri*   25 *alt.* quae]
quoniam E   26 est] sunt T

bono arbitrari multa non esse, quae est. bonum enim quod honestum est possumus dicere quoniam honestum non est, possumus dicere quoniam utile non est, possumus quoque dicere quoniam expetendum non est et alia plura. infinita ergo sunt et ea quae possu- 5 mus arbitrari de bono, quoniam est id quod bonum ipsum non est, et ea quae opinamur non esse bonum quae est, ea quoque sunt infinita. quare nec ea quae putat opinio bonum esse quod non est nec ea quae putat non esse quod est ei opinioni ponenda est 10 esse contraria, quae putat bonum esse quod bonum est. hoc est enim quod ait: aliarum quidem nulla ponenda est, neque quaecumque esse quod non est opinatur, ut si dicamus de bono quoniam malum est vel inutile vel turpe, neque quaecumque non 15 esse quod est, ut si de eodem bono dicamus bonum expetendum non est, bonum honestum non est. in- finitae enim utraeque sunt, et quaecumque esse opinantur quod non est et quaecumque non esse quod est. hae igitur reiciendae sunt et 20 ad nullam contrarii oppositionem sumendae, quoniam infinitae sunt, cum semper contrariorum oppositio sit finita. quae autem contrariae ponendae sint opinio- nes, sequitur dicens:

Sed in quibus est fallacia. hae autem ex 25 his ex quibus sunt generationes. ex oppositis vero generationes, quare etiam fallacia.

---

1 est] sunt T   2 quoniam] quod M E   3 utile *om.* F
5 sunt ergo T   8 quae] quod T   sunt inf. sunt M inf. sunt E
9 putet T   11 esse contraria *om.* M E   *alt.* bonum *om.* M E
12 dicit T   14 opinantur?   si *om.* M E   16 de *om.* F
bono] bona F   16. 17 bonum — hon. non est *om.* M   17.
18 Infinita F ☽   18 utraque ☽   et *om.* F T   quae F T
19 opinatur F T   et *om.* F T   quaecumque *ego*: quae F T
om. S M[1] E   20 Heae M   21 nulla F   25 hoc T[2] haec
☽   autem est T M[2] ☽   26 ex *om.* M[1]   sunt et F   27 uero
sunt T M[2]

Opinioni, inquit, de bono quoniam bonum est, contraria illa sola ponenda est, in qua primum fallacia reperitur. in qua autem primum fallacia reperiatur, ostendit per id quod dixit: ex quibus sunt
5 generationes fallacia facillime reperitur. generatio enim · semper ex oppositis est. quotiens enim aliquid fit album, non fit ex dulci nec ex duro nec ex liquido, sed ex non albo. et quod dulciscit, non fit ex calido
p. 285 neque frigido nec nigro nec ex ulla alia qualitate nisi
10 ex sibi opposito id est ex non dulci. eodem quoque modo in aliis sese habet. omnis generatio ex eo fit quod non fuit, ut dulce ex non dulci, album ex non albo, calidum ex non calido. quare si generationes quidem ex oppositis sunt, in his autem est fallacia
15 in quibus sunt generationes, erit in oppositis prima fallacia. prima namque fallacia est non putare aliquid esse quod est, secunda putare quod non est: ut in eo quod est bonum prima fallacia est putare illud non esse bonum, secunda malum esse arbitrari
20 quod bonum est. quocirca illic maxime ponenda est contrarietas ubi est prima fallacia, in his autem est prima fallacia ex quibus generationes oriuntur (generationes vero dico esse quae fiunt ex his quae id quod fiunt non fuerunt), generationes autem ex oppositis:
25 in oppositis est igitur prima fallacia. sed in quibus est prima fallacia, maxime contraria illa ponenda sunt: opposita igitur maxime contraria sunt. sed bonum esse et bonum non esse opposita sunt: bonum igitur

1 de bono] boni M¹   6 ex opp. semper T   positis M¹   6. 7 fit aliquid T   7 ex aliquido M   8 non ex T¹M dulcescit T S² dulcessit S dulcesit M dulce fit E   9 neque nigro T M E   neque E   nulla F M¹   10 exposito F   ex om. T   11 se T sese res b   13 si om. M¹   14 positis M¹ 17 putare esse E   21. 22 in his — fallacia om. F   24 autem om. E (add. E¹)   opp. sunt T   25 igitur in opp. est T 27. 28 bonum est esse F T

non esse ei quod est bonum esse contrarium est, non illud quod est malum esse. quod maiore argumenta-. tione confirmat.

Si ergo quod bonum est et bonum et non malum est, et hoc quidem secundum se, illud 5 vero secundum accidens (accidit enim ei malo non esse), magis autem in unoquoque est vera quae secundum se est, etiam falsa, siquidem et vera.

Persubtilis argumentatio tali ratione formata est: 10 bonum, inquit, et bonum est et non malum, quorum unum secundum se et proxime et naturaliter est, hoc scilicet quod bonum est, alterum vero est accidenter, id est quod malum non est. accidit enim ei quod bonum est, ut malum non sit. ergo quod bonum est 15 naturalius habet bonum esse quam non esse malum. illud enim secundum se inest, illud (ut dictum est) secundum accidens. quod si hoc est, verior est ea propositio quae adfirmat quod secundum se est quam illa quae adfirmat quod accidens est. est autem se- 20 cundum se bonum esse quod bonum est, secundum accidens vero malum non esse quod bonum est: verius igitur et propinquius est dicere de bono quoniam bonum est, quam dicere de bono quoniam malum non est. quod si hoc est, etiam ea opinio quae secundum 25 se falsa est mendacior iuste videbitur ab ea quae secundum accidens mentitur. nam si illa vera est propinquius quae secundum se est, illa erit falsa pro- pinquius quae secundum se est. hoc est enim quod

1 esse] est M   *prius* est *om.* E   2 maiori SME   4 *prius* et *om.* T¹ME   est et FT²   6 malo F: malum *ceteri* .7 enim TME   in *om.* F   8 sese (*om.* est) E (*corr.* E¹) sese est ⹂   9 *verba Arist. continuat usque ad* quam ea quae est contrarii b   10 talis F   est *om.* ME   12 *prius* et *om.* T   13 accidens T²ME   16 non *om.* F   19 quae secundum se quod est affirmat ME   20 secundum acc. b 26 ab ea] quam ME   29 *prius* est *om.* F   *alt.* est *om.* M

ait: magis autem in unoquoque est vera quae
secundum se est, etiam falsa, siquidem et vera:
si illa magis vera est quae secundum se est, recte illa
magis falsa dicitur, quae secundum se falsa est, id
5 est quae id negat quod secundum se verum est.

Ergo ea quae est quoniam non est bonum
quod bonum est eius quod secundum se est
falsa est.

Ad quid tendat tota superior argumentatio con-
10 tinua disputatione subnectit. superius enim dictum
est opinionem eam quae putat bonum esse quod bonum est secundum se esse: quare illa opinio quae
dicit non esse bonum quod bonum est falsa est et
de ea re falsa est, quae secundum se vera est. secun-
15 dum se enim vera est opinio quae putat bonum esse
quod bonum est, quae vero arbitratur non esse bonum
quod bonum est eius quae secundum se est veritatem
opinionis intercipit. nam bonum esse quod bonum
est quisquis opinatur secundum ipsius boni naturam
20 habet opinionem atque ideo secundum se opiniones
huiusmodi nominantur: quare erit haec quoque secundum se falsa, quoniam secundum se veritatis videtur
auferre propositionem. idem autem bonum secundum
accidens est non malum et hoc de bono verum est
25 dicere, quoniam non est malum, sed accidenter, bono
enim accidit non esse malum. illa vero quae putat
malum esse quod bonum est aufert non malum ab

---

1 quoque *om.* ME   uera est T   2 etiam et T   3 quae
sec. se vera est?   3. 4 recte — falsa est *om.* M   3—5 quae
sec. se est id est quae affirmat id quod secundum se verum
est etiam magis falsa quae id negat E   7 eius quod *ed. II:*
eiusq. F eius quae T *om. ceteri*   est] consistens *suprascr.* vel
est T consistens SMEAD consistentes continens ᵹ   8 *verba*
Arist. continuant usque ad quam ea quae contraria est *omnes*
codices praeter F   12 secundum *om.* M¹   ueram esse M²
19 si quis T   21 erit *om.* T   22 quoniam] quae E   vid.
ver. ME

eo quod bonum est et interimit rem secundum accidens veram.   vera namque est opinio quae dicit non
esse malum quod bonum est, sed secundum accidens:
quare secundum accidens falsa erit ea quae dicit ma- 4
lum esse quod bonum est. | illam enim propositio- p. 286
nem tollit quae secundum accidens vera est.   quare
quoniam prior est ea quae secundum se est quam
ea quae secundum accidens, eius falsitas quae secundum se est fallacior erit ea falsitate quae secundum
accidens est.   sed ea quae putat non esse bonum 10
quod bonum est secundum se veritatis peremptoria
est, ea vero quae dicit malum esse quod bonum est
eius quae est non esse malum quod bonum est, secundum accidens rei verae, peremptoria est.   quare falsior est ea quae dicit non esse bonum quod bonum 15
est quam ea quae dicit esse malum id quod est bonum.

**Falsus est autem magis circa singula qui
habet contrariam opinionem; contraria enim
eorum quae plurimum circa idem differunt.**

Quaerebatur, utrum adfirmatio contrarii an nega- 20
tio propositae rei eiusdem propositae rei adfirmationi
magis possit esse contraria. sed nunc hoc dicit, quoniam
quae falsa sunt magis ea sunt contraria.   contraria

1 interimit F   secundum] secum F   2 nam F   3 accidens *om.* T¹   5. 6 Illa enim propositionem talem tollit M Illa
enim opinio quae dicit non bonum esse quod bonum est propositionem talem tollit E   6 accidens *om.* M¹E secundum
se E   7 propior b   ea est ME   se esse F   8 eius]
ea ME   8. 9 fallatior erit *post* falsitas ME   10 est *om.* M¹E
12—14 ea vero — peremptoria est *om.* T¹   13 quae T:
quod *ceteri*   13. 14 secundum accidens *om.* M¹E   16 bonum est ME   17 est *om.* TME   quae F   18 habent ℭ
contrarium enim est Fℭ   19 eorum *ego*: sunt eorum TME,
eorum sunt *ed. II*   *verba Arist. continuant usque ad* haec
erit contraria b *usque ad* idem ipsum opinari *omnes codices
praeter* F   21 eiusdem prop. rei *om.* ME   22. 23 sed —
sunt contraria *om.* T   quoniam quae *editio princeps* (quod
quae b): quoque F quae ME   23 magis ea sunt magis M²
(*magis bis ponendum videtur*)   contrarii F (*posterius*)

enim sunt quaecumque circa eandem rem plurimum
differunt, ut circa colorem album et nigrum. ergo
quoniam quae maxime falsa sunt et maxime vera ea
plurimum a se distant, maxime autem vera est secun-
5 dum se consistentis rei enuntiatio, maxime autem
falsa secundum se consistentis veritatis peremptoria,
necesse est autem inter adfirmationen contrarii et
negationem propositae rei unam magis esse contrariam: falsior et magis contraria est opinio illa quae
10 contradictionem cogitat, ut ea quae est non esse bonum quod bonum est, quam ea opinio quae habet
malum esse quod bonum est. [quoniamque ea quae
sunt in vocibus opiniones sequuntur: simili modo
negatio eius quae est omne bonum bonum est, ea
15 scilicet quae dicit nullum bonum bonum est, magis
est contraria quam ea quae proponit omne bonum
malum est. quocirca et in aliis quoque ut in ea quae
est omnis homo iustus est magis est contraria illa
quae dicit nullus homo iustus est quam ea quae dicit
20 omnis homo iniustus est.]

Illa vero quae est quoniam malum est quod
bonum inplicita est.

Addit ad demonstrationem superiorem argumentum quod monstret magis esse contrariam eam quae
25 negat potius quam eam quae contrarium adfirmat:
inplicita est, inquit, adfirmatio contrarii. quisquis
enim putat id quod bonum est malum esse, fieri aliter non potest, nisi illud quoque putet non esse bo-

2 ut] et T¹   3 quoniam *om.* M E   4 autem ea uera
M E   7 autem] enim M E   9 falsior *ego:* falsior autem
codices   12—20 quoniamque — iniustus est *manca et hoc
loco aliena uncis inclusi*   12 quoniamque *ego:* quoniam quae
F quoniam *ceteri*   16 contraria est M E   17 est] esse T
18 est (*post* magis) *om.* E (*add.* E¹)   19 *alt.* dicit *om.* E
20 iustus F   22 bonum *ed. II:* bonum est *codices   continuat verba Arist. usque ad* idem ipsum opinari ·b   24 quo
T M   demonstret M E   25 eam *om.* M E

num. quare duplex quodammodo propositio est ea
quae dicit malum esse quod bonum est. nam etiam
illud in se continet, quoniam bonum non est. simplex
autem est propositio bonum esse quod bonum est et
simplici simplex potest magis esse contraria simplex- 5
que est negatio quod bonum est non esse bonum:
haec igitur magis contraria est.

Amplius, si etiam in aliis similiter oportet
se habere, et hic videbitur bene esse dictum;
aut enim ubique ea quae est contradictionis 10
aut nusquam.

Aut in omnibus, inquit, vere dicitur contradictionem magis esse contrariam quam contrarii adfirmationem aut nusquam. aut enim et in aliis quoque
idem evenire oportet aut ne hic quidem verum est 15
quod dicitur contrariam esse eam quae contradictionis est id est negationis potius quam contrarii adfirmationem. hoc autem speculemur, inquit, in his
quae contrarium non habent, ut in homine. si quis
enim putet hominem hominem esse, vera est; si quis 20
vero hominem putet non esse hominem, falsa est.
si quis autem putet hominem equum esse, nullus
dixerit hanc magis esse contrariam, quae putat hominem equum esse, quam quae hominem non esse homi- 24
nem arbitratur. quare si in his quae | contraria non p. 287
habent illa contraria est quae contradictione formatur, in his quoque quae habent contraria non con-

1 re *om.* E (*add.* E¹)   triplex M¹E¹   2 esse *om.* M
3 quod ME   4 est autem pr. ME   5 simplicis F   esse
magis esse F   6 que] quae F   9 se *om.* M¹   et *om.*
F   uidetur TME ⊆   10 ea quae *om.* F   11 *verba Arist.*
continuant usque ad et aliae contradictionis *omnes codices prae-*
ter F   15 nec M   17 id est] idem F   19 hominem F
20 autem E   putat ME   21 *alt.* hominem *om.* F   23 dixerit]
erit M (*corr.* M¹)   quae b: qui *codices*   putet T   24 quae
b: qui *codices*

trarii adfirmatio, sed negationis propositio magis contraria est.

Amplius similiter se habet boni quoniam bonum est et non boni quoniam non bonum 5 est, et super has boni quoniam non bonum est et non boni quoniam bonum est.

Ex similitudine et proportione contrarietatis vim propositionum investigare conatur. sed has prius disponamus, post autem quantum potest breviter vim 10 Aristotelicae argumentationis exsequemur.

VERA
boni quoniam bonum est
FALSA
boni quoniam bonum non est
15 VERA
non boni quoniam non bonum est
FALSA
non boni quoniam bonum est.

Harum quattuor opinionum duae verae sunt, duae 20 falsae. illa quidem quae est boni quoniam bonum est vera est, illa vero quae est boni quoniam bonum non est falsa est; rursus illa quae est non boni quoniam bonum non est vera est, illa vero quae est non boni quoniam bonum est falsa est. ergo haec est 25 similitudo et proportio harum quattuor propositionum. nam quemadmodum se habet opinio boni quoniam bonum est ad eam opinionem quae est boni quoniam

4. 5 et — *prius* est *om.* E   6 et *om.* F   *verba Arist.*
continuant usque ad ei quae est boni quoniam bonum *omnes*
codices praeter F   7 propositione F   8 uestigare F   9 vim
om. ME   10 aristotilis argumentationes ME   exequemur T:
exequimur FM exequimur E   11—18 *dispositionem om.* E¹
14 non bonum est ME   16 bonum non est T   21 *prim.*
est *om.* ME   21. 22 non bonum (*om.* est) ME   23 non
bonum est ME   24 *alt.* est *om.* M   hoc F   25 propositio F   26 sese ME

bonum non est, eodem modo sese habet opinio quae
est non boni quoniam non bonum est ad eam quae
est non boni quoniam bonum est. nam sicut illic
una vera est, falsa altera, ita quoque hic una vera
est, altera falsa. capit igitur exemplum prius ab ea 5
quae est non boni quoniam non bonum est. haec
enim, inquit, cum vera sit, quam huic ponemus esse
contrariam? eamne quae dicit malum est? sed non
est contraria. potest enim simul esse vera et ea quae
dicit non esse bonum quod bonum non est et ea quae 10
dicit malum esse quod bonum non est. sunt enim
quaedam non bona quae mala sunt. quocirca contrariae non sunt, in quibus proponitur quod non bonum est bonum non esse et quod non est bonum
malum esse. contrariae enim verae simul nequeunt 15
inveniri et vera verae contraria numquam est. sed
nec illa poterit huic esse contraria, quae dicit non
malum esse quod bonum non est. possunt enim quaedam non quidem esse bona, nec tamen mala, ut ex
arbore nullius utilitatis causa ramum defringere, si 20
arborem nihil laedat, neque malum neque bonum est.
quare verae simul possunt esse et hae quoque quae
opinantur id quod est non bonum quoniam non bonum est et id quod est non bonum quoniam malum
non est. quare nec hae sunt contrariae. restat igi- 25

---

tur ut eius opinionis quae est non boni quoniam non bonum est ea sit contraria quae est non boni quoniam bonum est. quod si in his quattuor propositionibus quas supra descripsimus similitudo servatur et sicut
5 est opinio non boni quoniam non bonum est ad eam
· quae est non boni quoniam bonum est, sic opinio boni quoniam bonum est ad opinionem boni quoniam bonum non est, contraria autem est opinio non boni quoniam bonum non est opinioni non boni quoniam
10 bonum est: contraria igitur erit opinioni boni quoniam bonum est opinio boni quoniam bonum non est. |

p. 288   Manifestum vero quoniam nihil interest, nec si universaliter ponamus adfirmationem; huic enim universalis negatio contraria erit.

15   Illud quoque recte commemorat quod nihil differat in opinionibus haec esse contraria non universaliter constitutis et in his quae sibi universaliter opponuntur. similiter enim in ea quoque opinione quae arbitratur omne bonum bonum esse illa contraria est
20 quae putat nullum bonum bonum esse. nam quod dicimus bonum esse id quod bonum est, id si in opinione universaliter adfirmetur, ita putandum est: quidquid bonum est bonum esse. hoc autem nihil differt, tamquam si dicamus: omne bonum bonum est. quae
25 opinio cum sit vera, illa ei contrarie opponitur quae dicit quidquid bonum est bonum non est. hoc autem nihil differt, tamquam si opinemur nullum bonum bonum esse. et in non bono quoque eodem modo, ut si

3 est *om.* ME   4 disscr. F   5 *alt.* est *om.* ME   6 *alt.* est *om.* ME   Sicut F   8 non bonum est ME   9 non bonum est ME   10 opinio non F   12 vero *ego*: est ergo FMTE ergo est ᛋ est autem A   13 nec si] necesse F 14 *verba Arist. continuant usque ad* aut non omne *omnes codices praeter* F   15 differt T   16 hae F   18 similiter] si ME[1]   20 quod] quoniam F   21 *prius* id *om.* ME 25 cum sit *om.* E (*add.* E[1])   contraria ME   27 differt nihil T (*corr.* T[1])   28 esse] est ME

ita dicamus: omne quod non bonum est non est bonum et rursus omne quod non bonum est bonum est, eodem modo sibi sunt istae contrariae, ut una vera sit, altera falsa, quod in contrariis maxime reperitur. quare tota disputatio quaestioque ita concluditur: nam 5 si ea quae sunt in anima principia quaedam sunt eorum quae significantur in voce, vox autem quaedam nota est animae passionum, quidquid contingit in anima, idem quoque in voce redire necesse est. quod si universalis adfirmatio et universalis negatio sunt 10 in opinione contrariae, eaedem quoque in vocibus erunt, id est non erit ea contraria quae contrarium adfirmat, sed ea quae id quod ante propositum est per universalitatis contrarietatem negat, ut est omne bonum bonum est vel omnis homo bonus est, his 15 contraria est nullum bonum bonum est, nullus homo bonus est. hoc est enim quod ait vel quoniam nullum vel nullus, nullum ad illam propositionem referens quae dicit omne bonum bonum est; nullus illi scilicet opponit quae dicit omnis homo bonus est, 20 ut sint hoc modo: omne bonum bonum est, huic contraria nullum bonum bonum est, rursus omnis homo bonus est, huic contraria nullus homo bonus est. contradictorias autem dicit esse eas quas supra proposuit, cum de universalibus et particularibus loquere- 25 tur, eas scilicet quae sunt angulares. universalis enim adfirmatio particulari negationi et particularis adfir- matio universali negationi per contradictionem opponi monstrata est.

1 bonum non est et M E　　6 quidem E　　7 an uoce M (corr. M²) ad uocem T　　7. 8 nota quaedam T M E　　9 in uoce T: ad uocem ceteri　　10 alt. universalis om. E　　11 eadem F T　　13 est om. F　　14 uniuersalis F (corr. F¹?)　　16 vel nullus ♭ 19 refrenans M　　quod F　　20 illi scilicet opponit] ad eam propositionem M E　　21 huic enim T　　25 cum T: dum ceteri　　de om. E¹　　ac T　　particula sibi F (corr. F¹?) 27. 28 particulari — adfirmatio in marg. F¹

Manifestum autem quoniam et veram verae non contingit esse contrariam nec opinionem nec contradictionem.

4 Ex his quae supra sunt dicta illud quoque colli-
p. 289 git, quod nec ea quae sunt contraria vera | simul esse possint nec ea quae vera sunt sibi possint esse contraria, et hoc non solum in opinionibus esse, ut vera opinio verae opinioni contraria non sit, sed in propositionibus quoque. neque enim fieri potest ut duas
10 contrarias simul veras esse contingat. et hoc per syllogismum colligit huiusmodi: omnia contraria sunt opposita, quae autem opposita sunt simul eidem inesse non possunt: contraria igitur in uno eodemque esse natura non patitur. quare si duo vera de eodem prae-
15 dicari possunt, duo autem contraria eidem inesse non possunt, quae contraria sunt vera esse nulla naturae ratione permittitur. hoc est enim quod ait contra-riae enim sunt quae circa opposita sunt, id est omne contrarium oppositum est nec fieri potest ut
20 non quae sunt contraria in oppositis contineantur; sicut enim in praedicamentis edocuit, contrariorum genus quoddam est oppositio. circa eadem autem contingit verum dicere eundem, id est duo vera possunt simul esse et de eodem simul vere praedicari,
25 ut cum dicimus aliquid bonum non esse et malum esse, utraque simul vere dici possunt. possunt enim

1 autem *ego*: est autem *codices* (est autem *vel* autem est ed. *II*)   3 *verba Arist. continuant usque ad finem omnes codices praeter* F   6 possunt ME   sint F (sunt F^1?) possunt T sint M   7 esse ut] essent et F (et *del. et in marg. add.* ut F^1?)   10 opiniones simul E (opiniones *del.* E^1?) esse *om.* M   11 huiusmodi coll. ME   13 igitur *om.* F ergo T   14. 15 precari M   16 naturae *om.* E   17 est *om.* M 17. 18 contrariae *ego*: contraria *codices*   18 oppositae F   19. 20 ut quae non T   21 docuit ME   22 esse T   genus quaedam oppositio est ME   23 eundem] de eodem T   24 non possunt T   simul esse possunt E   uere simul ME

quaedam [quae] cum bona non sint, tamen mala esse,
ut turpitudo bona quidem non est, malum tamen est.
ergo ea quae vera sunt simul ut praedicentur vere
fieri potest et ut in eodem sint. simul autem eidem
non contingit inesse contraria. quocirca si vera 5
quidem possunt eidem inesse, contraria autem eidem
inesse non possunt, ea quae contraria sunt vera simul
esse non possunt. quare convertitur: nec quae vera
sunt simul contraria esse possunt. non igitur fieri
potest, ut vel in opinionibus vel in propositionibus ea 10
quae vera sunt possit aliquis recte contraria suspicari.

Haec autem quantum brevitas expositionis per-
mittebat expressimus: quid autem altior huius libri
tractatus edoceat secundae editionis series explicabit.

---

1 quae *uncis inclusi*: *aut enim* quae *aut* cum *delendum est
aut* quamquam *scribendum*   2 turpido F   quidem bonum
T   mala ME   3 ut] et F   4 ut *om.* T   sunt T
autem] enim ME   5 contrarium F   6 possunt *om.* T   12.
13 perm. expos. MES   14 secunde dictionis F   EXPLICIT
COMMENTARIVM EDICIONUM BOETII IN PERIERMENIAS ARISTOTELIS A SE
TRANSLATVS ·: LIBER · II · F   EXPLICIT LIBER SC̄D̄S PRIME EDITIONIS
COMMENTORUM BOETII IN PERIERMENIAS BRK8TPTKLK8 TM *idem fere
habet* S *subscriptionem om.* E

Jurisprudentiae anteiust. reliq. Mk. 6 75 | Quintiliani inst., 2 voll. . . . Mk. 2 40
Justinianus . . . . „ 1 — | Quintiliani inst., lib. X . . . . „ — 30
Justinus . . . . „ 2 70 | Rutilius Namatianus . . . . . „ — 75
Justinus Editio minor . . . . . „ — 90 | Sallustius . . . . „ — 45
Juvenalis satirae . . . . . . „ — 45 | Scriptores hist. Aug., 2 voll. . . „ 5 10
Livii opera, 6 voll. (à 1 Mark) „ 6 — | Senecae opera philos., 3 voll. . „ 7 80
Lucretius . . . . „ 1 50 | Senecae tragoediae . . . . . „ 4 50
Macrobius . . . . „ 5 40 | Seneca rhetor . . . . „ 4 50
Martialis epigrammata . . . . „ 1 50 | Statius, 2 voll. . . . . . . „ 3 60
Martianus Capella . . . . . . „ 4 50 | — ed. Baehrens. Vol. I . . . „
Metrologici scriptores, 2 voll. . „ 5 10 | Suetonius . . . . „ 1 50
Mureti scripta selecta, 2 voll. . „ 2 40 | Taciti opera, 2 voll. . . . . . „ 2 40
Ovidii opera, 3 voll. . . . . . „ 2 90 | — libri minores. . . . . . . „ — 45
— tristia . . . . „ — 45 | Terenti comoediae . . . . . „ 1 20
— fasti . . . . „ — 60 | Tibulli carmina . . . . . . „ — 30
— metam. delectus . . . . . „ — 60 | Ulpianus . . . . „ — 75
Panegyrici latini . . . . . . „ 3 60 | Valerius Flaccus . . . . . . „ 1 50
Persius . . . . „ — 30 | Valerius Maximus . . . . . . „ 3 75
Phaedri fabulae . . . . . . „ — 30 | Velleius Paterculus ed. Haase . „ — 60
Plauti comoediae, 2 voll. . . . „ 2 70 | — — ed. Halm . . . . „ 1 —
Plini epistolae . . . . „ 1 20 | Vegetius . . . . „ 3 —
Plinii nat. hist., 6 voll. . . . „ 13 20 | Virgilii opera . . . . „ 1 35
Plinius et Gargilius. . . . . . „ 2 70 | — Bucolica et Georgica. . . . „ — 45
Porphyrion . . . . „ 4 20 | — Aeneis . . . . „ — 90
Propertii carmina . . . . . . „ — 60 |

Schulausgaben griechischer und lateinischer Klassiker
mit deutschen erklärenden Anmerkungen.

Mk. Pf.

Aeschylos' Agamemnon. Von Rob. Enger und Gilbert. 2. Aufl. . . . 2 25
— Perser. Von W. S. Teuffel 2. Aufl. 1 20
— Prometheus. Von N. Wecklein 1 80
— Prometheus. Von L. Schmidt 1 20
Anthologie aus den Lyrikern der Griechen. Von E. Buchholz. 2 Bdchn. 3 —
Aristophanes, die Wolken. Von W. S. Teuffel 1 50
Arrian's Anabasis. Von Dr. K. Abicht. 2 Hefte. Mit 1 Karte . . . 4 05
Caesaris commentarii de bello Gallico. Von A. Doberenz. 7. Aufl. . . 2 25
— — de bello civili. Von A. Doberenz. 4. Aufl. 1 80
Chrestomathia Ciceroniana. Von C. F. Lüders. I. Heft 1 Mk. 20 Pf., II. Heft 2 10
Ciceronis de officiis libri tres. Von J. v. Gruber. 3. Aufl. 1 50
— Laelius. Von G. Lahmeyer. 3. Aufl. . . . . — 60
— Cato major. Von G. Lahmeyer. 4. Aufl. . . . . — 60
— Cato major. Von C. Meissner . . . . — 45
— Somnium Scipionis. Von C. Meissner . . . . — 45
— Tusculanarum disp. libri V. Von O. Heine. 2. Aufl. 2 25
— de finibus bonorum et malorum. Von H. Holstein 2 70
— Rede für Cn. Plancius. Von E. Köpke. 2. Aufl. 1 20
— Rede für P. Sestius. Von H. A. Koch. 2. Aufl. . . . . . — 90
— Rede für Sex. Roscius. Von Fr. Richter . . . . — 90
— Rede für T. Annius Milo. Von Fr. Richter. 2. Aufl. . . . . — 90
— divinatio in Q. Caecilium. Von Fr. Richter . . . . — 45
— Rede gegen C. Verres. IV. Bch. Von Fr. Richter u. Eberhard. 2. Aufl. 1 20
— V. Buch. Von Fr. Richter . . . . 1 —
— — für P. Sulla. Von Fr. Richter . . . . — 60
— Reden gegen L. Catilina. Von Fr. Richter. 2. Aufl. . . . . 1 —
— Reden für Marcellus, Ligarius und Deiotarus. Von Fr. Richter. 2. Aufl. — 90
— Rede für L. Murena. Von H. A. Koch . . . . — 75
— — üb. d. Imper. d. Cn. Pompejus. Von Fr. Richter u. Eberhard. 2. Aufl. — 60
— Erste und zweite Philippische Rede. Von H. A. Koch . . . . — 75
— Rede für den Dichter Archias. Von Fr. Richter . . . . . . — 45
— de oratore. Von K. W. Piderit. 4. Aufl. 4 20
— Orator. Von K. W. Piderit. 2. Aufl. . . . . 2 —
— Brutus de claris oratoribus. Von K. W. Piderit. 2. Aufl. . . . 2 25
— Partitiones oratoriae. Von K. W. Piderit . . . . 1 —
— Ausgewählte Briefe. Von Josef Frey. 2. Aufl. 2 25
Cornelius Nepos. Von J. Siebelis u. Jancovius. 9. Aufl. 1 20
— — Von H. Ebeling. . . . . — 75
Curtius Rufus. Von Th. Vogel. I. Bändchen. Buch III—V. 2. Aufl. . 2 10
— — II. Bändchen. Buch VI—X. Mit 1 Karte 2 25
Demosthenes' neun philippische Reden. Von C. Rehdantz. 1. Heft. 5. Aufl. 1 20
— — 2. Heft. 3. Aufl. 3 30
Elegie, die Römische. Von B. Volz. 2. Aufl. 1 80

LIPSIAE TYPIS B. G. TEUBNERI.

BIBLIOTHECA
SCRIPTORUM GRAECORUM ET ROMANORUM
TEUBNERIANA.

ANICII MANLII SEVERINI BOETII

COMMENTARII

IN LIBRUM ARISTOTELIS

ΠΕΡΙ ΕΡΜΗΝΕΙΑΣ

RECENSUIT

CAROLUS MEISER.

PARS POSTERIOR

SECUNDAM EDITIONEM ET INDICES CONTINENS.

LIPSIAE

IN AEDIBUS B. G. TEUBNERI.

MDCCCLXXX.

BIBLIOTHECA
SCRIPTORUM GRAECORUM ET ROMANORUM TEUBNERIANA.

A. Griechische Autoren.

Aeliani opera, 2 voll.	Mk. 9	—
— varia historia	„ —	90
Aeneae comment.	„ 1	35
Aeschinis orationes	„ —	90
Aeschyli tragoediae	„ 1	20
Aesopicae fabulae	„ —	90
Anacreon	„ 1	—
Andocidis orationes	„ 1	20
Anthologia lyrica	„ 4	50
Antiphontis orationes	„ 2	10
Apollodorus	„ 1	—
Apollonii Rhodii Argonaut.	„ 1	—
Appiani hist. Romana. Vol. I.	„ 4	50
Aristophanis comoediae, 2 voll.	„ 3	—
Aristoteles de part. animal.	„ 1	80
— de arte poetica	„ —	60
— physica	„ 1	50
— Ethica Nicom.	„ 1	80
Arriani expeditio Alex.	„ 1	20
— scripta minora	„ 1	—
Athenaeus, 4 voll.	„ 12	—
Babrii fabulae	„ —	60
Bucolici Graeci	„ —	60
Cebetis tabula	„ —	60
Demosthenis orationes, 3 voll.	„ 4	50
Dinarchi orationes	„ 1	—
Dio Cassius, 5 voll.	„ 13	50
Dio Chrysostomus, 2 voll.	„ 5	40
Diodorus Siculus, 5 voll.	„ 15	75
Dionysius Halic. 4 voll.	„ 10	80
Epicorum Graec. fragmenta. I.	„ 3	—
Erotici scriptores, 2 voll.	„ 7	50
Eudociae violarium	„ 7	50
Euripides, 3 voll.	„ 5	70
Eusebius. Vol. I—IV	„ 15	—
Fab. Rom. graece conscr. Vol. I.	„ 3	75
Heliodorus	„ 2	40
Herodianus	„ 1	20
Herodoti historiae, 2 voll.	„ 2	70
Hesiodus	„ —	45
Historici graeci min., Vol. I & II	„ 8	25
Homerus. 2 voll. 4 Partes à	„ —	75
— — m. Einl. v. Sengebusch à vol.	„ 2	25
Hymni Homerici	„ —	75
Hyperidis orationes	„ 1	35
Iliadis carmina XVI, ed. Köchly	„ 3	—
Iosephus Flavius, 6 voll.	„ 12	60

Isaeus	Mk. 1	20
Isocratis orationes, 2 voll.	„ 2	70
Iulianus, 2 voll.	„ 6	75
Luciani opera, 3 voll.	„ 6	30
Lycurgus	„ —	60
Lydus de ostentis	„ 2	70
Lysiae orationes	„ 1	20
Manetho	„ 1	50
Maximi et Ammonis carmina	„ 1	80
Metrologici scriptores, 2 voll.	„ 5	10
Nicephori opuscula	„ 3	30
Nicomachus Gerasenus	„ 1	80
Nonnus, 2 voll.	„ 9	—
Onosander	„ 1	20
Pausanias, 2 voll.	„ 3	60
Philostrati opera, 2 voll.	„ 8	25
Pindari carmina	„ 1	—
Platonis dialogi, 6 voll.	„ 10	50
Plotinus, 2 voll.	„ 6	—
Plutarchi vitae, 5 voll.	„ 8	40
Plutarchi moralia. Vol. I	„ 1	80
Polemon	„ 1	—
Polyaenus	„ 4	50
Polybius, 4 voll.	„ 10	80
Porphyrius	„ 1	80
Proclus	„ 6	75
Quintus Smyrnaeus	„ 1	50
Rerum natur. Script. Graeci. Vol. I.	„ 2	70
Rhetores Graeci, 3 voll.	„ 9	—
Simeon Seth	„ 1	80
Sophoclis tragoediae	„ 1	50
Stobaei florilegium, 4 voll.	„ 9	60
— eclogae, 2 voll.	„ 6	—
Strabo, 3 voll.	„ 6	—
Themistii paraphrases, 2 voll.	„ 6	—
Theodorus Prodromus	„ —	50
Theophrastus Eresius, 3 voll.	„ 6	60
Theophrasti characteres	„ 1	20
Theo Smyrnaeus	„ 3	—
Thucydides, 2 voll.	„ 2	40
Xenophontis expeditio Cyri.	„ —	75
— — Editio major	„ 1	20
— historia graeca	„ —	90
— institutio Cyri	„ —	90
— commentarii	„ —	45
— scripta minora	„ —	90
Zonaras. 6 voll.	„ 15	75

B. Lateinische Autoren.

Ammianus Marcellinus. 2 voll.	Mk. 7	20
Anthimi epistula	„ 1	—
Anthologia lat. Vol. I. fasc. I & II	„ 7	50
Augustinus de civit. Dei, 2 voll.	„ 6	—
Aulularia ed. Peiper	„ 1	50
Boetii libri de inst. mathem.	„ 5	10
— de consolatione libri V	„ 2	70
— comm. in Aristot. I.	„ 2	70
— — II	„ —	—
Caesaris commentarii ed. Dinter, Vol. I. II. III. à Vol.	„ 1	—
— — Ed. minor (in 1 vol.)	„ 1	50
— — de bello Gallico. Ed. min.	„ —	75
— — de bello civili. Ed. minor	„ —	60
Cassius Felix	„ 3	—
Catulli Tibulli Propertii carmina	„ 2	70
Catullus	„ —	45
Celsus	„ 3	—

Censorinus	Mk. 1	20
Ciceronis opera ed. Klotz. 11 voll.	„ 2	85
Ciceronis opera ed. Müller. IV. 1—3à	„ 2	10
Ciceronis oration. selectae. 2 voll.	„ 1	50
Ciceronis oratt. XVIII. ed. Eberhard et Hirschfelder	„ 2	—
Ciceronis epist. select. Pars I & II	„ 2	50
— — ed. Wesenberg. 2 voll.	„ 6	—
Commodianus. Part. I & II	„ 2	70
Cornelius Nepos	„ —	30
Curtius Rufus	„ 1	20
Dares Phrygius	„ 1	20
Dictys Cretensis lib. VI	„ 1	50
Dracontii carmina	„ 1	20
Eutropius	„ —	30
Florus et Ampelius	„ 1	—
Frontinus	„ 1	50
Gajus	„ 2	70

ANICII MANLII SEVERINI BOETII

COMMENTARII

IN LIBRUM ARISTOTELIS

ΠΕΡΙ ΕΡΜΗΝΕΙΑΣ

RECENSUIT

CAROLUS MEISER.

PARS POSTERIOR

SECUNDAM EDITIONEM ET INDICES CONTINENS.

LIPSIAE

IN AEDIBUS B. G. TEUBNERI.

MDCCCLXXX.

PRAEFATIO.

In secundae editionis textu recensendo hi libri manu scripti mihi praesto fuerunt:

S codex (Salisb. 10) bibliothecae Palatinae Vindobonensis 80 (Endlicheri 370) s. X, qui continet f. 1—8ᵛ versionem continue scriptam libri Aristotelici περὶ ἑρμηνείας, quam littera Σ signavi, deinde f. 9—176ᵛ sex libros Boetii commentariorum.

F codex (Frisingensis 166) Monacensis 6366 s. XI et X: vetustior manus s. X incipit a f. 33 (p. 352 editionis Basileensis = p. 171 nostrae editionis).

T codex (Tegernseensis 479) Monacensis 18479 s. XI, qui f. 1—56ᵛ priorem editionem expositionis Boetii, f. 57ᵛ—65ᵛ versionem continuam, quam l. 𝔗 signavi, f. 66ᵛ—191 secundam editionem complectitur.

E codex (Ratisb. S. Emm. 582) Monacensis 14582 s. XI.

Praeter hos quattuor codices, quorum plenam scripturae discrepantiam studio legentium proposui, hi quattuor alii libri a me hic aut illic inspecti et difficilioribus locis excussi sunt:

N codex Einsidlensis 301 s. X, in quo non pauca desiderantur: nam desunt p. 371, 17 huius editionis *composita* — 378, 6 *sit*, 395, 21 *possibile* — 410, 17 *non necessarium*, postremo desinit in verba p. 417, 19 *de contingenti et de possi* (sic), ut finis quinti et sextus liber totus perierit.

J codex Einsidlensis 295 s. XI.

G codex Sangallensis 830 s. XI.

B codex Bernensis 332 s. XII, in quo desunt p. 383, 1 *ut in eo* — 434, 3 *et dicit.*

Hos omnes codices ex uno eodemque fonte fluxisse inde apparet, quod eaedem in omnibus lacunae, eaedem interpolationes, eadem vitiorum genera deprehenduntur. et de lacunis quidem conferas: p. 70, 15. 161, 18. 208, 22. 288, 7. 382, 8. 432, 9, praeterea p. 126, 8. 267, 12. 290, 18. 312, 14. 341, 3. 447, 9. 482, 14. 489, 7, de interpolationibus autem p. 227, 10. 231, 24. 333, 23. 416, 23. 419, 13. 431, 12. 434, 14. 439, 9. 477, 12. 488, 8—13. iisdem vero cunctos vitiis foedatos esse ut demonstrem, satis erit unum aut alterum ex plurimis passim obviis proferre exemplum. nam et p. 361, ubi Peripatetica interrogationis divisio proditur, cum in codicibus nostris v. 8 sqq. legatur: 'non dialecticae autem interrogationis duae sunt species, sicut audivimus docet', manifestum est pro vocabulo corrupto 'audivimus' Eudemus restituendum fuisse et p. 324, 23 quin recte scripserim: 'ad tenacioris memoriae subsidium', cum codices in perversa scriptione telatioris consentiant, quis est qui dubitet? confer praeterea p. 237, 25—28 locum illum in omnibus aequaliter libris turbatum.

Pro fundamento autem textus constituendi codicem S habui, omnium longe praestantissimum, qui non raro ceteris fidelius verae scripturae vestigia servaverit. confer e. c. p. 500, 9, ubi huius codicis lectio 'a bonum' propius ad verum 'ad unum' accedit quam reliquorum 'ad bonum'. hoc unum dolendum est, quod a correctore quodam, quamquam multa emendata sunt, tamen ipsis locis difficillimis ita rasuris depravatus est, ut quid primitus in eo scriptum fuerit saepe dinosci non possit. nec tamen multum interest, cum propter similitudinem ceterorum codicum fere semper quid S habuerit ex aliis suspicari liceat.

Codici S plerumque consentit F, nisi quod in hoc librarius interdum pravo varietatis studio et verba transposuisse et pro solitis rariora vocabula inculcasse videtur. nam cum hic codex p. 395, 20 pro voce So-cratem mire elimannum posuerit, quod aperte fal-sum est, iure in dubium vocari potest, num recte aliis locis hunc codicem solum contra ceterorum consensum secutus sim. quare hos locos notare velim et quid F habeat, quid ceteri adscribam:

	F	ceteri:
p. 195, 21	autumant	putant
208, 25	itidem	similiter
212, 17	infit	dicit
223, 1	potiores	meliores
246, 20	itidem	similiter.

Ad S et F libros optimos proxime accedit E, et ipse optimae notae idemque pulcherrime et diligentis-sime scriptus. a secunda manu et in S (= S^2) et in E (= E^2), rarius in F (= F^2) multa egregie sunt emendata. N J G et ipsi in optimis numerandi sunt et intima cognatione cum S F E coniuncti, sed vix quid-quam novi ex iis elicitur, quod non in ceteris reperiatur.

Minus fidei codici T tribuendum est, quippe qui fere semper cum secunda manu codicis G (= G^2) con-sentiat, ut quae in G supra lineam vel in margine leguntur in T in textum irrepserint. quare nec inter-polationibus vacat et variae lectiones promiscue iuxta positae inveniuntur. sunt tamen quae in hoc codice melius quam in ceteris servata videantur.

Minimae auctoritatis et omnium deterrimus est codex B (plerumque = E^2), qui pauca emendavit, plu-rima demendo addendo mutando turbavit ac miscuit.

Ut in prima, sic in secunda editione lemmata non plenum Aristotelis textum exhibent, sed pauciora in secunda editione desiderantur, quorum quaedam in E a secunda manu in margine et in B sunt addita. ceterum B saepius prima tantum et postrema Aristotelis verba expositioni Boetii praemittit, quae vocula 'usque' (vel 'reliqua usque') iunguntur (cf. p. 227, 13—26).

De versione Boetiana libri Aristotelici περὶ ἑρμηνείας eiusque a nostro Aristotelis textu discrepantia in Fleckeiseni annal. vol. CXVII p. 247—253 (a. 1878) disputavi.

Monachii mense Martio a. MDCCCLXXX.

Car. Meiser.

ANICII MANLII SEVERINI BOETII

IN LIBRVM

ARISTOTELIS ΠΕΡΙ ΕΡΜΗΝΕΙΑΣ

COMMENTARII.

SECVNDA EDITIO.

NOTARUM INDEX.

S = codex (Salisb. n. 10) Vindobonensis n. 80.
(Σ = praemissa translatio).

F = codex (Frisingensis n. 166) Monacensis n. 6366.

T = codex (Tegernseensis n. 479) Monacensis n. 18479.
($\mathfrak{T}$ = praemissa translatio).

E = codex (Ratisb. S. Emm. n. 582) Monacensis n. 14582.

N = codex Einsidlensis n. 301.

J = codex Einsidlensis n. 295.

G = codex Sangallensis n. 830.

B = codex Bernensis n. 332.

b = editio Basileensis a. 1570.

ANICII MANLII SEVERINI BOETII
COMMENTARIORVM IN LIBRVM
ARISTOTELIS ΠΕΡΙ ΕΡΜΗΝΕΙΑΣ
SECVNDAE EDITIONIS
LIBER PRIMVS.

———

Alexander in commentariis suis hac se inpul- ed.Bas
sum causa pronuntiat sumpsisse longissimum expositionis laborem, quod in multis ille a priorum scripto-
rum sententiis dissideret: mihi maior persequendi
operis causa est, quod non facile quisquam vel trans- 5
ferendi vel etiam commentandi continuam sumpserit
seriem, nisi quod Vetius Praetextatus priores

MANLII SEVERINI BOETII VIRI ILLVSTRIS EX CONSVLV̄ ORDINE
(CONS̄ ORD̄ F) IN PERIERMENIAS ARISTOTOLIS (ARESTOTELIS F) EDI-
TIONIS SECVNDAE LIBER PRIMVS INCIPIT. SF   A·M·S·B· SECVNDA
AEDITIO IN LIBRVM PERI HERMENIAS INCIPIT. GT   ANICII MALLII
SEVERINI BOETII VIRI ILL·AEDITIONIS SC̄DAE IN PERIERMENIAS ARIST̄·
LIB̄·PRIMVS INCIPIT. J   ANICII MANLII SEVERINI BOETII VIRI
CLARISSIMI ET ILLVSTRIS EX CONSVLARI ORDINE PATRICII SC̄DAE EDI-
TIONIS EXPOSITIŌNV̄ IN ARISTOTELIS PERIHERMENIAS · INCIPIT LIBER
PRIMVS. E   *titulum om.* NB
    1 Alexander — longissimum *om.* N   2 longissimę T
4 dissidet F   6 etiam *om.* F

1*

postremosque analyticos non vertendo Aristotelem
Latino sermoni tradidit, sed transferendo Themi-
stium, quod qui utrosque legit facile intellegit. Al-
binus quoque de isdem rebus scripsisse perhibetur,
5 cuius ego geometricos quidem libros editos scio, de
dialectica uero diu multumque quaesitos reperire non
valui. sive igitur ille omnino tacuit, nos praetermissa
dicemus, sive aliquid scripsit, nos quoque docti viri
imitati studium in eadem laude versabimur. sed
10 quamquam multa sint Aristotelis, quae subtilissima
philosophiae arte celata sint, hic tamen ante omnia
liber nimis et acumine sententiarum et verborum
brevitate constrictus est. quocirca plus hic quam in
decem praedicamentis expositione sudabitur.

15 Prius igitur quid vox sit definiendum est. hoc
enim perspicuo et manifesto omnis libri patefiet intentio.

Vox est aeris per linguam percussio, quae per
quasdam gutturis partes, quae arteriae vocantur, ab
20 animali profertur. sunt enim quidam alii soni, qui
eodem perficiuntur flatu, quos lingua non percutit, ut
est tussis. haec enim flatu fit quodam per arterias
egrediente, sed nulla linguae inpressione formatur
24 atque ideo nec ullis subiacet elementis, scribi enim
p. 290 nullo modo potest. quocirca | vox haec non dicitur,
sed tantum sonus. illa quoque potest esse definitio
vocis, ut eam dicamus sonum esse cum quadam imaginatione significandi. vox namque cum emittitur,
significationis alicuius causa profertur. tussis vero
30 cum sonus sit, nullius significationis causa subrepit

---

3 Que̦ qui T   4 eisdem E   5 ergo T   6 repp.
sic semper codices   7 omnino ille T   12 nimis tacumine
T   16 omnis *om.* F   17 intentio DE VOCE S G J *et in marg.* T
DEFINITIO VOCIS E DIFF VOCIS F²   19 guturis F   29 alicuius — significationis G² *in marg.*   tusis F   30 subripit S
surripit GT

potius quam profertur. quare quoniam noster flatus ita
sese habet, ut si ita percutitur atque formatur, ut eum
lingua percutiat, vox sit: si ita percutiat, ut terminato quodam et circumscripto sono vox exeat, locutio
fit quae Graece dicitur λέξις. locutio enim est arti- 5
culata vox (neque enim hunc sermonem id est λέξιν
dictionem dicemus, idcirco quod φάσιν dictionem interpretamur, λέξιν vero locutionem), cuius locutionis
partes sunt litterae, quae cum iunctae fuerint, unam
efficiunt vocem coniunctam conpositamque, quae lo- 10
cutio praedicatur. sive autem aliquid quaecumque
vox significet, ut est hic sermo homo, sive omnino
nihil, sive positum alicui nomen significare possit, ut
est blityri (haec enim vox per se cum nihil significet, posita tamen ut alicui nomen sit significabit), 15
sive per se quidem nihil significet, cum aliis vero
iuncta designet, ut sunt coniunctiones: haec omnia
locutiones vocantur, ut sit propria locutionis forma
vox conposita quae litteris describatur. ut igitur sit
locutio, voce opus est id est eo sono quem percutit 20
lingua, ut et vox ipsa sit per linguam determinata in
eum sonum qui inscribi litteris possit. sed ut haec
locutio significativa sit, illud quoque addi oportet, ut
sit aliqua significandi imaginatio, per quam id quod
in voce vel in locutione est proferatur: ut certe ita 25
dicendum sit: si in hoc flatu, quem per arterias emit-
timus, sit linguae sola percussio, vox est; sin vero
talis percussio sit, ut in litteras redigat sonum, locutio; quod si vis quoque quaedam imaginationis adda-

1 quoniam *del.* S² *om.* F   2 percutitur atque formatur
S²F²E²B: percuti atq. formari SFEN, percuti atq. formari
possit T (possit *supra lin.* GJ)   ut cū eū B   3 sit] est
STGNJ (*corr.* S²)   5 fit] sit S²FE²   lexis *codices, item* 6
et 8 lexin, 7 phasin   9 literae *in marg.* S   quae coniunctae
S, *corr.* S²   13 alicuius SF   14 blythyri SG blithyri NT
blythiri EF? (*in fine suprascr.* s F)   21 et ut b   22 scribi?
28 fit T

tur, illa significativa vox redditur. concurrentibus igitur his tribus: linguae percussione, articulato vocis sonitu, imaginatione aliqua proferendi fit interpretatio. interpretatio namque est vox articulata per se ipsam
5 significans. quocirca non omnis vox interpretatio est. sunt enim ceterorum animalium voces, quae interpretationis vocabulo non tenentur. nec omnis locutio interpretatio est, idcirco quod (ut dictum est) sunt locutiones quaedam, quae significatione careant et cum
10 per se quaedam non significent, iunctae tamen cum aliis significant, ut coniunctiones. interpretatio autem in solis per se significativis et articulatis vocibus permanet. quare convertitur, ut quidquid sit interpretatio, illud significet, quidquid significat, interpretationis
15 vocabulo nuncupetur. unde etiam ipse quoque Aristoteles in libris quos de poetica scripsit locutionis partes esse syllabas vel etiam coniunctiones tradidit, quarum syllabae in eo quod sunt syllabae nihil omnino significant, coniunctiones vero consignificare
20 quidem possunt, per se vero nihil designant. interpretationis vero partes hoc libro constituit nomen et verbum, quae scilicet per se ipsa significant, nihilominus quoque orationem, quae et ipsa cum vox sit ex significativis partibus iuncta significatione non ca-
25 ret. quare quoniam non de oratione sola, sed etiam de verbo et nomine, nec vero de sola locutione, sed etiam de significativa locutione, quae est interpretatio, hoc libro ab Aristotele tractatur, idcirco quoniam in

16 Ar. Poet. c. 20.

---

1 significatiua b: significatio S G T E, significatione F S²E²? redditur uox T   4 interpretatio *om.* S N F, *in marg. addunt* G E   quae namq; S²F   10 iunctae F: iuncta *ceteri*   14 illud quoq; E   16 arte poetica S²F E   23 *post* orationem *addit* partem esse tradidit S²F   cum *om.* T   28 in hoc S²F ab *om.* T

verbis atque nominibus et in significativis locutionibus nomen interpretationis aptatur, a communi nomine eorum, de quibus hoc libro tractabitur, id est ab interpretatione, ipse quoque de interpretatione liber inscriptus est. cuius expositionem nos scilicet quam 5 maxime a Porphyrio quamquam etiam a ceteris transferentes Latina oratione digessimus. hic enim nobis expositor et intellectus acumine et sententiarum dispositione videtur excellere. erunt ergo interpretationis duae primae partes nomen et verbum. his enim 10 quidquid est in animi intellectibus designatur; his namque totus ordo orationis efficitur. et in quantum vox ipsa quidem intellectus significat, in duas (ut dictum est) secatur partes, nomen et verbum, in quantum vero vox per intellectuum medietatem sub- 15 iectas intellectui res demonstrat, significantium vocum Aristoteles numerum in decem praedicamenta partitus est. atque hoc distat libri huius intentio a praedicamentorum in | denariam multitudinem numerositate p. 291 collecta, ut hic quidem tantum de numero signifi- 20 cantium vocum quaeratur, quantum ad ipsas attinet voces, quibus significativis vocibus intellectus animi designentur, quae sunt scilicet simplicia quidem nomina et verba, ex his vero conpositae orationes: praedicamentorum vero haec intentio est: de significa- 25 tivis rerum vocibus in tantum, quantum eas medius animi significet intellectus. vocis enim quaedam qualitas est nomen et verbum, quae nimirum ipsa illa decem praedicamenta significant. decem namque praedicamenta numquam sine aliqua verbi qualitate vel 30 nominis proferentur. quare erit libri huius intentio de significativis vocibus in tantum, quantum con-

1 in *om.* E   3 in hoc S²F   9 dispositio S *corr.* S²
10 partes primae T   11 intellectus F *corr.* F¹   12 totius F
18 in hoc T · 20 in tantum? 26 uocibus tractare F, uoc. dicere
T E, tractare *in marg.* S 31 proferuntur S²F 32 signatiuis S *corr.* S²

ceptiones animi intellectusque significent. de decem
praedicamentis autem libri intentio in eius commentario dicta est, quoniam sit de significativis rerum
vocibus, quot partibus distribui possit earum signifi-
5 catio in tantum, quantum per sensuum atque intellectuum medietatem res subiectas intellectibus voces
ipsae valeant designare. in opere vero de poetica
non eodem modo dividit locutionem, sed omnes omnino locutionis partes adposuit confirmans esse locu-
10 tionis partes elementa, syllabas, coniunctiones, arti-
culos, nomina, casus, verba, orationes. locutio namque non in solis significativis vocibus constat, sed
supergrediens significationes vocum ad articulatos
sonos usque consistit. quaelibet enim syllaba, vel
15 quodlibet nomen vel quaelibet alia vox, quae scribi
litteris potest, locutionis nomine continetur, quae
Graece dicitur λέξις. sed non eodem modo interpretatio. huic namque non est satis, ut sit huiusmodi
vox quae litteris valeat adnotari, sed ad hoc ut ali-
20 quid quoque significet. praedicamentorum vero in hoc
ratio constituta est, in quo hae duae partes interpretationis res intellectibus subiectas designent. nam
quoniam decem res omnino in omni natura reperiuntur, decem quoque intellectus erunt, quos intellectus
25 quoniam verba nominaque significant, decem omnino
erunt praedicamenta, quae verbis atque nominibus designentur, duo vero quaedam id est nomen et verbum,
quae ipsos significent intellectus. sunt igitur elementa
interpretationis verba et nomina, propriae vero partes
30 quibus ipsa constat interpretatio sunt orationes. orationum vero aliae sunt perfectae, aliae inperfectae.

7 Ar. Poet. c. 20.

3 *pro* quoniam: cum F   4 quod F   7 arte poetica
FE², arte *in marg.* S   17 lexis FTE   31 aliae uero inp.
TE, aliae inperf. *om.* S *in marg. addit* S²

perfectae sunt ex quibus plene id quod dicitur valet
intellegi, inperfectae in quibus aliquid adhuc plenius
animus exspectat audire, ut est Socrates cum Platone. nullo enim addito orationis intellectus pendet
ac titubat et auditor aliquid ultra exspectat audire. 5
perfectarum vero orationum partes quinque sunt: deprecativa ut Iuppiter omnipotens, precibus si
flecteris ullis, Da deinde auxilium, pater, atque haec omina firma, imperativa ut Vade age,
nate, voca Zephyros et labere pennis, inter- 10
rogativa ut Dic mihi, Damoeta, cuium pecus?
an Meliboei? vocativa ⟨ut⟩ O pater, o hominum
rerumque aeterna potestas, enuntiativa, in qua
veritas vel falsitas invenitur, ut Principio arbori-
bus varia est natura serendis. huius autem duae 15
partes sunt. est namque et simplex oratio enuntiativa
et conposita. simplex ut dies est, lucet; conposita
ut si dies est, lux est. in hoc igitur libro Aristoteles de enuntiativa simplici oratione disputat et de
eius elementis, nomine scilicet atque verbo. quae 20
quoniam et significativa sunt et significativa vox articulata interpretationis nomine continetur, de communi
(ut dictum est) vocabulo librum de interpretatione
appellavit. et Theophrastus quidem in eo libro,
quem de adfirmatione et negatione conposuit, de 25
enuntiativa oratione tractavit. et Stoici quoque in
his libris, quos περὶ ἀξιωμάτων appellant, de isdem

7 Verg. Aen. II 689. 691   9 Verg. Aen. IV 223
11 Verg. Ecl. III 1   12 Verg. Aen. X 18   14 Verg.
Georg. II 9

---

9 omnia TE   10 pinnis S¹E¹   11 dameta T   12
melibei T   ut b: *om. codices. alterum* o *om.* SFE¹   15
creandis *Vergilii codices*   16 et *om.* E   17 est et conp.
S²FE²   lux est F²E²   21 uox et art. S²FE²   27 peri
axiomaton *codices*

nihilominus disputant. sed illi quidem et de simplici
et de non simplici oratione enuntiativa speculantur,
Aristoteles vero hoc libro nihil nisi de sola simplici
enuntiativa oratione considerat. Aspasius quoque et
5 Alexander sicut in aliis Aristotelis libris in hoc
quoque commentarios ediderunt, sed uterque Aristotelem de oratione tractasse pronuntiat. nam si oratione
aliquid proferre (ut aiunt ipsi) interpretari est, de
interpretatione liber nimirum veluti de oratione per-
10 scriptus est, quasi vero sola oratio ac non verba
quoque et nomina interpretationis vocabulo conclu-
dantur. aeque namque et oratio et verba ac nomina,
quae sunt interpretationis elementa, nomine interpre-
p. 292 tationis | vocantur. sed Alexander addidit inperfecte
15 sese habere libri titulum: neque enim designare, de
qua oratione perscripserit. multae namque (ut dictum
est) sunt orationes; sed adiciendum vel subintellegen-
dum putat de oratione illum scribere philosophica vel
dialectica id est, qua verum falsumque valeat expediri.
20 sed qui semel solam orationem interpretationis nomine vocari recipit, in intellectu quoque ipsius inscriptionis erravit. cur enim putaret inperfectum esse
titulum, quoniam nihil de qua oratione disputaret ad-
iecerit? ut si quis interrogans quid est homo? alio
25 respondente animal culpet ac dicat inperfecte illum
dixisse, quid sit, quoniam non sit omnes differentias
persecutus. quod si huic, id est homini, sunt quaedam alia communia ad nomen animalis, nihil tamen
inpedit perfecte demonstrasse, quid homo esset, eum
30 qui animal dixit: sive enim differentias addat quis
sive non, hominem animal esse necesse est. eodem
quoque modo et de oratione, si quis hoc concedat
primum, nihil aliud interpretationem dici nisi orationem,

5 alios—libros in hunc?   21 recepit?   21. 22. scriptionis
S¹E¹   23. 24 adiecit T   26 non o. diff. sit E   30 addit
T   33 interpretatione F

cur qui de interpretatione inscripserit et de qua interpretatione dicat non addiderit culpetur, non est. satis est
enim libri titulum etiam de aliqua continenti communione
fecisse, ut nos eum et de nominibus et verbis et de orationibus, cum haec omnia uno interpretationis nomine con- 5
tinerentur, supra fecisse docuimus, cum hic liber ab eo
de interpretatione notatus est. sed quod addidit illam
interpretationem solam dici, qua in oratione possit veritas
et falsitas inveniri, ut est enuntiativa oratio, fingentis
est (ut ait Porphyrius) significationem nominis po- 10
tius quam docentis. atque ille quidem et in intentione libri et in titulo falsus est, sed non eodem
modo de iudicio quoque libri huius erravit. Andronicus enim librum hunc Aristotelis esse non putat,
quem Alexander vere fortiterque redarguit. quem 15
cum exactum diligentemque Aristotelis librorum et
iudicem et repertorem iudicarit antiquitas, cur in huius
libri iudicio sit falsus, prorsus est magna admiratione
dignissimum. non esse namque proprium Aristotelis
hinc conatur ostendere, quoniam quaedam Aristoteles 20
in principio libri huius de intellectibus animi tractat,
quos intellectus animae passiones vocavit, et de his
se plenius in libris de anima disputasse commemorat.
et quoniam passiones animae vocabant· vel tristitiam
vel gaudium vel cupiditatem vel alias huiusmodi ad- 25
fectiones, dicit Andronicus ex hoc probari hunc librum Aristotelis non esse, quod de huiusmodi ad-
fectionibus nihil in libris de anima tractavisset, non
intellegens in hoc libro Aristotelem passiones animae
non pro adfectibus, sed pro intellectibus posuisse. his 30
Alexander multa alia addit argumenta, cur hoc opus
Aristotelis maxime esse videatur. ea namque dicuntur
hic, quae sententiis Aristotelis quae sunt de enuntia-

    5. 6 continentur F   6 cum *om.* F¹   haec S, *corr.* S²
10. 11 potius sign. nom. S²F   22 et animae T   23 in *supra
lin.* T   24 vocabat b   30 *prius* pro *om.* S¹   Hic E¹

tione consentiant; illud quoque, quod stilus ipse propter brevitatem pressior ab Aristotelis obscuritate non discrepat; et quod Theophrastus, ut in aliis solet, cum de similibus rebus tractat, quae scilicet ab Ari-
5 stotele ante tractata sunt, in libro quoque de adfirmatione et negatione, isdem aliquibus verbis utitur, quibus hoc libro Aristoteles usus est. idem quoque Theophrastus dat signum hunc esse Aristotelis librum: in omnibus enim, de quibus ipse disputat post
10 magistrum, leviter ea tangit quae ab Aristotele dicta ante· cognovit, alias vero diligentius res non ab Aristotele tractatas exsequitur. hic quoque idem fecit. nam quae Aristoteles hoc libro de enuntiatione tractavit, leviter ab illo transcursa sunt, quae vero ma-
15 gister eius tacuit, ipse subtiliore modo considerationis adiecit. addit quoque hanc causam, quoniam Aristoteles quidem de syllogismis scribere animatus numquam id recte facere potuisset, nisi quaedam de propositionibus adnotaret. mihi quoque videtur hoc
20 subtiliter perpendentibus liquere hunc librum ad analyticos esse praeparatum. nam sicut hic de simplici propositione disputat, ita quoque in analyticis de simplicibus tantum considerat syllogismis, ut ipsa syllogismorum propositionumque simplicitas non ad aliud
25 nisi ad continens opus Aristotelis pertinere videatur. quare non est audiendus Andronicus, qui propter passionum nomen hunc librum ab Aristotelis operibus separat. Aristoteles autem idcirco passiones animae|
p. 293 intellectus vocabat, quod intellectus, quos sermone di-
30 cere et oratione proferre consuevimus, ex aliqua causa atque utilitate profecti sunt: ut enim dispersi homines colligerentur et legibus vellent esse subiecti civitatesque condere, utilitas quaedam fuit et causa. quocirca

3 et b: uel *codices*   15 subtilior S¹   16 addidit E
17 *pro* scribere: est T   19 hoc uidetur F   22 in *om.* F¹
29 uocauit E

quae ex aliqua utilitate veniunt, ex passione quoque
provenire necesse est. nam ut divina sine ulla sunt
passione, ita nulla illis extrinsecus utilitas valet ad-
iungi: quae vero sunt passibilia semper aliquam causam atque utilitatem quibus sustententur inveniunt. 5
quocirca huiusmodi intellectus, qui ad alterum oratione
proferendi sunt, quoniam ex aliqua causa atque utilitate videntur esse collecti, recte passiones animi
nominati sunt. et de intentione quidem et de libri
inscriptione et de eo, quod hic maxime Aristotelis 10
liber esse putandus est, haec dicta sufficiunt. quid
vero utilitatis habeat, non ignorabit qui sciet qua in
oratione veritas constet et falsitas. in sola enim haec
enuntiativa oratione consistunt. iam vero quae dividant verum falsumque quaeve definite vel quae varie 15
et mutabiliter veritatem falsitatemque partiantur, quae
iuncta dici possint, cum separata valeant praedicari,
quae separata dicantur, cum iuncta sint praedicata,
quae sint negationes cum modo propositionum, quae
earum consequentiae aliaque plura in ipso opere con- 20
siderator poterit diligenter agnoscere, quorum magnam
experietur utilitatem qui animum curae alicuius in-
vestigationis adverterit. sed nunc ad ipsius Aristotelis
verba veniamus.

1. Primum oportet constituere, quid no- 25
men et quid verbum, postea quid est negatio
et adfirmatio et enuntiatio et oratio.

Librum incohans de quibus in omni serie tractaturus sit ante proposuit. ait enim prius oportere de

---

2 sunt *om.* F¹   5 inuenient E   8 animae?   11 sufficiant b   16 patiantur T   16. 17 quae iuncta *om.* F, *in
marg.* quae iunctim F²?   17. 18 iuncta — cum *om.* S¹   20. 21
consideratior SF¹T   21 quorum *ego*: quarum *codices*   22
curae *ego*: cura *codices*   23 ipsius *om.* F   25 quid *Ar.* τί:
quid sit *codices*   26 sit uerbum *codices praeter* ΣE²   est
om. ΣΣ (*eras. in* S)

quibus disputaturus est definire. hic enim constituere
definire intellegendum est. determinandum namque
est quid haec omnia sint id est quid nomen sit, quid
verbum et cetera, quae elementa interpretationis esse
5 praediximus. sed adfirmatio atque negatio sub interpretatione sunt. quare nomen et verbum adfirmationis et negationis elementa esse manifestum est. his
enim conpositis adfirmatio et negatio coniunguntur.
exsistit hic quaedam quaestio, cur duo tantum nomen
10 et verbum se determinare promittat, cum plures partes orationis esse videantur. quibus hoc dicendum
est tantum Aristotelem hoc libro definisse, quantum
illi ad id quod instituerat tractare suffecit. tractat
namque de simplici enuntiativa oratione, quae scilicet
15 huiusmodi est, ut iunctis tantum verbis et nominibus
conponatur. si quis enim nomen iungat et verbum,
ut dicat Socrates ambulat, simplicem fecit enuntiativam orationem. enuntiativa namque oratio est
(ut supra memoravi) quae habet in se falsi verique
20 designationem. sed in hoc quod dicimus Socrates
ambulat aut veritas necesse est contineatur aut falsitas. hoc enim si ambulante Socrate dicitur, verum
est, si non ambulante, falsum. perficitur ergo enuntiativa oratio simplex ex solis verbis atque nominibus.
25 quare superfluum est quaerere, cur alias quoque quae
videntur orationis partes non proposuerit, qui non
totius simpliciter orationis, sed tantum simplicis enuntiationis instituit elementa partiri. quamquam duae
propriae partes orationis esse dicendae sint, nomen
30 scilicet atque verbum. haec enim per sese utraque
significant, coniunctiones autem vel praepositiones
nihil omnino nisi cum aliis iunctae designant; participia verbo cognata sunt, vel quod a gerundivo modo

2 definire *om.* S¹   17 et T   22. 23 est verum F
25 quae *om.* S¹   26 proposuit T   33 uerbis E²? vero verbo
editio princeps   conata T   gerundi F¹E (gerunti? F)

veniant vel quod tempus propria significatione con-
tineant; interiectiones vero atque pronomina nec non
adverbia in nominis loco ponenda sunt, idcirco quod
aliquid significant definitum, ubi nulla est vel passionis significatio vel actionis. quod si casibus horum 5
quaedam flecti non possunt, nihil inpedit. sunt enim
quaedam nomina quae monoptota nominantur. quod
si quis ista longius et non proxime petita esse arbitretur, illud tamen concedit, quod supra iam diximus,
non esse aequum calumniari ei, qui non de omni ora- 10
tione, sed de tantum simplici enuntiatione proponat,
quod tantum sibi ad definitionem sumpserit, quantum
arbitratus sit operi instituto sufficere. quare dicen-
dum est | Aristotelem non omnis orationis partes hoc p. 294
opere velle definire, sed tantum solius simplicis enun- 15
tiativae orationis, quae sunt scilicet nomen et verbum.
argumentum autem huius rei hoc est. postquam
enim proposuit dicens: primum oportet constituere, quid sit nomen et quid verbum, non statim
inquit, quid sit oratio, sed mox addidit et quid sit 20
negatio, quid adfirmatio, quid enuntiatio, postremo
vero quid oratio. quod si de omni oratione loqueretur, post nomen et verbum non de adfirmatione et
negatione et post hanc de enuntiatione, sed mox de
oratione dixisset. nunc vero quoniam post nominis 25
et verbi propositionem adfirmationem, negationem et
enuntiationem et post orationem proposuit, confitendum est, id quod ante diximus, non orationis universalis, sed simplicis enuntiativae orationis, quae dividitur in adfirmationem atque negationem, divisionem 30
partium facere voluisse, quae sunt nomina et verba.
haec enim per se ipsa intellectum simplicem servant,

1. 2 continent F   7 monopta S   9 concedat b   10
calumpniari E eum? 11 tantum de E² enuntiatione *om.* S¹
12 sumpserat F   14 omnes SFT   20 et *om.* F   26 et
negationem et F   31 uerba et nomina F

quae eadem dictiones vocantur, sed non sola dicuntur.
sunt namque dictiones et aliae quoque: orationes vel
inperfectae vel perfectae, cuius plures esse partes
supra iam docui, inter quas perfectae orationis species
est enuntiatio. et haec quoque alia simplex, alia conposita est. de simplicis vero enuntiationis speciebus
inter philosophos commentatoresque certatur. aiunt
enim quidam adfirmationem atque negationem enuntiationi ut species supponi oportere, in quibus et
Porphyrius est: quidam vero nulla ratione consentiunt, sed contendunt adfirmationem et negationem
aequivoca esse et uno quidem enuntiationis vocabulo
nuncupari, praedicari autem enuntiationem ad utrasque ut nomen aequivocum, non ut genus univocum;
quorum princeps Alexander est. quorum contentiones
adponere non videtur inutile. ac prius quibus modis
adfirmationem atque negationem non esse species
enuntiationis Alexander putet dicendum est, post
vero addam qua Porphyrius haec argumentatione
dissolverit. Alexander namque idcirco dicit non
esse species enuntiationis adfirmationem et negationem, quoniam adfirmatio prior sit. priorem vero adfirmationem idcirco conatur ostendere, quod omnis
negatio adfirmationem tollat ac destruat. quod si ita
est, prior est adfirmatio quae subruatur quam negatio
quae subruat. in quibus autem prius aliquid et posterius est, illa sub eodem genere poni non possunt,
ut in eo titulo praedicamentorum dictum est qui de
his quae sunt simul inscribitur. amplius: negatio
omnis, inquit, divisio est, adfirmatio conpositio atque
coniunctio. cum enim dico Socrates vivit, vitam
cum Socrate coniunxi; cum dico Socrates non vivit,
vitam a Socrate disiunxi. divisio igitur quaedam negatio est, coniunctio adfirmatio. conpositi autem est con-

1 eaedem SF   sola *ego*: solae *codices*   2 quoq; ut b
4. 5 est species F   5 alias — alias E²   12 unum S¹T   22 fit T

iunctique divisio. prior est igitur coniunctio, quod est adfirmatio; posterior vero divisio, quod est negatio. illud quoque adicit, quod omnis per adfirmationem facta enuntiatio simplicior sit per negationem facta enuntiatione. ex negatione enim particula negativa 5 si sublata sit, adfirmatio sola relinquitur. de eo enim quod est Socrates non vivit si non particula quae est adverbium auferatur, remanet Socrates vivit. simplicior igitur adfirmatio est quam negatio. prius vero sit necesse est quod simplicius est. in 10 quantitate etiam quod ad quantitatem minus est prius est eo quod ad quantitatem plus est. omnis vero oratio quantitas est. sed cum dico Socrates ambulat, minor oratio est quam cum dico Socrates non ambulat. quare si secundum quantitatem adfirmatio 15 minor est, eam priorem quoque esse necesse est. illud quoque adiunxit adfirmationem quendam esse habitum, negationem vero privationem. sed prior habitus privatione: adfirmatio igitur negatione prior est. et ne singula persequi laborem, cum aliis quoque modis 20 demonstraret adfirmationem negatione esse priorem, a communi eas genere separavit. nullas enim species arbitratur sub eodem genere esse posse, in quibus prius vel posterius consideretur. sed Porphyrius ait sese docuisse species enuntiationis esse adfirmatio- 25 nem et negationem in his commentariis quos in Theophrastum edidit; hic vero Alexandri argumentationem tali ratione dissolvit. ait enim non oportere arbitrari, quaecumque quolibet modo priora essent aliis, ea sub eodem genere | poni non posse, sed quae- p. 295 cumque secundum esse suum atque substantiam priora 31 vel posteriora sunt, ea sola sub eodem genere non ponuntur. et recte dicitur. si enim omne quidquid

---

15 si *om.* S¹TE¹   16 quoq. priorem F   esse *om.* SF
22 separaret SF, separabat S²F², separat T   nullus SF¹
24 aliquid prius GTE   consideratur F   26 iis F²

prius est cum eo quod posterius est sub uno genere
esse non potest, nec primis substantiis et secundis
commune genus poterit esse substantia; quod qui dicit a recto ordine rationis exorbitat. sed quemad-
5 modum quamquam sint primae et secundae substantiae, tamen utraque aequaliter in subiecto non sunt
et idcirco esse ipsorum ex eo pendet, quod in subiecto non sunt, atque ideo sub uno substantiae genere
conlocantur: ita quoque quamquam adfirmationes ne-
10 gationibus in orationis prolatione priores sint, tamen
ad esse atque ad naturam propriam aequaliter enuntiatione participant. enuntiatio vero est in qua veritas et falsitas inveniri potest. qua in re et adfirmatio
et negatio aequales sunt. aequaliter enim et adfir-
15 matio et negatio veritate et falsitate participant. quocirca quoniam ⟨ad⟩ id quod sunt adfirmatio et negatio
aequaliter ab enuntiatione participant, a communi eas
enuntiationis genere dividi non oportet. mihi quoque
videtur quod Porphyrii sit sequenda sententia, ut
20 adfirmatio et negatio communi enuntiationis generi
supponantur. longa namque illa et multiplicia Alexandri argumenta soluta sunt, cum demonstravit non
modis omnibus ea quae priora sunt sub communi
genere poni non posse, sed quae ad esse proprium
25 atque substantiam priora sunt illa sola sub communi
genere constitui atque poni non posse. Syrianus
vero, cui Philoxenus cognomen est, hoc loco quaerit, cur proponens prius de negatione, post de adfirmatione pronuntiaverit dicens: primum oportet
30 constituere, quid nomen et quid verbum, postea quid est negatio et adfirmatio. et primum
quidem nihil proprium dixit, quoniam in quibus et ad-

1 posterius] prius S¹TE¹   6 utraeque b   8 sint E
13 et *post* re *om.* F   16 ad *ego addidi: om. codices*   17
pro a: et SF   21 supponatur SF   multiplica F   30 quid
sit n. *codices*   31 est *om.* F   primum S: primo S² *et ceteri*

firmatio potest et negatio provenire, prius esse negatio, postea vero adfirmatio potest, ut de Socrate sanus est. potest ei aptari talis adfirmatio, ut de eo dicatur Socrates sanus est; etiam huiusmodi potest aptari negatio, ut de eo dicatur Socrates sanus non est. quo- 5 niam ergo in eum adfirmatio et negatio poterit evenire, prius evenit ut sit negatio quam ut adfirmatio. ante enim quam natus esset: qui enim natus non erat, nec esse poterat sanus. huic illud adiecit: servare Aristotelem conversam propositionis et exsecutionis distri- 10 butionem. hic enim prius post nomen et verbum de negatione proposuit, post de adfirmatione, dehinc de enuntiatione, postremo vero de oratione, sed proposita definiens prius orationem, post enuntiationem, tertio adfirmationem, ultimo vero loco negationem determi- 15 navit, quam hic post propositionem verbi et nominis primam locaverat. ut igitur ordo servaretur conversus, idcirco negationem prius ait esse propositam. qua in expositione Alexandri quoque sententia non discedit. illud quoque est additum, quod non esset 20 inutile, enuntiationem genus adfirmationis et negationis accipi oportere, quod quamquam (ut dictum est) ad prolationem prior esset adfirmatio, tamen ad ipsam enuntiationem id est veri falsique vim utrasque aequaliter sub enuntiatione ab Aristotele constitui. id etiam 25 Aristotelem probare. praemisit enim primam negationem, secundam posuit adfirmationem, quae res nihil habet vitii, si ad ipsam enuntiationem adfirmatio et negatio ponantur aequales. quae enim natura aequales sunt, nihil retinent contrarii indifferenter acceptae. 30 est igitur ordo quo proposuit: primum totius orationis

elementum, nomen scilicet et verbum, post haec negationem et adfirmationem, quae species enuntiationis
sunt. quorum genus id est enuntiationem tertiam
nominavit, quartam vero orationem posuit, quae ipsius
5 enuntiationis genus est. et horum se omnium definitiones daturum esse promisit, quas interim relinquens
atque praeteriens et in posteriorem tractatum differens illud nunc addit quae sint verba et nomina aut
quid ipsa significent. quare antequam ad verba Ari
10 stotelis ipsa veniamus, pauca communiter de nominibus atque verbis et de his quae significantur a verbis
ac nominibus disputemus. sive enim quaelibet interrogatio sit atque responsio, sive perpetua cuiuslibet
14 orationis continuatio atque alterius auditus et intelp. 296 legentia, sive hic quidem doceat ille vero discat, | tribus his totus orandi ordo perficitur: rebus, intellectibus, vocibus. res enim ab intellectu concipitur, vox
vero conceptiones animi intellectusque significat, ipsi
vero intellectus et concipiunt subiectas res et signifi
20 cantur a vocibus. cum igitur tria sint haec per quae
omnis oratio conlocutioque perficitur, res quae subiectae sunt, intellectus qui res concipiant et rursus a
vocibus significentur, voces vero quae intellectus designent, quartum quoque quiddam est, quo voces ipsae
25 valeant designari, id autem sunt litterae. scriptae
namque litterae ipsas significant voces. quare quatttuor ista sunt, ut litterae quidem significent voces,
voces vero intellectus, intellectus autem concipiant res,
quae scilicet habent quandam non confusam neque
30 fortuitam consequentiam, sed terminata naturae suae
ordinatione constant. res enim semper comitantur
eum qui ab ipsis concipitur intellectum, ipsum vero
intellectum vox sequitur, sed voces elementa id est

3 quarum? 17—20 res—vocibus *om.* F, *in marg. add.*
F¹? 26 significent SF 30 suae naturae E 31 constat
SE comitatur F² 32 eum *del.* F² intellectus F

litterae. rebus enim ante propositis et in propria
substantia constitutis intellectus oriuntur. rerum enim
semper intellectus sunt, quibus iterum constitutis mox
significatio vocis exoritur. praeter intellectum namque vox penitus nihil designat. sed quoniam voces 5
sunt, idcirco litterae, quas vocamus elementa, repertae
sunt, quibus vocum qualitas designetur. ad cognitionem vero conversim sese res habet. namque apud
quos eaedem sunt litterae et qui eisdem elementis
utuntur, eisdem quoque nominibus eos ac verbis id 10
est vocibus uti necesse est et qui vocibus eisdem
utuntur, idem quoque apud eos intellectus in animi
conceptione versantur. sed apud quos idem intellectus
sunt, easdem res eorum intellectibus subiectas esse
manifestum est. sed hoc nulla ratione convertitur. 15
namque apud quos eaedem res sunt idemque intellectus, non statim eaedem voces eaedemque sunt litterae. nam cum Romanus, Graecus ac barbarus simul
videant equum, habent quoque de eo eundem intellectum quod equus sit et apud eos eadem res sub- 20
iecta est, idem a re ipsa concipitur intellectus, sed
Graecus aliter equum vocat, alia quoque vox in equi
significatione Romana est et barbarus ab utroque in
equi designatione dissentit. quocirca diversis quoque
voces proprias elementis inscribunt. recte igitur di- 25
ctum est apud quos eaedem res idemque intellectus
sunt, non statim apud eos vel easdem voces vel eadem elementa consistere. praecedit autem res intellectum, intellectus vero vocem, vox litteras, sed hoc
converti non potest. neque enim si litterae sint, mox 30
aliqua ex his significatio vocis exsistit. hominibus namque qui litteras ignorant nullum nomen quaelibet elementa significant, quippe quae nesciunt. nec si voces

1 positis F   8 habent T   20 sit *om.* F¹   24 designi-
ficatione S¹   28 intellectum res F   31 consistit E

sint, mox intellectus esse necesse est. plures enim voces invenies quae nihil omnino significent. nec intellectui quoque subiecta res semper est. sunt enim intellectus sine re ulla subiecta, ut quos centauros
5 vel chimaeras poetae finxerunt. horum enim sunt intellectus quibus subiecta nulla substantia est. sed si quis ad naturam redeat eamque consideret diligenter, agnoscet cum res est, eius quoque esse intellectum: quod si non apud homines, certe apud eum, qui pro-
10 priae divinitate substantiae in propria natura ipsius rei nihil ignorat. et si est intellectus, et vox est; quod si vox fuerit, eius quoque sunt litterae, quae si ignorantur, nihil ad ipsam vocis naturam. neque enim, quasi causa quaedam vocum est intellectus aut
15 vox causa litterarum, ut cum eaedem sint apud aliquos litterae, necesse sit eadem quoque esse nomina: ita quoque cum eaedem sint vel res vel intellectus apud aliquos, mox necesse est intellectuum ipsorum vel rerum eadem esse vocabula. nam cum eadem sit
20 et res et intellectus hominis, apud diversos tamen homines huiusmodi substantia aliter et diverso nomine nuncupatur. quare voces quoque cum eaedem sint, possunt litterae esse diversae, ut in hoc nomine quod est homo: cum unum sit nomen, diversis litte-
25 ris scribi potest. namque Latinis litteris scribi potest, potest etiam Graecis, potest aliis nunc primum inventis litterarum figuris. quare quoniam apud quos eaedem res sunt, eosdem intellectus esse necesse est, apud quos idem intellectus sunt, voces eaedem non
30 sunt et apud quos eaedem voces sunt, non necesse

2 significant F   3 est semper E   9 omnes T²   Deum b
10 subst. div. E   13 naturam pertinet F²   14 quaedam
causa F   15 ut enim cum S²F   16 *pro* litterae: uoces E²
easdem E²   *pro* nomina: literas E²   18 mox non S²FE²
25 namque — potest *in marg.* F   28 res *om.* F¹   29 non
eaedem (non *supra lin.*) F   30 *prius* sunt *om.* F

est eadem elementa constitui, dicendum est res et in-
tellectus, quoniam apud omnes idem sunt, | esse na- p. 297
turaliter constitutos, voces vero atque litteras, quoniam diversis hominum positionibus permutantur, non
esse naturaliter, sed positione. concludendum est 5
igitur, quoniam apud quos eadem sunt elementa, apud
eos eaedem quoque voces sunt et apud quos eaedem
voces sunt, idem sunt intellectus; apud quos autem
idem sunt intellectus, apud eosdem res quoque eaedem subiectae sunt: rursus apud quos eaedem res 10
sunt, idem quoque sunt intellectus; apud quos idem
intellectus, non eaedem voces; nec apud quos eaedem
voces sunt, eisdem semper litteris verba ipsa vel nomina designantur. sed nos ·in supra dictis sententiis
elemento atque littera promiscue usi sumus, quae 15
autem sit horum distantia paucis absolvam. littera
est inscriptio atque figura partis minimae vocis articulatae, elementum vero sonus ipsius inscriptionis: ut
cum scribo litteram quae est *a*, formula ipsa quae
atramento vel graphio scribitur littera nominatur, 20
ipse vero sonus quo ipsam litteram voce proferimus
dicitur elementum. ·quocirca hoc cognito illud dicendum est, quod is qui docet vel qui continua oratione
loquitur vel qui interrogat, contrarie se habet his qui
vel discunt vel audiunt vel respondent in his tribus, 25
voce scilicet, intellectu et re (praetermittantur enim
litterae propter eos qui earum sunt expertes). nam
qui docet et qui dicit et qui interrogat a rebus ad
intellectum profecti per nomina et verba vim propriae
actionis exercent atque officium (rebus enim subiectis 30
ab his capiunt intellectus et per nomina verbaque

14 designentur T   doctis S[1]   17. 18 min. p. art. voc.
E   19 littera T   *pro* a: id̄ T   20 grafio STE   24. 25
vel qui F[1]   29 profecti *ego*: profecto SFE, profectū T, profectus S[2]F[2]E[2]   30 exercent *ego*: exercet *codices*   atque *in
marg.* S

pronuntiant), qui vero discit vel qui audit vel etiam
qui respondet a nominibus ad intellectus progressi
ad res usque perveniunt. accipiens enim is qui discit
vel qui audit vel qui respondet docentis vel dicentis
5 vel interrogantis sermonem, quid unusquisque illorum
dicat intellegit et intellegens rerum quoque scientiam
capit et in ea consistit. recte igitur dictum est in voce,
intellectu atque re contrarie sese habere eos qui docent,
dicunt, interrogant atque eos qui discunt, audiunt et re-
10 spondent. cum igitur haec sint quattuor, litterae, voces,
intellectus, res, proxime quidem et principaliter litterae
verba nominaque significant. haec vero principaliter quidem intellectus, secundo vero loco res quoque designant.
intellectus vero ipsi nihil aliud nisi rerum significativi
15 sunt. antiquiores vero quorum est Plato, Aristoteles,
Speusippus, Xenocrates hi inter res et significationes intellectuum medios sensus ponunt in sensi-
bilibus rebus vel imaginationes quasdam, in quibus
intellectus ipsius origo consistat. et nunc quidem
20 quid de hac re Stoici dicant praetermittendum est.
hoc autem ex his omnibus solum cognosci oportet,
quod ea quae sunt in litteris eam significent orationem quae in voce consistit et ea quae est vocis oratio quod animi atque intellectus orationem designet,
25 quae tacita cogitatione conficitur, et quod haec intellectus oratio subiectas principaliter res sibi concipiat
ac designet. ex quibus quattuor duas quidem Aristoteles esse naturaliter dicit, res et animi conceptiones,
id est eam quae fit in intellectibus orationem, idcirco
30 quod apud omnes eaedem atque inmutabiles sint;

---

6 et *om.* S¹   12 uerba et nomina S²F, nomina et uerba
(*in ras.*) E   12—18 haec — designant *in marg.* E   14 significationes F   16 //usippus S, siue usippus S²FT   19
nunc *om.* SFT   20 dicunt SF   23 et quod S²FE²   est
om. S¹ uocis est F   24 quod *del.* S², *om.* FE   29 intellectus S¹

duas vero non naturaliter, sed positione constitui, quae
sunt scilicet verba nomina et litterae, quas idcirco
naturaliter fixas esse non dicit, quod (ut supra demonstratum est) non eisdem vocibus omnes aut isdem utantur elementis. atque hoc est quod ait: 5

   Sunt ergo ea quae sunt in voce earum
quae sunt in anima passionum notae et ea
quae scribuntur eorum quae sunt in voce. et
quemadmodum nec litterae omnibus eaedem,
sic nec voces eaedem. quorum autem haec 10
primorum notae, eaedem omnibus passiones
animae et quorum hae similitudines, res etiam
eaedem. de his quidem dictum est in his quae
sunt dicta de anima, alterius est enim negotii.

   Cum igitur prius posuisset nomen et verbum et 15
quaecumque secutus est postea se definire promisisset,
haec interim praetermittens de passionibus animae
deque earum notis, quae sunt scilicet voces, pauca
praemittit. sed cur hoc ita interposuerit, plurimi com- p. 298
mentatores causas reddere neglexerunt, sed a tribus 20
quantum adhuc sciam ratio huius interpositionis ex-
plicita est. quorum Hermini quidem a rerum veritate longe disiuncta est. ait enim idcirco Aristotelem
de notis animae passionum interposuisse sermonem,
ut utilitatem propositi operis inculcaret. disputaturus 25
enim de vocibus, quae sunt notae animae passionum,
recte de his quaedam ante praemisit. nam cum suae
nullus animae passiones ignoret, notas quoque cum
animae passionibus non nescire utilissimum est. neque
enim illae cognosci possunt nisi per voces quae sunt 30

1 non *om.* S¹   4. 5 eisdem FE   10 uoces eaedem F *Ar.*:
eaedem uoces *ceteri*   hae *codices cf. p. 43, 6*   12 animae
sunt *codices:* sunt *om. Ar. cf. ed. I*   hae Σ, heę Ƶ: eaedem
ceteri   14 dicta *post* anima Ƶ   enim *om.* Ƶ¹ (enim est Ƶ²)
16 definire se F   20 neglexerunt b: neglexerant *codices*
21. 22 explicata E (*corr.* E²)   23 Aristotelem F

earum scilicet notae. Alexander vero aliam huiusmodi interpositionis reddidit causam. quoniam, inquit, verba et nomina' interpretatione simplici continentur, oratio vero ex verbis nominibusque coniuncta
5 est et in ea iam veritas aut falsitas invenitur; sive
autem quilibet sermo sit simplex, sive iam oratio
coniuncta atque conposita, ex his quae significant momentum sumunt (in illis enim prius est eorum ordo
et continentia, post redundat in voces): quocirca quo-
10 niam significantium momentum ex his quae significantur oritur, idcirco prius nos de his quae voces
ipsae significant docere proponit. sed Herminus hoc
loco repudiandus est. nihil enim tale quod ad causam propositae sententiae pertineret explicuit. Ale-
15 xander vero strictim proxima intellegentia praeter-
vectus tetigit quidem causam, non tamen principalem
rationem Aristotelicae propositionis exsolvit. sed Porphyrius ipsam plenius causam originemque sermonis
huius ante oculos conlocavit, qui omnem apud priscos
20 philosophos de significationis vi contentionem litem-
que retexuit. ait namque dubie apud antiquorum
philosophorum sententias constitisse quid esset proprie
quod vocibus significaretur. putabant namque alii res
vocibus designari earumque vocabula esse ea quae
25 sonarent in vocibus arbitrabantur. alii vero incorporeas
quasdam naturas meditabantur, quarum essent significationes quaecumque vocibus designarentur: Platonis
aliquo modo species incorporeas aemulati dicentis hoc
ipsum homo et hoc ipsum equus non hanc cuiuslibet sub-
30 iectam substantiam, sed illum ipsum hominem specialem
et illum ipsum equum, universaliter et incorporaliter co-

2 interpraetationis T   6 *pro* iam: autem S, *om.* F
7 significantur b   13 ad *in marg.* E   20 de *om.* F[1]   21
apud *om.* E[1]   22 sententiae S[1]   24 eorum/////q; SE, eorumq; T
uocubula T   25 sonarent *ego*: sonauerunt S, sonauerint S[2]FE,
sonuerint T   31 equum significare T

gitantes incorporales quasdam naturas constituebant,
quas ad significandum primas venire putabant et cum
aliis item rebus in significationibus posse coniungi, ut ex
his aliqua enuntiatio vel oratio conficeretur. alii vero
sensus, alii imaginationes significari vocibus arbitra- 5
bantur. cum igitur ista esset contentio apud superiores et haec usque ad Aristotelis pervenisset aeta-
tem, necesse fuit qui nomen et verbum significativa
esset definiturus praediceret quorum ista designativa
sint. Aristoteles enim nominibus et verbis res sub- 10
iectas significari non putat, nec vero sensus vel etiam
imaginationes. sensuum quidem non esse significativas
voces nomina et verba in opere de iustitia sic declarat dicens φύσει γὰρ εὐθὺς διῄρηται τά τε νοήματα καὶ τὰ αἰσθήματα, quod interpretari Latine 15
potest hoc modo: natura enim⟨statim⟩divisa sunt
intellectus et sensus. differre igitur aliquid arbitratur sensum atque intellectum. sed qui passiones
animae a vocibus significari dicit, is non de sensibus
loquitur. sensus enim corporis passiones sunt. si 20
igitur ita dixisset passiones corporis a vocibus significari, tunc merito sensus intellegeremus. sed quoniam
passiones animae nomina ¦et verba significare proposuit, non sensus sed intellectus eum dicere putandum
est. sed quoniam imaginatio quoque res animae est, 25
dubitaverit aliquis ne forte passiones animae imagi-

14 Ar. fragm. coll. VRose 76

2 per quas se F² 9 designativa b: designificatiua *co-*
dices 14 διῄρηται *ego* (*cf. Ar. 1162,22 eth. Nic. VIII, 14:*
εὐθὺς γὰρ διῄρηται τὰ ἔργα καὶ ἔστιν ἕτερα ἀνδρὸς καὶ γυ-
ναικός): ΑΝΗΡΗΤΑΙ SGNJTE; *verba Graeca om.* F (ΦΥΣΕΙ
ΓΑΡ ΕΥΘ *et alia in marg.* F²), dicens hic deest grecum quod
interpretari B 15 ΑΙΣΤΗΜΑΤΑ EN Latine *om.* F
16 potes *VRose* statim *ego add.: om. codices* diuersa E²
est N 19 a *om.* S¹F 23 designificare F 26 animae
om. F

nationes, quas Graeci φαντασίας nominant, dicat. sed
haec in libris de anima verissime diligentissimeque
separavit dicens ἔστιν δὲ φαντασία ἕτερον φάσεως καὶ
ἀποφάσεως· συμπλοκὴ γὰρ νοημάτων ἐστὶν τὸ ἀληθὲς
5 καὶ τὸ ψεῦδος. τὰ δὲ πρῶτα νοήματα τί διοίσει τοῦ
μὴ φαντάσματα εἶναι; ἢ οὐδὲ ταῦτα φαντάσματα, ἀλλ᾽
οὐκ ἄνευ φαντασμάτων. quod sic interpretamur: est
autem imaginatio diversa adfirmatione et negatione; conplexio namque intellectuum est
10 veritas et falsitas. primi vero intellectus quid
discrepabunt, ut non sint imaginationes? an
certe neque haec sunt imaginationes, sed sine
imaginationibus non sunt. quae sententia demonstrat aliud quidem esse imaginationes, aliud in-
15 tellectus; ex intellectuum quidem conplexione adfirma-
p. 299 tiones fieri et negationes: | quocirca illud quoque du-
bitavit, utrum primi intellectus imaginationes quaedam
essent. primos autem intellectus dicimus, qui simplicem rem concipiunt, ut si qui dicat Socrates solum
20 dubitatque utrum huiusmodi intellectus, qui in se nihil neque veri continet neque falsi, intellectus sit an
ipsius Socratis imaginatio. sed de hoc quoque aperte
quid videretur ostendit. ait enim an certe neque
haec sunt imaginationes, sed non sine imagi-
25 nationibus sunt. id est quod hic sermo significat
qui est Socrates vel alius simplex non est quidem
imaginatio, sed intellectus, qui intellectus praeter imaginationem fieri non potest. sensus enim atque ima-

3 Ar. de an. III, 8: 432, 10—14.

1 fantasias F, phantasias *ceteri*   2 haec b: hoc *codices*
diligentissimeque neq; N (*corr.* aeque N¹?)   3—7 dicens.
ΕΣΤΙΝ ΔΕ (*cet. om.*) F,   dicens hic item deest grecum B
6 φαντάσματα = imaginationes: ΦΑΝΤΑΣΜΑ *codices   pro*
ἢ: N *codices   7* interpretatur EN   10 aliquid S²F   13.
14 demonstret T, *corr.* T²   19 quis F   25 idem (*pro* id
est) T²   26 *pro* qui: quid S, quod S²F

ginatio quaedam primae figurae sunt, supra quas velut
fundamento quodam superveniens intellegentia nitatur.
nam sicut pictores solent designare lineatim corpus
atque substernere ubi coloribus cuiuslibet exprimant
vultum, sic sensus atque imaginatio naturaliter in 5
animae perceptione substernitur. nam cum res aliqua
sub sensum vel sub cogitationem cadit, prius eius
quaedam necesse est imaginatio nascatur, post vero
plenior superveniat intellectus cunctas eius explicans
partes quae confuse fuerant imaginatione praesumptae. 10
quocirca inperfectum quiddam est imaginatio, nomina
vero et verba non curta quaedam, sed perfecta significant. quare recta Aristotelis sententia est: quaecumque in verbis nominibusque versantur, ea neque
sensus neque imaginationes, sed solam significare in- 15
tellectuum qualitatem. unde illud quoque ab Aristotele fluentes Peripatetici rectissime posuerunt tres
esse orationes, unam quae scribi possit elementis, alteram quae voce proferri, tertiam quae cogitatione
conecti unamque intellectibus, alteram voce, tertiam 20
litteris contineri. quocirca quoniam id quod significaretur a vocibus intellectus esse Aristoteles putabat, nomina vero et verba significativa esse in eorum
erat definitionibus positurus, recte quorum essent significativa praedixit erroremque lectoris ex multiplici 25
veterum lite venientem sententiae suae manifestatione
conpescuit. atque hoc modo nihil in eo deprehenditur
esse superfluum, nihil ab ordinis continuatione se-
iunctum. quaerit vero Porphyrius, cur ita dixerit:
sunt ergo ea quae sunt in voce, et non sic: sunt 30

---

3 si quod S¹E¹   7 alt. sub om. F   enim (pro eius) E
10 confuse b: confusae SF, confusa TE   in im. S², in yma-
ginationem F   praesumpta T   15 imaginationis SFE¹?
18 sit (pro possit) S¹   19 cogitationem SFE   20 conecti
ego: conectit codices, connectitur b   21 teneri F, corr. F²
22 esse om. T¹   28 ad T

igitur voces; et rursus cur ita et ea quae scribuntur et non dixerit: et litterae, quod resolvit hoc
modo. dictum est tres esse apud Peripateticos orationes, unam quae litteris scriberetur, aliam quae pro
5 ferretur in voce, tertiam quae coniungeretur in animo.
quod si tres orationes sunt, partes quoque orationis
esse triplices nulla dubitatio est. quare quoniam verbum et nomen principaliter orationis partes sunt,
erunt alia verba et nomina quae scribantur, alia quae
10 dicantur, alia quae tacita mente tractentur. ergo quoniam proposuit dicens: primum oportet constituere, quid nomen et quid verbum, triplex autem
nominum natura est atque verborum, de quibus potissimum proposuerit et quae definire velit ostendit. et
15 quoniam de his nominibus loquitur ac verbis, quae
voce proferuntur, idem ipsum planius explicans ait:
sunt ergo ea quae sunt in voce earum quae
sunt in anima passionum notae et ea quae scribuntur eorum quae sunt in voce, velut si diceret:
20 ea verba et nomina quae in vocali oratione proferuntur
animae passiones denuntiant, illa autem rursus verba
et nomina quae scribuntur eorum verborum nominumque significantiae praesunt quae voce proferuntur.
nam sicut vocalis orationis verba et nomina conce
25 ptiones animi intellectusque significant, ita quoque
verba et nomina illa quae in solis litterarum formulis
iacent illorum verborum et nominum significativa
sunt quae loquimur, id est quae per vocem sonamus.
nam quod ait: sunt ergo ea quae sunt in voce,
30 subaudiendum est verba et nomina. et rursus cum
dicit: et ea quae scribuntur, idem subnectendum
rursus est verba scilicet vel nomina. et quod rursus

1 cur *om.* F¹   4. 5 proferetur F²T   8 *post* nomen
ras. sex vel octo litt. in S   12 quid sit n. *codices*   17 ergo
om. SF   21 uerba rursus F   24 uerba orationis F   30. 31
cum dicit rursus F   32 vel] et b

adiecit: eorum quae sunt in voce, addendum eorum nomimum atque verborum quae profert atque
explicat vocalis oratio. quod si nihil deesset omnino,
ita foret totius plenitudo sententiae: sunt ergo ea
verba et nomina quae sunt in voce earum quae sunt 5
in anima passionum notae et ea verba et nomina
quae scribuntur eorum verborum et nominum quae
sunt in voce. quod communiter intellegendum est, li-
cet ea | quae subiunximus deesse videantur. quare non p. 300
est disiuncta sententia, sed primae propositioni con- 10
tinua. nam cum quid sit verbum, quid nomen definire
constituit, cum nominis et verbi natura sit multiplex,
de quo verbo et nomine tractare vellet clara significatione distinxit. incipiens igitur ab his nominibus
ac verbis quae in voce sunt, quorum essent significa- 15
tiva disseruit. ait enim haec passiones animae designare. illud quoque adiecit quibus ipsa verba et nomina quae in voce sunt designentur, his scilicet quae
litterarum formulis exprimuntur. sed quoniam non
omnis vox significativa est, verba vero vel nomina 20
numquam significationibus vacant quoniamque non
omnis vox quae significat quaedam positione designat,
sed quaedam naturaliter, ut lacrimae, gemitus atque
maeror (animalium quoque ceterorum quaedam voces
naturaliter aliquid ostentant, ut ex canum latratibus 25
iracundia eorumque alia quadam voce blandimenta
monstrantur), verba autem et nomina positione significant neque solum sunt verba et nomina voces, sed
voces significativae nec solum significativae, sed etiam
quae positione designent aliquid, non natura: non di- 30
xit: sunt igitur voces earum quae sunt in anima passionum notae. namque neque omnis vox significativa

5. 6 quae sunt in v.—nomina *in marg.* F   15 sunt] sunt
designantes TG   17 et uerba et T   20 vel] et b   21 vacant *ego*: uacarent *codices*, carent b   que *om.* S¹   22 quadam S²E   24 moerorem S, merorē FE   32 nam FT

est et sunt quaedam significativae quae naturaliter
non positione significent. quod si ita dixisset, nihil
ad proprietatem verborum et nominum pertineret.
quocirca noluit communiter dicere voces, sed dixit
5 tantum ea quae sunt in voce. vox enim universale
quiddam est, nomina vero et verba partes. pars autem
omnis in toto est. verba ergo et nomina quoniam sunt
intra vocem, recte dictum est ea quae sunt in voce,
velut si diceret: quae intra vocem continentur intel-
10 lectuum designativa sunt. sed hoc simile est ac si ita
dixisset: vox certo modo sese habens significat intellectus. non enim (ut dictum est) nomen et verbum
voces tantum sunt. sicut nummus quoque non solum
aes inpressum quadam figura est, ut nummus vocetur,
15 sed etiam ut alicuius rei sit pretium: eodem quoque
modo verba et nomina non solum voces sunt, sed
positae ad quandam intellectuum significationem. vox
enim quae nihil designat, ut est garalus, licet eam
grammatici figuram vocis intuentes nomen esse con-
20 tendant, tamen eam nomen philosophia non putabit,
nisi sit posita ut designare animi aliquam conceptio-
nem eoque modo rerum aliquid possit. etenim nomen
alicuius nomen esse necesse erit; sed si vox aliqua
nihil designat, nullius nomen est; quare si nullius est,
25 ne nomen quidem esse dicetur. atque ideo huiusmodi
vox id est significativa non vox tantum, sed verbum
vocatur aut nomen, quemadmodum nummus non aes,
sed proprio nomine nummus, quo ab alio aere discrepet, nuncupatur. ergo haec Aristotelis sententia
30 qua ait ea quae sunt in voce nihil aliud designat
nisi eam vocem, quae non solum vox sit, sed quae
cum vox sit habeat tamen aliquam proprietatem et

4 dicere (*pro* dixit) T   9. 10 des. s. intell. T, *corr.* T²
13 nummos S¹   18 garulus F   ' 20 putabit *ego*: putavit
codices · 22 aliq. rer. F   25 dicitur T   ideo *om.* F¹
27 — 28 non — nummus *in marg.* S   30 qua ait *om.* F¹

aliquam quodammodo figuram positae significationis inpressam. horum vero id est verborum et nominum quae sunt in voce aliquo modo se habente ea sunt scilicet significativa quae scribuntur, ut hoc quod dictum est quae scribuntur de verbis ac nominibus 5 dictum quae sunt in litteris intellegatur. potest vero haec quoque esse ratio cur dixerit et quae scribuntur: quoniam litteras et inscriptas figuras et voces, quae isdem significantur formulis, nuncupamus (ut a et ipse sonus litterae nomen capit et illa quae 10 in subiecto cerae vocem significans forma describitur), designare volens, quibus verbis atque nominibus ea quae in voce sunt adparerent, non dixit litteras, quod ad sonos etiam referri potuit litterarum, sed ait quae scribuntur, ut ostenderet de his litteris dicere quae 15 in scriptione consisterent id est quarum figura vel in cera stilo vel in membrana calamo posset effingi. alioquin illa iam quae in sonis sunt ad ea nomina referuntur quae in voce sunt, quoniam sonis illis nomina et verba iunguntur. sed Porphyrius de utra- 20 que expositione iudicavit dicens: id quod ait et quae scribuntur non potius ad litteras, sed ad verba et nomina quae posita sunt in litterarum inscriptione referendum. restat igitur ut illud quoque addamus, cur non ita dixerit: sunt ergo ea quae sunt in voce 25 intellectuum notae, sed ita earum quae sunt in anima passionum | notae. nam cum ea quae sunt p. 301 in voce res intellectusque significent, principaliter quidem intellectus, res vero quas ipsa intellegentia conprehendit secundaria significatione per intellectuum 30 medietatem, intellectus ipsi non sine quibusdam passionibus sunt, quae in animam ex subiectis veniunt rebus. passus enim quilibet eius rei proprietatem,

3 sese E   5 et F   8 scriptas b   15 se de?   15. 16 quae inscriptione T   17 menbrana F   23 proposita F 24 illas T¹   26 si T   31. 32 medietatibus (*pro* pass.) T

quam intellectu conplectitur, ad eius enuntiationem
designationemque contendit. cum enim quis aliquam
rem intellegit, prius imaginatione formam necesse est
intellectae rei proprietatemque suscipiat et fiat vel
5 passio vel cum passione quadam intellectus perceptio.
hac vero posita atque in mentis sedibus conlocata fit
indicandae ad alterum passionis voluntas, cui actus
quidam continuandae intellegentiae protinus ex intimae
rationis potestate supervenit, quem scilicet explicat et
10 effundit oratio nitens ea quae primitus in mente fun-
data est passione, sive, quod est verius, significatione
progressa oratione progrediente simul et significantis
se orationis motibus adaequante. fit vero haec passio
velut figurae alicuius inpressio, sed ita ut in animo
15 fieri consuevit. aliter namque naturaliter inest in re
qualibet propria figura, aliter vero eius ad animum
forma transfertur, velut non eodem modo cerae vel
marmori vel chartis litterae id est vocum signa man-
dantur. et imaginationem Stoici a rebus in animam
20 translatam loquuntur, sed cum adiectione semper dicentes ut in anima. quocirca cum omnis animae
passio rei quaedam videatur esse proprietas, porro
autem designativae voces intellectuum principaliter,
rerum dehinc a quibus intellectus profecti sunt signi-
25 ficatione nitantur, quidquid est in vocibus significativum, id animae passiones designat. sed hae passiones
animarum ex rerum similitudine procreantur. videns

4 intellegi T (corr. T¹)   5 intellectio T   6 Haec T
8 quidem F   9 quem actum F, actum supra lin. J, s. actum
supra lin. S² 12 oratione ego: oratio codices; oratio suprascr.
s. explicat S², oratio//////////explicat F   significatione del. et
post simul transponit F² (E in marg.: aliter siue quod est verius significatione progrediente oratio progressa simul et se
signif. or. mot. adaeq.)   13 metibus S¹, mentibus F¹   17
transferetur T, corr. T²   17 vel om. F   19 a om. S¹   25
nitatur S¹E¹   27 animorum SFE   et T¹E¹

namque aliquis sphaeram vel quadratum vel quamlibet
aliam rerum figuram eam in animi intellegentia quadam vi ac similitudine capit. nam qui sphaeram viderit, eius similitudinem in animo perpendit et cogitat
atque eius in animo quandam passus imaginem id 5
cuius imaginem patitur agnoscit. omnis vero imago
rei cuius imago est similitudinem tenet: mens igitur
cum intellegit, rerum similitudinem conprehendit.
unde fit ut, cum duorum corporum maius unum, minus
alterum contuemur, a sensu postea remotis corporibus 10
illa ipsa corpora cogitantes illud quoque memoria ser-
vante noverimus sciamusque quod minus, quod vero
maius corpus fuisse conspeximus, quod nullatenus eveniret, nisi quas semel mens passa est rerum similitudines optineret. quare quoniam passiones animae 15
quas intellectus vocavit rerum quaedam similitudines
sunt, idcirco Aristoteles, cum paulo post de passionibus animae loqueretur, continenti ordine ad similitudines transitum fecit, quoniam nihil differt utrum
passiones diceret an similitudines. eadem namque res 20
in anima quidem passio est, rei vero similitudo. et
Alexander hunc locum: sunt ergo ea quae sunt
in voce earum quae sunt in anima passionum
notae et ea quae scribuntur eorum quae sunt
in voce. et quemadmodum nec litterae omni- 25
bus eaedem, sic nec voces eaedem hoc modo
conatur exponere: proposuit, inquit, ea quae sunt in
voce intellectus animi designare et hoc alio probat
exemplo. eodem modo enim ea quae sunt in voce
passiones animae significant, quemadmodum ea quae 30
scribuntur voces designant, ut id quod ait et ea quae

1 aliquis *om.* T, aliqui E   feram S, speram S²FT
3 uię (*pro* vi ac) SF   speram FT   9 duum S²F²   12
sciamusque *ego*: sciemusq. *codices*   14 mens *om.* T   20 pass.
animae *editio princeps*   24 inscribuntur SFE   26 eaedem
uoces *codices* (*item* p. 36, 6. 7)   29 enim modo F

scribuntur ita intellegamus, tamquam si diceret:
quemadmodum etiam ea quae scribuntur eorum quae
sunt in voce. ea vero quae scribuntur, inquit Alexander, notas esse vocum id est nominum ac verbo-
5 rum ex hoc monstravit quod diceret et quemadmodum nec litterae omnibus eaedem, sic nec voces eaedem. signum namque est vocum ipsarum
significationem litteris contineri, quod ubi variae sunt
litterae et non eadem quae scribuntur varias quoque
10 voces esse necesse est. haec Alexander. Porphyrius vero quoniam tres proposuit orationes, unam
quae litteris contineretur, secundam quae verbis ac
nominibus personaret, tertiam quam mentis evolveret
intellectus, id Aristotelem significare pronuntiat,
15 cum dicit: sunt ergo ea quae sunt in voce earum
quae sunt in anima passionum notae, quod
ostenderet si ita dixisset: sunt ergo ea quae sunt in
p. 302 voce et verba et nomina animae passionum | notae.
et quoniam monstravit quorum essent voces significa-
20 tivae, illud quoque docuisse quibus signis verba vel
nomina panderentur ideoque addidisse et ea quae
scribuntur eorum quae sunt in voce, tamquam
si diceret: ea quae scribuntur verba et nomina eorum
quae sunt in voce verborum et nominum notae sunt.
25 nec disiunctam esse sententiam nec (ut Alexander
putat) id quod ait: et ea quae scribuntur ita intellegendum, tamquam si diceret: sicut ea quae scribuntur id est litterae illa quae sunt in voce significant, ita ea quae sunt in voce notas esse animae
30 passionum. primo quod ad simplicem sensum nihil
addi oportet, deinde tam brevis ordo tamque necessaria orationis non est intercidenda partitio, tertium
vero quoniam, si similis significatio est litterarum vo-

5 quo TE[1]   9 eaedem F, eedem T   13 quae F   14 aristotelen T   18 *prius* et *om*. TE   20 et b   29 sunt *om*. SF
30 primum?   quidem quod b   31 deinde quod b   tamque]
tamquam T   33 esset E[2]

cumque, quae est vocum et animae passionum, oportet sicut voces diversis litteris permutantur, ita quoque passiones animae diversis vocibus permutari, quod
non fit. idem namque intellectus variatis potest vocibus significari. sed Alexander id quod eum superius 5
sensisse memoravi hoc probare nititur argumento.
ait enim etiam in hoc quoque similem esse significationem litterarum ac vocum, quoniam sicut litterae
non naturaliter voces, sed positione significant, ita
quoque voces non naturaliter intellectus animi, sed 10
aliqua positione designant. sed qui prius recepit, ut
id quod Aristoteles ait: et ea quae scribuntur
ita dictum esset, tamquam si diceret: sicut ea quae
scribuntur, quidquid ad hanc sententiam videtur ad-
iungere, aequaliter non dubitatur errare. quocirca 15
nostro iudicio qui rectius tenere volent Porphyrii
se sententiis adplicabunt. Aspasius quoque secundae
sententiae Alexandri, quam supra posuimus, valde
consentit, qui a nobis in eodem quo Alexander errore culpabitur. Aristoteles vero duobus modis esse 20
has notas putat litterarum, vocum passionumque animae constitutas: uno quidem positione, alio vero naturaliter. atque hoc est quod ait: et quemadmodum
nec litterae omnibus eaedem, sic nec voces
eaedem. nam si litterae voces, ipsae vero voces in- 25
tellectus animi naturaliter designarent, omnes homines
isdem litteris, isdem etiam vocibus uterentur. quod
quoniam apud omnes neque eaedem litterae neque
eaedem voces sunt, constat eas non esse naturales.
sed hic duplex lectio est. Alexander enim hoc modo 30
legi putat oportere: quorum autem haec primo-

---

1. 2 oporteret E   11 recipit S, *corr.* S²   18—19 quam
— Alexander *in marg.* S   21 vocum *om.* S¹   24. 25 eaedem v. *codices (item p. 38, 10 et 29)*   27 hisdem S²F²TE
hisdem SF²TE   31 hae *codices (item p. 38, 18)*

rum notae, eaedem omnibus passiones animae
et quorum eaedem similitudines, res etiam
eaedem. volens enim Aristoteles ea quae positione
significant ab his quae aliquid designant naturaliter
5 segregare hoc interposuit: ea quae positione significant varia esse, ea vero quae naturaliter apud omnes
eadem. et incohans quidem a vocibus ad litteras venit easque primo non esse naturaliter significativas
demonstrat dicens: et quemadmodum nec litterae
10 omnibus eaedem, sic nec voces eaedem. nam si
idcirco probantur litterae non esse naturaliter significantes, quod apud alios aliae sint ac diversae, eodem
quoque modo probabile erit voces quoque non naturaliter significare, quoniam singulae hominum gentes
15 non eisdem inter se vocibus conloquantur. volens vero
similitudinem intellectuum rerumque subiectarum docere naturaliter constitutam ait: quorum autem
haec primorum notae, eaedem omnibus passiones animae. quorum, inquit, voces quae apud diver-
20 sas gentes ipsae quoque diversae sunt significationem
retinent, quae scilicet sunt animae passiones, illae
apud omnes eaedem sunt. neque enim fieri potest, ut
quod apud Romanos homo intellegitur lapis apud
barbaros intellegatur. eodem quoque modo de ceteris
25 rebus. ergo huiusmodi sententia est, qua dicit ea
quae voces significent apud omnes hominum gentes
non mutari, ut ipsae quidem voces, sicut supra monstravit cum dixit quemadmodum nec litterae
omnibus eaedem, sic nec voces eaedem, apud
30 plures diversae sint, illud vero quod voces ipsae significant apud omnes homines idem sit nec ulla ra-

---

1 animae sunt *codices* (*item* 19)   7 inchoatis T   8 si-
gnificas S¹, signifitiuas T   15 colloquuntur b   17 //////ait S,
quod ait TE (quod *del.* E¹?)   22 apud *om.* F, *add.* F¹
23 qui T   24 modo quoq. F   29 apud *ego:* cum apud
codices   31 fit F

tione valeat permutari, qui sunt scilicet intellectus
rerum, qui quoniam naturaliter sunt permutari non
possunt. atque hoc est quod ait: quorum autem
haec primorum notae, id est voces, eaedem omnibus passiones animae, ut demonstraret voces 5
quidem esse diversas, quorum autem ipsae voces significativae essent, quae sunt scilicet animae passiones,
easdem apud omnes esse nec | ulla ratione, quoniam p. 303
sunt constitutae naturaliter, permutari. nec vero in
hoc constitit, ut de solis vocibus atque intellectibus 10
loqueretur, sed quoniam voces atque litteras non esse
naturaliter constitutas per id significavit, quod eas
non apud omnes easdem esse proposuit, rursus intellectus quos animae passiones vocat per hoc esse naturales ostendit, quod apud omnes idem sint, a quibus 15
id est intellectibus ad res transitum fecit. ait enim
quorum hae similitudines, res etiam eaedem
hoc scilicet sentiens, quod res quoque naturaliter apud
omnes homines essent eaedem: sicut ipsae animae
passiones quae ex rebus sumuntur apud omnes homi- 20
nes eaedem sunt, ita quoque·etiam ipsae res quarum
similitudines sunt animae passiones eaedem apud
omnes sunt. quocirca quoque naturales sunt, sicut
sunt etiam rerum similitudines, quae sunt animae
passiones. Herminus vero huic est expositioni con- 25
trarius. dicit enim non esse verum eosdem apud
omnes homines esse intellectus, quorum voces significativae sint. quid enim, inquit, in aequivocatione
dicetur, ubi unus idemque vocis modus plura significat? sed magis hanc lectionem veram putat, ut ita 30
sit: quorum autem haec primorum notae, hae
omnibus passiones animae et quorum hae similitudines, res etiam hae: ut demonstratio vi-

---

4 hae *codices* (*item* 31)   5 animae sunt *codices* (*item* 32)
21 quarum b: quorum *codices*   23 homines F, *corr.* F² res
quoq. b   28 sunt F   31 autem *om.* S¹

deatur quorum voces significativae sint vel quorum
passiones animae similitudines. et hoc simpliciter accipiendum est secundum Herminum, ut ita dicamus:
quorum voces significativae sunt, illae sunt animae
5 passiones, tamquam diceret: animae passiones sunt,
quas significant voces, et rursus quorum sunt similitudines ea quae intellectibus continentur, illae sunt
res, tamquam si dixisset: res sunt quas significant intellectus. sed Porphyrius de utrisque acute subti-
10 literque iudicat et Alexandri magis sententiam probat, hoc quod dicat non debere dissimulari de multiplici aequivocationis significatione. nam et qui dicit
ad unam quamlibet rem commodat animum, scilicet
quam intellegens voce declarat, et unum rursus intel-
15 lectum quemlibet is qui audit exspectat. quod si, cum
uterque ex uno nomine res diversas intellegunt, ille
qui nomen aequivocum dixit designet clarius, quid illo
nomine significare voluerit, accipit mox qui audit et
ad unum intellectum utrique conveniunt, qui rursus
20 fit unus apud eosdem illos apud quos primo diversae
fuerant animae passiones propter aequivocationem nominis. neque enim fieri potest, ut qui voces positione
significantes a natura eo distinxerit quod easdem apud
omnes esse non diceret, eas res quas esse naturaliter
25 proponebat non eo tales esse monstraret, quod apud
omnes easdem esse contenderet. quocirca Alexander
vel propria sententia vel Porphyrii auctoritate pro-
bandus est. sed quoniam ita dixit Aristoteles:
quorum autem haec primorum notae, eaedem
30 omnibus passiones animae sunt, quaerit Ale-

9. 10 suptiliterq. SE   11 hoc *del.* S², *om.* F   quod F:
quo STEGN, quoque E²   dicit E²   14 voce *eras. in* F
16 utrique?   17 designat T   quod T   18 nomen S¹
23 distinxerint T   quos (*suprascr.* d) S, qui (*in marg.* quod)
T   24 eas] is?   25 demonstraret T   27 pro porphirii E
29 hae *codices*

xander: si rerum nomina sunt, quid causae est ut
primorum intellectuum notas esse voces diceret Aristoteles? rei enim ponitur nomen, ut cum dicimus
homo significamus quidem intellectum, rei tamen nomen est id est animalis rationalis mortalis. cur ergo 5
non primarum magis rerum notae sint voces quibus
ponuntur potius quam intellectuum? sed fortasse
quidem ob hoc dictum est, inquit, quod licet voces
rerum nomina sint, tamen non idcirco utimur vocibus,
ut res significemus, sed ut eas quae ex rebus nobis 10
innatae sunt animae passiones. quocirca propter quorum significantiam voces ipsae proferuntur, recte eorum primorum esse dixit notas. in hoc vero Aspasius permolestus est. ait enim: qui fieri potest, ut
eaedem apud omnes passiones animae sint, cum tam 15
diversa sententia de iusto ac bono sit? arbitratur
Aristotelem passiones animae non de rebus incorpo-
ralibus, sed de his tantum quae sensibus capi possunt passiones animae dixisse. quod perfalsum est.
neque enim umquam intellexisse dicetur, qui fallitur, 20
et fortasse quidem passionem animi habuisse dicetur,
quicumque id quod est bonum non eodem modo quo
est, sed aliter arbitratur, intellexisse vero non dicitur.
Aristoteles autem cum de similitudine loquitur, de
intellectu pronuntiat. neque enim fieri potest, ut qui 25
quod bonum est malum esse arbitratur boni similitudinem mente conceperit. neque enim intellexit rem
subiectam. sed quae sunt iusta ac bona ad positionem
omnia naturamve referuntur. et si de iusto ac | bono p. 304
ita loquitur, ut de eo quod civile ius aut civilis in- 30

1 quod T   causa S F   2 dixerit b   4 *pro* tamen:
quidem T   6 sunt E, *corr.* E²   8 quidem *post* dictum F
10 n̄ris S T E (*corr.* S²E²)   11 sint S   praeter T   13 esse
prim. F   22 //////id S, cum id T E (cum *del.* E²)   quidem
(*pro* quod est) T   quo S²F²: quod S F T E   23 dicetur?
29 si *om.* S¹   30 ita *om.* F¹

iuria dicitur, recte non eaedem sunt passiones animae,
quoniam civile ius et civile bonum positione est, non
natura. naturale vero bonum atque iustum apud
omnes gentes idem est. et de deo quoque idem: cuius
5 quamvis diversa cultura sit, idem tamen cuiusdam
eminentissimae naturae est intellectus. quare repetendum breviter a principio est. ⟨a⟩partibus enim ad
orationem usque pervenit: nam quod se prius quid
esset verbum, quid nomen constituere dixit, hae mi-
10 nimae orationis partes sunt; quod vero adfirmationem
et negationem, iam de conposita ex verbis et nominibus oratione loquitur, quae eaedem rursus partes sunt
enuntiationis. et post enuntiationis propositionem de
oratione loqui proposuit, cuius ipsa quoque enuntiatio
15 pars est. et quoniam (ut dictum est) triplex est
oratio, quae in litteris, quae in voce, quae in intellectibus est, qui verbum et nomen definiturus esset
eaque significativa positurus, dicit prius quorum significativa sint ipsa verba et nomina et incohat quidem
20 ab his nominibus et verbis quae sunt in voce dicens:
sunt ergo ea quae sunt in voce et demonstrat
quorum sint significativa adiciens earum quae sunt
in anima passionum notae. rursus nominum
ipsorum verborumque quae in voce sunt ea verba et
25 nomina quae essent in litteris constituta significativa
esse declarat dicens et ea quae scribuntur eorum
quae sunt in voce. et quoniam quattuor ista quaedam sunt: litterae, voces, intellectus, res, quorum litterae et voces positione sunt, natura vero res atque
30 intellectus, demonstravit voces non esse naturaliter,
sed positione per hoc quod ait non easdem esse apud
omnes, sed varias, ut est et quemadmodum nec

---

1 non recte F   7 a *ego add.*: *om. codices*   8 quod *om.* T
15. 16 or. est F   16 *postrem.* in *om.* FE   18 ea quae FE
positurus b: positurus est *codices*   22 sign. sint F   eorum SFE
30 litteras et voces?   31 per *om.* SFT   quod b: quo/// F, quo STE

litterae omnibus eaedem, sic nec voces eaedem. ut vero demonstraret intellectus et res esse
naturaliter, ait apud omnes eosdem esse intellectus,
quorum essent voces significativae, et rursus apud
omnes easdem esse res, quarum similitudines essent 5
animae passiones, ut est quorum autem haec primorum notae, scilicet quae sunt in voce, eaedem
omnibus passiones animae et quorum hae similitudines, res etiam eaedem. passiones autem
animae dixit, quoniam alias diligenter ostensum est 10
omnem vocem animalis aut ex passione animae aut
propter passionem proferri. similitudinem vero passionem animae vocavit, quod secundum Aristotelem
nihil aliud intellegere nisi cuiuslibet subiectae rei
proprietatem atque imaginationem in animae ipsius 15
reputatione suscipere, de quibus animae passionibus in
libris se de anima commemorat diligentius disputasse.
sed quoniam demonstratum est, quoniam et verba et
nomina et oratio intellectuum principaliter significativa sunt, quidquid est in voce significationis ab in- 20
tellectibus venit. quare prius paululum de intellectibus perspiciendum ei qui recte aliquid de vocibus
disputabit. ergo quod supra passiones animae et similitudines vocavit, idem nunc apertius intellectum
vocat dicens: 25.

Est autem, quemadmodum in anima aliquotiens quidem intellectus sine vero vel falso,
aliquotiens autem cui iam necesse est horum
alterum inesse, sic etiam in voce; circa conpositionem enim et divisionem est falsitas veri- 30

1. 2 eaedem v. *codices*   2 et] ut E, *corr.* E²   3 intellectus esse E   5 quarum b: quorum *codices*   6 haec E *Ar.*
ταῦτα: hae E² *et ceteri*   8 animae sunt *codices*   14 aliud S:
aliud est S²F, est aliud TE   18 *alt.* quon.] quomodo E
22 perspiciendum S: persp. est S²FTE   de *om.* SF   23
disputauit S¹F¹TE   28 cui *Ar.* ᾧ cf. *ed. I*: cum *codices*
30 autem Σ𝔗   falsitas ueritasq; Σ𝔗: ueritas fals. *ceteri*

tasque. nomina igitur ipsa et verba consimilia
sunt sine conpositione vel divisione intellectui, ut homo vel album, quando non additur
aliquid; neque enim adhuc verum aut falsum
5 est. huius autem signum hoc est: hircocervus
enim significat aliquid, sed nondum verum vel
falsum, si non vel esse vel non esse addatur,
vel simpliciter vel secundum tempus.

Quoniam nomen et verbum atque omnis oratio
10 significativa sunt animae passionum, ex ipsis sine dubio
quae designant in eisdem vocibus proprietas significa-
cationis innascitur. hic vero est totus atque continuus
Aristotelicae ordo sententiae: quoniam, inquit, ea
primum vocibus significantur quae animo et cogitatione
15 versamus, intellectuum vero alios quidem simplices et
p. 305 sine veri vel falsi enuntiatione perpendimus, | ut cum
nobis hominis proprietas tacita imaginatione suggeri-
tur (nulla namque ex hac intellegentiae simplicitate
vel veritatis nascitur vel falsitatis agnitio), sunt vero
20 intellectus quidam conpositi atque coniuncti in quibus
inest iam quaedam veritatis vel falsitatis inspectio, ut
cum ad quamlibet simplicem perceptionem mentis adiungitur aliud quod esse aliquid vel non esse constituat,
ut si ad hominis intellectum esse vel non esse vel
25 album esse vel album non esse copuletur (fient enim
cogitabiles orationes veritatis vel falsitatis participes
hoc modo: homo est, homo non est, homo albus
est, homo albus non est, quarum quidem homo
est vel homo albus est conpositione dicitur: nam
30 prior esse atque hominem, posterior hominem albo
conposita intellectus praedicatione conectit): sin vero ad
hominis intellectum adiciam quiddam, ut ita sit homo

---

1 ipsa *post* verba F   et similia (*suprascr.* con) T
5 hoc est *om.* Σ   7 si non vel esse *om.* F   additur T, *corr.* T²
14 in animo T   15 uersantur S²F²   17 hominis b: nominis
cod.   26 vel falsitatis///// S, falsitatisque (*om.* vel) TE   31 si ergo?

est vel non est vel albus est aut aliquid tale,
tunc in ipsa cogitatione veritas aut falsitas nascitur:
ergo, inquit, quemadmodum aliquotiens quidam simplices intellectus sunt, qui vero falsoque careant, quidam vero in quibus horum alterum reperiatur, sic 5
etiam et in voce. nam quae voces denuntiant simplices
intellectus, ipsae quoque a falsitate et veritate seiunctae
sunt, quae vero huiusmodi significant intellectus in
quibus iam vel veritas vel falsitas constituta est, in
ipsis quoque horum alterum inveniri necesse est. nam 10
si quis hoc solum dicat homo vel album vel etiam
hircocervus, quamquam ista quiddam significent,
quoniam tamen significant simplicem intellectum, manifestum est omni veritatis vel falsitatis proprietate carere.
et tota quidem sententia se hoc modo habet. diligen- 15
tius tamen est attendendum quid est quod ait: circa
conpositionem enim et divisionem est falsitas
veritasque; quid etiam quod dictum est: nomina
igitur ipsa et verba consimilia sunt sine conpositione vel divisione intellectui; illud quoque 20
cur conposito nomine vel cur etiam usus est non rei
subsistentis exemplo, ut diceret hircocervus enim
significat aliquid. nec illud praetereundum est quid
est quod dictum sit vel simpliciter vel secundum
tempus. et primum quidem de eo dicendum est quod 25
ait: circa conpositionem enim et divisionem
est falsitas veritasque. quaeritur namque, utrumne
omnis veritas circa conpositionem divisionemque sit, an
quaedam est, quaedam vero minime. illud quoque, an in
omni conpositione vel divisione veritas falsitasque con- 30
stituta sit, an hoc non generaliter, sed in quadam conpositionis vel divisionis parte veritas falsitasque versetur. in
opinionibus namque veritas est, quotiens ex subiecta

    2 vel F   3 inquit vel F   quidem?   13 simplicem *om.* F¹
15 se *om.* E¹   17. 18 ueritas fals. *codices*   21 rei non b   23.24
quid sit quod d. est b   25 primum F: primo *cet.*   28 que *om.* S¹

re capitur imaginatio vel etiam quotiens ita, ut sese
res habet, imaginationem accipit intellectus; falsitas
vero est quotiens aut non ex subiecto aut non ut
sese habet res imaginatio subicitur intellectui. sed ad-
5 huc in veritate atque falsitate nihil equidem aliud
reperitur nisi quaedam opinionis habitudo ad subiectam rem. qua enim habitudine et quomodo sese
habeat imaginatio ad rem subiectam, hoc solum in
hac veritate vel falsitate perspicitur. quam quidem
10 habitudinem nullus dixerit conpositionem. in hoc vero
divisionis nullus ne fictus quidem modus intellegi potest. illud quoque considerandum est, numne aliqua
sit in his conpositio vel divisio, quae secundum substantiam suam vera dicuntur, ut est vera voluptas
15 bene vivendi, ut est falsa voluptas bellandi. etiam illud
quoque respiciendum est, quod in omnium maximo deo
quidquid intellegitur non in eo accidenter, sed substantialiter intellegitur. etenim quae bona sunt substantialiter de eo non accidenter credimus. quod si
20 substantialiter credimus deum, deum vero nullus dixerit
falsum nihilque in eo accidenter poterit evenire, ipsa
veritas deus dicendus est. ubi igitur conpositio vel
divisio in his quae simplicia naturaliter sunt nec ulla
cuiuslibet rei conlatione iunguntur? quare non omnis
25 veritas neque falsitas circa conpositionem divisionemque constat, sed sola tantum quae in multitudine intellectuum fit et in prolatione dicendi. nam in ipsa
quidem habitudine imaginationis et rei nulla conpositio
est, in coniunctione vero intellectuum conpositio fit.
30 nam cum dico Socrates ambulat, hoc ipsum quidem,

2 — 4 imaginationem — res *in marg.* F   8 *alterum* non
supra lin. T   4 intellectu T, *corr.* T²   7 quia T   8 habet F
10 nullas T   11 nullus TE²: ullus *ceteri*   ne b: nec *codices*
12 num ne ST, ne non F   14 dicuntur aut falsa b   15
uidendi T   20 vero *om.* F   dixerit E²: disserit *codices*
28. 29. compositionest T, *corr.* T²

quod eum ambulare concepi, nulla conpositio est; quod
vero in intellectus progressione ambulationem cum So-
crate coniungo, quaedam iam facta est conpositio. | p. 306
quod si hoc oratione protulero, rursus eadem conpositio est et circa eam vis veritatis et falsitatis adparet. 5
quocirca in his solis conpositionibus invenitur veritas
atque mendacium, de quibus tota nunc quaestio est,
in nomine scilicet et verbo, in negatione et adfirmatione et enuntiatione et oratione. quae scilicet conpositiones veritatis et falsitatis naturam ab intellectibus 10
accipientes in significationis prolatione conservant. de
divisione autem quae ad negationem pertinet deque
conpositione quae ad adfirmationem paulo post enuclea-
tius dicam. nunc illud videndum est, utrum verum sit
circa omnem conpositionem circaque omnem divisionem 15
veritatem vel mendacium provenire, quod omnino falsum
est. quis enim dixerit huiusmodi nominum coniunctionem et Socrates et Plato vel si a se haec nomina dividantur nec Socrates nec Plato veri aliquam falsive tenere significantiam? quare confitendum 20
est non circa omnem divisionem neque circa omnem
conpositionem, eam scilicet quae in oratione versatur,
mendacium veritatemque subsistere. sed illud verissi-
mum est, quod omnis quae est in oratione veritas
falsitasque in conpositione et divisione nascitur, non 25
tamen omnis orationis conpositio vel divisio verum
retinet aut falsum. ergo si sic dixisset: circa omnem
conpositionem vel divisionem veritas falsitasque est,
mentiretur. sed quoniam dixit simpliciter: veritas
falsitasque circa conpositionem divisionemque est, veris- 30
sime subtilissimeque dixisse putandus est. illa enim

      1 *pr.* quod *om.* S¹   2 vero *om.* T   non ambulationem E¹
7 falsitas (*suprascr.* vel mendacium) T   9. 10 quae — conpositiones *ego*: quā — compositiōnē SF, qua — compositione TE
11 significatinis T   de *om.* T¹   13 ad *om.* SF¹E¹   24
alt. est *om.* F¹   29 simpliter T

nomina quae ita dicuntur simplicia, ut veritatem aut
falsitatem quodammodo valeant designare, huiusmodi
sunt, ut intra se atque intra significationem suam
quandam retineant conpositionem, ut si qui dicat lego.
5 hoc est enim dicere lego, tamquam si dicat ego
lego. hoc autem conpositio est. vel quotiens interrogante alio respondet alius uno tantum sermone, videtur quoque tunc simplex sermo veritatem mendaciumque perficere. quod perfalsum est. audientis namque
10 responsio ad totum ordinem superioris enuntiationis
adiungitur: ut si quis interroganti mundusne animal
sit, est responderit, videtur haec una particula veritatem vel mendacium continere, sed falso. non enim
una est, sed ad vim ipsius responsionis intuenti tale
15 est ac si diceret mundus animal est. quod vero
ait nomina ipsa et verba consimilia esse sine
conpositione vel divisione intellectui, illud designat, quod supra iam dixit, ea quae sunt in voce
notas esse animae passionum. quod si notae sunt,
20 sicut litterae vocum in se similitudinem gerunt, ita
voces intellectuum. et quoniam dictum est, cur de similitudine verborum nominumque atque animae passionum
dixerit, cur etiam circa conpositionem et divisionem
falsum verumque esse proposuerit, dicendum est quid
25 sit ipsa conpositio vel divisio, in qua veritas et falsitas
invenitur. nam quoniam de simplici enuntiativa oratione perpendit, ut posterius ipse in divisione declarat
dicens: est autem una prima oratio enuntiativa
adfirmatio, deinde negatio, illam nunc conposi-
30 tionem designare vult, quae alicuius vel substantiam
constituit vel aliquid secundum esse coniungit. nam
cum dico Socrates est, hoc ipsum esse Socrati
adplico et substantiam eius esse constituo. sin vero

4 quis F   6 haec F   7 aliquo F²   25 qua *om.* S¹
33 esse *om.* F¹

dixero Socrates philosophus est, philosophiam et
Socratem secundum esse conposui, vel si dicam Socrates ambulat, huiusmodi est tamquam si dicam
Socrates ambulans est. igitur quotiens huiusmodi
fuerit conpositio, quae secundum esse verbum vel sub- 5
stantiam constituat vel res coniungat, adfirmatio dicitur et in ea veri falsique natura perspicitur. et quoniam
omnis negatio ad praedicationem constituitur (huius
enim adfirmationis quae est Socrates est negatio
est non ea quae dicit non Socrates est, sed ea quae 10
pronuntiat Socrates non est et ad id quod esse Socrates dictus est negatio adponitur, ut eum id dicamus non esse, quod ante dictus est esse): igitur quoniam id quod in adfirmatione secundum esse vel
constitutum vel coniunctum fuerit ad id addita negatio 15
separat, vel ipsam substantiae constitutionem vel etiam
factam per id quod dictum est esse aliquid coniunctionem, divisio vocatur. quando enim dico Socrates non est, esse a Socrate seiunxi et cum
dico Socrates philosophus non est, Socraten 20
ab eo quod est philosophum esse separavi, quam
separationem, quae ad negationem pertinet, divisionem vocavit. ergo manifestum est, quoniam si sim-
plex in animae | passionibus intellectus fuerit, cum p. 307
ipse intellectus nullam adhuc veri falsique retineat 25
naturam, eius quoque prolationem ab utrisque esse
separatam. sed cum conpositio secundum esse facta
vel etiam divisio in intellectibus, in quibus principaliter
veritas et falsitas procreatur, evenerit, quoniam ex intellectibus voces capiunt significationem, eas quoque 30
secundum intellectuum qualitatem veras vel falsas esse
necesse est. maximam vero vim habet exempli novitas

5 uerbum esse F¹   7 perficitur S¹F¹   10 *alt.* est *om.* E¹
11 et *om.* T   12 cum T   13 est *om.* T   14 esse *om.* S¹
20 socratem E   26 eius T: eorum *ceteri*   28 in *om.* S¹T E¹
intellectuus S¹

Boetii comment. II.   4

et exquisita subtilitas. ad demonstrandum enim quod
unum solum nomen neque verum sit neque falsum,
posuit huiusmodi nomen, quod conpositum quidem esset,
nulla tamen eius substantia reperiretur. si quod ergo
5 unum nomen veritatem posset falsitatemve retinere,
posset huiusmodi nomen, quod est hircocervus, quoniam
omnino in rebus nulla illi substantia est, falsum aliquid designare, sed non designat aliquam falsitatem.
nisi enim dicatur hircocervus vel esse vel . non esse,
10 quamquam ipsum per se non sit, solum tamen dictum
nihil falsi in eo sermone verive perpenditur. igitur ad
demonstrandam vim simplicis nominis, quod omni veritate careat atque mendacio, tale in exemplo posuit
nomen, cui res nulla subiecta sit. quod si quid verum
15 vel falsum unum nomen significare posset, nomen quod
eam rem designat, quae in rebus non sit, omnino
falsum esset. sed non est: non igitur ulla veritas falsitasque in simplici umquam nomine reperietur. nec
illud parvae curae fuit non ponere nomen quod omnino
20 nihil significaret, sed quod cum significaret quiddam,
tamen verum aut falsum esse non posset, ut non videretur veritatis falsitatisque cassum esse, eo quoniam
nihil significaret, sed quoniam esset simpliciter dictum.
quamquam in eodem illud quoque conficit, ut ostenderet
25 non solum simplex nomen veritate atque mendacio
esse alienissimum, sed etiam conposita quoque nomina,
si non habeant aliquam secundum esse vel non esse
(sicut superius dictum est) conpositionem, verum vel
falsum significare non posse: tamquam si diceret: non
30 solum simplex nomen praeter aliquam conpositionem
nihil verum falsumve significat, sed etiam conposita

3 cum compositum S²F² 4 repperietur F² 6 posset
ego: possit F², posuit *codices* 12 demonstrandum T 16
designet T 20 cum] q̄m S¹ 21 aut *om*. T 22 cassum
ego: causa/// S, causa *ceteri* 24 confecit? 27 habent T
31 compositio T¹

utroque carent (sicut ipse iam dixit) nisi illis aut esse
aut non esse addatur, vel simpliciter vel secundum tempus. hoc vero idcirco addidit, quod in quibusdam ita enuntiationes fiunt, ut quod de ipsis dicitur
secundum substantiam proponatur, in quibusdam vero 5
hoc ipsum esse quod additur non substantiam sed
praesentiam quandam significet. cum enim dicimus
deus est, non eum dicimus nunc esse, sed tantum
in substantia esse, ut hoc ad inmutabilitatem potius
substantiae quam ad tempus aliquod referatur. si autem 10
dicamus dies est, ad nullam diei substantiam pertinet nisi tantum ad temporis constitutionem. hoc est
enim quod significat est, tamquam si dicamus nunc est.
quare cum ita dicimus esse ut substantiam designemus,
simpliciter est addimus, cum vero ita ut aliquid prae- 15
sens significetur, secundum tempus. haec una quam
diximus expositio. alia vero huiusmodi est: esse aliquid duobus modis dicitur: aut simpliciter aut secundum tempus. simpliciter quidem secundum praesens
tempus, ut si quis sic dicat hircocervus est. prae- 20
sens autem quod dicitur tempus non est, sed confinium
temporum: finis namque est praeteriti futurique principium. quocirca quisquis secundum praesens hoc sermone quod est esse utitur, simpliciter utitur, qui vero
aut praeteritum iungit aut futurum, ille non simpli- 25
citer, sed iam in ipsum tempus incurrit. tempora
namque (ut dictum est) duo ponuntur: praeteritum
atque futurum. quod si quis cum praesens nominat,
simpliciter dicit, cum utrumlibet praeteritum vel futurum
dixerit, secundum tempus utitur enuntiatione. est quo- 30
que tertia huiusmodi expositio, quod aliquotiens ita

1 illis b: illi *codices*   2 aut] vel F   8 eum] enim S[1]
12. 13 hoc autem est F   16 una S: est una S[2] *et ceteri*   21
confinitum S[1]F[1]   22 tempus temporum S F   25 iungat F,
ingit (*sic*) T   28 nominatur T   29 praeteriti vel futuri
codices: corr. b

tempore utimur, ut indefinite dicamus: ut si qui dicat
est hircocervus, fuit hircocervus, erit hircocervus, hoc indefinite et simpliciter dictum est. sin
vero aliquis addat nunc est vel heri fuit vel cras
5 erit, ad hoc ipsum esse quod simpliciter dicitur addit tempus. quare secundum unam trium harum ex-
positionum intellegendum est quod ait: si non vel
esse vel non esse addatur, vel simpliciter vel
secundum tempus. sed ei quod ante proposuit, quem-
10 admodum esset aliquotiens quidem in anima
intellectus sine vero vel falso, post quasi conse-
p. 308 quens | reddidit nomina ipsa per se verbaque esse
simplicibus intellectibus consimilia, ut homo vel
album; ei vero quod ait cui iam necesse est
15 horum alterum inesse nihil interim reddidit, sed
hoc eo supplevisse putabitur, quod ait: sed nondum
verum vel falsum est, si non vel esse vel non
esse addatur. haec est enim intellectuum quaedam
conpositio, cui iam necesse est horum alterum inesse,
20 qua in oratione vel esse vel non esse additur. quocirca quoniam de nomine verboque proposuit et quam
potuit breviter vocum, litterarum, intellectuum rerumque consequentias altissima ratione monstravit, ad id
quod primo proposuit dicens: primum oportet con-
25 stituere, quid nomen et quid verbum, ad haec,
inquam, quae promiserat definire revertitur. nomen enim
definiens ita subiecit:

2. Nomen ergo est vox significativa secundum placitum sine tempore, cuius nulla pars
30 est significativa separata.

1 quis FE   5 ad *om.* S¹   12 esse *om.* F   14 cum
codices (item 19)   15—17 reddidit — uerum *in marg.* S²?
17 uel esse T: esse *ceteri*   20 addatur E, *corr.* E²   22 litt.
vocum?   24 posuit E¹   primo SFE   25 quid sit n. *codices*
28 DE NOMINE STENJ   est ergo ΣΤ   29 tempore diffinitum ΣΤ (diff. *del.* Τ²)   30. *verba Ar. continuat usque ad*
equus ferus B

Omnis definitio generis constitutione formatur, differentiarum vero conpositione perficitur. nam si ad propositum genus differentias colligamus easque ad unam quam definire volumus speciem aptemus, usque dum uni tantum speciei collectio illa conveniat, nihil 5 est quod ultra ad faciendam definitionem desideretur: ut ipsum hominem si quis definiat, generi eius quod est animal duas necesse est differentias iungat rationale scilicet atque mortale facietque huiusmodi ordinem: animal rationale mortale; quae definitio si ad hominem 10 referatur, plena est rationis substantiaeque descriptio. volens ergo Aristoteles definire quid esset nomen prius eius genus sumpsit dicens nomen esse vocem, idcirco scilicet ut hoc quod dicimus nomen ab aliis, quae non voces sed tantum soni sunt, separaret. distat 15 enim sonus voce: sonus enim est percussio aeris sensibilis, vox vero flatus per quasdam gutturis partes egrediens, quae arteriae vocantur, qui aliqua linguae inpressione formetur. et vox quidem nisi animantium non est, sonus vero aliquotiens inanimorum quoque 20 corporum conflictatione perficitur. quare quia nomen vocem monstravit, ab aliis quae voces non sunt, sed tantum soni, hanc orationis partem separavit atque distribuit. et vocem quidem nominis velut genus sumpsit. habet namque aliud quiddam speciei loco differens 25 a nomine quod est verbum, habet quoque quasdam locutiones quae nihil ulla ratione significent, ut sunt articulatae voces, quarum per se significatio non potest inveniri, ut scindapsos. huic ergo generi alias differentias rursus adponit, quae nomen sicut vox a sonis 30 aliis segregavit, ita quoque hae differentiae nomen ab aliis speciebus sub voce positis dividant atque dis-

---

7 deueniat T   8 iungit E[1]   15 separet F, *corr*. F[2]   17 guturis T   19 formatur T   20 in animo T, inanimatorum F[2]E 22 uocem S: esse uocem F, uocem esse TE   28. 29 inu. n. pot. E   29 scindabsos SF, scindapsus F[1]? syndapsus T

cernant. quod enim addidit nomen vocem esse significativam, ab his, inquam, vocibus disgregavit nomen
quae nihil omnino significent, ut sunt syllabae. syllabae
enim, cûm ex his totum nomen constet, adhuc ipsae
5 nihil omnino significant. sunt quoque quaedam voces
litteris syllabisque conpositae, quae nullam habeant
significationem, ut est blityri. ergo quoniam videbantur esse quaedam voces quae significatione carerent, nomen quod vox est et alicuius designationis
10 semper causa profertur non aliter definiendum erat,
nisi illud a non significantibus vocibus segregaret. itaque ait nomen esse vocem significativam, ut voce quidem ab aliis sonis, significatione vero addita ab his
quae sub voce sunt nihil designantia segregaretur. sed
15 hoc nondum ad totam definitionem valet neque solum
nomen vox significativa est, sed sunt quaedam voces
quae significent quidem, sed nomina non sint, ut ea
quae a nobis in aliquibus adfectibus proferuntur, ut cum
quis gemitum edit vel dolore concitus emittit clamorem.
20 illud enim doloris animi, illud corporis signum est. et
cum sint voces et significent quandam vel animi vel
corporis passionem, nullus tamen gemitum clamorem-
que dixerit nomen. mutorum quoque animalium sunt
quaedam voces quae significent: ut canum latratus iras
25 significat canum, alia vero mollior quaedam blandimenta
designat. quare adiecta differentia separandum erat
nomen ab his omnibus quae voces quidem essent et
significarent, sed nominis vocabulo non tenerentur.
quid igitur adiecit? nomen vocem esse significativam
30 non simpliciter, sed secundum placitum. secundum
placitum vero est, quod secundum quandam positionem

---

1 esse uocem F   2 ad T   6 habent F²   7 blitiri
S F, blithiri T   8. 9 careant T   9 signationis F¹   11 non
om. F¹   12 et SE (suprascr. ut S²E²)   14 sunt om. F¹
segregaret F   23 multorum SF, corr. S²   24 significant T
27 essent quidem T   31 propos. FE, corr. E²

placitumque ponentis aptatur. nullum enim nomen naturaliter | constitutum est neque umquam sicut sub- p. 309 iecta res natura est, ita quoque a natura venienti vocabulo nuncupatur, sed hominum genus, quod et ratione et oratione vigeret, nomina posuit eaque qui- 5 bus libuit litteris syllabisque coniungens singulis subiectarum rerum substantiis dedit. hoc autem illo probatur, quod, si natura essent nomina, eadem apud omnes essent gentes: ut sensus, quoniam naturaliter sunt, idem apud omnes sunt. omnes enim gentes non 10 aliis nisi solis oculis intuentur, audiunt auribus, naribus odorantur, ore accipiunt gustatus, tactu calidum vel frigidum, lene vel asperum iudicant. atque haec huiusmodi sunt, ut apud omnes (ut dictum est) gentes eadem videantur. ipsa vero quae sentiuntur, quoniam 15 naturaliter constituta sunt, non mutantur. dulcedo enim et amaritudo, album et nigrum et quaequae alia sensibus quinque sentimus, eadem apud omnes sunt. neque enim quod Italis dulce est in sensu, idem Persis videtur amarum nec quod album apud nos oculis ad- 20 paret, apud Indos nigrum est, nisi forte aliqua sensus aegritudine permutetur, sed hoc nihil attinet ad naturam. igitur quoniam ista sunt naturaliter, apud omnes gentes eadem manent. si ergo et nomina naturalia esse viderentur, eadem essent apud omnes gentes nec ullam 25 susciperent mutationem: nunc autem ipsum hominem alio vocabulo Latini, alio Graeci, diversis quoque vocabulis barbarae gentes appellant. quae in ponendis nominibus dissensio signum est non naturaliter, sed ad ponentium placitum voluntatemque rebus nomina 30 fuisse conposita. idem quoque monstrat, quod saepe

1 placituq; T   4 eo quod F²   7 dedit *om.* T¹   8 si *om.* T¹   8. 9 eadem essent ap. o. g. T   10 *alt.* sunt] gentes T   15 vero] quoque b   17 quaequae *ego:* quaeq; *codices,* quae *ed. princ.* 20 uideatur T   nos] omnes S (nos *suprascr.* S²) 26 motationem S²   29 omnibus T²E¹   dissensio *in marg.* T

singulorum hominum sunt permutata vocabula. quem
enim nunc vocamus Platonem, Aristocles ante
vocabatur et qui Theophrastus nunc dicitur, ante
Aristotelen a suis parentibus Tyrtamus appellaba-
5 tur. in eadem quoque lingua quando plura vocabula
uni adduntur rei, monstratur rem illam non naturalibus, sed adpositis nominibus nuncupari. si enim naturalibus nominibus res quaeque vocaretur, unam rem uno
tantum nomine signaremus. quid enim attinet, si
10 naturalia sunt vocabula, unius rei plures esse nominum voces, quae ad unam designationem demonstra-
tionemque concurrerent? dicimus enim gladius, en-
sis, mucro et haec tria ad unam subiectam substantiam currunt. ergo monstratum est nomina esse secun-
15 dum placitum id est secundum ponentium placitum,
ac si diceret nomen esse vocem quidem et significativam,
sed non naturaliter significativam, sed secundum placitum voluntatemque ponentis, hoc scilicet dividens ab
his vocibus quae naturaliter designarent, ut sunt hae
20 vel quas nos in passionibus adfectibusque proloquimur
vel edere animalia muta conantur. sed nondum supra
dicta differentia plenam nominis formam definitionemque constituit. est namque verbo commune cum nomine,
quod vox designativa et secundum placitum est, sed
25 addita differentia quae est sine tempore nomen a
verbo distinxit. neque enim nomen ullum consignificat
tempus. verbi namque est, cum aut passio significatur
aut actio, aliquam quoque secum trahere vim temporis,
qua illud cum vel facere vel pati dicitur proferatur.
30 cum enim dico Socrates, nullius est temporis; cum
vero lego vel legi vel legam, tempore non caret.
addito ergo nomini quod sine tempore esse dicatur,

2 Aristocles *ego*: Aristoteles *codices*　　　antea TE　　　12
concurrent T　　14 concurrunt S²　　monstra///tum S　　17
non *om.* T　　23 constitu///// S (it *suprascr.* S¹?)　　24 est et
(*om.* est *post* plac.) F　　29 quia F¹T¹　　30 temporis est F

nomen a verbo disiungitur. sane nemo nos arbitretur
opinari, quod nullum nomen significet tempus. sunt
enim nomina, quae tempus significatione demonstrent:
velut cum dico hodie vel cras, temporis nomina
sunt. sed illud dicimus, quod cum eodem nomine 5
tempus non significatur. aliud est enim significare
tempus, aliud consignificare. verbum enim cum aliquo
proprio modo tempus quoque significat: ut cum vel
agentis vel patientis modum demonstrat, sine tempore
ipsa passio vel actio non profertur. unde non dicimus, 10
quod nomen non significet tempus, sed quod nomen
significatio temporis non sequatur. restat autem sola
una differentia, quae si superioribus adiungatur, plenis-
sima fere nomen definitione formabitur. haec autem
est qua nomen ab oratione separetur. inveniuntur 15
enim quaedam sine dubio orationes, quae cum voces
sint et significativae et secundum placitum, quippe
quae sunt nominibus conligatae, tamen sint sine tempore, ut cum dico Socrates et Plato. haec namque 19
oratio, cum ex nominibus iuncta sit, nomen | quidem p. 310
non est, vox vero est significativa secundum placitum
et tempore vacat. ut igitur nomen ab huiusmodi oratione divideret, addidit hanc differentiam, quae est
cuius nulla pars est significativa separata.
oratio enim quoniam verbis nominibusque coniungitur, 25
verba vero vel nomina significativa esse palam est,
partes quoque orationis significare aliquid dubium non
est. nominis vero pars, quoniam simplex est, nihil omnino significat. sed cum omnis oratio omneque nomen
et verbum ex subiectis intellectibus vim significandi 30
sumat, est aliquotiens, ut unum nomen multos significet
intellectus. quocirca erit quoque, ut non simplex nomen

---

3 demonstrant F   4 uel (ut *supra lin. add.*) S   6 con-
significatur b   9 modo F   12. 13 una sola T   18 nom.
sunt T   19 *pro* et: vel F   22. 23 ratione E   29. 30 omne
(q; *supra lin.*) uerbum et n. T   32 nomen quod E (quod *del.* E¹?)

unam tantum animi passionem intellectumque designet.
nam cum dico suburbanum, ⟨habet urbanum⟩
imaginationem significandi, sed ita ut a toto nomine
separatum, cum ad ipsum refertur nomen, significet
5 nihil: ut in eo quod dicimus equiferus ferus vult
quidem aliquid significare, sed si a tota conpositione
separatur, nihil omnino designat in eo scilicet nomine
in quo cum equi particula iunctum equiferum consignificabat. omnis namque haec conpositio unius
10 intellectus designativa est. quare in oratione quidem
ferus significat (etenim equus ferus oratio duos retinet intellectus), in nomine vero nihil, quoniam hoc
quod dicimus equiferus unius intellectus designati-
vum est. sed fortasse ferus cum ea parte qua
15 iunctum est simul quidem consignificet, separatum
vero nihil. hoc est ergò quod ait:

At vero non quemadmodum in simplicibus
nominibus, sic se habet etiam in conpositis.
in illis enim nullo modo pars significativa est,
20 in his autem vult quidem, sed nullius separati,
ut in equiferus ferus.

Simplex enim nomen nec imaginationem aliquam
partium significationis habet, conpositum vero tales
habet partes, ut quasi conentur quidem aliquid signi-
25 ficare, sed consignificent potius quam quidquam extra
significent. addito igitur nomini, quod eius partes
nihil separatae significent, nomen ab oratione disiunctum est. postquam adiectionem quae est cuius

---

1 passionum S¹   2 habet urbanum *ego add.: om. codices*
(urbanum *add.* b)   3 imaginatio est T G²   *post* significandi
supra lin. s. tenet S²E¹? sign. tenet F b   4 significat T
10 designificatiua E   qua S, quia S²F   13. 14 designifi-
catiuum S¹   15 consignificent S¹E, consignificat T   18 habet
se F   habent Σ, habeant 𝔗 (*corr.* 𝔗²)   et Σ𝔗   21 *post*
in *add. in marg.* eo quod est F, in *om.* Σ𝔗¹   ferus *om.* Σ𝔗¹
verba Ar. continuat usque ad: nihil est nomen B *et in marg.* E,
quae potius ante postquam (28) *inserenda erant*   27 significant T

nulla pars est significativa separata quid in
nominis definitione valeret explicuit (hoc scilicet quo
nomen ab oratione seiungeret), illud quoque disserit,
cur sit additum quod dictum est secundum placitum. nam quoniam nulla nominum significatio na- 5
turaliter est, sed omne nomen positione designat, idcirco dictum est secundum placitum. quod enim placuit ei qui primus nomina indidit rebus, hoc illis vocabulis designatur. age enim quis naturaliter nomina
esse confirmet, quorum apud omnes gentes est tam 10
diversa varietas? nec vero dicitur quod nulla vox
naturaliter aliquid designet, sed quod nomina non
naturaliter, sed positione significent. aliqui habent
hoc ferarum mutorumque animalium soni, quorum
vox quidem significat aliquid (ut hinnitus equi con- 15
sueti equi inquisitionem, latratus canum latrantium
iracundiam monstrat et alia huiusmodi), sed cum voces
mutorum animalium propria natura significent, nullis
tamen elementorum formulis conscribuntur. nomen
vero quamquam subiaceat elementis, prius tamen quam 20
ad aliquam subiectae rei significationem ponatur per
se nihil designat, ut cum dicimus scindapsos vel
hereceddy. haec per se nihil quidem significant, sed
si ad subiectae alicuius rei significationem ponantur,
ut dicatur vel homo scindapsos vel lapis here- 25
ceddy, tunc hoc quod per se nihil significat positione
et secundum ponentis quoddam placitum designabit.
ergo tum nomen significativum est, quando (ut ipse
ait) fit nota. tunc autem fit nota, cum secundum
ponentis placitum vocabulum quod naturaliter nihil 30
designabat ad subiectae rei significationem datur. hoc

---

4 quo S[1]   13 alioqui b   15 innitus S   18 significant T
21. 22 per se *ex* posse *corr.* S[2]   22 sindapsus T (*item* 25)
23 herecethi T   25 scindapsus S F E   25. 26 hereceddin
S F, herecethin T, hereceddyn E   27 designabit — placitum
(30) *in marg.* F   designauit S[1]F E[1]   28 uti T

est enim quod ait fit. si enim naturaliter nomina
significarent, numquam de his Aristoteles diceret
fit nota. tunc enim non fieret nota, sed esset. ergo
4 quoniam nomina secundum placitum significativa sunt,
p. 311 ferarum vero inlitterati soni | secundum naturam, id-
circo harum voces esse nomina non dicuntur. universaliter autem dicimus: omnium vocum aliae sunt quae
inscribi litteris possunt, aliae vero quae non possunt.
et rursus earum quae vel inscribuntur vel minime,
10 aliae significant, aliae vero nihil. amplius quoque
omnium aliae secundum placitum designant, aliae vero
naturaliter. nomen ergo secundum placitum est: positione enim factum est subiectae rei nota. nihil enim
nominum est quod naturaliter significet. non enim
15 nomen informat significatio, sed secundum placitum
significatio. nam et inlitterati soni significant, ut
sunt ferarum, quos ideo sonos vocavit, quoniam sunt
quaedam muta animalia quae vocem omnino non habent, sed tantum sonitu quodam concrepant. quidam
20 enim pisces non voce, sed branchis sonant et (ut Porphyrius autumat) cicada per pectus sonitum mittit,
quorum omnium nihil est nomen. hoc autem dictum est, non quod nullum nomen sit harum vocum
quas animalia proferunt, sed quod his non velut no-
25 minibus utantur. nam quamvis vox inlitterata sit et
natura significet latratus canum, dicitur tamen latratus et leonis fremitus et tauri mugitus. haec sunt
nomina ipsarum vocum quae a mutis animalibus proferuntur. sed non hoc dicimus quoniam earum nihil
30 est nomen, sed quoniam horum sonorum nihil tale
est, ut nomen esse possit id est ut secundum ea velut

---

1 fit nota F²E nomen S¹ 6 harum *ego*: horum *codices* 7 uocum *om.* S¹ 20 brachis S¹F¹, brancis T, bran-
ciis F² 26 significet *ego* (significet ut b): significant *codices*
26. 27 latratus canis T 29 earum *ego*: eorum *codices* 30
est *om.* E¹ eorum T 31 eos?

nominibus utentes ferae sibi invicem conloquantur.
habent enim significationem, sed (ut dictum est) naturalem, nomen autem secundum placitum est.

Non homo vero non est nomen. at vero
nec positum est nomen, quo illud oporteat ap- 5
pellari. neque enim oratio aut negatio est,
sed sit nomen infinitum.

Superius omnia quaecumque extra nomen essent
praedictis adiectionibus a nomine separavit. nunc
vero quoniam sunt quaedam quae sub definitionem 10
quidem nominis cadant, videantur tamen a nomine
discrepare, de his disserit, ut quid esse nomen integre
videatur expediat. quod enim dicimus non homo
vel non equus oratio quidem non est. omnis enim
oratio aut nominibus constat et verbis aut solis duo- 15
bus vel pluribus verbis vel solis nominibus. in eo
autem quod est non homo unum tantum nomen est,
quod dicitur homo, id autem quod est non neque
nomen est neque verbum. quare neque ex duobus
verbis aut ex verbo et nomine. verbum enim in eo 20
nullum est. quare id quod dicimus non homo oratio
non est. iam vero nec verbum esse monstrare superfluum est, cum in verbis semper tempora reperiantur,
in hoc vero nullum omnino quisquam tempus inveniat.
sed nec negatio est. omnis enim negatio oratio est, 25
non homo vero cum oratio non sit nec negatio esse
potest. illud quoque, quod omnis negatio aut vera
est aut falsa, non homo vero neque verum est neque
falsum. sensus enim plenus non est: quare negatio
esse propter hoc quoque non dicitur. nomen vero 30
esse quis dicat, cum omne nomen sive proprium sive
sit appellativum definite significet? cum enim dico

Cicero, unam personam unamque substantiam nominavi et cum dico homo, quod est nomen appellativum, definitam significavi substantiam. cum vero dico non homo, significo quidem quiddam, id quod homo
5 non est, sed hoc infinitum. potest enim et canis significari et equus et lapis et quicumque homo non fuerit. et aequaliter dicitur vel in eo quod est vel in eo quod non est. si quis enim de Scylla quod non est dicat non homo, significat quiddam quod in sub-
10 stantia atque in rerum natura non permanet. si quis autem vel de lapide vel de ligno vel de aliis quae sunt rebus dicat non homo, idem tamen aliquid si-
p.312 gnificabit et semper praeter id quod nominat | huiusmodi vocabuli significatio est. sublato enim homine
15 quidquid praeter hominem est hoc significat non homo, quod a nomine plurimum differt. omne enim nomen (ut dictum est) definite id significat quod nominatur nec similiter et de eo quod est et quod non est dicitur. sed haec huiusmodi vox et designativa
20 est et ad placitum et sine tempore et (ut dictum est) partes eius extra nihil designant. quare dubia apud antiquos sententia fuit, utrum nomen hoc non dicerent, an hoc aliqua adiectione nominis definitioni subicerent. et qui hoc a nomine separabant, ita nomen definitione
25 claudebant dicentes: nomen esse vocem designativam secundum placitum sine tempore circumscriptae significationis, cuius partes extra nihil designarent, ut quoniam non homo rem circumscriptam non significaret a nomine separaretur. alii vero non eodem
30 modo, sed dicebant quidem esse nomen, sed non simpliciter. quadam namque adiectione sub nomine poni posse putabant hoc modo, ut sicut homo mortuus non

4 quoddam T 5 infinitum non est T, inf. est T²E 6 quodcumque b 8 quae? 11 vel de ligno *om.* E 12. 13 significauit E¹ 14 vocabuli *om.* T¹ 17 nomen *om.* F¹ 18 nec *ego: et codices,* et non b 20 et (*ante* ut) *om.* S¹ 22 non *om.* E¹ 31 adictione S

dicitur simpliciter homo, sed homo mortuus, ita quoque et nomen hoc, quod nihil definitum designaret,
non diceretur simpliciter nomen, sed nomen infinitum.
cuius sententiae Aristoteles auctor est, qui se hoc
ei vocabulum autumat invenisse. ait enim: at vero 5
nec positum est nomen, quo illud oporteat
appellari, dicens: id quod dicimus non homo quo
vocabulo debeat appellari non vocavit antiquitas. et
usque ad Aristotelem nullus noverat quid esset id
quod non homo diceretur, sed hic huic sermoni vo- 10
cabulum posuit dicens: sed sit nomen infinitum,
non simpliciter nomen, quoniam nulla circumscriptione
designat, sed infinitum nomen, quoniam plura et ea infinita significat. sed hoc non solis huiusmodi vocibus
contingit, ut simpliciter sub nomine poni non possint, 15
sed sunt quaedam aliae quae omnia quidem nominis
habeant et definite significent, sed quadam alia discrepantia nomina simpliciter dici non possint, ut sunt obliqui casus cum dicimus Catonis, Catoni, Catonem
et ceteros. horum enim discrepantia est a nomine, quod 20
nomen rectum iunctum cum est vel non est adfirmationem ⟨vel negationem⟩ facit: ut si quis dicat Socrates est, hoc verum est vel falsum. si enim vivente
Socrate diceretur, verum esset, mortuo vero falsum
est: quare adfirmatio est. si quis autem dicat So- 25
crates non est, rursus faciet negationem et in ea
quoque veritas et falsitas invenitur. ergo omne rectum
nomen iunctum cum est vel non est enuntiationem
conficit. hi vero obliqui casus iuncti cum est vel non
est enuntiationem nulla ratione perficiunt. enuntiatio 30
namque est perfectus orationis intellectus in quem veritas

    3 diceret T   5 rei b   6 quod SF¹E¹   8 uocabit S¹
12 nomen *om.* T   14 solum F   15 non *om.* T¹   19 qum (?)
S¹   21 rectum nomen F   21. 22 adf.] enuntiationem b
22 vel neg. *ego add.: om. codices*   24 est se E (*in marg.*
esset)   28 cum *om.* F¹E¹   29 facit T¹   30 perf. ratione T

aut falsitas cadit. si quis ergo dicat Catonis est, nondum plena sententia est. quid enim sit Catonis non dicitur. atque eodem modo Catoni est vel Catonem est. in his ergo, quoniam cum est vel non est

5 iuncta enuntiationem non perficiunt, est quaedam a nomine discrepantia, quamquam sint nomini omni definitione coniuncta. magna est enim discrepantia quod rectum nomen cum est iunctum perfectam orationem facit, obliqui casus inperfectam. quod antem dictum

10 est obliquos casus cum est verbo iunctos orationem perfectam non facere, non dicimus quoniam cum nullo verbo obliqui casus iunguntur ita, ut nihil indigentem perficiant orationem. cum enim dico Socratem paenitet, enuntiatio est. sed non cum omni verbo, sed

15 tantum cum est vel non est hi casus iuncti perfectam orationem nulla ratione constituunt. atque hoc est quod ait: Catonis autem vel Catoni et quaecumque talia sunt non sunt nomina, sed casus nominis. unde etiam discrepare videntur. haec enim

20 nomina non vocantur. illa enim rectius dicuntur nomina quae prima posita sunt id est quae aliquid monstrant. genetivus enim casus non aliquid, sed alicuius et dativus alicui et ceteri eodem modo. rectus vero qui est primus rem monstrat, ut si qui dicat

25 Socrates, atque ideo hic nominativus dicitur, quod nominis quodammodo solus teneat vim nomenque sit. et verisimile est eum qui primus nomina rebus inposuit ita dixisse: vocetur hic homo et rursus vocetur hic lapis. posteriore vero usu factum est, ut in alios

30 casus primitus positum nomen derivaretur. illud quoque maius est, quod omnis casus nominis alicuius casus est. ergo nisi sit nomen, cuius casus sit, casus

2 catonis sit T   non *om.* F¹   3. 4 catonē (*om.* est) F 5 iuncti *et* 7 coniuncti *editio princeps*   7 discrepantia enim F¹   13 socraten F   21 aliud E¹   22 demonstr. F   24 si quis F   29 est *om.* FT   alio S¹   30 diriv. T

nominis dici recte non potest. | casus autem omnis p. 313
inflexio est. sed genetivus et dativus et ceteri nominativi inflexiones sunt: quare nominativi casus erunt.
sed omnis casus qui secundum nomen est nominis
casus est. nomen igitur nominativus est. aliud vero 5
est casus alicuius quam est id ipsum cuius casus est.
casus igitur nominis nomen non est. quod vero adiecit: ratio autem eius est in aliis quidem eadem, hoc inquit: ratio et definitio obliqui casus et
nominis eadem est in omnibus aliis (nam et voces 10
sunt et significativae et secundum placitum et sine
tempore et circumscripte designant), sed (ut ipse ait)
differt quoniam cum est vel fuit vel erit iunctum neque verum neque falsum est, quod a
recto nomine sine ulla dubitatione perficitur, ut cum 15
est vel fuit vel erit iunctum verum falsumve con-
ficiat. quod designavit per hoc quod ait: nomen vero
semper, subaudiendum est scilicet: facit verum falsumque cum est vel fuit vel erit iunctum. eorumque
ponit exempla: Catonis est vel non est. in his 20
enim (ut ipse ait) neque verum aliquid dicitur neque
falsum. quare integra nominis definitio est huiusmodi:
nomen est vox designativa secundum placitum sine
tempore circumscripte significans, cuius partes nihil
extra designant, et cum est vel fuit vel erit iunctum 25
nullius indigentem orationis perficiens intellectum
enuntiationemque constituens. quoniam igitur de
nomine expeditum, ad definitionem verbi veniamus.

3. Verbum autem est quod consignificat
tempus, cuius pars nihil extra significat, et 30

    1 recte dici T   3 casus inflexiones T   5. 6 est vero T
6 casus est F   10 et nam et S¹   11 et *post* sunt *om.* S¹
12 *deest*: et partes nihil extra significant   13. 14 iunctum
ego: adiunctum *codices* (*item* 16, 19)   17 quod *om.* S¹   18.
19 falsumve b   21 ergo F   28 expeditum est TE (s. est
add. S²)   29 DE VERBO SGNJTE

est semper eorum quae de altero dicuntur
nota.

Verbi quidem integra definitio huiusmodi est:
verbum est vox significativa secundum placitum, quae
5 consignificat tempus, cuius nulla pars extra designativa est. sed quoniam commune est illi cum nomine
esse voci et significativae et secundum placitum, idcirco illa reticuit. ab his autem quae propria verbi
sunt incohavit. verbi autem est proprium, quo a de-
10 finitione nominis segregetur, quod consignificat
tempus. omne enim verbum consignificationem temporis retinet, non significationem. nomina enim significant tempus, verbum autem cum principaliter actus
passionesque significet, cum ipsis actibus et passioni-
15 bus temporis quoque vim trahit, ut in eo quod dico
lego. actionem quidem quandam principaliter monstrat hoc verbum, sed cum ea ipsa agendi significatione praesens quoque tempus adducit. atque ideo
non ait verbum significare tempus, sed consignificare.
20 neque enim principaliter verbum tempus designat
(hoc enim nominis est), sed cum aliis quae principaliter significat vim quoque temporis inducit et inserit.
ergo cum nomen et verbum voces significativae sint
et secundum placitum, addito verbo, quod consigni-
25 ficat tempus, a nomine segregatur. ut enim saepe
dictum est, nomen significare tempus poterit, verbum
vero consignificare. et sicut in definitione nominis
addidit nihil nominis partes separatas a tota conpositione nominis designare propter orationes quae no-
30 minibus essent conpositae, ut est et Plato et Socrates: ita quoque in verbo addidit nihil extra verbi

---

1 dicuntur *ego (cf. infra)*: praedicantur *codices*   5 nulla
om. F[1]   7 uocem F[2]TE   et *om.* T   significatiuam F[2]TE[2]
9 est *supra lin.* F   12. 13 nomen — significat b   14 significet *supra lin.* T   17 ea *supra lin.* S   24 addito *editio
princeps*: additum *codices*   25 segregetur T[1]   31 addit F

partes significare propter eas orationes quas verba
conponunt, ut est et ambulare et currere. haec
enim oratio ex verbis est conposita et singula verba
et in ipsa oratione et praeter eam per se ipsa significant. in verbo vero nullo modo. et sicut in nomine 5
pars nominis nihil significat separata, ita in verbo
pars verbi nihil separata designat. dicit autem esse
verbum semper eorum quae de altero praedicantur
notam, quod huiusmodi est ac si diceret nihil aliud
nisi accidentia verba significare. omne enim verbum 10
aliquod accidens designat. cum enim dico cursus,
ipsum quidem est accidens, sed non ita dicitur ut id
alicui inesse vel non inesse dicatur. si autem dixero
currit, tunc ipsum accidens in alicuius actione proponens alicui inesse significo. et quoniam quod dici- 15
mus currit praeter aliquid subiectum esse non potest
(neque enim dici potest praeter eum qui currit), id-
circo dictum est omne verbum eorum esse | significa- p. 314
tivum quae de altero praedicantur, ut verbum quod
est currit tale significet quiddam quod de altero id 20
est de currente praedicetur. his igitur expeditis quod
ait verbum consignificare tempus exemplis aperuit.
ait enim: dico autem quoniam consignificat
tempus, ut cursus quidem nomen est, currit
vero verbum, consignificat enim nunc esse. 25
expeditissime quid verbum distaret a nomine verbi et
nominis interpositione monstravit. etenim quoniam
cursus accidens est et nominatum est ita ut sit nomen, non significat tempus, currit vero idem accidens in verbo positum praesens tempus designat. et 30
hoc verbum distare videtur a nomine, quod illud consignificat tempus, illud praeter omnem consignificatio-

8 praedicant T   11 aliquid *editio princeps*   12 accidens
est T   id *add.* S²?   14 tum F   16 aliquod S²TE   20
significat T¹   25 uero *om.* F   27 et quoniam enim T
29 consign. b   32 illud uero TE

nem temporis praedicatur. sed postquam verbum consignificare tempus ostendit, id quod supra iam dixerat
verbum semper de altero praedicari, id nunc memoriter quemadmodum praedicatur ostendit. ait enim:
5 et semper eorum quae de altero dicuntur nota
est, ut eorum quae de subiecto vel in subiecto,
hoc scilicet dicens: ita verbum significat aliquid, ut
id quod significat de altero praedicetur, sed ita ut
accidens. omne namque accidens et in subiecto est
10 et de subiecta sibi substantia praedicatur. nam cum
dico currit, id de homine si ita contigit praedico
scilicet de subiecto et ipse cursus in homine est, unde
verbum currit inflexum est. ergo quod dicit semper
eorum esse notam verbum quae de altero praedicentur
15 hoc monstrat: verbum accidentia semper significare,
quoniam ait eas res verbi significatione monstrari
quae vel in subiecto essent vel de subiecto dicerentur.
vel certe ut sit alius intellectus, quoniam solet indifferenter uti de subiecto praedicari, tamquam si dicat
20 in subiecto esse, et saepe cum dicit de subiecto aliquid praedicari in subiecto esse significat, cum vellet
ostendere accidentium significationem contineri verbis,
ait ea semper designari verbis quae de subiecto
essent. sed quoniam hoc videbatur obscurius, pate-
25 fecit addito vel in subiecto, ut quid esset de quo
supra dixerat de subiecto exponeret cum addidit
vel in subiecto: tamquam [enim] si ita dixisset: verbum quidem semper eorum nota est, quae de altero
praedicantur subiecto, sed ne hoc fortasse cuipiam
30 videatur obscurius, hoc dico esse de subiecto, quod
est esse in subiecto. vel melior haec expositio est,
si similiter eum dixisse arbitremur, tamquam si dice-

3 idem *ed. princ.* 4 praedicitur S (*corr.* S¹) E (praedicetur E¹) ostendit *om.* F¹ 11 contingit F² 19 aliquid
praedicari E² 25—27 ut — subiecto *om.* S¹ 25 de quo]
quod? 26 de *add.* S³F², *om. ceteri* 27 enim *uncis inclusi*
29 ut de subi. S²F² 31 esse *om.* F¹

ret: omne verbum significat quidem accidens, sed ita
ut id quod significat aut particulare sit aut universale,
ut id quod ait de subiecto ad universalitatem referamus, quod in subiecto ad solam particularitatem.
cum enim dico movetur, verbum quidem est et ac- 5
cidens, sed universale. motus enim plures species
sunt, ut cursus sub motu ponitur. ergo cursus si definiendus est, motum de cursu praedicamus. quocirca
motus genus quoddam est cursus atque ideo motus
de cursu ut de subiecto praedicabitur, cursus vero 10
ipse, quoniam species alias non habet, in subiecto
tantum est id est in currente. motus autem quamquam et ipse sit in subiecto, tamen de subiecto praedicatur. ideo dicit eorum esse notam verbum quae
de altero praedicentur atque addidit, ut eorum quae 15
de subiecto vel in subiecto. hoc dicit: accidentium quidem vim verba significant, sed talium quae
aut universalia sint aut particularia, ut cum dico
moveor universale quiddam est et de subiecto dicitur,
ut de cursu, cum vero dico curro, particulare est 20
et quoniam de subiecto non dicitur, in subiecto solum est.

Non currit vero et non laborat non verbum dico. consignificat quidem tempus et
semper de aliquo est, differentiae autem huic 25
nomen non est positum; sed sit infinitum verbum, quoniam similiter in quolibet est, vel
quod est vel quod non est.

Quemadmodum dixit in nomine non homo no-
men non esse, idcirco quod multis aliis conveniret, 30
quae homines non essent, quoniamque id quod dice-
ret | auferret nihilque definitum in eadem praedica- p. 315
tione relinqueret (quod enim non homo est potest

1 quidem sign. F   3 uniuersitatem F¹   4 quod ait TE
10 ut de subiecto de cursu T (*transponit* T¹)   14 ideo] quod
ergo?   31 quoniam de S¹E¹, quoniam de eo id T

esse et centaurus, potest esse et equus et alia quae
vel sunt vel non sunt atque ideo infinitum nomen
vocatum est): ita quoque etiam in verbo quod est
non currit vel non laborat infinitum quoque
5 ipsum est, quoniam non solum de eo quod est verum
est, sed etiam de eo quod non est praedicari potest.
possum namque dicere homo non currit et id quod
aio non currit de ea re quae est praedico id est de
homine, possum rursus dicere Scylla non currit,
10 sed Scylla non est: igitur hoc quod dico non currit et de ea re quae est valet et de ea quae nihil
est praedicari. sed forte aliquis hoc quoque in verbis
finitis esse contendat. possum namque dicere equus
currit, hippocentaurus currit et de ea re scilicet
15 quae est et de ea quae non est.

* * *

* * et praeterito, quod futurum quidem ante praesens
20 tempus est, praeteritum vero retro relinquitur. et
novo admirabilique sermone usus est: quod conplectitur. et nos id quantum Latinitas passa est
transferre diu multumque laborantes hoc solo potui-
mus, Graeca vero oratione luculentius dictum est. ita

3 etiam *om.* T   5 *pro* quoniam: quod T   est *om.* F
6 pot. praed. T   7 *pro* namque: rursus T   8 currit vel non
laborat E   10 hoc *om.* F (*add.* F¹)   12 est *om.* F¹   13
dicere *om.* T¹   14 scilicet re F   15—19 quae non est et
praeterito SGNJTE; *pro* et: Idē F; Et praeteritum B   *in
marg.* deest S²F², quere hic quia deest GT² (*add.* G² miror
quare quererere velit sensu constante et pluribus quae inspexi-
mus exemplaribus similiter habentibus)   hic deest *in marg.* E
post praeterito *add.* et de futuro N²   *lacunam non indic.* JB
Et quod complectitur de futuro ac praeterito dixit quod b
19 quidem futurum T   20 est *om.* N   relinquetur N
21 admirabileq; ST   est *supra lin.* T   quod ait B   22
latinas F   23 solum T

enim habet τὰ δὲ τὸν πέριξ. quod qui Graecae linguae peritus est quantum melius Graeca oratione
sonet agnoscit.

Ipsa quidem secundum se dicta verba nomina sunt et significant aliquid. constituit 5
enim qui dicit intellectum et qui audit quiescit. sed si est vel non est, nondum significat; neque enim esse signum est rei vel non
esse, nec si hoc ipsum est purum dixeris.
ipsum quidem nihil est, consignificat autem 10
quandam conpositionem, quam sine conpositis
non est intellegere.

Hoc loco Porphyrius de Stoicorum dialectica
aliarumque scholarum multa permiscet et in aliis
quoque huius libri partibus idem in expositionibus 15
fecit, quod interdum nobis est neglegendum. saepe
enim superflua explanatione magis obscuritas conparatur. nunc autem Aristotelis huiusmodi sententia
est: verba, inquit, ipsa secundum se dicta nomina sunt, non secundum id quod omnis pars ora- 20
tionis commune nomen vocatur, ut dicimus nomina
rerum, sed quod omne verbum per se dictum neque
addito de quo illud praedicatur tale est, ut nomini
sit adfine. nam si dicam Socrates ambulat, id
quod dixi ambulat totum pertinet ad Socratem, 25
nulla ipsius intellegentia propria est. at vero cum
dico solum ambulat, ita quidem dixi, tamquam si
alicui insit, id est tamquam si quilibet ambulet, sed
tamen per se est propriamque retinens sententiam
huius verbi significatio est. unde fit ut apud Graecos 30

1 τὰ — πέριξ b: om. codices (spatio relicto S N J E) in marg.
Deest E   qui om. F   3 sonet om. B   6 intellectum qui
dicit T¹   9 est om. F¹   13 pro loco: illo E¹   14 scola-
rum F T   16 est om. F   21 communiter b an in comm.?
23 praedicitur S F¹ E¹   24 — 25 id — ambulat om. T¹   25
socraten F   28 ambulat T   29 per] super S¹ T¹ E¹   30 verbi]
modi S (suprascr. uerbi S²)   est om. b

quoque articularibus praepositivis sola verba dicta
proferantur, ut est τὸ περιπατεῖν, τοῦ περιπατεῖν, τῷ
περιπατεῖν. quod si verba cum nominibus coniungantur, in oratione Graeca articularia praepositiva addi
5 non possunt, nisi sola dicta sint. quoniam significant
rem et ita ut, quamvis eam significent quae alicui
insit, tamen secundum se et per suam sententiam dicantur, idcirco sunt nomina. et quod Aristoteles ait:
ipsa quidem secundum se dicta verba nomina
10 sunt, tale est ac si diceret: ipsa quidem sola neque
cum aliis iuncta verba nomina sunt. cuius rei hoc
argumentum reddit: constituit enim, inquit, qui
dicit intellectum et qui audit quiescit. hoc
autem tale est: omni nomine audito quoniam per
15 syllabas progrediens vox aliquantulum temporis spatium decerpit, in ipsa progressione temporis qua dicitur nomen audientis quoque animus progreditur: ut
cum dico inperterritus, sicut per syllabas in et
per et ter et ceteras progreditur nomen, ita quoque
20 animus audientis per easdem syllabas vadit. sed ubi
quis expleverit nomen et dixerit inperterritus, sicut
nomen finitum a syllabarum progressione consistit, ita
quoque audientis animus conquiescit. nam cum totum
nomen audit, totam significationem capit et animus
25 audientis, qui dicentis syllabas sequebatur volens quid
ille diceret intellegere, cum significationem ceperit,
consistit et eius animus perfecto demum nomine constituitur. hoc est enim quod ait: constituit enim
qui dicit intellectum et qui audit quiescit. et-
30 enim is qui loquitur postquam totum sermonem dixe-

1 cum art. b   2 ut] id S¹   2. 3. *Graeca om.* F (*spatio
relicto*)   5 nisi] at si? *an* quae quoniam? quoniam vero *ed. princ.*
7 tamen quia E²   se et *om.* S¹   7.8 dicuntur T   8 sint E²
12. 13 intellectum qui dicit T¹   14 omni nomine audito *ego:*
omne nomen auditum *codices*   15 vox *eras. in* S, *del.* E²,
om. F   21 et *om.* S¹   23 an. aud. T

rit, audientis animum | constituit. non est enim quo p. 316
progrediatur intellegentia ipsoque nomine terminato
animus auditoris qui progrediebatur explicatione nominis constituitur et quiescit et ultra ad intellegentiam, quippe expedita significatione nominis, non pro- 5
cedit. sed hoc verbo nominique commune est, sed
si verbum solum dicatur. namque si cum nomine
coniungatur, nondum audientis constituitur intellectus.
est enim quo ultra progredi animus audientis possit,
quod cum dico Socrates ambulat, hoc ambulat 10
non per se intellegitur, sed ad Socratem refertur et
in tota oratione consistit intellectus, non in solo sermone. at vero si solum dictum sit, ita in significatione consistit, quemadmodum in nomine. recte igitur
dictum est ipsa secundum se dicta verba nomina 15
esse, quoniam constituit is qui dicit intellectum
et qui audit quiescit. vel certe erit melior expositio, si ita dicamus: verba ipsa secundum se dicta
nomina esse, idcirco quoniam cuiusdam rei habeant
significationem. neque enim si talis rei significationem 20
retinet verbum, quae semper aut in altero sit aut de
altero praedicetur, idcirco iam nihil omnino significat.
nec si significat aliquid quod praeter subiectum esse
non possit, idcirco iam etiam illud significat quod
subiectum est. ut cum dico sapit, non idcirco nihil 25
significat, quoniam hoc ipsum sapit sine eo qui sa-
pere possit esse non potest. nec rursus cum dico
sapit, illum ipsum qui sapit significo, sed id quod
dico sapit nomen est cuiusdam rei, quae semper sit
in altero et de altero praedicetur. unde fit ut intel- 30
lectus quoque sit. nam qui audit sapit, licet per
se constantem rem non audiat (in altero namque

2 ipso quoq; F 3. 4 const. nom. T   8 coniungantur SF¹
10 hic b   11 societatem T   19 cuiusquam F¹   rei *om.* S¹
23 si *om.* S¹   23. 24 subiectum — quod *om.* T¹   26 — 28
sine — sapit *om.* E¹   29 dico *om.* F¹   30 ut *om.* F¹

semper est et in quo sit dictum non est), tamen intellegit quiddam et ipsius verbi significatione nititur
et in ea constituit intellectum et quiescit, ut ad intellegentiam ultra nihil quaerat omnino, sicut fuit in
5 nomine. quemadmodum enim nomen cuiusdam rei
significatio propria est per se constantis, ita quoque
verbum significatio rei est non per se subsistentis,
sed alterius subiecto et quodammodo fundamento ni-
tentis. est hic quaestio. non enim verum videri
10 potest quod ait: constituit enim qui dicit intellectum et qui audit quiescit. nam neque qui
dicit constituit intellectum neque qui audit quiescit.
deest enim quiddam sermoni vel nomini: ut si qui
dicat Socrates, mox audientis animus requirit quid
15 Socrates? facitne aliquid an patitur? et nondum
audientis intellectus quietus est, cum horum aliquid
requirit. et in verbo idem est: cum dico legit, quis
legat, animus audientis inquirit. nondum ergo qui
dicit constituit intellectum nec qui audit quiescit. sed
20 ad hoc Aristotelem rettulisse putandum est, quoniam quilibet audiens cum significativam vocem ceperit animo, eius intellegentia nitetur: ut cum quis
audit homo, quid sit hoc ipsum quod accipit mente
conprehendit constituitque animo audisse se animal
25 rationale mortale. si quis vero huiusmodi vocem ceperit, quae nihil omnino designet, animus eius nulla
significatione neque intellegentia roboratus errat ac
vertitur nec ullis designationis finibus conquiescit.
quare Aristotelis recta sententia est: et verba se-
30 cundum se dicta esse nomina et dicentem constituere
intellectum audientemque quiescere. sed huiusmodi
quaestio ab Aspasio proposita est ab eodemque re-
soluta. postquam igitur Aristoteles secundum se

1 non est ////////////// (*in fine versus*) S   4 fit b   10 enim
om. T¹   18 Non T   22 intellegentiam T   nititur b
25. 26 repperit T¹   27 erat S¹E¹   28 nullus (*suprascr.* i) F

dicta verba nomina esse constituit, quid inquit? sed
si est vel non est, nondum significat. quod
huiusmodi est ac si diceret: significatur quidem quiddam a verbis velut a nominibus, sed nulla inde tamen
negatio adfirmatiove perficitur. cum enim dico sapit, 5
est quidem quaedam significatio, sed nihil aut esse
aut non esse demonstrat, id est neque adfirmativum
aliquid nec negativum est. nam si adfirmatio et negatio in intellectuum conpositionibus invenitur, ut
supra iam docuit, neque nomina sola dicta nec verba 10
aut adfirmationem aut ullam facient negationem. pluribus enim modis docuit alias Aristoteles non in
rebus, sed in intellectibus veritatem falsitatemque esse
constitutam. quod si in rebus esset veritas falsitasve,
una res sola dicta aut adfirmatio esset aut quae ei con- 15
traria est negatio. nunc vero quoniam in intellectibus
iunctis veritas et falsitas ponitur, oratio vero opinionis atque intellectus passionumque animae interpres
est: [quare] sine conpositione intellectuum verborumque veritas et falsitas non videtur exsistere. quocirca 20
praeter aliquam | conpositionem nulla adfirmatio vel p. 317
negatio est. verba igitur per se dicta significant quidem quiddam et sunt rei nomina, sed nondum ita
significant, ut vel esse aliquid vel non esse constituant,
id est aut adfirmationem faciant aut negationem. nam 25
sicut in nominis partibus aut verbi partes ipsae nihil
significant, omnes vero simul designant, ita quoque
in adfirmationibus aut negationibus partes quidem
significant, totae vero coniunctae verum falsumve designant: ut cum dico Socrates philosophus est, 30
Socrates philosophus non est. singillatim positae
partes propria significatione nituntur, sed nihil verum
falsumve significant, omnes vero simul iunctae, ut est

1 quid *om.* b   7. 8 nec—neq; T   9 in *om.* S¹   11 nullam E¹
12 alia S¹   14 si *om.* S¹   16 est *om.* T   19 quare *uncis
inclusi*   27 design.] signif. T   33 designant T   vero *om.*F¹

Socrates philosophus est, veritatem faciunt vel
quod est huic contrarium falsitatem. quare cum verba
secundum se dicta nomina sint et significent aliquid et
partes quaedam eius conpositionis sint, quae verum
5 falsumque faciat, non tamen ipsa in propria significatione vel esse, quod adfirmationis est, vel non esse,
quod est negationis, designant. nisi enim cui insit
verbum illud fuerit additum, non fit enuntiatio: ut
cum dico sapit, nisi quid sapiat dicam, propositio
10 non est. quod autem addidit: neque enim signum
est rei esse vel non esse, tale quiddam est: esse,
quod verbum est, vel non esse, quod infinitum verbum est, non est signum rei id est nihil per se
significat. esse enim nisi in aliqua conpositione non
15 ponitur. vel certe omne verbum dictum per se significat quidem aliquid, sed si est vel non est, nondum significat. non enim cum aliquid dictum fuerit, idcirco aut esse aut non esse significat. atque
hoc est quod ait: neque enim signum est rei esse
20 vel non esse. etenim quam rem verbum designat,
esse eius vel non esse non est signum ipsum verbum,
quod de illa re dicitur, ac si sic diceret: neque enim
signum est verbum quod dicitur rei esse vel non esse,
hoc est de qua dicitur re, ut id quod dico rei esse
25 vel non esse tale sit, tamquam si dicam rem ipsam
significare esse vel non esse. atque hic est melior
intellectus, ut non sit signum verbum eius rei de qua
dicitur esse vel non esse, subsistendi scilicet vel non
subsistendi, quod illud quidem adfirmationis est, illud
30 vero negationis, et ut sit talis sensus: neque enim
verbum quod dicitur signum est subsistendi rem vel

---

3 secundum] per T[1]   sint T: sunt *ceteri*   significant
codices: corr. b   4 eius quaedam T   sint *ego*: sunt *codices*
5 faciat F[2]T[2]: faciant FT *et ceteri*   6 affirmatio T   7 cum
sit S[1]   8 illum E   9 qui TE   10 addit TE   18 *alt.* aut] uel F
24 re dicitur T   25 rem *om.* F   29 quia T   31 *pro* rem: esse T

non subsistendi. sed quod addidit: nec si hoc ipsum
est purum dixeris vel si ita dicamus nec si hoc
ipsum ens purum dixeris, Alexander quidem dicit
est vel ens aequivocum esse. omnia enim praedicamenta, quae nullo communi generi subduntur, aequi- 5
voca sunt et de omnibus esse praedicatur. substantia
est enim et qualitas est et quantitas et cetera. ergo
nunc hoc dicere videtur: ipsum ens vel est, unde esse
traductum est, per se nihil significat. omne enim
aequivocum per se positum nihil designat. nisi enim 10
ad res quasque pro voluntate significantis aptetur,
ipsum per se eo nullorum significativum est, quod
multa significat. Porphyrius vero aliam protulit
expositionem, quae est huiusmodi: sermo hic, quem
dicimus est, nullam per se substantiam monstrat, sed 15
semper aliqua coniunctio est: vel earum rerum quae
sunt, si simpliciter adponatur, vel alterius secundum
participationem. nam cum dico Socrates est, hoc
dico: Socrates aliquid eorum est quae sunt et in
rebus his quae sunt Socratem iungo; sin vero dicam 20
Socrates philosophus est, hoc inquam: Socrates
philosophia participat. rursus hic quoque Socratem
philosophiamque coniungo. ergo hoc est quod dico
vim coniunctionis cuiusdam optinet, non rei. quod si
conpositionem aliquam copulationemque promittit, so- 25
lum dictum nihil omnino significat. atque hoc est
quod ait: nec si ipsum est purum dixeris id est
solum: non modo neque veritatem neque falsitatem
designat, sed omnino nihil est. et quod secutus est.
planum fecit: consignificat, inquit, autem quan- 30

     3 ens purum b: est purum TE, purum est SFE²   5
nulli b   7 enim est TE   *alt.* est *om.* F   est et cet. T
8 hoc nunc T   12 eo *om.* S¹   16 aliquam coniunctionem
(*om.* est) b   18. 19 hoc quod dico S²F²E²   20 iis b
socraten F   25 conpos. *ego*: proposionem *codices*   27 hoc
ipsum b   30 consign. *ego*: sign. *codices*

dam conpositionem, quam sine conpositis non
est intellegere. nam si est verbum conpositionis
coniunctionisque cuiusdam vim et proprium optinet
locum, purum et sine coniunctione praedicatum nihil
5 significat, sed eam ipsam conpositionem, quam designat, cum fuerint coniuncta ea quae conponuntur,
significare potest, sine conpositis vero quid significet
non est intellegere. vel certe ita intellegendum est
quod ait ipsum quidem nihil est, non quoniam
10 nihil significet, sed quoniam nihil verum falsumve demonstret, si purum dictum sit. cum enim coniungitur,
tunc fit enuntiatio, simpliciter vero dicto verbo nulla
veri vel falsi significatio fit. et sensus quidem totus
p. 318 huiusmodi est: | ipsa quidem verba per se dicta no-
15 mina sunt (nam et qui dicit intellectum constituit et
qui audit quiescit), sed quamquam significent aliquid
verba, nondum adfirmationem negationemve significant.
nam quamvis rem designent, nondum tamen subsistendi eius rei signum est, nec si hoc ipsum est
20 vel ens dixerimus, aliquid ex eo verum vel falsum
poterit inveniri. ipsum enim quamquam significet
aliquid, nondum tamen verum vel falsum est, sed in
conpositione fit enuntiatio et in ea veritas et falsitas
nascitur, quam veritatem falsitatemque sine his quae
25 conponuntur coniungunturque intellegere inpossibile
est. et de verbo quidem et de nomine sufficienter
dictum est, secundo vero volumine de oratione est
considerandum.

8 ita est intellegendum F   13 rei S (*suprascr.* ueri S²)
falsiue (*om.* vel) T   17 uel negat. F   18 designant E   23
vel fals. b   24 inuenitur T¹   28 EXPLICIT LIBER PRIMUS IN-
CIPIT SECUNDUS STEGN, INCIP. LIBER · II · FIN. · I · F, ANICII
MANLII SEVERINI BOETII VIRI ILL. EX CSL. ORD. ATQ; PATRICII AEDI-
TIONIS SCDAE IN PERIERMENIAS ARISTOTEL · LIBER · I · EXPL. · INCIPIT ·
SCDS. J   *subscr. om.* B

LIBER SECVNDVS.

In quantum labor humanum genus excolit et bea-
tissimis ingenii fructibus conplet, si tantum cura ex-
ercendae mentis insisteret, non tam raris hominum
virtutibus uteremur: sed ubi desidia demittit animos,
continuo feralibus seminariis animi uber horrescit. 5
nec hoc cognitione laboris evenire concesserim, sed
potius ignorantia. quis enim laborandi peritus umquam labore discessit? quare intendenda vis mentis
est verumque est amitti animum, si remittitur. mihi
autem si potentior divinitatis adnuerit favor, haec 10
fixa sententia est, ut quamquam fuerint praeclara in-
genia, quorum labor ac studium multa de his quae
nunc quoque tractamus Latinae linguae contulerit,
non tamen quendam quodammodo ordinem filum-
que et dispositione disciplinarum gradus ediderunt, 15
ego omne Aristotelis opus, quodcumque in manus
venerit, in Romanum stilum vertens eorum omnium
commenta Latina oratione perscribam, ut si quid ex
logicae artis subtilitate, ex moralis gravitate peritiae,
ex naturalis acumine veritatis ab Aristotele con- 20
scriptum sit, id omne ordinatum transferam atque
etiam quodam lumine commentationis inlustrem om-
nesque Platonis dialogos vertendo vel etiam com-

2 complet *in fine vers. in marg.* S[1]?   si in b   3 omnium F[1]   4 demittit T: dimittit *ceteri*   5 urbe F[1]   ore-
scit S   7 peritus laborandi F   8 a lab. b   intendendi T
10 fabur S[1]   11 ut quia quamquam E[2]B, ut ///// quamquam
F   13 latinali *codices* (latinae licet N[2]): *corr.* b   15 dispo-
sitionē S[2]F[2], disponendo (*om.* et) b   ediderint F   16 quod
cum F[1]   18 perscribo G[1]NJTE[1]   20 ab Aristotele *om.* S
(*add.* S[1])   20. 21 conscriptum sit GS[2]F[2]: conscripta sunt
SFE, conscriptum est TE[2]G[2]   22 etiam *ego:* eam S, ea G,
id S[2]G[2]FT *et in ras.* E

mentando in Latinam redigam formam. his peractis
non equidem contempserim Aristotelis Platonis-
que sententias in unam quodammodo revocare con-
cordiam eosque non ut plerique dissentire in omnibus,
5 sed in plerisque et his in philosophia maximis consentire demonstrem. haec, si vita otiumque suppetit,
cum multa operis huius utilitate nec non etiam labore
contenderim, qua in re faveant oportet, quos nulla
coquit invidia. sed nunc ad proposita revertamur.
10 Aristoteles namque incohans librum prius nomen
definiendum esse proposuit, post verbum, hinc negationem, post hanc adfirmationem, consequenter enuntiationem, orationem vero postremam. sed nunc cum
de nomine et verbo dixit, converso ordine, quod ulti-
15 mum proposuit, nunc exsequitur primum. de oratione
namque disputat, quam postremam in operis dispositione proposuit. ait enim:

4. Oratio autem est vox significativa, cuius partium aliquid significativum est sepa-
20 ratum, ut dictio, non ut adfirmatio. dico
autem, ut homo significat aliquid, sed non
quoniam est aut non est, sed erit adfirmatio
vel negatio, si quid addatur. sed non una hominis syllaba. nec in eo quod est sorex rex
25 significat, sed vox est nunc sola. in duplicibus vero significat quidem, sed non secundum
se, quemadmodum dictum est. |

.319   Videtur Aristoteles illas quoque voces orationes
putare, quaecumque vel ex nominibus vel ex verbis
30 constent, non tamen integrum colligant intellectum,

9 quoquit SF¹, quoq. E (*corr.* E¹)   uertamur F¹   11
dehinc E²   13 cum *om.* E (*add.* E¹)   14 dixit *ego*: dixeris
S, dixerit S² *et ceteri*   16 quoque F   20 adf. vel negatio
S³FE²ΣΣ   23 vel ΣΣ: et *ceteri*   23. 24 nominis E¹
24 eo ΣΣ: hoc *ceteri*   25 uox est ΣΣE²: uox *ceteri*   27
pro se: est S (*corr.* S³), se sed TΣ   30 constant T

ut sunt et Socrates et Plato, et ambulare et
dicere. haec enim quamquam pleni intellectus non
sint, verbis tamen et nominibus conponuntur. ait enim
orationem esse vocem significativam, cuius partes significarent aliquid separatim, significarent, inquit, non 5
consignificarent, ut in nomine atque verbo. docet
autem illa quoque res eum etiam inperfectas, conpositas tamen ex nominibus ac verbis voces orationes
dicere, quod ait, cum de nomine loqueretur, in eo
quod est equiferus nihil significare ferus, quem- 10
admodum in oratione quae est equus ferus.
namque equus ferus vox conposita ex nominibus
est, sed sententiam non habet plenam et ille ait
quemadmodum in oratione quae est equus ferus. nam si secundum Aristotelem equus ferus 15
oratio est, cur non aliae quoque quae nominibus verbisque constent, quamquam sint inperfectae sententiae,
tamen orationes esse videantur? cum praesertim orationem ipse ita definiat: oratio est vox significativa, cuius partium aliquid significativum est 20
separatum. in his ergo vocibus, quae verbis et nominibus conponuntur, partes extra significant, non
consignificant. nam si nomen et verbum significativum est separatum, in his vero vocibus quae verbis
et nominibus conponuntur partes extra significant, 25
non consignificant, etiam voces inperfectae nominibus
verbisque conpositae orationes sunt. nam si nomen
omne et verbum significativum est, hae autem voces
id est orationes nominibus conponuntur et verbis, dubium non est in his vocibus, quae ex nominibus et 30
verbis coniunctae sunt, partes per se significare. quod
si hoc est, et vox cuius partium aliquid separatum et

5 separatum T   13 Vel ut et T   15 equiferus T
16 est oratio E   quae om. F¹   18 post esse il? eras. in S,
unde conicias: esse illae   29 isdem E¹   30. 31 et verbis
om. S¹TE¹   32 vocem?

Boetii comment. II.   6

per se significat, licet sit inperfectae sententiae, orationem tamen esse manifestum est. sed quod addit
orationis partes significare, ut dictionem, non ut
adfirmationem, Alexander ita dictum esse arbi-
5 tratur: sunt, inquit, aliae quidem simplices orationes,
quae solis verbis et nominibus coniungantur, aliae
vero conpositae, quarum corpus iunctae iam faciunt
orationes. et simplices quidem orationes partes habent eas ex quibus conponuntur, verba et nomina,
10 ut est: Socrates ambulat. conpositae autem aliquotiens quidem tantum orationes, aliquotiens vero
etiam adfirmationes, ut cum dico Socrates ambulat
et Plato loquitur, utraeque sunt adfirmationes, vel:
Aio te, Aeacida, Romanos vincere posse, ex ora-
15 tionibus non ex adfirmationibus conponitur talis oratio.
prior autem simplicitas est, posterior conpositio. in
quibus autem prius est aliquid et posterius, illud sine
dubio definiendum est priore loco, quod natura quoque praecedit. ita ergo quoniam prior simplex oratio
20 est, posterior vero conposita, prius simplicem orationem definitione constituit dicens: cuius partes significant ut dictio, non ut adfirmatio, dictionem simplicis nominis aut verbi nuncupationem ponens. in
simplicibus enim orationibus huiusmodi partes sunt.
25 in conpositis vero aliquotiens quidem orationes tantum, aliquotiens vero adfirmationes, ut supra monstravimus. addit quoque illud: omnem, inquit, definitionem vel contractiorem esse definita specie vel excedere
non oportet. quod si Aristoteles ita constituisset

14 Cic. de div. II c. 56 § 116. Enn. Ann. 186 (Vahlen).

2 addidit T E   4 adf. vel negationem S³FE²   6 coniunguntur T   7. 8 iunctum iam facit orationem T *et in
marg.* S¹E¹?   9 nom. et u. T   14 tae ae accida S, te acida
T (*idem* F, *sed in ras.*)   18 primore E¹   19 procedit SF
24 enim *om.* F   28 contractionem F¹T   29 si *om.* T
(*add.* T¹)

definitionem, ut significare partes orationis diceret ut orationes ac non ut dictiones, simplices orationes ab hac definitione secluderet. orationum namque simplicium partes, non ut orationes, sed ut simplicia verba nominaque significant. nam si omnis oratio orationes 5 habebit in partibus, rursus ipsae partes quae sunt orationes aliis orationibus coniungentur. et rursus partium partes, quae eaedem quoque orationes sunt, alias orationes in partibus habebunt. ac si hoc intellegentia sumpserit, ad infinitum procedit nec ulla 10 erit prima oratio quae simplices habeat partes. neque enim fieri potest, ut prima dicatur oratio quae alias orationes habet in partibus. partes enim priores sunt propria conpositione. quod si in infinitum ducta intellegentia nulla prima oratio reperitur, cum nulla sit 15 oratio prima, nec ulla postrema est. quocirca interempta prima atque postrema omnes quoque interimuntur et nulla omnino erit oratio. quare non recta fuisset definitio, si ita dixisset: | oratio est vox significativa, cuius partes aliquid extra significant, ut orationes. at vero, inquit Alexander, nec si quaedam orationes in partibus continent, idcirco iam necesse est ipsarum orationum partes adfirmationes esse, ut cum dico: Desine meque tuis incendere teque querellis. sunt ergo huius orationis partes: una 25 Desine meque tuis incendere, alia teque querellis. neutra harum est adfirmatio, quamquam esse videatur oratio. quocirca nec illa fuisset recta definitio, si ita dixisset: oratio est vox significativa,

p. 320
20

24 Verg. Aen. IV 360.

9 in part. or. T   10 procedet b   14 dicta E (*corr.* E[1])
16 neq; T   18 erit omnino F   19 et oratio SFE   21
quasdam T   22 orationes adfirmationes?   25 est S²F
pars SF   27 harum b: horum *codices*   28 uidetur S¹, uideatur esse F   recta fuisset FT

cuius partes aliquid extra significent, ut · adfirmatio.
huiusmodi enim orationis cum sint partes ex orationibus
iunctae, non tamen adfirmationibus totum ipsius orationis corpus efficitur. sed quoniam in omni oratione
5 verba sunt et nomina, quae simplices sunt dictiones,
non autem in omnibus orationibus aut adfirmationes
aut orationes partes sunt, quod commune erat id in
definitione constituit, tamquam si ita diceret: oratio
est vox significativa secundum placitum, cuius partes
10 aliquid extra significent, ex necessitate quidem ut
dictio, non tamen semper ut adfirmatio aut oratio.
neque enim fieri potest, ut inveniatur oratio, cuius
partes non ita aliquid extra significent ex necessitate,
ut nomen aut verbum, cum inveniri possit, ut ita si-
15 gnificent orationis partes, ut tamen orationes aut adfirmationes non sint. quare si ita dixisset: oratio est
vox significativa, cuius partes aliquid extra significant,
ut adfirmatio, illas orationes hac definitione non cir-
cumscripsisset, quarum partes orationes quidem sunt,
20 sed non adfirmationes, ut ille versus est quem supra
iam posui. sin vero sic dixisset: oratio est vox significativa, cuius partes aliquid extra significant ut
oratio, illas orationes in definitione reliquisset, quarum
partes sunt simplices, ut est Socrates ambulat.
25 sed cum dicit orationis partes ita significare, ut dictiones, non omnino ut adfirmationes, et simplices et
conpositas hac definitione conclusit. simplices quidem
idcirco, quod quaelibet simplex parvissimaque oratio
nomine et verbo coniungitur, quae sunt simplices
30 dictiones, conpositas vero, quia, cum habeant orationes

1 significant b   2 orationis T E²: orationes E *et ceteri*
partes *ego*: eius partes S T E, *del.* S², *om.* F   3.4 corp. or. E
6 affirmationib; orationib; (*om.* aut) T¹   7 sunt partes F
10 significant T   13 ita *om.* S¹   ex necessitate *om.* E¹
15 orationes part. S¹   21 posui iam F   23 relinquisset S¹
23. 24 partes sunt quarum T¹   28 quia T   30 quia *ego*:
quae *codices*

in partibus, partes ipsae habent simplices dictiones,
quae ipsae simplices dictiones totius corporis partes
sunt. ut cum dico si dies est, lux est, dies est
et lux est partes sunt totius orationis, sed harum
rursus partium partes sunt dies et est et rursus lux 5
et est, quae rursus totius orationis, per quam dico
si dies est, lux est, partes sunt; sed dies et est
et rursus lux et est sunt simplices dictiones. quocirca etiam conpositarum orationum partes indubitanter semper ita significant, ut dictiones, non ut adfir- 10
mationes aut quaedam orationes. quare hanc definitionem Aristoteles recte constituit. ad hanc ergo
sententiam locum hunc Alexander expedit, illud
quoque addens saepe Aristotelem de adfirmationibus
dicere dictiones, quod distinguere volens, cum diceret 15
ita significare partes orationis tamquam dictionem, ne
forte dictionem hanc aliquis et in adfirmatione susciperet, addidit ut dictio non ut adfirmatio, tamquam si diceret: duplex quidem est dictio: una simplex,
alia vero adfirmatio, sed ita partes orationis aliquid 20
extra significant, ut ea dictio, quae est simplex, non
ut ea dictio, quae est adfirmatio. et huiuscemodi quodammodo intellectum tota Alexandri sententia tenet.
Porphyrius vero in eadem quoque sententia est, sed
in uno discrepat. cuius expositio talis est: dictio, in- 25
quit, est simplex nomen, simplex etiam verbum vel
ex duobus conpositum, ut cum dico Socrates vel
rursus ambulat vel equiferus. procedit etiam nomen hoc dictionis ad orationes quidem, sed simplicibus verbis nominibusque coniunctas, ut cum dico et 30
Socrates et Plato, et si sit ex conposito nomine,
ut est equiferus et homo. hae orationes quamquam

2 ipsae] per se F   3 si diest S¹   5. 6 et lux et F   7
lumen SF   12 Aristoteles *om.* E¹   17 in affirmationem (*om.* et) b
24 quoque *post* est T   26 est *om.* SF   nomen] numinero S¹
28. 29 hoc nomen T   29 dictiones S¹   30 et *om.* T

coniunctae sint atque inperfectae, tamen dictionis nomine nuncupantur. nec non etiam transit nomen hoc
dictionis usque ad perfectas orationes, quas enuntiationes nuncupari posterius est dicendum. est autem
5 enuntiatio simplex, ut si quis dicat Socrates ambulat. et haec dicitur adfirmatio. huius negatio est
Socrates non ambulat. simplices ergo enuntiationes sunt adfirmationes vel negationes, quae singulis
verbis ac nominibus conponuntur. itaque cum dico
10 si dies est, lux est, tota quidem huiusmodi oratio
p. 321 dictio esse non dicitur. conposita namque | est con-
iunctaque ex orationibus, quae sunt dies est et lux
est. hae autem sunt adfirmationes et dicuntur dictiones. ipsae vero adfirmationes quae dictiones sunt
15 habent rursus alias dictiones simplices, ut est dies et
est et rursus lux et est. ergo cum dico Socrates
ambulat, haec oratio partes habet dictiones, nomen
scilicet et verbum, quae dictiones quidem sint, non
tamen adfirmationes. sin vero dicam Socrates in
20 lycio cum Platone et ceteris discipulis disputavit, haec pars orationis quae est Socrates in
lycio cum Platone ipsa quoque est dictio, sed non
ut simplex nomen vel verbum neque ut adfirmatio,
sed tantum ut inperfecta oratio verbis tamen nomini-
25 busque conposita. quod si sic dicam si homo est,
animal est, haec rursus oratio habet dictiones in
partibus, sed neque ut simplices dictiones neque ut
inperfectas orationes, sed ut perfectas simplicesque
adfirmationes. et est una adfirmatio animal est,
30 alia vero est homo est, tota vero ipsa oratio dictio
non est. quod si dicam si animal non est, homo
non est, rursus haec oratio ex duabus simplicibus
dictionibus negativis videtur esse conposita, quae ni-

---

1 sunt F E   2 hoc nomen T   8 sunt *om.* F¹   10
diest S¹   17 dictionis E¹   18 uerbom F¹   sunt T, sit F
(sint F¹)   non *om.* S¹   31 si sic E²   32 non *om.* S¹

hilominus tota dictio non est. ita ergo dictio incohans a simplicibus nominibus atque verbis usque ad
orationes, quamvis inperfectas, provehitur nec in his
tantummodo consistit, sed ultra etiam ad simplices
adfirmationes negationesque transit et in eo progres- 5
sionis terminum facit. ergo quoniam non omnis oratio
partes habet adfirmationes et negationes, quae sunt
perfectae enuntiationes simplicium dictionum, quoniamque non omnis oratio inperfectas orationes habet in
partibus, omnis tamen oratio simplices dictiones re- 10
tinet, quippe cum omnis ex verbis nominibusque iungatur, hoc ait orationis partes significare semper quidem ut dictiones, non tamen semper ut adfirmationes,
consentiente Alexandro, cuius expositionem supra
iam docui. atque ita diligentior lector differentias 15
eorum recte perspiciet et consentientes communicat
intellectus. hoc loco Aspasius inconvenienter interstrepit. ait enim non in omnes orationes Aristotelem definitionem constituere voluisse, sed tantum
simplices, quae ex duobus constant, verbo scilicet et 20
nomine. sed ille perfalsus est. neque enim si simplex oratio simplicibus verbis nominibusque consistit,
idcirco non conposita quoque oratio verba et nomina
similiter in partibus habet. quod si hoc commune
est simplicibus orationibus atque conpositis, ut habeant 25
partes dictiones quidem simplices, non etiam adfirmationes, ut etiam quae adfirmationes orationes habent,
hae tamen habeant in partibus simplices dictiones,
cur hanc quaestionem in Aristotelem iaciat, ratione
relinquitur. Syrianus vero, qui Philoxenus cogno- 30
minatur, non putat orationes esse quarum intellectus

---

7 habent S¹E¹   8 dictionum b: dictiones *codices*
simpl. dict. *del.* S²E², *om.* F, simpl. dict. perf. en. b   11
omnis oratio S³F   16 perspiciat *et* communicet b   19 tantum in b   20 constat E¹   23 nom. et verba F   27 etiam
adfirmationesq; E, or. quae aff. TG¹?   31 esse orat. T

sit inperfectus atque ideo nec eas aliquas habere partes. nam cum dicit Plato in Academia disputans,
haec quoniam perfecta non est, partes, inquit, non
habet, arbitrans omne quod inperfectum est nullis
5 partibus contineri. atque ideo, cum dicit Aristoteles: oratio est vox significativa, cuius partes aliquid
extra significent, illam orationem constitui putat, quae
perfectum retinet sensum. ipsarum enim partes esse
verba et nomina. sed hoc ridiculum est. neque enim
10 conpositum aliquid fieri potest nisi propriis partibus.
quod si quaelibet res ut conponatur habeat decem
partes, eas tamen singillatim adponi necesse sit, antequam ad decimam veniamus partem: nihilo tamen
minus partes erunt quas sibimet ad conponendam
15 totius corporis summam singillatim superponimus,
etiam si ad illud quod conponendum fuit minime per-
ventum ‘est. quocirca si antequam perveniatur ad
ultimam partem priores partes effecti conpositique
partes sunt, nulla ratio est inperfectae rei partes dici
20 non posse. neque enim dicitur totius conpositi partes
esse, quae sint inperfecti. ut si sit integrum nomen
habeatque partes quattuor, id est syllabas, ut Me-
zentius, si unam syllabam demam dicamque me-
zenti, vel si unam rursus duasque ponam, ut sunt
25 mezen, huius tamen utraque syllaba me scilicet et
zen partes sunt, et cum sit conpositio ipsa sensu
vacua ac sit inperfecta, tamen partibus continetur.
Syrianus igitur minime audiendus est, sed potius
29 Porphyrius, qui ita Aristotelis mentem senten-
p. 322 tiamque persequitur, ut eius | definitionem, sicut vera
est, labare et in aliquibus aliis discrepare non faciat.

1 ne E   2 hac ademia S, achademia S² *et ceteri*   3
prius non *om.* F (*add.* F¹)   7 significant b   8 ipsius b
12 singulatim T E²   16 ad *om.* F (*add.* F¹)   18 prioris (*om.*
partes) b   22 ut] ut est F   23 dicaturque E   27 ac *om.* F¹
31 labere S¹F¹E¹

de his quidem hactenus. Porphyrius autem ita dicit: volens, inquit, Aristoteles ostendere omnem
orationem aut simplices tantum habere partes aut
conpositas, a simplicibus sumpsit exemplum, ut diceret
significare orationis partes, ut dictionem non ut 5
adfirmationem, ut cum est oratio: Plato disputat, dictiones quidem sunt, sed non ut adfirmationes.
si vero sic esset oratio: si Plato disputat, verum
dicit, Plato disputat et verum dicit, cum sint
dictiones, non sunt tamen ut simplices, sed ut iam 10
adfirmationes. neque enim simplex dictio adfirmatio
est aut negatio, sed tunc fit, cum additur aliquid,
quod aut adfirmationis vim teneat aut negationis.
atque hoc est quod ait: dico autem, ut homo significat aliquid, sed non quoniam est aut non 15
est, sed erit adfirmatio vel negatio, si quid
addatur. hoc huiusmodi est, tamquam si diceret:
nomen quidem simplex adfirmationem aut negationem
non facit, nisi aut est verbum addatur, quae est adfirmatio, aut non est, quae est negatio. quod autem 20
addit: sed non una hominis syllaba. nec in
eo quod est sorex rex significat, sed vox est
nunc sola. in duplicibus vero significat quidem, sed nihil secundum se, quemadmodum
dictum est, huius loci duplex est expositio. quod 25
enim dixerat prius: sed erit adfirmatio vel negatio si quid addatur ei dictioni, quam supra simplicem esse proposuit, cum de significativa orationis
parte loqueretur, nunc id inplet et explicat dicens:
non si quodlibet addatur simplici dictioni, statim fieri 30
adfirmationem vel negationem, nec vero orationem.
neque enim si quid non per se significativum dictioni

    2 omnem *ego*: non omnem *codices*   5 *alt.* ut *om.* T   6
Plato b: plato non *codices*   10 sed etiam ut F   12 uel T
20 non est b: non *codices*   24 nil F, non?   28 cum designatiua S¹T   30 quidlibet b

simplici copuletur, idcirco iam vel oratio vel adfirmatio
vel etiam negatio procreabitur. neque enim si una
hominis syllaba quae significativa per se non est
dictioni eidem ipsi addatur, iam ulla inde procreatur
5 oratio. quod si oratio non fit, nec adfirmatio nec
negatio. hae enim orationes quaedam sunt. ut si quis
ex eo quod est homo tollat unam syllabam eamque
totae dictioni simplici aptet dicatque homo mo vel
alio quolibet modo decidens partem toti corpori di-
10 ctionis adiciat, non faciet orationem. quod si hoc est,
nec adfirmationem nec negationem, quae quaedam
sunt orationes. ergo ita accipiendum est, tamquam
si hoc modo dixisset: dico autem, ut homo significat aliquid, sed non quoniam est aut non est,
15 sed erit adfirmatio vel negatio, si quid addatur, sed non ut una hominis syllaba addatur,
nec cuiuslibet alterius dictionis, si quid per se non
significat, ut in eo quod est sorex rex non significat,
sed vox est nunc sola. atque ideo si quis velut
20 partem tollat, id quod est rex, adponatque ei quod
est sorex et dicat sorex rex, ut rex tamquam pars
sit eius quod est sorex, oratio nulla est atque ideo
neque adfirmatio nec negatio. hae enim ex vocibus
per se significativis constant. rex vero in eo quod
25 est sorex quoniam pars est nominis, nihil ipsa significat. vel certe erit melior intellectus, si hoc quod
ait sed non una hominis syllaba non aptemus ad
orationis perfectionem, sed potius ad dictionis significationem, ut quoniam superius dixit orationis partes
30 ita significare ut dictionem non ut adfirmatio-

2 enim *om.* E¹   4 add. ipsi T¹   nulla S¹F E¹   6
negatio *ego*: propositio *codices*   Haec TE   quaedam or. F
8 toti S², tota E¹   11 quae *om.* F¹   23 nec — nec F,
neq; — neq; E   hae S²: haec S¹ *et ceteri*   ex *om.* E (*add.*
E¹)   28. 29 perfectionem significationem T   30 *alt.* ut
om. E¹

nem, quae esset dictio, manifeste monstraret. dictionem namque constituit vocem per se significantem.
ergo cum dicit sed non una hominis syllaba,
tale est ac si diceret: significat quidem pars orationis
ut dictio, sed hae ipsae dictiones perfecta nomina 5
sunt et verba, non partes nominum verborumque. in
eo enim, quod est equiferus currit, equiferus quidem dictio est totius orationis significans ut pars
orationis, sed ferus consignificat ut pars nominis atque ideo ferus dictio non est. quocirca nec si qua 10
alia syllaba in parte orationis sit, id est in nomine
vel verbo, nihil per se significans. quamquam sit in
parte nominis, quod nomen pars orationis est, nihil
tamen ipsa significabit in tota oratione: quare nec
dictio erit. audiendum ergo ita est tamquam si sic 15
diceret: oratio autem est vox significativa, cuius partium aliquid significativum est separatum, ut dictio, non ut adfirmatio. dico autem, ut homo significat aliquid et est quaedam
dictio et simplex. nam neque oratio est, quoniam 20
simplex est, nec adfirmatio neque negatio, quoniam
non significat esse aut non esse, sed erit tunc adfirmatio, quando aliquid additur, quod adfirmationem | p. 323
negationemve constituit. sed quod aio dictionem esse
id quod dicimus homo, idcirco dictio est, quoniam 25
per se significat. syllaba vero eius nominis quod est

---

    5 perfecta *ego*: perfectae *codices*   8 significans *ego*: significat *codices,* et sign. E², sign. enim b   9 ferus *om.* S
(*add.* S¹) F¹T E¹   sign. F¹, non consign. T   nominis
orationis T (orationis *del.* T²)   10 nec *eras. in* S, *del.* E²,
om. F   10. 11 qua alia syllaba *ego*: quae aliae syllabae
codices   11 sit *ego*: sint *codices*   12 significans *ego*: significant *codices*   sit *ego*: sint *codices*   14 ipsa significabit
ego: ipsum significauit S G F E¹, ipsae significant T E²   15 sic
om. F   20 namq; (*om.* neq;) F¹   22 aut esse b   22. 23
adf. vel negatio?   23 add. al. T   24 constituat b   quod
om. S (*add.* S¹?)

homo, quoniam nihil designat, non est dictio (hoc
est enim sed non una hominis syllaba) vel si
videatur quidem significare, pars tamen sit nominis
et consignificet in nomine, in tota oratione nihil si-
5 gnificat. neque enim pars orationis est. quod per
hoc dixit quod ait: nec in eo quod est sorex rex
significat, sed vox est nunc sola nihil significans.
unde probatur huiusmodi particulas non esse dictiones.
vox enim sola non est dictio, sed vox per se signifi-
10 cans. si qua autem sunt, inquit, nomina, quae sint
conposita ex aliis, ut est equiferus, emittunt quidem quandam imaginem significandi, sed per se nihil
significant, consignificant autem. in simplicibus vero
nominibus nec imaginatio ulla significandi est, ut in
15 eo quod est Cicero: partes eius cum simplices sono,
tum etiam intellectu praeter cuiuslibet imaginationis
similitudinem sunt. in duplicibus vero vult quidem
pars significare, sed nullius separati significatio est,
idcirco quoniam solum consignificat id quod totum
20 conpositi nominis corpus designat, ipsum vero separatum (ut saepius dictum est) nihil extra significat.

Est autem oratio omnis quidem significativa non sicut instrumentum, sed (quemadmodum dictum est) secundum placitum.

25 Secundum placitum esse orationes illa res adprobat, quod earum partes secundum placitum sunt, id
est verba et nomina. quod si omne conpositum ab
his, ex quibus est conpositum, sumit naturam, vox
quae positione constitutis vocibus iungitur ipsa quo-
30 que secundum placitum positionemque formatur. quare
manifestum est orationem secundum placitum esse.

---

2 est *om.* T (enim est T¹) 4 cum significet F¹, consignificat T¹, non significet E¹ 6 quod ait dixit F sorex
est T 10 inquit sunt F sunt T¹ 11 est ut T¹
15 simplici F¹, simplices cum? 28 ex *om.* SF 29 q, E
(quae E²)

Plato autem in eo libro, qui inscribitur Cratylus, aliter esse constituit eamque dicit supellectilem quandam atque instrumentum esse significandi res eas, quae naturaliter intellectibus concipiuntur, eorumque intellectuum vocabulis dispertiendorum. quod ⟨si⟩ omne 5 instrumentum, quoniam naturalium rerum, secundum naturam est, ut videndi oculus, nomina quoque secundum naturam esse arbitratur. sed hoc Aristoteles negat et Alexander multis in eo nititur argumentis monstrans orationem non esse instrumentum naturale. 10 Aristoteles vero ita utitur dicens: est autem oratio omnis quidem significativa non sicut instrumentum, tamquam si diceret: est quidem omnis oratio significativa, non tamen naturaliter. instrumentum enim hoc demonstrat, tamquam si diceret natu- 15 raliter, quod qui instrumentum orationem esse negat, negat eam naturaliter significare, sed ad placitum. naturalium enim rerum naturalia sunt instrumenta. idcirco autem instrumentum pro natura posuit, quod (ut dictum est) Plato omnium artium instrumenta 20 secundum naturam ipsarum artium consistere proponebat. et Alexander quidem non esse instrumentum orationem sic ingreditur adprobare: omnis, inquit, naturalium actuum supellex ipsa quoque naturalis est, ut visus quoniam natura datur, eius quoque supellex 25

---

1. 2 cratylus ////////////////////// aliter S (nominatur? *eras.*) *conicias*: nomina verbaque aliter esse constituit eaque   2 eaq; S, eamq; quae T   suppell. *hic et saepius codices*   4 in intell. T   earumq; F²b   5 intellectuum *ego*: intellectum *codices* ◢dispertiendorum *ego*: dispertiendum S, dispertiendo GNFTEB, dispertiendi F²E², dispernendo N (*corr.* N¹) E (*corr.* E¹), discernendi b   si *add.* b: *om. codices*   6 quoniam *eras.* in S, *om.* b   est rerum F   7 est *om.* F¹   9 nititur S¹ 10 esse non T   11 utitur] sequitur? (*cf. ind.*)   12 omnis ● quidem b: quidem omnis *codices*   16 qui *om.* F¹   20 partium T¹   22 quidem S²FE²: qui SE, quem G, quoque TG² 24 naturalis actuum TE¹

est naturalis, ut oculi. eodem quoque modo auditus cum
naturalis sit, aures nobis, quae sunt audiendi instrumenta, naturaliter datas esse cognoscimus. quare
quoniam oratio ad placitum, non naturaliter est (par-
5 tes enim manifestum est orationis ad placitum positas, quae sunt scilicet verba et nomina, sicut monstrat apud omnes gentes diversitas vocabulorum): quoniam ergo per haec secundum placitum omnis oratio
esse monstratur, quod autem secundum placitum est,
10 non est secundum naturam: non est ergo oratio supellex. significandi enim ratio atque potestas naturaliter est. quod si oratio naturaliter non est, non est
supellex. his aliisque similibus monstrat non esse
supellectilem orationem. quocirca dicendum nobis est
15 naturaliter quidem nos esse vocales potentesque naturaliter vocabula rebus inprimendi, non tamen naturaliter significativos, sed positione: sicut artium sin-
gularum naturaliter sumus susceptibiles, sed eas non
naturaliter habemus, sed doctrina concipimus: ita ergo
20 vox quidem naturaliter est, sed per vocem significatio
p. 324 non naturaliter. neque enim vox sola est nomen | aut
verbum, sed vox quadam addita significatione. et
sicut naturaliter est moveri, saltare vero cuiusdam
iam artificii et positionis, et quemadmodum aes qui-
25 dem naturaliter est, statua vero positione aut arte:
ita quoque possibilitas quidem ipsa significandi et vox
naturalis est, significatio vero per vocem positionis
est, non naturae. hactenus quidem de communi oratione locutus est, nunc autem transit ad species eius.
30 ait enim:

1 ut *delendum videtur* 6 sicut] sunt S (*corr.* S²)
7. 8 quoniam *del.* E² 8 ergo *del.* S², *om.* F 10. 11 suppellex oratio T 13 simplicibus S F E G¹ N, simplicibus rationibus S², similib; rationib; E² monstrant T¹ 13. 14
supp. non esse T 17 sicut ergo S²F 19 doctrinam susci-
pimus T ergo *del.* S² 24 artifici E¹ 27 naturali S (s
add. S²), naturaliter?

Enuntiativa vero non omnis, sed in qua
verum vel falsum 'inest. non autem in omnibus, ut deprecatio oratio quidem est, sed neque vera neque falsa. et ceterae quidem relinquantur; rhetoricae enim vel poeticae con- 5
venientior consideratio est; enuntiativa vero
praesentis est speculationis.

Species quidem orationis multae sunt, sed eas varie
partiuntur. at vero Peripatetici quinque partibus
omnes species orationis ac membra distribuunt. ora- 10
tionis autem species dicimus perfectae, non eius quae
inperfecta est. perfectas autem voco eas quae conplent expediuntque sententiam. et sit nobis hoc modo
divisio: sit oratio genus: orationis aliud est inperfectum, quod sententiam non expedit, ut si dicam 15
Plato in lycio, aliud vero perfectum. perfectae
autem orationis alia est deprecativa, ut Adsit laeti-
tiae Bacchus dator; alia imperativa, ut Accipe
daque fidem; alia interrogativa, ut Quo te, Moeri,
pedes? an quo via ducit? alia vocativa, ut O qui 20
res hominumque deumque Aeternis regis im-
periis; alia enuntiativa, ut dies est et dies non
est. in hac sola, quae est enuntiativa, veri falsive
natura perspicitur. in ceteris enim neque veritas neque falsitas invenitur. et multi quidem plures species 25
esse dicunt perfectae orationis, alii autem innumeras
earum differentias produnt, sed nihil ad nos. cunctae
enim species orationis aut oratoribus adcommodatae

17 Verg. Aen. I 734   18 Verg. Aen. VIII 150   19
Verg. Ecl. IX 1   20 Verg. Aen. I 229. 230

1 omnis est T𝕿²   2 est Σ𝕿   4. 5 relinquuntur Σ𝕿
7 est speculationis *I. ed.*: considerationis est *codices*   16 uero
orationis F²   17—19 ut — fidem *in marg.* S²   17 assit T
19 maeri FT   20 ducit *om.* S¹, ducit in urbem b   22 dies
om. E¹   et *om.* TE¹   dies est et *om.* S¹   27 earum *ego*:
eorum *codices*

sunt aut poetis, sola enuntiativa philosophis. ergo
hoc dicit: non omnis oratio enuntiativa est. sunt
enim plurimae quae enuntiativae non sunt, ut hae
quas supra proposui. haec autem sola est, in qua
5 verum falsumque inveniri queat. quocirca quoniam
de ista, in qua veritas et falsitas invenitur, dialecticis
philosophisque est quaerendum, ceterae autem aut
poetis aut oratoribus adcommodatae sunt, iure de hac
sola tractabitur, id est de enuntiativa oratione. huc-
10 usque ergo de partibus interpretationis et de communi
oratione locutus est. nunc autem adstringit modum
disputationis in speciem et de una specie orationis
tractat deque una interpretatione, quae est enuntiativa.
species namque est enuntiatio interpretationis, negatio
15 vero et adfirmatio enuntiationis. quare de enuntiativa
oratione considerandi hinc cum ipso Aristotele com-
modissimum sumamus initium.

5. Est autem una prima oratio enuntiativa
adfirmatio, deinde negatio; aliae vero coniun-
20 ctione unae. necesse est autem omnem orationem enuntiativam ex verbo esse vel casu. etenim hominis ratio, si non aut est aut erit aut
fuit aut aliquid huiusmodi addatur, nondum
est oratio enuntiativa. quare autem unum
25 quiddam est et non multa animal gressibile
bipes, neque enim eo quod propinque dicuntur
unum erit, est alterius hoc tractare negotii.

Una oratio duplici tractatur modo: vel cum per
se una est vel cum per aliquam coniunctionem con-

3 non *om.* E (*add.* E¹)   hae T *et in ras.* E: eas SF
4 posuit F (*corr.* F²)   6 de T: *om. ceteri*   7 quaerendum
E²: quaerere *ceteri*   (istam — dialectici philosophique est
quaerere b)   10 interpretationibus S¹   11 autem *in fine
versus* S¹?   13 enuntiatiua est T   20. 21 en. or. ΣΣ
22 ratio si *I. ed.*: ratio nisi *vel* rationi si *codices* (*cf. infra*)
26 enim *om.* E (*add.* E¹?)   dic. prop. ΣΣ

iungitur. vel certe ita dicendum est: aliae orationes
naturaliter unae sunt, aliae positione. et naturaliter
quidem unae sunt orationes, quae non dissolvuntur in
alias orationes, ut est sol oritur. quae autem positione sunt unae in alias orationes dissolvuntur, ut est 5
si homo est, animal est. haec enim in orationes alias
separatur. et quemadmodum lignum vel lapis singillatim in propria natura consistunt et una sunt, ex his
autem facta navis vel domus cum pluribus quidem
constent, unae tamen arte sunt, non natura: ita quo- 10
que in orationibus simplices et per se naturaliter unas
orationes dicimus, quae verbo tantum et nomine iun-
guntur, | conpositas autem, quae in alias (ut dictum p. 325
est) orationes dividuntur. multas enim orationes in
huiusmodi orationibus coniunctio iungit, ut si dicam 15
et Plato est et Socrates, haec coniunctio et utrasque coniunxit atque ideo una videtur positione, quae
naturaliter et per se una non fuerat. naturaliter autem
unius orationis duae partes sunt: adfirmatio et negatio.
sed quoniam non ita dixit: est autem una ⟨prima⟩ 20
oratio enuntiativa adfirmatio vel negatio, deinde una coniunctione, sed ait: est autem una
prima oratio enuntiativa adfirmatio, deinde
negatio, huiusmodi oritur quaestio, utrum id quod
ait prima ad adfirmationem referatur, ut sit posterior 25
negatio, an id quod ait prima ad simplicem rettulerit
orationem, ut secunda sit, quae ex orationibus iungitur. quam dubietatem ipse dissolvit. sic enim inquit:
est autem ⟨una⟩ prima oratio enuntiativa adfirmatio, et ut quam secundam diceret demonstraret 30
ait deinde negatio, ut primam adfirmationem po-

2 aliae vero F   7. 8 singulatim E   9 cum *ego*: quae
cum *codices*   12 tantum *om.* F   16 *prim.* et *om.* b   socrates
est T   20 prima *ego add.*: *om. codices*   21. 22 deinde *ego*
(deinde est b): est enim *codices*   29 una *add.* b: *om. codices*
30 dicere S[1]

neret, secundam negationem. quod si ita dixisset:
est autem una prima enuntiativa oratio adfirmatio vel negatio, deinde coniunctione unae,
ita oporteret intellegi, tamquam si diceret illam esse
5 primam unam orationem, quae simplex esset, cuius
partes adfirmatio essent atque negatio, secundam vero
illam, quae coniunctione quadam una fieret, cum ex
orationibus iungeretur. sed quoniam id quod ait
prima ad adfirmationem iunxit dicens est autem
10 una prima oratio enuntiativa adfirmatio, ad
negationem vero *deinde* subiunxit dicens deinde negatio, dicendum est primam eum orationem esse arbitrari adfirmationem, secundam vero negationem, cui
deinde continenter adposuit. sed rursus incurrimus
15 Alexandri quaestionem. per hoc enim negationem
adfirmationemque negat sub uno genere poni oportere, sub enuntiatione, quod in his, quae priora vel
posteriora sunt, commune genus non potest inveniri.
sed huic supra iam dictum est, non oportere omnia
20 quaecumque quolibet modo priora vel posteriora sunt
a genere communi secernere (alioquin sic primae et
secundae substantiae sub uno genere substantiae non
ponentur, sic etiam simplices et conpositae orationes,
quarum simplices propositiones primae sunt, posterio-
25 res conpositae, uno genere non continebuntur), sed illa
sola putanda sunt sub eodem genere poni non posse,
quae ad substantiam priora vel posteriora esse cognoscimus, quae vero ad suum esse aequalia sunt nihil
prohibet sub eodem genere utraque constitui. ergo
30 quoniam adfirmationi et negationi hoc est esse, quod

　　　3 una b　　4 oportet T　　6 essent b: esset *codices*
atque] vel FT　　9 iunxi S (*corr.* S¹?)　　9. 10 una autem
T　　12 primam unam?　　15. 16 adf. neg. E　　16. 17 oportere, id est b　　19 huic *ego*: hinc *codices*, hoc b　　21 sicut
T　　25 non *om.* S¹　　　continebantur E¹　　　26 poni
genere T

in his veritas et falsitas reperitur, hoc autem est
enuntiatio, in qua scilicet veritatis et falsitatis constituta sit ratio: quoniam ad id quod falsi verique significativae sunt neque adfirmatio prior neque negatio
posterior est, nullus dubitat a quo aequaliter partici- 5
pant adfirmatio et negatio eidem generi posse supponi. sed adfirmatio atque negatio aequaliter enuntiatione participant, siquidem enuntiatio veri falsique
utitur significatione et adfirmatio et negatio veritatem
atque mendacium aequaliter monstrat: enuntiatio igi- 10
tur adfirmationis et negationis genus esse ponenda
est. quod ergo ait: est autem ⟨una⟩ prima oratio enuntiativa adfirmatio, deinde negatio;
aliae vero coniunctione unae, ita intellegendum
est, quod adfirmationem primam, secundam vero ne- 15
gationem, cui addidit *deinde*, in prolatione posuerit.
prior enim est adfirmatio, posterior negatio, in prolatione dumtaxat, non secundum veri falsique designationem. quocirca nihil prohibet et priorem putari
adfirmationem negatione et tamen utrasque sub uno 20
genere id est enuntiatione constitui. sed quod secutus est: necesse est autem omnem orationem
enuntiativam ex verbo esse vel casu, huiusmodi
est: volens Aristoteles distribuere dictionem, adfirmationem, negationem, enuntiationem, contradictionem 25
sensum confusa brevitate permiscuit et nebulis obscu-
ritatis inplicuit. oportuit namque prius quid esset
dictio, post autem quid adfirmatio et negatio et rursus
enuntiatio et contradictio constituere. sed haec interim praetermittit, nunc vero quemadmodum consti- 30
tuatur enuntiatio docet dicens, quod omnis enuntiatio
constet in verbo. quoniam simplex dictio est nomen

---

1 haec b   6 et *om.* S¹   7 atque] et FE   7. 8 enuntiatione F²T: enuntiationem *ceteri* (*cf. ind.*)   10 monstrant b
12 una *add.* b: *om. codices*   16 addit E (*corr.* E¹?)   19
priorem b: primam *codices*   30 praetermitti S (*corr.* S¹?)

7*

aut verbum, omnis enuntiatio simplex huiusmodi est,
ut semper quidem vel verbum vel aliquid quod idem

p. 326 valeat, tamquam si diceretur | verbum vel casum verbi,
in praedicatione retineat, sed non semper subiectus

5 terminus fit ex nomine, semper tamen praedicatus ex
verbo. sit enim huiusmodi propositio, quae est *sol
oritur*: in hac ergo propositione quod dico *sol* subiectum est, quod vero dico *oritur* praedicatur. et
utrasque has dictiones terminos voco, sed quodcum-

10 que prius dicitur in simplici enuntiatione, illud subiectum est, ut in hac *sol*, quod vero posterius, illud
praedicatur, ut in eadem *oritur*. ergo necesse est
omnem enuntiativam orationem, si simplex sit, verbum
in praedicatione retinere, ut in eadem ipsa, cum dico

15 *sol oritur*, *oritur* verbum est, vel quod idem valeat, ut
est *Socrates non ambulat*. *non ambulat* enim infinitum verbum est et verbum quidem non est, sed eandem vim retinet quam verbum. casus etiam verbi
ponitur saepe, ut *Socrates fuit*. subiectus vero ter-

20 minus non semper consistit in nomine. potest enim
et infinitum nomen habere, ut cum dico *non homo
ambulat*, potest etiam verbum, ut cum dico *ambulare
moveri est*. ergo (ut arbitror) plene monstratum est
non semper subiectum nomen esse, semper autem

25 praedicatum in solo verbo consistere. adprobans ergo
verba semper in praedicationibus poni hoc addidit:
nisi enim aut est aut fuit aut aliquid huiusmodi sit
additum aut quod idem valeat adponatur, enuntiatio
non fit. cum enim dico *homo est*, *est* verbum in prae-

30 dicatione proposui, sin vero dixero *homo vivit*, idem
valet tamquam si dicam *homo vivus est*. ergo non
posse sine verbo adfirmationem negationemve consti-

5 terminus *om.* T (*post* semper 4 *add.* T¹?)   7 sol oritur
sol S²F   13 or. en. F   23 ergo] ergo est S (est *del.* S¹?)
27 enim *om.* SF

tui docuit per id quod ait etenim hominis ratio,
si non aut est aut erit aut fuit aut aliquid
huiusmodi addatur, nondum est oratio enuntiativa. hoc enim dicere videtur: definitio hominis
est verbi gratia animal gressibile bipes et haec 5
est ratio humanae substantiae. ergo haec ratio, nisi
ei aut est aut erit aut fuit aut quodlibet verbum
(sicut supra dictum est) adponatur, enuntiatio non fit;
neque enim verum neque falsum est. si enim dicam
tantum animal gressibile bipes, nulla me veritas 10
mendaciumve consequitur. sin autem dixero animal
gressibile bipes est vel non est, adfirmatio mox
negatioque conficitur, quas enuntiationes esse quis
dubitet? sed cum de simplicibus enuntiationibus loqueretur, ait hominis rationem id est definitionem 15
non esse enuntiationem, nisi ei aut est aut erit aut
huiusmodi aliquid adponatur, adprobans scilicet unam
esse et non multiplicem orationem definitionis humanae, cui si est aut erit aut fuit adderetur, enuntiationem simplicem faceret. cur vero una sit talis oratio 20
causa quaeritur. neque enim ex solis duobus terminis
constat id quod dicimus animal gressibile bipes,
ut quae nomina plura sunt. quare ipse sibi institit et
de sua propositione rationem quaesivit, quam nunc
dicere supersedit. ait enim: quare autem unum 25
quiddam est et non multa animal gressibile
bipes, neque enim eo quod propinque dicuntur
unum erit, est alterius hoc tractare negotii,
hoc scilicet quaerens, tamquam si ita ipse ex persona
sua diceret: de simplicibus enuntiationibus omnibus 30
loquebar deque his proposui eas praeter verbum esse

---

1. 2 ratio si b: rationi si *vel* ratio nisi *codices*   6 est *om.*
F[1]   7 enim *suprascr.* vel ei E   9 *alt.* neque] aut T   16
ei *om.* S[1]   17 aliquid huiusmodi F   20 facere?   23 ut
ego: et *codices*   nominat TE   24 sua *om.* S[1]   28 erit]
est T *in ras.*

non posse et ad hanc rem probandam exemplum sumpsi definitionem hominis, cui nisi aut est aut erit aut fuit adponeretur, enuntiationem non fieri dixi, quasi una et non multiplex esset oratio ea per quam
5 dicitur animal gressibile bipes, de qua fieri posset simplex enuntiatio. cur autem una erit oratio animal gressibile bipes, alterius, inquit, est hoc tractare negotii, cum de rebus, non de propositionibus perspiciendum est. nam non idcirco una
10 est oratio, quia continue dicitur et coniuncte sibimet animal gressibile bipes. hoc enim si ita esset, possemus et hanc orationem, quae tam multa significat, unam dicere, si continue proferatur, ut est Socrates philosophus simus calvus senex. ergo
15 quemadmodum huiusmodi oratio sit multiplex et non una, posterius dicemus. nunc ergo manifestum sit hanc orationem quae dicit Socrates philosophus simus calvus senex non esse unam, sed multiplicem. si ergo propinquitas proferendi ipsa continua-
20 tione unam faceret orationem, posset haec quoque una esse oratio, quae manifesto non una esse docebitur. quare non idcirco erit una oratio ea quae dicit animal gressibile bipes, quod propinque et
24 continue profertur. quae autem causa sit ut una sit,
327 ipse dicere distulit, sed in libris eius operis, | quod μετὰ τὰ φυσικά inscribitur, expediet. Theophrastus autem in libro de adfirmatione et negatione sic docuit: definitionem unam semper esse orationem eamque oportere continuatim proferre. illa enim una oratio
30 esse dicitur, quae unius substantiae designativa est. definitio autem, ut verbi gratia hominis animal gres-

---

3 fieri non F (non fieri F²)　　4 esse S¹　　10 iuncte F
13 proferretur F　　17. 18 philosophissimus F　　21 or. esse
T　　manifeste T　　22 una om. F¹　　26 metataphytica S
(corr. S¹?) J, metataphisica F, metaphisica TEN　　expedivit
b an expediit vel expedit?　　29 proferri b

sibile bipes, una est oratio per hoc, quoniam unum
subiectum id est hominem monstrat. si ergo continue
proferatur et non divise, una est oratio, et quia continue dicitur et quia unius rei substantiam monstrat;
sin vero quis dividat et orationem unam rem signifi- 5
cantem proferendi intermissione distribuat, multiplex
fit oratio. ut si dicam animal gressibile bipes,
unam rem mihi tota monstrat oratio et continue
dicta est; sin vero dicam animal et rursus gressibile et sub intermissione repetam bipes, multiplex 10
fit distributa intermissione oratio. et rursus adversum
id quaestio. et quis hoc non iure culpet posse eam
quae una est orationem intermissione proferendi fieri
multiplicem, cum continuatio proferendi non faceret
unam, quae esset multiplex per naturam? sicut enim 15
in his, quae multiplices sunt naturaliter, non potest
continuatio proferendi unam facere orationem, sic
quoque non debet quae est una naturaliter oratio idcirco quod de uno subiecto dicatur fieri multiplex per
intermissionem. sed hoc ita solvitur: nam cum dici- 20
mus animal et sub intermissione rursus gressibile
eodemque modo iterum bipes, non hoc ita dicimus,
tamquam si in unum cuncta coniuncta sint. quocirca
quoniam est quidem animal, est rursus gressibile,
est rursus bipes, quoniam plura sunt et pluraliter 25
dicta id est distributa, non videntur ad unum subiectum distributa posse praedicari, sicut cum dico
Socrates philosophus calvus senex, haec omnia
non est simplex oratio, nec si continue proferatur,
quod ad unam substantiam non tendunt: accidentia 30
enim sunt et extrinsecus veniunt. probatur autem
neque eas orationes, quae per divisionem dicuntur,

4 et *om.* S¹   6 distribuit SFT (*corr.* T¹?)   11 et]
est b   12 iure non F   14 cum *om.* F¹   16 in his *om.* T
22 haec b   28 simus calvus b   29 sic T   31 probantur
T, probant T¹?

neque eas, quae non ad unam substantiam tendunt,
unas esse, hoc modo: si dicat quis animal et rursus
gressibile et iterum bipes, non unum est animal
nec unum gressibile nec unum bipes. sin vero di-
5 xero animal gressibile bipes continue et propinque, unum est, quod tria ista iuncta significant, id
est homo. convertamus nunc animum ad eas quae
plura quidem significant, sed continue proferuntur, ut
cum dico Socrates philosophus calvus senex:
10 videtur quasi quaedam Socratis esse definitio philosophus calvus senex, sed non necesse est, si huiusmodi Socrates fuit, omnem quicumque philosophus
senex calvus est esse etiam Socratem. in multis ergo
continuatio ista valet accidere. quocirca non unum
15 significat, quamquam continue proferatur. ergo si ex
omnibus unum quiddam significetur et continue proferatur, una est oratio, ut partes quaedam rei definitae
sint ea quae in definitione ponuntur, non accidentia.
et proficit quidem aliquid continua prolatio ad perfi-
20 ciendam unam orationem, sed ipsa sola non sufficit,
nisi unum quoque subiectum sit. atque ideo dixit
Aristoteles animal gressibile bipes non idcirco
esse unam orationem, quod propinque dicatur. nam
neque sufficit ad constituendam unam orationem pro-
25 pinquitas proferendi nihilque prohiberet, quae naturaliter essent multiplices, eas continue et propinque
prolatas unas videri. sed huius rei rationem Aristoteles ponere distulit. sensus ergo huiusmodi est:
necesse est, inquit, omnem enuntiativam oratio-
30 nem ex verbo esse vel casu. etenim hominis
ratio, quae et ipsa quoque oratio est, si non aut
est aut erit aut fuit aut aliquid huiusmodi illi

5 et *om.* F¹   6 quae T²   12 socratis S (*corr.* S²) E
15 significant F (*corr.* F¹?)   19. 20 perficiendum E   23
unam esse T (*corr.* T¹?)   31 et] in T (*corr.* T¹?)   est
om. F (*add.* F¹)

addatur, nondum est enuntiatio. hoc vero in solis simplicibus enuntiationibus evenit, in his autem quae coniunctione unae sunt (ut supra ait) non omnino est. cum enim dico *dies est*, vis tota in verbo est; si autem cum coniunctione proferam *si dies est, lux* 5 *est*, tota vis in coniunctione consistit id est *si*. veritatis enim aut falsitatis rationem sola coniunctio tenet, quae condicionem proponit, cum dicit *si dies est, lux est*: si enim illud est, illud evenit. igitur in coniunctione omnis vis huiusmodi propositionis est, omnis 10 autem simplex propositio totam vim in verbo habet positam. et quemadmodum in his, quae hypotheticae vel condicionales dicuntur, coniunctiones propositionis vim tenent, sic in simplicibus propositionibus praedi- 14 catio | vim optinet, unde et Graece quoque tales pro- p. 328 positiones praedicativae dicuntur, scilicet quae simplices sunt, quod in his totam propositionem optineat praedicatio. atque ideo Aristoteles ait ex verbo vel casu fieri simplicem enuntiationem. nam praeter id quod totam continet propositionem praedicativam sci- 20 licet, id est praeter praedicationem, enuntiatio non fit. unde est ut negatio quoque non ad subiectum, sed ad praedicatum semper aptetur. nam cum dico *sol oritur*, non est huius negatio *non sol oritur*, sed illa quae est *sol non oritur*. atque ideo negatio ad sub- 25 iectum posita non facit contrariam propositionem, ad praedicatum vero contrariam reddit. recte igitur Aristoteles de subiecto quidem nihil locutus est. non en m praedicativam propositionem subiectus terminus tenet, sed tantum praedicatio, quae totam enuntiatio- 30 nem propria virtute confirmat.

1 oratio F (*in marg.* vel enuntiatio F²)   2 uenit STE
3 supra iam E   6 si *om.* E (*add.* E¹)   8 condicionem *om.*
E (*add.* E¹)   13 propositionum E²   14 sic uim (*om.* 15 vim)
F   16 κατηγορικαί id est praedicativae b   28 locus S¹
29 prop. praed. F   30 praedicatio *ego*: depraecatiua SE,
praedicatiua pars S²FE², praedicatus qui T

Est autem una oratio enuntiativa quae
unum significat vel coniunctione una, plures
autem quae plura et non unum vel inconiunctae.

5 Hinc monstratur quoniam tum cum dixit: est
autem una prima oratio enuntiativa adfirmatio, deinde negatio, primam non eum de ea oratione dixisse, quae naturaliter una est, sed de adfirmatione. alioquin hic quoque repetens ita dixisset:

10 est autem una prima oratio enuntiativa quae
unum significat. sed quoniam non ita dixit, manifestum est quod dudum ait primam non ad orationem, quae praeter coniunctionem una est, rettulisse,
sed ad adfirmationem, quam negatione priorem esse

15 constaret. sed hoc iam superius dictum est. quid
autem sibi velit haec enumeratio, paucis expromam.
multas enim confusiones multosque in orationibus er-
rores hic locus optime intellectus veraciterque per-
ceptus sustulit. et est haec expositio quam nullus

20 ante Porphyrium expositorum vidit. non est idem
namque unam esse orationem et multiplicem, quod
simplicem et conpositam, et distat una a simplici,
distat etiam multiplex a conposita. est ergo una
oratio quae unum significat, multiplex autem quae

25 non unum, sed plura. fit autem hoc in huiusmodi
orationibus, ut cum dico: Cato philosophus est.
haec oratio non est una: non enim unum significat.
potest enim monstrare et Catonem Uticensem esse

---

4 *verba Arist. continuat usque ad* sed ipso proferente b
5 hic NE (*corr.* E[1]?)   6 autem *om.* F   7 prima S[2]F[2]
eum non E   8 dixisse putandum est b   10 autem *om.* S[1]
prima una E   12 prima F[2]   14 ad *om.* F (*add.* F[1])   16
exprimam F (*corr.* F[1]?) T, exponam b   19 haec est F
nullus expositorum (*om.* exp. 20) F   20 uidit expos. T
22 *alt.* et *om.* S[1]   23. 24 a —multiplex *om.* F[1]   24 oratio
om. T[1]   25 sit T   28 ut censum S (*corr.* S[1]?)

philosophum, potest etiam ostendere et Catonem Censorium oratorem esse philosophum. qua in re non una est oratio atque idcirco in Uticensi quidem Catone vera est, in oratore vero falsa. huiusmodi ergo orationes multas vocamus. sin vero unum signi- 5 ficet, ut cum dicimus in charta scribitur, illam dicimus unam. ergo una quae sit vel multiplex ora- tio, ex his intellegitur quae significant. si enim unam significat rem, una est, si multas, multiplex. simplices autem et conpositae orationes non ad significationem, 10 sed ad terminos ipsos dictionesque, quae in proposi- tionibus sumuntur, referendae sunt. et est quidem simplex oratio enuntiativa, quae ex solis duobus ter- minis constat, ut est homo vivit. sive autem his propositionibus omnis addatur, ut est omnis homo 15 vivit, sive nullus, ut nullus lapis vivit, sive ali- quis, ut aliquis homo vivit, quoniam termini ipsi duo sunt, simplex vocatur propositio. conposita vero, si ultra duos terminos enuntiat, ut est Plato philo- sophus in lycio ambulat, hic enim quattuor sunt 20 termini, vel si tres sint, ut Plato philosophus am- bulat. hae quoque, si eis omnis aut nullus aut aliquis addatur, eodem modo conpositae sunt. ergo una vel multiplex oratio intellegitur, si unum vel multa signi- ficent, et de propria semper significatione iudicantur. 25 simplex autem et conposita non ex significatione, sed ex verborum vel nominum pluralitate cognoscitur. si enim ultra duos terminos habet propositio, conposita est, sin duos tantum, simplex. si ergo semper quae

1 potest etiam ostendere *om.* T   2 qua re?   3 idcirco *om.* F¹   4 vero *om.* E   5 ergo] uero T   multiplices T (vel multas T²)   6 cartha F, carta T   8 significantur b   17 ut aliquis *om.* S¹T   vivit, vel aliquis homo non vivit b   20 ambulat in licio T (*transponit* T¹?)   21 sunt T   22 haec SF   aliquid S¹   23 sint E (*corr.* E¹?)   25 significat *et* iudicatur b   27 noscuntur T   29 sin] in SF

simplex oratio est, id est quae duobus terminis constat, unam tantum significantiam retineret, indifferenter dici posset una oratio et simplex (eadem enim
4 una esset, quae etiam simplex), sed quoniam non
p. 329 omnis simplex unum significat, | non omnis simplex
una est. potest ergo fieri ut simplex quidem sit propositio, multae tamen orationes: simplex quidem ad
conpositionem dictionum, multae vero ad significationem sententiarum. quare erit in hoc gemina diffe-
10 rentia, ut unam dicamus simplicem unamque orationem, alteram simplicem et plures orationes. rursus si
omnes conpositae orationes plures etiam res significa-
carent, indifferenter diceremus multiplicem et conpositam; sed quoniam fieri potest ut propositio aliquo-
15 tiens quidem constet ex numerosis pluribusque terminis quam sunt duo, unam tamen sententiam monstret, potest fieri ut conposita quidem sit, una tamen
oratio sit significatione, conposita dictione, ut est
animal rationale mortale mentis et disciplinae
20 capax: haec quidem plura sunt, sed his una subiecta
substantia est id est homo, quare una quoque sententia. sin vero quis dicat: Socrates et ambulat et
loquitur et cogitat, multa sunt. diversa enim sunt
quod ambulat et quod loquitur et quod cogitat. quare
25 erit aliquando conposita quidem oratio, una tamen.
sed quoniam conposita oratio aliquotiens quidem continue sine coniunctione dicitur, aliquotiens coniunctione
copulatur, fiunt hinc quattuor differentiae. est enim
una oratio conposita ex terminis continuatim dictis et
30 sine coniunctione unam sententiam monstrans, ut est

---

2 significatiuam F¹E¹   4 et simplex etiam T   6 ergo]
enim T   11 plures *om.* S¹   21 *prius* est *om.* T   una *om.*
S¹   quoque est S²FE²   22 *alt.* et *om.* S¹   23 sunt enim
E   24 *ambo* et *om.* FT (*add.* T¹)   25 oratio *om.* S¹   26
oratione oratio E (oratione *del.* E¹?)   quidem aliq. T   27.
28 coniunctioni cop. F

animal rationale mortale mentis et disciplinae
perceptibile. haec enim oratio conposita quidem
est ex multis terminis, sed coniunctionem non habet
(nam quod dictum est mentis et disciplinae perceptibile, haec coniunctio quae est et nullam in tota pro- 5
positione vim optinet: neque enim coniungit propositionem, sed artem addit, cuius susceptibilis homo
esse videatur) et habet unam sententiam subiectam,
quod est homo. alia vero est conposita ex terminis
nulla coniunctione copulatis multiplex et non unam 10
significans propositionem, ut est Plato Atheniensis
philosophus disputat. aliud enim est esse Platonem, aliud esse philosophum, aliud Atheniensem, aliud
disputantem, et haec coniuncta unum aliquid non faciunt quasi substantiam. quare haec multiplex est, 15
sed eam manifestum est nulla coniunctione copulari.
alia vero est conposita ex propositionibus inconiunctis
multiplex, ut est: Iuppiter optimus maximus est,
Iuno regina est, Minerva dea sapientiae est.
quas si quis sub unum continueque proferat, plures 20
quidem propositiones sunt, et oratio multiplex, sed
coniunctione carent. alia vero est conposita vel ex
terminis vel ex propositionibus coniunctione copulatis
multiplex et multa significans. et ex terminis quidem
conposita, ut si quis dicat et Iuppiter et Apollo dii 25
sunt, ex propositionibus autem coniuncta multa significans est, ut si quis dicat et Apollo vates est
et Iuppiter tonat. est autem praeter has alia conposita propositio ex propositionibus coniunctione con-

1 et *om.* E (*add.* E[1])   7 artem vel rem *editio princeps*
8 uidebatur F[1]   substantiam b   unum sententia subiectum?   9 quae T b   11 attheniensis F (*item* 13)   12
est enim T   18 optumus F   maxumus F[2]   20 uno?
22 carent *om.* E[1]   25 ut F: *om. ceteri*   27 qui S   uatis
S F E   est *om.* F   28 et *om.* E[1]   29 propositio] oratio b
29 *sq.* coniunctis b

iuncta unam significans orationem, ut cum dico: si
dies est, lux est. duae enim propositiones, quae
sunt istae dies est, lux est, si coniunctione copulantur. sed haec oratio non significat multa. neque
5 enim diem esse et lucem proponit, sed si dies est,
lucem esse. quocirca consequentiam quandam significat, non exstantiam propositionis. non enim dicit
utrasque esse, sed si una est, aliam consequi, quod
utrumque in unam quodammodo intellegentiam con
10 gruit. sed hanc Porphyrius propositionem extrinsecus ponit, idcirco quod plura significare videbatur
(ipsa enim propositionum pluralitas multitudinem simulat significationum), sed (ut dictum est) non plures
significat res, sed unam consequentiam. conpositarum
15 igitur et unam rem significantium propositionum duplex modus est. aut enim est ex terminis inconiunctis unam rem significans conposita oratio, ut animal
rationale mortale est, aut ex propositionibus conposita et coniunctione copulata imaginem quidem
20 emittens plura significandi, unam vero rem significans
oratio, ut si dicamus si dies est, lux est. cum
ergo haec sit distributio conpositarum et simplicium
orationum, duplici modo unae orationes sunt et duplici multae, simplici autem inconpositae et simplici
25 conpositae. et uno quidem modo una oratio dicitur
cum aliqua coniunctione copulatur, alio vero cum
unam rem significat; rursus uno modo dicitur multi

1 orationem] rem b   5 et *om.* E   7 extantiam *supra*
scr. vel essentiam F, existentiam b   9. 10 congruat F
11 uideatur F (*corr.* F¹?) 16. 17 coniunctis E (*corr.* E¹?) 21
ut b: ac *codices prius* si *om.* S¹   22 ergo *om.* F   23 sunt
orationes T   24 et *om.* S¹   26 cum aliqua coniunctione
copulatur *et p. 111, 1* cum sine coniunctione est *in codicibus
locum mutaverunt, quod* S² *et* F² *correxerunt. ceterum totus locus:* cum — atque (*p. 111, 2) in rasura ab* S²   uero modo
F   27 et rursus S   dicitur *post* oratio (*p. 111, 1*) S

plex oratio | cum sine coniunctione est, alio vero cum p. 330
plura significat. atque hoc est quod ait: est autem
una oratio enuntiativa quae unum significat
vel coniunctione una, plures autem quae plura
et non unum vel inconiunctae. est enim (ut 5
dictum est) dupliciter una oratio: vel quando cum
coniunctione est, vel cum unam rem significat. multiplex autem oratio est vel quae multa significat, vel
quae coniunctione non iungitur. multas enim orationes vocavit eas quae sint multiplices et vel significa- 10
tionis pluralitatem teneant vel praeter coniunctiones
sint. quod autem ait vel inconiunctae, totum con-
plexus est. multiplex enim est propositio vel si fuerit
inconposita, quemadmodum est Cato philosophatur,
multiplex etiam vel si fuerit conposita ex terminis 15
praeter coniunctionem, ut est Plato Atheniensis
in lycio disputat, vel si conposita sit ex propositionibus praeter coniunctionem, quemadmodum est
homo est, animal est. cur autem cum dixit plures
autem, quae plura addit et non unum? hoc est 20
quod sunt quaedam quae plura significent in sermonibus, unum tamen in tota conpositione demonstrent,
ut est animal rationale mortale. haec enim omnia
multa significant (aliud enim est animal, aliud rationale, aliud mortale), sed totum simul unum est, quod 25

9 sine coniunctione S²FE² non iungitur ego: coniungitur codices 10 sunt E (corr. E¹?) simplices multiplices
F (simpl. del. F¹?) 11 coniunctione F 16 ut b: id codices
attheniensis F (saepius) 18 praeter B et in marg. E¹?: per
ceteri 19 homo B et E¹?: si homo ceteri post animal est
in margine add.: uel si conposita sit ex terminis coniunctione
copulatis ut iupiter et apollo dii sunt E; deinde uel si conposita sit ex propositionibus per coniunctionem quemadmodum
est et apollo uates est et iuppiter tonat in marg. E et B in
textu 21 quod ait T (ait del. T¹?) quae om. F (add. F¹)
22 unam T 23 omnia om. T 25 aliud om. T (animal
rationale aliud mortale T¹?)|

est homo. cum autem dico Socrates Atheniensis philosophus, et singula plura sunt et omnia simul plura nihilominus sunt. haec enim accidentia sunt et nullam substantiam informant. atque haec quidem
5 dixit de orationibus quae vel coniunctione unae essent vel significatione, et rursus de multis quae vel praeter coniunctionem multae essent vel significatione multiplici. quae vero de simplicibus atque conpositis posterius dixerit, cum ad illum locum expositio venerit,
10 explicabitur. nunc autem revertamur ad ordinem. igitur quoniam supra dixerat simplicem propositionem, quam categoricam Graeci dicunt, nos praedicativam interpretari possumus, semper verbi praedicatione constitui, non autem semper nomine subiecto, quod
15 aliquotiens quidem vel infinitum nomen vel casus nominis vel verba subiecta sunt: cum ergo dictionibus simplicibus constitui diceret simplicem orationem et adfirmationem negationemque orationes esse constaret, manifestum fecit adfirmationem et negationem dictione
20 constitui et formari, ita quidem ut adfirmationem et negationem semper sola verbi dictio praedicata, non autem semper nominis dictio subiecta perficeret. cum igitur haec ita proposuisset, nunc quid sit dictio, quae praedicativas id est simplices propositiones format,
25 exponit dicens: nomen ergo et verbum dictio sit sola. quod ideo ait dictio sit sola, quod sunt quaedam dictiones simul etiam adfirmationes vel inperfectae orationes, quod supra iam dictum est. cur autem verbum et nomen solae sint dictiones monstrat:
30 quoniam non est dicere sic aliquid significan-

---

4. 5 dixit quidem F   7. 8 multipli S (*corr.* S¹)   8 de *ego*: in *codices*   9 illum F E¹?: id *ceteri*, id loci b   12 κατηγορικήν b   16 ergo *del.* S², *om.* F   19 et adf. E² dictiones F T (*corr.* F¹?)   20 informari F T E²   23 numquid S (*corr.* S¹)   28 iam *om.* E¹   29 nomen et uerbum E 30 aliquem E²

tem voce enuntiare, vel aliquo interrogante vel non, sed ipsum proferentem. sensus huiusmodi est: enuntiativa propositio his maxime duobus formatur: per propriam naturam atque substantiam et per eius usum atque tractatum. et natura quidem 5 ipsius est, ut in ea veritas inveniatur aut falsitas, usus autem cum aliquid aut interrogando proponitur et respondetur, ut utrum anima inmortalis est, aut certe cum aliquis per suam sententiam enuntiat atque profert, ut si qui dicat hoc ipsum ex propria volun- 10 tate: anima inmortalis est. unde definitio quoque enuntiationis una quidem naturae atque substantiae talis redditur: enuntiatio est oratio, in qua verum falsumve est. ex usu vero eius atque actu enuntiativa oratio est, quam interrogantes proponimus, ut verum 15 vel falsum aliquid audiamus, ex nostra vero prolatione, quam proponentes verum aliquid falsumve monstramus. ergo cum omnis enuntiativa oratio aut in interrogatione posita sit aut in spontanea prolatione et in utrisque enuntiationis natura et substantia illa 20 versetur, ut sive in interrogatione sit posita cum responsione coniuncta verum habeat vel falsum, sive per se prolata utrumlibet retineat: dictiones, inquit, vel alio interrogante vel quolibet proferente et sponte 24 dicente verum falsumve non continent. | si enim quis p. 331 dicat interrogans Socratesne disputat? alius respondeat disputat, hoc quod respondit disputat si cum tota interrogatione iungatur, potest habere intellectum verum falsumve significantis orationis, sin vero per se intellegatur disputat, quamquam alio 30

1 uocem SFT   2 ipso proferente S²FTE²   4 per *om.* S¹ 6 inueniatur *om.* S¹   10 quis FE   13 enuntiatiua T (*corr.* T¹?) 14 atque *bis* T (*corr.* T¹?)   tractatu b   17 quoniam T proponimus E²   17. 18 monstrauimus T   18 in *om.* T 22 habeat *om.* T¹   24 aliquo? (*cf.* 30)   25 continet T¹ 27 respondit] dixit T (*corr.* T¹)   29 uerum uel falsum uel F

interrogante responderit, vero tamen falsoque relinquitur. similiter etiam si quis dicat Socrates vel
ambulat nullo interrogante, sed ipse proferens, nec
verum aliquid nec falsum designat. ergo verba et
5 nomina dictiones solum sunt, quoniam et simplices
sunt (erant enim aliae quaedam dictiones in orationibus verbisque conpositis, sed nondum perfectae sententiae) quoniamque neque verum neque falsum vel
alio interrogante vel quolibet sponte proferente signi-
10 ficant. erant enim aliae quaedam dictiones quae et
alio interrogante et quolibet sponte proferente verum
falsumve retinerent, in his˙ scilicet quae erant adfirmationes aut negationes. quocirca sensus huiusmodi
est, ordo autem verborum sese sic habet: nomen
15 ergo et verbum dictio sit sola, quoniam non possumus dicere significantem aliquid id est verbo vel
nomine enuntiare. non enim possumus dicere quoniam, quisquis verbo vel nomine significat aliquid,
ille enuntiat, vel aliquo interrogante vel non,
20 sed ipsum proferentem, tamquam si sic diceret:
verba ipsa et nomina dictiones solae sunt, quoniam
verbis et nominibus significantem hominem aliquid
non possumus dicere, quoniam enuntiat quidquam,
sive eum aliquis interroget, sive ipse sponte proferat
25 simplicem dictionem. enuntiare autem est orationem
dicere quae verum falsumque designat.

Harum autem haec quidem simplex est
enuntiatio, ut aliquid de aliquo vel aliquid ab

---

1 responderit b: responderet *codices*   2 qui TE   vel
om. F¹   3 ipse] se S (*corr.* S¹)   4 ergo et T   6 dictiones quaedam E   6. 7 orationibus nominibus b   8 quoniam
quae SE, quoniam TE², quae S²   9. 10 significat T (*corr.*
T¹)   10 et *om.* E   16 aliquid uoce E¹? aliquid sic uoce b
vel] aut TE   17. 18 quia T   20 ipso proferente S²F²TE²G²
24 eum] enim F, cum T   25 dictionem simpl. T, simpl. dictionem facit F   26 designet T   27 est *om.* Σ𝔛

aliquo, haec autem ex his coniuncta velut oratio quaedam iam conposita.

Quoniam superius de unis orationibus atque pluribus dixit et unam quidem posuit, quae aut coniunctione una esset secundum prolationem aut significatione secundum propriam naturam, plures vero quae
aut coniunctione carerent aut multa significatione sua
conplecterentur, quoniam quidem aliud erat una oratio, aliud simplex, aliud conposita, aliud plures, post
illa ad simplicem conpositamque revertitur dicens
simplicem esse orationem enuntiativam quae duobus
terminis continetur, quorum unum subiectum est, alterum praedicatur. quod vero ait harum autem,
enuntiativarum scilicet orationum dixit, quarum haec
quidem simplex est enuntiatio, et quae simplex
est enuntiatio, ipse proposuit dicens ut aliquid de
aliquo, subaudiendum est praedicemus, ut sit hic
sensus: harum autem enuntiativarum orationum est
simplex enuntiatio, si aliquid unum de uno aliquo
praedicemus, ut si dicam Plato disputat, de aliquo
Platone aliquid id est disputat praedicavi. et haec
simplex est enuntiatio, idcirco quoniam duobus terminis partibusque coniungitur. si qua vero plures
habuerit terminos et eius partes duorum terminorum
multitudinem egrediantur, illae conpositae orationes
dicuntur et est enuntiatio conposita huiusmodi: si
dies est, lux est. dies est enim et lux est duae
sunt simplices enuntiationes, quae coniunctae unam
conpositam perfecerunt. atque hoc est quod ait: haec

1 eis 𝕿   uelud S𝕿   1. 2 oratio est F.   2 quaedam
Σ𝕿: om. SFTE   3 superius iam T   3. 4 pluribus om. T
(add. T¹?)   4 posuit T: opposuit ceteri (apposuit E²)   7 careant T   8 quidem] que b   13 praedicatur S: praedicatum
S² et ceteri   horum T   16 est om. F   17 est om. T
23 aliqua F   24 terminorum partes duorum F   28 orationes enuntiationes T (or. del. T¹?)

autem id est alia oratio ex his coniuncta id est
ex simplicibus enuntiationibus velut oratio quaedam iam conposita est. haec enim non simplex est
oratio. simplex enim oratio solas dictiones duas habet
5 in partibus, conposita vero etiam orationes, sicut haec
quam supra proposui. est ergo hic ordo quem ipse
confudit: prius enim de adfirmatione et negatione,
quae prima esset, quae posterior, expedivit; dehinc de
unis orationibus et pluribus dixit, postremo de sim-
10 plicibus atque conpositis. ·sed quoniam quaedam in
medio permiscuit, ea paululum differentes directam
sententiae seriem continuavimus longum Aristotelis
hyperbaton partium coniunctione recidentes. neque
enim simile videatur quod ait: est autem una pri-
15 ma oratio enuntiativa adfirmatio, deinde negatio; aliae vero coniunctione unae et rursus
cum dicit: est ⟨autem⟩ una oratio enuntiativa
quae unum significat vel coniunctione una,
19 plures autem quae plura et non unum vel
p. 332 inconiunctae vel cum rursus addit: | harum autem
haec quidem simplex est enuntiatio, ut aliquid
de aliquo vel aliquid ab aliquo, haec autem ex
his coniuncta velut oratio ⟨quaedam⟩ iam conposita, sed illud quidem prius quod dixit est autem
25 una prima oratio enuntiativa adfirmatio, deinde negatio ad hoc rettulit, ut priorem adfirmationem esse monstraret, posteriorem vero negationem
(ait enim deinde negatio, unde quod ait prima ad
adfirmationem ponendum est), quod vero secutus est
30 paulo post: est autem una oratio enuntiativa

1 oratio alia T   4 sola S (corr. S²)   5 etiam om. F   6
posui E, proposuit S (corr. S¹?)   8 posterius S (corr. S¹?)   11
et (suprascr. ea) E   12 continuabimus S²   Aristotelis om. F
13 yperbaton STE   16 et om. S¹F   17 autem ego add.: om.
codices   22 de—aliquid om. SF   23 quaedam add. b: om. codices
25 una om. S¹TE   26 primorem E (corr. E¹)   28 ad om. S¹

quae unum significat vel coniunctione una,
plures autem quae plura et non unum vel inconiunctae ad hoc rettulit, ut doceret quas unas
esse orationes putari oporteret (expediens aut quae
unum significarent aut quas coniunctio unas faceret) 5
quas plures (aut quae multa in significatione retinerent aut quarum corpus nulla esset coniunctione conpositum); quod vero postremo addit: harum autem
haec quidem simplex est enuntiatio, ut aliquid de aliquo vel aliquid ab aliquo, haec 10
autem ex his coniuncta velut oratio quaedam
iam conposita ad simplices rettulit orationes atque
conpositas, simplices dicens duobus solis terminis
iunctas, conpositas, quae ex simplicibus orationibus
enuntiativis coniungerentur: ut sit totus ordo hoc 15
modo: est autem una prima oratio enuntiativa
adfirmatio, deinde negatio et rursus intermissis
quae sequuntur hoc subiciatur: est autem una oratio enuntiativa quae unum significat vel coniunctione una, plures autem quae plura et 20
non unum vel inconiunctae et post hoc intermissis quoque sequentibus hoc sequatur: harum autem haec quidem simplex est enuntiatio, ut
aliquid de aliquo vel aliquid ab aliquo, haec
autem ex his coniuncta velut oratio quaedam 25
iam conposita, tamquam si sic diceret: prima quidem inter enuntiationes oratio adfirmativa est, secunda
vero negatio. adfirmationum autem et negationum
una oratio est, quae unum significat vel quae coniunctione una est, multiplex autem, quae multa signi- 30

---

4 oportet E (*corr.* E¹?)   8 addit postremo F   8. 9
haec autem T   9 est enunt. b: enunt. est *codices*   14 coniunctas E   15 iungerentur E   16 autem *post* prima T
22 sequitur S (*corr.* S¹)   23 oratio F (enuntiatio F²)   30
post autem *addunt codices*: uel cuius partes coniunctione copulantur *quae delevit* S³   significant F¹ ₎

ficat vel quae coniunctione non iungitur. harum quoque simplex est, quae duobus terminis constat, ut
aliquid de aliquo vel aliquid ab aliquo; alia
vero conposita, quae ex simplicibus adfirmationibus
5 iungitur. quod autem dicit aliquid de aliquo vel
aliquid ab aliquo, tale est: aliquid enim de aliquo
adfirmationem significat, ut cum dico Socrates disputat, de aliquo Socrate aliquid id est disputat praedicavi et fit adfirmatio. si autem dicam Socrates
10 non disputat, a Socrate disputationem seiunxi et
ab eo abstuli et hoc est negatio. adfirmatio enim de
alia re aliam rem praedicat eique coniungit, negatio
vero a qualibet re quamlibet rem praedicando tollit.
ergo hoc quod ait aliquid de aliquo, adfirmationem
15 simplicem significavit, quod dixit aliquid ab aliquo,
simplicem negationem.

Est autem simplex enuntiatio vox significativa de eo quod est aliquid vel non est,
quemadmodum tempora divisa sunt.

20   6. Adfirmatio vero est enuntiatio alicuius
de aliquo, negatio vero enuntiatio alicuius ab
aliquo.

Postquam de multis atque unis nec non simplicibus conpositisque enuntiationibus expedivit, enuntia-
25 tionem simplicem tractat et eam definitione concludit
dicens vocem eam esse significantem aliquid esse vel
non esse. quod ergo ait vocem eam esse, ad genus
rettulit, quod significativam ad ipsius differentiam
vocis, quod de eo quod esset aut non esset ali-
30 quid, ad significatarum rerum rursus differentiam

---

1 non iung.] coniung. F (*corr.* F¹)   1. 2 quoque] autem
ed. princ.   4 enuntiationibus? *an* vel neg.?   7 ut *om.* SF
12 aliqua — aliquam?   21. 22 negatio — aliquo *om.* Σ¹𝔗¹
24 orationibus F (*corr.* F¹)   exdiuit S (*corr.* S¹?)   25 definitionem S (m *eras.*), diffinitionem T   26 uoco T   29 quod
ait F   non esset aut esset F   aut] uel T   30 significatiuarum
F², significativarum vocum?   rursus rerum T (*transponit* T¹)

rettulit. habet enim secundum ipsam vocem qua profertur, ut significet quiddam, quid autem significet aut
circa quid designationem enuntiatio teneat, ad differentiam significativarum pertinet vocum. ita enim
dictum est, tamquam si diceret: non omnia enuntiatio 5
significat, sed esse aliquid aut non esse. est ergo
enuntiatio simplex vox significativa de eo quod est
esse aliquid vel non esse, id est omnis enuntiatio aut
adfirmatio est aut negatio. esse enim ponit adfirmatio,
non esse negatio. sed quanta definitionem brevitate 10
constrinxit, quidam non videntes in errorem stolidum
falsitatis abducti sunt. contendunt igitur adfirmationis
et negationis non esse enuntiationem genus. nam si
haec, inquiunt, definitio est enuntiationis, omnis autem 14
generis definitio propriis | speciebus adcommodari p. 333
potest (omne enim genus univoce de speciebus propriis praedicatur), dubium non est quin haec quoque
definitio enuntiationis, si enuntiatio genus est, adfirmationi negationique conveniat, si tamen eius species
hae sunt. sed quis umquam dixerit adfirmationi con- 20
venire hanc definitionem, quae dicit vox significativa
de eo quod est aliquid esse vel non esse? neque
enim fieri potest, ut adfirmatio vox significativa sit
de eo quod est esse et non esse, sed tantum de eo
quod est esse. negatio rursus non de eo quod est 25
esse et de eo quod est non esse, sed tantum de non
esse, numquam etiam de esse. interimit enim semper
negatio, iungit adfirmatio atque constituit. quare si
haec definitio enuntiationis ad adfirmationem negationemque non potest praedicari, adfirmatio et negatio 30
enuntiationis species non sunt. qui mihi nimium videntur errare: quasi vero quidquam vetet utrasque

    1 secundum *ego*: secum *codices*   10 brevitate *om.* E
(*add.* E¹)   21 dixit S F   significativa b: enuntiatiua S *in
ras. et ceteri*   24 vel b   26 de — est *om.* F   29 ad *om.*
S¹T¹   31. 32 uidetur S¹T E¹

adfirmationem et negationem simul eadem definitione
concludere. possum enim dicere: adfirmatio et negatio
est vox significativa de eo quod est esse aliquid vel
non esse, ut vox significativa utrisque communis sit,
5 de eo quod est esse adfirmationis solius, de eo quod
est non esse solius sit negationis. sed nihil potuit
fieri brevius, nisi ut in eadem definitione et enuntiationis naturam constitueret et ipsius faceret divisionem.
tamquam enim si ita dixisset: enuntiatio est vox signi-
10 ficativa, in qua verum falsumque signatur, huius autem
una species adfirmativa est, alia negativa, ita ait:
enuntiatio est vox significativa de eo quod
est aliquid vel non est. nam quod dixit de eo
quod est aliquid vel non est, tale est ac si dice-
15 ret: quae verum falsumque demonstrat. omne enim
quod esse ponit aliquid, ut si dicam dies est, vel non
esse, ut si dicam dies non est, verum falsumque demonstrat. si ergo aliquid ponatur esse aut non esse,
in eo veritas et falsitas invenitur. est igitur ita hoc
20 quod ait vocem esse significativam de eo quod est
aliquid vel non est, tamquam si diceret: est enuntiatio vox significativa verum falsumque significans.
significatio namque de eo quod est esse vel non esse
aliquid veri falsique demonstratio est. sed in eadem
25 definitione species admirabili brevitate partitus est.
tamquam enim si diceret: vox significativa est enuntiatio, in qua verum falsumve demonstratur, sed una
eius pars adfirmativa est, alia negativa, ita ait de eo
quod est aliquid vel non est. significatio enim
30 de eo quod est aliquid adfirmatio est, de eo vero
quod non est negatio. ita id quod ait designativam

6 et? 9 enim *om.* F   10 designatur b   12 est *om.* S¹
19 falsitas ueritasq. F   ita *ego:* in *codices*   21 est enim en.
E (enim *del.* E¹?)   23 enim (*suprascr.* uel namq.) F   de eo
b: eo STE, in eo FE¹?   25 est *om.* E¹   27 falsumq. S²F
27. 28 eius una F

esse vocem enuntiationem de eo quod est aliquid
aut non est utrumque una colligit intellegentia. hoc
enim quod dixit de eo quod est aliquid aut non
est utrumque significat et veri falsique demonstrationem et adfirmationis negationisque divisionem. sed 5
Alexander a propria sententia non desistit nec alio
quam ceteri tenetur errore. ait enim hic quoque ad-
parere non esse genus enuntiationem adfirmationis et
negationis, quoniam ita in definitione enuntiationis
adfirmatione et negatione ut partibus usus est. omne 10
autem conpositum atque omne aequivocum vel suis
partibus vel suis significatis definiri potest, ut si quis
ternarium numerum definire volens dicat: ternarius
numerus est qui ex uno duobusque coniunctus est,
vel si quis hominem definire volens dicat: homo est 15
aut animal rationale mortale aut huius coloribus vel
metallo facta simulatio: ita nomen aequivocum ex his,
quae ipsum nomen aequivocum designabat, ostensum
est. hic ergo eodem modo: enuntiatio, inquit, est
vox significativa de eo quod est aliquid vel 20
non est, tamquam si diceret: enuntiatio est vox aut
adfirmativa aut negativa: in eundem scilicet errorem
labens nec videns quemadmodum una definitione et
divisionem fecerit et naturam enuntiationis ostenderit.
sed hanc expositionem (quod adhuc sciam) neque 25
Porphyrius nec ullus alius commentatorum vidit.
Aspasius etiam consentit Alexandro. dicit enim
Alexander eodem modo hic definisse Aristotelem
enuntiationem, sicut alibi quoque id est in resolutoriis.
illic enim ita propositionem, quod est enuntiatio, de- 30

---

3 uel F   4 et *om.* F   12 significatiuis F (*corr.* F²?),
significantiis E², significationibus T   16 *ad* huius *in marg.*
add. E²: s. hominis   huius hominis F   18 designabant
codices (*corr.* S²)   19 est inquit F   21 *alt.* est *om.* S (*add.*
S¹) TE   25 sed ///// hanc F (ed *in ras. et* qui? *eras.*)   26
neque E   commentorum S¹   30 quae b

finitione conclusit dicens: propositio ergo est oratio adfirmativa vel negativa alicuius de aliquo.
idem quoque Aspasius sequitur. Porphyrius autem
sic dicit: admirabilem esse subtilitatem definitionis.
5 ex sua enim vi adfirmationis et negationis enuntiatio
definita est, ex terminis vero ipsa adfirmatio atque
p. 334 negatio. | adfirmatio namque in duobus terminis con-
stans aliquid alicui inesse significat, totam autem vim
ipsius esse aliquid adnuere. negatio quoque aliquid
10 alicui non inesse significat, sed tota vis ipsius est
abnuere atque disiungere. vel rursus adfirmatio aliquid alicui inesse designat, sed vis ipsius tota ponere
aliquid est (cum enim aliquid alicui inesse demonstrat,
ponit aliquid), rursus negatio quidem aliquid alicui
15 non inesse declarat, sed tota vis eius auferre est.
ergo nunc, inquit, enuntiationem ex tota vi adfirmationis negationisque definivit dicens: enuntiatio est
vox significativa de eo quod est aliquid vel
non est. hoc autem ad negationis pertinet adfirma-
20 tionisque vim, tamquam si diceret: enuntiatio est vox
significativa quae ponit aliquid aut tollit, quae propriae virtutes sunt adfirmationis et negationis. si
enim ita dixisset: enuntiatio est de eo quod est aliquid alicui vel non est, tunc ex terminis adfirmationis
25 et negationis enuntiationem definisse videretur; cum
autem dicit de eo quod est aliquid vel non est,
de tota utrarumque vi determinat. in hac enim adfirmatione, quae est *dies est*, aliquid alicui secundum

1 Analyt. p. 24, 16.

---

2 *ad* aliquo *in marg. add.* E[1]?: vel alicuius ab aliquo
7 namque] uero F   8. 9 tota autem uis ipsius est S[2] *et in
marg.* F[2]   10 inesse F[1]?: esse *ceteri*   12 inesse T: esse
ceteri   16 inquit *om.* S[1]   21. 22 proprie F   27 utrarumque *ego*: utrorumque *codices*   28 *sq.* secundum esse (*om.* terminos ad) T

terminos adesse monstravi (est enim diei adplicui),
sed tota huius propositionis vis est aliquid esse de-
clarare; rursus cum dico *dies non est*, aliquid alicui
non esse pronuntio, sed tota eius vis est non esse
dicere. quare manifestum est secundum Porphyrium 5
ex tota vi adfirmationis et negationis enuntiationem
esse descriptam, ex suis vero terminis ipsam adfirmationem et negationem. ait enim adfirmatio vero
est enuntiatio alicuius de aliquo in adfirmationis definitione genus sumens. enuntiatio enim (ut 10
dictum est) genus et adfirmationis et negationis, quod
ipse Aristoteles clarius demonstrat, qui in utrarumque definitionem enuntiationis nomen adscripsit dicens:
adfirmatio vero est enuntiatio. hoc enim rettulit
ad genus, quod vero addidit alicuius de aliquo 15
reduxit ad terminos. in simplici enim adfirmatione
aliquid de aliquo enuntiando praedicatur, ut in eo
quod est *dies est* esse diem. negatio quoque ita definita est: enuntiatio alicuius ab aliquo, quantum
ad enuntiationem rursus a genere, quantum alicuius 20
ab aliquo rursus ad terminos. in hac enim negatione,
quae est *dies non est*, esse a die enuntiando tollimus.
sed ut non solum praesentis temporis enuntiationem
definisse videretur, addidit enuntiationis definitionem
de aliis quoque temporibus intellegi. ait enim: enun- 25
tiatio est vox significativa de eo quod est aliquid vel non est adiecitque quemadmodum tempora divisa sunt. divisa enim sunt tempora in
tribus. omne enim tempus aut futurum est aut praesens aut praeteritum aut ex his mixtum. enuntiatio 30
ergo est vox significativa significans aut esse aliquid

1 monstrauit *et* adplicuit *codices (ego corr.)* 4 tota *om.* F
8 vero *om.* F 12. 13 utrarumque *ego:* utrorumque *codices*
13 definitione F adscribit T, asscribit F 14 enim *om.* S[1]
15 alicui T de *om.* S[1]F[1]E[1] 16 redduxit S in] im S
29 tempus *om.* F[1] 31 ergo *om.* F[1]

aut non esse, sed quoniam hoc praesens tempus designat, non solum de praesenti, inquit, loquimur, sed etiam de his temporibus quae diuiduntur, ut hoc esse et non esse et in futurum veniat et in praeteritum, ut aliquotiens sic esse et non esse significet id est sic ponat atque auferat enuntiatio, ut et praesens tempus ponat et auferat, ut est Socrates est, non est Socrates, et praeteritum ponat et auferat, ut est Socrates fuit, Socrates non fuit, eodem modo futurum Socrates erit, Socrates non erit. ergo in his omnibus temporibus secundum esse aliquid vel non esse id est secundum ponere et auferre tota enuntiationis vis est. hoc ergo est quod ait de eo quod est aliquid vel non est, quemadmodum tempora divisa sunt, tamquam si diceret: de eo quod est aliquid vel non est vox enuntiativa significat vel in praesens vel in futurum vel in praeteritum, quemadmodum ipsa tempora diuiduntur. cur autem talis ordo fuerit definitionis, paucis absolvam. prius enim de nomine, post de verbo, hinc de oratione, rursus de enuntiatione, dehinc de adfirmatione, postremo de negatione disseruit. omne conpositum suis partibus posterius est, omne genus suis partibus prius: ergo in conpositis partes toto priores sunt, in generibus et speciebus partes toto posteriores. rursus in conpositis totum partibus posterius, in speciebus et generibus totum partibus prius est. ergo quoniam verba et nomina neque adfirmationis neque negationis neque enuntiationis neque orationis species erant, sed quaedam horum omnium partes, quibus haec omnia iungerentur, oratio autem | genus enuntiationis, enun-

p. 335

---

1 tempus *om.* F   4 uel non F   5 et] ac F   6. 7. enuntiatio — auferat *om.* F[1]   9 eodemq; E[1]?   18 diuidantur F (*corr.* F[2])   23 prius est E[1]?   25 pariter S (*corr.* S[2])   26. 27 et generibus] et in (?) specieb; F (*in marg. et* generib; F[1]?)

tiatio adfirmationis et negationis, adfirmatio prior negatione, scilicet secundum prolationem, sicut ipse testatus est: ergo quoniam haec omnia et oratio et enuntiatio et adfirmatio et negatio verbis et nominibus coniunguntur, his omnibus nomina et verba priora 5 sunt. nomine autem res aut per se subsistens aut tamquam per se subsistens significatur, verbo vero accidens designatur et velut alii accidens, quod ex supra dictis planum est. quod autem per se consistit prius est: ⟨prius est⟩ ergo id quod nomen significat 10 quam id quod verbum: quare verbo prius est nomen. ergo quoniam nomen et verbum oratione, enuntiatione, adfirmatione et negatione priora sunt (partes enim priores sunt his quae conponuntur), iure haec ante omnia definita sunt. quoniam vero nomen prius est 15 verbo, prius nomen, postea vero definitum est verbum. sed quia omne genus speciebus suis prius est, post haec id est nomen et verbum orationem definitione descripsit, quae et proximum enuntiationis genus esset et superius adfirmationis et negationis; post orationem 20 vero enuntiationem, quae cum sit species orationis, adfirmationis tamen et negationis esset genus; post enuntiationem vero adfirmationem, quae quamquam negationi aequaeva species esset secundum genus proprium id est enuntiationem, in prolatione tamen prior 25 esset, ut ipse supra iam docuit dicens: est autem una prima oratio enuntiativa adfirmatio, deinde negatio. sed quoniam superius nobis dictum

1 et *om.* S¹   prior b: prior oratio *codices*   2 prolationem] platonem T²   6 nomina S¹   8 quo F
10 *alt.* prius est *ego add.: om. codices*   *post* significat *add.*
s. prius S², prius E¹? est prius F¹? prius est T¹   14 conponunt STE¹   16 vero *om.* F (*add.* F¹)   uerbum definitum
est F   18 et orationem F   19 esset genus F   22 tamen
post negationis T (*transp.* T¹?)   23 orationem F (*suprascr.*
affirmationem F²?)   24 aequa F (*corr.* F¹?)   27. 28 deinde]
et F, et deinde F¹?   28 a nobis S²T

est has eum quinque res definire velle: quid sit dictio,
quid enuntiatio, quid adfirmatio, quid negatio, quid
contradictio, dictionem quid sit ostendit per id quod
ait: nomen ergo et verbum dictio sit sola,
5 enuntiationem vero per id quod ait: est autem simplex enuntiatio vox significativa de eo quod
est aliquid vel non est, quemadmodum tempora divisa sunt, adfirmationem vero ⟨per id quod
ait: adfirmatio vero⟩ est enuntiatio alicuius
10 de aliquo; negationem quoque definivit dicens: negatio vero enuntiatio alicuius ab aliquo. restat
ergo de contradictione disserere. quid sit ergo contradictio ipse persequitur dicens:

Quoniam autem est enuntiare et quod est
15 non esse et quod non est esse et quod est esse
et quod non est non esse, et circa ea quae sunt
extra praesens tempora similiter omne contingit quod quis adfirmaverit negare et quod
quis negaverit adfirmare: quare manifestum
20 est quoniam omni adfirmationi est negatio
opposita et omni negationi adfirmatio. et sit
hoc contradictio, adfirmatio et negatio oppositae.

Expeditis omnibus, quae sese explicaturum esse
25 promiserat, nunc ad reliquam contradictionem ordine
venit eamque ab adfirmationibus negationibusque repetit dicens omnibus adfirmationibus posse proprias
negationes opponi et omnibus negationibus proprias

---

2 quid neg.] deinde negatio F   8.9 per—vero *ego add.:*
om. codices (uero ostendit quid sit G²)   9 est *ego*: est autem
codices   11 enuntiatio *om.* F¹   ab] de F   12 igitur de F
13 sequitur F   15 et quod est esse *om.* F   17 tempora
Σ¹𝔗: tempus *ceteri*   *post* similiter *add.* enim 𝔗²   17. 18
contigit T   20 neg. est Σ𝔗   23 opposita. DE CONTRADICTIONE
F   26 et negationibus F   26. 27 repetit S¹?T: repperit
ceteri

rursus ex adverso adfirmationes posse constitui. hoc
autem hinc sumitur: quoniam novimus alias res esse,
alias non esse et quoniam nos ipsi dicere possumus
et sentire alias res esse, alias non esse, ex his quattuor enuntiationes fiunt, geminae contradictiones. si 5
quis enim id quod est dicat non esse, ut si vivente
Socrate dicat *Socrates non vivit*, quod est negat et erit
negatio falsa; rursus si quis id quod non est esse
confirmet, ut si non vivente Socrate dicat *Socrates
vivit*, haec rursus adfirmatio falsa est; si quis etiam 10
id quod est esse enuntiatione constituat, ut si vivente
Socrate dicat *Socrates vivit*, vera erit adfirmatio; sin
vero quod non est esse negaverit, est negatio vera,
ut si quis non vivente Socrate dicat *Socrates non vivit*.
ex his igitur id est ex adfirmatione vera et negatione 15
falsa et rursus ex negatione vera et adfirmatione
falsa quattuor quidem sunt enuntiationes, sed in duabus adfirmatio, in duabus negatio continetur, contradictiones vero duae. hoc est enim quod ait: quoniam autem est enuntiare et quod est non 20
esse, falsam enuntiationem negationis ostendit; quodque addidit et quod non est esse, falsam adfirmationem in enuntiatione proposuit. illud quoque quod
dixit et quod est esse, enuntiationem designat, qua
id quod est | esse vera adfirmatione profertur; amplius p. 336
quod ait et quod non est non esse, verae nega- 26
tionis specimen dedit. quare si et quod est vere
potest dici esse et idem quod est falso potest praedicari non esse et id quod non est vere potest enuntiari non esse et id quod non est falso esse poterit 30

5 enuntiationibus SE   8 rursum T   9 confirmat F
10 etiam *om.* F, etitiam T, autem? *an* iterum?   12 dicit E
(*corr.* E¹?)   15 *alt.* ex *om.* F   19 est *om.* T   20 et *om.*
F   24. 25 qua id *in ras.* F², quid S (*corr.* S¹?), qua *om.* E
(*add.* E¹), quia T   27 et *om.* F¹   29. 30 pronuntiari F
(*corr.* F¹?)   30 *alt.* esse *om.* F¹

adfirmari, manifestum est omnem adfirmationem habere aliquam contradictionem negationis oppositam et omnem rursus negationem ⟨ad⟩ adfirmationis oppositionem facere contradictionem. etenim si omne quod
5 quis adfirmat negari poterit et quod quis negat poterit adfirmari, quis dubitet nec adfirmationem posse constitui cui non negatio contradicat nec negationem cuius nulla adfirmatio valeat inveniri? omnis igitur adfirmatio negationem et negatio habet oppositam
10 adfirmationem: est igitur contradictio adfirmatio et negatio oppositae. quid autem sit oppositio posterius dicendum est aut quid sit contradictio post diligentissima ratione monstrabo. quod autem ait et circa ea quae sunt extra praesens tempora,
15 tale est tamquam si diceret: sicut adfirmatio et negatio in praesenti tempore fieri potest, ita etiam vel in praeterito vel in futuro. nam sicut potest id quod est esse constitui, ita potest id quod fuit fuisse proponi et id quod futurum est in spem futuri temporis
20 adfirmari, ut cum dicimus *Socrates fuit, sol aestate in cancro futurus est.* eodem ergo modo et de futuro et praeterito adfirmatio et negatio constituitur, quemadmodum de praesenti. futurum autem et praeteritum extrinsecus est et praeter praesens tempus: illud enim
25 veniet, illud recessit. recte igitur etiam circa ea quae sunt extra praesens tempora dixit huiusmodi posse adfirmationes negationesque evenire. circa enim praeteritum et futurum, quod est extrinsecus a praesenti tempore, similiter omne contingit (ut
30 ipse ait) quod quis adfirmaverit negare et quod

quis negaverit adfirmare. unde fit ut in omnibus temporibus illud constet omni adfirmationi posse opponi negationem omnique negationi oppositam adfirmationem posse constitui. nunc autem qualis debeat sumi oppositio in adfirmatione et negatione demonstrat. 5 hoc enim est contradictio adfirmatio et negatio oppositae. quod si hae oppositae constituunt contradictionem, qualis in his debet esse oppositio quae contradictionem constituit recte persequitur.

Dico autem opponi eiusdem de eodem, non 10 autem aequivoce et quaecumque cetera talium determinamus contra sophisticas inportunitates.

Cum duobus terminis simplex propositio constet et unus subiectus sit, alius praedicetur, subiectus autem 15 sit qui primus dicitur, praedicatus vero qui posterius, dicit illam oppositione adfirmationem et negationem integram constituere contradictionem, quae idem subiectum habeant, idem etiam praedicatum, ut neque subiectum neque praedicatum plura significet. alioquin 20 non erit contradictio nec aliqua oppositio. ut cum dico *Socrates albus est* et alius dicit *Aethiops albus non est,* haec adfirmatio atque negatio non sunt oppositae, idcirco quia est aliud subiectum et idem praedicatum. in adfirmatione enim *Socrates* subiectus fuit, in nega- 25 tione *Aethiops.* rursus cum dico *Socrates albus est* et alius dicit *Socrates philosophus non est,* nec haec rursus negatio contra adfirmationem retinet oppositionem, ideo quia aliud praedicatum in utrisque proponitur.

1 quis *om.* F   ut *om.* S¹   9 constituat F (*corr.* F¹?) 12 argumentorum (argumentatorum Σ¹) sophisticas ΣΤ   15 est S (*corr.* S²)   16 prius? *an* posterior?   17 illam S: illa *ceteri*   oppositionem ST (*corr.* S²T²)   18 integram *om.* T¹   19 habeat F   21 neque F   23 atque] et F 26 cum] enim F, enim cum F²   albus non S (non *eras.*) 29 praeponitur S¹

in adfirmatione enim *album* praedicatum est ad Socraten, in negatione *philosophus.* quod si utraque sint
diversa, multo magis nulla fit oppositio: ut cum dico
Socrates philosophus est, si respondeat alius *Plato Ro-*
5 *manus non est,* hic neque idem subiectum est neque
idem praedicatum et plus istae diversae sunt et nulla
contra se oppositione oppositae atque ideo possunt
utraeque esse verae et si ita contingit utraeque falsae
nec non etiam una vera, una falsa. quae enim se
10 non perimunt, nihil eas inpedit aut utrasque falsas
aut utrasque veras aut unam veram, falsam aliam reperiri. quare quorum vel aliud subiectum est vel
aliud praedicatum, illa opposita esse non dicimus.
unde fit ut nec illa quoque quae plura significant, si
15 subiecta aut praedicata sint, contradictoriam negatio-
p. 337 nem valeant custodire. | si quis enim nomen aequivo-
cum subiciat et aliud praedicet et si quis contra huiusmodi adfirmationem constituat negationem, non
faciet oppositionem. ut cum dico *Cato se Uticae occi-*
20 *dit,* nomen hoc quod dicitur *Cato* aequivocum est.
potest enim et orator intellegi et hic qui exercitum
duxit in Africam. si quis igitur dicat *Cato se Uticae*
occidit, potest fortasse intellegi de Catone Marciae, si
quis respondeat *Cato se Uticae non occidit,* potest de
25 Catone Censorio constituisse negationem. sed quoniam
diversus est Cato Censorius Catone Marciae et nomen
ipsum Catonis diversa significat, diversae a se erunt
adfirmatio et negatio et non id omnino perimit negatio, quod adfirmatio constituit. adfirmatio enim
30 constituit Marciae Catonem se Uticae peremisse, ne-

2—4 quod — est *om.* F¹　　7 opposite T: compositae *ceteri*
8 simul esse b　　　contigit S¹F¹E¹　　　11 *alt.* aut *om.* T¹
aliam falsam T　　　alteram b　　　12 quorum quare T (*transp.*
T²)　　　15 neg.] oppositionem? *an* adf. et neg.?　　　17 praedicat F¹　　19 cato *om.* F¹　　22 affricam SF　　26 Catone]
cato S, et cato S²　　27 diversa] diuersi S (*corr.* S²)

gatio vero dicit Catonem, si ita contigit, oratorem non se Uticae peremisse. quare non constituunt verum inter se falsumque, idcirco quod a se diversae sunt. nam utrumque verum est: et quod se Cato Uticae occidit scilicet Marciae et quod se Cato Uticae 5 non occidit scilicet orator. atque hic aequivocum subiectum fecit, ut haec adfirmatio et negatio oppositionem nullo modo constituerent. quod si praedicatum fuerit aequivocum, eodem modo contradictio non fit. dicat enim quis quoniam *Cato fortis est* et de Catone 10 praedicet fortitudinem mentis dicens aliusque respondeat *Cato fortis non est* ad inbecillitatem corporis spectans: ita igitur aequivocatio fortitudinis ambiguitatem fecit, quae oppositionem nulla ratione conponeret. et si uterque terminus et subiectus et praedi- 15 catus aequivoci fuerint, multo magis diversae a se erunt propositiones et non oppositae nec inter se verum falsumque dividentes, sed utrasque veras, interdum utrasque falsas esse contingat. quare unum oportet esse subiectum unumque praedicatum, ut id 20 quod adfirmatio praedicavit et iunxit, idem negatio dividat et abiungat et id de quo subiecto adfirmatio praedicavit de eodem negatio neget. nam si sit uterque aequivocus terminus aut quilibet unus eorum, fieri potest ut aliud tollat negatio quam adfirmatio 25 posuit itaque nulla fit oppositio. quare non ita faciendum est, sed idem subiectum et praedicatum in adfirmatione esse debet, idem in negatione. atque hoc est quod ait: dico autem opponi eiusdem de eo-

1 contingit b   3 inter se *om.* F¹   4 cato se F   6 non *om.* S¹   10 enim *om.* F¹   quis quoniam T: quisquam *ceteri*   10—12 Cato — respondeat *om.* T¹   14. 15 conponeret *om.* S¹   18. 19 interdum *bis ponendum videtur*   19 contingit b   20 id *om.* F¹   29 *sq.* opponi eiusdem de eodem b: opponi negationi adfirmationem quae eiusdem praedicati sit de eodem subiecto *codices*   eodem, non autem aequivoce b

dem. quod enim ait eiusdem ad praedicatum rettulit, quod de eodem ad subiectum et subaudiendum
est dico autem opponi negationem eiusdem praedicati de eodem subiecto, sed ut non sint aequivoca
5 neque subiectum neque praedicatum et multo magis
utraque, sed unum aliquid significent. quod per hoc
dixit non autem aequivoce. nec sola, si non sit,
aequivocatio firma est ad constituendam oppositionem. multa enim sunt quae in sophisticis elenchis
10 contra eos qui argumentis fallacibus verae rationis
viam conantur evertere determinavit, quemadmodum
faciendae essent propositiones et quemadmodum invenienda argumentatorum fallacia. quod hic ait: et
quaecumque cetera talium determinamus contra
15 sophisticas inportunitates, tamquam si diceret:
dico quidem opponi adfirmationi negationem eiusdem
praedicati de eodemque subiecto, non autem aequivoce: hoc et quaecumque alia sunt, quae in sophisticis
elenchis determinata sunt contra argumentatorum in
20 portunitates. et hic quidem, quoniam aliud negotium
erat, commodissime breviterque perstrinxit. nos autem
quid in sophisticis elenchis determinaverit ad constituendam oppositionis contradictionem, quantum brevitas patitur, non gravamur adponere. non enim so
25 lum si aequivocatio in propositionibus conlocetur nulla
fit contradictio, verum etiam si univocatio in negatione ponitur, illa oppositio contradictionem penitus
non habebit. est enim oppositio habens contradictio

3. 4 negationi affirmationem quae eiusdem praedicati sit
T²   7 dixit quod ait b   8 forma S (corr. S²), norma?
ratio firma b   sit F (corr. F²)   12 faciendi F,   oppos.?
13 argumentorum SF¹E   14 determinauimus E²   17 que
(vel quae) del. S²F²   17. 18 non autem aequivoce add. S²F²,
om. ceteri   18 hoc del. S²F²   19 argumentorum S¹F¹T¹
21 constrinxit F   22. 23 constituendas opposit. contradictiones F

nem, in qua adfirmatio si vera est negatio falsa sit,
si negatio vera est fallax adfirmatio videatur. positis
ergo secundum univocationem terminis utrasque simul
et adfirmationem et negationem veras esse contingit,
ut si quis dicat *homo ambulat, homo non ambulat*: ad- 5
firmatio de quodam homine vera est, negatio de speciali vera. sed specialis homo et particularis univoca
sunt: quocirca sumptis univocis contradictio non fit.
at vero nec si ad aliam et aliam partem adfirmatio
negatioque ponatur, fit in ipsis ulla veri falsique di- 10
visio, sed utrasque veras esse contingit: ⟨ut⟩ cum | dico p. 338
oculus albus est, oculus albus non est. in alia enim
parte albus est, in alia parte albus non est: atque ita
et negatio vera est et adfirmatio. nec si ad aliud atque
aliud referens dicat, ulla inde contradictio procreatur, ut 15
cum dico *decem dupli sunt, decem dupli non sunt*. nam
si ad quinarium referam, vera est adfirmatio, si ad
senarium, vera negatio. nec si diversum tempus in
adfirmatione ac negatione sumatur, ut cum dico *So-*
crates sedet, Socrates non sedet. alio enim tempore 20
sumpto sedere veram facit adfirmationem, alio tempore
non sedere veram negationem. amplius quoque si
diverso modo quis dicat in negatione quod aliter in
adfirmatione proposuit, vim contradictionis intercipit.
si quis enim dicat adfirmationem potestate, negationem 25
vero actu, possunt et adfirmatio et negatio uno tempore congruente veritate constitui: ut si quis dicat
catulus videt, catulus non videt. potestate enim videt,
actu non videt. quocirca oportet fieri si facienda est

3 igitur F   4 et neg. *om.* S¹   7 uera est F   8 non
om. E (*add.* E¹)   9 *post* et *add.* ad E²   11 ut *add.* b: *om.*
codices   12 enim *om.* F (*add.* F¹)   14 ad *om.* F¹   15
ulla *ego*: nulla *codices* (nullā F)   inde *om.* F   18 uera est F
19 ac] et F   21 sumpto *ego*: sumptus SFT, sumptum E
facit ueram F   22 facit neg. E   23 aliter *ego*: ait S, iam
S² *et ceteri* (ante?)   24 pro *om.* F   28 enim *om.* T   29
est *om.* F¹

contradictio eiusdem (ut ipse ait) praedicati de eodem subiecto, non aequivoce, neque univoce, ad eandem partem, ad idem relatum, ad idem tempus, eodem modo constitui. quae omnia in sophisticis elen-
5 chis diligentissime persecutus est. nunc pauca commemorans distulit in illius libri integram disputationem. est autem enuntiatio de eo quod est aliquid esse vel non esse: adfirmatio quidem de eo quod est esse, ut *Plato philosophus est*; negatio vero de eo quod est
10 non esse, ut *Plato philosophus non est*. haec utraque enuntiatio *Plato philosophus est, Plato philosophus non est* sese perimentia et in contrarium quasi quodam locata litigio faciunt contradictionem. contradictio vero est oppositio adfirmationis et negationis, in qua
15 neque ambas falsas neque ambas veras esse contingit, sed unam semper veram, alteram vero falsam. si qua autem sunt huiusmodi, in quibus verum falsumque adfirmatio negatioque non dividat, in illis aliquid diversum et non ad oppositionem integrum reperitur.
20 dicit autem Porphyrius argumentum esse ad id quod dicimus adfirmationem negationi ita oportere opponi, ut una vera opposita in alteram mox falsitas veniat, communem inter nos consuetudinem conloquendi. quando enim quis aliquid esse dixerit, idem alius ne-
25 garit, unum ipsorum verum dicere, mentiri alium suspicamur. amplius quoque si aliquid aut est aut non est mediumque inter esse et non esse nihil poterit

1 uti S   predicatio T   2 unice S (*corr.* S²)   **3** *prius idem*] id T   4. 5 elenchis *om.* F   6 illis E²   libris S (*corr.* S²) E   10 *alt.* non *om.* S¹   10—12 haec — non est *om.* F¹   12 perimunt T   15 contingat S² *et ceteri*   16 qua T: qui E *et ut videtur* SF, quae S²F²   17 sint FE 19 ad oppositionem] adpositionem SF, oppositione S²F² integram F (*corr.* F²)   23 communi — consuetudine SFT 24 aliquid] aliud S (*corr.* S²)   et idem b   24. 25 negant T, negauerit T¹?   25 aliud SF (*corr.* S²F²)   26 *et* 27 est] esse F *utroque loco* (*corr.* F²)

inveniri, adfirmatio autem ponit esse aliquid idemque
aufert negatio et est contradictio adfirmatio et negatio
oppositae, talis oppositio integram facit contradictionem, in qua adfirmatio et negatio utraeque verae esse
non possint. adfirmationis autem negationisque na- 5
tura ad qualitatem quandam refertur. qualitas enim
quaedam est adfirmatio atque negatio. praeter hanc
vero qualitatem est etiam quantitas propositionum, de
qua posterius paulo dicendum est. sed volens Aristoteles quid esset contradictio nos docere, prius 10
ubi esset ostendit. in oppositione enim contradictionem omnem esse necesse est. quare quoniam contradictio in oppositione est, qualis autem oppositio hanc
contradictionem faciat, adhuc ignota est estque haec
oppositio aut in qualitate propositionum aut in quan- 15
titate aut in utroque et de qualitate propositionum,
quae in adfirmatione et negatione consistit, dictum
est: nunc de quantitate dicetur, ut ea quoque cognita
perspiciatur, in qualitate an in quantitate an in utroque propositionum contradictio sit. 20

7. Quoniam autem sunt haec quidem rerum
universalia, illa vero singillatim; dico autem
universale quod in pluribus natum est praedicari, singulare vero quod non, ut homo quidem universale, Plato vero eorum quae sunt 25
singularia: necesse est autem enuntiare quoniam inest aliquid aut non aliquotiens quidem eorum alicui quae sunt universalia, ali-
quotiens autem eorum quae sunt singularia. |

4 simul esse b   5 autem *om.* T   7 quaedam] quae F
(*corr.* F¹?)   est *post* negatio F   atque] et F   10 dicere
F (*corr.* F²)   11 esset *om.* S¹   19 in] an in S²F²   20
fit E   21 sunt *om.* ΣΤ   22 singularia b   autem *del.* S²
·23 pluralibus T   25 uniuersale est FΣΤ²   sunt *om.* T¹
26 autem *del.* E¹?   27 aut non *om.* F¹   29 autem] uero
ΣΤ   eorum *om.* ΣΤ

p. 339   Omnis propositio significationis suae proprietates
ex subiectis intellectibus capit. sed quoniam necesse
est intellectus rerum esse similitudines, vis propositionum ad res quoque continuatur. atque ideo cum
5 aliquid vel adfirmare cupimus vel negare, hoc ad intellectus et conceptionis animi qualitatem refertur.
quod enim imaginatione intellectuque concipimus, id
in adfirmatione aut in negatione ponentes adfirmamus
scilicet vel negamus. et principaliter quidem ab in-
10 tellegentia propositiones vim capiunt et proprietatem,
secundo vero loco ex rebus sumunt ex quibus ipsos
intellectus constare necesse est. unde fit ut et quantitate propositio et qualitate participet: qualitate quidem in ipsa adfirmationis et negationis prolatione,
15 quam ex proprio quis iudicio emittit ac profert; quantitate vero ex subiectis rebus quas capiunt intellectus.·
videmus namque alias esse in rebus huiusmodi qualitates, quae in alium convenire non possint nisi in
unam quamcumque singularem particularemque sub-
20 stantiam. alia est enim qualitas singularis, ut Platonis vel Socratis, alia est quae communicata cum
pluribus totam se singulis et omnibus praebet, ut est
ipsa humanitas. est enim quaedam huiusmodi qualitas, quae et in singulis tota sit et in omnibus tota.
25 quotienscumque enim aliquid tale animo speculamur,
non in unam quamcumque personam per nomen hoc
mentis cogitatione deducimur, sed in omnes eos quicumque humanitatis definitione participant. unde fit

---

1 proprietatem b   4 quoque] q̊ F (*corr.* F²)   constituat F, continuat F²T   8 aut in] et F   13 *alt.* qualitatē *et*
15. 16 quantitatē F (*corr.* F²)   17 esse *post* rebus T   18
aliam S¹?F², aliis E   possunt F, non possint] nequeunt T
19 quamque FT   ·ac particularem F   21 vel *om.* T¹
22 se *om.* T¹   26 in *om.* S¹   quamcumque T?: quamque
T² *et ceteri* (quanq; S)   per *add.* S¹?F²E¹, *om.* SFTE   ·
27 deducimus T   in *om.* S¹   27. 28 *post* quicumque in *vel*
ex *erasum in* F   28 participent T (*corr.* T¹?)

ut haec quidem sit communis omnibus, illa vero prior
incommunicabilis quidem cunctis, uni tamen propria.
nam si nomen fingere liceret, illam singularem quandam qualitatem et incommunicabilem alicui alii sub-
sistentiae suo ficto nomine nuncuparem, ut clarior 5
fieret forma propositi. age enim incommunicabilis
Platonis illa proprietas Platonitas appelletur. eo
enim modo qualitatem hanc Platonitatem ficto vocabulo nuncupare possimus, quomodo hominis qualitatem
dicimus humanitatem. haec ergo Platonitas solius 10
unius est hominis et hoc non cuiuslibet, sed solius
Platonis, humanitas vero et Platonis et ceterorum
quicumque hoc vocabulo continentur. unde fit ut, quoniam Platonitas in unum convenit Platonem, audientis
animus Platonis vocabulum ad unam personam unam- 15
que particularem substantiam referat; cum autem audit
hominem, ad plures quosque intellectum referat quoscumque humanitate contineri novit. atque ideo quoniam humanitas et omnibus hominibus communis est
et in singulis tota est (aequaliter enim cuncti homines 20
retinent humanitatem sicut unus homo: si enim id ita
non esset, numquam specialis hominis definitio particularis hominis substantiae conveniret): quoniam igitur haec ita sunt, idcirco homo quidem dicitur universale quiddam, ipsa vero Platonitas et Plato parti- 25
culare. his ergo ita positis quoniam universalis illa
qualitas et in omnibus potest et in singulis praedicari,
cum dicimus homo ambiguum est et dubitari potest
utrum de speciali dictum sit an de aliquo particulari,

---

4. 5 substantiae F   6 propositio T   7 proprietas illa
F   appellatur T   eodem?   9 possumus F T E²   10
hanc S (*corr.* S¹?)   11 est *om.* F¹   14 Platonem] hominem
F (*corr.* F²)   16 referatur S E (*corr.* S²E²), referet F (*corr.*
F²)   17 quoque F²   18 humanitatem SF   continere
S²   20 enim *del.* S²F²E²   24 dicitur homo (*om.* qui-
dem) F

idcirco quod nomen hominis et de omnibus dici potest
et de singulis quibusque qui sub una humanitatis
specie continentur. quare indefinitum est, utrum de
omnibus dictum sit id quod diximus homo an de una
5 quacumque individua hominis et particulari substantia.
hanc igitur qualitatem humanitatis si ambiguitate intellectus separare nitamur, determinanda est et aut in
pluralitatem distendenda aut in unitatem numeri col-
ligenda. nam cum dicimus homo indefinitum. est
10 utrum omnes dicamus an unum, sin vero additum
fuerit omnis, ut sit praedicatio omnis homo, vel quidam, tunc fit distributio et determinatio universalitatis
et nomen quod universale est id est homo universaliter proferimus dicentes omnis homo aut particula-
15 riter dicentes quidam homo. omnis enim nomen universalitatis significativum est. quocirca si omnis quod
universale significat ad hominem quod idem ipsum
universale est adiungatur, res universalis, quae est
homo, universaliter praedicatur secundum id quod de-
20 finitio ei adicitur quantitatis. sin vero dictum fuerit
quidam homo, tunc universale, quod est homo, addita
particularitate per id quod ei adiectum est quidam
particulariter profertur et dicitur res universalis pro-
p. 340 lata particulariter. sed quoniam particularis | est
25 praedicatio quidam homo, particularis rursus praedicatio Platonis (de uno enim dicitur quidam homo et
de uno dicitur Plato), non eodem modo utraeque
particulares esse dicuntur. Plato enim unam ac definitam substantiam proprietatemque demonstrat, quae
30 convenire in alium non potest, quidam homo vero
quod dicitur particularitate quidem ipsum nomen uni-

---

2 una *om.* b   5 quacumque *ego*: quaque *codices*   7
seperare F (*corr.* F²)   8 unitatem S²: unitate *ceteri*   14.15
omnis — dicentes *om.* F¹   22 ei] et F   23 uniuersalis res
T   30 in alium conuenire T   aliam F (*corr.* F¹)   31
particularite ſ F, particulariter S²F²

versale determinat, sed si deesset quidam, id quod
dicimus homo universale ac per hoc ambiguum permaneret, quod vero dicimus Plato numquam esse poterit universale. nam etsi quando nomen hoc Plato
pluribus inponatur, non tamen idcirco erit hoc nomen 5
universale. namque humanitas ex singulorum hominum collecta naturis in unam quodammodo redigitur
intellegentiam atque naturam, nomen vero hoc quod
dicimus Plato multis secundum vocabulum fortasse
commune esse videretur, nulli tamen illa Platonis pro- 10
prietas conveniret, quae erat proprietatis aut naturae
eius Platonis qui fuit Socratis auditor, licet eodem
vocabulo nuncuparetur. hoc vero ideo quoniam humanitas naturalis est, nomen vero proprium positionis.
nec hoc nunc dicitur quod nomen de pluribus non 15
potest praedicari, sed proprietas Platonis. illa enim
proprietas naturaliter de pluribus non dicitur, sicut
hominis, et ideo incommunicabilis (ut dictum est)
qualitas est ipsa Platonitas, communicabilis vero qualitas universalis quae et in pluribus et in singulis est. 20
unde fit ut cum dico omnis homo in numerum propositionem tendam, cum vero dico Socrates aut Plato
non in numerum emittam, sed qualitatem proprietatemque unius in suae individuae singularisque substantiae unitatem constringam et praedicem. quare 25
in hoc quoque maxime hae duae particularitates quidam homo et Plato distant, quod cum dico Plato
quem hominem dixerim vocabulo designavi proprietatemque uniuscuiusque quem nomino, cum vero dico

11 conueret T (*corr.* T¹) proprietas aut natura? 12
adiutor F (*corr.* F²) 13 ideo *om.* F (*add.* F¹) 17 sicut]
quemadmodum F 18 est *om.* F¹ 19 est *om.* F¹ 20
prius et *om.* F¹T¹ 24 in suae] cuiusque F 24. 25 sua
indiuidua singularique substantia S²E²B 25 unitatem T *et
in marg.* G: *om. ceteri* 28 designiui T (*corr.* T¹) 29 *prius
que om.* F¹ dicam F

quidam homo, numerum tantum reieci et ad unitatem
propositionem redegi, de quo autem dicam haec particularitas mihi non subdidit. quidam enim homo
potest esse et Socrates et Plato et Cicero et unus-
5 quisque singulorum quorum proprietates a se in sin-
gularitatis ratione et natura diversae sunt. unde commodissime Theophrastus huiusmodi particulares
propositiones, quales sunt quidam homo iustus est,
particulares indefinitas vocavit. partem namque tollit
10 ex homine quod est universale vel vocabulo vel natura, quae tamen ipsa sit pars et qua proprietate de-
scripta, non determinat nec definit. unde universale
vocavit quod de pluribus naturaliter praedicatur, non
quemadmodum nomen Alexandri de Troiano et de
15 Macedone Philippi filio et de pluribus dicitur. hoc
enim positione de pluribus dicitur, illud natura. et
persubtiliter ait quod in pluribus natum est praedicari. est enim haec universalitas naturalis. illam
vero nominis reique proprietatem quae particularis
20 est singularem vocavit dicens: Plato vero eorum
quae sunt singularia. quod autem secutus est dicens: necesse est autem enuntiare quoniam inest aliquid aut non aliquotiens quidem eorum
alicui quae sunt universalia, aliquotiens au-
25 tem eorum quae sunt singularia, huiusmodi est
tamquam si diceret: omnis quidem adfirmatio et negatio inesse aut non inesse demonstrat. et quidquid
enuntiatur aut de eo quod est esse proponitur, ut
Plato philosophus est (haec enim propositio Platoni
30 philosophiam inesse constituit), aut de eo quod est

1 tamen F   4 *prim.* et *om.* T   5 proprietas Ė (*corr.*
E¹)   12 terminat F (*corr.* F¹?)   nec] non F (*corr.* F¹?)
13 praedicatur ut homo b   non TBG²E²: *om. ceteri*   non
quod positione b   15 machedone *codices*   Philippi filio et
Ė²: et philippi filio *codices*   et *om.* b   19 rei T (q; *add.*
T¹?)   21 sunt *om.* T¹   27 non esse E (in *add.* E¹)   28
inesse?

non inesse, ut Plato philosophus non est: a Platone enim philosophiam dividens eidem philosophiam non inesse proponit. ergo quoniam necesse est aut aliquid alicui inesse dicere aut aliquid alicui non inesse, illud quoque necesse est id cui inesse aliquid dicimus aut 5 universale esse (ut cum dicimus homo albus est albedinem universali rei inesse monstramus id est homini) aut certe particulare ac singulare, ut si quis dicat Socrates albus est: albedinem enim Socrati singulari substantiae et proprietati incommunicabili inesse si- 10 gnavit. sed in singularibus sive adfirmetur aliquid sive negetur unus oppositionis modus est, qui vim contradictionis optineat. nam quoniam singulare atque individuum nulla sectione dividitur, secundum ipsum quoque facta contradictio simplex erit. in his autem 15 quae in universalibus fiunt non est unus modus contradictionis. nam cum dico Socrates homo est, Socrates homo non est, sola huiusmodi oppositio, si omnia | illa conveniant quae contra argumentatorum p. 341 inportunitates supra iam dicta sunt, ad faciendam 20 contradictionem idonea reperitur. sin vero tale aliquid subiectum sit de quo aliquid praedicetur quod sit universale et in pluribus (ut ipse ait) natum sit praedicari, non est simplex oppositio contradictionis. sunt enim earum propositionum quae de universalibus re- 25 bus fiunt tres differentiae: una quae omnis conplectitur, ut cum dico omnis homo animal est; alia quae ex indefinita multitudine et innumera pluralitate ad unum propositionis vim colligit atque constringit.

1 a TBE²: *om. ceteri*   1. 2 haec enim a Pl. b   3 ponit S (*corr.* S²)   5 id *ego:* ut *codices* (*supra* ut *scr.* s. intellegamus S², ut intellegamus E²)   *an* ut cui inest aliquid dicamus?   9 Socrati] socratis S²   10. 11 significavit b 17. 18 socrates homo non est socrates homo est S (*corr.* S²) 19 argumentorum SFT (*corr.* S²F¹?T¹?)   21. 22 aliquod T² 26 omnes F   28 infinita?   29 unam F   collit T (*corr.* T¹)

haec huiusmodi est tamquam si quis dicat quidam
homo animal est. alia vero est quae neque in pluralitatem propositionem tendit neque in particularitatem redigit, ut ea quae sine ulla determinatione pro-
5 ponitur, ut est homo animal est, homo animal non
est: hic enim nec quidam, quod particularitatis, nec
omnis, quod est universalitatis, adiunximus. unde fit
ut singularitas simpliciter praedicetur, universalitas
vero aliquotiens universaliter, ut omnis homo animal
10 est: homo res universalis universaliter praedicata est.
nam cum sit homo universalis, quod ei adiectum est
omnis universalitatem universaliter appellari fecit. rursus est ut universalitas particulariter praedicetur, ut
cum dico quidam homo animal est: quidam particulare
15 determinat, sed iunctum ad hominem universalem
substantiam particulariter praedicari fecit. est quoque
universale non universaliter praedicare, quotiens sine
adiectione universalitatis vel particularitatis simpliciter
nomen universale ponitur, ut est homo animal est.
20 determinationes autem dicuntur quae rem universalem
vel in totum.fundunt, ut omnis, vel in partem con-
trahunt, ut quidam. omnis vero vel quidam quantitatem propositionis determinant, quae quantitas iuncta
cum qualitate propositionum variatur quattuor modis
25 (qualitas autem propositionum in adfirmatione et negatione est): aut enim universalem rem universaliter
praedicat adfirmative, ut omnis homo animal est, aut
universalem rem particulariter adfirmative, ut quidam
homo animal est, aut universalem rem universaliter
30 negative, ut nullus homo lapis est, aut universalem
rem particulariter negative, ut quidam homo lapis non

4 ut *delendum*?   6 huic E   neq; F (*prius*)   12 uniuersaliter uniuersalitatem S (*transp.* S²)   13 *prius* ut *om.* F¹T¹
17 universaliter] uniuersale E (*corr.* E¹?)   nec particulariter
add. S³   21 *prius* in *om.* T¹   28. 29 particulariter — rem
om. S¹   29 universaliter *om.* F¹

est. oportet autem in his quae universali determinatione proponuntur in ipsis determinationibus fieri negationem, ut quoniam determinatio universalis rei est
universaliter, cum dicimus omnis homo iustus est, si
universaliter negabimus, dicamus nullus homo iustus 5
est. et quod aio nullus eam universalitatem quae est
omnis intercipit, non eam quae est homo. rursus si
idem ipsum omnis homo iustus est negare particulariter velim, dicam non omnis homo iustus est per
particularem negationem universalitatis vim interimens. 10
in particularibus vero non item. si enim eam quae
est particularis determinatio universalis rei, ut est
quidam homo iustus est, negare velim, particulariter
dicam quidam homo iustus non est. hoc autem idcirco fit, quod habet quandam similitudinem atque 15
ambiguitatem, utrum universaliter an sit particulariter
dictum, si in universalibus propositionibus negativae,
particulae ad praedicationes potius quam ad terminationes ponantur. si enim contra hanc adfirmationem
quae est omnis homo iustus est ponam hanc quae 20
dicit omnis homo iustus non est, haec duas res significare videbitur: et quod nullus homo iustus sit, omnem enim hominem iustum non esse proposuit, et
quod sint quidam homines non iusti, omnem enim
hominem negavit iustum esse. hoc autem nihil in- 25
pedit ut aliquis sit iniustus, aliquis iustus. nam si
est aliquis iustus, non repugnat ne vera sit propositio
quae dicit omnis homo iustus non est. non est enim
iustus omnis homo, si alii iusti sint, alii vero iniusti.
quare quoniam duplicis significationis est, idcirco uni- 30
versalis negationis definitio, quae est nullus, universalis adfirmationis tollit determinationem, quae est

---

5 negauimus F E   9 per *om.* T¹   11 idem T, *supra*
item *scr.* uel ita F², ita est E²   enim] eam S (*corr.* S²)
16 sit *om.* F¹   17 in *om.* F   18. 19 determinationes F T
26 aliquis sit F   27 repugnet F   29 sunt T

omnis. atque ideo in particularibus negationibus ad
ipsam universalitatem adfirmationum negatio necesse est
adponatur, ut in eo quod est omnis homo iustus est: illa
est ei opposita negatio quae est non omnis homo iustus
5 est, non illa quae est omnis homo iustus non est, ne
sit ambiguum utrum universaliter an particulariter
neget. dictum est enim hanc negationem quae est
p. 342 omnis homo iustus non est et universalitatis inter-
emptionem designare et particularitatis | propositionem.
10 quotiens vero particulare aliquid tollitur, in his non
iam ad determinationem, sed ad praedicatum particula negationis adponitur, ut in eo quod est quidam
homo iustus est nullus dicit non quidam homo iustus
est. neque enim hic ad determinationem particularem,
15 quod est quidam, negatio ponitur, sed dicimus quidam homo iustus non est, scilicet ad praedicatum
quod est iustus. unde etiam ad indeterminatas propositiones, quae sunt sine omnis aut nullius aut alicuius determinatione, ad praedicatum semper adpo-
20 nitur particula negativa, ut est homo iustus est. nemo
enim dicit non homo iustus est, sed homo iustus non
est. in singularibus quoque non dico non Socrates
iustus est, sed Socrates iustus non est. et nisi aliquotiens ambiguitas inpediret; ad praedicatum semper
25 negatio poneretur. sed omnia quaecumque in determinatione ponuntur talia sunt, quae aut totum colligant in adfirmativo, ut est omnis, aut totum perimant
in negativo, ut est nullus, aut colligant in adfirmativo
partem, ut est quidam, aut interimant in negativo
30 partem, ut quidam non, aut in negativo perimant totum particulariter, ut est non omnis. sed quidam
non et non omnis particulares negationes sunt. sive

7 hanc *om.* F   8. 9 intentionem? T (*corr.* T¹), inter-
emptationem E²   14 enim *om.* F   15 ponatur S (*corr.* S²)
18 nullius *ego*: nullus *codices*   19. 20 adponatur S   27. 28
ut est — adfirmatiuo *om.* F¹   27 perimat S   29 in *om.* E
30 negatiuo S²F²: adfirmatiuo *ceteri*

enim quis partem ex toto subripiat, particulare est
quod relinquit, quia a totius perfectione discessit, sive
quis totum esse neget, partem relinquat, rursus particulare est quod fit reliquum. nam cum dico quidam
homo iustus non est, abstuli partem, et rursus cum 5
dico non omnis homo iustus est, cum negavi omnem,
aliquem qui iustus non esset ostendi. haec igitur,
omnis et quidam, determinationes planissimae sunt et
communi intellegentiae subiectae. has duae particulares respiciunt negationes, ut ea quae est quidam 10
non determinationem particularem negat, ea vero quae
est non omnis universalem negat determinationem,
sed utraque negationem (ut dictum est) in particularitatem constringunt. quod autem dicimus nullus
proprium quoddam videtur esse vocabulum. non omnis 15
enim quod dicitur omnem per adverbium negativum
quod est non adimit. rursus cum dicimus quidam
non, ei quod est quidam adverbium quod est non
additum a subiecto termino particulare separat. nullus
vero quid separet in vocabulo ipso non monstrat et 20
videtur quodammodo non potius esse negatio quam
adfirmatio. neque enim adverbium est nec coniunctio.
adverbium namque atque coniunctio declinationibus
carent, nullus vero quod dicimus et generibus subiacet
et inflectitur casibus. quid igitur est? an erit nomen? 25
sed nulla negatio nomen esse monstratur. quid sit
ergo tali investigatione quaerendum est. videtur enim
quod dicitur nullus tale esse tamquam si dicamus nec

1 ex] pro F (*corr.* F¹) 2 reliquit S² a *om.* S G F T
perfectionis T decessit S T E 4 dicam E 7 quia T E
(*corr.* E²) 8 planissime T 10 ut in T, ut *delendum? an*
11 *et* 12 neget? 13 utraeque b 13. 14 particularitate F T
15 uideretur T (*corr.* T¹) 18 *prius* non *add.* S²F²E¹?: *om.*
ceteri 19 particulare S²F²E²: uniuersale *ceteri* *post* separat *add.* F: uera quoniam quidam homo lapis non est *quae*
del. F² (*cf. p.* 148, 9) 20 quod S (*corr.* S²) seperat F (seperet
F²) et] ut T (*corr.* T¹) 27 ergo] igitur F 28 si *om.* F¹

Boetii comment. II. 10

unus. nam qui dicit nullus homo animal est, tantundem valet quantum nec unus homo animal est. quod vero dicimus ullus hoc ab eo derivatum est quod est unus. diminutio namque unius ullus est tamquam si

5 diceremus unulus. ergo plus negat quisquis etiam diminutionem negat, ut si quis dicat non modo non habet gemmam, quod maius est, verum etiam nec gemmulam, quod est minus. sic ergo qui negare vult etiam unum plus negat si dicat nec ipsum unius di-

10 minutivum illud esse quod dicitur: ut si quis velit dicere nec unum esse hominem in theatro, ita dicat: non modo illic unus homo non est, verum nec ullus. cum ergo dicimus nullus, ita proponimus tamquam si dicamus nec ullus. tenet igitur haec in se determi-

15 natio, quae est nullus, vicem negationis et nominis. negationis quidem in eo quod est nec, nominis vero in eo quod est ullus, quod est diminutivum unius. ita igitur maxima fit negatio rei parvissimae quod est unus, si ipsius diminutivum quoque subtrahat, quod

20 est ullus. quare et omnem et quendam statim tollit negatio, quae unius quoque ipsius diminutivum praedicatione subducit, ut ea quae est nullus homo iustus est. hoc enim tantum est, tamquam si dicat non ullus homo iustus est, hoc idem valet tamquam si

25 dicatur nec unus homo iustus est. quare quoniam de his sufficienter est dictum, ad Aristotelis verba consequenti ordine veniamus.

Si ergo universaliter enuntiet in universali quoniam est aut non, erunt contrariae enun-

30 tiationes. dico autem in universali enuntia-

1 *et* 2 unus] ullus?   2 est *om.* F¹   3 diriv. STF²
7 nec *om.* F¹   8 gemulam F   11 esse unum F   13 ita *om.* T¹
16 nominis] omnis S (*corr.* S²)   17 nullus S (*corr.* S²)   18
est *om.* F¹   21 negatio *om.* F¹   22 ut] et F (*corr.* F²)   23
enim *om.* SFT   diceret F (*corr.* F²)   23. 24 nonnullus S (*corr.*
S²)   28 in *om.* F¹   30 autem *om.* F¹   30 *sq.* enuntiatione SF²

tionem universalem, | ut omnis homo albus p. 343
est, nullus homo albus est.

   • Demonstrare oppositionem contradictionis intendit.
sed quoniam viam reperiendae ordinemque permiscuit,
idcirco nos pauca quaedam prius ordinata expositione 5
praedicimus, ne lector confusionis caligine atque obscuritate turbetur. omnium propositionum quae sunt
simplices, quas categoricas Graeci vocant, nos praedicativas dicere possumus, quattuor sunt diversitates:
aut enim est adfirmatio et negatio universalis, ut est 10
omnis homo iustus est, nullus homo iustus est, aut
adfirmatio et negatio particularis, ut est quidam homo
iustus est, quidam homo iustus non est, aut adfirmatio
et negatio indefinita, ut homo iustus est, homo iustus
non est, aut de singulari subiecto adfirmatio et nega- 15
tio, ut Cato iustus est, Cato iustus non est. harum
vero inter se veritas falsitasque non se habet similiter
sed diverse. et prius de universalibus atque particularibus id est de his quae determinatae sunt dicendum
est, post de reliquis disputabitur. disponantur igitur 20
adfirmatio universalis quae est omnis homo iustus est
et contra hanc negatio universalis quae est nullus
homo iustus est, sub his autem, sub adfirmatione quidem universali particularis adfirmatio quae est quidam
homo iustus est, sub universali negatione particularis 25
negatio quae est quidam homo iustus non est. hoc
autem monstrat subiecta descriptio:

    Omnis homo iustus est   Nullus homo iustus est
    Quidam homo iustus est   Quidam homo iustus non est.

Hae igitur duae universalis adfirmatio et particularis 30
adfirmatio dicuntur subalternae, rursus universalis ne-

    4 repperiende S, repperiendi T²   6 praedicemus b
8 cathegorias T   9 possumus *om.* T (possimus T²)   12
particulares S T E   est *om.* F   18 diuersae F (*corr.* F²) E
19 terminatae F T (*corr.* F²T²)   20 disponatur S²F²E²T
30 igitur *om.* T¹

gatio et particularis negatio dicuntur subalternae, idcirco quoniam particularitas semper sub universalitate
concluditur. in quibus illud est considerandum, quod
ubi est adfirmatio universalis vera adfirmatio quoque
5 particularis vera est et ubi negatio universalis vera
est particularis quoque vera est. nam si vera est
omnis homo animal est, vera est quidam homo animal est. et si vera est quoniam nullus homo lapis
est, vera quoniam quidam homo lapis non est. at si
10 falsa sit particularis adfirmatio, ut ea quae est quidam
homo lapis est, falsa est universalis adfirmatio omnis
homo lapis est. idem in negatione. si enim negatio
particularis falsa est, ut quidam homo animal non
est, falsa est universalis nullus homo animal est. ita
15 ut praecedunt universales in vero, eodem modo praecedunt particulares in falso. dicuntur vero adfirmatio
universalis et negatio universalis contrariae. hoc autem idcirco quoniam contrariorum huiusmodi natura
est, ut longissime a se distent, et si aliquam inter se
20 habeant medietatem, non semper alterum ipsorum
subiecto insit, ut album et nigrum: non possumus
dicere, quoniam omne corpus aut album aut nigrum
est. potest enim nec album esse nec nigrum et utrumque falsum esse quod dicitur, idcirco quoniam est
25 medius color. quod si non habent medietatem, alterum ipsorum necesse est inhaerere subiecto, ut cum
dicimus omne corpus aut quietum est aut movetur,
horum nihil est medium et necesse est omne corpus
vel consistere vel moveri. ut autem simul in eodem
30 possint esse contraria fieri non potest. neque enim
possibile est ut idem album nigrumque sit. quod in
adfirmationibus et negationibus universalibus adparet.

1. 2 ideo T (*corr.* T²)   2 sub universalitate semper F
7. 8—9 animal — homo *om.* S¹   9 *post* vera *add.* est E²
14 ita] et *ed. princ.*   16 vero] autem F   19 distant F²
25 habeat T, habeant FT²   26 illorum F   est *om.* F¹

negativa enim et adfirmativa universalis plurimum
quidem a se distant. nam | quod illa ponit omnibus, p. 344
illa omnibus tollit et totum negat. nam quae dicit
omnis homo iustus est omnem hominem ponit, quae
dicit nullus homo iustus est nihil eorum · quae in hu- 5
manitatis definitione sunt iustum esse concedit. ita
ergo a se longissime discrepant. ad hoc si ea quae
significant habent inter se aliquam medietatem, unam
veram, unam falsam esse non est necesse, ut in eo
quod est omnis homo iustus est, nullus homo iustus 10
est, quoniam potest quaedam esse medietas, ut nec
nullus homo iustus sit, cum sit quidam, nec omnis homo
iustus sit, cum non sit quidam, et possunt utraeque
falsae et adfirmatio et negatio reperiri. neque enim
verum est aut omnem hominem esse iustum aut nul- 15
lum hominem esse iustum. quocirca potest fieri ut
in his in quibus aliqua medietas invenitur universalis
adfirmatio et universalis negatio veritatem falsitatemque non dividant, sed utraeque sint falsae, ad exemplum scilicet contrariorum quae aliquam inter se con- 20
tinent medietatem. potest enim in illis fieri ut utraque contraria possint non inesse subiecto, sicut supra
monstravimus. in his vero quae medietate carent necesse est una vera sit semper, altera semper falsa, ut
in eo quod est omnis homo animal est, nullus homo 25
animal est. hae propositiones huiusmodi sunt, ut una
vera sit, una falsa, idcirco quoniam inter animal esse
et non esse nihil interest, ad eorum scilicet contrariorum similitudinem quae medietate carent. in illis

1 universales b   2 omnibus ponit F   7 longissime a
se F   dicrepant T   *post* ad hoc *add. supra lin.* s. dicam
E², ad hoc dicam T   8 significantur?   9 non *om.* F¹
necesse est F   10 *pr.* iustus—12 *pr.* homo *om.* F¹   11 esse
quaedam F   12—13 cum — iustus sit *om.* F¹   15 iustum
om. F¹   18 et *om.* S¹   22 inesse] esse ·in E (*corr.* E¹?)
24 uera una T (*corr.* T¹?)   29 caret F (*corr.* F²)

enim necesse erat alterum inesse subiecto. sic ergo
universalis adfirmatio et universalis negatio utraeque
falsae esse possunt, ut vero una vera sit, altera falsa,
id quoque conceditur: ut utraeque sint verae fieri non
5 potest, sicut illud quoque verum est contraria simul
esse non posse. rectissime igitur universalis adfirmatio
universalisque negatio contrariae nominantur. particularis autem adfirmatio quae est quidam homo iustus
est et particularis negatio quae est quidam homo
10 iustus non est universalibus et contrariis contrarias
proprietates habent. illae enim simul verae esse non
poterant, ut vero essent simul falsae saepe nulla ratione vetabatur. particulares vero ut utraeque verae
sint evenire potest, ut utraeque falsae sint fieri non
15 potest: ut in eo quod est quidam homo iustus est
verum est, quidam homo iustus non est id quoque
verum est; ut utraeque falsae sint inveniri non potest.
et hoc quidem sunt contrariis dissimiles. similes
autem eisdem videntur, quod sicut contrariae aliquo-
20 tiens verum falsumque dividunt, ut una vera sit, altera falsa, ita quoque et particulares una vera potest
esse, altera falsa, ut quidam homo animal est, quidam
homo animal non est. servant autem stabilem in-
commutabilemque ordinem et similitudinis et contra-
25 rietatis. contrariae enim quoniam possunt esse utraeque falsae, in quibuscumque utraeque falsae contrariae
reperiuntur, in his subcontrariae utraeque verae sunt.
sed quoniam utraeque contrariae verae inveniri non
possunt, ideo utraeque subcontrariae falsae nequeunt
30 reperiri, ut in eo quod est omnis homo iustus est,

4 uerae sint F   5 contrarie F   8 autem *om.* T   12
ut] sed T   saepe *om.* T   13 uetebatur SF (*corr.* S²F²)
17 inveniri] fieri F   18 in hoc T   sunt *om.* F¹   21 particularis S²F   26 contrariae utraeq; falsae F   contrariaeq;
E (*corr.* E¹?)   28 inuenire F   30 *pr.* est *om.* E

nullus homo iustus est. quoniam hae falsae sunt, hae
quas sub se continent particulares verae sunt, ut est
quidam homo iustus est, quidam homo iustus non est.
sed si universales inter se verum falsumque dividunt
et una vera est, altera falsa, particulares quoque idem 5
facient, ut in eo quod est omnis homo animal est,
nullus homo animal est: universalis adfirmatio vera
est, falsa negatio. sed cum dico quidam homo animal
est, quidam homo animal non est, particularis adfirmatio vera est, falsa negatio particularis. hae igitur 10
dicuntur subcontrariae, vel quod sunt sub contrariis
positae vel quod ipsae superioribus sub quibus sunt
contrarias (ut dictum est) proprietates habent. in hac
igitur recta oppositione contrariarum et subcontraria-
rum in superioribus utrisque falsitas esse potest, num- 15
quam veritas; in inferioribus vero utrisque quidem
veritas inesse potest, numquam falsitas. sin vero quis
respiciat angulares et universalem adfirmationem particulari opponat negationi universalemque negationem
particulari conparet adfirmationi, una vera semper, 20
falsa altera reperietur nec umquam fieri potest, ut
adfirmatione universali vera particularis negatio non
falsa sit vel hac vera non illam falsitas continuo subsequatur. rursus si negatio universalis vera est, falsa
particularis adfirmatio; si particularis adfirmatio vera, 25
falsa universalis negatio. licet | autem hoc et in sub- p. 345
iecta descriptione metiri et in aliis quoque terminis
quoscumque sibi mens considerantis adfinxerit idem
videbit. nam in eo quod est omnis homo iustus est,
quoniam haec falsa est, vera est quidam homo iustus 30
non est, et rursus in eo quod est nullus homo iustus

1 quoniam — 3 non est *om.* F¹   1 haec E (*corr.* E¹)
2 continet E   6 faciunt T   15 falsitasq; S (*corr.* S¹?)
16 in *om.* F¹   quaedam F (*corr.* F¹?)   19 negationemque
E (*corr.* E¹?)   21 altera falsa F   repperitur F (*corr.* F²) T
28 affixerit FT (*corr.* T¹?)

est falsa negatione vera est adfirmatio quidam homo
iustus est. hae autem universalis adfirmatio et particularis negatio quae sunt angulares et universalis
negatio et particularis adfirmatio quae ipsae quoque
5 sunt angulares contradictoriae nominantur. et haec
illa est quam quaerit contradictio, in qua una semper
vera sit, altera semper falsa. superioris autem disputationis integrum descriptionis subdidimus exemplar,
quatenus quod animo cogitationeque conceptum est
10 oculis expositum memoriae tenacius infigatur.

Adfirmatio universalis		*Negatio universalis*
Omnis homo iustus est	Contrariae	Nullus homo iustus est
Universale universaliter		Universale universaliter
S V B A L T E R N A E	Contra Contradictoriae dictoriae	S V B A L T E R N A E
Adfirmatio particularis		*Negatio particularis*
Quidam homo iustus est	Subcontrariae	Quidam homo iustus non est
Universale particulariter		Universale particulariter

His ergo ita sese habentibus indefinitas propositiones
singularesque videamus. et primum de indefinitis
disputandum est. indefinitae igitur per se veritatem

2 haec F   9 quatinus FT   que *om.* S¹   conceptionis
S (*corr.* S²), concoeptum E   11 se F (*corr.* F²)

falsitatemque non dividunt. etenim cum dico homo
iustus est, homo iustus non est, utrasque veras esse
contingit indefinitas. quocirca eas a contradictione
separamus: contradictio enim constituitur (ut saepe
dictum est) eo quod numquam utraeque verae aut 5
utraeque falsae reperiri queant, sed una semper veritatis, altera falsitatis capax est. sed quae universalitatem proferunt indefinitam, illae definitarum particularium vim tenent. tale est enim quod dico homo
iustus est, tamquam si dicam quidam homo iustus 10
est; et rursus tale est quod dico homo iustus non
est, tamquam si dicam quidam homo iustus non est.
hoc illa res adprobat, quod quemadmodum definitae
et particulares in aliquibus verae esse possunt, in
aliquibus falsum verumque dividunt, numquam vero 15
utrasque falsas esse contingit, ita quoque in indefinitis
universale significantibus utrasque simul veras esse
contingit, ut in eo quod dicimus homo iustus est,
homo iustus non est, utrasque falsas proferre inpossibile est, sed unam veram, alteram falsam in his fa- 20
cillime reperimus, in his scilicet terminis qui naturaliter et necessario subiectis substantiis inhaerescunt
vel his inesse non possunt: ut quoniam animal homini ex necessitate inest, si quis dicat homo animal
est idque negetur homo animal non est, vel homo 25
lapis est, homo lapis non est, una vera statim falsa
altera reperitur. atque ideo hae contra universales
universaliter praedicatas faciunt contradictionem. nam
si contra illam quae est omnis homo iustus est ea
quae est homo iustus non est in oppositione consti- 30
tuatur, una semper vera est, altera falsa; et si contra
eam quae est nullus homo iustus est indefinita pro-

3 a *om.* F   6. 7 ueritas — falsitas F (*corr.* F²)   9
enim est E   10 si *om.* S   11 et — 12 non est *om.* F¹
13 quod *om.* S¹   26. 27 altera falsa E   27 hae b: haec
codices   31 altera] altera semper T

positio quae est homo iustus est opponatur, verum
inter se propositiones falsumque distribuunt, sicut definitae quoque universalium propositiones secundum
particulares atque universales oppositae quantitates
5 contradictorias faciunt oppositiones. quare constat
.346 eas quae universale non universaliter | proferunt et
sunt indefinitae neque particulare neque universale
proferentes ipsas quidem non semper inter se verum
falsumque dividere, particularibus tamen definitis esse
10 consimiles. singulares vero quae sunt unum oppositionis inter se modum tenent: has si ad idem subiectum, ad idem praedicatum, ad eandem partem, ad
idem tempus, ad eandem relationem, eodem modo
proposueris, inter se verum falsumque distribuunt, ut
15 est Socrates iustus est, Socrates iustus non est. sunt
igitur duae contradictiones: una quae fit in universalibus angulariter particularibus contra positis, altera
quae fit in singularibus cum omnibus his quas in sophisticis elenchis exposuit determinationibus opposita.
20 quare quoniam quemadmodum se habeant propositiones quoque modo faciant contradictorias oppositiones
ostendimus, ad ipsa Aristotelis verba veniamus, in
quibus per haec ante praecognita facilis poterit evenire cognitio. si ergo universaliter enuntiet in
25 universali quoniam est aut non, erunt contrariae enuntiationes. dico autem in universali enuntiationem universalem, ut omnis
homo albus est, nullus homo albus est. superioris descriptionis intellegentiam plenius notat. ait
30 enim: quando res universalis universaliter designatur

---

1 *alt.* est *om.* F^1 4 quantitates] quaestiones F (*corr.* F^2)
6 proferuntur T   10. 11 propositionis S (*corr.* S^2)   11 inter
se *om.* F^1 13 rationem F (*corr.* F^1?)   16 in *om.* E^1
19 posuit F (*corr.* F^1)   oppositis b   24—28 si ergo—albus
est *om.* b   26 enuntiationes] oppositiones F   27 enuntiatione universale SF

et eam quis universaliter adfirmat, si eandem alter
universaliter neget, ita sibimet conparatas propositiones esse contrarias. atque in hoc suam sententiam
manifestius ostendit. ait enim dico autem universalem enuntiationem in universali, ut omnis 5
homo albus est. nam cum universalis sit homo, in
universali homine universalis est enuntiatio, per quam
dicitur omnis homo. res ergo universalis id est homo
per omnis quae est determinatio universaliter praedicata est et hoc adfirmative. negative vero universa- 10
liter ita dicetur nullus homo albus est, nullus
enim universalitas universalitati quae est homo adiecta est. hoc modo igitur in universali universaliter
enuntiantes adfirmatio et negatio contrariae sunt,
sicut et ipse testatur et nos in superiore expositione 15
digessimus.

Quando autem in universalibus non universaliter, non sunt contrariae, quae autem
significantur est esse contraria. dico autem
non universaliter enuntiare in his quae sunt 20
universalia, ut est albus homo, non est albus
homo. cum enim universale sit homo, non universaliter utitur enuntiatione. omnis namque
non universale, sed quoniam universaliter
consignificat. 25

Volenti indefinitam propositionem qualis esset
ostendere non modo auferenda fuit ab universali termino universalis determinatio, verum etiam particularis et oportuit dici hoc modo: quando autem in
universalibus non universaliter neque particula- 30
riter, non sunt contrariae. nunc autem quoniam

1 aliter F (*corr.* F²), alius b, alter alexander E (alexander
del. E¹) 13 igitur modo T in *om.* F¹ 18 contrarie T
(*corr.* T¹) 23 enuntiationem S (*corr.* S²) 24 non *om.* S
(non est S²) E¹ universale est FTE²Σᵂ sed quoniam
universaliter *om.* S¹E¹ 31 quoniam *om.* S¹E¹, quia T

non addidit particulariter, videtur non de indefinitis,
in quibus neque universalitas neque particularitas adest, sed tantum de particularibus loqui, a quibus solum universale non etiam particulare subtraxit. sed
5 quid velit ostendere ipse convenientibus exemplis edocuit. non enim posuit exempla particularis propositionis, sed indefinitae. ait enim dico autem non
universaliter enuntiare in his quae sunt universalia, ut est albus homo, non est albus
10 homo. quod si particularem monstrare voluisset, ita
diceret: ut est quidam homo albus, non est quidam
homo albus. sed quoniam per exemplum quid vellet
ostendit, nos quoque superiori propositioni quae est:
quando autem in universalibus non universa
15 liter, deesse putemus aut particulariter, ut et particularitatem et universalitatem ex tota auferat dictione,
ut post exempla docuerunt non eum loqui de particulari sed de indefinita. quare hoc dicit: at si neque
universales sint propositiones neque particulares, quod
20 subaudiendum est, illae non sunt contrariae. sunt
enim contrariae quae universaliter universalem terminum proponunt, indefinitae vero ad universalem terminum universalem terminationem non habent. idcirco autem ab indefinitis universalitatem solam et
25 non particularitatem quoque seiunxit, quod indefinitas
propositiones a contrariis solum, non etiam a particularibus segregabat. quod autem dico tale est: si
vellet ostendere indefinitas propositiones proprie, nep. 347 que particulares esse | neque universales diceret. quae

1 neque partic. b   de *om.* SFE¹   3 tantum de] de
tantum STE (*corr.* S²T²E¹?)   14 in *om.* E   17 non eum]
nam cum S (*corr.* S²)   18 infinita SFE¹   dicit *om.* F
at *ego*: ut *codices* (*an* quod si?)   19 sunt E   22. 23 indefinitae — habent *om.* T¹   23 determinationem TE¹   26
alt. a] de T   27 autem *om.* S¹   28 proprie T: proprie
diceret indefinitas *ceteri*   29 diceret *del.* S²E², *om.* F

autem in universali neque universaliter neque particulariter proponuntur, id est quae neque universales
sunt neque particulares, indefinitae sunt. nam quae
neque universales sunt neque particulares, hae neque
contrariae sunt neque subcontrariae. subcontrariae 5
quidem idcirco non sunt, quia non habent additam
particularem determinationem; idcirco vero contrariae
non sunt, quia determinatio universalis in his non
est. nunc autem cum tantum vellet ostendere eas
contrarias non esse, de subcontrariis vero in praesenti 10
vellet omittere, has esse indefinitas quae universale
determinatum universaliter non haberent dixit, ut scilicet has non esse contrarias intellegeremus. idcirco
vero non adiecit particularitatem eas non habere,
quoniam a solis contrariis separare indefinitas volebat, 15
non etiam a subcontrariis. ergo si indefinitas a contrariis et subcontrariis separare voluisset, ita diceret:
quando autem in universalibus non universaliter nec particulariter, non sunt contrariae neque
subcontrariae. sed quoniam non eas volebat nunc 20
non esse subcontrarias demonstrare, sed tantum non
esse contrarias, idcirco ei dicto quod est quando
autem in universalibus non universaliter non
addidit vel particulariter. hoc enim si addidisset, ad
subcontrarias tenderet, de quibus nihil est additum. 25
quare hoc dicit: hae quae indefinitae sunt, quoniam
non habent universalitatem, contrariae non sunt. sed
cum per se quidem contrariae non sint, possunt tamen quaedam significare contraria. hoc quid sit mul-
tipliciter expositorum sententiis expeditur. Herminus 30
namque dicit idcirco indefinitas posse aliquando signi-

---

2 quae *om.* S[1]   3 quae *om.* F   7 vero *om.* S[1]   9. 10
contrarias eas T   11 indefinitas dixit S[2]FE[2]   12 dixit T:
om. ceteri   17 et b: uel *codices* (a subcontrariis vel a contrariis F)   21 *prius* non *om.* T[1]   26 dicat SF (*corr.*
S[2]F[2])   28 sunt SFE (*corr.* S[2]E[2])

ficare contraria, cum ipsae careant contrarietate, quippe
quae universalium rerum sunt, additum tamen universale non habent, in solis his quibus ea quae ad-
firmantur aut negantur subiecto naturaliter insunt: ut
5 cum dicimus homo rationalis est, homo rationalis non
est, quoniam rationalitas huiusmodi est quae in natura sit hominis, adfirmatio et negatio inter se verum
falsumque dividunt et quaedam quodammodo ab his
contraria designantur. sed nihil hoc attinet ad con-
10 traria significanda in his quae sunt indefinitae. nam
etiam particulares ipsae quoque in talibus verum falsumque dividunt, ut est quidam homo rationalis est,
quidam homo rationalis non est. has ergo secundum
Herminum videmus posse significare contraria. cur
15 ergo in his quoque dixit quoniam contrariae quidem
non sunt, quae autem significantur est esse
contraria? Alexander autem hoc dicit: quoniam
indefinitae sunt hae, nihil eas, inquit, prohibet sicut
ad particulares ita quoque ad universales reducere,
20 quae videntur esse contrariae, ut in eo quod est homo
animal est, homo animal non est, quoniam hae propositiones indefinitae sunt, possunt accipi et quasi
contrariae. nam si dicimus homo animal est, potest
ita accipi tamquam si dicamus omnis homo animal
25 est, et rursus homo animal non est ita audiri potest
tamquam si dicatur nullus homo animal est. cum
autem dicitur homo ambulat, homo non ambulat, non
ad contrarias, sed ad subcontrarias mens ducitur audi-

2 uniuersaliter F² rerum sunt] recurrit SF, recurrunt
S²F² sunt b: sint E, designatiua sint T 3 *post* habent
(in fine versus) lacunam octo fere litterarum habet T 6 rationabilitas E² 7 et adf. E 10 indefinitae *ego*: indefinita
codices 15 non dixit T 14. 15 cur ergo — 17 contraria
ante has ergo *transponenda videntur* 17 autem *del.* S², *om.* T
quoniam] quoniam hoc S (hoc *del.* S²) 19 redducere S (*saepius*) 22 et *om.* b 24 ita *om.* F¹ 27 homo ambulat
om. T¹ 28 dicitur S (*corr.* S²)

toris. quocirca possunt indefinitae aliquando significare contraria, quoniam eo ipso quod sunt indefinitae nihil eas prohibet ad contrariorum significationem universaliumque reduci. et haec quidem sententia habet aliquid rationis, non tamen integre id quod ab 5 Aristotele dicitur ostendit. et meliorem sententiam sponte reiecit, quam post Porphyrius adprobavit. sunt enim quaedam negationes quae intra se adfirmationis eius quam negant retineant contrarietatem, ut in eo quod est sanus est, non est sanus, id quod 10 dicitur non est sanus significat aeger est, quod est contrarium sano esse. rursus cum dicimus homo albus est, si contra hanc negemus per eam quae dicit homo albus non est, significare poterit quoniam homo niger est (nam qui niger est albus non est), sed ni- 15 grum esse et album esse contrarium est. quare significant quaedam negationes adfirmationesque contraria, sed hoc non semper. nam in eo quod est homo ambulat, homo non ambulat, nullum contrarium continetur. ambulationi enim nihil est contrarium. atque 20 ideo dicit has quidem contrarias non esse, idcirco quod cum sint universales non universaliter enuntientur, posse autem aliquotiens contraria significare, cum intra negationem contrarium adfirmationis includitur. Aspasius vero et Alexandri et hanc posteriorem 25 probavit. nos vero | dicimus non quidem Alexandri p. 348 sententiam abhorrere ratione, sed hanc esse meliorem.

1. 2 aliquando — indefinitae *om.* S[1]   2 quod b: quo *codices*   7 post *om.* SF   10 id] idcirco T   16 quare] que S (*corr.* S[2])   19 *alt.* ambulat] ambiguum S (*corr.* S[2])   20 contrarium est F   20. 21 atque ideo dicit has NEB: *inter* atque *et* has *lacunam habent* SJ (has *om.* J, ias *add.* J[2]), atque constat has S[2]F, atque hoc est quod ait T *et in marg.* G, *lacunam post* has *habet* G (atque has ait G[2])   21 has duas NE   25 etiam T   alexander (*sed* er *in ras.*) S (*corr.* S[2]) F et *om.* S[1]FE[1]   26 probavit rationem T   27 abhorrere *om.* S[1]   rationes S (*corr.* S[2])

nam quod ait quando autem in universalibus
non universaliter, non sunt contrariae, quae
autem significantur est esse contraria, ab Alexandro non est expositum, sed tantum dictum quando
5 possint esse propositiones ipsae contrariae. a Porphyrio vero expositum diligenter est quando ea quae
significantur possint esse contraria, quod ipse Aristotelis textus expressit. quamquam Alexander quoque
eandem quam Porphyrius posuit viderit expositionem,
10 eam tamen (ut dictum est) sponte reiecit et sibi
huius expositionis confirmavit sententiam displicere.
mihi vero aut utraeque recipiendae expositiones videntur aut melior iudicanda posterior. hoc enim ipse
quoque Aristoteles quodammodo subter ostendit cum
15 dicit: simul enim verum est dicere quoniam est
homo albus et non est homo albus, et est homo
probus et non est homo probus. si enim turpis, et non probus; et si fit aliquid, et non est.
cuius quidem loci quae sit expositio, cum ad id vene-
20 rimus, demonstrabimus. cognoscendum autem est et
memoria retinendum, quod quaecumque propositiones
universales universaliter fuerint praedicatae, si hae
adfirmativae, illae vero sint negativae, semper utrasque esse contrarias, si nihil aequivocationis aut tem-
25 poris aut aliorum quae supra determinata sunt ad
faciendam oppositionem contrarietatis inpediat. non
tamen omnes quaecumque contrariae sunt, hae aut in
universalibus universaliter ponunt enuntiationem aut
una adfirmativa est, altera negativa, ut in eo quod
30 est Socrates sanus est, Socrates aeger est. hic enim
neque in universali universalitas posita est neque

4 quando] quantum F (*corr.* F²), quoniam?   7 possunt T
(*corr.* T²)   9 uideret F (*corr.* F²)   10 tamen S²FE²: quam
ceteri   14. 15 cum dicit] dicens E (*corr.* E²)   23 sunt T
25 aut *om.* F¹   aliorum FT: aliquorum F²T¹ *et ceteri*   26
faciendum F (*corr.* F²)   30 hinc T (*corr.* T²)   31 possita T

rursus una est adfirmatio, altera vero negatio, sed
sunt contrariae propositiones. contraria enim sunt
quae significant. quocirca rectissime dictum est, quod
quaecumque in universalibus rebus universaliter enun-
tiarent, si una earum esset adfirmativa, altera nega- 5
tiva, statim naturaliter essent contrariae: quae autem
contrariae essent, non necesse esse eas vel universale
universaliter enuntiare vel unam esse adfirmativam,
alteram negativam, sed aliquotiens quidem posse has
esse contrarias, quae universale in universalibus non 10
significarent, sed hoc in his tantum quae essent in
subiecto de quo fit adfirmatio naturaliter, ut in eo
quod est animal et homo. cum dicimus homo animal
est, ⟨homo animal non est⟩, quoniam inest in natura
hominis animal, idcirco haec adfirmans illa negans 15
videntur esse contraria, quamquam illic nulla determinatio neque particularitatis neque universalitatis
addatur. * * *

In eo vero, quod praedicatur universale,
universale praedicare universaliter non est 20
verum; nulla enim adfirmatio erit, in qua de
universali praedicato universale praedicetur,
ut omnis homo omne animal est.

Quod dicit huiusmodi est: omnis propositio simplex duobus terminis constat. his saepe additur aut 25
universalitatis aut particularitatis determinatio. sed ad

2 contrariae F (*corr.* F²)   7 uniuersales F (*corr.* F²)
10 in *om.* SF   11 significant S (*corr.* S²)   12 sit T
naturaliter *ego*: naturalis *codices*   13 et b: est *codices*
13. 14 homo (*prius*) — est *om.* S¹   14 homo an. n. est *add.* b:
om. codices   inest] est TE (*corr.* E¹)   16 contrariae?   18
lacunae signum posui, quia pauca deesse videntur   19 praedicatur universale T: uniuersale praed. ΣΣ, praed. universaliter *ceteri*   20 universale *om.* T (*et* ΣΣ *qui pro eo habent:
id quod est*)   univ. praed. ΣΣ   21 enim *om.* SFE¹
22 universali *ego*: uniuersaliter *codices*   23 est *om.* ΣΣ

quam partem hae determinationes addantur exponit.
videtur enim Aristoteli praedicato termino terminationem non oportere coniungi. in hac enim propositione, quae est homo animal est, quaeritur, sub-
5 iectumne debeat cum determinatione dici, ut sit omnis
homo animal est, an praedicatum, ut sit homo omne
animal est, an utrumque, ut sit omnis homo omne
animal est. sed neutrum eorum quae posterius dicta
sunt fieri oportet. namque ad praedicatum numquam
10 determinatio iungitur, sed tantum ad subiectum. neque enim verum est dicere omne animal omnis homo
est, idcirco quoniam omnis praedicatio aut maior est
subiecto aut aequalis (ut in eo quod dicimus omnis
homo animal est plus est animal quam homo, et
15 rursus in eo quod dicimus homo risibilis est risibile
aequatur homini), ut autem minus sit praedicatum
atque angustius subiecto fieri non potest. ergo in
his praedicatis quae subiecto maiora sunt, ut in eo
quod est animal, perspicue falsa propositio est, si de-
20 terminatio universalitatis ad praedicatum terminum
ponitur. nam si dicamus homo omne animal est, animal quod maius est homine per hanc determinationem
ad subiectum hominem usque contrahimus, cum non
p 349 solum ad hominem, sed ad alia quoque nomen | ani-
25 malis possit aptari. rursus in his quae aequalia sunt
idem evenit. nam si dico omnis homo omne risibile
est, primum si ad humanitatem ipsam referam superfluum est adicere determinationem; quod si ad singulos quosque homines, falsa est propositio. nam cum
30 dico omnis homo omne risibile est, hoc videor signi-

---

1 terminationes S F   2. 3 determ. b (in E ante term.
littera erasa est)   8 quae om. F¹   11 enim om. E   12
prius est om. F¹   12 idcirco — 13. 14 omnis homo om. F¹
13 omnis — 15 dicimus om. S¹   17 atque om. T¹   22 hominem S (corr. S²), homini E   24 alt. ad om. F¹   26 omne
om. S¹   28 dicere S (corr. S²) F

ficare: singuli homines omne risibile sunt, quod fieri
non potest. non igitur ad praedicatum, sed ad subiectum ponenda determinatio est. verba autem Aristotelis hoc modo sunt et ad hanc sententiam dicuntur: in his praedicatis quae sunt universalia his ad- 5
icere universale aliquid, ut universale praedicatum
universaliter praedicetur, non est verum. hoc enim
est quod ait: in eo vero, quod praedicatur universale, id est quod habet praedicatum universale,
ipsum universale praedicare universaliter non 10
est verum. in praedicato enim universali, id est
quod universale est et praedicatur, id ipsum praedicatum, quod universale est, universaliter praedicare,
id est adiecta determinatione universalitatis, non est
verum. neque enim potest fieri, ut ulla sit adfirmatio, 15
in qua de universali praedicato universalis determinatio praedicetur. eiusque rei notionem exemplo
aperit dicens, ut omnis homo omne animal. hoc
autem quam sit inconveniens supra iam diximus.

Opponi autem adfirmationem negationi 20
dico contradictorie, quae universale significat eidem, quoniam non universaliter, ut omnis
homo albus est, non omnis homo albus est,
nullus homo albus est, est quidam homo albus; contrarie vero universalem adfirmatio- 25
nem et universalem negationem, ut omnis
homo iustus est, nullus homo iustus est. quocirca has quidem inpossibile est simul veras
esse, his vero oppositas contingit in eodem,

        4 et *om.* F¹   4. 5 ducuntur F   8. 9 universale b: uni-
uersaliter *codices*   11 universali b: uniuersaliter *codices*
est *om.* E   15 adf. uera F   16 universali *ego*: uniuersaliter
codices   17 eiq; F   notitionem F   18 animal est b
21 Dico autem ΣΧ   23 non o. h. a. est *om.* Χ¹   24. 25
nullus — est qu. h. albus *om.* ΣΧ   quidam homo albus est
E²   26 ut *om.* SF

ut non omnis homo albus est, est quidam
homo albus.

    Quae sit integra contradictio his verbis ostendit.
ait enim illam esse oppositionem contradictoriam,
5 quaecumque dicit non esse universaliter rem universalem contra eam quae rem universalem universaliter
proponit. atque hoc est quod ait: opponi autem
adfirmationem negationi dico contradictorie,
quae universale significat eidem, quoniam non
10 universaliter, ut ei quae est omnis homo iustus
est opponitur ea quae universale significat non tamen
universaliter, ut ea quae est quidam homo iustus non
est. hominem enim universalem significat non universaliter, ut cum dicit non omnis homo iustus est. haec
15 est contradictoria oppositio, ut si sit universalis adfirmatio, sit particularis negatio, si sit universalis negatio, sit particularis adfirmatio. angulares enim (ut
dictum est) solae faciunt contradictionem. verba igitur se obscure habent, sed sententia manifesta est.
20 dicit enim eam opponi contradictorie adfirmationem
negationi vel negationem adfirmationi, quaecumque id,
quod res altera universale universaliter significaret,
idem significaret non universaliter quod esset universale, ut in his quas supra diximus: ut haec, quae est
25 omnis homo iustus est, rem universalem universaliter
significavit, illa, quae est non omnis homo iustus est,
eidem adfirmationi opposita de homine universali non
universaliter negavit dicens non omnis homo iustus
est. rursus ea, quae dicit nullus homo iustus est,

    1 ut E²: *om. ceteri*   *alt.* est *om.* FΣΧ   2 albus est
Σ²Χ   5 dicunt S (*corr.* S²) T   8 contradictione T (*corr.*
T²)   9 *post* eidem *in marg. add.* quaecumque E¹?   12 *et*
14 ut *delendum videtur*   22 res *delendum videtur*   23
idem *ed. princ.*: eidem *codices*   24 *alt.* ut *delendum?*   26
significavit S²: significaret S *et ceteri*   27 posita SFE (*corr.*
F²E¹)   uniuersali homine E

rem universalem universaliter negavit dicens nullus,
ea vero, quae dicit quidam homo iustus est, rem universalem particulariter adfirmavit et non universaliter.
hominem enim quendam iustum esse proposuit, sed
non hominem universaliter enuntiavit rem universalem. 5
persequitur ergo proprietates omnes propositionum.
ait enim: contrarie vero universalem adfirmationem et universalem negationem. sicut enim
supra dixit eas quae universaliter universale significarent vel in adfirmatione vel in negatione esse contra- 10
rias, ita nunc quoque idem repetit contrarias esse
dicens universalem adfirmationem universalemque negationem. earumque ponit exempla, quae utrasque
universales monstrarent, ut omnis homo iustus
est, nullus homo iustus est. harum autem quae 15
proprietas esset proposuit dicens: huiusmodi proposi-
tiones | inpossibile esse utrasque sibi in veritate in- p. 350
vicem consentire, quae autem his essent oppositae
contingere utrasque veras esse. sunt autem oppositae
his utraeque particulares: universali enim adfirmationi 20
particularis negatio opponitur et universali negationi
particularis adfirmatio opposita est. quocirca hae
duae particularis adfirmatio et particularis negatio,
quae oppositae sunt adfirmationi et negationi universalibus angulariter, hae possunt aliquando esse verae 25
et in eodem, ut in eo quod est quidam homo iustus .
est, quidam homo iustus non est. sed quidam homo
iustus est opposita est ei quae est nullus homo iustus
est, illa vero quae est quidam homo iustus non est
opposita est ei quae est omnis homo iustus est. sed 30
utraeque inter se, id est quidam homo iustus est et

5 non T: *om. ceteri (ante* univ. *add.* S²) hominem]
omnem S T E (*corr.* S²T²E¹, *del.* S³) 6 igitur F 13 eorumque F T E 14 uniuersales esse T E 15 harum E¹: horum *ceteri* 17 inpossibiles S 18 autem *om.* F 25 hae
del. S², *om.* F 26. 27 quidam h. i. est *om.* S¹F 28 est
(*ante* ei) *om.* F¹ (*item* 30) 31 est (*post* iustus) *om.* S¹

quidam homo iustus non est, in veritate consentiunt.
hoc est ergo quod ait: his vero oppositas contingit in eodem easque designat exemplis, ut non
omnis homo albus est, est quidam homo albus.
5 positis ergo duabus propositionibus, adfirmatione universali et universali negatione, ars danda est, quatenus earum inveniantur opposita. opposita autem dico
contradictorie, non contrarie neque ullo alio modo. sit
enim haec adfirmatio omnis homo iustus est et haec
10 negatio nullus homo iustus est. contra adfirmationem
quae est omnis homo iustus est videntur ergo esse
negationes hae: una nullus homo iustus est, altera
quidam homo iustus non est, altera non omnis homo
iustus est et postrema indefinita homo iustus non est.
15 quae harum igitur contra eam quae est omnis homo
iustus est contradictorie constituitur? contradictorie
autem voco oppositionem, in qua adfirmatio et negatio neque verae utraeque sint neque falsae utraeque,
sed una semper vera, alia falsa. si ergo opponatur
20 contra eam quae est omnis homo iustus est ea quae
est nullus homo iustus est, universalis scilicet negatio,
non est oppositio; utraeque enim falsae sunt. si vero
opponatur ea quae est homo iustus non est indefinita,
nec ipsa quoque facit oppositionem. quoniam enim
25 indefinita est, potest aliquotiens pro universali negatione pro exspectatione auditoris intellegi. quocirca
nec ipsa facit oppositionem. si enim hoc modo audita
sit, cum ita accipitur ut contraria, simul eas falsas
inveniri contingit. restat ergo, ut aut ea sit quae est

---

6. 7 quatinus FT   7 eorum STE (*corr.* S²)   opposite
(*prius*) T (*corr.* T¹)   9 *alt.* haec *om.* E¹   11 ergo *del.* S²
esse ergo F   12 hae b: haec *codices*   13. 14 altera — non
est *om.* F¹ (F² *om.* altera quidam h. i. n. est)   14 postremo F
15 harum b: horum *codices*   16 non est S (*corr.* S²)
contradictoriam b   19 altera F, alia semper T   23 opponatur F²T: ponatur *ceteri*   non *om.* S¹F¹E

non omnis homo iustus est aut ea quae est quidam
homo iustus non est. sed hae sibi consentiunt. idem
enim dicit qui proponit quidam homo iustus non est
et idem qui dicit non omnis homo iustus est. nam
si quidam homo iustus non est, non omnis homo iu- 5
stus est; et si non omnis homo iustus est, quidam
homo iustus non est. quare utraeque particulares
negationes contradictorie opponuntur contra universalem adfirmationem. in his enim neque verae utraeque sunt neque utraeque falsae, sed una vera, altera 10
falsa. rursus sit negatio universalis ea quae est nullus homo iustus est. contra hanc videntur oppositae
adfirmationes hae: omnis homo iustus est, homo iustus
est, quidam homo iustus est. sed contra eam quae
est nullus homo iustus est si opponitur ea quae est 15
omnis homo iustus est, possunt esse utraeque falsae;
quare non opponuntur contradictorie. at vero etiam
ea quae dicit homo iustus est, quoniam indefinita est,
potest ita in aliquibus intellegi tamquam si dicat
omnis homo iustus est. quod si sic est, poterit ali- 20
quando cum ea negatione quae est nullus homo iustus
est simul esse falsa; quare non est opposita. relinquitur ergo, ut ea quae est quidam homo iustus est
contra eam quae est nullus homo iustus est contradictorie videatur opposita. angulariter igitur requi- 25
rendae sunt, ut contra universalem adfirmationem illa
ponatur quae sub universali negatione est, contra universalem negationem illa contradictorie constituatur
quae est sub universali adfirmatione. quod scilicet
volens Aristoteles ostendere sic ait: 30

1 est (*ante* aut) *om.* S¹   5 si *om.* F¹   quidem S (*corr.*
S²)   6 omnis *om.* F¹   15 *alt.* est *om.* F   opponatur T   17
contrariae SFTE (*corr.* S²E¹)   at] Sic T   20 *prius* est
om. S¹   22 simul — 24 iustus est *om.* F¹   27 oppon. b
negatione — 29 universali *om.* F¹

Quaecumque igitur contradictiones universalium sunt.universaliter, necesse est alteram
veram esse vel falsam et quaecumque in singularibus sunt, ut est Socrates albus, non est
5 Socrates albus.

In illis enim quae contradictoriae sunt universalibus universaliter praedicatis, in his verum semper falsumque dividitur. contradictoriae autem sunt univer-
.351 salis adfirmationis | particularis negatio et universalis
10 negationis particularis adfirmatio. in his igitur una
semper vera est, altera semper falsa. atque hoc est
quod ait: quaecumque igitur contradictiones
universalium sunt universaliter, et hic distin-
guendum est, ut intellegatur sic: quaecumque igitur
15 contradictiones sunt universalium propositionum universaliter propositarum, necesse est alteram veram,
alteram falsam esse. et in his primum dividitur veritas falsitasque, quae sibi et qualitate et quantitate
oppositae sunt: qualitate quod illa negatio est, illa
20 adfirmatio, quantitate quod illa universalis, illa particularis est. secundo autem modo in his quae sunt
singularia, si nullae argumentatorum nebulae sint,
veritas falsitasque dividitur, ut in eo quod est Socrates
albus est, Socrates albus non est. una enim vera est,
25 altera falsa, si (ut dictum est) nulla ambiguitas aequivocationis inpediat.

Quaecumque autem in universalibus non
universaliter, non semper haec vera est, illa
vero falsa. simul enim verum est dicere quo-

---

1. 2 sunt universalium *codices* (*v. infra*) *praeter* ΣΤ
3 esse veram ΣΤ   vel ΣΤ: alteram Τ² *et ceteri*   6 contrariae SFTE (*corr.* F²E¹)   7 in his *del.* S², *om.* F   7. 8
falsumq, semper E   13. 14 disiunguendum E   22 argumentorum SF (*corr.* S²F²)   23 ut *om.* S¹   25 si ut] sicut TE
est *om.* F¹   si nulla E   28. 29 illa vero] altera E (*corr.*
E²)   29 *sq.* quoniam ΣΤ: *om. ceteri*

niam est homo albus et non est homo albus,
et est homo probus et non est homo probus.
si enim turpis, et non probus; et si fit aliquid, et non est. videbitur autem subito inconveniens esse, idcirco quoniam videtur si- 5
gnificare non est homo albus simul etiam quoniam nemo homo albus. hoc autem neque idem
significat neque simul necessario.

Propositiones eas, quae in universalibus non universaliter proferuntur, non semper veras esse vel fal- 10
sas conatur ostendere. hoc autem per contraria monstrat. ea enim propositio quae est homo albus est
et huius negatio quae est homo albus non est hoc
modo ostenduntur verum et falsum inter se interdum
non posse dividere: nam si verum est, ut hae duae 15
adfirmationes, est homo albus et est homo niger,
utraeque uno tempore verae sint, verum est quoque
adfirmationem indefinitam et indefinitam negationem
utrasque veras aliquotiens inveniri. nam si verum est
quoniam est homo albus, verum itidem quoniam est 20
homo niger (nam cum Gallus sit candidus, Aethiops
nigerrimus invenitur): simul ergo verum est dicere
quoniam est homo albus et est homo niger. sed qui
niger est albus non est: simul ergo verum est dicere quoniam est homo albus et non est homo 25
albus. idem quoque et de probo et turpi. nam si
verum est dicere quoniam est homo probus, si quis
hoc de philosopho dicat, et rursus verum est quoniam

1 albus homo $\Sigma\mathfrak{T}$ (prius)   2 prius et om. T   3 si enim
turpis · non probus est; et est homo pulcher · et non est homo
pulcher. si enim foedus · non pulcher; $\Sigma\mathfrak{T}$ 4 uidetur T
6 simul etiam significare $\Sigma\mathfrak{T}$ (non omisso priore sign.) del. sign.
$\mathfrak{T}^2$ 7 homo om. $F^1\Sigma\mathfrak{T}$ albus ego: albus est codices (cf.
I. ed.)   9 in om. F   14 ostenditur S^2F 14. 15 inter se
post posse F   16 alt. est om. F^1 20 uerum enim F
23 albus — 25 albus om. S^1 25 prius est om. F^1 28 phi-
sopho ST   verum est post turpis (p. 170, 1) E

est homo turpis, si quis hoc de Sylla diceret, verum
est utrumque, et quoniam est homo probus et quoniam est homo turpis. sed qui turpis est, probus non
est: simul igitur verum est dicere quoniam est homo
5 probus et non est homo probus. sed videbitur
fortasse aliquid sibi dixisse contrarium et difficilior
procedit ostensio, quae per huiusmodi exempla proponitur, quae contraria esse videantur. albus enim
et niger et probus et turpis contraria sunt et fortasse
10 dubitet quidam, utrum uno tempore contraria haec in
aliquibus valeant reperiri. sed adiecit exemplum aliud,
quod cum contrarium non sit, tamen ex eo sicut in
contrariis quoque negatio procreatur: ut si quis dicat
est homo probus et alius dicat fit homo probus, si
15 quis vel alio docente vel se ipso corrigente aliqua
disciplina rationis eniteat. nihil ergo contrarium habet esse probum et fieri probum; neque enim ita contrarium est, ut esse hominem probum et esse hominem turpem. quare si nihil habet contrarium, dubium
20 non est quin simul esse possint. sed quod fit nondum est adhuc cum fit: quare nondum est probus qui
fit probus. sed verum erat dicere cum eo quod est
est probus homo, quoniam fit probus homo. sed qui
fit probus homo, non est probus homo: verum est
25 igitur dicere simul, quoniam est probus homo et non
est probus homo, licet non invalida exempla sint posita de contrariis. nihil enim prohibet uno tempore
contraria aliis atque aliis inesse subiectis. quocirca
constat indefinitas per id quod in exemplis supra
30 proposuit simul aliquotiens veras videri et non semper inter se verum falsumque partiri. quod vero ait:
videbitur autem subito inconveniens esse, id-

---

1 silla FTE   1. 2 verum est *ego*: uerum esset *cōdices*
3 sed qui] si quis F   7. 8 proponuntur T (*corr.* T¹)   pro-
cedat *et* proponatur b   9 *alt.* et *om.* F   12 cum *om.* F¹
30 posuit F   32 videbitur b: uidetur *codices*

circo quoniam videtur significare | non est p.352
homo albus, simul etiam quoniam nemo homo
albus est, huiusmodi est: dixit enim propositionem
adfirmationis eam quae dicit est homo albus veram
posse esse cum ea quae dicit non est homo albus. 5
nunc hoc notat: videtur, inquit, aliquotiens inconveniens esse et incongruum dicere eam quae dicit est
homo albus et eam quae est non est homo albus simul veras esse posse, idcirco quod ea quae est non
est homo albus emittit imaginationem quandam quod 10
significet quoniam nullus homo albus est. videtur
enim negatio huiusmodi, quae est non est homo albus,
illud quoque significare simul quoniam nullus homo
albus est, ut si quis dixerit non est homo albus hoc
eum dixisse putandum sit, quoniam nullus homo albus 15
est. hoc autem, inquit, id est non est homo albus
et rursus nullus homo albus est, neque idem significat neque semper simul sunt. nam qui dicit nullus
homo albus est, universalitatem determinans negationem de universalitate proponit, qui vero dicit non est 20
homo albus, non omnino de tota universalitate negat,
sed ei tantum sufficit de particularitate negasse. atque ea quae est nullus homo albus est, si unus homo
albus fuerit, falsa est, ea vero quae dicit non est
homo albus, etiam si unus homo albus non fuerit, 25
vera est. quare non significant idem. dico autem,
quoniam nec omnino, quotienscumque dictum fuerit
non est homo albus, mox significat quoniam nullus
homo albus est. nam cum dico nullus homo albus
est, haec eadem significat quoniam non est homo al- 30
bus (universalis enim intra se continet indefinitam):

2 *prius* homo *om.* E[1]   *alt.* homo *del.* F[2]   9 esse ueras F   11 significent SE (*corr.* S[2]E[1])   17 et] est F
17. 18 significant S[2]E[1]   18 dicit] audit E (*corr.* E[1])   19
universalem b   21 tota de F   25 non *del.* S[2]F[2]   27
fuerit dictum F

cum autem dicimus non est homo albus, non omnino
significat nullus homo albus est, indefinita enim non
intra se continet universalem. superius namque monstravimus, quod indefinitae vim particularium optine-
5 rent. quare si, cum est universalis negatio, est indefinita negatio, cum vero est indefinita negatio, non
omnino est universalis negatio, non convertitur secundum subsistendi consequentiam. quare non sunt simul.
quae enim non convertuntur, simul non sunt, ut nos
10 Praedicamentorum liber edocuit. quare neque idem
significant negationes non est homo albus, nullus
homo albus est neque simul sunt, quoniam non convertuntur ad consequentiam subsistendi. Syrianus
tamen nititur indefinitam negationem vim definitae
15 optinere negationis ostendere. hoc multis probare
nititur argumentis Aristotele maxime reclamante. nec
hoc tantum suis, sed Platonicis quoque Aristotelicis-
que rationibus probare contendit: eam quae dicit non
est homo iustus huiusmodi esse, qualis est ea quae
20 dicit nullus homo iustus est. sed nos auctoritati Aristotelicae servientes id quod ab illo veraciter dicitur
adprobamus. nam quod Syrianus dicit indefinitam
quidem adfirmationem particularis optinere vim, indefinitam vero negationem universalis, quam mendaciter
25 diceretur quamque utraeque in particularibus rectissime proponerentur, et supra monstravimus et in his
libris quos de categoricis syllogismis conposuimus in
primo libro diligenter expressimus. nunc nobis ipse
quoque Aristoteles testis est et Syrianus facillima ra-
30 tione convincitur, quod in Analyticis quoque ex duabus indefinitis dicit non posse colligi syllogismum,

---

7 non] cum F   conuertit T   8 simul sunt T   11
et nullus T   14 nitur S (*corr.* S²)   15 et hoc S²F²   16
neque F   22 namque quod T   26 proponentur FT (*corr.*
T¹)   27 syllogissimis S (*corr.* S²), sylloismis F   29. 30 fa-
cillimae rationis F (*corr.* F²)

cum ex adfirmativa particulari et negativa universali
particularis negativa possit esse collectio. quod si
indefinitae adfirmatio et negatio et negationis universalis et particularis adfirmationis vim optinerent, numquam diceret Aristoteles has propositiones non colli- 5
gere syllogismum. sed illud verius est, quoniam ex
duabus particularibus nihil in qualibet propositionum
conplexione colligitur, quod in his propositionibus
quae indefinitae sunt nihil colligi dixit, quia particularium vim propositiones indefinitas arbitratus est 10
optinere. quare multis modis Syriani argumenta fran-
guntur. sed nos expositionis cursum ad sequentia
convertamus.

Manifestum est autem quoniam una negatio
unius adfirmationis est; hoc enim idem opor- 15
tet negare negationem, quod adfirmavit adfirmatio, et de eodem, vel de aliquo singularium
vel de aliquo universalium, vel universaliter | p.353
vel non universaliter. dico. autem ut est Socrates albus, non est Socrates albus. si autem 20
aliud aliquid vel de alio idem, non opposita,
sed erit ab ea diversa. huic vero quae est
omnis homo albus est illa quae est non omnis
homo albus est, illi vero quae est aliqui homo
albus est illa quae est nullus homo albus est, 25
illi autem quae est est homo albus illa quae
est non est homo albus.

Hinc quoque adparet adfirmationem indefinitam et

2 particularis negatiua *del.* F²   negativae?   posse S
(*corr.* S²)   quid T (*corr.* T¹)   3 *alt.* et *om.* b   17 vel]
et ΣΤ   19 est *om.* S¹   20 *prius* albus *om.* F¹   22 eo
ΣΤ   23 homo *om.* Σ¹   23 *pr.* omnis — 24 quae est *om.* Τ¹
24 vero] autem Τ   aliqui *ego cf. infra:* aliquis ΣΤ, quidam
ceteri   26 est homo albus *ego cf. infra:* h. albus est *codices*
27 *prius* est *om.* T¹   *sequentia Arist. verba* Quoniam ergo uni
negationi una affirmatio *in marg. add.* E²

indefinitam negationem non semper unam in veritate,
aliam in falsitate consistere. atque hinc docetur indefinitam negationem non idem valere, quod universalis negatio potest, et est alia universalis, alia inde
5 finita negatio. nam si unicuique adfirmationi una negatio videtur opponi cumque diversae sint adfirmatio
quae dicit est homo albus et ea quae dicit est quidam homo albus, diversas quoque habebunt in negationibus enuntiationes. et illa quidem quae indefinita
10 est adfirmatio habebit indefinitam negationem, ut ea
quae dicit est homo albus: huic opponitur non est
homo albus, ea vero quae dicit est quidam homo
albus negationem habebit oppositam eam quae dicit
nullus homo albus est. quare si particularis adfir
15 matio definita et rursus adfirmatio indefinita a se
ipsae diversae sunt, illud verum est oppositas quoque
contradictorie negationes habere dissimiles. quare ea
quae est nullus homo iustus est diversa est ab ea
quae dicit homo iustus non est. atque hoc nunc
20 Aristoteles exsequitur: ait enim unam semper negationem contra unam adfirmationem posse constitui.
et eius causam conatur ostendere, quod omnis negatio
eosdem terminos habet in enuntiatione, sed enuntiandi
modo diversa est. nam quod ponit adfirmatio idem
25 aufert negatio et quod illa praedicatum subiecto iungit hoc illa dividit atque disiungit. quare si idem
praedicatum idem subiectum in negatione est, quod
adfirmatio ante posuerat, non est dubium quin unius
adfirmationis una negatio videatur. nam si duae sint,
30 aut subiectum altera mutatura est aut praedicatum.
sed quaecumque sunt huiusmodi, non sunt oppositae.
hoc enim est quod ait: si autem aliud aliquid vel

---

    4 est *om.* F¹   8 diuersas — 13 albus *om.* F¹   16 sint
F (*corr.* F²)   17 haberi E¹   18 *tert.* est *om.* S¹   26. 27
idem subi. idem praed. b

de alio idem, non opposita, sed erit ab ea diversa. sensus enim huiusmodi est: si negatio aliud
aliquid praedicando neget quam in adfirmatione fuit
(ut si sit adfirmatio est homo albus, negatio dicat
non est homo iustus, aliud praedicavit in negatione 5
quam in adfirmatione fuerat constitutum) vel si de alio
subiecto quam in adfirmatione fuerat idem quod in
adfirmatione fuit dixerit praedicatum (ut si adfirmatio
sit est homo iustus, negatio respondeat non est leo
iustus, idem praedicatum est, subiecta diversa sunt): 10
si ergo vel aliud quiddam praedicet in enuntiatione
propositio vel de alio subiecto idem praedicet quod
adfirmatio ante posuerat, non erunt illa adfirmatio
negatioque oppositae, sed tantum a se diversae; neque
enim se perimunt. et hanc rem demonstrativam ad- 15
didit et quae esset argumentum unius adfirmationis
praeter unam negationem esse non posse, sive in singularibus, ut in eo quod ipse dicit exemplo: est Socrates albus, non est Socrates albus, sive in universalibus universaliter praedicatis. cum his particu- 20
lares in oppositione contradictorie constituuntur, ut
in universali universaliter adfirmativa omnis homo
albus est, in universali particulariter negativa praedicetur non omnis homo albus est; illi vero quae
est in universali particulariter adfirmativa quidam 25
homo albus est opponatur in universali universaliter propositio negativa nullus homo albus est; illi
vero quae in universali non universaliter adfirmativa
est est homo albus illa quae in universali non universaliter negativa est non est homo albus: ut quod 30
ait vel de aliquo singularium ad haec exempla
pertineat: est Socrates albus, non est Socrates

1 aliquo SFE   opposite T (corr. T¹)   6 fuerit S
7 id S (corr. S²)   13 erit SFT   15 enim om. S¹   21
contradictoriae SF (corr. F²)   22 in om. FT¹   23 in om.
T¹   26 universali om. S¹

albus; quod autem secutus est vel de aliquo universalium, vel universaliter ad illa exempla dictum esse videatur quae sunt omnis homo albus
est, non omnis homo albus est, aliqui homo
5 albus est, nullus homo albus est; quod vero addidit vel non universaliter scilicet in universalibus
ad illa exempla rettulerit quae sunt homo albus
p. 354 est, non est homo albus. | hinc igitur omnia rursus
brevissime repetit dicens: iam sese dixisse, quoniam
10 uni negationi una adfirmatio esset opposita et hoc
non quolibet modo sed contradictorie, in quibus scilicet verum falsumque divideretur. dixisse etiam commemorat, quae essent hae quas contradictorias nomi-
naret. dixit autem esse angulares, adfirmativam uni-
15 versalem et negativam particularem, rursus adfirmativam particularem et negativam universalem. disserui quoque, inquit, et quoniam aliae sunt contrariae. non enim eaedem sunt contrariae quae sunt
contradictoriae. contrariae enim sunt sibimet univer-
20 salis adfirmatio universalisque negatio. exposui illud
quoque, inquit, quoniam non omnis vera vel
falsa contradictio. nunc contradictionem non illam
proprie, sed communiter de his dixit quae sibi sunt
oppositae sive contrario modo sive subcontrario. hae
25 namque non semper verum inter se falsumque divi-

---

1 est *om.* S¹F¹E¹   2 vel *del.* F²   illa *om.* E¹   4
prius est *om.* S¹   *alt.* est *om.* T¹   4. 5 aliqui h. a. est *om.*
T¹   5. 6 addit T (*corr.* T²)   6 vel *om.* F¹   universalibus]
uniuersaliter S (*corr.* S²)   7. 8 est homo albus?   8 *post*
albus *hunc falsum Aristotelis textum inserit* B *et in marg.* E²:
manifestum est ergo quoniam una negatio unius affirmationis
opposita et quoniam aliae contrariae sunt aliae contradictoriae
et quae sint hae dictum est vel quoniam non omnis vera vel
falsa contradictio et quando vera vel falsa. (*cf. vol. I p. 8*)
8 rursus igitur omnia F   9 reppetit SF   12 diuidetur F
(*corr.* F²)   19 sibimet *om.* E   23 de his *om.* T   24 opposita F

debant, ut una semper esset vera, alia falsa. poterat
enim fieri ut contrariae simul invenirentur falsae, subcontrariae simul verae. de his autem, quae proprie
contradictoriae sunt, de his sequitur et se iam exposuisse commemorat, et quare una vera vel falsa est 5
et quando. idcirco enim adfirmatio universalis particulari negationi vi contradictionis opponitur, quod in
omnibus a se ipsae diversae sunt et qualitate et quantitate. illa enim est adfirmatio, illa negatio, universalis illa, illa particularis. ideo ergo aut utraeque 10
falsae aut utraeque verae inveniri non possunt.
quando autem ita fuerit, constat unam veram esse,
aliam falsam. atque hoc est quod ait: et quare et
quando vera vel falsa, dictum esse scilicet memo-
rans, quare oppositio et quando una semper vera sit, 15
altera falsa: tunc utique quando angulariter constituuntur, idcirco quoniam et quantitate a se propositiones et qualitate diversae sunt. nobis autem dicendum est, quando oppositiones contrariae vel subcontrariae aut utraeque illae simul falsae sint aut utrae- 20
que illae simul verae aut una falsa, alia rursus inveniatur vera. in contrariis enim si ea quae non sunt
naturaliter praedicentur, [utraeque] ut albedo, quoniam
naturaliter homini non est, utraeque falsae sunt quae
albedinem praedicant. falsum est enim omnis homo 25
albus est, falsum est nullus homo albus est. sed
quando ambae falsae sunt, verae sunt subcontrariae,
ut est quidam homo albus est, quidam homo albus
non est. quod si quid naturale praedicetur in contrariis, adfirmatio vera est, falsa negatio, ut quoniam 30
naturale est homini esse animal, vera est ea quae
dicit omnis homo animal est, falsa quae dicit nullus

1 uera esset F   4 de his autem T, de his *del.* S²F²,
dehinc b   6 et b: uel *codices*   13 falsam esse F   14
esset S F T (*corr.* T²)   21 simul illae F   23 utraeque *del.*
S²F²E²   utraeque sunt falsae b   ut *om.* S¹

homo animal est. eodem quoque modo in subcontrariis vera est adfirmatio, falsa negatio. sin vero aliquid inpossibile praedicetur, falsa adfirmatio est, vera negatio, ut quoniam inpossibile est hominem esse la-
5 pidem, si dicamus omnis homo lapis est, falsum est, nullus homo lapis est verum est. eandem quoque retinet vim subcontrarii natura: adfirmatio enim hic falsa est, vera negatio.

8. Una autem est adfirmatio et negatio
10 quae unum de uno significat, vel cum sit universale universaliter vel non similiter, ut omnis homo albus est, non est omnis homo albus; est homo albus, non est homo albus; nullus homo albus est, est quidam homo albus, si
15 album unum significat.

Ea quae a nobis superius sunt diligenter exposita, illa nunc ipse clarius monstrat. diximus namque unam propositionem esse quae unam quamlibet rem significaret et non plurimas, ita ut nec aequivocum sub-
20 iectum haberet nec aequivocum praedicatum; una enim propositio sic fit. nunc hoc dicit: una propositio est quae unam rem significat id est quae neque subiectum aequivocum habet nec praedicatum. sive autem sit
p.355 universalis | adfirmatio sive universalis negatio sive
25 particularis adfirmatio sive particularis negatio sive indefinitae utraeque sive contra se angulariter ponantur: una illa propositio est, quae unam rem in adfirmatione vel negatione significat. sed hic quaestio est, quemadmodum universalis adfirmatio unam rem signi-

---

4 est *om.* S¹   7 subcontrariis S (*corr.* S²)   7. 8 falsa hic F   9 est autem 𝔗   10. 11 uniuersale Σ𝔗E²: *om. ceteri* 12 *alt.* omnis *om.* Σ¹   13 est h. a. n. e. h. a. *om.* Σ𝔗   14 *alt.* est *om.* S¹   16 Ea *in ras.* S   quae *om.* S¹   a *om.* F¹E 17 illa *del.* S²   19 plurib; E (*corr.* E¹)   20 praedicaret T (*corr.* T²)   enim] autem T (*corr.* T²)   23 haberet F 24. 25 *alt.* sive — negatio *om.* F¹   26. 27 ponetur T (*corr.* T²)

ficare possit, cum ipsa universalitas non de uno, sed
de pluribus praedicetur. nam cum dico omnis homo
albus est, singulos homines qui plures sunt significans
multa in ipsa adfirmationis praedicatione designo.
quocirca nulla erit adfirmatio vel negatio universalis, 5
quae unam rem significare possit, idcirco quod ipsa
universalitas de pluribus (ut dictum est) individuis
praedicatur. sed ad hoc respondemus: cum universale
quiddam dicitur, ad unam quodammodo collectionem
totius propositionis ordo perducitur et eius non ad 10
particularitatem, sed ad universalitatem quae est una
qualitas adplicatur: ut cum dicimus omnis homo
iustus est, non tunc singulos intellegimus, sed ad
unam humanitatem quidquid de homine dictum est
ducitur. quare sive sit universalis adfirmatio sive 15
universalis negatio vel in singularibus, potest fieri ut
hae unae sint, si una significatione teneantur. atque
hoc est quod ait eas propositiones quas supra proposuit, quae sunt omnis homo albus est, non est
omnis homo albus; homo albus est, non est 20
homo albus; nullus homo albus est, est quidam homo albus, unas videri, si album, inquit,
unum significat. si enim album quod praedicatur
multa significet vel si homo quod subiectum est non
unum, non est una adfirmatio nec una negatio. hoc 25
autem in sequentibus clarius monstrat dicens:

Sin vero duobus unum nomen est positum,
ex quibus non est unum, non est una adfirmatio, ut si quis ponat nomen tunica homini

---

10 et *om.* T   eius *post* ad T   eius unitas b, eius vis?
11 unam S (*corr.* S²)   13 intellegemus S, intelligemus E
15 dicitur b   20 est homo albus?   23 album *om.* F¹
24 qui T (*corr.* T²)   27 Si ΣX (*corr.* X²)   est ΣX: sit
ceteri   28 una *om.* Σ¹   28. 29 affirmatio una F   29 *sqq.*
ut si — neg. una *del.* E²   29 nomen ponat ΣX

12*

et equo, est tunica alba haec non est una adfirmatio nec negatio una.

Sensus huiusmodi est: si una res plura significet,
ex quibus multis unum effici possit, illa adfirmatio,
5 in qua illud nomen vel praedicatur vel subicitur,
multa non significat, ut in eo quod est homo. quod
dicimus homo significat animal, significat rationale,
significat mortale; sed ex his quae multa significat
unum potest effici, quod est animal rationale mortale.
10 quare hoc nomen homo licet plura sint quae significet, tamen quoniam iuncta in unum quodammodo
veniunt corpus et unum quiddam ex se iuncta perficiunt, cum ita dictum fuerit, quasi ut ex his quae
significat unum aliquid fiat, unum quod tota illa iuncta
15 perficiunt nomen illud significare manifestum est. atque hoc est quod ait: sin vero duobus unum nomen est positum, ex quibus non est unum, non
esse unam adfirmationem. si enim talia quilibet sermo
plura significet, ex quibus iunctis unum effici nequeat
20 corpus, nec possint ea quae significantur uno illo nomine in unam speciem substantiae convenire, non est
illa una adfirmatio. quale autem nomen sit quod positum unam adfirmationem non facit, idcirco quod
plura significet ex quibus unum fieri non possit, ex-
25 empli sollertissima virtute monstravit dicens:

---

2 una negatio *hic codices (cf. infra)*   *verba Arist. con-*
tinuant usque ad equus est albus et est homo albus B *et in*
marg. E[1]   3 si] sed S (*corr.* S[2])   4—6 ex quibus — significat *om.* F[1]   4 possit E[1]: non possit *codices*   6 non E[1]:
om. codices   significet S (*corr.* S[2])   8. 9 mortale — mortale *om.* F[1]   8 significant S[2]F   10 hoc modo nomen (*om.*
homo) F, hoc homo nomen F[2]   sint T: sunt *ceteri*   11
cuncta S (*corr.* S[2]), *item* 12, coniuncta b   12 inueniunt F
(*corr.* F[2]), conv.? quoddam SF   exeiuncta F   13 ut *om.* b
15—18 manifestum — quilibet *om.* F[1]   15 est *om.* S[1]   18
est una affirmatio b   enim] uero T   20 possit SFE (*corr.*
S[2]F[2])   21 in *om.* F[1]   23 faciat b   25 solertissima S

Ut si quis ponat nomen tunica homini et
equo, est tunica alba haec non est una adfirmatio nec negatio una. nihil enim hoc differt dicere quam est equus et homo albus. hoc
autem nihil differt quam dicere est equus al- 5
bus et est homo albus.

Si quis ponat homini et equo nomen tunica, inquit, et in propositione nomen hoc ponitur, illa propositio non est una sed multiplex. nam si verbi
gratia tunica homo atque equus dicatur, ut, cum dicit 10
aliquis tunicam, aut equum designet aut hominem: si
quis dicat in propositione sic: tunica alba est, non
est una adfirmatio. quod enim dicit tunica alba est,
huiusmodi est quasi si dicam homo et equus albus
est. tunica enim equum atque hominem significatione 15
monstravit. quod vero dicit homo atque equus albus
est, nihil differt tamquam si dicat equus albus est,
homo albus est. sed hae duae sunt propositiones et
non similes, in his enim subiecta diversa sunt. quocirca si hae adfirmationes duae sunt, duplex quoque 20
illa est adfirmatio, quae dicit homo atque equus albus
est. quod si haec rursus duplex est, quoniam equum
atque hominem tunicam significare propositum | est, p. 356
cum dicimus tunica alba est, non unum, sed plura
significat. quocirca si ea adfirmatio quae multa de- 25
signat non est una, haec quoque adfirmatio una non
erit, cuius aut praedicatio aequivoca fuerit aut subiectum. atque hoc est quod ait:

Si ergo hae multa significant et sunt plures, manifestum est quoniam et prima multa 30

1 tonica E   3 una negatio E² hoc *om.* E¹   8 ponatur b   8. 9 posito E (positio E¹)   11 *prius* aut] atq; F
14 si *om.* S¹E   dicat *ed. princ.*   15 tunica b: tunicam
codices   18 et homo b   23 positum b   25. 26 designat]
significat F   29 hae Σ²ℨ: haec *ceteri*

vel nihil significat; neque enim est aliquis homo equus.

Quod si, inquit, est equus albus et est homo albus multa significant, illa quoque prima propositio, quae 5 est est tunica alba, unde hae fluxerunt, multa designat: aut si quis dicat non eam multa significare, concedit profecto nihil omnino propositionis ipsius significatione monstrari. tunc enim nomen unum multa significans in unam significationem poterat 10 convenire, quotiens ex his quae significat una posset coniungi constituique substantia, ut in eo quod supra proposui, cum homo animal rationale et mortale significat, quae in unum possunt iuncta congruere. nunc autem si tunica hominem equumque significat, multa 15 designat, sed ea ipsa in unum corpus non veniunt. neque enim fieri potest ut aliqui homo equus sit. quare aut multa significat, quod verum est, aut si quis contendat non eam multa significare, sed quiddam ex his quae significat iunctum, quoniam nihil 20 est quod ex equo et homine coniungatur, nihil omnino significat. hoc est enim quod dixit neque enim est aliquis homo equus, et hoc sub uno legendum est, non discrete pronuntiandum homo et rursus equus, sed homo equus, ut ex his iunctis ad-25 pareat nihil omnino posse constitui. cur autem hoc dixerit, sequens monstrat oratio. si enim ita facienda est oppositio, ut contra adfirmationem huiusmodi op-

1 significant SFE (*corr.* F²E²)   aliquid SFE (*corr.* S²E²)   4 significat T (*corr.* T¹)   5 hae b: haec *codices* 6 ut F (*corr.* F²)   12 cum] nam?   et *om.* E¹   13 iuncta *ego*: cuncta *codices* (coniuncta b)   15 conv.?   16 aliquis F 18 quis F²: *om. codices*   19 quoniam *om.* S¹   22 aliquid T² uno homine F (homine *del.* F²), *supra* uno *add.* s. accentu E² 23 pronuntiatum T   et *om.* S¹   25 omne S (*corr.* S²) ex hoc T (ex *del.* T²)   26 *ad* oratio *in marg. add. verba Arist.* quare — falsam E²   27 oppositio *ego*: propositio *codices*

ponatur negatio, quae in oppositione verum falsumque
dividat, ut una vera, alia falsa sit, unam oportet esse
adfirmationem et unam negationem, quod contingit,
si neque subiectum neque praedicatum multa significet. quod si plura designet et sit aequivocum, non 5
erit in huiusmodi propositionibus una semper vera,
altera falsa. Herminus vero sic sentit, quod ait
Aristoteles: sin vero duobus unum nomen est
positum, ex quibus non est unum, non est una
adfirmatio: ut in eo, inquit, quod est homo gressi- 10
bilis est, quoniam quod dicimus gressibile potest et
bipes esse et quadrupes et multipes animal demonstrari: ex his, inquit, omnibus unum fit, quod est
pedes habens: ista, inquit, huiusmodi adfirmatio non
multa significat. sed sententiam Aristotelis omnino 15
non sequitur. neque enim ex his omnibus unum fit
nec quadrupes et bipes et multipes pedem habere
faciunt. hic enim numerus pedum, non pedum con-
stitutio est. quare Herminus praetermittendus est.
huic autem expositioni quam supra disserui et Aspa- 20
sius et Porphyrius et Alexander in his quos in
hunc librum ediderunt commentariis consenserunt. sed
ne diutius nobis Aristotelis exemplum caliginis obscuritatem ferat, hoc in aliquo noto exemplo vocabuloque
videndum est. cum enim dicimus: Aiax se peremit, 25
et Telamonis Aiacem filium et Oileum demonstrat, ex
quibus duobus unum fieri aliquid non potest. ex
duobus enim individuis nihil omnimodis iungitur.

4. 5 significet b: significant *codices*   6 in *om.* F¹
opposit.?   uera semper uera S (*corr.* S²)   12 multiplex
SFTE (*corr.* F²T²E¹), *similiter* 17   12. 13 esse *delendum et*
demonstrare *scribendum videtur*   13 omnibus inquit F   17
bipes et quadr.?   pedes b , 21 his omnibus T (omnibus *del.*
T²)   23 exempli F   25 diximus T   perimit FTE (*corr.*
F²T¹E¹)   26 talamonis SFE (*corr.* S²), talomonis T (telom.
T²)   aiacen SFE   oilei E¹   demonstraret S (*corr.* S²)
28 omnino disiungitur S (*corr.* S²), omnino coniungitur F²

quare huiusmodi propositio multa significat. sed haec hactenus.

Nunc autem determinat haec, quae de propositionibus supra iam dixerat, non de omni tempore, sed de solis tantum praeterito et praesenti, quemadmodum se in veritate et in falsitate habeant, disseruisse. in futuris vero non idem est quale in praeterito praesentique in propositione iudicium, idcirco quod iam vel cum contigit vel cum est definita veritas et falsitas in propositionibus invenitur. ut cum dico *Brutus consulatum primus instituit sub rege Tarquinio,* | p. 357 dicat alius *Brutus consulatum non primus instituit sub rege Tarquinio*: hic una vera est, una falsa, et iam adfirmatio definite vera est, definite falsa negatio. rursus in praesenti cum dicimus *vernum tempus est, vernum tempus non est,* si hoc verno tempore dictum sit, adfirmatio vera est et definite vera, negatio falsa est et definite falsa. quod si hoc autumno dictum sit, definite falsa adfirmatio et definite vera negatio, idcirco quod sive in praeterito sive in praesenti veritas adfirmationis negationisve iam contigit. in futuro vero non eodem modo sese habet. ut cum dicimus *Gothos Franci superabunt,* si quis negat *Gothos Franci non superabunt,* una quidem vera est, una falsa, sed quae vera quae falsa ante exitum nullus agnoscit. atque hoc est quod ait:

9. In his ergo quae sunt et facta sunt necesse est adfirmationem vel negationem veram

6 *alt.* in *om.* T deseruisse F (*corr.* F^2) 8 que *om.* S^1 in *om.* T^1 9 *prius* cum *om.* $S^1F^1E^1T$ contingit S (*corr.* S^2) 11 prius F (*corr.* F^2) 12 si dicat? consolatum TE 13 et iam *ego*: etiam *codices* 15 dicimus cum dicimus F (*corr.* F^2) 16 verno] uero E (*corr.* E^1) 17 falsa — 19 negatio *om.* F^1 18 est *om.* F 19 adfirmatio *om.* S^1 20 *pr.* sive *om.* F^1 21 contingit T^2 25 cognoscit F 27 et quae f. s. ΣΣ

vel falsam esse, in universalibus quidem universaliter semper hanc quidem veram, illam
vero falsam, et in his quae sunt singularia,
quemadmodum dictum est, ut non modo una
semper vera sit, altera falsa in tota contradictione, sed 5
illud quoque habeat, ut in una qualibet definite veritas
aut falsitas reperiatur: ita ut in his singularibus veritas
et falsitas in propositionibus dividatur, in universalibus autem, si his particularitates opponantur (quemadmodum dictum est), unam necesse est veram esse, 10
alteram falsam, sed definita propositionum veritate
vel falsitate, sicut supra disserui. quare in sequentibus quaedam de futuris tractanda sunt et quoniam
maius opus est (quam hoc breviter dici possit videri-
mus) et nos secundi voluminis seriem longius extra- 15
ximus, hoc loco fastidiosam longitudinem terminemus.

LIBER TERTIVS.

Ea quae huius libri series continebit altioris paene
tractatus sunt quam ut in logica disciplina conveniat
disputari, sed quoniam (ut saepe dictum est) orationibus sensa proferuntur, quibus subiectas res esse 20

1 uel falsam esse *ΣΣ cf. infra*: esse uel falsam *hic codices*
1. 2 universaliter *ΣΣ*: *om. codices*   2 hanc semper F   3 sunt
om. T   4 est] sit F (*corr.* F²)   non ut F   6 in *om.* T¹
definita T   9 autem universaliter?   10 *alt.* est *om.* T
esse ueram T   14 possit *ego*: posse *codices*   16 EXPLICIT
SECDS · INCIPIT LIBER TERCIUS S, EXPLICIT LIBER · II · INCIPIT · III ·
F²TG, INCIPIT LIBER TERTIVS B, ANICII · MANLII · SEVERINI · BOETII ·
VIRI · CS · ET ILL · EX CSL · ORD · ATQ; PATRICII · AEDITIONIS · SCDAE ·
LIBER · SCDS · EXPL · INCIPIT · LIBER TERTIVS J, ANICII · MALLII · SEVE-
RINI · BOETII · VIRI · CLARISSIMI ET ILLUSTRIS · EX CONSULARI ORDINE
PATRICII SCDAE EDITION · EXPOSITIONU IN ARISTOTEL · PERIHERMENIAS ·
EXPLIC · LIB · II · INCIPIT TERTIVS E   *subscr. om.* NF¹   17
libri *om.* F¹   poene NE   18 sunt] est SFEGN (*corr.*
F²E²G²)   ut *del.* E², *om.* F¹T   loica E

manifestum est, non est dubium quin quod in rebus
sit idem saepe transferatur ad voces. quare recte
mihi consilium fuit subtilissimas Aristotelis sententias
gemino ordine commentationis aperire. nam quod
5 prior tenet editio, ingredientibus ad haec altiora et
subtiliora quandam quodammodo faciliorem semitam
parat; quod autem secunda editio in patefaciendis
subtilibus sententiis elaborat, hoc studio doctrinaque
provectis legendum discendumque proponitur. quare
10 prius quaedam pauca dicenda sunt, quatenus ea de
quibus postea tractaturi sumus haec ipsa legentibus
non videantur ignota.

 Categoricas propositiones Graeci vocant, quae sine
aliqua condicione positionis promuntur, ut est dies
15 est, sol est, homo est, homo iustus est, sol calet et
cetera quae sine alicuius condicionis nodo atque liga-
mine proponuntur. sunt autem condicionales propositiones huiusmodi: si dies est, lux est, quas Graeci
hypotheticas vocant. condicionales autem dicuntur,
20 quod talis quaedam condicio proponitur ut dicatur, si
hoc est, illud est. et illas quidem quas categoricas
Graeci nominant, Latini praedicativas dicere possumus.
nam si categoria praedicamentum est, cur non quoque
categoricae propositiones praedicativae dicuntur? ha-
25 rum autem quaedam sunt quae cum sempiterna significent, sicut hae res quas significant semper sunt et
numquam a propria natura discedunt, ita quoque
ipsae propositiones inmutabili significatione sunt: ut
si quis dicat deus est, deus inmortalis est. hae nam-
30 que propositiones sicut de inmortalibus dicuntur, ita

---

 6 quodadmodum SFE (*corr.* S²F²E²) 8 hoc F²: hoc
aut SFNJB, hoc autem TE, hoc iam? 10 quaedam *om.* T¹
14 propositionis S²F² 15 est *post* dies *del.* T², *om. ceteri*
homo est *om.* T¹ 21 illud] nihil SFEGNJ (*corr.* E²G²N²)
quidam S (*corr.* S²) quas *om.* F 22 latine B, latini autem
F 24 dicantur b

quoque sempiternam habent et necessariam significa-
tionem. nec hoc in unius temporis | natura perspici-   p. 358
tur, sed in omnium. nam cum dicimus deus inmortalis est vel inmortalis fuit vel inmortalis erit, a propria significationis necessitate nil discrepat. necessa-   5
rias autem propositiones vocamus, in quibus id quod
dicitur aut fuisse aut esse aut certe futurum esse necesse est evenire. et hae quidem quae sempiterna
significant sempiternae necessitatis sunt. nam etiam
si in his non sit manifesta veritatis natura, nil tamen   10
prohibet fixam esse necessitatis in natura constantiam,
ut si nobis ignotum est, utrum paria sint astra an
inparia, non tamen idcirco poterit evenire ut nec paria
nec inparia videantur, sed sine ulla dubitatione aut
paria sunt aut inparia. omnis enim multitudo horum   15
alterum retinet in natura. quocirca etiam in his, si
quis dicat astra paria sunt aliusque respondeat astra
paria non sunt vel si quis dicat astra inparia sunt
aliusque respondeat astra inparia non sunt, unus horum verum ex necessitate proponit, quod, inquam, si   20
id quod quilibet horum verum dixerit nobis ignotum
est, necesse est tamen inmutabiliter esse quod dicitur.
atque hae quidem sunt inmutabiliter necessariae propositiones. aliae vero sunt, quae non sempiterna significantes tamen et ipsae sunt necessariae, quousque   25
illa subiecta sunt de quibus propositio aliquid adfirmat aut negat. ut cum dico homo mortalis est,
quamdiu homo est, tamdiu hominem mortalem esse
necesse est. nam si quis dicat ignis calidus est,

5 nihil T   7 futurum esse *add.* E²: *om. codices*   8
haec T   10 nihil F   12 sint astra sint F (*corr.* F²)   18
vel] ut F (*corr.* F¹)   20 *supra* quod *scr.* quamvis G²T²
inquam *ego*: umquam *codices* (*del.* S²F²E¹, *om.* B)   si] se
SFTGNJ (*corr.* S¹F²), etiamsi?   quod umquam se *del. et in
marg. add.* quamquam N² (proponit, et quamquam id b)   21
qui *om.* G¹   22 quod //////////// dicitur E   29 nam], vel? item?

quamdiu est ignis, tamdiu ex necessitate vera est
propositio. aliae vero sunt, quae a natura necessitatis recedunt et quaedam tantum contingentia significant, sed haec aut aequaliter se ad adfirmationem
5 negationemque habentia aut ad unum frequentius ver-
gentia. et aequaliter quidem se habent, ut si quis
dicat hodie me esse lavandum, hodie me non esse
lavandum. nihil enim magis vel adfirmatio fiet aut
negatio, utraeque enim aequaliter necessariae non
10 sunt. illae vero quae plus ad alteram partem vergunt
huiusmodi sunt, ut si quis dicat hominem in senecta
canescere, hominem in senecta non canescere: fit quidem frequentius ut canescat, non tamen interclusum
est, ut non canescat. praedicativarum autem propo-
15 sitionum natura ex rerum veritate et falsitate colligitur. quemadmodum enim sese res habent, ita sese
propositiones habebunt, quae res significant. nam si
in se res ullam retinent necessitatem, propositiones
quoque necessariae sunt; sin vero tantum inesse signi-
20 ficent (ut si quis dicat homo ambulat, homini ambulationem inesse monstravit), praeter aliquam necessitatem sunt tantum inesse significantes omni vacuae
necessitate. quod si res inpossibiles sunt, propositiones quae illas res demonstrant inpossibiles nominan-
25 tur; sin vero res contingenter venientes atque ab-
euntes, quae illas prodit contingens propositio nuncupatur. quoniam autem temporum alia sunt futura,
alia praesentia, alia vero praeterita, res quoque subiectae temporibus his quoque temporum diversitatibus
30 variae sunt. aliae enim praesentis temporis sunt, aliae

2 a *om.* F (*add.* F[1])　4 haec b: hae *codices*　ad *om.* S[1]E[1]
7 non *om.* E[1]　7. 8 lauandum esse F　8 aut] vel b　9
aequaliter E[2]: aliter *codices*　16 *alt.* sese] esse F, se F[3]
18 res *om.* S[1]　retinent b: retinet *codices*　19. 20 significet
T (*corr.* T[2])　23. 24 quae propositiones T　25 contingentes T
26 produnt contingentes propositiones nuncupantur *ed. princ.*
28. 29 subiecta FE

futuri, aliae praeteriti. eodem quoque modo propositiones alias praeteriti temporis significatio tenet, ut cum dico Graeci Troiam evertere; aliae praesentis, ut Francorum Gothorumque pugna committitur; aliae futuri, ut Persae et Graeci bella moturi sunt. et de 5 praeteritis quidem et de praesentibus, ut res ipsae, stabiles sunt et definitae. nam quod factum est, non est non factum, et quod non est factum, nondum factum est. idcirco de eo quod factum est verum est dicere definite, quoniam factum est, falsum est dicere, 10 quoniam factum non est. rursus de eo quod factum non est verum est dicere, quoniam factum non est, falsum est, quoniam factum est. et de praesenti quoque: quod fit definitam habet naturam in eo quod fit, definitam quoque in propositionibus veritatem falsita- 15 temque habere necesse est. nam quod fit definite verum est dicere quoniam fit, falsum quoniam non fit. quod non fit verum est dicere non fieri, falsum fieri. de definitione ergo propositionum praeteriti vel praesentis supra iam dictum est. nunc vero ad 20 illarum propositionum veritatem falsitatemque disputationis ordinem vertit, quae in futuro dicuntur quaeque sunt contingentia. solet autem futura vocare,

2 aliae *et* significationem tenent *ed. princ.* 3 *et* 4 alias? 4 gottorumq; F   5 et *om.* F¹E   grecos E²   bello E   6 res *om.* B (*add.* B¹)   *post* ipsae *add.* s. propositiones S², ipsae sic propositiones B   7 stabiles *om.* B (*add.* B¹), instabiles SFEGNJ (*corr.* S²F²G²N²), sic stabiles E²   *post* definitae *add.* s. ita propositiones (propos. eorum G²T) instabiles (stabiles G²T) sunt et definitae J²G²T   7 nam — 10 definite *om.* F¹   12 *prius* non *om.* E¹   14 naturam//// S   16 nam cum F (cum *del.* F²)   21 ueritatemque (*om.* falsitatem) N   22 uertet T (*corr.* T²)   22. 23 quae quaeq; G (*corr.* G²), ////// quaeq; F   quaeque sunt] quae quis uno JE, quae quis uno uno N (quaeque uno verbo N²)   23 sunt /////////////// contingentia F, sunt in futuro contingentia GT *et in marg.* S²J¹ 22. 23 quae quis uno contingentia *del.* E², *om.* B (quaeque contingentia B²)   23 silet SFEGNJ (*corr.* E¹G²)

quae eadem contingentia dicere consuevit. contingens
autem secundum Aristotelicam sententiam est, quodcumque aut casus fert aut ex libero cuiuslibet arbitrio
et propria voluntate venit aut facilitate naturae in
5 utramque partem redire possibile est, ut fiat scilicet|
p. 359 et non fiat. haec ergo in praeteritum et praesens
quidem definitum et constitutum habent eventum.
quae enim evenerunt non evenisse non possunt et
quae nunc fiunt ut nunc non fiant, cum fiunt, fieri
10 non potest. in his autem, quae in futuro sunt et
contingentia sunt, et fieri potest aliquid et non fieri.
sed quoniam tres supra modos proposuimus contingentis, de quibus melius in physicis tractavimus, singulorum subdamus exempla. si hesterno domo egres-
15 sus inveni amicum, quem in animo habebam quaerere, non tamen tunc quaerebam, ut non invenirem
quem inveni antequam invenirem fieri poterat, cum
autem inveni vel postquam inveni, ut non invenissem
fieri non potest. rursus si ipse sponte praeterita
20 nocte in agrum profectus sum, antequam hoc fieret,
ut non proficiscerer fieri poterat, postquam profectus
sum vel cum profectus sum, ut id non fieret quod
fiebat aut non factum esset quod erat factum, fieri
non valebat. amplius possibile est scindi hanc qua
25 vestior tunicam: si hesterno die scissa est, cum scin-
debatur aut postquam scissa est, ut non scinderetur

6 ha S (corr. S²)   et praesens BS²F²E²: om. ceteri
6. 7 in praeterito quidem et praesenti b   8 uenisse SFE
(corr. S²F²)   9 et ut T (corr. T²)   11 ante potest erasum
est non in S   13 fysicis SF, fisicis TE   tractabimus Jour-
dain (recherches critiques sur l'âge et l'origine des traductions
latines d'Aristote etc. p. 161)   14 esterno S (corr. S²)   die
add. S²F²E²   15 inveni amicum] inueniam eum FE (corr.
F²E²)   in om. F¹   17 quem] quod codices (uel quem quod
T)   quererem inuenirem T   19 poterat b   si om. F
20 in om. E¹   21 non om. T¹   24 qua T: quam ceteri
25 haesterno S   26 scissa b: excissa codices

aut non esset scissa, fieri nequibat, ante vero quam
scinderetur, fieri poterat ut non scinderetur. perspicuum ergo in praesentibus atque praeteritis vel earun-
dem rerum quae sunt contingentes definitum consti-
tutumque esse eventum, in futuris autem unum qui- 5
dem quodlibet duorum fieri posse, unum vero definitum non esse, sed in utramque partem vergere et aut
hoc quidem aut illud ex necessitate evenire, ut autem
hoc quodlibet definite vel quodlibet aliud definite,
fieri non posse. quae enim contingentia sunt, in 10
utraque parte contingunt. quod autem dico tale est:
egredientem me hodie domo amicum invenire aut non
invenire necesse est (in omnibus enim aut adfirmatio
est aut negatio), sed invenire sine dubio definite aut
certe si hoc non est rursus definite non invenire, 15
quemadmodum hesterno die, quo amicum egrediens
inveni (definitum est autem, quod non est verum me
non invenisse), non eodem modo in his quae sunt
contingentia et futura, sed tantum aut hoc quidem
aut illud est et hoc ex necessitate, ut autem una res 20
vel quilibet unus eventus definitus et iam quasi certus sit, fieri non potest. et in hac re dissimiles sunt
propositiones contingentium et futurorum his quae
sunt praeteritorum vel praesentium. nam cum similes
sint in eo, quod in his aut adfirmatio est aut negatio, 25

---

1 nequi//bat S   3 est ergo S²F²E²   vel] est T, *del.*
S²F²E²   3. 4 earum T, eadem SFE (*corr.* S²F²E²)   4
contingentes b: contingentis *codices*   4. 5 constitumq; T
7 utraque parte SE   8 ut *om.* S¹   9 *ad alt.* definite *add.*
fiat ·TE²   12 egredientem *ego*: egrediente *codices*   odie S
(*corr.* S²)   domum SFT (*corr.* S²F²)   15 *ad* invenire *add.*
s. necesse est G²J²T (*quod del.* T² *et suprascr.* s. non necesse
est)   16 esterno TE (*corr.* E¹)   quo b: quod *codices*
17 domo inveni, definitum est: definitum est autem b   quod
inueni S²   me eum E²   20 ut *ego*: quod *codices*   una
om. S¹   21 et iam *ed. princ.*: etiam *codices*, et b   22
potest] possit est F (*corr.* F¹)   25 sunt T

sicut etiam in his quae sunt praeterita vel praesentia,
in illo diversae sunt, quod in his quidem id est praeteritis et praesentibus rerum definitus eventus est, in
futuris vero et contingentibus indefinitus est et incer-
5 tus, nec solum nobis ignorantibus, sed naturae. nam
licet ignoremus nos, utrum astra paria sint an inparia,
unum tamen quodlibet definite in natura stellarum
esse manifestum est. et hoc nobis quidem est ignoratum, naturae vero notissimum. sed non ita hodie
10 me visurum esse amicum aut non visurum nobis quidem quid eveniat ignoratum est, notum vero naturae.
non enim hoc naturaliter, sed casu evenit. quare
huiusmodi propositiones non ad nostram, sed ad naturae ipsius notitiam secundum incertum eventum et
15 inconstantem veritatem atque mendacium derivabuntur.
talis enim est contingentis natura, ut in utraque
parte vel aequaliter sese habeat, ut hodie me esse
lavandum vel hodie me non esse lavandum, vel in
una plus, minus in altera, ut hominem canescere
20 senescentem vel hominem non canescere senescentem. illud enim plus fit, illud minus. sed nihil
prohibet id quod rarius fit tamen fieri. de his ergo
Aristotelica subtilitas disputatura primum a singularibus incohans ad universalia tractatui viam pandit.
25 duobus enim modis contradictiones fiebant: aut in
singularibus aut in universalibus universaliter praedicatis et his oppositis. ingreditur autem ex his tribus quae supra iam dicta sunt: ex casu, ex libero

4 et indef. T (et *del.* T²)   5 nec] sed F²E²B, et nec T
(et *del. et supra* nec *scr.* uel et T²)   sed] non F²E²B · 8
alt. est *om.* F   11 quid E²: quod *ceteri*   eueniet F, eue-
ueniant (*sic*) T (n *del.* T²)   13 non modo b   15 de uabun-
tur T (diriu. T²)   16 contingens T (*corr.* T²)   una utraque
SFEG (una *del.* S¹? E¹ G²), una uel utraque S²F²E²   17 vel
del. S²   18 non esse] esse haud F   20 vel — senescentem *om.*
F¹   22 ergo] autem F   23 suptilitas E   24 tractaui F
(*corr.* F²)   26 in *om.* F   28 iam *om.* E   casu et ex F

arbitrio, ex possibilitate, quae omnia uno nomine
utrumlibet vocavit, fingens scilicet nomen ad hoc,
quod non unius et certi eventus ista sunt, sed utrius-
libet et quomodo contingit. hoc autem monstrativum
est naturae instabilis et ad utramque partem sine 5
ullius rei obluctatione vergentis. non autem oportet
arbitrari illa esse utrumlibet et contingentium naturae,
quaecumque nobis ignota sunt. neque enim si nobis
ignotum est a Persis ad Graecos missos legatos, id- 9
circo missos esse incerti eventus | est; nec si letale p. 360
signum in aegrotantis facie medicina deprehendit, ut
aliud esse non possit nisi ille moriatur, nobis autem
ignotum sit propter artis inperitiam, idcirco illum
aegrum esse moriturum utrumlibet et contingentis
naturae esse iudicandum est, sed illa sola talia sine 15
dubio esse putanda sunt, quaecumque idcirco nobis
ignota sunt, quod per propriam naturam qualem habeant eventum sciri non possunt, idcirco quoniam
propria instabilitate naturae ad utraque verguntur, id
est ad adfirmationis et negationis eventum propria 20
instabilitate atque inconstantia permutantur. est autem
inter philosophos disputatio de rerum quae fiunt causis,
necessitatene omnia fiant an quaedam casu. et in hoc
Epicureis et Stoicis et Peripateticis nostris
magna contentio est, quorum paulisper sententias ex- 25
plicemus. Peripatetici enim, quorum Aristoteles
princeps est, et casum et liberi arbitrium iudicii et
necessitatem in rebus quae fiunt quaeque aguntur cum.

2 ad hoc nomen T (*corr.* T²)   ad] ob F²   4 quoquo-
modo T   contingens S F²   6 illius E (*corr.* E¹)   ob-
luctione F   7 et *om.* S F E   9 missos legatos E¹?: missus
legatus *ceteri*   10 missos E¹?: missus *ceteri*   laetale SF,
loetale T   11 faciem S F E (*corr.* F²)   12 nisi ut?   14
esse *del.* S²F²   15. 16 esse sine dubio F   16 idcirco *om.*
S¹   19 stabilitate S F E, et stabilitate T (*corr.* T²)   vergunt?   20 ad *om.* E¹   21 constantia S (*corr.* S²)   23
omnia *om.* E¹

gravissima auctoritate tum apertissima ratione confir-
mant. et casum quidem esse in physicis probant:
quotiens aliquid agitur et non id evenit, propter quod
res illa coepta est quae agebatur, id quod evenit ex
5 casu evenisse putandum est, ut casus quidem non sine
aliqua actione sit, quotiens autem aliud quiddam evenit per actionem quae geritur quam speratur, illud
evenisse casu Peripatetica probat auctoritas. si quis
enim terram fodiens vel scrobem demittens agri cul-
10 tus causa thesaurum reperiat, casu ille thesaurus inventus est, non sine aliqua quidem actione (terra enim
fossa est, cum thesaurus inventus est), sed non illa
erat agentis intentio, ut thesaurus inveniretur. ergo
agenti aliquid homini, aliud tamen agenti res diversa
15 successit. hoc igitur ex casu evenire dicitur, quodcumque per quamlibet actionem evenit non propter
eam rem coeptam, quae aliquid agenti successerit. et
hoc quidem in ipsa rerum natura est, ut non hoc
nostra constaret ignorantia, ut idcirco quaedam casu
20 esse viderentur, quod nobis ignota essent, sed potius
idcirco a nobis ignorarentur, quod haec in natura
quaecumque casu fiunt nullam necessitatis constantiam
aut providentiae modum tenerent. Stoici autem omnia quidem ex necessitate et providentia fieri putantes
25 id quod ex casu fit non secundum ipsius fortunae
naturam, sed secundum nostram ignorantiam metiun-

1 tum b: tunc *codices*　　4 et ex T (*corr.* T²)　　5 et b
6 fit E (*corr.* E²) b　　9 fodiens terram F　　demittens b:
dimittens *codices*　　12 est inv. E　　14 propter aliud b
15 ergo F　　17 rem *om.* T¹　　17—19 et — ignorantia *om.*
B¹　　18 natura est *om.* S¹F¹E¹NJ　　non] uero T G²　　19
nostra *ego*: extra SFENJ, extra nostram GTBE², ex nostra b
constare SFJ (*corr.* S²F²)　　ignorantiam TEGB　　ut] non
T G², non ut B, ut non b　　quaedam] quae T　　21 a *om.* F
ignorentur F²　　22 quae quodcumq; T, quae quocumq; T²F
(*corr.* F²)　　24 quadam T (quidam T²)　　26 naturae T
(*corr.* T¹)

tur. id enim casu fieri putant, quod cum necessitate sit, tamen ab hominibus ignoretur. et de libero quoque arbitrio eadem nobis paene illisque contentio est. nos enim liberum arbitrium ponimus nullo extrinsecus cogente in id, quod nobis faciendum vel non faciendum iudicantibus perpendentibusque videatur, ad quam rem praesumpta prius cogitatione perficiendam et agendam venimus, ut id quod fit ex nobis et ex nostro iudicio principium sumat nullo extrinsecus aut violenter cogente aut inpediente violenter. Stoici autem omnia necessitatibus dantes converso quodam ordine liberum voluntatis arbitrium custodire conantur. dicunt enim naturaliter quidem animam habere quandam voluntatem, ad quam propria natura ipsius voluntatis inpellitur, et sicut in corporibus inanimatis quaedam naturaliter gravia feruntur ad terram, levia sursum meant, et haec natura fieri nullus dubitet, ita quoque in hominibus et in ceteris animalibus voluntatem quidem naturalem esse cunctis, et quidquid fit a nobis secundum voluntatem quae in nobis naturalis est autumant, illud tamen addunt, quod ea velimus quae providentiae illius necessitas imperavit, ut sit quidem nobis voluntas concessa naturaliter et id quod facimus voluntate faciamus, quae scilicet in nobis est, ipsam tamen voluntatem illius providentiae necessitate constringi. ita fieri quidem omnia ex necessitate,

3 paene *del.* F[2]   4. 5 nullum — cogentem *codices* (*corr.* S[2]F[2]E[2])   7 ficiendem (*sic*) T (*corr.* T[2])   18. 19 uoluptatem S F E (*corr.* S[2]E[2]) *saepius*   20 quae et T   in nobis naturalis *ego* (nobis naturalis S[2]): duobus (duabus N T B G[2]E[2]) naturis *codices* (*supra* duobus *scr.* scil. duobus animalibus J[1])
21 est *om.* G[1], esse N T (*corr.* T[2])   autumant F: putant *ceteri*, putant fieri b   22 imperabit S[2]   sit] si S F E (*corr.* E[1]), sit si T   23 quidem] quia S[2]   naturaliter est S[2] et *del.* S[2]   24 naturali voluntate S[2]   25. 26 necessitas S[2]E[2]   26 constringit S F E (*corr.* F[2])

quod voluntas ipsa naturalis necessitatem sequatur,
fieri etiam quae facimus ex nobis, quod ipsa voluntas
ex nobis est et secundum animalis naturam. nos
autem liberum voluntatis arbitrium non id dicimus
5 quod quisque voluerit, sed quod quisque iudicio et
examinatione collegerit. alioquin muta quoque animalia habebunt liberum voluntatis arbitrium. illa
enim videmus quaedam sponte refugere, quibusdam
sponte concurrere. quod si velle aliquid vel nolle hoc
10 recte liberi arbitrii vocabulo teneretur, non solum hoc
esset hominum, sed ceterorum quoque animalium,
quibus hanc liberi arbitrii potestatem abesse quis ne-
sciat? sed est liberum arbitrium, quod ipsa quoque
vocabula produnt, liberum nobis de voluntate iudicium.
15 quotienscumque enim imaginationes quaedam concur-
p. 361 runt animo et voluntatem | irritant, eas ratio perpen-
dit et de his iudicat, et quod ei melius videtur, cum
arbitrio perpenderit et iudicatione collegerit, facit. atque ideo quaedam dulcia et speciem utilitatis mon-
20 strantia spernimus, quaedam amara licet nolentes tamen fortiter sustinemus: adeo non in voluntate, sed
in iudicatione voluntatis liberum constat arbitrium et
non in imaginatione, sed in ipsius imaginationis per-
pensione consistit. atque ideo quarundam actionum
25 nos ipsi principia, non sequaces sumus. hoc est enim
uti ratione uti iudicatione. omne enim commune nobis est cum ceteris animantibus, sola ratione disiun-
gimur. quod si sola etiam iudicatione inter nos et

1 quod] quia T (corr. T²)　　　1. 2 naturalis — ipsa om. J¹
2 ipsa scilic̄ duob; animalib; F (interpol. del. F²)　　uolunta
(sic) T　　5 et om. E¹　　6 colligerit SFTE (corr. S²T²E²)
multa b, quoque muta T　　16 et] ex F (corr. F²)　　uoluptate
SFT (corr. F² uoluntate)　　18 colligerit E (corr. E²)　　22
arbitrium constat E (corr. E²)　　22 — 24 et — consistit om.
T¹　　23 prius in om. FT　　25 nos] non E (corr. E²)
25. 26 est post ratione T (corr. T²)　　26 ratione quod est F²
26. 27 nobis commune T (corr. T²)　　28 etiam] est b, est in?

cetera animalia distantia, cur dubitemus ratione uti hoc esse quod est uti iudicatione? quam si quis ex rebus tollat, rationem hominis sustulerit, hominis ratione sublata nec ipsa quoque humanitas permanebit. melius igitur nostri Peripatetici et casum in rebus 5 ipsis fortuitum dantes et praeter ullam necessitatem et liberum quoque arbitrium neque in necessitate neque in eo quod ex necessitate quidem non est, non tamen in nobis est ut casus, sed in electione iudicationis et in voluntatis examinatione posuerunt. et in 10 eo autem quod possibile esse dicitur est quaedam inter Peripateticos et Stoicos dissensio, quam hoc modo paucis absolvimus. illi enim definiunt possibile esse quod possit fieri, et quod fieri prohibetur non sit, hoc ad nostram possibilitatem scilicet referentes, 15 ut quod nos possumus, id possibile dicerent, quod vero nobis inpossibile esset, id possibile negarent. Peripatetici autem non in nobis hoc, sed in ipsa natura posuerunt, ut quaedam ita essent possibilia fieri, ut essent possibilia non fieri, ut hunc calamum frangi 20 quidem possibile est, ⟨sed⟩ etiam non frangi, et hoc non ad nostram possibilitatem referunt, sed ad ipsius rei naturam. cui sententiae contraria est illa quae dicit fato omnia fieri, cuius Stoici auctores sunt. quod enim fato fit ex principalibus causis evenit, sed si 25 ita est, hoc quod non fiat non potest permutari. nos

1 est distantia E², distantia est S²F²T   2 quod] quo E (corr. E²)   3 sustulit T   6 illam E (corr. E²)   7 arbitrium, quod neque?   8 eo b: id codices   10 prius in om. E proposuerunt E²   11 possibile b: inpossibile codices   14.15 et quod fieri non possit impossibile esse E², non prohibetur ut non sit ed. princ.   14 et] ut? an 15 sit] esse?   16 id quod possibile S (quod del. S²)   dicerent B: dicere ceteri (dicere debeamus E²), diceretur b   17 inpossibile nobis F   negarent B: negare ceteri   19 et 20 esset (utroque loco) SFE 21 quidem om. S¹   sed ego add.: om. codices, et etiam b an possibile est bis ponendum?   et] ut F (corr. F²)   26 quo E², ut?

autem dicimus ita quaedam esse possibilia fieri, ut
eadem sint etiam non fieri possibilia, hoc nec ex necessitate nec ex possibilitate nostra metientes. his
igitur expeditis illud addere sufficiat, haec Aristoteli
5 fixa in sententia et disciplina retinenti facile fuisse
contingentium propositionum modum de futuris ostendere: in utraque parte facere atque ideo determinatam
eventus constantiam non habere. quod ni ita esset,
omnia ex necessitate fieri crederentur, quod melius li-
10 quebit, cum ad ipsa Aristotelis verba venerimus. non
autem incommode neque incongrue Aristoteles de
rebus altioribus et fortasse non pertinentibus ad artem logicam disputationem transtulit, cum de propositionibus loqueretur. neque enim esset rectitudinem
15 et significantiam propositionum constituere, nisi hanc
ex rebus ita esse probavisset. praedicativae enim
propositiones (ut dictum est) non in sermonibus neque in conplexione praedicationum, sed in rerum significatione consistunt. quare omnibus quae praedi-
20 cenda erant explicitis ad ipsius Aristotelis sententias
aperiendas enodandasque perveniamus.

    9. In his ergo quae sunt et facta sunt ne-
cesse est adfirmationem vel negationem veram vel falsam esse, in universalibus quidem
25 universaliter semper hanc quidem veram, illam vero falsam, et in his quae sunt singularia, quemadmodum dictum est; in his vero,
quae in universalibus non universaliter dicuntur, non est necesse; dictum autem est et
30 de his.

    4 aristoteli S²F²E²: aristotelem *ceteri*   5 retinentem
G²T   6. 7 ostendere aequaliter se habere in affirmatione et
negatione et (et *om.* F) FBE², id est aequaliter se *etc.* b   13
loicam E   14 esset *om.* F¹   firmam rectit. b   21 per-
uenimus SFE   24 esse *post* veram F   25 universaliter
add. S²F²E²: *om. ceteri*   non semper S (non *del.* S²)

Categoricas propositiones quae praedicativae Latine
possint nominari (ut supra iam diximus) ex rebus
quas ipsae propositiones significant integra ratiocinandi norma diiudicat. illae namque quas hypotheticas vel condicionales vocamus ex ipsa condicione vim 5
propriam trahunt, non ex his quae significant. cum
enim dico: si homo est, animal est, et si lapis est,
animal non est, illud est consequens, illud repugnans.
quare ex consequentia et repugnantia propositionum
tota in propositione vis vertitur. unde fit ut non si- 10
gnificatio, sed condicio proposita hypotheticarum enuntiationum vim naturamque constituat: praedicativae
propositiones (ut dictum est) ex rebus principaliter
substantiam sumunt. atque ideo quoniam quaedam
res sunt praesentis temporis, quaedam praeteriti, sicut 15
eventus ipse rerum praesentis temporis vel praeteriti
certus est, ita quoque praedicativarum propositionum
de praeteritis et praesentibus certa veritas falsitasque
est. erat autem contradictionis modus duplex: aut 19
enim universalis | particularibus angulariter oppone- p. 362
batur aut singularis significatio adfirmativa singularem
negationem contradictoria oppositione peremerat. et
in his una vera semper, falsa altera reperiebatur. in
his autem quae essent indefinitae non necesse erat
unam veram esse, alteram falsam. sed in his, in 25
quibus veritas et falsitas dividebatur, in his non solum una vera est semper, altera semper falsa, in
praeterito scilicet et praesenti, sed etiam una certam
et definitam veritatem retinet, certam et definitam al-

---

1 quas E (*corr.* E²)   2 possunt T   et ex S F E (*corr.*
S²F²E²)   3. 4 rationandi S (*corr.* S²)   4 normam E
11 — 12 significatio — vim *om.* E¹   11 propositam E   12
praedicativae vero b   16 ipsarum rerum *ed. princ.*   16. 17
ipse — est *om.* S¹   18 et de E   20 particulari?   20. 21
universales — opponebantur b   22 positione S F E   per-
imerat S F E (*corr.* E¹)   27 falsa semper F   28 una semper
T   29 ueritatem — definitam *om.* F¹

tera falsitatem. in his autem quae sunt in futuro, si
necessariae quidem propositiones sunt, licet et secundum futurum tempus dicantur, necesse est tamen non
modo unam veram esse, alteram falsam, sed etiam
5 unam definite veram, definite alteram falsam, ut cum
dico: sol hoc anno verno tempore in arietem venturus
est, si hoc alius neget, non solum una vera est, altera
falsa, sed etiam vera est in hoc adfirmatio definite,
⟨definite⟩ falsa negatio. sed Aristoteles non solet
10 illa futura dicere quae sunt necessaria, sed potius
quae sunt contingentia. contingentia autem sunt (ut
supra iam diximus) quaecumque vel ad esse vel ad
non esse aequaliter sese habent, et sicut ipsa indefinitum habent esse et non esse, ita quoque de his ad-
15 firmationes ⟨et negationes⟩ indefinitam habent veritatem vel falsitatem, cum una semper vera sit, semper
altera falsa, sed quae vera quaeve falsa sit, nondum
in contingentibus notum est. nam sicut quae sunt
necessaria esse, in his esse definitum est, quae autem
20 sunt inpossibilia esse, in his non esse definitum est,
ita quae et possunt esse et possunt non esse, in his
neque esse neque non esse est definitum, sed veritas
et falsitas ex eo quod est esse rei et ex eo quod est
non esse rei sumitur. nam si sit quod dicitur, verum
25 est, si non sit quod dicitur, falsum est. igitur in
contingentibus et futuris sicut ipsum esse et non esse
instabile est, esse tamen aut non esse necesse est, ita
quoque in adfirmationibus ⟨et negationibus⟩ contingentia ipsa prodentibus veritas quidem vel falsitas in
30 incerto est (quae enim vera sit, quae falsa secundum

---

2 et *om.* b   9 definite *ego add.: om. codices*   11 *alt.*
sunt *om.* S¹   15 et negationes *add.* b: *om. codices*   16. 17
altera falsa semper F   19. 20 sunt autem T   21 quae *in*
rasura F, quoque quae b   22 definitum est F   23 esse
— quod est *om.* S¹   23. 24 et — rei *om.* F   28 et neg.
ego add.: om. codices   29 vel] et E b

ipsarum propositionum naturam ignoratur), necesse est
tamen unam veram esse, alteram falsam. Porphyrius tamen quaedam de Stoica dialectica permiscet:
quae cum Latinis auribus nota non sit, nec hoc ipsum
quod in quaestionem venit agnoscitur atque ideo illa 5
studio praetermittemus.

In singularibus vero et futuris non similiter. nam si omnis adfirmatio vel negatio
vera vel falsa est, et omne necesse est vel
esse vel non esse. ⟨nam⟩ si hic quidem dicat 10
futurum aliquid, ille vero non dicat hoc idem
ipsum, manifestum est, quoniam necesse est
verum dicere alterum ipsorum, si omnis adfirmatio vera vel falsa. utraque enim non
erunt simul in talibus. nam si verum est di- 15
cere, quoniam album vel non album est, necesse est esse album vel non album, et si est
album vel non album, verum est vel adfirmare
vel negare; et si non est, mentitur, et si mentitur, non est. quare necesse est aut adfirma- 20
tionem aut negationem veram esse. nihil igitur neque est neque fit nec a casu nec utrumlibet nec erit nec non erit, sed ex necessitate
omnia et non utrumlibet. aut enim qui dicit
verus est aut qui negat. similiter enim vel 25
fieret vel non fieret; utrumlibet enim nihil
magis sic vel non sic se habet aut habebit.
amplius si est album nunc, verum erat dicere
primo quoniam erit album, quare semper ve-

5 quaestionem *ego*: quaestione *codices*   9 omnia SFE
10 vel *om.* S¹FE¹   nam *ego add.*: *om. codices*   12 *prius*
est *om.* E¹   14 falsa *ego, cf. I. ed. p. 115*: falsa est *codices*
utraeque 𝔛²   17 non Σ𝔛 *I. ed.*: non esse *hic codices, cf.*
infra   et *om.* STE¹   18 *alt.* vel *om.* F   21 esse *om.*
Σ𝔛¹ (esse ueram 𝔛²)   22 a *om.* FΣ𝔛   29 *sq.* uerum
semper F

rum fuit dicere quodlibet eorum quae facta
sunt, quoniam erit. quod si semper verum·est
dicere quoniam est vel erit, non potest hoc
non esse nec non futurum esse. quod autem
5 non potest non fieri, inpossibile est non fieri;
quod autem inpossibile est non fieri, necesse
est fieri. omnia ergo quae futura sunt necess'e
est fieri. nihil igitur utrumlibet neque a casu
erit; nam si a casu, non ex necessitate.

10   Geminas esse contradictiones in propositionibus
supra iam dictum est et nunc quoque commemoratum,
in quibus necesse est unam veram esse, alteram falsam. sed ea quae dicentur de futuris et contingentibus melius intellegentur, si de his contingentibus lo-
15 quamur, quae in singulari contradictione proveniunt.
est enim universalium angularis contradictio in contingentibus huiusmodi: *cras omnes Athenienses bello
navali pugnaturi sunt, cras non omnes Athenienses bello
navali pugnaturi sunt.* in singularibus autem talis
20 est: *cras Socrates in palaestra disputaturus est, cras*
p. 363 *Socrates in palaestra disputaturus* | *non est.* non autem
oportet ignorare non esse similiter contingentes has
quae dicunt *Socrates morietur* et *Socrates non morietur*
et illas quae dicunt *Socrates cras morietur, Socrates*
25 *cras non morietur.* illae enim superiores omnino contingentes non sunt, sed sunt necessariae (morietur
enim Socrates ex necessitate), hae vero quae tempus
definiunt nec ipsae in numerum contingentium reci-
piuntur, idcirco quod nobis quidem cras moriturum
30 esse Socratem incertum est, naturae autem incertum

1 quodlibet E²: quodlibet illud *codices*   4 nec] uel S²
E²ΣΣ (nec Σ²)   6 quod — non fieri *om.* Σ¹   11 diximus
E (*corr.* E²)   commemorat F   14. 15 loquamur T: loquatur T² *et ceteri*   15 in *om.* T¹   23 et *om.* F   24. 25 et
illas — non morietur *om.* S¹   25 illa S   26 moritur T
(*corr.* T²)

non est atque ideo nec deo quoque incertum est, qui
ipsam naturam optime novit, sed illae sunt proprie
contingentes, quae neque in natura sunt neque
in necessitate, sed aut in casu aut in libero arbitrio aut in possibilitate naturae: ex casu quidem, 5
ut cum egredior domo amicum videam non ad hoc
egrediens, ex libero arbitrio, ut quod possum et velle
et non velle, an velim hoc antequam fiat incertum
est, ex possibilitate, quod cum fieri possit et non fieri
possit et antequam fiat, quod utroque modo potest, 10
incertum sit. ideoque *cras Socrates disputaturus est in
palaestra* contingens est, quod hoc ex libero venit arbitrio. ergo in huiusmodi contingentibus si in futurum una semper vera est, altera semper falsa et una
definite vera, falsa altera definite et res verbis con- 15
gruent, omnia necesse est esse vel non esse et quidquid fit ex necessitate fit et nihil neque possibile est
esse, quod possibile sit non esse, neque liberum erit
arbitrium neque in rebus ullis casus erit in omnibus
necessitate dominante. in his namque id est in sin- 20
gularibus contradictionibus verum dicere uterque non
potest. contradictoriae enim erant quae simul esse
non possint. sed nec utraeque, negationes atque adfirmationes, falsae esse in contradictoriis possunt. illae
enim erant contradictoriae quae simul non esse non 25
poterant. quare unus verum dicturus est, unus falsum. quod si nihil datur in huiusmodi rebus id est
contingentibus instabili eventus ordine et incerta ve-

4 *alt.* in *om.* F¹   7 ex] et F (*corr.* F²)   ut *delendum*?
possim T   8 an] ac E (*corr.* E¹)   9 cum *eras. in* SE, sum
FT (*del.* F²)   10 potest fieri b   11 est] sit F (*corr.* F¹)
13. 14 futuro b   15 definita F   altera falsa T   15. 16
congruerit T¹   19 ullus b   23 possunt T, possent?   id
est neg. E²   24 inter T   contradictiones T (*corr.* T²)
possint F (*corr.* F¹)   25 *pr.* non *del.* S²F²E², *om.* T   28
instabile *codices* (*corr.* S²F²E²)   et ualde E (ualde *del.* E¹)

ritatis et falsitatis enuntiatione provenire, quidquid
verum dicitur in adfirmatione definite, hoc definite
⟨esse⟩ necesse est, quidquid falsum dicitur in negatione, hoc non esse necesse est. omnia igitur ex ne-
5 cessitate aut erunt aut ex necessitate non erunt. nihil
ergo nec casus nec liberum arbitrium nec possibilitas
ulla in rebus est, siquidem tenet cuncta necessitas.
Aristoteles vero sumens istam hypotheticam propositionem, si omne quod in futuro dicitur aut verum
10 definite aut falsum est definite, omnia ex necessitate
fieri et nihil casu nihil iudicio nihil possibilitate, ea
convenienti ordine monstrat. et posito unam veram,
alteram falsam definite esse omnia ex necessitate
contingere ex consensu rerum propositionumque de-
15 monstrat hoc modo: proponit enim hanc condicionem
et hanc veram esse ex rerum ipsarum necessitate confirmat. est autem condicio: si omnis adfirmatio vel
negatio in futurum ducta vera vel falsa est definite,
et omne quidquid fit ex necessitate fieri et nihil ne-
20 que casu neque propria et libera voluntate atque iudicio nec vero aliqua possibilitate, quae hic omnia
utrumlibet vocabulo nuncupavit. ponit enim hanc
condicionem dicens: nam si omnis adfirmatio vel
negatio vera vel falsa est, subaudiendum est *de-*
25 *finite,* et omne necesse est esse vel non esse.
⟨nam⟩ si hic quidem dicat futurum aliquid,
ille vero non dicat hoc idem ipsum, manife-

---

3 esse *add.* b: *om. codices*   6 casum F (*corr.* F²)   10
falsum definite est F   11 casu *om.* S¹   ea *del.* S²F², eam?
12 et hoc E²   posito TG²E²: positum *ceteri et* T², per positum S², propositum F²   13 falsam *om.* S¹FE¹G¹   definitam SFEG (definite falsam TE²G²)   et posita una uera altera falsa diffinite *in marg.* S²   14 propositionumque T:
propositionum F, propositionem SF²E, et propositionum S²
16. 17 confiat F (*corr.* F¹)   18 dicta TE²   21 hic *ego*:
haec *codices, om.* b   22 uno vocabulo E²   25 omne *om.*
E¹, omnia F   vel esse?   26 nam *ego add.: om. codices*

stum est, ⟨quoniam necesse est⟩ verum dicere
alterum ipsorum, si omnis adfirmatio [vel ne-
gatio] vera vel falsa est. utraque enim non
erunt simul in talibus. ergo sensus huiusmodi
est: si omnis, inquit, adfirmatio vel negatio vera vel 5
falsa est definite, et omne necesse est aut esse aut
non esse, quod vel adfirmatio ponit vel negatio perimit. nam si quilibet dixerit esse aliquid et alius
dixerit idem ipsum non esse, unus quidem adfirmat,
alter negat, sed in adfirmatione et negatione, quae 10
in contradictione ponuntur, una semper vera est, altera falsa. neque enim fieri potest ut utraeque sint
verae. non enim nunc sermo est aut de subcontrariis
aut de indefinitis. namque subcontrariae, id est particularis negatio et adfirmatio particularis, et indefi- 15
nitae utraeque verae in eodem esse poterant, contradictoriae autem minime. neque enim fieri potest, ut
hae quae vel in singularibus contradictiones sunt vel
in universalibus angulariter opponuntur simul umquam
verae sint. hoc est enim quod ait utraque enim 20
non erunt simul in talibus, id est utraeque enuntiationes non erunt verae in enuntiationibus contradictoriis. posita ergo hac condicione: si omnis adfir-
matio definite vera vel falsa | sit, omnia ex necessi- p. 364
tate evenire, hanc ipsam rerum ipsarum et proposi- 25
tionum consequentiam et similitudinem monstrare contendit dicens: nam si verum est dicere, quoniam
album vel non album est, necesse est esse album vel non album, et si est album vel non
album, verum est vel adfirmare vel negare; et 30

1 quoniam necesse est *add.* b: *om. codices*   2. 3 vel negatio *uncis inclusi*   3 utraque *ego:* utraeque *codices*   4 sen-
sus] sensus in talibus F   5 uera est F   11 vera] falsa F
12 falsa uera F (falsa *del.* F¹)   13 de *om.* F¹   18 vel in *om.*
T¹   20 utraeque *codices*   24 sit] est T   26 ex similitudine E²   28. 29 album esse F

si non est, mentitur, et si mentitur, non est.
quare necesse est ⟨aut⟩ adfirmationem aut negationem veram esse. omnis, inquit, adfirmatio
omnisque negatio cum rebus ipsis vel vera vel falsa
5 est. huius autem rei exempla ex praesentibus sumit.
nam sicut se habent secundum necessitatem in praesenti tempore enuntiationes, ita se habebunt etiam
in futuro. speculemur igitur in praesenti quae sit
rerum propositionumque necessitas. si qua enim pro-
10 positio de qualibet re dicta vera est, illam rem quam
dixit esse necesse est. si enim dixerit, quoniam nix
alba est, et hoc verum est, veritatem propositionis
sequitur necessitas rei. necesse est enim esse nivem
albam, si propositio quae de ea re praedicata est vera
15 est. quod si dixerit quis non esse albam picem et
haec vera est, manifestum est rem quoque propositionis consequi veritatem. amplius quoque et propositiones rerum necessitates sequuntur. si enim est
aliqua res, verum est de ea dicere quoniam est, et si
20 non est aliqua res, verum est de ea dicere quoniam
non est. ita secundum veritatem adfirmationis et negationis necessitas rei substantiam sequitur et rerum
necessitas propositionum comitatur necessitatem. atque hoc quidem in veris. in falsis quoque idem est
25 e contrario. nam si falsa est adfirmatio, rem de qua
loquitur non esse necesse est, ut si falsa est adfirmatio quae dicit picem esse albam, non esse albam picem necesse est. rursus si falsa est negatio quae
dicit nivem non esse albam, esse albam nivem ne-
30 cesse est. rursus si res non est, adfirmatio quoque
de ea re necessarie falsa est. quod si rursus res non

---

2 aut *ego add.: om. codices*   5 sumet SFE (*corr.* E²)
7 etiam *om.* T¹   8 speculamur SFE   13 niuem esse E
14 eadem b   praedicta E²   21 et] uel F   22 subsequitur F (sub *del.* F²)   26 si *om.* S   29 non albam esse T
30 non est res E   31 necessariae SF, necessario S²F²

sit id quod potest dicere falsa negatio, sine ulla dubitatione illa negatio falsa est et hoc esse necesse
est, ut quoniam de nive potest dicere falsa negatio,
quoniam alba non est, hoc ipsum quod falsa negatio
dicit, id est albam non esse, non est. nix enim non 5
alba non est. quare rerum necessitati falsitas veritasque convertitur. nam si est aliquid, vere de eodem
dicitur, quoniam est, et si vere dicitur, illam rem de
qua vere aliquid praedicatur esse necesse est; quod
si non est id quod dicitur, falsa enuntiatio est, et si 10
enuntiationes falsae sunt, res non esse necesse est.
quod si haec ita sunt, positum est autem omnem
adfirmationem et negationem veram esse definite, quoniam propositionum veritatem vel falsitatem rerum
necessitas secundum esse vel non esse consequitur 15
(esse quidem secundum veritatem, ut dictum est, non
esse secundum falsitatem): nihil fit casu neque libera
voluntate nec aliqua possibilitate. haec enim quae
utrumlibet vocamus talia sunt, quae cum nondum
sunt facta et fieri possunt et non fieri, si autem facta 20
sint, non fieri potuerunt, ut hodie me Vergilii librum
legere, quod nondum feci, potest quidem non fieri,
potest etiam fieri, quod si fecero, potui non facere.
haec igitur huiusmodi sunt quaecumque utrumlibet
dicuntur. utrumlibet autem quid sit ipse planius 25
monstrat dicens: utrumlibet enim nihil magis
sic vel non sic se habet aut habebit. est enim
utrumlibet quod vel ad esse vel ad non esse aequaliter sese habeat, id est neque illud esse necesse sit

.

5 albam niuem S² non enim SF (non enim nix E¹ *in
ras.*) 6. 7 ueritasque *ego*: utrasque F, utraque F²SE, utraeque T 7 eadem SFE (*corr.* F²E²) 10 *alt.* si *om.* S¹
11 sunt falsae E 12 haec S²E: hae *ceteri* positum E²:
oppositum SF, appositum T, propositum S²E 16 secundum
om. S¹ 21 sunt G uergilii S: uirgilii S² *et ceteri* 29
habet T

neque non esse necesse sit. putaverunt autem quidam, quorum Stoici quoque sunt, Aristotelem dicere in futuro contingentes nec veras esse nec falsas.
quod enim dixit nihil se magis ad esse habere quam
5 ad non esse, hoc putaverunt tamquam nihil eas interesset falsas an veras putari. neque veras enim neque
falsas esse arbitrati sunt. sed falso. non enim hoc
Aristoteles dicit, quod utraeque nec verae nec falsae
sunt, sed quod una quidem ipsarum quaelibet aut vera
10 aut falsa est, non tamen quemadmodum in praeteritis
definite nec quemadmodum in praesentibus, sed enuntiativarum vocum duplicem quodammodo esse naturam,
quarum quaedam essent non modo in quibus verum
et falsum inveniretur, sed in quibus una etiam esset
15 definite vera, falsa altera definite, in aliis vero una
quidem vera, altera falsa, sed indefinite et commuta-
biliter et hoc per suam naturam, non ad nostram
ignorantiam atque notitiam. quocirca recte dictum
p.365 est, si omnis | adfirmatio vel negatio vera definite
20 esset, nihil fieri neque esse vel a casu vel a eommuni
nomine utrumlibet nec esse aut non esse contingenter,
sed aut esse definite aut non esse definite * * sed
magis ex necessitate omnia. hoc enim consequitur
eum qui dicit aut eum qui adfirmat verum esse aut
25 eum qui negat. quod si hoc verum esset, itidem cum
veritate vel fieret vel cum falsitate non fieret quod a
vere falseve enuntiantibus dicebatur. quod si hoc in-

1 autem] enim T   7 falso T: falsum *ceteri*   9 sint b
12 vocum *delendum videtur*   quemadmodum E (*corr.* E²),
quodadmodum F (quodadmodo F²)   13 essent b: esse *codices*
in quibus non modo b   14. 15 una — esset — vera, falsa
altera *ego*: unam — esse — ueram falsam alteram *codices*
15 vera — 16 indefinite *om.* S¹   16. 17 incommutabiliter E
(*corr.* E²)   21 contingens T (contingentes T¹)   **22** *post*
definite *pauca excidisse videntur*   sed] et S²F²   **23** magis]
inquit?   **25** itidem F: similiter F² *et ceteri*   25. 26 uel
cum ueritate fieret B   **26** ab T

possibile est et sunt quaedam res quae necessitate
non sint (videmus autem quasdam esse casu, quasdam
ex voluntate, quasdam ex propriae possibilitate naturae), frustra putatur sicut in praeteritis, ita quoque
in futuris enuntiationibus unam esse veram, alteram 5
falsam definite. quare haec una fuit eius argumentatio. aliam vero quasi ipse sibi opponens aliquam
quaestionem ingreditur validiore tractatu:

Amplius si est album nunc, verum erat dicere primo quoniam erit album, quare semper 10
verum fuit dicere quodlibet eorum quae facta
sunt, quoniam erit. quod si semper verum est
dicere quoniam est vel erit, non potest hoc
non esse nec non futurum esse. quod autem
non potest non fieri, inpossibile est non fieri; 15
quod autem inpossibile est non fieri, necesse
est fieri. omnia ergo quae futura sunt necesse
est fieri. nihil igitur utrumlibet neque a casu
erit; nam si a casu, non ex necessitate.

Ad adstruendum non esse omnes enuntiationes ve- 20
ras definite in futuro vel falsas ex eadem quidem argumentationis virtute et ex eodem possibilitatis eventu,
diversam tamen ingreditur actionis viam. dudum
enim ex his quae nondum erant facta, si vere futura
esse praedicerentur, in rebus necessitatem solam esse 25
posse collegit. nunc autem ex his rebus quae facta
sunt argumentationem capit, si vere antequam fierent
praedicerentur, necessitatis nexu eventus rerum omnium contineri. arbitrantur enim hi qui dicunt contingentium quoque propositionum stabilem esse enun- 30
tiationis modum secundum veritatem scilicet atque

2 sunt F²T   enim?   3 propria b   6 quidem una b
11 uerum dicere fuit F   14 nec] uel *hic codices cf. supra*
non *om.* S¹F¹E¹   20 astruendum SFE, asstr. T   23 argumentationis b, rationis *ed. princ.*   25 praedicentur E (*corr.*
E²)   26 factae b   28 rerum *om.* T¹

mendacium, quod omnia quaecumque facta sunt, inquiunt, potuerunt praedici, quoniam fient. hoc enim
in natura quidem fuit antea, sed nobis hoc rei ipsius
patefecit eventus. quare si omnia quaecumque evene-
5 runt sunt et ea quae sunt futura esse praedici potuerunt, necesse est omnia quae dicuntur aut definite
vera esse aut definite falsa, quoniam definitus eorum
eventus secundum praesens tempus est. quare in
omnibus in quibus aliquid evenit verum est dicere,
10 quoniam eventurum est, et si nondum adhuc factum
est. hoc autem illa res probat verum fuisse tunc
dici, quoniam evenit id quod praedici potuerat; quod
si praedictum esset, res eventura definita veritate
praediceretur. hoc Aristoteles sumens ad idem in-
15 possibile validissima ratione perducit et praesentis
temporis naturam cum futuri enuntiatione coniungit.
ait enim simile esse de praesentibus enuntiare secundum veritatis necessitatem et de futuris: nam si verum est dicere, quoniam est aliquid, esse necesse est,
20 et si verum est dicere, quoniam erit, futurum sine
dubio esse necesse est: omnia igitur ex necessitate
futura sunt: ad idem scilicet inpossibile argumentationem trahens. sumit autem huius inpossibilitatis
ordinem ex his propositionibus quae faciliores quidem
25 ad intellectum sunt, idem tamen valent hoc modo:
si semper, inquit, verum est dicere, quoniam
est vel erit, quidquid tunc verum fuit praedicere,
illud non potest non esse nec non futurum esse.
quemadmodum enim id quod in praesenti vere dicitur
30 esse, hoc non potest non esse, si vera de eo propo-

2 fierent E²   5 *pr.* sunt *om.* T   8. 9 in omnibus *om.* S
9 erat b   15 praeducit S   17 similem SF (*corr.* S²F²)
20 est *om.* T¹   24 his *om.* E¹   25 ad *om.* F¹   27 fuit]
fuerit E (*corr.* E²)   28 nec — 30 non esse *om.* T¹   30
prius esse] est S   si S²: *om. ceteri*, et F²TE   ea SFTE
(*corr.* F²T²E²)

sitio fuit, quae dicebat esse, ita quoque in futuro quae
dicit aliquid futurum esse, illa si vera est, non potest
non futurum esse quod praedicit. quod si non potest non fieri quod a vera propositione praedicitur,
inpossibile est non fieri. idem est enim dicere 5
non potest non fieri, quod dicere inpossibile est non
fieri. quod autem inpossibile est non fieri, necesse est fieri. inpossibile enim idem necessitati
valet contrarie praedicatum, ut ipse post docuit. nam
quod inpossibile est esse necesse est non esse. quod 10
enim ut sit possibile non est, illud non esse necesse
est. quod si hoc est, | et contraria se eodem modo p. 366
habebunt. quod est inpossibile non esse, hoc esse
necesse est. sed dictum est ea quae vera praedicuntur inpossibile esse non esse, hoc autem est ex ne- 15
cessitate esse. ea igitur quae praedicuntur ex necessitate futura sunt. nihil igitur utrumlibet neque
casu nec omnino secundum liberum arbitrium, quod
utrumlibet significatio totum clausit. nam quod dicit
utrumlibet et possibilitatem et casum et liberum in 20
significatione tenet arbitrium. ergo nihil fit a casu.
nam si ⟨quis⟩ quaedam casu fieri dicat, ille rursus
in ea re perimit necessitatem. quod enim casu est
non ex necessitate est. nihil autem fit a casu, quoniam omnia ex necessitate proveniunt, quaecumque 25
enuntiatio vera praedixerit. evenit autem huiusmodi
inpossibilitas ex eo quod concessum est prius, omnia
quaecumque facta sunt definite vere potuisse praedici.
nam si ex necessitate contingit id quod evenit, verum

---

3 quod] quia T (*corr.* T²)   praedicat SFE (*corr.* S²)
4 quod] quia T (*corr.* T²), *item* 7   5 enim est T   8 necessitate T   9 contrarie b: contradictoriae (*vel* contradictorie)
codices   13 est *om.* T¹   14 vere b   14. 15 dicuntur S
(*corr.* S²)   18 a casu?   19 causit S (*corr.* S²)   20 *alt.*
et *om.* F¹   22 quis *ego add.: om. codices*   dicat F²: dicant
ceteri (dicantur S²)   24 non T: non enim *ceteri*

14*

fuit dicere quoniam erit. quod si ex necessitate non contingit, sed contingenter, non potius verum fuit dicere quoniam erit, sed magis quoniam contingit esse. nam qui dicit erit, ille quandam necessitatem in ipsa
5 praedicatione ponit. hoc inde intellegitur, quod si vere dicat futurum esse id quod praedicitur non possibile sit non fieri, hoc autem ex necessitate sit fieri. ergo qui dicit, quoniam erit aliquid eorum quae contingenter eveniunt, in eo quod futurum esse dicit id
10 quod contingenter evenit fortasse mentitur; vel si contigerit res illa quam praedicit, ille tamen mentitus est: non enim eventus falsus est, sed modus praedictionis. namque ita oportuit dicere: cras bellum navale contingenter eveniet, hoc est dicere: ita evenit, si eve-
15 nerit, ut potuerit non evenire. qui ita dicit verum dicit, eventum enim contingenter praedixit. qui autem ita infit: cras bellum erit navale, quasi necesse sit, ita pronuntiat. quod si evenerit, non iam idcirco quia praedixit verum dixerit, quoniam id quod con-
20 tingenter eventurum erat necessarie futurum praedixit. non ergo in eventu est falsitas, sed in praedictionis modo. quemadmodum enim si quis ambulante Socrate dicat: Socrates ex necessitate ambulat, ille mentitus est non in eo quod Socrates ambulat, sed in eo quod
25 non ex necessitate ambulat, quod ille eum ex necessitate ambulare praedicavit, ita quoque in hoc qui dicit quoniam erit aliquid, etiam hoc si fiat, ille tamen

5 praedictione? inde *om.* T 6 non T: *om. ceteri*
6. 7 inpossibile S²F²E² 9. 10 id quod] idem (*vel* id est) T
11 illa *om.* F 12. 13 praedicationis SFE² (*corr.* S²) 13
namque S²: nam quod *ceteri* 14 eveniet] euenit T evenit]
eueniet B 15 qui ita dicit S²: *om. ceteri,* hoc ergo qui
dicit b 17 infit F: dicit *ceteri* sit T: est *ceteri* 20
event.] uenturum F 21 praedicationis SE² (*corr.* S²) 24
ambulabat FS²E² 24 *alt.* quod — 25 ambulat *om.* b 25 non
om. E ambulabat SFT²E² 26 qui] quod E 27 si
hoc F²

falsus est, non in eo quod factum est, sed in eo quod
non ita factum est, ut ille praedixit esse futurum.
quod si verum esset definite, ex necessitate esset futurum. igitur ex necessitate futurum esse praedixit,
quodcumque sine ullo alio modo eventurum pronun- 5
tiavit. quare non in eventu rei, sed in praedicationis
enuntiatione falsitas invenitur. oportet enim in contingentibus ita aliquid praedicere, si vera erit enuntiatio, ut dicat quidem futurum esse aliquid, sed ita,
ut rursus relinquat esse possibile, ut futurum non sit. 10
haec autem est contingentis natura contingenter in
enuntiatione praedicare. quod si quis simpliciter id
quod fortasse contingenter eveniet futurum esse praedixerit, ille rem contingentem necessarie futuram
praedicit. atque ideo etiam si evenerit id quod dici- 15
tur, tamen ille mentitus est in eo quod hoc quidem
contingenter evenit, ille autem ex necessitate futurum
esse praedixerat. cum ergo sint quattuor enuntiationum veritatis et falsitatis modi, de his scilicet propositionibus quae in futuro praedicuntur (aut quoniam 20
et erit et non erit id quod dicitur, id est ut et adfirmatio et negatio vera sit, aut quoniam nec erit nec
non erit, id est ut et adfirmatio et negatio falsae
sint, aut quoniam erit aut non erit, una tamen definite vera, altera falsa, aut rursus quoniam erit aut 25
non erit utrisque secundum veritatem et falsitatem
indefinitis et aequaliter ad veritatem mendaciumque
vergentibus) docuit quidem supra et esse et non esse
fieri non posse, cum dicit: utraque enim non erunt
simul in talibus. docuit etiam aliquantisper aut 30

esse aut non esse definite in contingentibus et futuris propositionibus esse non posse. nunc illud addit, quod neque esse neque non esse, id est quod nec illud dici vere possit, posse utrasque inveniri falsas,

5 quae dicuntur in futuro propositiones. quod si neque utraeque verae sunt neque utraeque falsae neque una definite vera, falsa altera definite, restat ut una quidem vera sit, altera falsa, non tamen definite, sed utrumlibet et instabili modo, ut hoc quidem aut hoc

10 evenire necesse sit, ut tamen una res quaelibet quasi necessarie et definite proveniat aut non proveniat fieri non possit. quemadmodum autem utrasque falsas non esse demonstraret, hic incohat: |

p. 367   At vero nec quoniam neutrum verum est

15 contingit dicere, ut quoniam neque erit neque non erit. primum enim cum sit adfirmatio falsa, erit negatio non vera et haec cum sit falsa, contingit adfirmationem esse non veram. ad haec si verum est dicere, quoniam album

20 est et magnum, oportet utraque esse; sin vero erit cras, esse cras; si autem neque erit neque non erit cras, non erit utrumlibet, ut navale bellum; oportebit enim neque fieri navale bellum neque non fieri navale bellum.

25   Sensus argumentationis huiusmodi est: nec illud, inquit, dici poterit, quod contingentium propositionum neutra vera sit in futuro. hoc autem nihil differt dicere quam si quis dicat utrasque esse falsas. hoc enim inpossibile est. in contradictionibus namque

30 utraeque falsae inveniri non possunt. hoc enim pro-

---

14 nec *om.* S[1]   16 primum $\mathfrak{T}$: primo *ceteri*   17 cum haec $\Sigma\mathfrak{T}$ 18 contigit T   21 oportet esse S[3]F[2]E[2]T$\Sigma\mathfrak{T}$ 22 ut est $\Sigma\mathfrak{T}$ 26 inquit *om.* F[1]   27 sint SFE (*corr.* E[2]) 28 quam E[3]: cum *codices*   qui F (quis F[2])   29 enim *om.* E[1]   namque] nam b

prium contradictoriarum est: ut proprietatem subcon-
trariarum refugiunt in eo quod simul verae esse non
possunt, ita quoque et contrariarum proprietatem vi-
tant in eo quod simul falsae non reperiuntur. habent
ergo propriam naturam, ut neque falsae simul sint 5
neque verae. quare una ipsarum semper erit vera,
semper altera falsa. inpossibile est igitur, cum sit
falsa negatio, non veram esse adfirmationem, et rursus cum sit falsa adfirmatio, negationem esse non
veram. igitur nec hoc est dicere, quod utraeque non 10
verae sint. quod per hoc dixit quod ait: at vero
nec quoniam neutrum verum est contingit dicere, id est non nobis contingit dicere, hoc est inpossibile est dicere, quoniam neutrum verum' est, scilicet quod adfirmationibus negationibusve proponitur 15
contingentibus scilicet et futuris. qui autem Aristotelen arbitrati sunt utrasque propositiones in futuro
falsas arbitrari, si haec quae nunc dicit diligentissime
perlegissent, numquam tantis raptarentur erroribus.
neque enim idem est dicere neutra vera est quod di- 20
cere neutra vera est definite. futurum esse enim cras
bellum navale et non futurum non dicitur quoniam
utraeque omnino falsae sunt, sed quoniam neutra est
⟨definite⟩ vera aut quaelibet ipsarum definite falsa,
sed haec quidem vera, illa falsa, non tamen una ipsa- 25
rum definite, sed quaelibet illa contingenter. his autem

1 contradictoriarum T²: contrarium SFE, contrariarum
TE², contrariorum E¹, contradictionum S²F²   1. 2 subcon-
trariorum SFE (corr. E²)   2 refugiunt ego: refugiant codices
esse uerae F   5 sint simul E   7 semper om. F   13 id
— dicere om. T   non om. E¹   14 verum om. F¹   16. 17
aristotelem FE   20 est idem est E (corr. E²)   21 enim
esse b   23 utraeque — falsae b: utraque — falsa codices
(falso S, falsa S²)   sint b   est ego: sunt codices (sint S²)
24 definite ego add.: om. codices   vera sit definite b   aut
b: ut codices   falsa ego: sit falsa codices   25 illa] alia F
26 definite b: definita codices   illarum b   contingenter b:
contingeret codices (continget F²)

adicit aliud quiddam dicens: si propositionum veritas
ex rerum substantia pendet, ut quidquid verum est in
propositionibus dicere hoc esse necesse sit, si verum
est dicere, quoniam erit aliquid album, veritatem se-
5 quitur rei necessarius eventus. quod si dicat quis
quamlibet illam rem cras albam futuram, si hoc vere
dixerit, cras ex necessitate alba futura est. sic igitur,
si quis verum dicit neutram esse veram propositionum
earum quae in futuro dicuntur, necesse est id quod
10 dicitur et significatur ab illis propositionibus nec esse
nec non esse. falsa enim et adfirmatione et negatione nec quod adfirmatio dicit fieri potest nec quod
negatio. ergo ex necessitate neutrum fit, quod vel
adfirmatio dicit vel negatio. ergo si dicat adfirmatio
15 cras bellum navale futurum, quoniam falsa adfirmatio
est, non erit cras bellum navale. rursus si idem neget negatio dicens non erit cras bellum navale, quoniam haec quoque falsa est, erit cras bellum navale.
quare nec erit bellum navale, quia adfirmatio falsa
20 est, nec non erit bellum navale, quia negatio. sed
hanc ineptiam nec animus sibi ipse fingere potest.
quis enim umquam dixerit rem aliquam ex necessitate
nec esse nec non esse? quod ille scilicet dicit, qui
dicit utrasque propositiones in futuro falsas exsistere.
25   Quae ergo contingunt inconvenientia haec
sunt et huiusmodi alia, si omnis adfirmationis
et negationis vel in his quae in universalibus

1 si *om.* S¹   2 ut quidquid] inquit quod T   3 sit *ego*:
est *codices*   4 est *om.* T¹   album aliquid T   veritatem
propositionis b   5 quis dicat E   6 uero F   7 sic] si E
(*corr.* E²)   8 dicat b   13 sit SFE   15 adfirmatio] negatio SFE (*corr.* S²F²), *del.* E², *om.* T   16 rursus — 18 navale *om.* F¹   18 non erit SFE (non *del.* E²)   navale *om.*
S¹   19 nec] non S   nauale bellum T   20 negatio falsa
est T   22 aliquam rem E   23 *alt.* nec *om.* S¹   23. 24
qui dicit] quidem SFE (*corr.* E²)   26. 27 omnes adfirmationes et negationes E²   27 in his quae *om.* E¹

dicuntur universaliter vel in his quae sunt
singularia necesse est oppositarum hanc esse
veram, illam vero falsam, nihil autem utrumlibet esse in his quae fiunt, sed omnia esse
vel fieri ex necessitate. quare non oportebit 5
neque consiliari neque negotiari, | quoniam si p. 368
hoc facimus, erit hoc, si vero hoc, non erit.
nihil enim prohibet in millensimum annum
hunc quidem dicere hoc futurum esse, hunc
vero non dicere. quare ex necessitate erit 10
quodlibet eorum verum erat dicere tunc.

Omnia in futuro vel vera vel falsa esse definite
in propositionibus arbitrantes inpossibilitas ista consequitur: nihil enim neque ex libero voluntatis arbitrio neque ex aliqua possibilitate, neque ex casu quid- 15
quam fieri potest, si omnia necessitati subiecta sunt.
quamquam quidam non dubitaverint dicere omnia ex
necessitate et quibusdam artibus conati sunt id quod
in nobis est cum rerum necessitate coniungere. dicunt enim quidam, quorum sunt Stoici, ut omnia 20
quaecumque fiunt fati necessitate proveniant, et omnia
quae fatalis agit ratio sine dubio necessitate contingere. sed illa esse sola in nobis et ex voluntate
nostra, quaecumque per voluntatem nostram et per
nos ipsos vis fati conplet ac perficit. neque enim, 25
inquiunt, voluntas nostra in nobis est, sed idem volumus idemque nolumus', quidquid fati necessitas imperavit, ut voluntas quoque nostra ex fato pendere

2 oppositarum] oppositionem SE, oppositionem eorum
TΣℑ, oppositionis F   3 nihil] plus SFE (corr. S²F²E²)
3. 4 supra utrumlibet scr. s. contingit E²   8 millesimum S²
FTE²Σℑ   10 quare quod S²F²TE²Σℑ   non erit F (non
del. F²)   13 illa F (corr. F²)   16 sed b   17 non om. F
dubitaverunt b   18 necessitate esse b   et om. F¹   20 ut
om. b   21 proueniunt E (corr. E²), provenire b   22 ait T
ex necess. E   23 sed] et?   et om. T   28 facto T

videatur. ita, quoniam per voluntatem nostram, quaedam ex nobis fiunt et ea quae fiunt in nobis fiunt
quoniamque voluntas ipsa ex necessitate fati est, etiam
quae nos voluntate nostra facimus, quod necessitas
5 imperavit ea, ipsa inpulsi facimus necessitate. quare
hoc modo significationem liberi arbitrii permutantes
necessitatem et id quod in nobis est coniungere in-
possibiliter et copulare contendunt. illud enim in
nobis est liberum arbitrium, quod sit omni necessitate
10 vacuum et ingenuum et suae potestatis, quorundam-
que nos domini quodammodo sumus vel faciendi vel
non faciendi. quod si voluntatem quoque nostram
fati nobis necessitas imperet, in nobis voluntas ipsa
non erit, sed in fato, nec erit liberum arbitrium, sed
15 potius serviens necessitati. unde fit ut, qui omnes
actus eventuum necessitate constringunt, dicant per
hoc poplitem quoque nos non flectere, nisi fatalis necessitas iusserit, caput quoque non scalpere, quare
nec lavare, quare nec agere aliquid. his etiam ad-
20 iciam vel aliquid feliciter vel aliquid infeliciter facere
vel pati. unde fit ut neque casum neque liberum
arbitrium nec possibile in rebus ullum esse contendant, quamvis liberum destruere metuentes arbitrium
aliam ei fingant significationem, per quam nihilomi-
25 nus libera hominis voluntas evertitur. Aristotelica
vero auctoritas ita haec in rebus posita et constituta
esse confirmat, ut non exponat nunc, quid sit casus
quidve possibile quidve in nobis, nec ea esse in rebus

3 qmq; //////// uoluntas F   4 nos ex F²   nostra uoluntate E   eo quod S²   5 imperavit, ea ipsa b   7 necessitate F²T   10 ingenium F (corr. F²)   10. 11 quorun-
damque ego: quorumque codices (aliquorumque?)   11 quodadmodo FE (corr. E²)   12 voluntatem — nostram ego: uo-
luntates — nostri codices   15 omnis SFE (omnes S²F²E²)
17 non om. S¹T¹   18 capud S   19 quare del. F², om. b
22. 23 contendant esse T (corr. T²)   24. 25 nihilhominus F

probet atque demonstret, sed in tantum apud illum
haec in rebus esse manifestum est, ut opinionem, qua
quis arbitratur enuntiationes in futuro omnes esse
veras, per hoc inpossibilem esse dicat, quod casum et
possibilitatem liberumque evertat arbitrium. haec enim 5
ita constituta in rebus putat, ut non de his ulla opus
sit demonstratione, sed inpossibilis ratio iudicetur,
quaecumque vel possibile vel casum vel id quod in
nobis est conatur evertere. et casum quidem quemadmodum definita in propositionibus futuris veritas 10
destruat supra monstravit. nunc autem quemadmodum eadem ipsa veritas definita futurarum et contingentium propositionum tollat liberi arbitrii facultatem
maxima vi argumentationis exsequitur dicens: huiusmodi cuncta contingere inpossibilia, si quis unam 15
enuntiationis partem definite veram vel falsam esse
confingat. sed nos secuti Porphyrium, cum huius
disputationis expositionem coepimus, id quod prius
dixit in singularibus et futuris ob hoc dixisse
praediximus, quod facilior sit intellectus disputationis, 20
si haec prius in singularibus perspicerentur. de quibus singularibus diligentissime praelocutus nunc de
universalibus universaliter praedicatis et quae in his
fiunt contradictiones loquitur. ita enim dicit: si omnis adfirmationis et negationis vel in his quae 25
in universalibus dicuntur universaliter vel in
his quae sunt singularia necesse est oppositarum hanc esse veram, illam vero falsam.
Alexander autem in singularibus et futuris di- 29
xisse eum arbitratur, | tamquam si diceret in his fu- p. 369

4 inpossibile SFT   7 sed *om.* S¹   18 caepimus F,
cepimus T   22 dilegentissime F (*corr.* F²)   praelocutus
om. F¹   24 fiunt *om.* F, sunt F²   24. 25 omnes adfirmationes et negationes SF²E   25 in his *om.* T¹   26 *prius* in
om. F   27. 28 oppositorum SFE, oppositionem eorum oppositorum T   28 esse veram b: ueram esse *codices*

turis quae in generatione et corruptione sunt. sunt
enim quaedam futura quae in generatione et corruptione non sunt, ut quod de sole vel de luna vel
de ceteris caelestibus pronuntiatur. haec vero, **quae**
5 sunt in rebus his quarum est et nasci et corrumpi
natura, unam semper non necesse est veram esse, alteram falsam. sed neutram ego inprobo expositionem,
utraeque enim veracissima ratione firmantur. omnis
autem sensus talis est, quo necessitatem solam in re-
10 bus imperare destruit Aristoteles: omne quod natura est non frustra est; consiliari autem homines
naturaliter habent; quod si necessitas in rebus **sola**
dominabitur, sine causa est consiliatio; sed consiliatio
non frustra est, natura enim est: non igitur potest in
15 rebus cuncta necessitas. ordo autem se sic **habet:**
quae ergo, inquit, contingunt inconvenientia
haec sunt et huiusmodi alia, scilicet quoniam qui
est in rebus casus evertitur, alia vero quoniam possibilitas et liberi arbitrii voluntas amittitur. et **haec**
20 quomodo contingunt ipse secutus est dicens: si omnis
adfirmationis et negationis vel in his quae in
universalibus dicuntur universaliter vel in his
quae sunt singularia necesse est oppositarum
hanc esse veram, illam vero falsam, nihil au-
25 tem utrumlibet esse in his quae fiunt, sed
omnia esse vel fieri ex necessitate. tunc enim
inconvenientia illa contingunt, si omnis adfirmatio et
negatio definite vera vel falsa est sive in his **contra-**
dictionibus quae in universalibus angulariter fiunt sive

4 hae E   6 naturam F (*corr.* F²)   una S   6. 7 altera F   8 utrae S (*corr.* S²)   enim *om.* F   9 enim F
quo *ego*: quod *codices*   15 sic se F   18 conuertitur T
alie S, alio F, aliae F²   19 emittitur S (*corr.* S²)   20. 21
omnes adfirmationes et negationes F²   23 oppositorum STE,
oppositionem eorum F   27 contingit SFE (*corr.* E²)   29
in *om.* T

in singularibus. tunc enim nihil est utrumlibet, sed
ex necessitate omnia, quoniam veritatem et falsitatem
propositionum rerum eventus ex necessitate consequitur. quare (ut ipse ait) non oportebit neque
consiliari neque negotiari, quoniam si hoc fa- 5
cimus, erit hoc, si vero hoc, non erit. evertitur
enim consiliatio, si frustra est, frustra autem eam esse
dicit, quisquis in rebus solam ponit fati necessitatem.
cur enim quisque consilium habeat, si nihil ex eo quod
consiliatur efficiet, cum administret cuncta necessitas? 10
quare non oportebit consiliari vel, si quis consiliatur,
negotiari non debet. negotiari autem est actu aliquid
et negotio agere, non lucrum, sed aliquam causam
vel actum. nihil enim ipse per actum suum con-
siliumque expediet, nisi fati necessitas iubet. docuit 15
autem quid esset consiliatio per hoc quod ait: quoniam si hoc facimus, erit hoc, si⟨vero⟩hoc, non
erit. ita enim semper fit consiliatio, ut si sit Scipio,
ita consiliabitur: si in Africam exercitum ducam, cla-
dem Hannibalis ab Italia removebo: sin vero non du- 20
cam, non eripietur Italia. hoc est enim dicere: si hoc
facio, ut si in Africam exercitum ducam, erit hoc, id
est eripietur Italia: sin vero hoc, id est si hic man-
sero, non erit hoc, non eripietur Italia. et in aliis
omnibus rebus eodem modo. simul autem monstravit 25
in consiliis non esse necessitatem. si enim hoc, inquit, faciam, erit hoc, et si hoc, non erit. quod si
necessitas in rebus esset, sive hoc quis faceret sive
non faceret, quod necesse esset eveniret. quare quod
consilii ratione fit non fit violentia necessitatis. ad- 30

1 nihil *om.* S¹F¹   est *om.* F¹   5 negotiatori E   8
dicat F (*corr.* F¹)   9 quis b, quisquam?   16. 17 quoniam]
quod F   17 vero b: *om. codices*   18 fit] sit F   sit *del.*
S²F²   19 affricam S   20 annibalis S   21—24 hoc est
— Italia *om.* F¹   21 est *om.* S¹   22 faciam b   ut *delendum?*   23 eripitur SF (*corr.* S²)   24 hoc, id est b

iunxit autem ei quod est consiliari neque negotiari
et est ordo hoc modo: quare non oportebit neque consiliari, quoniam si hoc facimus, erit
hoc, si vero hoc, non erit (nihil enim prohibet
5 in millensimum annum hunc quidem dicere
hoc futurum esse, hunc vero non dicere. quare
ex necessitate erit quodlibet eorum verum
erat dicere tunc) neque negotiari id est actum
incipere atque negotium gerere. prior enim est con-
10 siliatio, posterius negotium, sed negotium post con-
siliationem posuit et cuncta quae ad consiliationis
naturam addi oportebat post negotiationis interposi-
tionem subdidit. est autem hoc modo: si omnia, inquit, necessitas agit, non oportet consiliari, quoniam
15 si hoc facimus proveniet nobis hoc, si vero hoc facimus, non proveniet. nihil enim prohibet frustra unum
dicere, alterum negare dicentem: si hoc facimus, erit
hoc aut non erit. quod enim eventurum est fiet, sive
ille per consilium coniectet hoc posse fieri, si quid
20 aliud fecerit, sive ille neget hoc posse fieri, si hoc
quod dixit faciat. ex necessitate enim futurum est,
quidquid unus ipsorum verum dixerit. quod si consiliari omnino non oportet, nec negotiari oportebit id
p. 370 est nullum incipere negotium. sive enim quis | inci-
25 piat sive non incipiat, quod ex necessitate est sine
ulla dubitatione proveniet. quare nihil alter homo
altero distabit homine. eo enim meliores homines

1 autem *om.* F¹　　neque negotiari S², negotiari F²: *om.
ceteri*　　5 millesimum S²FTE²　　quidem] enim F (*corr.* F²)
8 erat b, est S²: *om. codices*　　11 ad *om.* S¹　　12 oportebit
S (*corr.* S²) T　　13 subdit T　　ordo hoc b　　14 agit] ait
T (*corr.* T²)　　oportebit T (*corr.* T²)　　15 proueniat S (*sed
in ras.*)　　18 hoc *om.* S¹　　19 fieri posse F (*item* 20)
etiam si E²B (*item* 20)　　quod F　　19. 20 si quid — fieri
om. G¹　　21 dixi F (*corr.* F²)　　25 quidquid b　　27 ab
altero b　　homines] enim S (*corr.* S²)

iudicamus, quod potiores sunt in consilio. sed ubi consiliatio frustra est cuncta necessitate faciente, homines quoque inter se nihil differunt. ipsa enim consiliatio nil differt utrum bona an mala sit, cum proventus necessitas in fati administratione consistat. 5 quare si boni consilii homines laude digni sunt, mali consilii vituperatione, non aliter hoc erit iuste, nisi malus actus malumque consilium et e contra bonum in nostra sit potestate et non in fato. cum enim nulla ex necessitate constringitur eventus rei, tunc et 10 liberum voluntatis arbitrium, ut non sit fatali serviens necessitati. ergo neque qui in hoc mundo simplices rerum ordines posuerunt recipiendi sunt et hi qui in permixta hac mundana mole non permixtas quoque actuum causas accipiunt repudiandi. nam neque qui 15 casu omnia evenire dicunt recte arbitrantur neque qui omnia necessitatis violentia fingunt sana opinione tenentur neque omnia ex libero arbitrio esse manifestum est, sed horum omnium et causae mixtae et eventus. sunt enim quaedam ex casu, sunt aliqua ex 20 necessitate, quaedam etiam videmus libero teneri iudicio. et actuum quidem nostrorum voluntas in nobis est. nostra enim voluntas domina quodammodo est nostrorum actuum et totius vitae rationis, sed non

1 potiores F: meliores *ceteri*   sunt *om.* S¹F¹E   4 nihil FE   4. 5 prouentu FT (*corr.* F²), euentus E²   6 hominis E (*corr.* E³)   7 nisi S: nisi vel S² *et ceteri* (nisi ut *ed. princ., an* nisi si?)   8 e contrario b   bonum consilium F   9 *alt.* in *om.* E¹   10 constringitur *ego*: constringatur *codices*   erit et S²   et] est?   11 est arb. F², arb. est E² ut *del.* T²   non sit] fit non T   12 modo S (*corr.* S²) T 13 in *om.* F¹T¹   14 mixta S (*corr.* S²)   mole] modo S (*corr.* S²)   15 actuum S²F²: auctorum *codices*, actorum b 15—17 qui—necessitatis *om.* F¹   17 qui omnia b: quoniam *codices* (qui S²F²T²E²)   uiolentiam E   19 mixtae sunt b, *an* 20 eventus sunt. sunt?   22 — 24 voluntas — nostrorum *om.* S¹   24 orationis T

eodem modo eventus quoque in nostra est potestate.
pro alia namque re aliquid ex libero arbitrio facientibus ex isdem veniens causis casus interstrepit. ut
[cum] scrobem deponens quis, ut infodiat vitem, si
5 thesaurum inveniat, scrobem quidem deponere ex libero venit arbitrio, invenire thesaurum solus attulit
casus, eam tamen causam habens casus, quam voluntas attulit. nisi enim foderet scrobem, thesaurus non
esset inventus. quidam autem eventus nostris volun-
10 tatibus suppetit, quosdam inpedit quaedam violenta
necessitas. prandere enim vel legere et alia huiusmodi sicut ex nostra voluntate sunt, ita quoque eorum
saepe ex nostra voluntate pendet eventus. quod si
nunc imperare Persis velit Romanus, arbitrium
15 quidem voluntatis in ipso est, sed hunc eventum du-
rior necessitas retinet et ad perfectionem vetat adduci.
itaque omnium rerum et casus et voluntas et necessitas dominatur nec una harum res in omnibus ponenda est, sed trium mixta potentia. unde fit ut pec-
20 cantium consideretur magis animus potius quam eventus et puniatur animus non perfectio, idcirco quod
voluntas quidem nobis libera est, sed aliquotiens perfectionis ordo retinetur. quod si omnia vel casu vel
necessitate fierent, nec laus digna bene facientibus
25 nec ultio delinquentibus nec leges ullae essent iustae,
quae aut bonis praemia aut malis restituerent poenas.
venio nunc ad illud, quod multis quaeritur modis, an
divinatio maneat, si non omnia in rebus ex necessitate contingunt. nam quod in vera praedictione est,

3 hisdem *codices*   4 cum *uncis inclusi*   demittens *et*
5 demittere b   5. 6 inveniat — thesaurum *om.* S¹   11 et]
uel F   18 dominantur b, domina?   res harum T (*corr.* T²)
20 magis *del.* E²   25 deliquentib; E   essent *om.* F¹
26 constituerent?   penas T   28 non *om.* T¹   29 contingant b   praedictione T²: praedicatione *ceteri*

idem est in scientia, et sicut cum quis verum praedicit quod vere praedicitur esse necesse est, ita quod quis futurum novit illud futurum esse necesse est. sed divinatio non omnia ut ex necessitate futura pronuntiat atque idcirco frequenter ita divinatur, quod 5 facillime in veterum libris agnoscitur: hoc quidem eventurum est, sed si hoc fit non eveniet, quasi intercidi possit et alio modo evenire. quod si ita est, necessitate non evenit. utrum autem, si omnia futura sciat deus, omnia esse necesse est, ita quaeramus. si 10 quis dicat dei scientiam de futuris eventuum subsequi necessitatem, is profecto conversurus est, si omnia necessitate non contingunt, omnia deum scire non posse. nam si scientiam dei sequitur eventuum necessitas, si eventuum necessitas non sit, divina scientia 15 perimitur. et quis tam inpia ratione animo torqueatur, ut haec de deo dicere audeat? sed fortasse quis dicat, quoniam evenire non potest, ut deus omnia futura non noverit, hinc evenire ut omnia ex necessitate sint, quoniam deo notitiam rerum futurarum tollere 20 nefas est. sed si ·quis hoc dicat, illi videndum est, quod deum dum omnia scire conatur efficere omnia nescire contendit. binarium enim numerum esse inparem si quis se scire proponat, non ille noverit, sed potius nescit. ita quod non est potentiae nosse se id 25

---

1 in E²: *om. ceteri*   rerum S (*corr.* S²)   1. 2 praedicat F, praedicet T (*corr.* F²T²)   4 diuinatio S²F²: diuinati F, diuinitati *ceteri*   *supra* non *scr.* s. necesse est E²   non novit sic b   omnia assunt E³   4. 5 pronuntiat S²F: pronuntiet SF² *et ceteri*   6 libris ueterum F   7. 8 interdici b   10 est] sit F²   11 de scientia *codices* (*corr.* S²F²E²)   11. 12 euentuum — necessitatem E²: euentum — necessitate *codices*   12 his B   is profecto] ipse quoque G (*corr.* G²) conuersutus S (*corr.* S²), confessurus G²TE²   13 ex necessitate F contigunt T   14 si E¹: *om. ceteri*   16 impiam rationem T   16. 17 torqueat SFT (*corr.* S²), animum torqueat *ed. princ.*   22 quod] ne *et* 23 contendat?   25 se] sed F E, *delendum?*

arbitrari nosse potius inpotentiae est. quisquis **ergo**
dicit deum cuncta nosse et ob hoc cuncta ex necessitate esse futura, is dicit deum ex necessitate eventura
p. 371 credere, quaecumque ex necessitate non eveniunt. **nam**
5 si omnia ex necessitate eventura | novit deus, in no-
tione sua fallitur. non enim omnia ex necessitate
eveniunt, sed aliqua contingenter. ergo si quae contingenter eventura sunt ex necessitate eventura noverit, in propria providentia falsus est. novit enim fu-
10 tura deus non ut ex necessitate evenientia, sed ut
contingenter, ita ut etiam aliud posse fieri non ignoret, quid tamen fiat ex ipsorum hominum et actuum
ratione persciscat. quare si quis omnia ex necessitate
fieri dicat, deo quoque benivolentiam subripiat necesse
15 est. nihil enim illius benignitas parit, quandoquidem
cuncta necessitas administrat, ut ipsum dei benefacere ex
necessitate quodammodo sit et non ex ipsius voluntate.
nam si ex ipsius voluntate quaedam fiunt, ut ipse nulla
necessitate claudatur, non omnia ex necessitate contin-
20 gunt. quis igitur tam inpie sapiens deum quoque necessitate constringat? quis omnia ex necessitate fieri dicat,
⟨si⟩ ista quoque vis inpossibilitatis eveniet? quare ponendum in rebus est casu quaedam posse et voluntate
effici et necessitate constringi et ratio, quae utrumvis
25 horum subruit, inpossibilis iudicanda est. non igitur
inmerito Aristoteles ad inpossibilem rationem perducit dicens et possibilitatem et casum et liberum
arbitrium deperire, quod fieri nequit, si omnium futu-

1 potius *om.* TE[1]   3 is] his S (*corr.* S[2])   eventura *ego*:
uentura *codices*   7 contingentur (*item* 7. 8) FT (*corr.* T[2])
9 propria *om.* S[1]   autem?   10 *alt.* ut *om.* S[1]   11 contingentia T (*corr.* T[2]), contingentur F   17 fit FTE (*corr.* E[2])
et *om. ed. princ.*   19 laudatur SFT (*corr.* S[2]F[2])   21 quis
ego: qui si *codices*   22 si *ego add.*: *om. codices*   inpossibilitas
FE (*corr.* E[2])   24 effici S[2]: efficere *ceteri* (fieri?)   *pr.* et] et
non, nec?   ratio *ego*: oratio *codices*   26 inpossibile T
28 deperi si? S (*corr.* S[2]), deperire, si?   si *om.* S[1]F[1]E[1]T

rarum enuntiationum una semper vera est definite,
falsa semper altera definite. harum enim veritatem
et falsitatem necessitas consequitur, quae et casum de
rebus et liberum subiudicat arbitrium. unde nunc
quoque idem repetens dicit: nihil inpedire, utrum ali- 5
quis ante mille annos dicat aliquid futurum esse an
alius neget. non enim secundum dicere vel negare
cuncta facienda sunt vel non facienda, sed si necesse
est dicentem vel negantem res quoque adfirmatas vel
negatas subsequi, [etiam si illi non dicant] quae illis 10
dicentibus evenire necesse erat, etiam non dicentibus
evenire necesse est. dicit autem hoc modo:

At vero nec hoc differt, si aliqui dixerunt
contradictionem vel non dixerunt; manifestum
est enim, quod sic se habent res, et si ⟨non⟩ 15
hic quidem adfirmaverit, ille vero negaverit;
non enim propter negare vel adfirmare erit
vel non erit nec in millensimum annum magis
quam in quantolibet tempore. quare si in
omni tempore sic se habebat, ut unum vere 20
diceretur, necesse esset hoc fieri et unumquodque eorum quae fiunt sic se haberet, ut
ex necessitate fieret. quando enim vere dicit
quis, quoniam erit, non potest non fieri et
quod factum est verum erat dicere semper, 25
quoniam erit.

2 falsa — definite om. S¹   4 subripiat T, subducat b
7 non TB: non est ceteri   secundum ego: propter B, ut propter E², in T, fit ceteri (sic S²F²)   facit et 8 cuncta quae ed.
princ.   10 etiam — dicant uncis inclusi ut interpretationem vv.
etiam non dicentibus, cf. p. 231, 24. 25   11. 12 necesse — evenire
om. T   13 dixerit E (item 14)   14 contradictionem b: negationem codices   15 quoniam E   habeat FGΣΤ (corr. G²),
habeant Τ² et ed. princ.: uel codices, etiam b non add. b:
om. codices   17 negare vel adf. ΣΤ: adf. uel negare ceteri
18 annum om. SE¹   20 tempore om. S¹   habeat TE?Τ² (corr.
T²E²), haberet E¹   21 et? eras. in E, om. SFT   22 enim eorum
E² habere FΣΤ (corr. Σ²)   23 fierent omnia E³   13—26 At
15*

Eventus necessariarum rerum Aristoteles non
ex praedicentium veritate, sed ex ipsarum rerum natura considerans inquit: licet necesse sit, quisquis de
re aliqua vera praedixerit, rem quam ante praenun-
5 tiaverit evenire, non tamen idcirco rerum necessitas
ex praedictionis veritate pendet, sed divinandi veritas
ex rerum potius necessitate perpenditur. non enim
idcirco esse necesse est, quoniam verum aliquid praedictum est, sed quoniam necessario erat futurum, id-
10 circo de ea re potuit aliquid vere praedici. quod si
ita est, eveniendi rei vel non eveniendi non est causa
is qui praedicit futuram esse vel negat. non enim
adfirmationem et negationem esse necesse est, sed idcirco ea esse necesse est quae futura sunt, quoniam
15 in natura propria quandam habent necessitatem, in
quam si quis incurrerit, verum est quod praedicit.
ergo si quaecumque nunc facta sunt verum de his
fuisset dicere quoniam erunt, sive ille dixisset sive
non dixisset, haec quae nunc facta sunt erant ex ne-
20 cessitate futura. non enim propter dicentem vel negantem in rebus necessitas est, sed propter rerum
necessitatem veritas in praenuntiatione vel falsitas invenitur. quare si etiam ea quae nunc facta sunt
vere potuissent praedici quoniam erunt et his ita po-
25 sitis rem necesse esset evenire, sive illi praedicerent
sive non praedicerent, necesse est omne quod fit ex
p. 372 necessitate esse futurum | et nihil omnino utrumlibet

uero nec hoc differt si aliqui dixerint negationem uel non dixerint et cetera usque quod futurum uerum erat dicere quoniam erit B
    1 necessarium TE (*corr.* T²E²)   eventum necessarium b
3 considerat T (*corr.* T²) G²   inquit *ego:* quod *codices* (inquit quod S²), ait quod b   libet E   4 vere b   4. 5 pronunt. b
5 dicit euenire E²   non *om.* S (6 non pendet S²)   8. 9 praedicatum SFE   12 his FE (*corr.* F²E²)   praedicet T (*corr.* T²)
rem fut. b   13 propter adf. S²E²   vel b   15 propriam
FE (*corr.* F²)   16 quam] qua FE   18 fuisse FE, fuit E²
19 nunc] non F (*del.* F²) 22 pronuntiatione F 24 dici SFE

in rebus est. namque si nihil necessitatem rerum
adiuvat divinatio et nihil interest, utrum quis praedicat futurum esse aliquid an neget an nullus omnino
aliquid nec in adfirmatione nec in negatione praedicat,
manifestum est quoniam nec de eo ulla distantia est, 5
sive quis ante quamlibet multum tempus aliquid eventurum vere esse praedixerit sive ante quamlibet paucos dies vel horas vel momenta. nihil enim interest:
sive enim quis ante mille annos praediceret, quod ex
necessitate esset futurum, sive ante annum vel men- 10
sem vel diem vel horam vel momentum, de necessitate rei eventurae nihil moveret. quod enim nihil
interesset utrum praediceretur an non praediceretur,
nihil quoque interest an iuxta praedicatur an longius.
quod si haec ita sunt et omnia quaecumque evenerunt 15
futura fuisse necesse est, totum liberum arbitrium
perit, totus casus absumitur, rerum possibilitas praeter necessitatem omnis excluditur. simul autem Aristoteles praenuntiationem eventumque coniungens
rerum necessitatem ex ipsa propositionum veritate 20
confirmat dicens: si haec ita sunt, ut in omni tempore sic se haberet unumquodque quod factum est,
ut hoc ipsum vere praediceretur, necesse esset hoc
fieri, id est necesse esset quod praedictum vere est
evenire. unumquodque enim eorum quae fiunt et vere 25
praedicuntur sic se habet, ut ex necessitate fiat. hoc
autem cur fiat haec ratio est: quod enim vere quis
dicit, fieri necesse est. illa enim veritas ex rerum

2 adiubat SE (*corr.* S²E²)   6 siue enim si *codices* (si
uere? enim si T, *corr.* T²), enim si *del.* S²F², si *del.* E¹
aliquod F   7 sive T: *om. ceteri* (uel S²F², aut E²), utrum
— an?   8 enim *om.* E¹   10 esse T (*corr.* T²)   12 quod]
si S², quod si T   13 interest S²   praedicetur (*bis*) STE
14 iusta S (*corr.* S²)   praedicetur T   16 fuisse] euenisse F
17 cassus F   17. 18 propter E²   21 in *om.* S   28 ne-
cesse] factum S

necessitate procreatur. quod si etiam id quod factum
est veraciter praenuntiaretur futurum, nulla esset dubitatio omnia ex necessitate provenire. quod si hoc,
inquit, est inpossibile (videmus enim quasdam res ex
5 principio liberi arbitrii et ex nostrorum actuum fonte
descendere), quid dubitamus frivolam rationem omnium
necessitatis excludere nec dilectum humanae vitae
interpositione necessitatis absumere? quae enim erit
ulla discretio inter homines, si liberi arbitrii iudicium
10 perit? cur postremum leges conditae, cur publice
iura responsa sunt? cur instituta moresque, publici
et privati actus constitutionibus principum et iudiciorum nexibus continentur, si certum est nihil humanis
licere propositis? frustra enim cuncta sunt, si liberum
15 arbitrium non est. leges enim et cetera ad conti-
nendos animos hominum conditas scimus. quod si se
ipsi animi non regunt et eos aliqua quaedam violentia
necessitatis inpellit, dubium non est quin vacuae istae
leges sint, quae nihil sponte facientibus proponuntur.
20 sed haec quam sint inpossibilia ipse Aristoteles
probat, cuius recta sententia neque casum neque necessitatem neque possibilitatem in utraque parte naturae neque liberum tollit arbitrium, sed cuncta permiscens rebus pluribus mundum conpositum non ar-
25 bitratur simplici vel casu vel necessitate vel liberae
voluntatis iudicio contineri.

2 praenuntiaretur b: pronuntiaretur *codices*   4 enim
om. F¹   5 praentipio (*sic*) S (*corr.* S²)   6 fribolam SE
(*corr.* S²E²)   omnium rerum b   7 de necessitate E³
nec *ego*: et *codices*   delectum TG²E¹, delictum E²   8 inter positionem N, interpositioni F   assumere S², non absumere E²B²   10 publica T (*corr.* T²)   11 cur responsa E³
puplici F   12 pricipium (*sic*) T   13 conantur S (*corr.* S²)
15 et *om.* T   16 condita *ed. princ.*   19 sunt T   22 utramque partem?   23 neque *om.* T¹   25 casus uel **necessitatis**
FT (*corr.* F²)

Quod si haec non sunt possibilia: videmus
enim esse principium futurorum et ab eo quod
consiliamur atque agimus aliquid.

Inpossibilia, inquit, ista sunt ut omnia ex necessitate proveniant. sumus enim quorundam nos ipsi 5
quoque principia et animus noster ratione formatus
actionesque nostrae ea ratione directae quarundam
rerum principium tenent. sic enim id quod in nobis
est habere videmur: nullo extra inpediente vel cogente ad quod nobis videtur ratione iudicante prosi- 10
limus. nec omnia necessitatibus subripienda sunt.
omnium namque animalium genus in eo quod animalia sunt subiectum est aliud naturae, aliud caelestibus siderum cursibus, aliud rationi quoque mentis et
animi cogitationi. arbores namque et animalia in- 15
rationabilia illae quidem tantum naturae subiectae
sunt, pecudes vero etiam caelestium decretis. homines
autem et naturae et sideribus et propriae voluntati
subiecti sunt. multa enim natura dominante vel facimus vel patimur, ut mortem vel huiusmodi habitu- 20
dinem corporis. multa secum rerum ipsarum necessitas trahit, ut ea quae cum facere velimus, non tamen facere valeamus. multa autem dat liberum voluntatis arbitrium, quae nobis volentibus fiunt [ut
fierent si velimus]. unde fit ut natura quae motus 25

1 haec non ΣX: non haec *ceteri*   sint X   uidemur
S²EΣ²X (*corr.* X²)   2 esse] et ΣX   esse et Σ²X   5
quarundam FTE, quaedam E²   6 armatus F   8 si sic S²
F², si?   9 se habere E², habere sese S²F²   videmur *ego*:
dicitur *codices*, dicimur T² nulloq; E² 10 ad id? 14 quodque
codices (*corr.* S²F²E²)   15 et quaedam E²   16 illae — subiectae *ego*: illa — subiecta *codices*   24 nobis uobis J (uobis
del. J²)   fiunt ut *om.* J (ut *add.* J¹)   ut non B   25 uel-
lemus E²B   24. 25 ut — velimus *uncis inclusi ut interpretationem vv.* nobis volentibus fiunt, *nisi corrigere malis:* et
(vel?) non fiunt (fient?), si nolimus. quae non fierent, nisi
vellemus b, *cf. p. 227, 10*

est principium et liberi arbitrii facultate animi ratione
participet. anima vero velut inligata corporibus, qui-
p. 373 bus natura dominatur, | imaginationibus et cupidita-
tibus et iracundiae ardoribus ceterisque, quae adferunt
5 corpora, ex ipsa cui inligata est natura participat.
cuncti autem divinae providentiae subiecti ex illa
quoque divinorum voluntate pendemus. itaque . nec
caelestium necessitas tota subruitur nec casum disputatio haec de rebus eliminat et liberum firmat arbi-
10 trium. sed haec maiora sunt quam ut nunc digne
pertractari queant. sumus igitur nos quoque rerum
principia et ex nostris consiliis atque actibus in rebus
plura consistunt. quod si ea quae per hanc rationem
auferuntur perspicua sunt, quod vero ponitur id est
15 adfirmationem et negationem omnem in futuro veram
esse non aeque perspicuum est, cur dubitamus mendacem subterfugere rationis viam et tenere ea quae
cum vera sunt tum manifesta sunt repudiatis his,
quae nec veritate ulla firma sunt nec perspicuitate
20 clarescunt? et quoniam supra iam dixerat: quare
non oportebit neque consiliari neque negotiari, nunc hoc reddidit ad id quod ait consiliari
dicens esse principium futurorum et ab eo quod
consiliamur; ad id quod ait neque negotiari red-
25 didit id quod subiecit atque agimus. quare tanta
brevitate oratio constricta est, ut in ea teneatur rationis ordinisque necessitas.

Et quoniam est omnino in his quae non
semper actu sunt esse possibile et non, in

1 principio *codices* (*corr.* S²F²E²)   et animi S²F²
2 vero *om.* F   7 pedemus T   11 quaeant S   14 affe-
runtur S²F²   18 sint S (*corr.* S²) F², *om.* b   tum b: tunc
codices   manifestum est T   21 oporteret T (*corr.* T¹)
22 hoc *om.* F   id *add.* E²: *om. ceteri*   neque consiliari E²
23 et *del.* F²   25 atque b: ad id quod *codices* (ad *del.* S²
F²)   agimus aliquid?   tenta S (*corr.* S²)   29 et non et
ΣΤ

quibus utrumque contingit et esse et non esse,
quare et fieri et non fieri. et multa nobis
manifesta sunt sic se habentia, ut quoniam
hanc vestem possibile est incidi et non incidetur, sed prius exteretur. similiter autem et 5
non incidi possibile est. non enim esset eam
prius exteri, nisi esset possibile non incidi.
quare et in aliis facturis, quaecumque secundum potentiam dicuntur huiusmodi: manifestum est, quoniam non omnia ex necessitate 10
vel sunt vel fiunt, sed alia quidem utrumlibet
et non magis vel adfirmatio vel negatio, alia
vero magis quidem ⟨et⟩ in pluribus alterum,
sed contingit fieri et alterum, alterum vero
minime. 15
Continuus quidem sensus est ex superioribus hoc
modo: supra enim ait quod si haec non sunt
possibilia id est ut omnia necessitas administret:
videmus enim a nobis quoddam esse principium
futurorum et a nostris actibus atque consiliis: his 20
illud addidit: quoniamque sunt aliqua quae possibilia
quidem sunt esse cum non sint et non esse cum sint.
haec etiam simul auferuntur, si necessitas in omnibus
dominetur. et sensus quidem cum superioribus ita
coniunctus est, quid autem habeat argumentationis 25
tota sententia, hoc modo perspiciendum est: possibile
esse dicitur quod in utramque partem facile naturae
suae ratione vertatur, ut et cum non sit possibile sit

---

1 *alt.* et *om.* F   3 sese $\Sigma\mathfrak{X}$ 4. 5 incidetur — exteretur b: inciditur — exteritur *codices*   5 autem *om.* F
6 enim] eam S (*corr.* S²)   esset possibile T$\mathfrak{X}$²   8 futuris
$\mathfrak{X}$²   12 negatio $\Sigma\mathfrak{X}$: negatio uera est $\mathfrak{X}$² *et ceteri*   13 et
b: *om. codices*   14 alterum ad alterum F, alterum //// alte-
rum E   16 est *om.* T¹   17 haec non b: non haec *codices*
19 quiddam *codices* (*corr.* E²)   21 quoniam quae SFE (*corr.*
E²), quoniam quia S², quae *del.* F²   26 modo *om.* F¹   28
et *ego*: nec *codices* (*del.* S²F²E²)

esse nec cum sit ut non sit res ulla prohibeat. ita
ergo et quod possibile dicimus a necessitate seiungi-
mus. aliter enim dicitur possibile me esse ambulare
cum sedeam, aliter solem nunc esse in sagittario et
5 post paucos dies in aquarium transgredi. ita enim
possibile est ut etiam necesse sit. possibile autem
dicere solemus, quod et cum non sit esse possit et
cum sit non esse iterum possit. si quis ergo omnia
necessitati subiecerit, ille naturam possibilitatis inter-
10 cipit. tres sunt ergo sententiae de possibilitate. Philo
enim dicit possibile esse, quod natura propria enuntiationis suscipiat veritatem, ut cum dico me hodie
esse Theocriti Bucolica relecturum. hoc si nil extra
prohibeat, quantum in se est, potest veraciter prae-
15 dicari. eodem autem modo idem ipse Philo necessarium esse definit, quod cum verum sit, quantum in
se est, numquam possit susceptivum esse mendacii.
non necessarium autem idem ipse determinat, quod
quantum in se est possit suscipere falsitatem. inpos-
20 sibile vero, quod secundum propriam naturam numquam possit suscipere veritatem. idem tamen ipse
contingens et possibile unum esse confirmat. Diodorus possibile esse determinat, quod aut est aut
erit; inpossibile, quod cum falsum sit non erit verum;
25 necessarium, quod cum verum sit non erit falsum;
p. 374 non necessarium, | quod aut iam est aut erit falsum.
Stoici vero possibile quidem posuerunt, quod susce-
ptibile esset verae praedicationis nihil his prohibentibus, quae cum extra sint cum ipso tamen fieri con-

5 aquario *codices* (*corr.* T²)   6 etiam esse b   7 *prius*
et *om.* S, *del.* F²   *alt.* et] nec F²   8 possit iterum T (*corr.*
T²)   10 vero?   filo *codices* (*item infra*)   11 a natura F²
13 nihil T   16 esse] autem T (*corr.* T²)   17 posse S
(*corr.* S²)   mandatis S (*corr.* S²), mendacis F (*corr.* F²)
18 ipse esse E²   29 quae — *p. 235, 4* ratione *om.* F¹

tingunt. inpossibile autem, quod nullam umquam suscipiat veritatem aliis extra eventum ipsius prohibentibus. necessarium autem, quod cum verum sit falsam praedicationem nulla ratione suscipiat. sed si omnia ex necessitate fiunt, in Diodori sententiam 5 non rectam sine ulla dubitatione veniendum est. ille enim arbitratus est, si quis in mari moreretur, eum in terra mortem non potuisse suscipere. quod neque Philo neque Stoici dicunt. sed quamquam ista non dicant, tamen si unam partem contradictionis eventu 10 metiuntur idem Diodoro sentire coguntur. nam si, quisquis in mari mortuus est, illum necesse fuit in mari necari, inpossibile eum fuit mortem in terra suscipere. quod est perfalsum. atque haec omnia inpossibilia subire coguntur, quicumque cum definite 15 alteram contradictionis partem in futuro veram esse contendunt, solam necessitatem in rebus esse dicunt. neque enim, si quis naufragio periit in pelago, idcirco si numquam navigasset inmortalis in terra futurus fuisset. at ergo non ex eventu rerum, sed ex natura 20 eventus ipsos suscipientium propositionum contradictiones iudicandae sunt. si enim mihi omnia nunc suppeditent ut Athenas eam, etiamsi non vadam, posse me tamen ire manifestum est; et cum iero potuisse non ire, id quoque apud eos qui eventus ex 25 rerum natura recta ratione diiudicant indubitatum est.

---

1 numquam STE (*corr.* S²E²)   3 verum *om.* S   4 nulla ratione] non F   *post* suscipiat *definitio non necessarii excidisse videtur*   5. 6 sententia — recta S   6 ulla *om.* F   7 mari *om.* T¹   mareretur T (mare moreretur T²), morareretur (*sic*) S (moriretur S²)   9 istoici SF (*corr.* S²)   11 idem cum E   12 quis F²   mare FTE   est *om.* S¹   13 eum] enim F   15 cum *del.* S²   17 esse dicunt *ego*: indicunt *codices* (indicant G, *corr.* G²), inducunt b   indicunt in rebus T (*corr.* T²)   18 periit b: perit *codices*   19 futurum F   20 ergo] uero E²   non] nunc S (*corr.* S²)   22 mihi *om.* T¹   nunc b: non *codices*   23 subpeditent T

non ergo id est possibile ut sit necessarium, sed quamquam quod necessarium est possibile sit, est tamen alia quaedam extrinsecus possibilitatis natura, quae et ab inpossibili et a necessitate seiuncta sit.
5 Aristoteles enim hanc habet opinionem de his quae semper esse necesse est. ea enim putat nullam habere ad contraria cognationem: ut nix quoniam semper est frigida numquam calori coniuncta est. ignis quoque numquam frigori cognatus est, idcirco quod sem-
10 per in frigoris contrarietate versatur id est in calore. omnia ergo quaecumque sunt necessaria nullam ad contraria earum qualitatum, quas ipsa retinent, habent cognationem. quod si quam cognationem haberet ignis ad frigus, frustra esset illa cognatio numquam
15 igne in frigus qualitatem vertente. sed novimus nihil proprium natum frustra naturam solere perficere. ergo illa sint posita necessaria quaecumque ad contraria nullam habent cognationem. quaecumque autem habent illa sunt non necessaria, sed quoniam ad
20 utramque partem contrarietatis naturali quadam cognatione videntur esse coniuncta, idcirco in utraque parte eorum eventus possibilis est: ut lignum hoc potest quidem secari, sed nihilo tamen minus habet ad contraria cognationem, potest enim non secari, et
25 aqua potest quidem calescere, sed nihil eam prohibet frigori quoque esse coniunctam. et universaliter di-

1ʻ id] idem E (*corr.* E²)   id possibile est T   **4** sunt SFEG (*corr.* S²F²E²G²), est b   **5** Aristotelis FT   habens hanc T   habet *ego*: habens *codices* (Aristotelis — habemus?) **6** enim *del.* S²E²   **7** contrariam FE (*corr.* F²) *item infra* **12** contraria earum *ego*: contrariarum *codices* (contrarium G, *corr.* G², contraria S²)   qualitatum S²GT: qualitatem SFE, qualitates E² ipsa G²TE²: ipse *ceteri*   retinet SFEG (*corr.* S²F²E²G²)   **13** habere F   **14** ad E: ac *ceteri*   illa esset T **15** ignem SFTE (*corr.* S²F²E²)   qualitate FT (*corr.* F²) uertentem E (*corr.* E²)   **16** natura FT   **19** non sunt b **20. 21** naturales — cognationes SF (*corr.* S²F²)   **23** nichilo E

cere est: quaecumque neque semper sunt neque semper non sunt, sed aliquotiens sunt, aliquotiens non sunt, ea per hoc ipsum quod sunt et non sunt habent aliquam ad contraria cognationem. haec autem inpossibilium et necessariorum media sunt. inpossibile 5 enim numquam esse potest, necessarium numquam non esse: inter haec propria quorundam natura est, quae horum utrorumque sit media, quae et esse scilicet possit et non esse. ergo hoc nunc dicit: videmus, inquit, in his quae non semper actu sunt 10 (illa autem non semper actu sunt, quae ad utraque contraria habent cognationem: ⟨ut⟩ ignis semper actu calidus est, aqua vero non semper) quocirca videmus in his quae non semper actu sunt esse quaedam possibilia et non, id est ut et sint et non sint. quod 15 in his evenit in quibus utrumque contingit id est et esse et non esse, ut aquam et esse calidam et non esse calidam, fieri quoque calidam et non fieri. multaque nobis perspicua sunt ita sese habentia, ut in utraque parte eventus sine ullo alicuius rei inpedi- 20 mento vertatur, ut vestem quam possibile est quidem secari, sed fortasse ita contingit, ut non ante ferro dividatur, quam eam exterat vetustas. et hoc fieri potest, ut quaelibet vestis non ferro potius minutatim eat quam usu ipso exteratur. similiter autem non 25 solum eam secari ⟨sed etiam non secari⟩ possibile est. non enim esset eam prius exteri quam secari, nisi prius possibile esset non secari. cum enim

2 aliqu. quidem sunt T   3 quod] non S (*corr.* S²)   8 sint T² qui F   9 possint T²   12 cognationem] contrarietatem SFE (*corr.* S²F²E²)   ut *ego add.: om. codices*   13 si uidemus SF (si *del.* S²)   15 et non id est *del.* E²   sit (*bis*) FE (*corr.* E²) 17 *alt.* et *om.* E¹   *ult.* et *om.* T   20 in *om.* S¹   21 quam] hanc? quamlibet?   25 — 28 *hunc locum, quem ego restitui, codices ita mancum et turbatum exhibent:* similiter autem non solum eam secari possibile est eam (sed eam S²E², possibile

exteritur, non secatur. hoc autem in quibus eveniat
p. 375 universaliter | monstrat. evenit hoc enim, inquit, in
facturis. facturae autem sunt, in quibuscumque generatio est atque corruptio. sive enim quid natura fiat
5 sive arte, in his a faciendo facturam dixit. in his
ergo facturis alia quidem potestate sunt, alia actu: ut
aqua calida quidem est possibilitate, potest enim fieri
calida, frigida vero actu est, est enim frigida. hoc
autem actu et potestate ex materia venit. nam cum
10 sit materia contrarietatis susceptrix et ipsa in se
utriusque contrarietatis habeat cognationem, si ipsa
per se cogitetur, nihil eorum habet quae in se suscipit
et ipsa quidem nihil actu est, omnia tamen potestate.
suscipiens autem contraria quamquam unam habeat
15 contrarietatem, habet tamen et alteram simul, sed
non actu, ut in eadem aqua. huius enim materia et
caloris susceptrix est et frigoris, sed cum utrumlibet
horum susceperit vel calorem vel frigus, est quidem,
si ita contigit, calida, est etiam simul frigida, sed non
20 eodem modo. nam fortasse actu calida est, frigida
potestate. ergo quod potestate est in rebus ex materia venit. alioquin divinis corporibus nihil omnino
est potestate, sed omne actu: ut soli numquam est
lumen potestate, cui quidem nulla obscuritas, vel toto
25 caelo nulla quies. ita sese ergo habent ex materia,
ut omnia ipsa essent potestate, nihil autem actu, ar-

est possibile est etiam eam T) prius exteri quam secari. non
enim esset eam possibile non secari, nisi prius possibile esset
exteri.

2 enim *om.* T   9 fieri ex b   12 habeat S   14 autem
del. S²   16 in *del.* E²   18 eorum E (*corr.* E²)   19 contingit T   23 namq; numquam E (namq; *del.* E²)   23. 24
lumen est B   24 cui quidem nulla *ego:* quidem ulla S F E
(cui nulla S²F²) G N J, actu quidem nulla G²T, sed actu nec
potestate quidem ulla E²B   25 nullo S (*corr.* S²)   qui es?
S (qui est S²)   ergo sese b   26 autem *om.* T   26 *sq.*
arbitratu naturae *ego:* introitur natura *codices* (introitur *ante*
actu B), intellegitur sed natura S²B²

bitratu naturae, quae in ipsa materia singulos pro
ratione distribuit motus et singulas qualitatum proprietates singulis materiae partibus ponit, ut alias
quidem natura ipsa necessarias ordinarit, ita ut quamdiu res illa esset eius in ipsa proprietas permaneret, 5
ut igni calorem. nam quamdiu ignis est, tamdiu
ignem calidum esse necesse est. aliis vero tales qualitates adposuit, quibus carere possint. et illa quidem
necessaria qualitas informat uniuscuiusque substantiam.
illa enim eius qualitas cum ipsa materia ex natura 10
coniuncta est. istae vero aliae qualitates extra sunt,
quae et admitti possunt et non admitti. atque hinc
est generatio et corruptio. ex natura igitur et ex
materia ista in rebus possibilitas venit. qua in re
casus quoque aliquando subrepit, quae est indetermi- 15
nata causa et sine ulla ratione cadens. neque enim
natura est quae frustra nil efficit nec arbitrium liberum quod in iudicio et ratione consistit, sed extra
est casus, qui propter aliam rem quibusdam factis
ipse subitus et inprovisus exoritur. ex hac autem 20
possibilitate etiam illa liberi arbitrii ratio venit. si
enim non esset fieri aliquid possibile, sed omnia aut
ex necessitate essent aut ex necessitate non essent,
liberum arbitrium non maneret. recte igitur nec
omnia casu ut Epicurus nec necessitate omnia ut 25

.

    1 sed natura F², naturaque quae E²   materia est E²
2 distribuere *codices (corr.* S²F²E²)   2. 3 propositionum
qualitates T²   4 ordinari NFT (*corr.* F²)   6 calor b
est ignis E   7 calidum ignem T   alii S (*corr.* S²)
vero rebus b   8 possit SFE   10 ex] ex ipsa F (ipsa *del.*
F²)   12 admitti (*bis*) b: amitti *codices*   hic S (*corr.* S²)
12. 13 hinc est *om.* T¹   13 conruptio S, corr. S²   *alt.* ex
del. S²   14 quare in SF²   18 in *om.* T¹   oratione T
(*corr.* T¹)   20 ex *ego:* et ex *codices*   22 non *om.* T¹
25 ut et EN   nec *om.* S¹FEG¹N   ex necessitate T,
omnia ex necessitate F (ex *del.* F²)   ut] et SFG (*corr.*
S²F²G²)

Stoicus nec rursus omnia libero arbitrio fieri proposuit, sed cuncta permiscens in permixto mundo permixtas quoque rerum causas esse proposuit, ut aliae
quidem ex necessitate, aliae vero casu vel libero ar-
5 bitrio vel postremo possibilitate contingerent. quorum
omnium unum nomen est utrumlibet, vel in casu vel
in voluntate vel in possibilitate. sed horum divisionem facit. nam eorum quae sunt utrumlibet alia
sunt quae aequaliter se ad adfirmationem et negatio-
10 nem habent, ut est lecturum me esse hodie Vergilium et non lecturum: utroque enim modo utrumque
est. hoc est enim quod ait et non magis vel adfirmatio vel negatio. aequaliter enim et possum
legere Vergilium nunc et possum non legere. alia
15 vero sunt quae non se aequaliter habeant, sed quamquam in una re frequentius eveniat, non tamen pro-
hibitum est in altera provenire, ut in eo quod est
hominem in senecta canescere. in pluribus quidem.
hoc contingit, sed contingit fieri et alterum, id
20 est ut non canescat, alterum vero minime, id est
ut canescat. ita igitur et ex possibilitate et ex casu
et ex libero arbitrio contradictionem in una parte de
futuro definite non esse veram vel falsam firmissima
et validissima argumentatione constituit. his autem
25 adicit hoc:

Igitur esse quod est, quando est, et non
esse quod non est, quando non est, necesse
est; sed non quod est omne necesse est esse
nec quod non est necesse est non esse. non
30 enim idem est omne quod est esse necessario,
quando est, et simpliciter esse ex necessitate.|

1 istoicus SFEN (*corr.* S²F²E²), Stoici? 5 possibilitate
— 6 *alt.*vel *om.* F 9 ad *om.* F 11 utroque] aequali? 12
enim est T 15 habent T (*corr.* T¹) 16 res? eueniant S²
20. 21 id est ut canescat *del.* E² 23. 24 firmissimam et uali-
dissimam argumentationem SFE, per firm. *etc.* b 29 nec
om. S 31 ex] et ex SFTE (et *del.* S²E²)

Duplex modus necessitatis ostenditur: unus qui p. 376
cum alicuius accidentis necessitate proponitur, alter
qui simplici praedicatione profertur. et simplici quidem praedicatione profertur, ⟨ut⟩ cum dicimus solem
moveri necesse est. non enim solum quia nunc mo- 5
vetur, sed quia numquam non movebitur, idcirco in
solis motu necessitas venit. altera vero quae cum
condicione dicitur talis est: ut cum dicimus Socratem sedere necesse est, cum sedet, et non sedere necesse est, cum non sedet. nam cum idem eodem tem- 10
pore sedere et non sedere non possit, quicumque sedet
non potest non sedere, tunc cum sedet: igitur sedere
necesse est. ergo quando quis sedet tunc cum sedet
eum sedere necesse est. fieri enim non potest ut cum
sedet non sedeat. rursus quando quis non sedet, tunc 15
cum non sedet, eum non sedere necesse est. non enim
potest idem non sedere et sedere. et potest ista esse cum
condicione necessitas, ut cum sedet aliquis, tunc cum
sedet, ex necessitate sedeat, et cum non sedet, tunc cum
non sedet, ex necessitate non sedeat. sed ista cum condi- 20
cione quae proponitur necessitas non illam simplicem
secum trahit (non enim quicumque sedet simpliciter eum
sedere necesse est, sed cum adiectione ea quae est tunc
cum sedet), sicut solem dicimus non necesse esse tunc
moveri, cum movetur, nec hoc addimus, ut solem mo- 25
veri necesse sit cum movetur, sed tantum simpliciter
dicimus solem moveri necesse est. et haec necessitas
simplex de sole dicta veritatem in oratione perficiet.
at vero illa quae cum condicione dicitur, ut cum dicimus Socratem sedere necesse est, tunc cum sedet, id 30

4 ut *add.* b: *om. codices*   7 motum? *an* evenit?   13 quando
quis sedet tunc *ego*: tunc quando quis sedet *codices*   cum sedet
om. b   15 quando *om.* F¹   16 necesse b: manifestum *codices*   17 ita F   20 non sedeat] fiat S (*corr.* S²)   24
dicimus non] non dicimus T   25 sed nec T   26 sed *om.* T
30 necesse est] necessitate S

quod proponimus tunc cum sedet et hanc condicionem
temporis si a propositione dividamus, de tota propositione veritas perit. non enim possumus dicere quoniam Socrates ex necessitate sedet. potest enim et
5 non sedere. habet enim quandam convenientiam et
cognationem potestas Socratis sicut ad sedendum sic
etiam ad non sedendum. ergo id quod dicimus ex
necessitate Socraten sedere, tunc cum sedet, ad accidens respicientes proponimus. nam quoniam accidit
10 Socrati sedere et eo tempore quo accidit ei non acci-
disse non potest (sic enim fiet ut eidem eadem res
et accidat et non accidat uno eodemque tempore,
quod inpossibile est), idcirco accidens eius inspicientes
dicimus necesse esse Socraten sedere, sed non simpli-
15 citer, sed tunc cum sedet. et sicut Aethiopem dicere
simpliciter esse candidum falsum est, verum tamen
in aliquo esse candidum (in oculis enim illi vel in
dentibus candor est), ita quoque falsum dicere Socraten ex necessitate sedere simpliciter, verum autem est
20 hanc necessitatem in aliquo quodam tempore, non
simpliciter praedicare, ut dicamus tunc cum sedet.
quemadmodum enim in sole dicimus, quoniam solem
moveri necesse est, simpliciter, si ita dicamus Socraten sedere necesse est, falsum est. sin vero marmo-
25 reum Socraten dicamus, quoniam Socraten marmo-
reum sedere necesse est, si fortasse sedens formatus
sit, verum est et simpliciter de tali Socrate necessitas
poterit praedicari. de ipso autem Socrate simpliciter

1 proponimus] dicimus SE² 3 possimus T (corr. T²)
8 socratem E, sedere socratem F 10 accidet T² 11 enim
om. F¹ 13 eius accidens T (corr. T²) ei? 14 socratem FT
14. 15 similiter S (corr. S²) 15 tunc om. T¹ 16 verun-
tamen T est tamen S², tamen est E² 17 vel] et b
18 tantib; E (corr. E²) falsum est FTE 20 hanc necessitatem E²: ac necessitate ceteri aliquo E: alio ceteri
tempore ego: ponere codices et non E² non om. T 21
praedicare ego: praedicari codices 23. 24 socratem F (item 25)

talis necessitas non dicitur. neque enim fieri potest,
ut Socrates ex necessitate sedeat, nisi forte cum sedet.
tunc enim cum sedet, quoniam sedet et non potest
non sedere, ex necessitate sedet. alioquin non simpliciter ex necessitate sedet, sed contingenter, potest 5
enim surgere. quod autem ex necessitate simpliciter
est, illam permutare non potest necessitatem: ut quoniam simpliciter solem moveri necesse est, sol stare
nulla ratione potest. hoc igitur dicit Aristoteles:
omne quod est, quando est, et omne quod non est, 01
quando non est, esse cum condicione et non esse necesse est, sed non sine condicione aut esse aut non
esse simpliciter. haec enim illis solis necessitatibus
adtributa sunt quaecumque nullius potentiae aut co-
gnationis ad opposita sunt, ut sol ad quietem vel 15
ignis ad frigus. neque enim idem est, inquit Aristoteles, ex necessitate esse aliquid, quando est, in condicione vel non esse, quando non est, et simpliciter
dicere omne ex necessitate esse vel non esse. illud
enim condicio verum fecit, in hoc simplicitatis natura 20
effecit veritatem. similiter autem, inquit, et in eo
quod non est. etiam in eo quod non est idem est:
non omne quod non est non esse necesse est, sed
tunc cum non est tunc non esse necesse est, et hoc
in condicione rursus, non simpliciter. duabus igitur 25
his necessitatibus demonstratis, una condicionali, altera simplici, nunc ad contradictionem rursus de fu-
turo contingentemque revertitur. |

4.5 non simpliciter *ego*: simpliciter non *codices*   5 contingent F   6 enim *om.* F   12 sine *om.* F   15 ad *om.*
S¹FE¹G   sol B: solis *ceteri*   20 fecit] fuit S (*corr.* S²),
facit? condicione — fit *ed. princ.*   21 efficit *ed. princ.*   simpliciter E (*corr.* E²)   23 *prim.* non] nam B   25—27 non —
rursus *om.* B¹   26. 27 demonstratis nunc ad unam condicionem alteram simplicem et contradictionem *codices: corr.* S²F²,
sed del. nunc (demonstratis id est una S² *pro* condicionem *in
marg.* contradictionem E², condicionem — et *om.* B)   28 contingentem S², contingentique b

p. 377   **Et in contradictione eadem ratio. esse qui-**
dem vel non esse omne necesse est et futurum
esse vel non; non tamen dividentem dicere alterum necessario. dico autem ⟨ut⟩ necesse est
5 quidem futurum esse bellum navale cras vel
non esse futurum, sed non futurum esse cras
bellum navale necesse est vel non futurum
esse, futurum autem esse vel non esse necesse
est. quare quoniam similiter orationes verae
10 sunt quemadmodum et res, manifestum est
quoniam quaecumque sic se habent, ut utrumlibet sint et contraria ipsorum contingant,
necesse est similiter se habere et contradictionem. quod contingit in his, quae non
15 semper sunt et non semper non sunt.

    Planissime quam sententiam haberet de contingen-
tibus propositionibus et futuris exposuit dicens: in his
totam quidem contradictionem dictam unam quamlibet
partem habere veram alteram falsam, sed non ut ali-
20 quis dividat atque respondeat hanc quidem ex necessitate veram esse, illam vero ex necessitate alteram
falsam: ut in eo quod dicimus *sol ⟨hodie⟩ occidit, sol
hodie non occidit,* facillime in his aliquis dividens dicit, quoniam solem hodie occidere ex necessitate verum
25 est, non occidere ex necessitate falsum. ita sese enim
habet divinorum corporum ratio et natura, ut in his

    1 ratio est *codices (cf. I. ed.)*   2 non *om.* E¹   **4** ut
add. b: *om. codices*   5 nabale SFE (*corr.* S²F²E²), *item* **7**
6—7. 8 sed — vel n. fut. esse *del.* F², *om.* 𝔛   8 *prim.* esse]
non esse Σ   9. 10 sunt uerae et 𝔛   10 et] in SFE (*corr.*
S²F²E²), *om.* T   11 ut *om.* T   12 et *om.* S¹   contingat
E (*corr.* E²), contingere T   15 et — non sunt *om.* Σ¹
16 quam sententiam *ego*: quae sententia *codices*   haberetur
S²F²   22 hodie *add.* b: *om. codices*   22. 23 occidet (*bis*) b
23 odie S (*corr.* S²)   non occidit quoniam sol occidit F (qu.
s. occidit *del.* F²)   in] ut E   26 his] his natura F (natura
del. F²)

nulla cognatio sit ad opposita, atque ideo vel quod sunt ex necessitate sunt vel quod non sunt ex necessitate non sunt. ea vero quae in generatione et corruptione sunt non ita sunt. habent enim hoc ipso, quod et gignuntur et corrumpuntur, ad opposita co- 5 gnationem atque ideo in his non est unam partem contradictionis adsumere et eam necessario esse praedicare et rursus aliam necessario non esse proponere, quamvis totius contradictionis una quaelibet pars vera sit, altera falsa, sed incognite et indefinite, et non 10 nobis, verum natura ipsa harum rerum quae proponuntur dubitabilis, ut in ea propositione quae est *Socrates hodie lecturus est, Socrates hodie lecturus non est.* totius quidem contradictionis una vera est, una falsa (aut enim lecturus est aut non lecturus) et hoc con- 15 fuse in tota oratione perspectum, sed nullus potest dividere et respondere, quoniam vera est lecturum eum esse vel certe quoniam vera est non eum esse lecturum. hoc autem non quod audientes de futuro nesciamus, sed quod eadem res et esse possit et non 20 esse. alioquin si ex nostra inscientia hoc eveniret et non ex ipsarum rerum variabili et indefinito proventu, illa rursus inpossibilitas contingeret, ut omnia necessitas administraret. non enim propter scientiam nostram quod ex necessitate est eventurum est, sed 25 etiam si nos nesciamus, erit tamen alicuius rei eventus constitutus et indubitatus: illam rem futuram esse necesse est. ergo quoniam hoc fieri non potest et

4 hoc] ex F (*corr.* F²)   11 naturae S²F²   ipsa harum *ego:* ipsarum *codices,* ipsa F²   12 dubitabilis est b   14 totus T   una *om.* N   *alt.* una] altera J F B   15. 16 confuso F (*corr.* F²)   16 et in S F E   inperspectum S², perplexum?   17 est oratio E¹?   21 scientia *codices* (*corr.* E²)

24 administret F   26. 27 alicuius] eius *et* indubitanter b erit *post* indubitatus *ponendum et* cuius *scribendum videtur* 27 idcirco illam E²

sunt quaedam quae non ex necessitate proveniant, sed
contingenter, in his quamquam totius contradictionis
in qualibet eius parte veritas inveniatur aut falsitas,
non tamen ut aliquis dividat et dicat hanc quidem
5 veram esse, illam vero falsam. quod huiusmodi monstravit exemplo: cras enim bellum navale fieri aut
non fieri necesse est, non tamen ex necessitate fiet
cras aut ex necessitate cras non fiet, ut possit aliquis
dividere et praedicare dicens cras fiet, ut hoc vere
10 dicat et ita ex definito contingat, vel rursus cras non
fiet, et hoc eodem modo proveniat: hoc fieri non
potest, sed tantum indefinite quaecumque una pars
contradictionis vera est, altera falsa, sed quae evenerit.
eventus autem ipsorum indiscretus est: et illud enim
15 et illud poterit evenire. hoc autem idcirco est quoniam non est ex antiquioribus quibusdam causis pen-
dens rerum eventus, ut quaedam quodammodo necessitatis catena sit, sed potius haec ex nostro arbitrio
et libera voluntate sunt, in quibus est nulla necessitas.
20 quod si, inquit, itidem orationes verae sunt quemadmodum et res: hoc sumpsit a Platone, qui dixit
similiter se habere orationes rebus et cognatas quodammodo esse in ipsa significatione, ⟨ut⟩ si sint res
inpermutabiles et ratione stabili permanentes oratio
25 quoque de his vera esset et necessaria, sin vero esset
res quae varietate naturae numquam perpetuo permaneret in orationibus quoque fixa veritas non esset
et nulla per huiusmodi orationes demonstratio pro-

4 ut *del.* E² 6 nabale E (*corr.* E²) 11 et] ut?
proueniet *codices* (*corr.* S²E²) 13 sed] scilicet? *an excidit*
non definite vera vel falsa? evenerit incertum est S²
14 ipsius T², ipse? est *om.* S¹ 16 causis quibusdam T
(*corr.* T²) 20 itidem F: similiter *ceteri* 22 cognata FTE
23 ut *add.* b: *om. codices* sunt S 25 quodque F, quodcumq; E (*corr.* F²E²) 26 perpetuo *om.* F¹ (perpetua F²)
28 oratio T (*del.* T²)

veniret. hoc igitur sumens Aristoteles ut optime dictum sic ait: | quoniam, inquit, orationes similiter p. 378 sese habent quemadmodum res, manifestum est quoniam quaecumque res ita sunt, ut utrumlibet sint et contraria ipsorum contingere possint, necesse est ita 5 contradictionem se habere, quae de illis natura instabilibus atque indefinitis rebus est, ut si res sint dubitabiles et indefinito variabilique proventu contradictio quoque quae de his rebus fit variabili indefinitoque proventu sit. quae autem essent huiusmodi res, 10 quarum eventus varius indefinitusque constaret, planissime demonstravit dicens: quod contingit in his, quae non semper sunt et non semper non sunt. ea enim sunt, in quibus contingit utrumlibet, quae neque semper sunt (possunt enim corrumpi) neque 15 semper non sunt (possunt enim generari et fieri). haec enim sunt quae habent ad opposita cognationem, sicut in ipsa propria substantia rerum ipsarum eventus docet. nam esse et non esse oppositum est. quod autem non fuit et generatur et fit ex eo quod 20 non fuit est. habuit igitur in hoc ad esse et non esse id est ad opposita cognationem. sin vero idem ipsum quod est corrumpatur, ex eo quod fuit non erit. habebit igitur rursus ad opposita cognationem. quare et sicut harum quae sunt in generatione et 25 corruptione rerum proventus indefinitus est, ita quoque et contradictionum partes, quamquam in tota contradictione una vera sit, altera falsa. indefinitum

1 haec B   2 dicto SEGF² (corr. S²E²), dictio F, dicta B   post ait verba Arist. (quare — non sunt) inserit b 6 natura G²T: naturae ceteri (et T²)   7 ut ego: quod codices sunt T   8 et] atque E²   9 uariabiliq; F   10 fit F² 14 contigit FE (corr. E²)   16 generati S (corr. S²)   18.19 eventus] euentus rerum E²   19 et] ad ed. princ.   20 alt. quod] quae T   21 non om. S¹FE¹   est del. S²   24 habet E (corr. E²)   25 prius et del. E²   28 sit et F   28 — p. 248, 2 indef. — falsa om. F

enim et indiscretum est, quae una harum vera sit,
quae altera falsa.

Horum enim necesse est quidem alteram
partem contradictionis veram esse vel falsam,
5 non tamen hoc aut illud, sed utrumlibet et
magis quidem veram alteram, non tamen iam
veram vel falsam. quare manifestum est, quoniam non est necesse omnis adfirmationis vel
negationis oppositarum hanc quidem veram,
10 illam vero falsam esse.

Docuit supra nos in his quae utrumlibet sunt rebus contradictionis unam partem non esse definite
veram, falsam vero alteram definite: nunc a frequentiori et a rariori argumentum trahit. supra namque
15 monstravit esse quasdam res quae frequentius quidem
contingant, non tamen interclusum sit, ut et opposita
aliquando contingant. contingit enim ut rarius infre-
quentiusque contingat. ergo si in his quaecumque in
pluribus eveniunt non necesse est unam veram esse,
20 alteram falsam (idcirco quod quicumque dixerit hominem in senecta canescere et hoc ex necessitate esse
protulerit mentietur, potest enim et non canescere):
si in his ergo non est definite una vera, altera falsa,
in quibus una res frequentius evenit, rarius altera,
25 multo minus in his in quibus oppositorum eventus
aequalis est. et verum est quidem dicere, quoniam
hoc contingit frequentius, non tamen omnino quoniam

1 horum TE　　8. 9 omnes adfirmationes uel negationes
codices (affirmationesq; negationes E, q; *in* vel *mutat* E¹? affirmationes negationesq; E²), omnis affirmationis et negationis
b　　9 oppositorum F　　10 vero] aut 𝔛, autem Σ　　11. 12
////rebus S　　15 quae *om.* F¹　　16 sit *om.* S¹　　et b: ei SFE,
eis S²E², eius T　　17 non contingant S²　　contigit T　　ut
E²: nec *codices* (sed F², sed ut S²)　　inrarius *codices* (*corr.*
S²F²E²)　　17. 18 infrequentius NE, frequentiusq; E²　　20
qui *om.* S¹　　21 secta E (*corr.* E²)　　26 quidem *om.* S

·contingit, idcirco quod, licet rarius, tamen contingit
·oppositum. quod si neque in his quae in pluribus
praedicantur una definite vera est, altera falsa et
multo minus in his quorum aequaliter indiscretus
·eventus est, manifestum est in futuris et contingenti- 5
bus propositionibus non esse unam veram, alteram
falsam. hoc enim in principio ut monstraret validissima argumentatione contendit.

῀Neque enim quemadmodum in his quae
sunt, sic se habet etiam in his quae non sunt, 10
possibilibus tamen esse aut non esse, sed
quemadmodum dictum est.

Ad divisionem temporum in principio factam totam revocat quaestionem. ait enim prius propositiones eas quae fierent aut in praesenti aut in praeter- 15
ito aut in futuro praedicari. et eas quidem quae de
praeterito vel praesenti dicerentur definitam verita-
tem | vel falsitatem habere, sive in sempiternis et di- p. 379
vinis dicerentur rebus sive in nascentibus atque mo-
rientibus, in quibus utrumlibet contingeret, ut habe- 20
rent ad opposita cognationem. in futuris vero, si de
divinis quidem rebus aliquis et inmutabilibus loqueretur, eodem modo unam veram definite, alteram falsam esse definite. non enim habere huiusmodi naturas ad opposita cognationem. in his autem quae in 25
generatione et corruptione essent de futuro praedicatis vel adfirmative vel negative non eundem esse modum veritatis definitae, sed totius quidem contradictionis unam partem veram esse, alteram falsam, definite autem unam veram, definite alteram falsam mi- 30

5 in] et in F   10 habet E: habent *ceteri*   11 possibilius F²ΣΧ   non tamen Χ   15 eas] hae T²   16. 17
aut — praeterito *om.* S¹   17 uel in S (in *del.* S²)   18
habebunt *codices* (*corr.* E²)   19 rebus dicerentur E   23
definito F   25 negationem T²   27. 28 nondum E (*corr.*
E²)   28 definite T

nime. nunc autem non utraque tempora posuit, praesens scilicet et praeteritum, sed tantum praesens. dixit enim: neque enim quemadmodum in his quae sunt, id est in his quae praesentia sunt. quod
5 vero ait in his quae non sunt, possibilibus tamen esse, de futuris loquitur, quae cum non sint tamen esse possunt. non enim sic se habet in praesenti praedicata propositio, quemadmodum in futuro, in his scilicet quae utrumlibet sunt et in generatione
10 et in corruptione consistunt. in illis enim id est praeteritis et praesentibus definite una vera est, altera falsa: in his id est futuris et contingentibus veritas et falsitas propositionum nulla definitione constringitur. sed quoniam de futuris propositionibus Aristo-
15 telicam sententiam quantum facultas fuit diligenter expressimus, prolixitatem voluminis terminemus.

LIBER QVARTVS.

20 Est quidem libri huius (de interpretatione apud Latinos, apud Graecos vero περὶ ἑρμηνείας inscribitur) obscura orationis series obscurissimis adiecta sententiis atque ideo non hunc magnis expedissem

1 posuit] sit S (corr. S²)   5 possibilius F²   8 praedicata *ego*: praedicta *codices*   10 *pr.* in *om.* E   autem E (corr. E²)   est in E   11 praesentibus] futuris S F E (corr. S² F² E²)   12 est//// S   16 EXPLICIT LIBER TERCIVS INCIPIT QVARTVS S T G, ANICII MANLII SEVERINI BOETII V̄·C̄·ET ILL̄·EX C̄S̄L̄M̄ ŌRD·ATQ: PATRICII EDITIONIS SC̄DAE IN PERIERMENIAS ARIST̄L̄S LIB̄·III·EXPL̄·INCIP̄·LIB̄·QVARTVS: J, ANITII·MALL·SEVERINI BOETII·VIRI CLARISSIMI ET ILLVSTRIS·EX CONSVLI ORDINE PATRICII C̄D AE EDITIONIS EXPOSITIONVM IN ARISTOTEL̄·PERIHERMENIAS EXPLIC̄·LIB̄·TERTIVS INCIPIT QVARTVS·E   *subscriptionem om.* F N B   20 huius qui S²F²E²   21 peri hermenias *codices* 21. 22 scribitur *codices* (corr. S²E²)   22 obscura orationis B: obscurationis *ceteri*   adiecta] obducta S²   23 hunc *ego*: hoc *codices*   magnis T G²E²: magis *ceteri*   expedissem] prodessem S²

voluminibus, nisi etiam nihil labori concedens quam
pote planissime quod in prima editione altitudinis et
subtilitatis omiseram secunda commentatione conple-
rem. sed danda est prolixitati venia et operis longi-
tudo libri obscuritate pensanda est. sunt tamen gra- 5
dus apud nos satisfacientes lectorum et diligentiae
et fastidio cupientium facillime magna cognoscere.
huius enim libri post has geminas commentationes
quoddam breviarium facimus, ita ut in quibusdam et
fere in omnibus Aristotelis ipsius verbis utamur, tan- 10
tum quod ille brevitate dixit obscure nos aliquibus
additis dilucidiorem seriem adiectione faciamus, ut
quasi inter textus brevitatem commentationisque diffusionem medius ingrediatur stilus diffuse dicta colligens et angustissime scripta diffundens. atque haec 15
posterius. nunc autem quoniam ab Aristotele supra
monstratum est in futuro contingentium propositionum veritatem et falsitatem non stabili neque definita
ratione esse divisam et quidquid supra latissima disputatio conplexa est, nunc haec eius intentio est, ut 20
categoricarum propositionum numerum tradat, quaecumque cum finito vel infinito nomine simpliciter
fiunt. primo enim volumine dictum est nomen esse
ut *homo*, infinitum vero nomen ut *non homo*. praedicativae autem et categoricae propositiones sunt quae 25
duobus tantum simplicibus terminis constant: hae

1 nisi /// etiam E   nil E   2 potero F², possem E²
3 scuptilitatis (*sic*) S (*corr.* S²)   commemoratione S   5. 6
gradum F T E (*corr.* F²E²)   6 lectoris E²   7 cupientis *co-*
dices (*corr.* S²F²)   9 faciemus b   11 ut quod T²   breuiter F (*corr.* F²)   12 adiectis T   dilucidiorem *ego*: dul-
ciorem *codices*   adiectionem T   ut in S (in *del.* S²)   14
diffuse G²T²: diffusionem SG, diffusionum E, diffusione S²F
G²T   20 *alt.* est *om.* S¹F   22 finito vel *add.* E², *om.*
codices, finito et?   23 volumine b: uero *codices* (*om.* E¹),
libro?   24 nomen *om.* F   25 vel?   26 hae b: haec *codices*
(*om.* T), hae autem sunt *ed. princ.*

sive cum finito nomine, ut est *homo ambulat*, sive cum nomine infinito, ut est *non homo ambulat*. harum igitur propositionum categoricarum atque simplicium

p. 380 tradere numerum contendit, | quaecumque fiunt ad-
5 iectione nominis infiniti. sed quoniam propositiones omnes aut secundum qualitatem differunt aut secundum quantitatem (secundum qualitatem, quod haec quidem adfirmativa est, illa vero negativa, secundum quantitatem vero, quod haec quidem plura conplecti-
10 tur, illa vero pauca): secundum quam differentiam hae propositiones quae dicunt *homo ambulat* et rursus *non homo ambulat* a se differunt? secundum qualitatem an secundum quantitatem? nam quod dico *homo ambulat* qualitatem quandam substantiae id est homi-
15 nem ambulare designat et rem definitam atque substantiam unamque speciem ambulabilem esse pronuntiat, quod autem dico *non homo ambulat* hominem quidem rem definitam tollo, innumerabilia vero significo. quare illa quidem quae dicit *homo ambulat* se-
20 cundum qualitatem, quae vero *non homo ambulat* videbitur secundum quantitatem potius discrepare. an certe illud magis est verius: [ut et] quod dico *homo ambulat homo* simplex nomen quasi adfirmationi est proximum, quod vero dico *non homo ambulat non*
25 *homo* infinitum nomen negationis videtur esse consimile? sed adfirmatio et negatio secundum qualitatem differunt, haec autem adfirmationi sunt negationique similia: qualitate igitur potius quam ulla discrepant quantitate. an magis illud est verius, quod quemad-

---

1 nomine sunt E² 4 contendet F (*corr.* F²) et quaecumq; E² 7—9 quod — uero *om.* F¹ 12. 13 secundum qual. an *ego*: aut sec. qual. aut *codices* (aut — quant. *fort. delendum*) 16 unamque *ego*: quae unam *codices* 18. 19 tollit — significat? 19. 20 secundum — ambulat *in marg.* E¹? *om. codices et ed. princ., quae v.* 21 *post* discrepare *add*: ab ea quae dicit non homo ambulat 22 ut et *uncis inclusi* (in eo? quia?) 25 negationi T²E² 28 consimilia E differunt E

modum se habet propositio quae dicit *Socrates ambulat* ad eam quae dicit *quidam homo ambulat*, ita sese habet *homo ambulat* ad eam quae dicit *non homo ambulat?* propositio namque quae est *quidam homo ambulat*, si plures ambulent, necesse est ut vera sit, si 5 autem plures ambulent, ut Socrates ambulet non est necesse. possunt enim plures ambulare et Socrates non ambulare, sed cum plures ambulant, quidam homo ambulat. hoc autem ideo evenit, quia quod dicimus *quidam homo ambulat* particularitatem iungimus uni- 10 versalitati id est homini et, si qui sub illa universalitate sunt id est sub homine ambulante, eam quae dicit *quidam homo ambulat* veram esse necesse est. at vero cum dicitur *Socrates ambulat*, quoniam Socrates circa unius cuiusdam proprietatem est, nisi ipse Socrates 15 ambulaverit, quamquam omnes homines ambulent, non est verum dicere *Socrates ambulat*. sicut ergo *quidam homo ambulat* indefinita ⟨est, *Socrates ambulat* propria ac definita⟩: sic etiam in eo quod est *homo* et *non homo*. qui dicit *homo ambulat* dicit quoniam 20 quoddam animal ambulat et hoc nomine et qualitate determinat dicens *homo ambulat*. qui vero dicit *non homo ambulat* non quidem omnia subruit, sed hominem tantum, cetera vero animalia ambulabilia esse pronuntiat. ergo sive equus sive bos sive leo ambu- 25 lat, verum est *non homo ambulat*, sed non est verum *homo ambulat*, si non ipse homo ambulat. quare

1. 2 ambulabat (*item* 2) F (*corr.* F²) 6 ambulet] ambulat S F (*corr.* S²F²) 9 ideo] dico E (*corr.* E¹) 12 sunt *del.* S²F² ambulant S²F² 17 est *om.* S¹ sic S F E G J 18 indefinita T G²: definita *ceteri* (indefinita — 20 ambulat *om.* J¹) 18. 19 est — definita *ego add.:* *om. codices, nisi quod* E² *et* B *ita locum restituunt:* sicut ergo socrates ambulat propria quidam homo ambulat definita (diffinita est B²) Sicut ergo quidam homo ambulat definite verum est, si plures ambulant; non autem Socrates ambulat, quamvis plures ambulent, nisi ipse Socrates ambulet b

quemadmodum se habet *quidam homo ambulat* ad *So-*
crates ambulat, quod illic, si plures homines ambula-
rent, verum erat *quidam homo ambulat*, non etiam
Socrates ambulat, nisi ipse Socrates ambularet: ita
5 quoque in eo quod est *homo ambulat* et *non homo*
ambulat dici potest. nam si plura quae sunt non homines ambulent, verum est dicere quoniam *non homo*
ambulat, non autem verum est dicere quoniam *homo*
ambulat, nisi ipse homo ambulet. secundum definitio-
10 nem ⟨ergo⟩ potius et proprietatem videntur discrepare quam aliquam totam quantitatem vel partem vel
rursus aliquam qualitatem. nam, sicut posterius demonstrabitur, ea quae dicit *non homo ambulat* adfirmatio potius quam negatio est. atque haec hactenus
15 praedixisse sufficiat.

    10. Quoniam autem est de aliquo adfirma-
tio significans aliquid, hoc autem est vel nomen vel innomine, unum autem oportet esse
et de uno hoc quod est in adfirmatione (no-
20 men autem dictum est et innomine prius; non
homo enim nomen quidem non dico, sed infinitum nomen; unum enim quodammodo signi-
p.381 ficat | infinitum, quemadmodum et non currit
non verbum, sed infinitum verbum), erit om-
25 nis adfirmatio vel ex nomine et verbo vel ex
infinito nomine et verbo. praeter verbum
autem nulla adfirmatio vel negatio. est enim
vel erit vel fuit vel fit, vel quaecumque alia

    8. 9 non autem — ambulat *om.* F[1]   9 ambulat SFT
(*corr.* S[2]F[2])   10 ergo *add.* b: *om. codices*   11 quam secundum E[2]   11. 12 aliqua tota quantitate vel parte vel r.
aliqua qualitate S[2]F[2]   14 actenus F   15 sufficiant S[2]
18 innomine *ego: cf. p.* 256, 4: innominabile ΣΤ, innominatum
ceteri (*item* 20)   22 quodammodo *om.* ΣΤ[1] (sign. quodammodo Τ[2])   24 erit autem E[2]   25 uerbo est Τ[2]   25. 26
et verbo vel ex inf. n. et v.] uel ex uerbo Σ (*corr.* Σ[2])   26
verbum *om.* F[1]   28 vel fit *om.* ΣΤ

huiusmodi, verba ex his sunt quae sunt posita;
consignificant enim tempus. quare prima adfirmatio et negatio est homo, non est homo,
deinde est non homo, non est non homo; rursus est omnis homo, non est omnis homo, est 5
omnis non homo, non est omnis non homo.

In secundo (ut arbitror) libro praediximus omnem
enuntiationem simplicem id est praedicativam ex subiecto et praedicato consistere, quorum semper praedicatio aut verbum esset aut quod idem posset, tam- 10
quam si verbi dictio poneretur: ut cum dicimus *homo
ambulat,* verbum ponitur; cum vero dicimus *homo rationabilis,* subaudiatur hic verbum *est,* ut totus intellectus sit *homo rationabilis est.* quocirca necesse est
aut verbum semper esse praedicatum aut quod sit 15
verbo consimile idemque in enuntiationibus possit.
quod vero subiectum esset, aut omnino nomen esse
aut quod vice nominis fungeretur. quocirca illud maxime colligendum est omne in categorica propositione
subiectum nomen esse, omne vero praedicatum ver- 20
bum. sed quoniam, cum de nomine loqueretur, aliud
quoddam nomen introduxit, quod simpliciter quidem
et per se nomen non esset, infinitum tamen nomen
vocaretur, id quod cum negativa particula profertur,
omnis autem propositio ex nominis subiectione con- 25
sistit, est autem categorica propositio, quae aliquid
de aliquo praedicat vel negat, et de quo praedicat quidem nomen est quoniamque in nomine infinitum etiam

2 consignificat SFTE (*corr.* S²F²)   prima est S (*sed ex
corr.*) FTEΣΤΣ²   4. 5 rursus *om.* ΣΤ   6 *in marg. Arist.
verba* et in extrinsecus temporibus eadem ratio est *add.* E²
11 ut cum] Ecum (*sic*) F   13 totius F (*corr.* F²)   14. 15
est aut est uerbum semper esse aut praedicatum quod E²
16 posse SFE, possit esse E²   22 quod *ego:* ut *codices*
23 et per se *del.* F²   infinitum tamen infinitum S (*alt.* inf.
del. S²)   nomen non F (non *del.* F²)

nomen dicitur, necesse est semper categoricam propositionem aut nomen habere subiectum aut illud quod dicitur infinitum. infinitum vero nomen est quod ipse nunc innomine vocat. omnis ergo propositio praedicativa in
5 duas dividitur species: aut ex infinito nomine subiectum est aut ex simplici nomine. ex infinito quidem, cum dico *non homo ambulat*, ex finito autem et simplici, ut *homo ambulat*. huius autem quae ex finito et simplici est species sunt duae: quae aut universale nomen
10 subicit, ut *homo ambulat*, aut singulare, ut *Socrates ambulat*. quare ita fit divisio: omnium enuntiationum simplicium, quae ex duobus terminis constant, aliae sunt ex infinito nomine subiecto, aliae vero ex finito et simplici. earum quae simplex habent subiectum aliae
15 sunt quae universale simplex subiciunt, aliae quae singulare. supra vero perdocuit, quod sint differentiae propositionum simplex nomen in subiecto ponentium: quod aliae sint universales, aliae particulares, aliae indefinitae. et secundum quantitatem quidem hoc modo
20 differunt, secundum qualitatem vero, quod aliae adfirmativae sint, aliae negativae. idem quoque in his propositionibus quae ex infinito nomine subiecto enuntiantur. aliae namque harum indefinitae sunt, aliae definitae. definitarum aliae sunt universales, aliae
25 particulares. hic quoque secundum quantitatem nec minus secundum qualitatem eaedem infinitorum quoque nominum propositionibus differentiae sunt. dicimus enim alias esse adfirmativas, alias negativas. subiecta vero descriptio docet, quae sint adfirmativae simplices,

2 quod] de quo E (*corr.* E²)   4 innominatum S²F²T²E²
5 diuitur (*sic*) F   aut enim E²   6 quemadmodum cum E
7 infinito T   8 infinito FE (*corr.* F²)   10 subiecit T   12 ex]
de E   15 sunt *om.* E¹   16 quot S²F² quae T²   18 quae T
21 sunt b   aliae vero T   22 finito S (*corr.* S²)   23
indefinitae b: infinitae *codices*   27 dicitur *codices* (*corr.* E¹)
28 esse *om.* F¹ (affirmatiuas esse F²)

quae sint negativae, et rursus quae sint adfirmativae
ex infinito nomine et quae negativae easque omnes in
propriis determinationibus adiunximus nec minus etiam
indefinitas in utraque specie propositionum posuimus
singulare habentibus subiectum simplicibus propositio- 5
nibus reiectis. sint enim indefinitae simplices hae:
homo ambulat, homo non ambulat; contra has vero
divisae secundum infinitum nomen hae: non homo ambulat, non homo non ambulat. universales ex simplici
subiecto nomine sint hae: omnis homo ambulat, nullus 10
homo ambulat; contra has divisae ex infinito nomine
universales: omnis non homo ambulat, nullus non homo
ambulat. rursus particulares ex finito | nomine sub- p.382
iecto sint: quidam homo ambulat, quidam homo non
ambulat; rursus contra has divisae ex infinito nomine 15
subiecto hae: quidam non homo ambulat, quidam non
homo non ambulat. hoc autem subiecta descriptione
declaratur:

    Indefinitae ex simplici nomine subiecto.
Homo ambulat   Homo non ambulat   20

    Indefinitae ex infinito nomine subiecto.
Non homo ambulat   Non homo non ambulat

    Universales ex simplici nomine subiecto.
Omnis homo ambulat   Nullus homo ambulat

    Universales ex infinito nomine subiecto.   25
Omnis non homo ambulat Nullus non homo ambulat

    Particulares ex simplici nomine subiecto.
Quidam homo ambulat   Quidam homo non ambulat

    1 sunt T (*alt.*)   2 et ex FT   indefinito FE (*corr.* F²)
3 determinantib; FE (*corr.* F²E²)   5 uniuersale habentium
S²F²   simplicibus] singularib; S²F²   6 heae E   9 uniuersalis E   13 non ambulat E²   indefinito SFE (*corr.* S²F²
E²)   15 particulares rursus S²FTG rursus particularis E
indefinito SFE (*corr.* S²E²)   17 hoc — 258, 2 *om.* B
25 *et* 26 *om.* S¹F¹EG

Particulares ex infinito nomine subiecto.
Quidam non homo ambulat   Quidam non homo non
ambulat.

Haec ergo partiens et de propositionibus ex duobus
terminis constitutis faciens propositionem colligit
5 omnis ex subiecto nomine propositiones et eas tantum ad divisionem sumit, quae ex infinito nomine
fiunt, faciens huiusmodi divisionem principalem, ut
sit: propositionum aliae sunt ex finito nomine, aliae
ex infinito. oportuerat quidem volentem cuncta par-
10 tiri ad differentias propositionum non solum infinita
sumere nomina, sed etiam verba. sed quoniam noverat nomen quidem infinitum conservare propositionem
quam invenisset, ut si in adfirmativa diceretur adfirmativam servaret enuntiationem, ut est *non homo am-*
15 *bulat*, si in negativa negativam, ut est *non homo non*
ambulat, verba vero quae sunt infinita iuncta in propositione non adfirmationem, sed perficere negationem,
idcirco de his reticuit, quod hae magis quae ex verbo
infinito sunt ad unam qualitatem pertinent proposi-
20 tionis id est ad negativam. semper enim fit ex infinito
verbo negatio. haec igitur colligens ait: quoniam
autem est de aliquo subiecto adfirmatio significans aliquid id est praedicans, hoc est quoniam
omnis propositio ex subiecto et praedicato. quod autem
25 subiectum est vel nomen vel innominatum. in-

4 propositionem] diuisionem F² (considerationem?)   colligit *ego*: inquit *codices*   5 omnes E   nomine esse E² nomine fit G³T   propositionis GF propositio S²F²T   et *del.* F²
   6 finito et infinito?   indefinito GFE   nomine et finito
nomine b   9 quidem] qualem FTE (*corr.* F²E²) aequaliter T²   cunctam F (*corr.* F²)   partiri] patientiam FTE
(*corr.* F²E²) partiri dicere T²   10 solum] possum FTE (*corr.*
F²T²E²)   13 ut si] uis T   si *om.* S¹F¹E¹   15 sin in F
16. 17 propositionem T   17 sed semper T   facere T²
18 haec T   23 quoniam] quod F   24 subiecto est E²
praedicato est T   25 est *om.* F¹   nomen est E² (est, est?)

nominatum autem est quod propositum subruit nomen,
ut est *non homo*. nomen enim quod est *homo* differt
nominis infiniti privatione quod est *non homo* atque
ideo et innominatum vocavit. qualis autem debeat
esse propositio de qua tractat ostendit dicens: unum 5
autem oportet esse et de uno hoc quod est in
adfirmatione, id est ex duobus terminis propositionem oportere consistere. commemorat quoque quid
sit innominatum se supra dixisse, quóniam quod diceremus *non homo* nomen quidem Aristoteles non 10
diceret, sed quod nomen simpliciter non vocaret hoc
addito infinito nomen diceret infinitum, idcirco quoniam unum quidem significat, sed infinitum. *non homo*
enim quod significationem eius quod dicimus *homo*
tollit unum est et unam per se significationem sub- 15
ripiens, multa sunt quae intellegentium sensibus relinquantur. commemorat etiam quoniam *non currit* verbum
superius infinitum vocavit et non simpliciter verbum.
quoniam ergo aliquid de aliquo adfirmatio est, hoc
autem quod subiectum est aut nomen esse oportet 20
aut innominatum id est infinitum nomen, duplex propositionis species invenitur. omnis enim adfirmatio
vel ex nomine est et verbo vel ex infinito nomine et verbo. eodem quoque modo et negatio. neque
enim reperietur ulla umquam adfirmatio, cui negatio 25
inveniri non possit. quod si duplex species adfirmationum, duplex quoque species est negationum. illud

1 est *om.* F   2 aufert T   4 uocabit SF (*corr.* S²)
5 unam *codices* (*corr.* T²E²)   9. 10 dicimus b   10 Aristoteles
delendum?   11 nomen] diceret F (*del.* F²)   12 dicere TE (*corr.*
E²)   13 quidem unum E   non homo] nomen *codices* (*corr.*
S²F²)   14 quod S²F² (*prius*): quod ipse SFEG quod ipsam
G³T quod et per se E²   non homo *codices* (*corr.* S²F²G²)
15 unum FE (*corr.* F²)   16. 17 relinquatur FE (*corr.* F²E²)
relinquuntur b   18 uocabit F   21 ut duplex SF²   22
inueniatur S²F²   23 *prius* ex] in *codices* (ex finito E²)   25
cuius S²F²   26 duplex est T   27 aliud?

quoque commemorat quod supra iam dixit. nam licet
p.383 ex | nomine et verbo et rursus ex eo, quod non est
nomen, sed infinitum, nomine et verbo sit adfirmatio
et negatio praedicativa id est categorica: ut autem
5 praeter verbum sit ulla adfirmatio aut negatio aut
praeter id quod idem significet verbo vel in subaudi-
tione vel aliquo alio modo fieri non potest. ponit
quoque verba quae paene in omnibus propositionibus
aut sub ipsa cadunt aut quae idem valeant. est enim,
10 inquit, vel erit vel fuit ⟨vel fit⟩, vel quaecumque alia consignificant tempus, verba sunt, sicut ex
his doceri possumus quae ante posita sunt atque concessa, cum definitio verborum daretur: verba esse quae
consignificarent tempus. quare si haec consignificant
15 tempus, non est dubium quin verba sint. sed praeter
haec aut praeter idem valentia propositio nulla est.
recte igitur dictum est praeter verba praedicativam
propositionem non posse constitui. iuste tamen aliquis
quaestionem videatur opponere, cur cum iam dixerit
20 praeter verbum enuntiationes nulla ratione posse constitui nunc idem repetit, quasi nil de his antea prae-
dixisset. sed superfluum videri non debet. quoniam
enim finitum nomen cum negativa particula nomen
est infinitum, idcirco putaretur fortasse negatio esse
25 quod diceremus *non homo*. quod si haec negatio, *homo*
adfirmatio. ne in hunc ergo quisquam laberetur errorem, hoc dixit et congrue repetivit, quoniam praeter
verbum esse enuntiatio non potest, tamquam si dice-

3 nomen E² fit *codices* (*corr.* E²) 4 autem *del.* E²
5 *alt.* aut *om.* S¹ 6 significat T (*corr.* T²) uerbum codices (*corr.* S²F²) 7 alio] aliquo FTE (*corr.* F² alio aliquo
T²E²) 9 ipsas S² cadant b 10 vel fit *ego add.: om.*
codices 11 significant *codices* (*corr.* S²F²) 13 essent FTE
(*corr.* F²E²) 15 qui FE (*corr.* F²E²) 22 non *om. codices:*
add. S² 23 infinitum *codices* (*corr.* S²F²) 25 dicimus b
negatio est homo est T 26—27 hoc — errore SFE
28 si non F (non *del.* F²)

ret: nemo arbitretur infinitum nomen esse negationem nec nomen adfirmationem, praeter enim verbum adfirmatio et negatio nulla umquam potest ratione constitui. in hoc illud quoque noverat quod verbum infinitum et negationem significaret et infinitum verbum. 5 ⁓id enim quod dicimus *non ambulat* et infinitum est verbum et negatio, sed per se quidem si dicatur simplex sine aliquibus aliis adiectionibus infinitum verbum est; sin vero cum nomine aut cum infinito nomine proferatur, non iam verbum infinitum, sed negatio 10 accipitur: ut *non* negativa particula cum *ambulat* iuncta infinitum verbum efficiat *non ambulat*, sed in propositione quae est *homo non ambulat* hominem non ambulare designet. atque ideo ait subiecta quidem in propositionibus posse esse vel nomina vel infinita no- 15 mina, praedicata vero praeter verba esse non posse. nam sive in adfirmationibus quis coniungat quid, verbum sine dubio praedicavit, sive in negationibus, non infinitum verbum, sed tantum verbum, cui addita *non* particula totam qualitatem propositionis ex adfirmativa 20 in negativam commutet. quare recte nullam differentiam propositionum de infinitis verbis fecit. infinita enim verba tunc sunt infinita, cum sola sunt. si vero cum infinito nomine. iungantur aut nomine, non infinita verba iam sunt, sed finita, cum negatione tamen 25 in tota propositione intelleguntur. si ergo, quemadmodum Stoici volunt, ad nomina negationes ponerentur, ut esset *non homo ambulat* negatio, ambiguum

---

2 nec *om.* T   uerbum enim b   5 esset uerbum S²F²
10 profertur S (*corr.* S²)   12 non infinitum *codices* (non *del.* S²F²)   uerbum] nomen SFEGB (*corr.* S²F²E²G²)
16 praedicata B: praedicatiua *ceteri*   17 coniungat S²F²: cogit *codices* (ponit G²T²E²)   quid *ego*: id *codices* (idem S²F²)   18 praedicabit T   19·infinitum est S²   21 commutat T   23 sunt sola F (*corr.* F²)   26 in tota *om.* F¹
27 istoici F (*corr.* F²)

esse posset, cum dicimus *non homo*, an infinitum nomen
esse, an vero finitum cum negatione coniunctum. sed
quoniam Aristoteli placet verbis negationes oportere
coniungi, infinita magis verba ambigui intellectus sunt,
5 an infinita videantur, an cum negatione finita. atque
ideo ita discernitur: sumptum cum nomine infinitum ˙
verbum negatio fit et negativa propositio, ut est *homo*
non ambulat, per se vero dictum infinitum verbum est,
ut *non ambulat*. atque ideo hic solam differentiam
10 nominum et infinitorum nominum in propositionibus
dedit, non etiam verborum infinitorum, idcirco quod
de coniunctis loquebatur, id est de nominibus vel infinitis nominibus atque verbis. in qua coniunctione
id quod per se infinitum verbum dicitur negatio est.
15 neque enim oportet sicut omnis propositio aut ex finito
nomine aut ex infinito constat, ita quoque aut ex
verbo constare aut ex infinito verbo. infinitum enim
verbum in propositionibus non est, sed quotiens aliquid
(ut dictum est) tale ponitur, finitum quidem verbum
20 est, sed illi iuncta negatio totam propositionem privat
ac destruit. et verbum quidem infinitum iunctum nominibus negationem ut faciat necesse est, nomen vero
infinitum iunctum verbis non necesse est ut faciat
negationem. quod enim dicimus *non homo ambulat* ad-
25 firmatio est non negatio. ergo quoniam adfirmationem
p.384 oportet aliquid de aliquo significare, | nomen autem
infinitum est aliquid, quotiens dicimus *non homo am-*
bulat, ambulationem id est aliquid de *non homine* id
est de aliquo praedicamus. sed si dicamus *non am-*
30 *bulat*, non potius de aliquo praedicavimus aliquid, sed
ab aliquo. qui enim dicit *homo non ambulat*, ambu-

---

1 aut E (*corr.* E²)   2 uero finitum] finitum uerbum T
12 uel uerbis uel T   15 infinito F (*corr.* F²)   16 aut in ex F
(in *del.* F²)   finito T (*corr.* T²)   16. 17 ex finito uerbo T   21
et T   28 non *om.* F E¹   28. 29 de aliquo id est de non homine T   29 si *om.* T¹   30 praedicamus b   31 ab al. tollimus b

lationem ab homine tollit, non de homine praedicat.
quare negatio potius quam adfirmatio est. si enim
adfirmatio esset, id est si verbum esset infinitum, aliquid de aliquo praedicaret. nunc autem aliquid ab
aliquo tollit: non est igitur verbum infinitum, sed 5
potius negatio, quotiens in tota sumitur propositione.
numerum vero propositionum, quarum nos supra quoque descripsimus, ipse subiecit: indefinitas quidem prius,
post vero contra iacentes. quod si quis vel ad illa revertitur vel hic intendit animum, in quo vel nostra 10
vel Aristotelica dispositio discrepet diligenter agnoscit. nos enim et contrarias proposuimus et subcontrarias, Aristoteles vero solum contradictorie sibimet
contra iacentes oppositasque proposuit. sed Aristoteles non solum in praesenti tempore easdem propo- 15
sitionum dicit esse differentias quas proposuit, sed
etiam in aliis quoque temporibus quae sunt extrinsecus. extrinsecus autem tempora vocat quae praeter
praesens sunt praeteritum scilicet et futurum.

Quando autem est tertium adiacens praedi- 20
catur, dupliciter dicuntur oppositiones. dico
autem ut est iustus homo; est tertium dico adiacere nomen vel verbum in adfirmatione. quare
idcirco quattuor istae erunt, quarum duae
quidem ad adfirmationem et negationem sese 25
habebunt secundum consequentiam ut privationes, duae vero minime. dico autem quoniam
est aut iusto adiacebit aut non iusto, quare
etiam negatio. quattuor ergo erunt. intellegi-

7 quas b   9 contra *om.* F¹   13 contradictione T
14 iacentis SFE (*corr.* S²F²E²)   oppositaq; F   18 *alt.* extrinsecus *om.* S¹F¹E¹   uocant SFE (*corr.* S²F²E²)   19 praesentis SFEG (*corr.* S²F²E²G²) praesentis significationes *ed.*
princ.   21 propositiones ΣΤ   22. 23 iacere F (*corr.* F²)   23
quare ΣΤ: *om. ceteri* (*cf. infra p.* 270, 13)   24 quorum FE
(*corr.* F²E²)   28 *supra* iusto *scr.* homini Σ² (*bis*)   29 ergo
om. F¹ enim Σ²   sunt ΣΤ   intellegemus E

mus vero quod dicitur ex his quae subscripta
sunt. est iustus homo, huius negatio non est
iustus homo; est non iustus homo, huius negatio non est non iustus homo. est enim hoc loco
5 et non est iusto et non iusto adiacet. haec
igitur, quemadmodum in resolutoriis dictum
est, sic sunt disposita.

Fertur autem etiam alia inscriptio quae est hoc
modo: dico autem quoniam est aut *homini* adia-
10 cebit aut *non homini*, quare et negatio. et rursus
paulo post: est enim hoc loco et non est *homini*
adiacet. haec igitur, quemadmodum in resolutoriis dictum est, sic sunt disposita.

Quod autem dicitur perobscurum est et exponitur
15 a pluribus incurate, quorum cum iudicio conpetenti
enumerabo sententias. postquam de his propositionibus expedivit, quae duobus constiterint terminis et
subiectum habuerint aut nomen aut (ut ipse ait) innominatum id est infinitum nomen, nunc ad eas transit,
20 in quibus est tertium adiacens praedicatur, uno
subiecto duobus praedicatis: ut in eo quod dicimus homo
iustus est homo subiectum est et iustus et est utraque praedicantur. ergo in hoc duo sunt praedicata,
unum vero subiectum. et fortasse aliqui inquirat cur
25 ita dixerit: quando autem est tertium adiacens
praedicatur. non enim tertium praedicatur, sed secundum. duo enim sunt quae praedicantur, unum vero
subiectum est. sed non ita dictum est, quasi *est* in

1 suscripta SΣ (*corr.* Σ^2)   3 est] et E (*corr.* E^2)
huius *om.* $\Sigma\mathfrak{T}^1$ 4 loco enim hoc $\Sigma\mathfrak{T}$ (enim loco hoc $\mathfrak{T}$)
5 homini et non homini Σ^2 8 scriptio?   10 quare etiam?
12 adiacet et non homini S^2 13 dispositi S F T E G (*corr.*
S^2 T^2 E^2 G^2)   14 exponitur *ego*: exponi *codices* (expositum
E^{2}B)   15 incurate E^{2}B: incurat *ceteri* (incusat S^{2}F^2)   17
expediuit T: expeditur *ceteri*   20 praedicatum F T E (*corr.*
F^{2}E^2)   23 duo *om.* F^1 24 aliquis S^2 25 est *om.* F^1

propositione quae dicit homo iustus est tertium praedicaretur, sed quoniam adiacet tertium et praedicatur.
ergo quod dicitur tertium ad adiacere refertur. etenim
in ea propositione quae dicit homo iustus est *est*
tertium adiacet, praedicatur autem iam non tertium, 5
sed secundum. ergo tertium numeratum adiacet, secundum vero numeratum praedicatur. hoc est igitur
quod ait: quando est tertium adiacens praedicatur, non quoniam tertium praedicatur, sed praedicatur tertium adiacens id est tertio loco. facit igitur 10
nunc in his propositionibus considerationem, in quibus
est tertium adiacens secundum praedicatur. et sicut
in his in quibus tantum praedicatur *est*, non etiam
adiacens praedicabatur, ut homo est, de subiecto considerationem fecit, quot modis sumptum subiectum 15
differentias faceret propositionum (aut enim nomen
esse subiectum aut infinitum nomen), sic nunc de prae-
dicato | loquitur et de praedicati differentiis tractat. p. 385
in his enim propositionibus, in quibus est tertium
adiacens praedicatur, sumptum praedicatum alias 20
nomen, alias infinitum nomen facit differentias propositionum. praedicatum autem dico in ea propositione
quae ponit homo iustus est *iustus*. hoc enim praedicatum de homine est, *est* autem non praedicatur, sed
tertium adiacens praedicatur id est secundo loco 25
et adiacens iusto, tertium vero in tota propositione
praedicatur, non quasi quaedam pars totius propositionis, sed potius demonstratio qualitatis. non enim

---

1. 2 praedicatur T (*corr.* T²)   2 adiecit SE (*corr.* E²)
et] est E²   3 ad *om.* S¹   5 tertium T: tertio *ceteri* (tertio
loco E²)   praedicatur *ego*: praedicatum *codices* (*item* 12)
12 est est E²   14 praedicatur S²   15 quod FT (*corr.* F²)
16 propositionem F   17 sic F²T²: hic *codices* (ita hic E²)
    18 praedicatis SFE (s *del.* E²)   19 enim *om.* F¹   23 pro-
ponit b   *alt.* iustus] iustum T: *om. ceteri* (*post* dico *add.*
iustus S²)   25 secundum SFE (*corr.* S²F²E²)

hoc quod dicimus *est* constituit propositionem totam,
sed qualis sit id est quoniam est adfirmativa demonstrat. atque ideo non dixit tertium praedicatur tantum, sed tertium adiacens praedicatur. non enim
5 positum tertium praedicatur solum, sed adiacens tertium
secundo loco et quodammodo accidenter praedicatur.
potest etiam sic intelligi: idcirco dixisse Aristotelem
est in his tertium adiacens praedicari, quoniam possit
aliquotiens et per se praedicari, ut si quis dicat *So-*
10 *crates philosophus est*, ut propositio haec hoc sentiat:
Socrates philosophus vivit. est enim pro vivit positum
est. si quis ergo sic dicat, duo inveniuntur subiecta,
est vero solum praedicatur, non etiam adiacens. quod
enim dicimus *Socrates philosophus* utraque subiecta sunt,
15 *est* autem praedicatur solum. si quis autem dicat sic
Socrates philosophus est, ut non iam Socratem philosophum esse atque vivere, sed Socratem philosophari
et philosophum esse enuntiatione significet, tunc invenitur unum subiectum, duo praedicata. *Socrates* enim
20 subiectum est, *philosophus* autem et *est* praedicata,
quorum *philosophus* quidem principaliter praedicatur,
est autem adiacens philosopho et ipsum praedicatur,
sed non simpliciter praedicatur, sed adiacens. sunt
autem etiam aliae propositiones hoc modo: *Socrates*
25 *in lycio leget*. et sunt hae ex tribus terminis. sed de
hac interim propositionum natura nil tractat, sed de
his solis in quibus est tertium adiacens praedicatur, ut est homo iustus est. sed de his duas quidem oppositiones. quocirca recte duae oppositiones

6 quodammodo T²E²: quodadmodum T. quemadmodum
ceteri 8 tertio SFE 9 per se] posse S (*corr*. S²) 10
haec *del.* T² 11. 12 positum est *om.* S¹ (*delendum?*) 15 sic
dicat G 20 est et phil. F (et *del.* F²) 22 philosophus
SFEG (*corr*. S²F²G²) nomini quod est philosophus B
24 etiam] et F 25 lycito F (*corr*. F²) legit T disputat B
28 *alt.* est *om.* S¹ duae? 29 oppositiones facit S²
oppositiones ponit T

quattuor propositionum sunt. hoc autem huiusmodi
est: quando est tertium adiacens praedicatur,
quod principaliter praedicatur aut nomen erit aut infinitum nomen. et hae aut adfirmative praedicandae
sunt aut negative. quocirca simplicis nominis adfir- 5
matio et simplicis nominis negatio una est oppositio
et duae propositiones. finitum autem et infinitum hic
non subiectum, sed sumitur praedicatum, ut in eo
quod est homo iustus est iustus praedicatur. hoc autem
nomen erit aut infinitum nomen. fiunt ergo ex his 10
duae adfirmationes: homo iustus est, homo non iustus
est ⟨et duae negationes: homo iustus non est, homo
non iustus non est⟩. atque hoc quidem in indefinitis.
posterius autem monstrabitur hoc etiam in his esse,
quae determinationem habent universalitatis vel parti- 15
cularitatis. nunc autem horum ordo subiectus numerum oppositionemque declaret.

Oppositio una.

Adfirmatio simplex.   Negatio simplex.
Homo iustus est.   Homo iustus non est.   20

Oppositio una.

Adfirmatio ex infinito.   Negatio ex infinito.
Homo non iustus est.   Homo non iustus non est.

Simplices in superposita descriptione propositiones vo-
cavi, in quibus nomen praedicatur, ut homo iustus 25

4 haec b   autem T   praedicanda b   4. 5 adfirmatiuae —
negatiuae TE   5 negatiue] nature F (corr. F²)   7 post propositiones addendum videtur: et infiniti nominis adfirmatio et
infiniti nominis negatio rursus una est oppositio et duae propositiones   11 h. non iustus est] non est homo iustus SFEG
(corr. F² est h. non iustus S²)   12. 13 et duae n. — h. n. i.
n. est ego add.: om. codices (duae adf. et duae negationes homo
iustus est homo iustus non est homo non iustus est homo non
iustus non est E²B)   13 in om. S¹T   infinitis F (corr. F²)
16. 17 numerum propositionum oppositionumq;?   17 declarat
G (corr. G²)   24. 25 uocabi SF (corr. S²F²) uocauit E²
25 finitum nomen S²

est, homo iustus non est. ex infinitis autem, in quibus nomen infinitum principaliter praedicatur, ut est
homo non iustus est, homo non iustus non est. sive
autem *est* primo dicatur sive postea idem est nec hoc
5 turbet quod Aristoteles *est* primum dixit, nos vero
postremum, sed idem est. fiunt igitur oppositiones duae,
quattuor propositiones sunt. hae quattuor propositiones ex senario propositionum numero ad pauciora reductae sunt. si enim simplices et ex duobus terminis
10 fuissent, hoc modo essent: homo est, homo non est,
iustus est, iustus non est, non iustus est, non iustus
non est, et essent hae sex propositiones. posset quidem adici hoc quidem etiam, ut de infinito nomine
subiecto fierent propositiones, ut est non homo est,
15 non homo non est. sed de his posterius dicit. nunc
autem sex illae simplices in quattuor raptae sunt, |
p. 386 idcirco quoniam res simplices iunctae naturaliter redeunt
pauciores. coniunctio enim ipsa numerum minuit, ut
si sint decem res et singulae singulis iungantur, ut
20 binae fiant, quinarius numerus coniunctionis redit. ita
etiam hic modo sex erant propositiones (ut supra docui) quae [et] simpliciter dicerentur, sed hae adstrictae
sunt et coniunctione deminutae. nam quod posuerunt
istae quattuor: homo est, homo non est, iustus est,
25 iustus non est, hae coniunctione in duas redactae sunt.
iunctus enim homo cum iusto duas propositiones fe-
cerunt: homo iustus est, homo iustus non est. rursus

---

4 primo dicatur] praedicatur SFE (*corr.* S²F²) primo praedicatur E² ante praedicatur T (primum?) 6 duae *om.* S¹F¹E
7 quia quattuor T fiunt igitur propositiones quattuor,
oppositiones duae (*del.* sunt) E² et hae E² 8 pauciores?
8. 9 redductae S (*corr.* S²) 13 addici F (*corr.* F²) quidem
del. E² (quoque?) 15 dicet? 16 in *om.* S¹ reductae b
17 tres F 18 in pauciores S²F² 20 bini SFE (*corr.*
E²) 21 etiam *ego*: enim *codices* hoc E (*corr.* E²)
21. 22 docuit *codices* (*corr.* S²F²) 22 et *uncis inclusi* 23
diminutae F²T propos. b

ad eundem ipsum hominem infinitum cum praedicatur,
aliae duae propositiones ex infinito praedicato rationabiliter oriuntur: homo non iustus est, homo non iustus
non est. quorum duae sunt oppositiones, quattuor vero
propositiones. ita igitur ex sex propositionibus id est 5
est homo, non est homo, est iustus, non est iustus,
est non iustus, non est non iustus (quae cum sex
sint propositiones, tres tamen habent oppositiones)
homo iusto et homo non iusto subiectus quattuor solas propositiones fecit, duplicem vero oppositionem. 10
qui vero dixerunt numerosiores fieri propositiones ex
his, in quibus *est* adiacens praedicaretur, quam ex his,
quae duobus terminis constarent, illos non intellexisse
rerum naturam manifestum est, quae ita fert, ut semper ex pluribus simplicibus rariores redeant res pau- 15
cioresque coniunctae. ait igitur: in his in quibus est
tertium adiacens praedicatur: ut hoc quod ait
tertium non ad praedicationem referatur potius quam
ad ordinem, ipse distinxit dicens: dico autem ut
est iustus homo; est tertium dico adiacere no- 20
men vel verbum in adfirmatione. non inquit tertium praedicari, sed tertium adiacere, ad ordinem scilicet, non ad praedicationem, ut tertium quidem ad-
iaceret, adiacens autem praedicaretur id est non simpliciter praedicaretur. neque enim superius terminus 25
in propositione est. atque ideo si quis resolvere propositionem velit in suos terminos, ille non resolvit
in *est*, sed in id quod est homo et iustus. et erunt
duo termini: subiectus quidem homo, praedicatus vero

       4 quarum b   5 ex] et E (*corr.* E²)   8 tam T tantum b
9 homo non] non homo SFEG (*corr.* S²G²) homo *del.* E²
16 at E   17 ut autem?   19 ut ipse b   distincxit F   22
ad T: sed ad *ceteri*   23 referuntur ut B   24 non *om. codices* (*add.* S²F²E²)   25 enim est G²T   superius est S²
terminum SFEGN (*corr.* S²F²E²G²)   27 suis terminis *codices* (*corr.* G²T²)   soluit G   28 id S²F²T: et SFE eo E²

iustus, *est* autem quod adiacens praedicatur et tertium
adiacens non in termino, sed in qualitate potius propositionis (ut dictum est) iustius accipietur. nomen
autem vel verbum ait *est* propter hanc causam. ter-
5 tium enim nomen adiacere *est* dixit, ut doceret prima
duo esse hominem scilicet et iustum, idcirco autem
ait nomen vel verbum, quoniam verba quoque nomina sunt. hoc autem prius dixit dicens: ipsa quidem per se dicta verba nomina sunt. postquam
10 igitur dixit, quid vellet ostendere per id quod ait est
tertium adiacens praedicatur, quoniam ad ordinem
non ad praedicationem, subter exposuit quot fierent
propositiones dicens: quare idcirco quattuor istae
erunt. dixit autem communem istis quattuor acci-
15 dentiam, quam paulo post diligenter exponam. quod
autem accidit hoc est: cum sint hae quattuor propo-
positiones, quas subter positurus est, duae ipsarum
se ad adfirmationem et negationem ita habebunt secundum consequentiam ut privationes,
20 duae vero minime. sed hanc his propositionibus
accidentiam paulo post demonstrabo. nunc autem illud
respiciamus, quemadmodum ipse quattuor fieri propositiones dicat. ait enim: dico autem quoniam est
aut iusto adiacebit aut non iusto. fiet enim du-
25 plex propositio, si *est* aut iusto adiaceat aut non iusto,
hoc modo: est homo iustus, est homo non iustus.
quare, inquit, si *est* adfirmativo modo positum nunc
quidem cum iusto, nunc autem cum non iusto geminas fecit propositiones scilicet adfirmativas, idem quo-
30 que *est* cum negatione coniunctum id est *non* geminas

---

3 iustius *om.* b   4 uerbum] nomen F (*corr.* F²)   9 per]
secundum b   10 per] pro FE (*corr.* E²) *om.* T   12 praedicationem referatur S²   quod FTE (*corr.* E²)   13 quattuor
idcirco E   16 addidit S²   17 quas E²: quae *codices*   25
adiacet E (*corr.* E²)   26 *prius* iustus *om.* F¹   27 posito STE
(*corr.* S²T²)   29 facit T²   30 non] nunc TE

quoque faciet negationes eas scilicet quae sunt: non
est homo iustus, non est homo non iustus. hoc est
autem quod ait: dico autem quoniam est aut iusto
adiacebit aut non iusto. si enim adiacet iusto,
facit hanc adfirmationem: est iustus homo; si adiacet 5
non iusto, facit hanc adfirmationem: est non iustus
homo. quare etiam negatio, quae iuncta cum *est*
non est facit. haec igitur negatio copulata iusto et
non iusto duas efficiet negationes contra eas quas
supra diximus propositiones. si enim addatur iusto, 10
talem facit negationem: non est iustus homo; si non
iusto: non est non iustus homo. hoc autem cur eve-
nit? quoniam est et non est iusto | et non iusto ad- p. 387
iacet, est cum iusto et non iusto duas faciente propositiones; non est iterum cum iusto et non iusto alias 15
duas. ex quibus quattuor duae oppositiones sunt, ut
ait supra: quando est tertium adiacens praedicatur, dupliciter dicuntur oppositiones. quare
sensus sese totus hoc modo habet. sed quoniam est
alia quoque scriptio loci, sic dicat: dico autem quo- 20
niam est aut homini adiacebit aut non homini,
quare etiam negatio. quattuor ergo erunt. intellegimus vero quod dicimus ex his quae subscripta sunt. est iustus homo, huius negatio
non est iustus homo; est non iustus homo, hu- 25
ius negatio non est non iustus homo, est hoc
loco et non est homini adiacente. turbabat expositores

1 quoque *om.* F   fecit F facit F² faciat E (*corr.* E²)
2 *alt.* homo *om.* S¹   12 cur *om.* S *del.* F²   13 *alt.* est *om.* S
    14 et] est cum TE (et cum E²)   faciente *ego:* fa-
cientem GES?F? facientes T faciens G²T²E² faciet S³ facit
F³   16 quattuor *om.* F¹   20 loci *om.* E¹   quae sic S²F²E³
    dicit S²G²T   22 ergo *om.* FE¹ igitur F²S²   nega-
tiones erunt FE propositiones erunt E² (negationes *del.* F²)
23 intellegemus S intelligemus E (*corr.* E²)   dicitur?   27
adiacens F² adiacere E²   26. 27 est enim — homini et non
homini adiacet b

et dubitabant quid hoc esset, quod cum supra dixisset: dico autem quoniam est aut homini adiacebit aut non homini, in eorum exemplo et dispositione *est* non adposuit homini aut non homini, sed
5 iusto et non iusto dicens: intellegimus vero quod
dicitur ex his quae subscripta sunt. est iustus
homo, huius negatio non est iustus homo; est
non iustus homo, huius negatio non est non
iustus homo, et postquam iusto et non iusto est et
10 non est adposuit quod ante non dixit, sed ad hominem et ad non hominem est adiacere proposuit, postea
infert: est enim hoc loco homini adiacet, qui
posuerat iusto et non iusto est et non est adiacere.
unde Alexander quoque dicit scripturae esse culpam,
15 non philosophi recte dicentis et emendandam esse scripturam. sed non eum oportuit confundi, si pro homine
et non homine iustum et non iustum intulit. haec
enim exempla potius sunt quam propositionum necessitas. quod enim dixit est homini et non homini ad
20 iacere ita sumpsit, tamquam si homo praedicaretur,
ut in eo quod est *Socrates homo est* vel rursus *Socra*
tes non homo est. ergo volens sumere quodcumque
praedicatum, nunc quidem simplex, nunc autem infinitum, intulit iustum et non iustum indifferenter ha
25 bens, an homo et non homo praedicaretur, an iustus
et non iustus, modo in praedicato alias sumeretur nomen, alias infinitum nomen. non ergo oportuit conturbari Alexandrum aliosque in hac inscriptione, in
qua nos philosophus exercere voluerit, sicut Porphy

6 suscripta SE   12 loco et non est?   homini et non
homini S²   15 dicenti SE (*corr.* S²E²)   sed *codices* (*corr.*
E²)   17 et non homine *add.* E²: *om. codices*   18 sunt potius E   21. 22 socrates homo uel rursus socratis homo est socratis non homo (socratis homo non F²) est SFE (*corr.* E²)
23 praedicatum est *codices* (*corr.* b)   26 modo *ego:* solo *codi*
ces (solum S²)   28 Alex. cont. E   scriptione b   29 philosophos T (*corr.* T²)   voluit b·

rium et Herminum non turbabat, qui dicunt exempla
haec esse finiti praedicati et infiniti, in quibus quodlibet praedicatum [sit] aeque accipi oportere. velut si,
cum dixisset homini et non homini adiacere est et
non est, album et non album postea intulisset, suffi- 5
ceret. hoc enim illud praedicatum alias finitum, alias
infinitum sumere quibuscumque nominibus. et quod ait
homini et non homini adiacere est et postea intulit
iusto et non iusto et subiecit hominem, non ita putandum est, tamquam de subiectis id est homine et 10
non homine loqui voluerit et postea per errorem in-
tulerit in praedicato iusto et non iusto, sed potius
ipsum homini et non homini ita sumpsit, tamquam
in aliquo praedicaretur, ut (sicut dictum est) *Socrates
homo est, Socrates non homo est.* hic ergo homo et non 15
homo praedicatur. rursus si quis dicat homo iustus
est, homo non iustus est, nihil differt. eodem enim
modo praedicatum in una propositione simplex sumptum est, in altera infinitum, velut si dicam nix alba
est, nix non alba est, eodem modo. non ergo culpanda 20
scriptura est quae, cum prius proposuisset homini et
non homini adiacere est, iustum et non iustum intulit.
nil enim interest, sive iustum aut non iustum praedicetur sive homo aut non homo, dummodo praedicationem alias infinitam, alias vero sumat finitam, tunc 25
cum est tertium adiacens praedicatur. exercere igitur
intellegentiam nostram acumenque philosophus voluit
rerum omnium sollertissimus, non falsa scriptura con-

1 turbabunt SFE (*corr. S²*) turbauit T   2 esse *post* praedicati E (*corr. E²*)   3 sit *uncis inclusi*   oporteret *ed. princ.*
velut *ego:* uel *codices*   sic G (*corr. G²*)   5. 6 sufficit G
(*corr.* G²)   6 enim est G²T   sufficeret hoc aut illud?
8 est *om.* G¹   10 id est de SF²   15 non h. est] homo non
est F   17 nil E   20 eodem modo *om.* T   21 proposuit T
    23 enim b: nr̄ī *codices* (nr̄ā E)   24. 25 praedicatio a. in-
finita, alias v. sumatur finita?

fundere. quando autem ea quae supra dixit colligens
ait: est enim hoc loco et non est homini adiacet, hoc sentit, quoniam in hac propositione quae
dicit homo iustus est, quam supra proposuerat, iustus
5 de homine praedicatur, *est* autem adiacens iusto adiacebit ⟨et homini⟩; et in ea quae dicit homo iustus
non est, quoniam iustus praedicatur de homine, *non*
est autem adiacet, *non est* igitur homini quoque adiacebit. hoc est enim quod ait: est enim hoc loco
10 et non est homini adiacet. nam si iustus praedicatur de homine, *est* autem et *non est* adiacet iusto,
p. 388 homini quoque adiacebit, | ut dictum est. hanc quo-
que scripturam emendandam esse Alexander opinatur
faciendumque esse hoc modo, sicut prius quoque ex-
15 posuimus: est enim hoc loco et non est iusto et
non iusto adiacet. sed ordo quidem totius sententiae
diligenter expositus est, sive illa scriptio sit sive illa.
neutra enim mutanda est. et una quidem plus habet
exercitii, altera vero facilitatis, sed ad unam intellegen-
20 tiam utraque perveniunt. restat igitur ut id quod ait:
quare idcirco quattuor istae erunt, quarum duae
quidem ad adfirmationem et negationem sese
habebunt secundum consequentiam ut privationes, duae vero minime diligentius exponamus.
25 locus enim magna brevitate constrictus est et nimia
obscuritate ac subtilitate difficilis. et hunc quidem in
prima editione huius operis transcurrentes exposuimus
atque [in] brevissimam ut in aliis quoque dedimus expositionem. nunc autem quid in se sensus habeat
30 veri, quid hac brevitate latitet, quantum facultas sup-

4 posuerat FE (*corr.* F²)   6 et homini *add.* b: *om. codi-*
ces (homini quoq; adiacebit S²F²)   8 adiacet iusto S²F²
13 emendandum E (*corr.* E¹)   17 sit *om.* SFE   20 utraeq;
S²   perueniunt b: proueniunt *codices*   ut *add.* S¹: *om. ce-*
teri   id *om.* b   22 ad *om.* F¹E¹   et negationem *om.* S¹FE
    25 constrinctus S (*corr.* S²)   28 in *uncis inclusi*: in eo b,
eius?   30 qui S²F² quidue in E²   latet et S²T

petit, nos ipsi patefaciemus, et quantum valet animum
lector intendat. cui si forte paulo obscuriora videantur, rerum inputet difficultati; si vero planiora quam
putaverit, suo gratiam debebit acumini. sed prius
quid de hoc loco Herminus arbitretur quam possi- 5
biliter expediam. ait Herminus tribus modis propositiones cum infinito nomine posse proferri: aut enim
infinitum subiectum habent, ut est non homo iustus
est, aut infinitum praedicatum, ut homo non iustus
est, aut infinitum praedicatum et infinitum subiectum, 10
ut non homo non iustus est. harum igitur, inquit,
quaecumque ad praedicatum terminum habent nomen
infinitum, similes sunt his quae aliquam denuntiant
privationem. denuntiant autem privationem hae quae
dicunt homo iniustus. ergo istis huiusmodi quae pro- 15
ponunt homo iniustus est illae, inquit, consentiunt
quae sunt ex infinito praedicato, ut ea quae est homo
non iustus est. idem enim est, inquit, esse hominem
iniustum quod hominem non iustum. illae vero quae
habent aut subiectum infinitum, ut est non homo iustus 20
est, aut utraque infinita, ut est non homo non iustus
est, non consentiunt ad privatoriam propositionem,
quae est homo iniustus est. nulla similitudo est enim
eius propositionis quae dicit non homo iustus est et
eius quae dicit homo inustus est. nec vero eius quae 25
proponit non homo non iustus est et eius quae enuntiat homo iniustus est. namque illae quae infinitum
nomen habent in praedicatione hae privatoriis consentiunt, illae vero propositiones quae aut subiectum
habent infinitum aut utraque infinita privatoriis longe 30
diversae sunt. sed haec Herminus. longe a toto in-

1. 2 animus lectoris E²   2 si *om.* S¹   13 *et* 14 enuntiant?
15 h. iniustus est, homo iniustus non est b (*item negationem addit*
16 *et* 18)   17 non sunt SFE (non *del.* S²F²E²)   18 non iustus]
iustus non E (*corr.* E²)   23 enim *post* nulla b   24 dicit] est b
27 non est b   30 a priv.?   31 diuersa *codices* (*corr.* b)   hic b

tellectu et ratione sententiae discrepans has interposuit,
quae aut ex utrisque infinitis aut ex subiecto fierent
infinito. quid autem esset quod ait secundum consequentiam vel quae duae haberent se secundum
5 consequentiam ut privationes, quae vero non, exponens nihil planum fecit et sensus nihilo magis ante
expositionem Hermini quam post expositionem obscu-
rus est. nos autem Porphyrium sequentes eique
doctissimo viro consentientes haec dicimus: quattuor
10 esse propositiones, quarum duae quidem ex finitis nominibus sunt, duae vero ex infinitis nominibus praedicatis. sunt autem ex finitis nominibus hoc modo:
adfirmatio est iustus homo, negatio non est iustus
homo. ex infinitis vero nominibus praedicatis adfir-
15 matio est quae dicit est non iustus homo, negatio
quae proponit non est non iustus homo. sed has ex
infinitis nominibus praedicatis propositiones in reliquo
sermone infinitas vocabimus, ut adfirmatio infinita sit
extra expositionem ea quae dicit est non iustus homo,
20 negatio infinita ea quae dicit non est non iustus homo,
ut quod dicturi eramus propositionem ex nomine infinito praedicato hanc infinitam nominemus, illas autem
duas quae nullum nomen habent infinitum nec subiectum nec praedicatum simplices vocamus. sunt ergo
25 simplices propositiones hae: est homo iustus, non est
homo iustus. privatorias autem propositiones voco
quaecumque habent privationem. privatoriae autem
sunt hoc modo: est iniustus homo, haec enim iustitia
subiectum privabit, et rursus non est iniustus homo,
30 haec rursus iniustitia subiectum privabit. ergo cum
sint duae propositiones simplices, una adfirmativa,

---

6 nil E (*item post* nilo: *corr.* E²)   19 extra expos.] in hac
expositione E²   22 nominibus SFT (*corr.* S²F² nominamus
T²)   24 uocemus b   25 iustus homo F   29 priuat b
(*item* 30)   31 propos.] adfirmationes SFE (*corr.* S²F²E²)

altera negativa, et sint duae privatoriae, | eae quoque p. 389
una adfirmativa, una negativa, nec non etiam sint aliae
infinitae, adfirmativa rursus et negativa, dico quoniam,
quemadmodum se privatoriae propositiones adfirmatio
scilicet et negatio ad adfirmationes et negationes sim- 5
plices habuerint, sic se habebunt etiam quae sunt infinitae ad easdem ipsas simplices scilicet secundum
consequentiam. quod autem dico tale est. disponantur
prius duae simplices id est adfirmatio quae dicit est
iustus homo et rursus negatio quae dicit non est iustus 10
homo. sub his autem disponantur privatoriae: sub
adfirmatione quidem simplici privatoria negativa, sub
negativa simplici adfirmativa privatoria, ut sub ea quae
dicit est homo iustus ponatur ea quae dicit non est
homo iniustus et sub ea quae dicit non est homo 15
iustus ponatur ea quae proponit est homo iniustus.
rursus sub privatoriis disponantur infinitae: sub adfirmatione adfirmatio, sub negatione negatio. sub adfirmatione quidem privatoria quae dicit est iniustus
homo disponatur adfirmativa infinita est non iustus 20
homo, sub negativa vero privatoria quae dicit non est
iniustus homo ponatur negativa infinita quae dicit
non est non iustus homo. hoc autem subiecta descriptio docet:

SIMPLICES   25

Adfirmatio   **Negatio**
est iustus homo   non est iustus homo

PRIVATORIAE

Negatio   **Adfirmatio**
non est iniustus homo   est iniustus homo   30

1 aliae duae S²TE duae aliae F   ea FTE (heae E²)
2 aliae duae E²   6 habuerunt SFE   10 homo om. SF   12
quidem] autem E   17. 18 adfirmatione] adfirmatiue S (corr.
S²),   21 non est] est non SFE (corr. E²)   25 ad figuram
addit T sinistra parte: Hanc consecuntur istae, sed non e con-

INFINITAE

Negatio   Adfirmatio
non est non iustus homo   est non iustus homo

His ergo dispositis dico quoniam, quemadmodum se
5 habent privatoriae, id est adfirmatio et negatio quae
dicunt est iniustus homo, non est iniustus homo, ad
simplices quae proponunt est iustus homo, non est
iustus homo secundum consequentiam, sic se habebunt
etiam infinitae propositiones adfirmatio et negatio hae
10 scilicet quae sunt est non iustus homo, non est non
iustus homo ad easdem simplices quae sunt est iustus
homo, non est iustus homo. videamus quae sit simplicium et privatoriarum consequentia, ut utrum se
sic habeant infinitae ad simplices, quemadmodum se
15 habent privatoriae ad easdem simplices, cognoscamus.
dispositae igitur sunt in primo quidem ordine simplices propositiones, adfirmatio simplex quae dicit est
iustus homo et negatio simplex quae dicit non est
iustus homo. sub his id est sub adfirmatione simplici
20 duae negationes, una privatoria quae est non est iniustus homo et altera infinita quae est non est non
iustus homo. sub negatione vero simplici quae dicit
non est iustus homo duae adfirmationes, una privatoria quae dicit est iniustus homo, altera infinita quae
25 dicit est non iustus homo. illud quoque in descriptione
videndum est, quod angulariter se adfirmationes negationesque respiciunt. nam adfirmatio quae est simplex
est iustus homo angulariter se contra utrasque respicit
adfirmationes infinitam scilicet et privatoriam quae
30 sunt est non iustus homo, est iniustus homo. rursus
negatio simplex quae est non est iustus homo angu-

verso *dextra*: Haec consequitur istas, sed non e converso.
figuram om. B   4 hic SF (*corr.* S²F²) sic E²   igitur B
igitur ita b   7 homo *om.* S¹   12 vid. igitur?   13. 14 sic
se S   22 negatio F (*corr.* F²)   29 infinita — priuatoria T
29. 30 quae sunt — priuatoriam (279, 2) *om.* S¹

lariter respicit duas negationes infinitam scilicet et
privatoriam. et in veritate simplicem adfirmationem
privatoria negatio sequitur. nam si verum est dicere
quoniam est iustus homo, verum est dicere quoniam
non est iniustus homo. nam qui iustus est non est in- 5
iustus. et possumus istam continuam propositionem
coniunctamque proponere: si iustus est homo, non est
iniustus homo. sequitur ergo adfirmationem simplicem privatoria negatio, ut si vera fuerit adfirmatio
simplex vera quoque sit negatio privatoria et adfir- 10
mationis simplicis veritatem negationis privatoriae veritas consequatur. at vero non e converso est. neque
enim adfirmatio simplex negationem sequitur privatoriam. nam si verum est dicere quoniam non est iniustus homo, non est omnino verum dicere quoniam 15
est homo iustus. potest enim vere de equo dici quoniam equus non est iniustus homo (neque enim omnino
homo est et ideo nec iniustus homo est), sed non potest
dici de equo, quoniam equus est homo iustus. ita ergo,
quoniam verum non est de equo quoniam est iustus 20
homo equus, veritatem negationis privatoriae non sequitur veritas simplicis adfirmationis. atque ideo nec
continua propositio hinc et coniuncta proferri pro-
ponique potest. non est enim vera propositio, si quis
dicat: si non est iniustus homo, est iustus homo. de 25
equo enim (ut dictum est) verum est quia non est iniustus homo, non tamen verum est iustum esse homi-
nem equum. quare negationem privatoriam simplex |
adfirmatio non sequitur. monstratum est igitur quo- p.390

1 duas *om.* T   6 ista FE (*corr.* F²) ita SE²G. conti-
nentiam T   7 coniunctam F   componere F (*corr.* F²)   12
e oonuerso b: haec conuersio *codices* (eeonuersio T²)
16 dici de aequo S (*corr.* S²)   20 quoniam uerum non est
G²T: uerum est (*om.* quoniam *et* non) *ceteri*   non est iniustus
S²F²   20. 21 verum — equus *del.* E² *om.* B   24 uera]
ita F (*corr.* F¹)   27 iniustum T

niam adfirmationem simplicem negatio privatoria sequeretur, negationem vero privatoriam simplex adfirmatio non sequeretur. rursus videamus et in opposita
parte qualis sit consequentia. in diversa enim parte
5 adfirmationem quidem privatoriam sequitur negatio
simplex, negationem vero simplicem adfirmatio privatoria non sequitur. nam si verum est dicere quoniam est iniustus homo, verum est dicere quoniam non
est iustus homo. qui enim iniustus est, iustus non est.
10 et adfirmativae privatoriae eius scilicet quae dicit est
iniustus homo veritatem sequitur negativa simplex
quae est non est iustus homo. hoc autem non convertitur. neque enim simplicem negativam sequitur
privatoria adfirmativa. nam si verum est dicere quo-
15 niam non est iustus homo, non est omnino verum
quoniam est iniustus homo. de equo enim verum est
dicere quoniam equus non est iustus homo (nam qui
omnino homo non est nec iustus homo est), sed non
de eodem equo dici potest vere quoniam equus est
20 iniustus homo. nam qui homo non est nec iniustus
esse potest. quare veritatem negativae simplicis non
sequitur veritas privativae adfirmationis, veritatem
autem adfirmationis privatoriae sequitur ex necessitate
veritas simplicis negativae. quocirca monstratum est
25 hoc in utrisque, quoniam adfirmationem quidem simplicem sequeretur negatio privatoria, negationem vero
privatoriam non sequitur adfirmatio simplex; rursus
adfirmationem privatoriam sequitur negatio simplex,
negationem simplicem non sequitur adfirmatio priva-
30 toria. his ergo ita positis de infinitis privatoriisque
tractemus. privatoriae namque et infinitae adfirmationes adfirmationibus, negationes consentiunt negationi-

2 negationem — 6 simplex *om.* F¹   10 praedicatoriae
FE (*corr.* F²E²)   12 *alt.* non *om.* T   17 qui *del.* F²
18 *pr.* homo *om.* S¹F¹E¹   *alt.* est *om.* T¹   20 iniustus
homo E²   22 privatoriae b

bus hoc modo. adfirmatio enim privatoria quae dicit
est iniustus homo consentit infinitae adfirmationi quae
dicit est non iustus homo. idem enim significant utraeque et privatoria adfirmatio et infinita adfirmatio et
quamquam in aliquo sermone prolatione discrepent, 5
tamen significatione nil discrepant, nisi tantum quod
quem illa iniustum ponit id est privatoria, haec
ponit esse non iustum. et rursus negatio privatoria
quae est non est iniustus homo consentit atque
concordat ei negationi quae est infinita non est 10
non iustus homo. hae quoque idem, quod sibi istae
consentiunt. sequitur autem simplicem adfirmationem
eam quae dicit est iustus homo privatoria negatio quae
dicit non est iniustus homo; sequitur igitur eandem
ipsam simplicem adfirmationem infinita negatio, id est 15
eam quae dicit est iustus homo ea quae proponit non
est non iustus homo. nam si sibi privatoria negatio
et infinita consentiunt, quam consequitur privatoria
negatio, eandem quoque infinita negatio consequitur.
sed adfirmationem simplicem quae proponit est iustus 20
homo privatoria negatio sequitur quae dicit non est
iniustus homo: quare sequitur etiam eandem simplicem adfirmationem quae enuntiat est iustus homo infinita negatio non est non iustus homo. rursus e
diversa parte idem evenit: quoniam adfirmationem 25
privatoriam quae dicit est iniustus homo sequebatur
negativa simplex quae proponit non est iustus homo,
sequitur quoque infinitam adfirmationem quae dicit est

---

2 affirmationes F (*corr.* F²)   3 enim] re T ergo T² idemq;
(*om.* enim) S²F²   significat F (*corr.* F¹)   4 *pr.* et *om.* b
5 aliqua T   sermonis F²T sermoñe *del.* E²   prolatione
om. S¹ prolatione/// F   9 non est iniustus] non iustus FE
(*corr.* F²E²)   consentiat E (*corr.* E²)   11 idem] id est F
(*corr.* F²)   idem faciunt S²   12 enim F   17 si S²T: *om.*
ceteri   18 quam S²T: *om. ceteri* (et si *add.* E²)   19 eadem
SFE (*corr.* S²F²)   20 ponit S (*corr.* S²)   24 negatio quae
dicit b   28 infinitam *codices* (*corr.* E²)

non iustus homo simplex negatio quae dicit non est
iustus homo. nam si privatoria adfirmatio et infinita
consentiunt, quae sequitur privatoriam, eadem sequitur
infinitam. sed privatoriam adfirmationem quae dicit
5 est iniustus homo sequitur simplex negatio quae proponit non est iustus homo; sed privatoria adfirmatio
et infinita adfirmatio idem significant sibique consentiunt: sequitur igitur simplex negatio quae est non
est iustus homo infinitam adfirmationem quae dicit
10 est non iustus homo. sed hoc e converso non evenit.
nunc enim demonstratum est quod simplicem adfirmationem sequeretur infinita negatio et simplex negatio
veritatem infinitae adfirmationis sequeretur, sed non
est e converso, ut rursus infinitam negationem sequa-
15 tur finita adfirmatio et simplicem negationem infinita
rursus adfirmatio consequatur. nam si idem privatoria
negatio quae est non est iniustus homo et infinita negatio significat quae est non est non iustus homo,
p. 391 quoniam adfirmatio simplex | quae dicit est iustus homo
20 non sequitur privatoriam negationem quae est non est
iniustus homo, ut supra monstravimus, eadem ipsa
simplex adfirmatio quae proponit est iustus homo non
sequitur infinitam negationem quae enuntiat non est
non iustus homo. rursus in parte altera si adfirmatio
25 privatoria quae proponit est iniustus homo idem significat cum infinita adfirmatione quae dicit est non iustus

1 dicit] proponit b   3 sequeitur (*sic*) T (*corr.* T²)
priuatoria E   4 indefinitam *codices* (indefinita E): *corr.* S²
infinita E²   5 sequitur *in marg.* S²   negatio *om.* S¹
9 infinitam — veritatem (13) *om.* F¹   10 homo *om.* S¹   haec
conuero (*sic*) S (*corr.* S¹)   14 e] hae F   conuersio F²
15 simplex finita T   18 significant b   19 adfirmationem
simplicem *codices* (*corr.* b)   20 non *del.* S²F²E²G² *om.* T
priuatoria negatio *codices* (*corr.* b)   21. 22 eandem ipsam simplicem adfirmationem *codices* (*corr.* b)   22 iustus *om.* S¹
non *del.* S²F²E²G² *om.* T   23 infinita negat⬤ *codices* (*corr.* b)

homo, privatoria autem adfirmatio quae proponit est
iniustus homo non sequebatur simplicem negationem
quae dicit non est iustus homo, nec eandem quoque
simplicem negationem quae proponit non est iustus
homo sequitur infinita adfirmatio quae dicit est non 5
iustus homo. sed quamquam hoc ratio consequentiae
et necessitas monstret, nos tamen id quod demonstra-
vimus ratione exemplis quoque doceamus. dico enim
adfirmationem simplicem quae dicit est iustus homo
sequi infinitam negationem quae dicit non est non 10
iustus homo, sicut eandem quoque simplicem adfirmationem sequebatur privatoria negatio quae proponit
non est iniustus homo. nam si verum est dicere quoniam est iustus homo, verum quoque de eo dicere
quoniam non est non iustus homo (nam qui iustus est 15
non est non iustus) sicut verum erat dicere, quoniam
idem qui iustus est non est iniustus. quare simplicem
adfirmationem sequitur infinita negatio, sicut eandem
quoque simplicem privatoria negatio sequebatur. sed
hoc non convertitur. neque enim statim verum est, qui 20
non est non iustus homo eundem esse iustum. equus
enim non est non iustus homo (neque enim omnino
homo est: qui autem omnino homo non est, non poterit esse homo non iustus), sed de equo, de quo verum
est dicere quoniam non est non iustus homo, non est 25
de eo verum dicere quoniam est iustus homo, sicut
de eodem equo verum esset dicere privatoriam nega-

1 priuatoriam — adfirmationem *codices* (*corr*. b)   2 non
del. S²F²E²G² *om*. T   simplex negatio *codices* (*corr*. b)
3 nec *del*. S²F²G² *om*. T haec E²   3. 4 eadem — simplex negatio *codices* (*corr*. b)   5 infinitam adfirmationem *codices*
(*corr*. b)   6 haec E (*corr*. E²)   7 nos *om*. T¹   11 homo *om*. T
14 est de E²   eodem est b   dicere est T   15 *alt*. est *om*. S¹
16 iustus homo T   17 *pr*. est *om*. F   19 simpl. adf.?   20 qui
ego: quoniam qui T quoniam *ceteri*   21 esse *om*. F¹   22
pr. enim *om*. E¹   24 de quo *om*. F   26 iustus est F
sicut nec SFEG (nec *del*. S²G² et b)   27 de] e T   erat?
27 *sq*. priuatoria negatione SF priu. negatio S²F²TE (*corr*. E²)

tionem quae proponit non est iniustus homo (haec
enim poterat etiam de equo dici) nec erat verum quoniam sequeretur hanc id est privatoriam negationem
simplex adfirmatio quae diceret est iustus homo. quare
5 non sequitur infinitam negationem quae est non est
non iustus homo simplex adfirmatio quae proponit est
iustus homo, sicut ne illam quidem quae consentit
infinitae negationi id est privatoriam negationem quae
proponit non est iniustus homo ea quae dicit est iustus
10 homo simplex adfirmatio sequebatur. concludenti igitur dicendum est quoniam adfirmationem quidem simplicem sequitur infinita negatio, sicut eam privatoria
sequebatur, infinitam vero negationem non sequitur
simplex adfirmatio, sicut nec negationem privatoriam
15 sequebatur. rursus in parte altera idem e converso
evenit. adfirmationem enim infinitam sequitur negativa
simplex, sicut privatoriam quoque adfirmationem eadem
simplex negatio sequebatur. nam qui est non iustus
homo ille ex necessitate non est iustus, sicut etiam
20 qui est iniustus homo ille ex necessitate non est iustus.
at vero si verum est dicere quoniam non est iustus
homo, non est omnino necesse illum esse non iustum
hominem. equus enim non est iustus homo (nam qui
omnino homo non est nec iustus homo esse potest),
25 sed nullus de eodem dicere potest quoniam equus est
non iustus homo (qui enim homo non est nec non
iustus homo esse potest), sicut etiam cum diceremus
non est iustus homo, non sequebatur privatoria adfirmatio quae dicit est iniustus homo. equus namque non
30 est iustus homo, sed de eodem equo nemo dicit quo

4 simplex — negationem (5) *om.* F¹   dicit b   5 negationem infinitam F   7 nec T   14 negatio priuatoria T
16 euenit et F (et *del.* F²)   negatio b   23 homo *om.*
S¹FE¹ homo iustus T (*transp.* T²)   24 iustus *om.* F¹   esse
potest homo F   28 iustus *om.* S¹   29 iniustus] non iustus
FE (*corr.* E² non *del.* F²)

niam est iniustus homo. iterum igitur concludenti
dicendum est adfirmationem infinitam sequi simplicem
negationem, sicut adfirmationem quoque privatoriam
sequebatur, sed non convertere. neque enim sequitur
simplicem negationem infinita adfirmatio, sicut eam 5
nec privatoria adfirmatio sequebatur. sic ergo cum
sint quattuor propositiones, duae simplices, duae infinitae, quarum duae simplices sunt: est iustus homo,
non est iustus homo, duae vero infinitae: est non iustus
homo, non est non iustus homo (et harum quattuor 10
duae quidem id est negatio infinita et negatio simplex
sequuntur duas id est negatio infinita simplicem adfirmationem, ea quae dicit non est non iustus homo
eam quae dicit est iustus homo, infinitam autem adfirmationem simplex negatio, eam quae dicit est non 15
iustus homo | ea quae proponit non est iustus homo; p. 392
duae vero aliae id est adfirmatio simplex et adfirmatio
infinita non sequuntur negationem infinitam et simplicem negationem. hoc autem etiam in privatoriis
evenit, ut adfirmatio privatoria non sequatur simpli- 20
cem negationem, cum illam simplex negatio sequatur,
et rursus negatio privatoria sequatur adfirmationem
simplicem, cum simplex adfirmatio non sequatur privatoriam negationem): recte dictum est harum quattuor id est duarum simplicium propositionum et dua- 25
rum infinitarum duas duabus esse consequentes et
habere quandam consequentiam ad alias, sicut infinita
negatio et simplex negatio sequuntur simplicem adfirmationem et infinitam adfirmationem, sicut privatio-

1 iterum *om.* E[1]   4 conuerti S[2]F[2]   5 negationem *om.*
S[1]   6 priuatoria — simplices (7) *om.* F[1]   9 non est — 10 *pr.*
homo *om.* SFE[1]   vero *om.* T   10 non (*post* non est) *del.*
S[2]F[2]E[2]   et — homo (13) *om.* F[1]   18 indefinita *codices* (*corr.*
b)   indefinitam *codices* (*corr.* E[2])   21 illa FE   27 sicut]
scilicet?   28. 29 adfirm.] negationem SFE (*corr.* S[2]F[2]E[2])
29 *sq.* privationes] priuatoriae F (*corr.* F[2])

nes quoque. nam et privatoria negatio sequebatur simplicem adfirmationem et simplex negatio´ sequebatur
privatoriam adfirmationem. ergo duae habent consequentiam id est infinita negatio et simplex negatio
5 consequentiam ad simplicem et infinitam adfirmationem, sicut privationes quoque (namque et privationes
similiter sunt, ut saepe supra monstravi), duae vero
minime habent consequentiam. neque enim negativam
infinitam simplex sequitur adfirmativa aut infinita ad-
10 firmativa simplicem negativam sequitur, sicut in privationibus quoque fuit. in privationibus namque nec
adfirmatio simplex privatoriam negationem sequebatur
nec simplicem negationem privatoria adfirmatio consecuta est. sensus ergo huiusmodi est: quattuor istae
15 erunt, id est quattuor propositiones, ex quibus duplicem fieri oppositionem dixerat. quattuor autem istae
sunt duae simplices: adfirmativa est iustus homo, negativa non est iustus homo, et duae infinitae: adfirmativa est non iustus homo, negativa non est non
20 iustus homo. quarum, inquit, duae, scilicet negativa
infinita et negativa simplex, sic se habebunt ad adfirmationem et negationem secundum consequentiam, id
est ita alias duas adfirmationes simplicem et infinitam
ipsae duae negationes sequuntur, ut eas privationes
25 sequebantur; duae vero minime id est simplex adfirmatio et infinita adfirmatio: non se habebunt secundum consequentiam ipsae duae adfirmationes ad duas
negationes, infinitam scilicet et simplicem, quas non
sequebantur, sicut nec dudum has negationes privato-
30 riae quoque adfirmationes secutae sunt. quod vero
ait secundum adfirmationem et negationem non ita

5 consequentiam *del.* E² consequentiam habent T²
simplicem affirmationem T²   12 adfirmationem simplicem
priuatoria negatio SFE (*corr.* S²F²E²)   16. 17 sunt istae E
23 est ad F (ad *del.* F²)   ad alias SFEG (ad *del.* E²G²)
31 secundum] ad?   secundum consequentiam ad b

intellegendum est, quasi una sit adfirmatio aut una
negatio, sed quoniam in quattuor propositionibus, in
quibus duae quidem adfirmationes erunt, duae vero
negationes (adfirmationes: simplex quidem est iustus
homo, infinita autem est non iustus homo, negationes 5
autem: simplex quidem non est iustus homo, infinita
autem non est non iustus homo), quoniam adfirmationes duas, simplicem quidem est iustus homo, infinitam est non iustus homo, duae negationes sequebantur (simplex negatio quae est non est iustus homo 10
infinitam adfirmationem quae dicit est non iustus homo,
et rursus infinita negatio simplicem adfirmationem sequebatur), quoniam ergo (ut dictum est) duas adfirmationes simplicem et infinitam duae negationes simplex
et infinita sequebantur, hoc autem et in privationibus 15
erat, idcirco dictum est ad adfirmationem et negationem secundum consequentiam sic se habere harum
quattuor propositionum duas, sicut etiam se privationes haberent. ad adfirmationem autem et negationem dixit, quod duas adfirmationes duae negationes 20
sequerentur, duae vero minime, id est duas negationes duae adfirmationes non sequerentur. neque enim
sequebatur negationem infinitam simplex adfirmatio
aut simplicem negationem infinita adfirmatio, sicut
nec in privationibus erat, quod saepe supra monstra- 25
tum est. ne quis autem nos arbitretur de eodem genere
propositionem dicere negationis adfirmationisque. neque enim dicimus negationem simplicem sequi adfirmationem simplicem. hoc enim inpossibile est. num-

1 una aut T (*transp.* T²)   21. 22 duae negationes duas
adfirmationes SFE (*corr.* S²F²E²) duae affirmationes duas negationes T   23 negatio infinita simplicem adfirmationem SFE
(*corr.* S²F²E²) affirmatio finita infinitam negationem T   27
propositionum S²F²E²   dicere sequi E²   negationes E²
      adfirmationisq; S²: adfirmationibus *codices* (et affirmationis
F² in adfirmationibus E¹ affirmationes E²)

quam enim sibi consentiunt simplex adfirmatio simplexque negatio, nec rursus infinita negatio et infinita
adfirmatio. neque enim fieri potest, ut aut negatio
quae dicit non est iustus homo adfirmationi quae pro-
5 ponit est iustus homo consentiat aut adfirmatio quae
dicit est non iustus homo negationi quae dicit non est
non iustus homo. *** eam enim quae dicit est iustus
p. 393 | homo simplicem . adfirmationem sequitur privatoria
negatio quae dicit non est iniustus homo, sed nega-
10 tivam, inquiunt, infinitam quae est non est non iustus
homo haec non sequitur adfirmativa simplex quae dicit
est iustus homo. ergo quemadmodum negativa privatoria quae est non est iniustus homo sequitur adfirmativam simplicem quae dicit est iustus homo, non
15 eodem modo eadem simplex adfirmatio quae dicit est
iustus homo sequitur infinitam negationem quae dicit
non est non iustus homo. quibus dicendum est non
eos hanc consequentiam recte intellegere nec quicquam
in hac huiusmodi propositionum consequentia discre-
20 pare. cur enim hoc notaverint, quod non sequatur
negationem infinitam quae est non est non iustus homo
finita adfirmatio quae dicit est iustus homo? nam hoc
nil mirabile debet videri. idcirco enim simplex adfirmatio quae dicit est iustus homo non sequitur infini-
25 tam negationem quae dicit non est non iustus homo,
quoniam nec antea privatoriam sequebatur. neque enim
sequebatur eadem simplex adfirmatio quae dicit est
iustus homo privatoriam negationem quae dicit non
est iniustus homo ét ea causa est cur infinitam quo-

4 affirmatio F (*corr.* F²)   6 *alt.* dicit] proponit F   7 *post*
homo *lacunae signum posui, nam quaedam deesse apparet*
ea FE (*corr.* E²)   8 sequetur F (*corr.* F²)   11 haec *del.*
S²F² *om.* E   dixit F (*corr.* F²)   13. 14 affirmationem T
15 eadem] eamdem F (*corr.* F²)   20 hoc non E²   nota-
uerit F²G notaverunt b   22 infinita SFE simplex S²F²T¹
non iustus E²   23 nil *om.* F¹

que non sequitur. infinita enim et privatoria (ut supra saepe iam dictum est) sibi consentiunt. quare nulla est discrepantia. nam si simplex adfirmatio privatoriam negationem sequeretur, eandem quoque infinitam sequeretur. nunc autem quoniam simplex adfirmatio privatoriam negativam non sequitur, nec infinitam quoque sequitur negativam. illi autem qui sumpserunt quoniam sequeretur privatoria negatio simplicem adfirmationem et in eadem consequentia discrepare dixerunt, quod simplex adfirmatio non sequeretur infinitam negationem, non ita oportuit discrepantiam sumere, sed magis si, quemadmodum privatoria negatio adfirmationem simplicem, sic infinita negatio non sequeretur simplicem adfirmationem, tunc in consequentia discreparet, nunc autem nulla est omnino discrepantia. atque in hac quidem parte nihil omnino discrepant atque discordant. videamus nunc in altera parte, quam illi esse discrepantiam dicunt infinitarum consequentiae et privatoriarum ad simplices, ut in ea quoque si quid vere discrepent videamus. dicunt enim adfirmationi quidem privatoriae quae dicit est iniustus homo consentientem esse et concordantem simplicem negativam quae dicit non est iustus homo et sicut negatio simplex sequitur privatoriam adfirmationem, aiunt, quoniam non ita sequitur simplicem negationem quae dicit non est iustus homo infinita adfirmatio quae dicit est non iustus homo. haec enim illam non sequitur. quibus dicendum est rursus, quoniam idcirco infinita adfirmatio quae dicit est non iustus homo non sequitur

1 sequetur T (*corr.* T²) sequatur E²   3 si *om.* F¹
4 eadem S²F²   5 quoniam *om.* T   7 illos?   sum serunt
S   14 consequentiam F (*corr.* F²)   14. 15 discreparent S²
15 est *om.* T   16 nil G   18 infinitarum affirmationum S²F²
    19 priuatorium T   priuatoriarum affirmationum ad simplicem negationem S²F²   24 simplex sequitur privatoriam *ego:*
priuatoria sequitur simplicem *codices*   adfirmationem *om.* S¹

Boetii comment. II.   19

simplicem negationem quae proponit non est iustus
homo, quoniam privatoria adfirmatio quae dicit est iniustus homo non sequitur simplicem negationem quae
proponit non est iustus homo. quod si privatoria ad-
5 firmatio sequeretur simplicem negationem, sequeretur
sine dubio infinita quoque adfirmatio eandem simplicem negationem. nunc autem quoniam privatoria adfirmatio simplicem negationem non sequitur, nec infinita adfirmatio simplicem sequitur negationem. adfir-
10 matio enim privatoria et adfirmatio infinita sibimet
consentiunt. illi vero qui discrepantiam ostendere
voluerunt infinitarum et privatoriarum consequentiae
ad simplicem, quod cum negatio simplex sequeretur
adfirmationem privatoriam non eodem modo infinita
15 adfirmatio sequeretur simplicem negationem, non ita
oportuit colligi discrepantiam, sed•potius si, quemadmodum adfirmativa privatoria quae dicit est iniustus
homo ⟨non sequitur simplicem negationem quae est
non est iustus homo⟩, ita infinita adfirmatio quae
20 enuntiat est non iustus homo sequeretur simplicem
negationem quae est non est iustus homo, tunc oportuerat dicere aliquid discrepare consequentiam privatoriarum et infinitarum ad simplices. nunc autem
cum eodem modo privatoria adfirmatio non sequatur
25 simplicem negationem, eodem quoque modo infinita
adfirmatio non sequatur simplicem negationem, manifestum est nullam esse in his discrepantiam, immo in
omnibus simillimum, et illos nihil per hanc rationem

1 neg.] affirmationem F (corr. F²)   non om. F¹E¹
11 illos S²F² illis?   11. 12 uoluerunt ostendere E (transp. E²)
15 ita om. S¹   16 colligere S²F²T   17 adfirmatiuam priuatoriam S²F²   18. 19 non — homo ego add.: om. codices
19 non ita S²F²   infinitam adfirmationem S²F²   20 non sequeretur TG²E²   20. 21 simplex negatio S²F²   25 negat]
affirmationem F (corr. F²)   28 simillimum ego: simillimam
codices simillimam consequentiam b   per om. S¹

quam volunt addere recte disserere, | immo potius ma- p.394
ioribus obscuram sententiam obscuritatibus inplicare.
sed potius ita intellegendum est, ut id quod ait: quarum duae quidem ad adfirmationem et negationem sese habebunt secundum consequentiam 5
ut privationes, duae vero minime ita accipiamus
tamquam si ita dixisset: quattuor propositionum, duarum simplicium, duarum vero infinitarum, duas id est
adfirmationes simplicem et infinitam sequuntur duae
negationes, simplex et infinita scilicet, sicut privatio- 10
nes quoque (in privationibus enim adfirmativam simplicem sequebatur negatio privatoria et simplex negatio
privatoriam adfirmationem), reliquae vero duae, id est
simplex adfirmatio et infinita adfirmatio nullam habent
consequentiam ad negationes, id est simplicem et in- 15
finitam, sicut nec privationes quoque (nam adfirmatio
privatoria non sequebatur negationem simplicem nec
simplex adfirmatio privatoriam negationem), ut dicamus hoc modo: quare quattuor istae erunt, duae
simplices, duae infinitae, quarum id est duarum sim- 20
plicium et duarum infinitarum duae quidem id est
negationes simplex et infinita habent se ad adfirmationes simplicem et infinitam secundum consequentiam ut privationes, duae vero minime id est
adfirmationes simplex et infinita ad duas negationes, 25
id est simplicem et infinitam. hoc est enim quod ait:
ad adfirmationem et negationem sic se habebunt secundum consequentiam id est consequentur negationes eas quae sunt adfirmationes, ut pri-

---

4 ad *om*. F¹E¹   10 simplicis (simplices S²F²G) et infinitae *codices* (*corr*. G²T²)   13 adfirmat.] negationem S (*corr*.
S²)   14 adfirmatio] negatio (*bis*) SFE (*corr*. S²F²)   15 ne-
gationes] adfirmationes SFE (*corr*. S²F²)   21 id est — minime (24) *om*. S¹F¹EJNGB   22 habent — 25 infinita *om*. G²T
25 negationes] affirmationes G²T   26 infinitam nullam habent consequentiam B   27 sic se] sese?   28. 29 consequentes SF   29 ad eas S²F²   ut] et N

vationes sicut in privationibus quoque dicebatur, duae
vero id est adfirmationes simplex et infinita non habebunt se secundum consequentiam ad duas negationes, id est simplicem et infinitam, sicut privationes
5 quoque se secundum sequentiam non habebant. nam
privatoria adfirmatio non sequebatur negationem simplicem nec simplex adfirmatio privatoriam negationem. est alia quoque simplicior expositio, quam Alexander post multas alias expositiones in quibus ani-
10 mum vertit edidit hoc modo: cum sint, inquit, quattuor
propositiones, quarum duae sunt infinitae, duae vero
simplices, duae, inquit, infinitae aequaliter se habent
secundum adfirmationem et negationem ad privatorias,
duae vero simplices ad easdem privatorias se similiter
15 non habent hoc modo: adfirmativa enim infinita consentit adfirmativae privatoriae. ea enim quae dicit
infinita adfirmatio est non iustus homo ei consentit
privatoriae adfirmationi quae dicit est iniustus homo.
ea vero infinita negatio quae dicit non est non iustus
20 homo privatoriae negationi consentit quae dicit non
est iniustus homo. atque hae quidem duae, id est infinita adfirmatio et infinita negatio, ita sese habent
ad adfirmationem et negationem, ut privationes, id est eadem adfirmant vel negant, quae etiam
25 privationes adfirmant vel negant, duae vero minime,
id est duae simplices minime se ita habent ad adfir-

2 adfirm.] negationes SFE (*corr.* S²F²)   2. 3 habebunt
E²: haberent *codices* habent b   3. 4 negat.] adfirmationes SFE
(*corr.* S²F²)   5 conseq. b   6 priuatoriam E²   adfirm.]
negatio SFE (*corr.* S²F²) negationem E²   negationem] adfirmationem SFE (*corr.* S²F²)   6. 7 adfirmatio simplex E²
7 simplicem E²   negatio priuatoriam adfirmationem SFE
(*corr.* S²F²) negationem priuatoria adfirmatio E²   16 *addendum videtur*: et negativa infinita consentit negativae privatoriae   20 consentit *om.* F¹   21 haec F (*corr.* F²)
22 negatio *om.* S¹   24 quae] quare S (*corr.* S²)   26 minime
om. T¹   ita se E

mationem et negationem, sicut privationes. nam omnino
non contingit simplex adfirmatio privatoriam adfirmationem. ea enim quae dicit est iustus homo non consentit ei quae dicit est iniustus homo. nec rursus negatio simplex privatoriae negationi consentit. ea enim 5
quae dicit non est iustus homo quae simplex negatio
est plurimum dissidet ab ea quae dicit non est iniustus
homo quae est privatoria negatio. ergo cum sint quattuor, adfirmatio simplex et negatio simplex, adfirmatio
infinita et negatio infinita, harum duae, id est adfir- 10
matio infinita et negatio infinita, ita aliquid adfirmant
vel negant ut privationes (hoc est enim quod ait: ita
sese habent ad adfirmationem et negationem, ut
privationes), duae vero minime. neque enim ita
adfirmant et negant duae simplices, sicut duae privato- 15
riae. adfirmatio namque simplex ab adfirmatione privatoria discrepat, et rursus negatio simplex a negatione
privatoria longe dissidet atque discordat. sed haec (ut
diximus) Alexandri expositio est post multas alias
simplicior, non tamen repudianda, sed illa superior 20
verior esse videtur, quod Aristoteles ipse testatur.
ait enim paulo post: haec igitur, quemadmodum
in resolutoriis dictum est, sic sunt disposita.
hanc enim consequentiam quam in superiori expositione memoravi privatoriarum et infinitarum ad sim- 25
plices in primi libri priorum resolutoriorum quae ἀνα-
λυτικά Graeci vocant fine disposuit. dicit autem Porphyrius fuisse quosdam sui temporis, qui hunc ex-
ponerent librum, et quoniam ab Hermino vel Aspasio
vel Alexandro expositiones singulas proferentes multa 30
contraria et expositionibus male ab illis editis dissi-

2 contigit F (*corr.* F²)   14 etenim SE   16 simplex
namq; F   20 simplicior expositiones T   24 priori E (*corr.*
E²)   26. 27 analytica SF analitica TE   29 locum b   ermino
F   31 et in E²

p. 395 dentia reperirent, arbitratos fuisse | librum hunc Aristotelis, ut dignum esset, exponi non posse multosque illius temporis viros totam huius libri praeterisse doctrinam, quod inexplicabilem putarent esse caliginem.
5 nos autem brevissime hunc locum in prima editione praeteriimus, sed quod illic pro intellectus simplicitate breviter posuimus, hic omni latitudine totam sententiae vim et prolixitatem digessimus. quare quoniam superiora digne (ut mihi videtur) expressimus, sequen-
10 tis textus ordinem sententiamque videamus.

Similiter autem se habet et si universalis nominis sit adfirmatio, ut omnis est homo iustus, non omnis est homo iustus; omnis est homo non iustus, non omnis est homo non iu-
15 **stus. sed non similiter angulares contingit veras esse. contingit autem aliquando.**

De indefinitis quaedam propositionibus praelocutus nunc de his quae terminatae sunt secundum universalitatis et particularitatis adiectionem dicit, quod etiam
20 ipsae similiter se habeant, sicut illae quoque quae sine ulla determinatione dicebantur, simplex scilicet oppositio atque infinita. quod vero ait: **similiter autem se habet et si universalis nominis sit adfirmatio,** alii ita intellexerunt, ut quod ait si-
25 militer referant ad numerum oppositionum et propositionum. nam sicut in his quae indefinitae sunt et

---

2 omnino non b   5 preuissime (*sic*) T   6 praeteriimus *ego*: praeterimus *codices* (praeteriuimus S²E²)   ille S (*corr.* S²)   8 prolixitate? disgessimus S   9. 10 sequentes SFE (*corr.* S²E²)   10 sententiae quae S (*corr.* S²)   11 habent T 13 non o. e. h. iustus *om.* Σ¹   14 non omnis — iustus *om.* Σ¹ Ꭲ¹   15 angularis SFE (*corr.* S²F²E²)   contigit (*item* 16) F (*corr.* F²)   17 infinitis *codices* (*corr.* E²)   quaedam *om.* F¹ 18 determ. E²   19 dicit] dedit S (*corr.* S¹)   20 se sicut S (se *del.* S²)   21 ulla *om.* F nulla E   22 expositio G (*corr.* G²) propositio b   22—24 similiter — ait *om.* F¹   23 habent T   25. 26 prop. et opp. b   26 sicut] si quod SFE (*corr.* S²F²E¹) si T   in se finitae SFE (*corr.* S²E¹)

indeterminatae duae sunt oppositiones, una simplicis
negationis et simplicis adfirmationis, altera infinitae
adfirmationis et infinitae negationis, quattuor autem
propositiones, quod supra iam dictum est, ita quoque
in his quae terminationem secundum universalitatem 5
particularitatemque habent quattuor fiunt propositiones
et oppositio duplex. oppositio enim una est universalis adfirmationis simplicis et particularis negationis
simplicis, ut est omnis homo iustus est, non omnis
homo iustus est. et haec quidem una est oppositio. 10
alia vero infinitae universalis adfirmationis et infinitae
particularis negationis, ut omnis homo non iustus est,
non omnis homo non iustus est. quare hic quoque,
cum duae sint oppositiones, erunt sine dubio quattuor
propositiones, sicut in his de quibus supra dixerat, 15
quae scilicet determinatione carebant. alii vero qui
Aristotelis animum penitus inspexerunt non aiunt
similiter solum se habere determinatas propositiones
ad numerum oppositionum et propositionum, sed etiam
ad consequentiam. nam quae est consequentia negatio- 20
num ad adfirmationes in his propositionibus simplicibus et infinitis, quae praeter determinationem dicuntur, eadem se similitudo habet in his quae terminatione
proferuntur. sed quoniam non in omnibus omnia similia habent, idcirco addidit notans: sed non simi- 25
liter angulares contingit veras esse. contingit
autem aliquando. sensus autem totus huiusmodi
est: similiter, inquit, se habent hae propositiones quae

1 deae E (*corr*. E¹)   3 autem sunt T   4 iam *del.* F²
5 terminatione F determ. TE²   9 simplicis nota particularem negationem T (nota — neg. *del. et in marg. reicit* T²)
10 *alt.* est *om.* E¹   oppos.] quidem oppositio F (quidem oppos.
del. F²)   17 poenitus FE   18 solent SFE (*corr.* E²)
determinatae F²   20 consequentias S (*corr.* S¹)   23 se —
habet] habetur et b   cum determ. E²   26 contigit (*bis*) F
(*corr.* F²)

secundum determinationem dicuntur infinitae ad simplices et simplices ad infinitas, quemadmodum illae quoque sese habebant quae sine determinatione indefinitae dicebantur. sed habent quandam dissimilitudinem, quod angulares propositiones in his quae cum determinatione dicuntur non eodem modo verae sunt, quomodo illae quae sine determinatione proferebantur vel infinitae vel simplices. videamus ergo prius, an eadem in his quae determinatae sunt sit consequentia quae in his est quae indefinitae proferuntur, post videamus quae sit in angularibus dissimilitudo. disponantur ergo non solum eae quae simplices vel infinitae sunt, sed etiam quae sunt privatoriae. et prius quidem disponantur hoc modo: simplex adfirmatio et simplex negatio et hae quidem indefinitae, id est praeter universalitatis aut particularitatis adiectionem. sub his sub adfirmatione quidem simplici ponatur negatio privatoria, sub negatione vero simplici adfirmatio privatoria: hae quoque rursus indefinitae. sub his autem ponantur sub adfirmatione privatoria et sub simplici negatione adfirmatio infinita, sub privatoria autem negatione et sub simplici adfirmatione ponatur negativa infinita, et hae quoque indefinitae et indeterminatae sine ulla vel universalitate vel particularitate. sub his autem disponantur hae quas determinatas vel universalitatis quantitate vel particularitatis | vocamus. et primo quidem adfirmatio universalis simplex, contra hanc negatio particularis simplex. sub adfirmatione autem universali simplici ponatur negatio particularis privatoria, sub negatione autem particulari simplici universalis adfirmatio privatoria. rursus sub negatione particulari privatoria et sub adfirmatione universali simplici po-

3. 4 indefinite F   12 heae F² ēē T   13 quidem prius T   14. 15 et simplex negatio *om.* SFE¹G¹   19 ponatur b 22 sub *om.* T   negatio TG²   infinita *om.* SFE¹G¹   28 particularis] uniuersalis SFE (*corr.* S²F²E²)   32 et *om.* S¹

natur negatio particularis infinita, sub adfirmatione
vero universali privatoria et sub negatione simplici
particulari ponatur universalis adfirmatio infinita. erit
autem huiusmodi descriptio:

INDEFINITAE

Adfirmatio simplex	Negatio simplex
Homo iustus est	Homo iustus non est
Negatio privatoria	Adfirmatio privatoria
Homo iniustus non est	Homo iniustus est
Negatio infinita	Adfirmatio infinita
Homo non iustus non est	Homo non iustus est

DEFINITAE

Adfirmatio universa- lis simplex	Negatio particularis simplex
Omnis homo iustus est	Non omnis homo iustus est
Negatio particularis privatoria	Adfirmatio universa- lis privatoria
Non omnis homo iniustus est	Omnis homo iniustus est
Negatio particularis infinita	Adfirmatio universa- lis infinita
Non omnis homo non iu- stus est	Omnis homo non iustus est.

In hoc ordine propositionum quem supra descripsimus
quae sint angulares manifestum est. sunt namque adfirmationes quidem adfirmationibus, negationes vero
negationibus. et in his quidem quae indefinitae sunt
eodem modo angulares sunt adfirmationes. simplex
quidem adfirmatio quae dicit est homo iustus privatoriae adfirmationi quae dicit est homo iniustus et in-

intra figuram et indefinitis et definitis add. T *sinistra parte:*
Hanc consecuntur istae sed non e conuerso *dextra:* Haec consequitur istas sed non e conuerso   28 eodem] hoc?   29 affirmatio
quidem E²   .iustus homo T (*transp.* T²)   30 iniustus homo T

finitae adfirmationi quae proponit est homo non iustus
angularis est. negatio vero simplex quae est non est
homo iustus negationi privatoriae quae dicit non est
homo iniustus et negationi infinitae quae est non est
5 homo non iustus angularis est. item si quis ad definitas propositiones aspiciat, idem sine aliqua dubitatione reperiet. adfirmatio enim universalis simplex
quae est omnis est homo iustus adfirmationi universali
privatoriae quae enuntiat omnis est homo iniustus et
10 adfirmationi universali infinitae quae proponit omnis
est homo non iustus angularis est, item negatio particularis simplex quae est non omnis est homo iustus
negationi particulari privatoriae quae dicit non omnis
est homo iniustus et negationi particulari infinitae
15 quae proponit non omnis est homo non iustus angularis. sunt igitur adfirmationes adfirmationibus et negationes negationibus angulares et in ordine indefinitarum propositionum et in ordine definitarum. quocirca
de earum sequentia speculandum est. dictum est enim
20 prius quod adfirmationem indefinitam simplicem sequeretur privatoria et infinita negatio, eas vero simplex
adfirmatio non sequeretur. rursus infinitam adfirmationem privatoriamque adfirmationem sequitur simplex
negatio, hae vero negationem simplicem non sequun-
25 tur. rursus si quis ad ordinem definitarum respiciat,
idem inveniet. adfirmationem namque universalem simplicem sequitur particularis privatoria negatio et particularis infinita negatio. nam si vera est universalis
adfirmatio simplex quae dicit omnis est homo iustus,

4 quae est] quae dicit F   5. 6 indefinitas FE (*corr.* F²E²)
7 repperiret F (*corr.* F²) repperiat TE (*corr.* E²)   9 nuntiat
FE (*corr.* E²)   et — iustus (11) *om.* S¹   15. 16 angulares
SFE (*corr.* E²)   16 sunt] est E²   est. Igitur sunt T   17
angulares sunt E²   18 definitarum sunt S²   19 consequentia
TE²   21 indefinita T   26 inueniat T   29 est homo est E
(*alt.* est *del.* E²)

vera est etiam particularis privatoria negatio quae
dicit non omnis est homo iniustus. hoc autem idcirco
evenit, quod ea quae dicit non omnis homo iniustus
est idem potest quod simplex et similis est ei quae
proponit quidam homo iustus est particulari simplici 5
adfirmationi. nam si non omnis homo iniustus est,
quidam homo iustus est. sed particularis adfirmatio
simplex sequitur universalem | adfirmationem simpli- p. 397
cem. quando enim vera est universalis adfirmatio quae
dicit omnis est homo iustus, vera est et particularis 10
adfirmatio quae proponit quidam homo iustus est. sed
ei quae dicit quidam homo iustus est consentit particularis negatio privatoria quae proponit non omnis
est homo iniustus. quocirca etiam particularis negatio
privatoria universali simplici adfirmationi consentiet. 15
sequitur igitur eam quae dicit omnis est homo iustus
universalem scilicet simplicem adfirmationem ea quae
proponit non omnis est homo iniustus particularis
negatio privatoria. sed huic particulari negationi privatoriae quae dicit non omnis est homo iniustus con- 20
sentit infinita particularis negatio quae dicit non omnis
est homo non iustus. nam si verum est, quoniam non
omnis est homo iniustus, et verum est, quoniam non
omnis est homo non iustus. idem est enim esse iniustum quod non iustum. sed privatoria particularis 25
negatio sequitur simplicem universalem adfirmationem:
infinita igitur negatio particularis sequitur simplicem
universalem adfirmationem eique consentit, si prius
adfirmatio universalis vera sit. quocirca eam quae
dicit omnis est homo iustus universalem simplicem 30

3 iustus F E (corr. F²E²)   4 similes F   5 est om. F¹
10 et om. T¹   11 prop.] dicit T   13 pronit F (corr. F²)
14 iustus F E (corr. F²E²)   15 privatoria om. S¹F¹E   consentit T   18 est om. F¹   partilaris (sic) F   22. 23 nam —
iniustus TG²: om. ceteri   23 et om. G¹   24 enim est E
25 non esse T   28 adf. univ. E

adfirmationem sequuntur sine dubio particularis negatio privatoria non omnis est homo iniustus et particularis negatio infinita non omnis est homo non
iustus. quare hic quoque adfirmationem negationes
5 sequuntur. sed hoc non convertitur. quoniam enim (ut
dictum est) negatio particularis privatoria quae dicit
non omnis est homo iniustus consentit particulari adfirmationi simplici, ei scilicet quae dicit quidam homo
iustus est, hanc autem particularem adfirmationem non
10 sequitur universalis adfirmatio (neque enim, si verum
est quendam esse hominem iustum, idcirco iam et
omnem esse hominem iustum necesse est): quare non
sequitur adfirmatio universalis simplex omnis est homo
iustus adfirmationem particularem simplicem quidam
15 est homo iustus (potest enim hac vera id est particulari universalis esse falsa), sed particularis adfirmatio simplex particulari negationi privatoriae consentit:
quare nec privatoriam particularem negationem simplex adfirmatio sequitur universalis. eam igitur quae
20 dicit non omnis est homo iniustus non sequitur adfirmatio universalis simplex quae proponit omnis homo
iustus est. sed particularis privatoria negatio consentit
particulari negationi infinitae: universalis igitur adfirmatio simplex non sequitur particularem negationem
25 infinitam. ea igitur quae dicit omnis est homo iustus
adfirmatio universalis simplex non sequitur eam quae
dicit non omnis est homo non iustus particularem infinitam negationem. duae igitur negationes infinita et
privatoria particulares sequuntur universalem adfirma-
30 tionem simplicem, sicut in his quoque erat quae sunt

1 sequitur F²   2 priuatoria] infinita T   non iustus T
3 infinita] priuatoria *codices* (*corr.* S²F²E²)   est *om.* F¹   3. 4
non iustus] iniustus T   9 autem] rem S (*corr.* S²)   22 pri-
vatoria] infinita S²F²   23 particulari priuatoriae SFE (priv.
del. E²)   infinitae *del.* S²F²   24 particularitatem S (*corr.*
S²)   29 particulares b: particula S particularis S² *et ceteri*

indefinitae. duae enim negationes infinita et privatoria indefinitae simplicem adfirmationem sequebantur
indefinitam. sed non e converso. adfirmatio enim universalis simplex non sequitur negationes particularem
infinitam et privatoriam, sicut nec indefinita quoque 5
adfirmatio simplex indefinitas sequebatur negationes
privatoriam atque infinitam. quare in hoc uno ordine
similiter sese habent definitae his quae sunt indefinitae.
aequaliter enim adfirmationibus veris verae sunt negationes, veras negationes adfirmationum veritas non 10
sequitur nec his consentit. rursus in altera parte perspiciamus, quemadmodum adfirmationes universales privatoriam scilicet et infinitam particularis negatio simplex sequatur. namque adfirmationem universalem privatoriam omnis est homo iniustus sequitur particularis 15
negatio simplex non omnis est homo iustus. ea enim
quae dicit omnis est homo iniustus consentit simplici
universali negationi quae dicit nullus homo iustus est.
nam si omnis est homo iniustus, nullus est homo
iustus. sed hanc, id est universalem simplicem nega 20
tionem, sequitur particularis simplex negatio. nam si
vera est quoniam nullus homo iustus est, vera est
quoniam non omnis homo iustus est. sed universalis
negatio simplex universali adfirmationi privatoriae consentit: sequitur ergo particularis simplex negatio quae 25
est non omnis est homo iustus universalem adfirmationem privatoriam quae proponit omnis est homo iniustus. sed haec universali adfirmationi infinitae consentit. idem enim significant omnis est homo iniustus

7 adq; F   10 veras negationes *del.* E²   adf. veritas] negationum ueritatem SFEG (*corr.* S²F²G²) negationum
ueritatem non sequitur ueritas affirmationum E²   11 altera
parte *ego:* alteram partem *codices*   14 sequitur F (*corr.* F²)
15 homo *om.* F   17 contendit SFE (*corr.* E²)   25 negatio]
adfirmatio SFE (*corr.* S²F²E¹)   26 non *om.* S¹   27 est *om.*
F¹   29 significat b

p. 398 et omnis est homo non iustus. quare sequitur | quoque particularis negatio simplex quae est non omnis
est homo iustus universalem adfirmationem infinitam
quae dicit omnis est homo non iustus. hic quoque ad-
5 firmationes universales privatoriam atque infinitam sequitur simplex negatio particularis, sed non convertitur. etenim quoniam simplicem particularem negationem quae dicit non omnis est homo iustus non
sequitur universalis negatio quae proponit nullus homo
10 iustus est (neque enim si vera est non omnem hominem esse iustum, vera est nullum hominem esse iustum),
haec autem, id est universalis simplex negatio, consentit unumque significat cum adfirmatione universali privatoria: non sequitur igitur universalis privatoria ad-
15 firmativa quae dicit omnis est homo iniustus simplicem
particularem negationem quae proponit non omnis est
homo iustus, sicut nec eandem particularem negationem universalis negatio sequebatur. sed privatoria universalis adfirmatio consentit cum infinita adfirmatione
20 universali: igitur particularem negationem quae dicit
non omnis est homo iustus universalis adfirmatio infinita non sequitur quae proponit omnis est homo non
iustus. quare hic quoque adfirmationes duas universales, id est privatoriam atque infinitam, particularis
25 simplex negatio sequitur, sicut adfirmationes quoque
duas indefinitas privatoriam atque infinitam negativa
indefinita sequebatur. sed duae adfirmationes universales privatoria et infinita non sequuntur particularem
simplicem negationem, sicut duae quoque indefinitae

4 est *om.* F¹   14 *alt.* privatoria *om.* SFE (*post* adfirm. *add.*
S²F²)   17 nec TG²: *om. ceteri*   18 non sequebatur S²E²   22
omnis] non E (*corr.* E²)   22. 23 non iustus] iniustus SFE (*corr.*
S²F²E²)   26 infinitas E (*corr.* E²)   privatoriam — indefinitae
(29) *om.* F¹   27 duas *codices* (*corr.* S²F²E²)   28 priuatoriam
et infinitam *codices* (*corr.* S²F²E²)   non *del.* G² *om.* T   sequitur *codices* (*corr.* S²F²E²)   28. 29 particularis simplex negatio
codices (*corr.* S²F²E²)   duas — indefinitas *codices* (*corr.* S²F²E²)

adfirmationes privatoria et infinita indefinitam simplicem negationem non sequebantur. similiter se igitur
habent definitae indefinitis secundum consequentiam.
angulares autem non eodem modo sese habent. nam
indefinitarum propositionum angulares simul veras esse 5
contingit. nam si verum est, quoniam est homo iustus,
quae est indefinita adfirmatio simplex, nihil prohibet
veram esse etiam quae dicit est homo iniustus et rursus eam quae dicit est homo non iustus, quae sunt
indefinitae adfirmationes privatoria et infinita. rursus 10
negationes negationibus quae sunt angulares veras esse
contingit, ut ea quae est non est homo iustus si vera
est, nihil prohibet veram esse etiam quae dicit non
est homo iniustus et eam quae proponit non est homo
non iustus. angulares ergo sibi in indefinitis in veritate 15
consentire nihil prohibet, sed in his tantum terminis,
ut in secundo huius operis volumine docuimus, quae
neque naturalia sunt inesse neque inpossibilia. si quis
enim dicat est homo rationabilis, huic angulares verae
esse non possunt, hae scilicet quae dicunt est homo 20
inrationabilis et rursus est homo non rationabilis.
rationabilitas enim homini per naturam inest. similiter autem et de inpossibilibus dicendum est. quod si
sint talia quae neque inpossibilia sint inesse nec naturalia sint inesse (ut in ea propositione quae dicit 25
est homo iustus: iustitiam neque naturalem esse ne-

1 adfirmationes simplicem et priuatoriam indefinitam simplex negatio SFEGN (*ego correxi*) adf. infinita et priuatoria
indefinitam simplicem negationem S²F² adf. priuatoria et infinita simplicem neg. E² adf. priuatoriam et indefinitam simplex neg. TG²   2 non *del.* G² *om.* T   sequebatur *codices*
(*corr.* S²E²)   3 habent *om.* T   4 angularis FE (*corr.* F²E²)
    6 contigit T (*corr.* T²)   10 inf.] indefinita T   12 *pr.*
est] dicit F   15 angularis SFE (*corr.* S²E²)   *pr.* in S²: *om.*
codices   indefinitas E²   16 nil TE   17 in *om.* S   qui
S²   17. 18 quae neque] queq; F (*corr.* F¹)   19 rationalis E²
22 est FT

cesse est homini nec inpossibile esse), manifestum est,
quoniam angulares sibimet semper in veritate consentiunt. atque hoc idem de negativis quoque angularibus
recte dicitur. in his igitur terminis qui nec naturales
5 sunt nec inpossibiles semper angulares et negationes
negationibus et adfirmationes adfirmationibus simul
veras esse contingit. et hoc quidem in his quae indefinitae sunt. in his autem quae definitae sunt et
universalitatis particularitatisque participes non eodem
10 modo sunt. in quibusvis enim terminis sive possibilibus sive naturalibus sive inpossibilibus adfirmationes adfirmationibus sibimet angularibus in veritate
consentire non possunt, negationes autem negationibus angulares angularibus in his tantum terminis qui
15 neque naturales neque inpossibiles sunt in veritate
poterunt convenire. et primum quemadmodum adfirmationes adfirmationibus sibimet angularibus in veritate consentire non possunt in quibuslibet terminis
demonstrandum est. ea enim quae dicit omnis est
20 homo iustus et ea quae dicit omnis est homo iniustus,
quae est scilicet angularis, verae simul esse non possunt. ea namque quae dicit omnis est homo iniustus
nil differt ab ea quae proponit nullus homo iustus
est. sed omnis est homo iustus et nullus homo iustus
25 est, quoniam contrariae sunt, simul verae esse non
possunt. sed ea quae dicit nullus est homo iustus
convenit atque consentit ei quae proponit omnis est
p. 399 homo iniustus: quare | omnis est homo iustus et omnis
est homo iniustus simul verae esse non possunt. sed
30 eadem quae proponit omnis est homo iniustus consentit (ut saepe dictum est) ei quae dicit omnis est

---

1 inpossibilitate SFEG (*corr.* E²G²) inpossibilem S²
inesse E²   est *om.* FE¹G¹   2 angularis SFE (*corr.* E²)
4 naturale F   7 uera F   10 sunt]- est? autem E
11 *post* inpossibilibus *add.* siue non naturalibus S²   14 qui
om. F¹E¹G¹   23 ad F   24 set F

homo non iustus. quare in his nec haec in veritate
consentire potest ei quae dicit quoniam omnis est homo
iustus. adfirmatio igitur universalis simplex omnis est
homo iustus adfirmationibus universalibus privatoriae
et infinitae quae sunt omnis est homo iniustus et 5
omnis est homo non iustus sibimet angularibus in
veritate simul nulla ratione consentit, sicut in his
quae indefinitae erant et adfirmationes adfirmationibus
et negationes negationibus in veritate poterant consentire. in his autem quae sunt definitae adfirmatio- 10
nes angulares simul verae esse non possunt. recte
igitur dictum est, quoniam in aliis omnibus similis
est consequentia definitarum et indefinitarum. adfirmationibus enim consentiunt in veritate negationes,
negationibus autem adfirmationes non omnino consen- 15
tiunt, quae similitudo consequentiae in utrisque est
id est et in his quae definitae sunt et in his quae
indefinitae. sed est distantia, quod non similiter
angulares contingit veras esse. et adfirmationes
adfirmationibus et negationes negationibus in indefini- 20
tis veras esse contingit eas scilicet quae sunt angulares. in his autem quae sunt definitae adfirmationes
adfirmationibus angulares veras esse aliquando nulla
ratione contingit. hoc autem manifestum erit, si quis
et ea sibi proponat exempla in quibus sunt termini 25
naturales atque inpossibiles et ea in quibus sunt possibiles et non naturales neque inpossibiles. in omnibus
enim inveniet adfirmationes adfirmationibus definitas

1 in his nec F: nec in his F² *et ceteri* (in *om.* E¹)   3
univ. igitur E   5 est *om.* S¹ (*item* 6)   7 nulla *om.* F¹   consistit S (*corr.* S²)   11 non *om.* S¹F¹E¹   13. 14 adfirmationes E (*corr.* E²) negationes T   14. in ver. neg.] affirmationibus in ueritate T   18 sunt sed FT   19 esse ueras T
et *om.* F¹   20 in *om.* F   20. 21 indefinitas F (*corr.* F²)   24
est S (*corr.* S²)   25 ea manifeste F (manifeste *del.* F²)
proponat sibi F G   28 adfirmationes] adfirmationis FE (*corr.* E²)
definitas S²: definitis SFE *del.* E² *om.* GT

Boetii comment. II.   20

definitis angulares simul veras esse non posse. quod
autem addidit contingit autem aliquando huiusmodi est: quamquam enim adfirmationes adfirmationibus angulares definitae simul verae esse non possint
5 quibuscumque propositis terminis, potest tamen fieri
ut negationes negationibus verae inveniantur et sit
haec similitudo ad indefinitas angulares. nam sicut
illic negationes negationibus indefinitae angulares verae
esse simul poterant in his quae neque naturalia ne-
10 que inpossibilia essent, ita hic quoque id est in ordine
definitarum negationes definitas negationibus definitis
angulares angularibus simul veras esse contingit in his
quae neque inpossibiles sunt nec naturales. negatio
enim simplex particularis quae dicit non omnis est
15 homo iustus potest simul vera esse cum ea quae dicit
non omnis est homo iniustus. potest enim fieri ut
quidam sint iusti, quidam autem non sint iusti et in
eo utraeque verae sunt, et ea quae dicit non omnis
est homo iustus, quia sunt quidam iniusti, et ea quae
20 dicit non omnis est homo iniustus, quia poterunt esse
aliqui iusti. sed haec consentit infinitae negationi particulari quae dicit non omnis est homo non iustus. idem
est enim dicere non omnis est homo iniustus quod
non omnis est homo non iustus. quocirca et hae sibi-
25 met angulares simul verae esse possunt. nam si quidam sunt iusti, quidam iniusti, verum est dicere quoniam non omnis est homo iustus, quia sunt quidam
iniusti, rursus verum est dicere non omnis est homo
non iustus, quia sunt quidam iusti. negationes igitur

3 est *om.* F　　　quamquam T G²: quam *ceteri*, quamuis S²
F² E²　　4 possunt F　　7 infinitas S (*corr.* S²) E, indiffinitas E²
8 infinitae S F T E, indiffinitae E²　　　10 hoc F (*corr.* F¹)
　　11 definitas E²: definitae *codices*　　18 eo *om.* F¹　　　ea
T: in ea *ceteri* (*item* 19)　　20 instus F (*corr.* F¹)
qui T　　22. 23 idem — iniustus *om.* F¹　　26 iniusti] non
iusti S (*corr.* S²)

negationibus angulares definitae simul verae esse possunt et hoc est simile indefinitis, in quibus sicut adfirmationes adfirmationibus, ita quoque in veritate angulares negationes negationibus consentiunt. sensus ergo
totus huiusmodi est: similiter autem, inquit, se 5
habet, id est similis erit consequentia propositionum,
quemadmodum fuit in indefinitis, etiam si universalis nominis sit adfirmatio, id est etiam si definitae adfirmationes negationesque ponantur, ut per
subiecta exempla monstravit dicens adfirmationi sim- 10
plici universali omnis est homo iustus opponi non
omnis est homo iustus particularem scilicet simplicem negationem. et rursus universalem adfirmationem infinitam proponens eam scilicet quae est omnis
est homo non iustus huic illam opposuit quae dicit 15
non omnis est homo non iustus. hae, inquit, similiter se habent ad consequentiam quemadmodum
indefinitae. quomodo autem se illae haberent ad consequentiam supra monstratum est. sed non, inquit,
similiter angulares contingit veras esse. in his 20
enim quae erant indefinitae adfirmationes adfirmationibus angulares simul verae esse poterant. in his autem
quae definitae sunt | simul verae esse non possunt. p. 400
contingit autem aliquando, ut similiter angulares
verae sint in his quae definitae sunt, quemadmodum 25
et in indefinitis. negationes enim negationibus angulares definitae simul in veritate consentiunt, ut in his
quoque inveniebatur quas indefinitas supra descripsimus. plenus est igitur huiusmodi intellectus. Herminus autem hoc aliter sic exponit: similiter, inquit, 30

duas facient oppositiones quattuor propositiones, si
fuerint duae simplices, duae infinitae, determinatione
tamen adiecta. hoc autem sic monstrat: proponit prius
simplicem adfirmationem universalem quae dicit omnis
5 est iustus homo, contra hanc particularem simplicem
negationem non omnis est iustus homo, sub adfirmatione universali simplici adfirmationem universalem
infinitam quae dicit omnis est non iustus homo, contra hanc sub negatione particulari simplici particu-
10 larem negationem infinitam quae proponit non omnis
est non iustus homo.

Omnis est iustus homo	Non omnis est iustus homo
Omnis est non iustus homo	Non omnis est non iustus homo.

15 His ergo ita dispositis duae, inquit, fiunt oppositiones.
contra enim eam quae est omnis est iustus homo
opponitur illa quae proponit non omnis est iustus
homo. hoc autem idcirco quoniam sibi contradictorie
oppositae sunt universalis adfirmatio simplex et parti-
20 cularis negatio simplex. et est haec quidem una oppositio. rursus contra eandem adfirmationem simplicem quae dicit omnis est iustus homo opponitur universalis adfirmatio infinita quae dicit omnis est non
iustus homo et hoc contrario modo. ea namque quae
25 dicit omnis est non iustus homo idem significat eique
consentit quae dicit nullus homo iustus est. sed haec
quae proponit nullus homo iustus est contrario modo
opposita est ei quae dicit omnis est iustus homo.
quocirca etiam ea quae proponit omnis est non iustus

5 homo iustus F   6 neg.] affirmationem F (corr. F²)
6. 7 uniuersali affirmatione T   9 negationem F   12—14
dispositionem om. T¹   16 enim *om.* T   21. 22 simplicem
om. F   22 non iustus F (non *del.* F²)   29 ei S

homo contrarie erit opposita ei quae dicit omnis est
iustus homo. est igitur haec quoque altera oppositio.
duae ergo sunt oppositiones, quemadmodum etiam in
his quae sunt indefinitae: licet alio modo essent oppositae, tamen duae erant oppositiones. secundum dia- 5
metrum autem non similiter veras contingit esse, ut
ipse ait. illae enim quoniam indefinitae erant, et secundum diametrum quae erant simul veras esse contingebat et omnes omnibus. quod si quis ad indefinitarum descriptiones redeat diligenter agnoscit. hic 10
autem, inquit, hoc est in his quae definitae sunt, non
idem est. hoc sic monstrat: ea enim propositio quae
dicit omnis est iustus homo non consentit contradictioni suae quae dicit non omnis est iustus homo.
rursus ea quae dicit omnis est non iustus homo non 15
consentit rursus ei quae dicit non omnis est non iustus
homo. haec enim contrariae ipsius consentiebat. quare
cum vera est universalis adfirmatio simplex quae dicit omnis est iustus homo, sine dubio falsa est ea
quae dicit omnis est non iustus homo. sed hac falsa 20
contradictio eius vera erit: vera igitur est ea quae
negat dicens non omnis est non iustus homo. quocirca hae duae propositiones angulares verae aliquotiens inveniuntur: omnis est iustus homo, non omnis
est non iustus homo. contingit ergo aliquando veras 25
esse, sed non, inquit, omnino. nam si a particulari
negatione infinita coeperis, non idem est id est non
eadem veritas venit. hoc autem tali probatur modo:
si enim vera est quoniam non omnis est non iustus

1 ea S²   2 quoque haec F   6 contingit ueras E   contigit T (corr. T¹)   10 reddeat F   agnoscet b   12 propositio enim E   14 quae dicit om. F   15 ei F   20 haec S
(corr. S²) F   21 est igitur E   22 non iustus est F   24
non iustus F²   25 non om. F   26 a om. FE¹   27 negationem F   indefinita FE (corr. F²E²)   ceperis F
28 eandem F (corr. F²)   evenit?

homo, falsa est ea quae dicit omnis est non iustus homo. est enim ei contradictorie opposita. hac autem falsa quae dicit omnis est non iustus homo non omnino veram necesse est esse eam quae proponit omnis

5 est iustus homo, idcirco quoniam hae duae sibi contrariorum loco oppositae sunt. contrarias autem propositiones simul falsas esse posse supra docuimus. ergo non necesse est, si falsa est omnis est non iustus homo, veram esse eam quae dicit omnis est iustus

10 homo. quod si non necesse est, hoc potest fieri ut utraeque sint falsae. quare evenit aliquando, ut vera hac propositione quae dicit non omnis est non iustus

p. 401 homo falsa sit illa quae | proponit omnis est iustus homo. quare non similiter secundum diametrum in

15 veritate propositiones sibi consentiunt. atque hoc quidem Herminus non recte expositione dicens ordinem turbat. si quis autem vel hoc quod Herminus ait diligenter agnoscit vel id quod supra nos diximus, cognoscit multam esse differentiam expositionis et me-

20 liorem superiorem iudicans ei, si quid nobis credit, recte consentiet.

Hae igitur duae oppositae sunt, aliae autem ad non homo ut subiectum aliquid addito, ut est iustus non homo, non est iustus non homo;

25 est non iustus non homo, non est non iustus non homo. magis plures autem his non erunt oppositiones. hae autem extra illas ipsae secundum se erunt ut nomine utentes non homo.

---

1 non *om.* F¹ *del.* E²   7 supra quoq; T   11 ut *om.*
F¹   12 est *om.* F   14 secundum *om.* S¹F   16 recta E²
expositionem S²T   17 agit E (*corr.* E¹)   18 agnoscet *et*
(19) cognoscet?   20 ei *del.* S²   quidem S²   credit] ad-
herebit S³   21—23 recte — non homo *om.* S¹   22 oppositiones F   23 ut ad SFE (ad *del.* S²F²)   aliquid S: aliquod S² *et ceteri*   additum S²F² T E Σ𝔗 (*corr.* Σ²)   26 autem
plures E   28 utentes Σ𝔗: utentes eo quod est *ceteri* (utentis
F, *corr.* F²)

Supra iam dixerat omne subiectum aut ex nomine
simplici et finito aut ex nomine rursus infinito consistere et eorum oppositiones ostendit quod essent duae
et quattuor propositiones, duae quidem simplex subiectum nomen habentes, duae vero infinitum. post 5
has quando est tertium adiacens praedicaretur, illic
quoque dupliciter oppositiones fieri dixit, cum scilicet
finitum nomen esset subiectum, ⟨finitum⟩ vel infinitum praedicatum, earumque inter se eam consequentiam demonstravit, qualem haberent privatoriae ad 10
easdem ipsas simplices, quibus ex infinito nomine propositiones conpararentur. et quoniam omnis harum
varietas propositionum ita fit, cum est tertium praedicatur, ut aut et subiectum et praedicatum finita sint
aut subiectum quidem finitum, praedicatum vero in- 15
finitum (de quibus supra locutus est, cum earum consequentiam demonstravit) aut infinitum habent subiectum, finitum vero praedicatum aut infinitum et
subiectum et praedicatum. et habent quidem propositiones utrumque finitum, ut est homo iustus est, 20
homo iustus non est, finitum vero subiectum, infinitum praedicatum, ut est homo non iustus est, homo
non iustus non est. et harum quidem consequentia
supra·monstrata est. aliae vero sunt, quae infinitum
habent subiectum et quasi nomine utuntur nomine in- 25
finito, ut non homo iustus est, non homo iustus non
est. utuntur enim hae propositiones subiecto id est

1 dixerat GTE²B: erat *ceteri*, ait S²   est aut E, esse
aut E²   nomini F   5 habentes S²F²: habentium *codices*
5. 6. positas ES? F? *del.* S²F², et post has E², postea T
6 tertio SFE (*corr.* E²)   8 subiectum G²T: *om. ceteri*   finitum *ego add.: om. codices*   8. 9 vel infinitum E²: infinitum
vero *codices* (nomen — infinitum vero *om.* B, finitum vel infinitum esset praedicatum B²)   9 earumque b: eorumq; *codices*   iam? S: eam S²   11 ipsa F (*corr.* F¹)   12 pararentur
T (*corr.* T²)   13 ueritas T   13. 14 praedicaretur F   16
earum b: eorum *codices*   17 habeant T (*item* 19)   27 utentur S

non homo ut nomine, praedicato vero eo quod est
iustus. hoc est enim quod ait aliae autem ad non
homo ut subiectum aliquid addito. si quis enim
ponat non homo quidem subiectum et de hoc aut fini-
5 tum nomen praedicet, ut est iustus, aut infinitum, ut
est non iustus, utroque modo duplicem rursus faciet
oppositionem. quattuor sunt autem propositiones hae:

Est non homo iustus   Non est non homo iustus
Est non homo non   Non est non homo non
10   iustus   iustus.

In his igitur quattuor propositionibus, oppositionibus
vero duplicibus non homo quidem subiectus est, sed
in superiore oppositione finitum quidem praedicatur
nomen quod est iustus, ⟨in inferiore vero infinitum
15 quod est non iustus⟩. sed illae, inquit, quae praedicatum quidem infinitum habent, subiectum vero finitum vel quibus et praedicatum finitum est et subiectum, habent aliquam ad se consequentiam, hae vero
quas postea memoravimus, id est quae infinitum ha-
20 berent subiectum, praedicatum autem vel infinitum vel
finitum, nullam habent consequentiam ad eas propositiones, quae sive finito praedicato sive infinito, ex
finito tamen subiecto consisterent. hoc est enim quod
ait: hae autem extra illas ipsae secundum se
25 erunt, id est nullam consequentiam ad superiores quae
ex finito subiecto constarent habere eas quae infinitum subiectum in propositionis ordine retinerent. postquam igitur enumeravit et quae ex utrisque finitis
consisterent, id est et subiecto et praedicato, et has

2 est *om.* T   3 ut] aut S (*corr.* S²)   adiectum S E (ad
subiectum E²)   aliquid *ego:* aliquod *codices*   additum FT
7 quattuor *om.* T¹   12 subiectum F²E   13 superiori T
14. 15 in inf. — iustus *add. ed. princ. om. codices*   26 ait
habere E²   27 propositionib; E²   28 et eas b   29 has
ego: his SFT, in his E, illas b

quae ex subiecto quidem finito, praedicato vero infinito essent, has etiam quae ex subiecto infinito essent
et ex finito praedicato nec non illas addidit quae ex
utrisque infinitis constare viderentur: postquam igitur
has enumeravit, ait: magis plures autem his non 5
erunt | oppositiones. omnis enim oppositio (quod p. 402
supra iam dictum est) aut ex utrisque finitis est, ut
est homo iustus, non est homo iustus, aut ex finito
subiecto, infinito praedicato, ut est homo non iustus,
non est homo non iustus, aut ex infinito quidem sub- 10
iecto, finito vero praedicato, ut est non homo iustus,
non est non homo iustus, aut ex infinitis utrisque, ut
est non homo non iustus, non est non homo non
iustus: ut autem quinta oppositio reperiri possit, nulla
rerum ratione possibile est. de his ergo haec dicta 15
sint, in quibus est tertium adiacens praedicatur.

In his vero in quibus est non convenit, ut
in eo quod est currere vel ambulare, idem faciunt sic posita ac si est adderetur, ut est currit omnis homo, non currit omnis homo; currit 20
omnis non homo, non currit omnis non homo.
non enim dicendum est non omnis homo, sed
non negationem ad homo addendum est. omnis
enim non universale significat, sed quoniam
universaliter. manifestum est autem ex eo quod 25
est currit homo, non currit homo; currit non

1 exubiecto F   et has — praedicato *om.* G (quae etiam
ex subiecto finito. praedicato *in marg.* G¹)   2 has *ego*:
his *codices*   3 aut SFEG (*corr.* G¹)   ex *del.* G¹ *om.* T
    infinito SFE (*corr.* S²E²) finito autem?   4 viderentur b:
uidentur *codices*   5 autem plures E²   8 iustus est aut
F (est *del.* F²)   15 ritione T   heaec F   16 sunt b
    19 sic E²ΣX: *om. ceteri* (faciunt//// F)   posita E²ΣX:
opposita *ceteri*   haec ac ΣX (haec *del.* X²)   *prius* est
om. F¹   23 negatio S²F²E²Σ²X   id quod est adomo
F (id quod est *del.* F²) ad id quod est homo ΣX   24 enim
om. ΣX¹

homo, non currit non homo. haec enim ab
illis differunt eo quod non universaliter sunt.
quare omnis vel nullus nihil aliud consignificat nisi quoniam universaliter de nomine vel
5 adfirmat vel negat. ergo cetera eadem oportet
adponi.

     Sunt quaedam propositiones in quibus est quidem
tertium adiacens praedicatur et hoc sono ipso et prolatione cognoscitur, aliae vero sunt in quibus tale
10 verbum praedicatur, quod tertium quidem adiacens non
praedicetur, habeat tamen contineatque intra se verbum est. quae praedicatio si solvatur in participium
atque verbum, quod ante solo verbo dictum praedicatum secundum praedicabatur, tertio loco praedicabi-
15 tur est et fit similis propositio, tamquam si prolatione
quoque haberet est verbum. si quis enim dicat omnis
homo currit, in hac propositione unum subiectum est,
alterum praedicatur. homo enim subiectus est, praedicatur autem currit. neque enim possumus in hac
20 propositione tres esse terminos arbitrari, idcirco quod
omnis quidem terminus non est, sed subiecti termini
determinatio. significat enim quoniam res universalis,
id est homo, universaliter subicitur cursui, cum dicit
omnis homo currit. nulla est enim hominis exceptio,
25 ubi omnem currere determinatio est. ergo non ponitur loco termini id quod dicimus omnis, sed potius

    2 non *del.* S², *om.* $\Sigma\mathfrak{T}^1$ 3 aliquid $\Sigma\mathfrak{T}$ (*corr.* $\mathfrak{T}^2$)
3. 4 consignificat E²$\Sigma\mathfrak{T}$: consignificant F, significant STE,
significat $\mathfrak{T}^2$ 5 et cetera S²T$\Sigma\mathfrak{T}$ eodem S²$\Sigma\mathfrak{T}$ (*corr.* $\mathfrak{T}^2$)
    opportet FΣ 6 ad opponi F (*corr.* F²) opponi $\Sigma\mathfrak{T}$ (*corr.*
$\mathfrak{T}^2$)   8 adiacens G²T: *om. ceteri*   praedicatum SFEG (*corr.*
S²F²G²) est praedicatum E²   11 contineatque *ego:* continuo
atque *codices* (coniunctum atque E²B)   12 praedicatio *ego:*
negatio SFEG, propositio G²TE², propositiones S², oratio F²
soluantur S²   participium si soluatur F (si soluatur *del.* F²)
    13 verbum est b   14 secundo praedicabitur b   20 tres
om. T¹ 23 dicitur b   25 omnem] nomen F, omnem hominem F²

subiecti termini determinatio est. quocirca in hac
propositione quae dicit omnis homo currit duo sunt
termini: homo et currit. ergo in eadem quamquam verbum est non praedicetur in prolatione, in verbi tamen
quod est currit significatione concluditur. si quis enim 5
hanc propositionem quae dicit omnis homo currit sol-
vat in participium atque verbum, faciet omnis homo
currens est et idem significat participium verbo coniunctum quod significat verbum, quod utraque conplectitur. nam cum dico omnis homo currit, omni homini 10
actionem praesto esse pronuntio; quod si idem rursus
dicam omnis homo currens est, eandem actionem homini rursus adesse proponit. idem igitur significat
verbum currit quod currens est. et in eā propositione
quae dicit omnis homo currit licet in prolatione est 15
non dicatur, tamen tertium potestate praedicatur, quod
hinc cognoscitur, si tota propositio dissolvatur in participium scilicet atque verbum. quamobrem sicut ex
nomine infinito subiecto fit adfirmatio, non eodem
modo ex infinito verbo adfirmatio fieri potest, sed 20
mox vis in ea negationis agnoscitur. quomodo enim
facimus adfirmationem dicentes omnis non homo currit, non homo scilicet subiectum infinitum ponentes,
non ita possumus dicere fieri adfirmationem cum proponimus omnis homo non currit. haec enim iam ne- 25
gatio est. quare ubicumque fuerit non currit vel non
laborat vel non ambulat vel non legit, in omnibus
negatio fit, in quibuscumque infinitum verbum praedicatur. dubitabit autem aliquis an sicut ex infinito
verbo fieri adfirmatio non potest, sed semper negatio 30

3 hac eadem b   4 *alt.* in *om.* E   8. 9 iunctum FT
9 utraq; parte T (parte *del.* T²)   13 rursus *om.* F   pro-
ponit] significat GT, proposui b, propono?   14 in *om.* T¹
eadem E²   17 solvatur b   18 scilicet *om.* F   21 in ea
vis b   quomodo] quando E (*corr.* E²)   26 fuerint F
29 dubitauit FEG (*corr.* G²) dubitat E²

ex hoc praedicamento fit, ita quoque si eadem propo-
p. 403 sitio solvatur | in participium atque verbum, an ex in-
finito participio possit adfirmatio fieri. quaeritur enim
an sicut in hac propositione quae dicit omnis homo
5 currit qui ita proponit dicens omnis homo non currit
facere adfirmationem non potest, sed sine dubio negationem facit, ita quoque si eadem solvatur in participium et verbum, ut dicat quis omnis homo currens
est, si fiat infinitum non currens et dicatur omnis
10 homo non currens est, an haec adfirmatio sit an certe
negatio tantundem valens tamquam si aliquis dicat
omnis homo non est currens. sed fuerunt qui hoc
cum ex multis aliis tum ex aliquo Platonis syllogismo
colligerent et quid ex ea re definirent doctissimorum
15 virorum auctoritate cognoscerent. ex duabus enim negativis syllogismus fieri non potest. in quodam enim
dialogo Plato huiusmodi interrogat syllogismum: sensus, inquit, non contingunt substantiae rationem; ⟨sub-
stantiae rationem⟩ quod non contingit, nec ipsius veri-
20 tatis contingit notionem: sensus igitur veritatis notionem non contingit. videtur enim ex omnibus negativis
fecisse syllogismum, quod fieri non potest, atque ideo
aiunt infinitum verbum quod est non contingit pro
participio infinito posuisse id est non contingens est.
25 est enim in pluribus aliis inveniendi facultas frequenter verbum infinitum positum pro nomine infinito.

---

17 Plato Theaet. p. 186

2 ex E² : *om. codices* (in T²)   3 quaereretur STE (*corr.* E²)
8 quis *om.* S¹   12 haec T   13 tum S²   tunc SFEG
(*corr.* E²G²)   platone SFGJ (*corr.* S²F²G²) plato NE, plato-
nico N²E¹ (platonis E²)   14 ut E²B   quod T, quidquid
B²   18 contingit b   18. 19 *alt.* substantiae rationem *ego
add.* : s. quod rationem substantiae non contingit G², sed quod
rationem substantiae non contingit T : *om. ceteri*   19 quod n
S²   20 non contingit E⁹   23 aiunt] adiunt S, adeunt G
(*corr.* G²) adiungunt F, adiciunt S²   non *om.* S¹F¹E¹

quare verbum quidem dixere quidam semper facere
negationem, si infinitum proponatur, participia autem
vel nomina si sint infinita posse facere adfirmationem.
et ideo quotienscumque a magnis viris infinitum verbum et duae negationes in syllogismo proponuntur, 5
hac ratione defenditur, quod dicatur verbum infinitum pro participio esse propositum, quod participium
nominis loco in propositione praedicatur. et hoc quidem Alexander Aphrodisius arbitratur ceterique
complures. idcirco enim aiunt non posse fieri ex in- 10
finito verbo adfirmationem, quoniam sicut verbum est
infinitum verbum mox totam perficiet negationem, sic
etiam verba quae in sese conplectuntur verbum est
non facient infinitam adfirmationem, sed potius negationem. si quis enim sic dicat homo currens non est, 15
nullus hanc dixerit adfirmationem. si quis vero sic
homo non currit, idcirco nec haec propositio adfirmatio est quoniam currit est verbum intra se continet
et sicut ad est verbum iuncta particula negativa non
facit adfirmationem, sed potius negationem, ita quo- 20
que ad illud verbum iuncta negatio quod intra se
continet est verbum plenam perficit negationem. Aristoteles autem non videtur ista discernere, sed similiter arbitrari, sive cum participio ponatur est ver-

4 manis F (*corr.* F¹)   6 quod S²F²: quo *codices*, ut?
8 hoc G²: haec T, id E²: *om. ceteri*   9 afrodisius *codices*,
Aphrodisieus?   arbitrabitur E, arbitrabantur E²   10 com-
plures] id? pro plures F, ////// proplures S, perplures S²F² (id
probant complures?) *ad* plures *in marg. add.* affirmationem
ex infinito uerbo non posse fieri F²   11 si/// F   verbum]
non T   est uerbum G   12 si sit inf. E², si fit inf. B
verbum *del.* F²G², uerbum non est E²B   sicut NE (*corr.* E²)
    13 quae sint SFGE (sint *del.* S²F²G²E²) quae sunt N
sese] esse N, se E²B   14 faciet S (*corr.* S²)   14. 15 sed
potius neg. *om.* T¹   15—16 si — adf. *om.* T   18 est v. intra se *om.* T (*add.* T¹)   continget T   21 aliud b   22 perfecit E (*corr.* E²)   23 ita E²   24 arbitratur T

bum sive sine participio verbum illud quod verbum
est intra se claudit atque conplectitur. dicit enim hoc
modo: in his vero in quibus est non convenit,
ut in eo quod est currere vel ambulare, idem
5 faciunt sic posita ac si est adderetur. et huius
subiecit exemplum, ut est currit omnis homo. in
hac enim propositione quae dicit currit omnis homo
non quidem convenit poni est verbum; eodem modo
vel si quis dicat omnis homo ambulat, hic quoque est
10 verbum poni non convenit, sed haec talia sunt, tamquam si est adderetur. quod exemplo docuit. nam
sicut est currens omnis homo adfirmatio est cursus
praesentiam monstrans, ita quoque currit omnis homo
adfirmatio idem valens idemque significans. has ex
15 simplicibus subiectis adfirmationes in quibus est dici
non convenit consequenter enumerat dicens currit
omnis homo mediam ponens determinationem, quod
est omnis, inter currit quod est praedicatio et subiectum quod est homo: contra hanc opponit simpli-
20 cem negationem dicens non currit omnis homo.
rursus' facit adfirmationem ex infinito nomine currit
omnis non homo, huic opponit negationem infiniti
nominis subiecti non currit omnis non homo. et
has idcirco proposuit, ut monstraret idem in his eve-
25 nire in quibus est non convenit praedicari, quod in
illis quoque in quibus est tertium adiacens praedicabatur. sed quoniam in negatione infiniti nominis sub-

6 currit omnis homo b: currens omnis homo currit omnis
homo *codices* (*corrigunt et in marg. continuant verba Aristot. us-*
que ad non currit omnis non homo S²F²)   7 enim b: etiam
codices   10 uenit SF (*corr.* S²F²), *item* 16, 25   14 adf.
est E²   significant FE (*corr.* F²E²)   hae SFE (*corr.* S²F²)
haec T et has E²   15 affirmationib; T   ex simplicibus et
infinitis subiectis adfirmationes et negationes?   17 quae b
18 *pr.* est *om.* E¹   22 cui//// F   negatio F (*corr.* F²)   infinito E (*corr.* E²)   27 *sq.* subiecti ait] subtiait SF (*corr.* S²F²),
subticuit E, *del. hic* E², *om.* B

iecti ait non currit omnis non homo, poterat quis
dicere non recte fecisse negationem eius adfirmationis
quae est currit omnis non homo hanc quae dicit non
currit omnis non homo, sed potius ita debuisse oppo-
sitionem constitui: currit omnis | non homo, non cur- p. 404
rit non omnis homo. ex hoc autem demonstrat ita 6
faciendam esse negationem, ut eam ipse disposuit.
dicit enim: **non enim dicendum est non omnis**
homo, sed non negationem ad homo addendum
est. qui est sensus huiusmodi: quotiens facimus, in- 10
quit, negationem contra hanc adfirmationem quae dicit currit omnis non homo, non est negativa particula
non adiungenda ei quod est omnis, sed potius subiecto id est nomini quod est homo. cum enim ita
dicimus currit omnis non homo, facienda est negatio 15
non currit omnis non homo. non enim dicendum est
non currit non omnis homo et non negativa particula
non est adicienda ad omnis, sed potius ad homo.
huius autem haec causa est quod omnis determinatio
in terminorum numero non adscribitur, sed potius ad 20
vim suam id est ad determinationem. non enim aliquid universale significat ipsum omnis, sed significat
quidem universale homo, omnis autem determinatio
est, quoniam quis id quod universale est id est homo
universaliter praedicat. non ergo universale aliquid 25
significat omnis determinatio, sed potius quoniam uni-

1 homo subticuit (subiticuit B) E²B *deinde addunt* E²B:
ait non enim dicendum est non omnis homo sed non negationem (negatio B) ad id quod est homo addendum est. poterat
enim E²B 2 fec.] facere F (*corr.* F¹) 5 *alt.* non *om.* F E¹
9 negationem *ego*: negatio *codices* homo] hoc T 10 qui// E
  12 non est *om.* T 13 non est adi. FT (est *del.* F²)
14 nomini E: homini *ceteri* non homo S² 15—17 facienda
— homo *om.* T¹ 17 *prim.* non *om.* F¹E¹T et] id est b
  20 numerum? 23 uniuersale uniuersaliter B quod
est homo EB autem omnis F (*corr.* F²) 24 quis *del.*
F²E² 25 praedicatur *codices* (*corr.* S²)

versale nomen universaliter praedicatur. atque ideo
quotiens in his negatio fit, ad subiectum potius nomen trahi oportet negationem non ad determinationem.
sed ne forte quis dubitet, ut etiam in aliis quoque ita
5 fieri oportere oppositiones dicat. in his enim quae
subiectum habent finitum, cum dicimus omnis homo
currit, si contra hanc contradictorie opposita negatio
ponitur, ad determinationem particula negativa constituenda est, ut contra eam quae dicit omnis homo cur-
10 rit ea sit quae dicit non omnis homo currit. in his
autem quae ex infinito nomine subiecto fiunt, sive in
adfirmatione sive in negatione, a subiecto nomine non
est separanda negatio. hoc autem ita esse facillima
ratione cognoscitur, si determinationes paulisper aufe-
15 rantur et in his propositionibus ex infinito nomine
subiecto quae sunt indefinitae speculatio fiat. sit enim
adfirmatio indefinita non homo currit. contra hanc erit
negatio non homo non currit. si igitur hae propositiones
factae sunt in universalibus terminis (universalis enim
20 terminus est homo), sed non habent additam determinationem, quoniam universaliter praedicantur, id est
omnis, et servata est et in adfirmatione et negatione
ad subiectum negativa particula (semper enim fiebat
necessarie infinitum), etiam tunc quando additur ali-
25 quid quod determinet, non ad determinationem addenda est negatio, sed potius ad subiectum nomen.
quod cum in adfirmatione fuerit infinitum, hoc idem
infinitum ut in negatione revertatur providendum est.
sicut enim finitum terminum et simplicem in his in-

1 universaliter] uniuersale S (*corr. S²*)   4 ut] et?
7 condictoriae E (*corr. E²*)   oppositam FE (*corr. F²*)
9 ea T   13 separata *codices* (*corr. S²F²E²*)   16 inspecu-
latio F, inspelatio E (*corr. F²E²*)   fiat] fit T (*corr. T²*)
19 facta F   sint E (*corr. E²*)   20 abent F   21 non praedicantur S²F²E²   22 *alt.* et *om.* T¹   in adf.] ad infirma-
tione E (*corr. E²*)   24 necessarie] nomen b   nunc S (*corr. S¹*)
25. 26 adtendenda E (*corr. E²*)   29 infinitum FE (*corr. F²E²*)

definitis propositionibus ad adfirmationem et negationem custodiri oportet, ut dicamus currit homo, non
currit homo, ita quoque in ea oppositione quae est
ex infinito nomine subiecto idem servandum est, ut
quod in adfirmatione subiectum est idem servetur 5
etiam in negatione. quod si hoc in his quae indefinitae sunt evenit, cur non etiam in illis idem fieri
oportere videatur quae definitae sunt? hoc solum enim
definitae ab indefinitis differunt, quod cum indefinitae
universalia praedicant praeter universalitatis determi- 10
nationem, determinatae et definitae idem illud praedicant universale cum adiectione et significatione quoniam universaliter praedicatur. nihil igitur aliud omnis
vel nullus significat, nisi quoniam id quod universale
dicitur universaliter praedicatur. ergo omnia eadem 15
quae in adfirmatione et negatione indefinitis poneban-
tur eadem quoque et in eisdem determinatis servanda
sunt. ·omnis enim et nullus non sunt termini, sed
universalis termini determinationes.

His igitur ab Aristotele decursis nos quoque a 20
Syriano, cui Philoxeno esse cognomen supra rettu-
limus, propositionum omnium numerum, de quibus in
hac libri disputatione perpendit, nimis ad rem perti-
nentem atque utilem transferamus. et prius perspiciendum est in categoricis propositionibus quot inde- 25
finitae sunt. quantae enim fuerint indefinitae, tot

1 ad E²: *om. codices*   adfirmatione et negatione S²
2 custodire T   3 propositione b   est S²E²: *om. codices*
4 subiecto est T   5 reservetur F   6. 7 infinitae FE (*corr.*
E²)   7 evenit *ego*: uenit *codices*   9 infinitis FTE (*corr.* E²)
infinitae FTE (*corr.* E²)   10 praeter uniu. determ. *om.* T¹
11 idem *om.* S¹   illud *om.* F   12 signatione SFE
14 quoniam] quod F (*corr.* F¹²)   16 in indef. T²E²   17 et
om. T   eis F   19 uniuersales T   21 suriano SFE (*corr.*
S²F²E²)   filoxeno *codices* (filoxenus S²F²)   23 perpedit F
(*corr.* F²) perpenditur?   rem *om.* F¹   25 quod FT
26 sint E²

erunt universales, tot particulares, tot singularium
atque individuorum propositiones. et prius quidem
adfirmationes perspiciamus hoc modo: quattuor modi
sunt propositionum: aut enim indefinitae sunt aut uni-
5 versales aut particulares aut singularium atque individuorum. si ergo perspiciantur quantae sint indefini-
p. 405 tae adfirmationes, | has si per quaternarium numerum
multiplicavero, colligitur mihi numerus adfirmationum.
quem si duplico, colligitur etiam negationum hoc modo.
10 praedicatur enim est aut ipsum solum aut certe tertium adiacens cum alio. et si solum praedicatur, aut
ad nomen simplex atque finitum praedicandum est
aut ad infinitum. ex his duae sunt adfirmationes: est
homo, est non homo. quotiens autem est tertium ad-
15 iacens praedicatur, hae quattuor erunt adfirmationes:
aut cum subiectum infinitum est solum, ut est iustus
non homo, aut cum praedicatum infinitum est solum,
ut est non iustus homo, aut cum utraque finita sunt,
ut est iustus homo, aut cum utraque infinita sunt,
20 ut est non iustus non homo. magis plures autem
his, ut ipse ait, propositiones inveniri non possunt.
cum igitur sex sint adfirmationes, duae quibus est praedicatur, quattuor vero adiacente, has si per quater-
narium ducam, viginti et quattuor fient. quas rursus
25 si binario multiplicem, quadraginta octo mihi summa
subcrescunt. tot igitur erunt adfirmationes et negationes quaecumque vel praedicato est verbo vel tertio
adiacenti et praedicato fiunt. qua in re quoniam tres

7 et has E   8 uel affirmationem F (*corr.* F²)   12 praedicatum b   13 aut *om.* S¹F¹   ad *om.* T   et ex S²F²
sint E (*corr.* E²)   15 hae T: et FE, *del.* E², *om.* S?
16. 17 ut —solum *om.* S¹F¹E¹   17 solum infinitum (*om. est*)
SF   21 is SF (*corr.* F²)   oppositiones T²E²G²   23 adiacente *ego*: adiacentes *codices* (adiacente est S²F²)   24 ducam
om. G¹   et *om.* b   26 subcrescet E²B   ad adfirm. FE
(ad *del.* F²E²)   27 uerbo solo TG²   28 adiacente? in *om.* b

sunt aliae qualitates propositionum, quae sunt necessariae, contingentes et inesse tantum significantes, secundum quas qualitates istae omnes propositiones proferuntur, has quadraginta octo propositiones si in
ternarium numerum duxerimus, scilicet propositionum 5
qualitates, centum quadraginta quattuor omnis propositionum praedicativarum, de quibus hoc libro tractat,
numerositas crescet. sed nunc praeter has tris qualitates quae sint quadraginta octo propositiones cum
negationibus suis (quas si per qualitates propositio- 10
num, necessariam scilicet et contingentem et inesse
significantem, multiplicavero, centum quadraginta quattuor fient) subter adscripsimus.

EST SOLUM

Est homo	Non est homo	15
Est non homo	Non est non homo	
Est omnis homo	Non est omnis homo	
Est omnis non homo	Non est omnis non homo	
Est quidam homo	Non est quidam homo	
Est quidam non homo	Non est quidam non homo	20
Est Socrates	Non est Socrates	
Est non Socrates	Non est non Socrates	

ITEM EST TERTIUM

Est iustus homo	Non est iustus homo	
Est iustus omnis homo	Non est iustus omnis homo	25
Est iustus quidam homo	Non est iustus quidam homo	
Est iustus Socrates	Non est iustus Socrates	

5 scilicet secundum B   propositiones T (*corr.* T²)
6 qualitates *om.* T¹   omnis *ego:* omnes *codices*, omnium b
  6. 7 propositiones *codices* (*corr.* b)   7 tractatur?
8 crescit B   tres S²F²E²T   9 quae *om.* F¹   sunt TE²
10 qua T   13 adscribimus E²   *dispositionem om.* T¹B (*spatio relicto*)   14 est solum *om.* SFEN   15—22 *ordinem propositionum ita mutat* E, *ut quaternas finitas quaternae infinitae
sequantur*   23 TERTIUM ADIACENS E

21*

Est iustus non homo	Non est iustus non homo
Est iustus omnis non homo	Non est iustus omnis non homo
Est iustus quidam non homo	Non est iustus quidam non homo
Est iustus non Socrates	Non est iustus non Socrates
5 Est non iustus homo	Non est non iustus homo
Est non iustus omnis homo	Non est non iustus omnis homo
Est non iustus quidam homo	Non est non iustus quidam homo
Est non iustus Socrates	Non est non iustus Socrates
Est non iustus non homo	Non est non iustus non homo
10 Est non iustus omnis non homo	Non est non iustus omnis non homo
Est non iustus quidam non homo	Non est non iustus quidam non homo
Est non iustus non Socrates	Non est non iustus non Socrates

p. 406

16 Has igitur propositiones Syriano calculis colligente
nos quoque nominatim disposuimus, idcirco quoniam
facilior fides habebitur numero, si per exempla pro-
dantur, simul etiam quoniam male doctus de his propositionibus perversissime contendebat et adfirmationes
20 quidem negationum loco ponens, negationes vero adfirmationum totum ordinem confundebat. quare ne
quem illius oratio a rectae rationis veritate traduceret,
idcirco hanc ad tenacioris memoriae subsidium fecimus dispositionem.

25   Quoniam vero contraria est negatio ei quae

17 habitur E (*corr.* E¹)   17. 18 perdantur F (*corr.* F¹)
prodatur?   18 dictus T (*corr.* T¹)   19 contendebant T (*corr.*
T¹)   et *om.* S¹   20 negationes] pergationes N per negationes N¹EB   21. 22 nequam F (*corr.* F²)   22 ac F (*corr.* F²)
23 hanc *om.* F¹   tenacioris *ego*: telatioris SFTGJ, ela-
tioris NEB, dilatioris *vel* latioris F²   25 vero] ergo ΣΧ ·

est omne est animal iustum illa quae significat quoniam nullum est animal iustum, hae quidem manifestum est quoniam numquam erunt neque verae simul neque in eodem ipso, his vero oppositae erunt aliquando, ⟨ut⟩ non 5 omne animal iustum est ⟨et⟩ est aliquod animal iustum.

Hoc quoque est diligentissime superius demonstratum, quod contrariae aliquotiens verum falsumque dividerent, si aut in rebus naturalibus aut in inpossi- 10 bilibus proponerentur: aliquotiens vero simul inveniri posse falsas, si res neque naturales neque inpossibiles praedicarent. contrarias autem esse dictum est, quaecumque vel adfirmative vel negative universalem facerent enuntiationem. ergo nunc hoc dicit: quae sunt, 15 inquit, contrariae simul verae esse non possunt. et hoc non sine quadam rerum determinatione locutus est. ait enim: quoniam vero contraria est negatio ei quae est omne est animal iustum scilicet adfirmationi illa quae significat quoniam 20 nullum est animal iustum scilicet negatio, hae quidem, inquit, quoniam sunt contrariae, quae simul verae esse non possunt, manifestum est quoniam numquam erunt neque verae simul neque in eodem. sed quod dixit neque verae simul huius- 25 modi est: nihil enim prohibet alio et alio tempore et adfirmationem universalem et negationem veraciter

1 *alt.* est *post* iustum E (*transp.* E²)   illae S (*corr.* S²)
2 haec F, hoc TΣ² (*corr.* T²)   4 uere simul ΣΣ: simul uere
(*vel* uerae) *ceteri*   5 opposite sunt F   ut *add.* b: *om. codices*
6 et *add.* b: *om. codices*   6. 7 est — iustum *om.* ΣΣ (aliq.
an. iustum est Σ²)   6 aliquot F   8. 9 monstratum F   10 *prius*
aut] autem F   11 vero] uerum falsum F   13 dictum esse
est E (*corr.* E²)   13. 14 quaecumque S²: queq; T, quisq; SF,
si quisq; E, si quis b   14 et — et?   14. 15 faceret S? b
17 quaeda (*sic*) F   24. 25 falsae in eodem E   25 dixit
quod T (*corr.* T²)   26 proibet F

posse proponi. ut si quis dicat omnis homo iustus
est, hoc si aureo saeculo diceretur, verissime propone-
retur. quod si quis rursus dicat nullus homo iustus
est, hoc si ferreo saeculo enuntiet, erit vera propo-
5 sitio. quare contingit et adfirmationem universalem
et negationem veras esse, quas manifestum est esse
contrarias, sed non simul: illa enim in aureo saeculo,
si ita contingit, illa in ferreo. sed haec tempora diversa sunt et non sunt simul. quare recte hoc quo-
10 que addidit ut diceret manifestum est quoniam
numquam erunt neque verae simul. quod autem
addidit neque in eodem ad aliam eiusdem rei determinationem valet. possunt enim rursus eodem tempore et simul universalis adfirmatio et universalis ne-
15 gatio verae esse, sed si non de eodem praedicentur.
ut si quis dicat omne animal rationale est, hoc si de
hominibus praedicetur, vera est adfirmatio. quod si
quis dicat nullum animal rationale est, hoc si de equis
enuntiet, vera erit uno eodemque tempore contra uni-
20 versalem adfirmationem universalis facta negatio, sed
non in eodem. illa enim adfirmatio de hominibus
facta est, haec vero de equis negatio. quam ob rem
recte dictum est numquam esse simul contrarias veras
posse neque in eodem id est nec uno eodemque
25 tempore nec de uno subiecto. sed quoniam his oppositae erant universali quidem adfirmationi particularis
negatio, universali vero negationi adfirmatio particularis et has diximus idcirco subcontrarias dici, quod
diversa quodammodo contrariis patiantur, manifestum
30 est quoniam sicut contrariae verae simul esse non
possunt, dividunt tamen aliquotiens inter se veritatem

---

1 propositioni SF𝐸 (*corr.* E²), opponi S²   4 enuntietur
T, enuntiaret b   13 ualent SFE (*corr.* S²E²)   rursum E
14 adf. et universalis *om.* T   17 praecetur E (*corr.* E²)
    22 hae F   aequis FE   27 uniuersa F (*in fine versus*)
vero *om.* S   30 uerae simul uerae SFT (*prius* uerae *del.* S²)

et falsitatem, ita quoque et subcontrariae dividunt
quidem verum inter se falsumque aliquotiens, quando
contrariae quoque diviserint, simul autem verae inveniri possunt, quando universales et contrariae simul
falsae sunt, ut autem simul falsae sint, nulla rerum 5
ratione contingit. ergo contrarias quidem simul veras
esse atque in eodem numquam quisquam poterit invenire, subcontrarias autem quae universalibus et contrariis oppositae sunt sibi invicem conparatas veras
inveniri possibile est: ut in eo ipso exemplo quod 10
ipse proposuit non omne animal iustum est vera
est, rursus est aliquod animal iustum haec quoque
vera est. quare | contrariae simul verae esse non pos- p. 407
sunt, subcontrarias simul veras nihil prohibet inveniri.

Sequuntur vero hae: hanc quidem quae est 15
nullus est homo iustus illa quae est omnis est
homo non iustus, illam vero quae est est aliqui
iustus homo opposita quoniam non omnis est
homo non iustus. necesse est enim esse aliquem.

De consequentia propositionum simplicium atque 20
infinitarum sufficienter quidem supra disseruit, sed
nunc haec est huic intentio non quae particularis adfirmatio vel negatio quam universalem adfirmationem
vel negationem sequatur, quod iam supra monstravit,

---

2 inter se uerum E   3 diuiderint *codices (corr.* E²)
4 uniuersalis SFE (*corr.* E²)   5 *prius* falsae S²: uerae *codices*
(verae non B)   6 ratione F   8 subcontra T (*corr.* T²)
13 uera F   15 secuntur F, sequitur ΣΖ   hae hanc] eam
ΣΖ   est *om.* ΣΖ¹   16 est *post* iustus ΣΖ (*corr.* Ζ²)
est *post* omnis *om.* T¹   hanc quidem quae est omnis est
homo non iustus illa quae est nullus est homo iustus? *an* 15
hanc] haec *et* 16 illam?   17 illa F T   *alt.* est *om.* ΣΖ
aliqui ΣΖ: aliquis *ceteri*   18. 19 est homo b: homo
est SFTEΖ², est *post* iustus ΣΖ   19 est *om.* F¹   esse
del. Ζ²   aliquid SFTE (*corr.* S²T²E²)   20 consequenti FE
(*corr.* E²)   21 diseruit F   22 haec] hec F, hoc T   non
dicere E²   quo F

sed quae universalis negatio universalem sequatur adfirmationem vel quae particularis negatio particulari
scilicet adfirmationi consentiat. proponitque has quattuor dicens negationem quidem simplicem universalem
5 et adfirmationem infinitam universalem sese sequi et
sibimet consentire nec minus his oppositas id est
particularem adfirmationem simplicem et particularem
infinitam negationem et in veritate et in falsitate se
sequi et a se nullo modo discrepare. disponantur enim
10 hae quattuor: prior adfirmatio infinita universalis quae
dicit omnis est homo non iustus, sub hac ei consentiens simplex universalis negatio quae proponit
nullus est homo iustus; rursus in altera parte
contra adfirmationem infinitam particularis simplex
15 adfirmatio quae dicit est aliqui homo iustus et
sub hac particularis infinita negatio quae proponit
non omnis est homo non iustus.   .

Omnis est homo non iustus   Est quidam homo iustus
Nullus est homo iustus   Non omnis est homo non iustus.

20   His ergo ita dispositis si adfirmatio universalis infinita vera sit ea quae dicit omnis est homo non iustus,
vera est etiam ea quae proponit nullus est homo iustus
quae est universalis simplex negatio. hoc autem melius in verioribus cognoscitur exemplis. dicatur enim
25 omnis est homo non quadrupes vera, rursus nullus est
homo quadrupes haec quoque vera est. quod si una
harum falsa sit, falsa quoque erit et altera. nam si
falsa est quoniam omnis est homo non iustus, sicut
vere quoque falsa est, illa quoque negatio simplex
30 mendacissime praedicavit quae dicit nullus est homo

1 sequitur *codices* (*corr.* S²E²)   10 prius T   11 sub]
sed S (*corr.* S²)   hanc SFE (*corr.* E²)   15 aliquis S²
16 hanc SE (*corr.* E²) .   18 *prius* est *om.* S¹   quidam] aliquis b   19 *prius* est *om.* S¹   omnis est b: est omnis *codi-*
ces   24 inferioribus E   25—27 non — harum *om.* F
28. 29 sicut — est *del.* S²   30 praedicabit *ed. princ.*

iustus. quocirca adfirmatio universalis infinita et negatio universalis simplex sibimet consentiunt, ut una
vera alteram veram esse necesse sit, alterius falsitate
reliquam quoque falsitas consequatur. idem quoque
evenit in parte altera. nam si vera est quoniam qui- 5
dam homo iustus est, vera quoque est quoniam non
omnis est homo non iustus, est enim aliqui. nam id
quod dicitur non omnis tantundem est, tamquam si
qui dicat quidam non est, quod in alio quoque exemplo manifestius adparebit. si quis dicat non omnis 10
homo iustus est, hoc est dicere quidam homo iustus
non est. ergo non omnis quidam non significat. si
quis ergo ita proponat quidam homo non iustus non
est, quem dicit non esse non iustum iustum esse confirmat. quare ille de quo dicitur quoniam non iustus 15
non est erit iustus. unde fit ut ea quae dicit non
omnis est homo non iustus consentiat ei quae dicit
quidam homo non iustus non est. sed haec consentit
ei quae dicit quidam homo iustus est: haec igitur
quoque consentit et ei quae proponit non omnis est 20
homo non iustus. sed quoniam hoc fortasse aliquatenus videtur obscurius, consequentiae ipsarum hoc modo
sumendae sunt. sitque nobis hoc positum adfirmationem universalem infinitam et negationem universalem
simplicem sibimet consentire, ut unius veritatem et 25
falsitatem alterius veritas aut falsitas consequatur. si
falsa est adfirmatio infinita universalis quae dicit omnis
est homo non iustus, vera erit huic opposita parti-

3 altera F   4 reliqua F, falsitatem reliquae b   5. 6
quoniam — quoque est *om.* F   7 aliquis S²   8 tantum T
(*corr.* T²)   est *om.* G¹   9 quis S²F, *del.* G²   est *del.* E²
    14 quae F   *prius* esse] est F   16 non est *om.* S¹
non *om.* S¹F E G¹   18 *alt.* non *om.* S¹F E G¹   hoc T
non consentit E²   consentiat S (*corr.* S²)   20 et *om.* b
proponitur SF   24 *alt.* universalem *om.* S¹   25 consentiret
F E (*corr.* E²)   ut *om.* T   26 falsitas aut ueritas T

cularis infinita negatio quae proponit non omnis est homo non iustus. sed cum falsa est adfirmatio universalis infinita, falsa quoque est universalis simplex negatio quae dicit nullus est homo iustus. sed hac

5 falsa particularem adfirmationem quae huic contradictorie opposita est veram esse necesse est, quae est est quidam homo iustus. quocirca quando adfirmatio universalis infinita falsa est, vera est particularis in-

p. 408 finita negatio | et quando universalis negatio simplex

10 falsa est, vera est simplex adfirmatio particularis. sed adfirmatio universalis infinita et negatio universalis simplex simul falsae sunt et sibimet in falsitate consentiunt: simul igitur erunt verae simplex particularis adfirmatio et infinita negatio particularis. rursus si

15 vera est adfirmatio universalis infinita, falsa erit negatio particularis infinita: ei enim contradictorie opposita est. si rursus vera est universalis simplex negatio, falsa est particularis simplex adfirmatio. sed universalis adfirmatio infinita et universalis negatio simplex simul

20 verae sunt: simul igitur erunt falsae particularis adfirmatio simplex et particularis infinita negatio. quare hae quoque, id est particularis adfirmatio simplex et particularis infinita negatio, sibimet in veritate et falsitate consentiunt et veritatem suam et mendacium in-

25 vicem consequuntur. quare adfirmatio quidem et negatio utraque universalis, haec simplex, illa infinita, sequuntur sese sibique consentiunt. particulares autem, id est universalibus oppositae simplex adfirmativa et negativa infinita, ipsae quoque sibimet consentiunt.

30 quare rectus est ordo, ut sicut adfirmationi universali infinitae consentit simplex universalis negatio, ita parti-

2 non *om.* S¹FE¹   5 particulare affirmatione F
14 particulares F   19 et *om.* S¹   22 haec E   23 partic.]
uniuersalis SFEG (*corr.* S²G²)   25 consecuntur FT   26
utraque *om.* T   27 secuntur FT   particularis FE (*corr.* E²)
31 infinita T   31 *sq.* periculari E (*corr.* E²)

culari adfirmationi simpliei particularis negatio infinita
consentiat.

**Manifestum est autem, quoniam etiam in
singularibus, si est verum interrogatum nega-**
**re, quoniam et adfirmare verum est, ut putasne 5
Socrates sapiens est? non; quoniam Socrates
igitur non sapiens est. in universalibus vero
non est vera quae similiter dicitur, vera autem
negatio, ut putasne omnis homo sapiens? non.
omnis igitur homo non sapiens. hoc enim fal- 10
sum est. sed non omnis igitur homo sapiens
vera est; haec autem est opposita, illa vero
contraria.**

De consequentia propositionum disputans et sibi
quemadmodum consentirent illum tractatum parumper 15
egressus docere proposuit, quae veniant in responsionem de singularibus, si ad praedicationem ipsorum
sit particula negationis adposita, quae rursus in his
quae de universalibus sunt propositionibus ad praedicationem addita particula negativa concurrant. neque 20
enim oportet similiter facere enuntiationes. non enim
simile est quod ex utraque praedicatione contingit.
hoc autem ita manifestum est: si quis de singulari
aliquo interrogatus neget, ille qui interrogaverit potest
facere ex infinito nomine praedicato ⟨adfirmationem, 25
praedicato⟩ illam scilicet negationem iungens quam
respondens ante negaverit, et hoc veraciter praedicabit. de universalibus autem adparebit non eandem

6 non E²: non est *ceteri*   6—8 quoniam — non est *om.*
S¹   6 quoniam *del.* E², *om.* TΣℑ   7 est vera est S²
8 dicuntur ΣΣ (*corr.* ℑ²)   9 sapiens est T   10 igitur omnis
ΣΣ (*item* 11)   enim *om.* Σℑ   12 autem *om.* Σℑ¹
opposita est ΣΣ   15 consentiret T   16. 17 eveniant in responsione?   17 ipsarum b   20 concurrent S (*corr.* S²)
25 infinitiuo T   25. 26 adfirmationem, praedicato *ego add.*:
om. codices, conclusionem *add.* E²B¹   26 iugens E (*corr.* E²)
27 negaverat b   27. 28. praedicauit SFE (*corr.* S²)

veritatem posse contingere, si ex his adfirmatio conponatur. si quis enim interroget alium putasne Socrates sapiens est? si ille responderit non, vere ille concludit dicens: Socrates igitur non sapiens
5 est. sit autem hoc in alio quoque clariori exemplo manifestum atque interrogemus aliquem hoc modo: Socratesne Romanus est? ille respondeat: non, nos vere concludere possumus: Socrates igitur non Romanus est, facientes ex negatione quam ille respondebat
10 et ex nomine quod nos in propositione praedicavimus adfirmationem ex nomine infinito quae dicit: Socrates non sapiens est vel Socrates non Romanus est. has enim adfirmationes esse ex infinito nomine supra monstratum est. si igitur eodem modo aliquis in univer-
15 salibus subiectis interroget dicens: omnisne homo sapiens est? nos utique respondebimus: non. tum ille eadem similitudine concludit. dicit enim: omnis igitur homo non sapiens est. quocirca nullus homo sapiens est. ea enim quae dicit omnis homo non sapiens est
20 consentire monstrata est ei quae dicit nullus homo sapiens est. videbitur ergo quodammodo ex vera responsione falsa inlata esse conclusio. cui nos dicimus negationem quidem nos respondisse, non ut ea negatio ad praedicatum iungeretur, sed ad determinationem.
25 neque enim nos voluisse ab omni homine sapientiam tollere, cum interrogante an omnis homo sapiens esset

1 his *om.* T   affirmatione T²   5 est *om.* E¹   alio] uno B   clariore?   6 atque] ad quae G²T², si E²B, age? *an delendum?*   interrogemus F²: interrogarentur S F E, interrogarentem G, interrogetur S², interrogamus E²B, interroganti G², interrogante T   ///aliquem E, per aliquem B (per *del.* B¹), aliquis S², aliquo G²T   7 atque ille E²B   9 ex neg.] et negationem S F E (*corr.* S²F²E²)   10 et *om.* S¹F¹E¹   ex *om.* T   11 ex] cum S²   14 uel in E (uel *del.* E²)   17 eandem similitudinem T   20 homo *om.* E¹   21 quemadmodum S, quodadmodum FE (*corr.* S²E²)   23 rogationem S (*corr.* S²)   26 interrogante aliquo b

nos negaremus, sed ab omni potius id est determinatione voluisse nos abstrahere sapientiam, illud scilicet
significantes, quod alicui esset et alicui non esset sa-
pientia, ut quod diximus non | tantum valeret tamquam p. 409
si diceremus non omnis. ergo si illa negatio ad no- 5
men, id est ad sapientem iungatur, universalis fit adfirmatio quae dicit omnis homo non sapiens est consentiens universali negationi quae proponit nullus homo
sapiens est. sed haec contraria est interrogationi. fuit
enim interrogatio omnisne homo sapiens est? haec 10
habet universalem adfirmationem, cui contraria est
universalis negatio, cui rursus negationi consentit adfirmatio universalis infinita. quocirca adfirmationi quoque universali simplici, quae in interrogatione posita
est, id est omnisne homo sapiens est? contraria est 15
ea quae dicit conclusio quoniam omnis homo non sapiens est. quod si dicat non omnis homo sapiens est,
et verum est et ei est opposita. contra enim eam quae
dicit interrogationem omnisne homo sapiens est? cum
responsum fuerit non et iuncta negatio fuerit ad om- 20
nis, particularis negatio fit dicens non omnis homo
sapiens est, quae est opposita universali adfirmationi
ei quae in interrogatione proposita est [universali]. hoc
est enim quod ait: haec autem est opposita, illa
vero contraria. per verba autem sensus iste sic con- 25

1 non F   **2** noluis (*sic*) E *(corr.* E²*)*   abstraere F
(corr. F²*)*   **3** inesset T *(bis)*   **4** ut quod E²: //quod S,
quod *ceteri* (et quod — valere?)   ualet S²F²   **6** sapientiam
T   sit FE *(corr.* F²E²*)*   **9** *alt.* est *om.* S¹   **10** sapiens] animal *codices (corr.* E²*)*   hoc T   **11** habet est SF, habet /// E
contra SE *(corr.* S²*)*   **14** in *om.* S¹FE¹   **17** dicatur b
    18 uera T   **19** omnisne F²E²: *om. codices* (an omnis S²)
homone T   sapiens] animal *codices (corr.* S²E²*)*   **20. 21**
omnes particulares SFE *(corr.* S²F²E²*)*   **21** sit F *(corr.* F²*)*
dicens T: dicentis *ceteri*   **22** *prius* est *om.* F   **23** in *om.*
SFE¹T (fuit in S²)   posita E   est *om.* SF¹E¹ (propositae
F)   universali *uncis inclusi* (*om. ed. princeps*)   **25** sic *om.* S¹

stat: manifestum est autem, inquit, quoniam in
singularibus, ut est Socrates et quidquid individuum
est, si est verum interrogatum negare, id est si
quando quis aliquid interrogatus vere negaverit, ⟨ut⟩
5 cum aliquis interrogatur, an Romanus sit Socrates,
ille neget, quoniam et adfirmare verum est, ut
ille qui interrogat ex negatione et nomine praedicato
faciat infinitam adfirmationem. et huius exemplum:
putasne Socrates sapiens est? responsio non.
10 conclusio quoniam Socrates igitur non sapiens
est. sed hoc non similiter in universalibus se habet,
quod per hoc monstrat quod ait: in universalibus
vero non est vera quae similiter dicitur, id est
non est vera adfirmatio infinita facta ex praedicato
15 nomine et respondentis negatione, sed potius vera est
negatio, non adfirmatio. huius exemplum: nam interrogatio est ut putasne omnis homo sapiens? responsio non. falsa conclusio omnis igitur homo
non sapiens. hoc enim falsum est et simile ei
20 quod supra de singulari subiecto praediximus, sed
potius illa quae dicit non omnis igitur homo sapiens est, ut respondentis negatio ad omnis iungatur
et fiat negatio particularis. est enim haec vera. haec
autem est opposita. nam cum adfirmatio univer-
25 salis interrogata esset ea quae dicit omnis homo sapiens est, ex negativa particula factum est non omnis
homo sapiens est in conclusione et sunt oppositae.

1 quoniam etiam? 3 *pr.* si] sicut F (*corr.* F²) 4 aliquit T
interrogatur SFE (*corr.* F²) interrogat. interrogatus T uero
T ut *add.* b: *om. codices* 6 neget non S² 7 interroget ST (*corr.* S¹T¹) 8 exemplum est T 10 quoniam *del.*
E², *om.* T 11 in *om.* T 12 ait *om.* S¹ in *om.* S¹E¹
16 exemplum est T, ex. tale est b nam ut F 17 ut
om. T sapiens est T 19 enim] igitur T et non F²
22 vera est? ut E²: aut FT, *eras. in* S, at GF²E, ut uniuersali determinationi S² omnis *add.* E¹: *om. ceteri* 24 est
etiam E¹ 25 omnisne b 27 sapiens] animal SFE (*corr.* S²E²)

illa est enim adfirmatio universalis, haec autem particularis negatio. illa vero contraria. nam si non
negatio ad praedicatum iungatur, fit universalis adfirmatio infinita, quae consentit universali negationi finitae. sed haec contra adfirmationem universalem fini- 5
tam quae in interrogatione est posita contraria est.
contraria igitur erit etiam illa quae universalis est
adfirmatio infinita. quae autem causa est, cur in singularibus vel adfirmatio ex infinito nomine vel negatio
finita sibimet consentiant, in universalibus autem uni- 10
versalis adfirmatio ex infinito nomine non consentiat
particulari negationi finitae, quaerendum est. etenim
si quis dicat Socrates non sapiens est et Socrates sapiens non est, idem est et hae duae sibimet consentiunt, si quis autem dicat omnis homo non sapiens 15
est et rursus non omnis homo sapiens est, hae duae
sibi non consentiunt. sed haec ratio est, quod in
singularibus subiectis non sunt duplices oppositiones,
sed una tantum, id est quae negationem facit, in universalibus autem universaliter praedicatis duplex oppo- 20
sitio est, una contraria, una vero contradictoria. si
ergo sit huiusmodi adfirmatio quae dicat Socrates sapiens est, contra hanc una est oppositio quae proponit
Socrates sapiens non est. si ergo dicat aliquis Socrates
non sapiens est, haec nullum alium habebit intellectum 25
quam ea quae dicit Socrates sapiens non est. unam
enim tantum solam diximus in singularibus oppositionem. quare quaecumque aliae fuerint, eadem signi-

4. 5 infinitae SFE (*corr.* S²F²E²), simplici T   6 in *om.*
S¹FE¹   opposita SFE (*corr.* S²E²), prop.?   10 consentiat
SFE (*corr.* E²)   11 consentiant T (*corr.* T¹)   12 infinitae
SFTE (*corr.* S²E²)   13 si *om.* T¹   Socr. non] non Socra-
tes F   14 haec T   16 non *om.* S¹   est *om.* F   17 non
om. F¹   quod si in F   20 universaliter] uniuersalis S (*corr.*
S²)   praedicans E (*corr.* E¹)   21 vero *om.* F¹   22 dicit S
(*corr.* S²)   27 tantum enim F (*corr.* F²)   28 fuerunt T

ficatione concurrent. in universalibus vero universaliter praedicatis non eodem modo est. nam si sit adfirmatio universalis quae dicit omnis homo sapiens est, contra hanc etiam illa est quae dicit nullus homo sapiens est,
5 etiam illa quae dicit non omnis homo sapiens est. et illa est contraria, haec contradictoria. duplex ergo haec oppositio sibi non potest consentire. illa enim totum tollit quae est universalis negatio, illa partem
p. 410 finita quae | est particularis negatio. sed universalis
10 negatio universali adfirmationi ex infinito nomine consentit: diversa igitur erit haec quoque a particulari finita negatione. quoniam ergo duplex est oppositio in universalibus, simplex in singularibus, recte in eadem similitudine praedicationis non eadem veritas fal-
15 sitasque contingit.

Illae vero secundum infinita oppositae nomina vel verba, ut in eo quod est non homo vel non iustus, quasi negationes sine nomine vel verbo esse videbuntur, sed non sunt; sem-
20 per enim vel veram esse vel falsam necesse est negationem, qui vero dixit non homo, nihil magis de homine, sed etiam minus verus fuit vel falsus, si non aliquid addatur. significat autem est omnis non homo iustus nulli illa-
25 rum idem nec huic opposita ea quae est non est omnis non homo iustus. illa vero quae est

3 uniuersalibus S (*corr.* S²)   4. 5 etiam — etiam] et — et?   6 simplex S (*corr.* S²)   8 tollit] illa S (*corr.* S²)
9 finita *ego*: finito *codices* (diffinitae E²)   11 diuerso T   haec erit T (*corr.* T²)   12 ergo *add.* S²: *om. codices* (et quoniam E²)   14 praedicationes SFE   15 contingat F   16 illa S¹
uero ΣΤS²: uero quae sunt Τ² *et ceteri*   infinite T
oppositae] contra iacentes ΣΤS²   19 uidebuntur ΣΤ: uidentur *ceteri*   22 nomine SFE (*corr.* F²E¹)   25 ea *del.* Σ *om.* Τ¹   26 omnis est Τ (*transponit* Τ²)   homo non T (*transp.* T²)   iustus *om.* Σ¹

omnis non iustus non homo illi quae est nullus iustus non homo idem significat.

Novimus propositiones ex infinitis fieri posse nominibus: has ergo dissolvens Aristoteles sumit proxime dictionem nominis infiniti et de ea disputat 5
⟨an⟩ si contra finitum nomen conparetur haec quaedam enuntiativa oppositio videatur. si quis enim sumat id quod dicimus non homo et opponat contra id
quod dicimus homo, videbitur fortasse aliquatenus facere oppositionem. quoniam enim omnis negativa 10
particula adiecta verbo, quod continet propositionem,
negationem facit, si modus aliquis propositionis non
praedicetur, quod posterius demonstrandum est, [et]
videtur cum adiecta fuerit negativa particula quandam facere negationem, ut si non particula iunga- 15
tur ei quod est homo faciet non homo. hoc est
enim quod ait: illae vero quae sunt secundum infinita oppositae nomina vel verba, ut in eo
quod est non homo vel non iustus, quasi negationes sine nomine vel verbo esse viden- 20
tur. si quis enim dicat non currit, haec fit sine nomine negatio; quod si quis dicat non homo, haec
quoque est sine verbo negatio. quae dictiones secundum infinitum nomen et verbum opponuntur finito
verbo vel nomini quod est currit et homo: videbuntur 25
ergo hae negationes secundum infinitum nomen vel

1 non homo non iustus F   est illi SFTE (est *del.* S²)
2 homo est S F T E (est *del.* S²)   p. 336, 23 — p. 337, 2
sign. — significat *del.* E² *om.* b   4. 5 proxime] per se b
6 an *ego add.: om. codices* (ut S²)   infinitum S (*corr.* S²)
haec] an b   7 videatur *om.* F   8 ponat F   10 omnis]
non?   12 etiamsi E²B   propositionibus F   13 et *uncis inclusi*: et] ita etiam nomini E²   13. 14 ita etiam uidetur nomini B (etiam *om.* B¹)   17 quae sunt *delendum?*
17. 18 infinitae E (*corr.*E¹)   18 ut *om.* E¹   20 uidebuntur?
24 opponi F²   25 nomini vel verbo b   homo et currit b
26 vel] et TE

verbum quae praedicantur, sed non sunt. maxima
enim probatio has negationes non esse convincit, quod
omnis negatio vel vera vel falsa est, quod autem dicimus non homo vel non currit, licet simplicia quo-
5 que et finita homo scilicet atque currit nihil verum
falsumve significent, tamen haec infinita multo minus
aliquid verum aut falsum demonstrant. non quod simplicia verum aliquid falsumve significent, idcirco dicimus infinitas dictiones simplicibus minus verum fal-
10 sumve monstrare, sed quod quamquam nihil verum vel
falsum designet simplex nomen aut verbum, tamen
definitum quiddam proponit, ut in eo quod est homo
finitum quiddam est et una species. is vero qui dicit
non homo, praesentem quidem speciem interimit, in-
15 finitas tamen alias dat intellegere ipse nihil ponens.
quocirca quamquam finita verba vel nomina per se
vera vel falsa esse non possint nisi cum aliis iuncta
sint, tamen longe minus veritatis aut falsitatis capacia
sunt nomina infinita vel verba, quae nec hoc ipsum
20 quidem quod significant ponunt, sed illud quidem perimunt, nihil autem per se aliud in significatione constituunt: postremo propinquius ad veritatis vel falsitatis finita intellectus. minus igitur vera vel falsa est
dictio nominis infiniti quam alicuius simplicis et finiti
25 vocabuli.

Significat autem est omnis non homo iustus

1 quod S (*corr.* S²)   praedicatur E (*corr.* E¹)   2 probatio T²: turbatio *codices*, ratio E²   uincit T, conuicit E
(*corr.* E¹)   4 libet F (*corr.* F²)   5 infinita E   7 non enim?
12 homo homo?   13 est *om.* F   quid F   14 speciem]
praesentem F   interimit S F E (*corr.* S²)   15 ipsa S F E
(ipsae S²)   16 per se] ipse F, ipsa F²   20 significabant
G²T, significant finita S² (finitae S³)   20. 21 primunt S (*corr.*
S²)   21 aliud nisi E²   in *om.* F G   22 propinquior S²F²
22. 23 prop. uel falsitatis aduersitatis T   falsitatis capacita-
tem S²   23 finitus S², finita sunt E²B   finita ad falsitatis uel
ueritatis G²   intellectus est G²T, intellectus est quam infinitus S²   24 nominas infinita T (*corr.* T¹)

nulli illarum idem nec huic opposita ea quae
est non est omnis non homo iustus. illa vero
quae est omnis non iustus non homo illi quae
est nullus iustus non homo idem significat.

Postquam de propositionibus infinitum habentibus 5
praedicatum sufficienti disputatione locutus est earumque oppositiones ostendit consequentiasque demonstravit, in medio de infinitis nominibus quod non essent
negationes breviter pernotavit, nunc redit ad eas propositiones quae subiectum habent infinitum, praedica- 10
tum vero vel finitum vel infinitum. et primum quidem
an eaedem sint idemque significent habeantque ordine
aliquam consequentiam hae propositiones quae ex in-
finito subiecto | sunt cum his quae ex infinito praedi- p. 411
cato sunt vel ex utrisque finitis docet. ait enim has 15
duas propositiones quae sunt est omnis non homo
iustus, non est omnis non homo iustus nulli
illarum idem significare quae aut ex utrisque finitis
esset aut ex praedicato infinito. et disponantur quidem illae quae aut ex utrisque finitis sunt aut ex 20
praedicato infinito. et primum quidem ponatur simplex adfirmatio universalis, sub hac negatio universalis
ex praedicato infinito superiori simplici adfirmationi
consentiens. contra vero ponatur universalis simplex
negatio et sub hac universalis ex infinito praedicato 25
adfirmatio, quas constat sibimet consentire praesidente
adfirmatione universali quae est ex infinito scilicet
praedicato.

1 nulla E (*corr.* E²)   2 uera E (*corr.* E²)   4 significant F (*corr.* F¹)   8 atque in b   11 infin. uel fin. T (*transp.*
T¹)   quidem *om.* F   12 eadem F   habentq; E (*corr.* E²)
ordinem F   13 aliquamq; F²   consentiam E (*corr.* E¹),
sequentiam T   13. 14 finito F   14 cum in F (in *del.* F¹)
16 duae FE (*corr.* F²E²)   17 iustus et eam quae est T
non est — iustus *om.* S F E¹   19 esset] sunt b, essent?
20 *pr.* aut ex *om.* T¹   24 consentiunt S (*corr.* S²)   26 prae-
cedente b   27 est *om.* S¹

Est omnis homo iustus   Nullus est homo iustus
Nullus est homo non iustus   Est omnis homo non iustus

Cum ergo ita sint adfirmationes positae et negationes quae simplex quidem subiectum habeant, infini-
5 tum vero vel simplex praedicatum, nunc Aristoteles
dicit quoniam hae propositiones quae subiectum habent
infinitum nulli illarum superiorum quas disposuimus
idem significant. haec enim quae dicit est omnis non
homo iustus non consentit ei quae dicit est omnis
10 homo iustus nec rursus ei quae dicit est omnis homo
non iustus nec his rursus quae sunt nullus est homo
iustus vel nullus est homo non iustus. hae enim
omnes hominem subiectum habent, illa vero non hominem. quocirca nec huius negatio, id est universalis
15 adfirmationis ex infinito subiecto particularis scilicet
negatio, cum ulla earum quae finitum subiectum habent
poterit consentire. ea enim quae dicit non est omnis
non homo iustus neque cum ea quae proponit est
omnis homo iustus neque cum ea quae dicit est omnis
20 homo non iustus neque cum his quae enuntiant nullus
est homo iustus vel nullus est homo non iustus. sed
non hoc dicit, quoniam ex infinito subiecto propositiones diversae sunt his quae sunt vel ex finito praedicato
vel ex infinito, subiecto tamen finito. possunt enim
25 diversae quidem esse praedicationes, idem tamen aliquotiens significare, ut ea quae dicit omnis est homo
iniustus cum sit diversa ab ea quae dicit nullus est
homo iustus, idem tamen aliquando significant, si adfirmatio privatoria praecesserit. dictum est enim quod
30 adfirmationibus praecedentibus negationes sine dubio

8 significare S²   est] est enim F   12 haec F   13
omnes b: *om.* T, omnem *ceteri*   18. 19 est — dicit *om.* SFE¹
     19 dicit] proponit T   22 dixit F   23 infinito SFT
(*corr.* T²)   24 finito S²F²   25 praedic.] propositiones? *an
delendum?*   26. 27 iniustus homo T   29 quodquod SFE,
quotquot S²GT (*corr.* F²T²)

sequerentur. ergo non hoc dicit, quoniam diversae
sunt ex infinito nomine subiecto, praedicato vel finito
vel infinito ⟨his quae sunt ex praedicato vel finito vel
infinito⟩, subiecto tamen finito, sed quod omnino sibi
non consentiant nec idem significent id est tota sint 5
propositionis virtute dissimiles. atque haec quidem
dixit de his quae finitum subiectum haberent, infinitum vero praedicatum. venit autem nunc ad ipsarum
consequentias quae ex infinito nomine subiecto constant et sicut supra consequentiam earum quae ex 10
utrisque finitis erant vel ex infinito praedicato docuit,
ita quoque nunc e converso quae ex utrisque infinitis
nominibus constant vel infinito nomine subiecto qualem ad se habeant consequentiam monstrat dicens:
illa vero quae est omnis non iustus non homo 15
illi quae est nullus iustus non homo idem significat. has duas tantum propositiones monstrat, adfirmativam scilicet universalem ex utrisque infinitis
quae dicit omnis non iustus non homo ei consentire quae est universalis negatio ex solo infinito sub- 20
iecto quae dicit nullus iustus non homo. in his
autem subauditur particula est, ut sit tota propositio
omnis non iustus non homo est et rursus nullus iustus
non homo | est. nam sicut in his, quae finitum ha- p. 412
bebant subiectum, infinitum vero vel finitum praedi- 25
catum, adfirmationem ex finito subiecto et infinito

2 sunt propositiones S² F² B   subiecto propositionibus
quae sunt ex S², subiecto his quae sunt ex B   3 vel infinito *om.* S¹ F E¹ G¹ (uel infinito uel finito F²)   his — infinito *ego add.: om. codices*   5 uel nec E   ///id F   sunt S
(*corr.* S²)   6 ueritate T   hoc T   8 uero uel finitum B
(vel fin. *del.* B²)   9 finito E   subiecto et ex utroque infinito B   10 consequentia SF, consequentias S²   19 omnis
— 21 dicit *om.* F (omnis non iustus non homo et uniuersalem
negatiuam ex infinito subiecto ut *in marg.* F²)   20 est *om.*
S¹   23 non homo non iustus F   24. 25 habent F   26 et
T: uel *ceteri*

praedicato eam scilicet quae dicit est omnis homo non
iustus sequebatur simplex universalis negatio quae ex
utrisque finitis constat id est nullus homo iustus est,
ita quoque in his permutatis tantum subiectis idem
5 evenit. nam sicut illic negatio ex utrisque finitis universalis sequebatur adfirmationem ex finito subiecto
et infinito praedicato universalem, ita hic quoque adfirmationem ex utrisque infinitis universalem sequitur
negatio ex infinito subiecto ipsa quoque universalis.
10 et has quidem duas propositiones adscripsit solam in
his consequentiam, ceteras autem, quod putabat intellectu esse faciles, persequi neglexit. nos autem eas
ne quid relictum videatur adponimus. est enim sequentia hoc modo:

15 Omnis non homo non iu-   Quidam non homo iustus
     stus est   est

Nullus non homo iustus   Non omnis non homo non
     est   iustus est

Omnis non homo iustus   Quidam non homo non
20   est   iustus est
Nullus non homo non iu-   Non omnis non homo iu-
     stus est   stus est.

5 euenit S²: uenit *ceteri*   6 uniuersalem affirmationem
B²   6 ex — 7. 8 adfirmationem G²TB: *om.* G¹ *et ceteri (lacunam sic explent*: ex subiecto finito praedicato uero infinito ita
quoque adfirmationem S², ex praedicato infinito ita hic quoque E²)   6 infinito T (*corr.* T¹)   7 et ex B   uniuersalem *om.* B   hic *om.* B¹   8 univ.] affirmationem uniuersalem E²   ita sequitur F²   9 uniuersalem S (*corr.* S²)
10 solamq; G²T   11 consequentiam ostendens B   11. 12
intellectus F²   12 facilis SFT (*corr.* S²T²)   nelexit F (*corr.*
F²)   13 nequit F   13. 14 consequentia TE²   14 *propositiones
supra p.* 340 *dispositas hic repetit* E².   *in parte universalium*:
15 *alt.* non *om.* S¹   21 *alt.* non *om.* S¹FE   *in parte particularium: duas posteriores praemittit* T   15 homo non S, non
homo non S²FE (*alt.* non *del.* E²)   17 *tert.* non *om.* SFE
19 *alt.* non *del.* S²E²   21 non iustus S²E

Has igitur si quis diligenter inspexerit duas con-
parationes duabus convenientissimam consequentiam
consensumque monstrabunt.

LIBER QUINTUS.

Maximam operis emensi partem ea quae sequuntur 5
licet magnis quaestionibus inpedita, tamen audacius
atque animosius exsequimur nec defatigari in singulis
partibus oportet totius dialecticae prodere adgressos
atque expedire doctrinam. itaque rectam commentationis seriem conteximus. 10

Transposita vero nomina vel verba idem
significant, ut est albus homo, est homo albus. nam si hoc non est, eiusdem multae erunt
negationes. sed ostensum est, quoniam una
unius est. eius enim quae est est albus homo 15
negatio est non est albus homo; eius vero quae
est est homo albus, si non eadem est ei quae
est est albus homo, erit negatio vel ea quae
est non est non homo albus vel ea quae est
non est homo albus. sed altera quidem est ne- 20
gatio eius quae est est non homo albus, altera

---

vero eius quae est est albus homo. quare erunt
duae unius. quoniam igitur transposito nomine vel verbo eadem fit adfirmatio vel negatio manifestum est.

5 Docet nunc quoniam si verba vel nomina trans-
ferantur et aliud prius, aliud vero posterius praedicetur, unam sine dubio significantiam retinere. sive
enim quis dicat est homo albus sive est albus homo
sive homo albus est sive albus homo est sive quo-
10 modolibet aliter ordinem praedicationis permutet, eadem sine dubio significatio permanebit. et hoc quidem
fortasse oratoribus vel poetis non eodem modo per-
p. 413 spiciendum | est quo dialecticis. etenim qui ad con-
positionem orationis spectant, maximum differt quo
15 verba et nomina praedicationis suae ordine proferantur. multum enim interest in eo quod ait Cicero:
ad hanc te amentiam natura peperit, voluntas
exercuit, fortuna servavit, ita dixisse ut dictum est
an ita: ad hanc te amentiam peperit natura, exercuit
20 voluntas, servavit fortuna. sic enim minor est sententiae magnitudo minusque in ea lucet id quod si
conponatur eminet et sese vel nolentibus hominum
auribus animisque patefacit. rursus cum dicit Ver-
gilius: pacique inponere morem, potuisset ser-
25 vare metrum, si ita dixisset: moremque inponere paci,
sed esset debilior sonus nec eo ictu versus tam prae-
clare nunc conpositus diceretur. ergo non idem valet
oratoribus vel poetis verborum nominumque ordo mu-

---

16. 17 Cic. in Cat. I c. 10 § 25
23. 24 Verg. Aen. VI 852

1 homo albus $\Sigma\mathfrak{T}$ (*transp.* $\mathfrak{T}^2$)   2 quod iam S E (*corr.*
$S^2 E^2$) 5 si *om.* F^1 nomina et verba b   10 praedicationis-
que S F, praedicationesque S^2 11 permanebit in eternum
F (in eternum *del.* F^2)   13 his etenim?   qui] quantum E^2
14 spectat E^2 21 si sic b   22 vel *del.* F^2 23 patefecit F (*corr.* F^2)   23. 24 uirgilius *codices*

tatus. qui enim ad conpositionem spectant, multum in ordine sermonum ornamenti reperient. dialecticis vero, quibus nulla ad orationis leporem cura dicendi congruit quibusque sola veritas perscrutatur, nihil differt quolibet ordine verba et nomina si permutentur, cum tamen eandem vim quam prius in significatione retineant. sed nec apud ipsos modis omnibus permutato ordine dictionis eadem semper vis significatioque servatur. haec enim particula quae negativa est, id est non, multum valet multamque differentiam perficit variis adiecta locis. si quis enim dicat homo albus non est, faciet indefinitam simplicem negationem. si quis vero dicat homo non albus est, faciet indefinitam ex infinito praedicato adfirmationem. si quis autem praedicet non homo albus est, idem quoque constituit ex infinito subiecto indefinitam adfirmationem. rursus si quis dicat hoc modo: omnis homo non iustus est, haec consentit ei quae dicit nullus homo iustus est. quod si idem non ad universalitatis determinationem ponatur, ut dicatur non omnis homo iustus est, non iam universalis adfirmatio infinitae praedicationis consentiens universali simplici negationi fit, sed potius particularis negatio simplex. videsne igitur quam multas faciat differentias negativa particula diversae nominum praedicationi coniuncta? sed quamquam haec ita sint, potest tamen eadem alio modo diversis in locis posita eandem vim significationemque servare.

1 qui b: quae *codices* (quod B)   expectant S F E G N J (*corr.* S²F²G²)   2 peperirent E (*corr.* E²)   3 quos S²F² nulla est N E B   ornationis B   3. 4 cura dicendi congruit G² T (dicenti T, *corr.* T¹): curadi conriguit J S F, cura diriguit G, cura loquendi N E B, cura contraxit S²F²   5 quali T si *del.* G² *om.* N T E B, sic S²F²   permutantur N   7. 8 retineant — significatioque *om.* F¹   8 eadem b: ea *codices* 10 perfecit S F T E (*corr.* S²T¹E²)   13 faciet — 15 est *om.* F¹   18 hoc T   19 uniuersalis E   21 ex infinito praedicato S²F²   24 diuerse?   25. 26 ita sint haec E

si enim posita non particula cum universalitate sua
cum eadem ipsa saepius permutetur, idem sine dubio
in significatione consistit. si quis enim dicat non omnis
homo albus est, particularis est negatio simplex. si
5 quis vero sic dicat homo non omnis albus est, eadem
significatio est, vel si hoc modo homo albus non omnis
est, nec haec a superiori significatione discedit, vel
si quis amplius quoque permutet dicens homo albus
est non omnis, a priori significatione nil discrepat.
10 eodem modo vel si quomodolibet aliter permutetur,
cum propria tamen universalitatis determinatione, diverso permutata modo idem semper necesse est in
significatione servetur. eodem modo si eadem non
particula cum alio nomine vel verbo iuncta saepius
15 transferatur, ut cum dicimus homo iustus non est, rursus homo non est iustus, rursus non est homo iustus, eadem significatio retinetur. quocirca si sola negativa par-
cula permutata sit et non eodem semper ordine praedicetur, multas differentias faciet propositionum. sin vero
20 iuncta cum alio nomine saepius (ut dictum est) transferatur, eadem in translationibus omnibus significatio
permanebit. his igitur ita dispositis videndum est quae
sit Aristotelis demonstratio verba et nomina transposita
eandem semper vim significationemque subicere. ait
25 enim: **transposita vero verba vel nomina idem
significant, ut est albus homo, est homo albus.**
haec enim transpositis nominibus atque verbis eandem
retinet significationem. in illa enim prius albus est,
posterior homo, in hac autem prior homo, posterior
30 albus. quod si hoc falsum est et non sunt eaedem,

1 posita est S² 10 eo T 14. 15 particula — cum
om. S¹ 19 facies SFE 23 cum uerba T 24. 25. eandem — transposita *om.* F¹ 24 subiecerit S (*corr.* S²), habere
subiecerit T, subiceret E (*corr.* E²), servare? 25 nom. vel
verba? 26 homo albus est albus homo *codices* (*corr.* b)
28 in] ad SFE (*corr.* S²) illam FE prior? 29 posterius b

sed a se diversae sunt, inpossibile aliquid inconveniens-
que contingit. erunt enim duae negationes unius adfirmationis, quod est inpossibile. ostensum enim est
quoniam una negatio unius adfirmationis est. nunc
igitur videamus si hae adfirmationes quae dicunt est 5
albus homo et est homo albus non sunt eaedem, sed
diversae, quemadmodum unius adfirmationis duae sint
negationes. et primo quidem disponantur hoc modo:

Est albus homo

Est homo albus   10

Huius ergo propositionis quae dicit est albus homo
erit negatio ea scilicet quae proponit non est albus
homo. alia namque | quae esse possit rationabiliter p. 414
non potest inveniri. disponantur igitur rursus eaedem
et superior cum propria negatione: 15

Est albus homo   Non est albus homo
Est homo albus

Cum igitur eius quae dicit est albus homo negatio sit
ea quae proponit non est albus homo, si ea quae
dicit est homo albus diversa erit ab ea propositione 20
quae enuntiat est albus homo, alia eius erit negatio.
sit ergo aut ea quae dicit non est non homo albus
aut ea quae dicit non est homo albus. rursus igitur
disponantur duae quidem adfirmationes primae alter-
natim positae et e contrario confessa prioris negatio. 25
contra secundam vero utraeque hae negationes quas
dicimus adscribantur.

Est albus homo   Non est albus homo
                        Non est non homo albus
Est homo albus   Non est homo albus   30

1 a] ad F (*corr.* F²)   4 adfirm.] negationis F (*corr.* F²)
5 si *om.* T   6 albus homo S (*transp.* S²)   11 igitur E
18 igitur *om.* T¹   20 albus *om.* F¹   26 secundum S   utraq;
S (*corr.* S²)   27 ascribantur ST   29 non est non h. a.
om. S¹, *hanc negationem postremam ponunt* FE

His ergo ita descriptis eius propositionis quae dicit est homo albus non potest illa esse negatio quae dicit non est non homo albus. illius est enim negatio quae habet subiectum infinitum quae dicit est non
5 homo albus. similiter autem et si quamlibet aliam quis posuerit negationem, eius sine dubio alia adfirmatio reperietur. unde fit ut relinquatur ea eius esse negatio quae proponit non est homo albus. est ergo negatio eius quae dicit est homo albus ea quae dicit
10 non est homo albus. sed eius adfirmationis quae proponit est albus homo negatio est et ista quae dicit non est homo albus. quod probat ea res quod inter se verum falsumque dividunt. nam si verum est esse album hominem, falsum est non esse hominem album.
15 quod si in aliquibus verum invenitur, hoc secundum definitionem propositionis agnoscitur, non secundum negationis formam, ut magis secundum quantitatem non sint sibi oppositae potius quam secundum qualitatem. quod illa res monstrat si quis sic dicat: est
20 albus omnis homo. si contra hanc ponatur non est omnis homo albus, perspicuum est quoniam inter se et veritatem dividunt et falsitatem. unam enim veram esse necesse est, unam falsam. quare etiam si determinationes auferantur, eadem oppositio redit, licet sit
25 indefinita. nam sicut in ea quae dicit omnis homo iustus est, non omnis homo iustus est sublatis omnis et non omnis homo iustus est et homo iustus non est adfirmatio et negatio sunt oppositae, ita quoque et in

---

1 discr. ST (descr. S²T²)   2 albus homo F   3 negatio E²: negationis SFE, affirmationis S²F²T   6 proposuerit F   7 repperietur S: repperitur S² et ceteri   9 est — dicit om. T¹   10 albus om. F¹   11 ista] infinita F (corr. F²)   16 propositi eius T   18 non om. T   20 post homo negationem addunt: non est omnis homo albus SFTEG (del. S²E², non est albus omnis homo G²T²)   si E²: om. ceteri   20. 21 si — albus om. E¹   25 infinita SFE (corr. E²)

his sublato omnis et non omnis ea quae dicit est albus
homo ei quae dicit non est homo albus opposita est.
additis enim determinationibus una semper vera est,
altera falsa. sed diximus quoniam eius adfirmationis
quae dicit est albus homo negatio esset non est albus 5
homo. duae igitur negationes non est albus homo et
non est homo albus unius adfirmationis sunt quae
enuntiat est albus homo. quod evenit si negationes
hae quae dicunt non est homo albus et non est albus
homo a se diversae sunt. quod ex eo contingit quod 10
prius propositum est eam quae dicit est albus homo
diversam esse ab ea quae dicit est homo albus. quod
si hoc inpossibile est ut una adfirmatio duas habeat
negationes et perspicuum est contra eam adfirmationem quae dicit est albus homo utrasque has negationes 15
quae dicunt non est albus homo et non est homo albus
opponi, hae a se diversae non sunt sibique consentiunt
et tantum permutatione nominis distant, ceteris autem
omnibus eaedem sunt. quod si hae negationes eaedem sunt, eaedem quoque sunt adfirmationes. recte 20
igitur dictum est quoniam transposita verba et nomina
eandem vim significationemque servarent. sensus ergo
totus sese ita habet. hoc modo autem ordo verborum: transposita vero, inquit, nomina vel verba
idem significant. et | horum exemplum: ut est p. 415
albus homo, est homo albus. in his enim nomina 26
transposita sunt. nam si hoc non est, id est si
non idem significant verba nominaque transposita,
quiddam inpossibile et inconveniens. ait enim eius-

---

3 uera semper F   5 homo albus F (transp. F²) (prius)
7 albus homo E (transp. E²)   8 homo albus codices (corr.
S²)   11 propositam F, positum b   12 ab ea esse E   17
hae om. F¹   18 hominis T   21 nom. ct verba b   23 ita
om. F¹   25 homo albus est albus homo codices (ego corr.)
29 inpossibile contingit G²T   fiet et?   inconueniens
continget S²F², inconv. est E², inconv. fit?

dem multae erunt negationes, id est eiusdem adfirmationis multae erunt negationes. sed hoc inpossibile est. ostensum est enim quoniam una negatio
unius adfirmationis est. duas ergo negationes uni
5 opponi adfirmationi, si verba et nomina transposita
non idem significant, sic demonstrat: eius enim quae
est est albus homo scilicet adfirmationis negatio
est non est albus homo (contra illam enim adfirmationem haec negatio iuste ponitur), eius vero quae
10 est est homo albus, id est alterius adfirmationis, si
non eadem est ei quae est est albus homo,
id est si diversa est a priore propositione quae dicit
est albus homo et non est ei eadem, ac si diceret: si
ei non consentit, erit negatio vel ea quae est
15 non est non homo albus vel ea quae est non
est homo albus vel quaecumque alia, quam si quis
ponat, non esse negationem una ratione refellitur,
qua haec quam posuit. refellitur autem haec hoc
modo: ait enim: sed altera quidem est negatio
20 eius quae est est non homo albus, altera vero
eius quae est est albus homo. inter duas enim
negationes quas posuit, illam scilicet quae dicit non
est non homo albus et eam quae proponit non est
homo albus, illa quae dicit non est non homo
25 albus negatio est adfirmationis infinitum habentis subiectum quae dicit est non homo albus, alia vero,
scilicet quae proponit non est homo albus, eius est

8 enim illam F　　8. 9 adfirmationem enim E　　9 oppon. b
10 homo *om.* S¹　　albus homo F (*transp.* F²)　　11 *alt.* est *om.*
SF　　12 priori E　　15 non est — quae est G²T: *om. ceteri*
16 homo albus *ego*: albus homo *codices*　　homo uel non est non
homo albus S²　　17 non *del.* S²F²E²　　18 qua] quia F, quare
T (re *del.* T²), quam E, *del.* S²F²　　haec] hac G²T, hic E², *del.*
S²F²　　quam] quoque E², quam ipse S²F²　　refelletur T (*corr.*
T¹)　　haec *del.* S²F²E²　　20 non *om.* SFE¹　　21 est albus
homo] est non homo albus S²F²　　22 scilicet *om.* F　　24 albus
homo *codices* (*corr.* S²F²), *item* 27　　27 et quae F (et *del.* F²)

negatio quae est est albus homo. cum ea enim verum dividit atque falsum. quare erunt duae negationes
unius adfirmationis. sed hoc inpossibile est. quoniam igitur transposito nomine vel verbo eadem fit adfirmatio vel negatio manifestum est: 5
superiorem argumentationem hac huius sententiae conclusione confirmans. fecit autem hunc syllogismum in
secundo modo hypothetico quem indemonstrabilem vocat hoc modo: si primum est, secundum est; sed secundum non est, primum igitur non est, id est si 10
transpositis verbis et nominibus non sunt eaedem propositiones, unius adfirmationis duae sunt negationes;
sed hoc inpossibile est: non igitur diversae sunt propositiones transpositis verbis atque nominibus.

11. At vero unum de pluribus vel plura 15
de uno adfirmare vel negare, si non est unum
ex pluribus, non est adfirmatio una neque negatio. dico autem unum non si unum nomen
sit positum, non sit autem unum ex illis, ut
homo est fortasse et animal et bipes et man- 20
suetum, sed ex his unum fit; ex albo autem et
homine et ambulare non unum. quare nec si
unum aliquid de his adfirmet aliquis erit una
adfirmatio, sed vox quidem una, adfirmationes
vero multae, nec si de uno ista, sed similiter 25
plures.

Multos talis loci huius caligo confudit, ut digne
exsequi et quod ab Aristotele dicebatur expedire non

1 *pr.* est *om.* S¹, dicit B   enim ea F   3 haec S (*corr.*
S²)   4 igitur inquit?   5 est inquit T   7 confirmatam
E², confirmat b   8 ypothetico *codices* (ypoetico F, *corr.* F²)
8. 9 vocant?   16 uno] una 𝔛   unum//// Σ   17 una *om.* S¹
neque *om.* Σ𝔛, uel Σ²𝔛   19 *alt.* sit] fit S²F²Σ𝔛   20 aequae
fortasse S F T E (aeque S² E²)   22 quare] quare non unum
quare Σ𝔛 (*corr.* 𝔛²)   25 ///sed F   27 multus SF, multis E
(*corr.* S²F²E²)   illius F (*corr.* F²)   28 experiri T²

possent. nos autem supra iam diximus magnae fuisse curae apud Peripateticae sectae principes diiudicare, quae esset una adfirmatio vel negatio, quae plures. neque enim vocis sonitu cognoscuntur aut numero ter-
5 minorum. est enim ut una quidem res de una re prae- dicetur et non sit una enuntiatio. potest item fieri ut vel plures de una re praedicentur vel una de plu- ribus, una tamen ex his omnibus enuntiatio fiat. quae res magnae apud eos cautelae fuit, ut ubi incidisset
10 perspecta regula non lateret. nam si quis dicat canis animal est, non est una enuntiatio. canis enim multa significat. si quis vero dicat homo animal rationale mortale est vel animal rationale mortale homo, sin- gulae enuntiationes sunt, idcirco quoniam unum ex
15 omnibus quiddam fieri potest. nam de animali, mor- tali et rationali simul iunctis unus homo perficitur. item alia sunt quae plurima praedicantur, de quibus
p. 416 unum aliquid | effici constituique non possit. neque si illa de altero praedicentur neque si de illis aliud,
20 una adfirmatio vel una negatio est, sed tot dicendae sunt esse adfirmationes quot sunt hae res quae vel de una praedicantur vel de quibus una dicitur, ut cum dicimus: Socrates calvus philosophus ambulat. ex cal- vitia et philosophia et ambulatione nihil unum con-
25 iungitur, ut haec quasi alicuius speciem forment. quo- circa sive haec de uno praedicentur sive unus de istis, non poterit esse una enuntiatio. et communiter qui- dem totius propositi sensus huiusmodi est. nunc autem ad ipsa Aristotelis verba veniamus. dicit enim: at

2 aput F (*corr.* F²)   peri partheticae F   diudicare F
5 ut *om.* F¹   6 item] enim S   9 ut *om.* SF¹TE¹G   in- cidisse STEG (*corr.* S²E²)   10 perfecta F (*corr.* F²) per- specte T   11 enim] autem F   13 *alt.* mortale *add.* E²: *om. ceteri*   14 ex his F   17 plura b   21 quod F   23 ex] et T   23. 24 caluitio TE²   25 format S, formet S¹FE (*corr.* S²)   26 unus] unum E²

vero unum de pluribus vel plura de uno adfirmare vel negare, si non est unum ex pluribus, non est adfirmatio una neque negatio. si, inquit, plura de uno praedices, ut cum dicis: philosophus simus calvus Socrates est vel rursus cum unum 5 de pluribus praedicas, cum dicis: Socrates philosophus simus calvus est, si ex his pluribus quae vel praedicas vel subicis unum aliquid non fit, quemadmodum fieri unum potest de his quae praedicamus substantia animata sensibilis id quod est animal, non fit una ne- 10 gatio nec una adfirmatio, quandoquidem plura vel praedicantur vel subiciuntur, ex quibus congregatis una species non exsistat. quod si unum de uno aliquis praedicaverit, quorum unum nomen plura significet, ex quibus pluribus unum aliquid non fiat, rursus non 15 est una adfirmatio nec una negatio. si quis enim dicat canis animal est, nomen canis significat et latrabilem et caelestem et marinum, ex quibus iunctis nihil unum efficitur. quare quoniam ex his pluribus unum aliquid effici non potest, ex illo quoque nomine non 20 fit una adfirmatio et una negatio, quod praedicatur aut subicitur, cum multa significet ex quibus unum fieri non possit. quod per hoc ostendit quod ait: dico autem unum non si unum nomen sit positum, non sit autem unum ex illis. potest enim fieri 25 ut unum nomen de uno praedicetur, sed si unum ipsorum plura significet, ex quibus unum non sit, non est una adfirmatio nec una negatio. neque enim vox una perficit enuntiationem, sed eius quod significatur simplicitas, vel si plura sint, in unum collectorum 30

---

4 cum *om.* T¹   dicit T, dicimus E (*corr.* T²E²)
5 simul S F E (*corr.* E², *item* 7)   cum *om.* F¹   6 ut
cum S²   10. 11 aff. nec una neg. b   17 significet S (*corr.* S¹)
20 *prius* non *om.* F   23 posset S F E   *pr.* quod *om.* S¹F E
24 *prius* unum *om.* T¹   29 unam S², una unam?
30 collecta b

aliquid unum faciendi potentia. huius autem rei subiecit exemplum quo plurimos fefellit dicens: ut homo
est fortasse et animal et bipes et mansuetum,
sed ex his unum fit, ex albo autem et homine
5 et ambulare non unum. putaverunt enim alii ita
hunc dixisse, ut ostenderet exempli gratia se hanc
quasi definitionem dedisse, ne forte aliquis arbitrare-
tur hanc quasi veram hominis definitionem posuisse,
quae est animal bipes mansuetum. idcirco enim, in-
10 quiunt, dixit fortasse et animal et bipes et mansuetum est, ne quis omnino putaret huiusmodi esse
hominis definitionem Aristotelem arbitrari. alii vero
hoc non ita dictum acceperunt, sed potius in hanc
sententiam scripturamque Aristotelis dictum interpre-
15 tati sunt: ut homo est aeque et animal et bipes
et mansuetum, sed ex his unum fit, ut ita intel-
legeretur: homo quidem aequaliter se habet ad id quod
homo est et ad id quod animal bipes mansuetum est.
quocirca si idem et aequum est dicere hominem, quod
20 animal bipes mansuetum, necesse est quotiens de uno
haec plura praedicantur, id est animal bipes mansuetum de homine, quoniam aequale est homini, quod
unum est, unum quiddam praedices, quamvis tres voces
praedicare videaris. sed omnes hi nihil omnino intelle-
25 gunt, sed est melior expositio quam Porphyrius dedit.
volens, inquit, Aristoteles monstrare, quae una esset
adfirmatio, quae non una, dixit primo, quoniam plura
de uno praedicare vel plura uni subicere non est ad
unam enuntiationem, nisi ex illis pluribus unum ali-
30 quid fieret. videns item quod adhuc possint plures
esse adfirmationes etiam his praedicatis, quae cum

2 quos T (*corr.* T²) quod b   3 *tert.* et *om.* F   6 hoc?
sed SF (*corr.* S²F²)   8 hominis ueram F   11 est *om.* b
14 dictum Arist. scripturamque b   15 aequae FE   17 id
om. E   19 equm F   qui T   21. 22 mansuetum est F
24 uideatis S (*corr.* S²)   hi *om.* F   25 porpyrius F
28 vel plura *om.* S¹

plura sint, unum tamen ex his fieri possit, hoc dixit
fortasse et animal et bipes est et mansuetum.
quod autem dico tale est: manifestum quidem sit, quoniam si plura de uno praedicentur, ex quibus unum
fieri non possit, vel si plura uni subiciantur, ex qui- 5
bus unum non sit, quoniam non est una adfirmatio
vel negatio. nunc autem tractemus de his pluribus
ex quibus unum aliquid fieri potest. inveniemus enim
et in his in modo ipso enuntiandi plures aliquotiens
enuntiationes et non unam reperiri, quamquam ex 10
pluribus unum fieri aliquid possit. si quis enim sic
dicat: animal rationale mortale homo est, | simul iun- p. 417
gens animal rationale mortale, quoniam continue dictum est et ex his unum aliquid fit, una est adfirmatio. sin vero sit aliquid intervalli, ut ita quis dicat: 15
homo animal et rursus rationale et aliquantulum requiescens dicat mortale est, non est una adfirmatio
nec una negatio. haec enim intercapedo plurimas efficit enuntiationes. rursus si cum coniunctione dicantur homo animal et rationale et mortale est, sic quoque 20
multae propositiones sunt. nec differt aliquid vel requiescendo vel interponendo coniunctiones dicere quam
si quis sic dicat: homo animal est, homo rationalis
est, homo mortalis est, quae perspicue propositiones
multae sunt. videns ergo hoc Aristoteles ita dixit: 25
homo est fortasse et animal et bipes et mansuetum. ad hoc inquit fortasse tamquam si ita
diceret: de homine quidem et bipede et mansueto fit
unum, sed est aliquotiens forte ut plures propositiones
sint, cum ea coniunctio quaedam separat atque discer- 30

1 hoc] homo? dicxit F dixit ut homo est b 2 est
om. b 5 possit *om.* S¹ subiciuntur T 6 una non est
F 13 continuo T 19 cum *om.* F¹ coniungationes F,
iunctione E (*corr.* F²E¹) 24 perspicuae FE 25 uides S
(*corr.* S²) 28 mansuetum F 29 unum *om.* F 30 eas T
seperat E (*corr.* E²)

nit. erit enim fortasse homo et animal, ut haec una
sit propositio, et bipes ut altera et mansuetum ut
rursus altera. sed ex his unum aliquid fit, quae cum
continue prolata sunt, quoniam ex his unum aliquid
5 conficitur, una est propositio. non autem idem evenit
in omnibus. ex albo enim et homine et ambulare
non unum fit. si quis enim dicat: Socrates homo
albus ambulat, non est una adfirmatio, quoniam ex
homine albedine et ambulatione nulla omnino species
10 fit. quare conclusio est, quoniam nec si de his pluribus, ex quibus unum non fit, unum aliquid praedicetur, ut ex terreno latrabili et caelesti et marino quoniam unum non fit et de his unum aliquid praedicatur, quod dicimus canis, huiusmodi nomen quod plura
15 significat, ex quibus unum non fit, si de altero praedicetur vel si subiciatur alteri, non fit una adfirmatio
nec una negatio, sed erit quidem vox una, adfirmationes vero plurimae. sive enim unum de pluribus
praedicetur, ex quibus non fit unum, vel plura huius-
20 modi de uno, vel si unum de uno praedicetur, quod
praedicatum plura significet, ex quibus unum non fit,
sive illud praedicatum alteri subiciatur, omnino non
fit una adfirmatio nec una negatio. est autem regula
huiusmodi: una adfirmatio est, si aut duo termini sin-
25 gulas res significent aut si plura ita de uno praedicentur vel uni subiciantur, ut ex his aliquid unum
fieri possit, aut unum nomen quod vel praedicatur vel
subicitur talia significet plura, quae omnia unam
quodammodo speciem valeant congregare.

4 continuae S E   prolatae S T E prolate F (*corr.* b)
5 uenit *codices* (*corr.* b)   7 Socrates] albus T²   8 albus
om. T   9 homine et F   10 nec *del.* T²   12 ex cane b
latrabile et caeleste S F E (*corr.* E²)   13 non unum fit F   13.
14 praedicetur E²   15 si — 19 unum *om.* T¹   19 unum
non fit T²   20 *pr.* uno] unum S (*corr.* S²)   22 praedicato
T²   27 qu. vel] uel quod E

Si ergo dialectica interrogatio responsionis
est petitio, vel propositionis vel alterius partis contradictionis, propositio vero unius contradictionis est, non erit una responsio ad
haec; nec una interrogatio, nec si sit vera. di- 5
ctum autem in Topicis de his est. similiter
autem manifestum est, quoniam nec hoc ipsum
quid est dialectica est interrogatio. oportet
enim datum esse ex interrogatione eligere
utram velit contradictionis partem enuntiare, 10
quia oportet interrogantem determinare, utrum
hoc sit homo an non hoc.

Quisquis dialectica utitur interrogatione, hic aut
simpliciter interrogat atque unam propositionem in
interrogatione ponit, ut contra eam sit una respon- 15
sio, aut utrasque interrogans dicit, ad quas non fit
simplex responsio, sed una tota propositio respondetur.
si quis enim dicat interrogans: Socrates animal est?
contra hanc talis est responsio: aut ita aut non. si
quis vero hoc modo interroget: Socrates animal est 20
an non? contra hanc non est una responsio. si enim
respondetur ita, de qua adnueris ignoratur, de adfirmatione an de negatione; rursus si non responderis,
nescitur quam negare volueris, adfirmationem an negationem. quare contra huiusmodi interrogationes tota 25
propositio respondenda est, id est altera pars contra-

---

3 positio SE (*corr.* S²E¹) propositionis F (*corr.* F²)   4 *post*
est *addunt:* quocirca huiusmodi interrogationi TΣꚌ *et in marg.*
E¹, *deinde* quae plura significat T *et in marg.* E²Ꚍ²   5 nec
una *om.* Σ¹Ꚍ¹   sit] sic FE (*corr.* E¹)   uera est Σ²   6 in
top. de his est E: de his est in top. *ceteri,* est autem in top.
de his E²   8 quid est] quidem Σ (*corr.* Σ²)   *post* interrogatio *addunt:* Si quis interroget quidem ΣꚌ (*del.* Ꚍ²)   9 data
FE²   haec eligere E²ΣꚌ   10 utrum EΣꚌ (*corr.* E²Σ²Ꚍ²)
       11 interrogatum T²   12 hoc animal TΣꚌ   homo *del.*
E²   hoc] homo TΣꚌ   13 quiquis F   16 aut *om.* T¹
dicit *om.* S¹, *delendum?*   20 socratesne S²

dictionis, aut tota adfirmatio aut tota negatio, ut dicas
aut est animal Socrates aut, si hoc non videtur, re-
spondeas non est animal Socrates. in his igitur quae
multa sunt, ex quibus unum fieri nequit, si fiat in-
5 terrogatio, et ipsa reprehensibilis est et contra eam
una responsio. quisquis enim ea plura interrogat, ex
quibus unum esse non possit, multas facit interroga-
p. 418 tiones. contra | quam si simpliciter respondeatur, etiam
si vera sit ipsa responsio, tamen iure reprehenditur.
10 contra enim multiplicem interrogationem multiplex debet esse responsio. si quis enim dicat interrogans:
Socrates philosophus est et legit et ambulat? quia
potest fieri ut sit quidem philosophus et legat, non
autem ambulet vel ambulet, sed non legat, potest
15 item fieri ut et legat et ambulet, contra huiusmodi
propositionem non est una responsio. nam qui ita
interrogavit: Socrates philosophus est et legit et am-
· bulat? aut inperite aut captiose interrogavit. contra
quam interrogationem, si contigerit Socratem philo-
20 sophum esse et ambulare et legere, si respondeatur:
ita est, haec quoque responsio reprehenditur. contra
plures enim interrogationes una responsio non debet
adhiberi, etiam si vere per illam unam respondeatur,
sicut in hac quoque, si et philosophus est et legit et
25 ambulat. quocirca si interrogatio dialectica responsionis petitio est, per quam responsionem fiat propositio, ut cum quis dixerit interrogans dies est? alius
respondeat non, fiat inde negatio dies non est, vel
certe altera pars propositionis, cum ita interrogatur:

1 dicat S (*corr.* S²)   4 multe T (*corr.* T¹)   nequid F
fiat una E   5 ea F   6 non una T   et quisquis E²
enim *om.* E   7 multam — interrogationem T   8 quas F²,
quae E²   11 interrogat T (*corr.* T¹)   12 et ambulat et legit T
(*transp.* T²)   14 tamen F   19 interr.] responsionem *codices*
(*corr.* S²E²)   contingerit T   20 et leg. et amb. b
22 interrogationem S (*corr.* S²)   25 si *om.* S¹   dialectice
F (*corr.* F²)   29 alia G   oppositionis b   interrogetur E

dies est an dies non est? ut congrue scilicet respondeatur diem esse aut diem non esse, id est tota propositio: hae quae ex his pluribus fiunt atque interro-
gantur, ut unum ex his fieri non possit, non sunt
simplices interrogationes. quocirca nec ad eas simplex 5
est reddenda responsio. de his autem se in Topicis
dixisse commemorat. rursus quia dialectica interrogatio responsionis est petitio (ut supra dictum
est) vel propositionis vel alterius partis contradictionis, quod paulo post demonstrabitur, in- 10
perite illi interrogant qui ita dicunt: quid est animal?
vel quid est homo? oportet enim qui dialectice interrogat dare interrogatione optionem, an sibi respondens adfirmationem eligere velit an negationem. qui
vero sic interrogat, ut quid est aliqua res velit dicere 15
respondentem, non est illa interrogatio dialectica. interrogant autem quidam hoc modo: putasne anima
ignis est? cum respondens negaverit, addet: nonne tibi
aliquid videtur esse inter ignem atque aerem, medium
corpus, ut sit anima? cum respondens hoc quoque ab- 20
nuerit, ille persequitur: an fortasse magis tibi videtur
aquam esse animam vel terram? cum ille neque terram
neque aquam animam esse consenserit, tunc defessi
interrogationibus ita interrogant: quid est ergo anima?
haec autem non est interrogatio dialectica, sed potius 25
discipuli ad magistrum aliquid. addiscere cupientis.
qui enim aliquid cupit addiscere interrogat eum qui
docere potest quid sit de quo ambigit. dialecticus

11 quid] quis FE (*corr.* F²E²)   13 interrogationi *codices*, ex interrogatione b   oppositionem SFEG (*corr.* S²G²)
    15 dicere *om.* F   16 responderi F²   16. 17 intellegunt
T   17 animal *codices* (*corr.* b, *item* 20)   18 addunt b
19 aliquod E²   20. 21 annuerit *codices* (*corr.* E²)   21 illi
persequuntur b   23 conserit B, conceserit (*sic*) B¹   24 quid]
prae *codices* (*corr.* S²B¹, quae res B)   animal B¹   27 qui
eum S (*transp.* S²)   28 dialecticos F (*corr.* F²)

autem (ut dictum est) ita interrogare debet, ut respondenti sit optio an adfirmationem an negationem velit eligere. oportet autem scire, quoniam omnis interrogatio responsionis est petitio, dialectica
5 vero non cuiusdam responsionis, sed eius quae in utraque parte habeat optionem. ergo hoc ipsum quid est non est dialectica interrogatio. oportet enim ita interrogare, ut ex interrogatione responsor possit eligere alteram contradictionis partem. debet enim terminare
10 et definire is qui interrogat, an hoc sit quod dicitur an non, ut homo animal est an non? ut ille aut adfirmationem respondeat aut negationem. quod autem dixit dialecticam interrogationem petitionem esse responsionis, vel propositionis vel alterius partis
15 contradictionis, huiusmodi est: quisquis interrogat adfirmationem, aut eandem exspectat ut auditor sibi respondeat aut contradictionem, ut si quis sic interroget: homo animal est? si ille adnuerit, propositionem reddidit, eam scilicet quam proposuit interrogans; si
20 vero interrogante aliquo, an homo animal sit, respondens dixerit non est, contradictionem respondisse videbitur. ille enim adfirmationem interrogavit, ille negationem respondet, quod est contradictio. rursus si negationem interroget et ille respondeat negationem,
25 eandem propositionem reddidit, quam is qui interrogabat ante proposuerat; sin vero interrogante alio negationem ille adfirmationem responderit, contradictio responsa est. hoc est igitur quod ait interrogationem responsionis petitionem esse et cuius responsionis

addidit vel propositionis, si idem respondeat, quod
ille interrogat, vel alterius partis contradictionis, si cum ille adfirmationem interrogat, ille responderit negationem, vel si cum ille negationem in interro-
gatione posuerit, ille | adfirmationem in responsione p. 419
reddiderit. interrogationis autem secundum Peripate- 6
ticos duplex species est: aut cum dialectica interrogatio
est aut cum non dialectica. non dialecticae autem
interrogationis duae sunt species, sicut Eudemus docet: una quidem quando sumentes accidens interroga- 10
mus, cui illud accidat, ut quando videmus domum
Ciceronis, si interrogemus, quis illic maneat, vel quando
subiectum quidem ipsum et rem sumimus, quid autem
illi accidat interrogamus, ut si ipsum Ciceronem quis
videat et interroget, quo divertat. et haec una species 15
est eorum, quae secundum accidens non dialectice interrogamus. altera vero quando proponentes nomen
quid sit quaerimus aut genus aut differentiam aut definitionem requirentes, ut si quis interroget quid sit animal,
vel quando definitionem aut aliquid superius dictorum 20
sumimus et quaerimus, cuius illa sint, ut si quis quaerat, animal rationale mortale cuius sit definitio.

Quoniam vero haec quidem praedicantur
conposita, ut unum sit omne praedicamentum
eorum quae extra praedicantur, alia vero non, 25
quae differentia est? de homine enim verum
est dicere et extra animal et extra bipes et
ut unum et hominem et album et haec ut unum.

<hr>

3 interroget FTE   4 in *om.* E   4. 5 interrogationem
F   6 interrogationes S (*corr.* S²)   9 species sunt T²B
sicut *del.* T²   Eudemus *ego:* audiuimus *codices*   9. 10 sicut
audiuimus docet *del.* E², *om.* B   10 sumentis accedens SFE
(*corr.* S²F²E²)   11 accidit T (*corr.* T¹)   quando] cum b
domo F (*corr.* F²)   14 ille accedat S (*corr.* S²)   cycero-
nem F   16. 17 interrogamur ST²E   23 vero *om.* ΣϨ
26 quid F   27 *tert.* et *om.* S¹TE¹   28 ut *del.* Ϩ²   et
(*post* hominem) *om.* ΣϨ

sed non, si citharoedus et bonus, etiam citharoedus bonus. si enim, quoniam alterutrum dicitur, et utrumque dicitur, multa et inconvenientia erunt. de homine enim et hominem ve-
5 rum est dicere et album, quare et omne. rursus
si album, et omne. quare erit homo albus albus et hoc in infinitum. et rursus musicus albus ambulans; et haec eadem frequenter inplicita. amplius si Socrates Socrates et homo,
10 et Socrates Socrates homo. ⟨et si homo⟩ et
bipes, et homo bipes.

Multa sunt quae cum singillatim vere praedicentur, si quis ea coniungat et praedicet, veram praedicationem tenent. sunt autem alia quae, si per se et
15 disiuncta praedicentur, vera sunt; sin vero coniuncte
dicantur, veritatem in praedicatione non retinent. quae
ergo horum sit differentia oportet agnosci. si quis
enim dicat Socratem animal esse, verum dixerit; si
quis rursus praedicet, quoniam Socrates bipes est, hoc

1 non *om.* F⁴Σ¹   si *om.* F   si et S²Σℑ   citharedus
codices (*corr.* b, *item post*)   est et TΣℑ   1. 2 etiam cith.
bonus *om.* Σ¹   2. 3 dicetur STE (*corr.* E²)   3 detur F,
dicetur E²   5 est] est et ℑ   omne] hominem TE²Σℑ
6 si] in S? E, et S²E² *et ceteri*   album sed album Σ, album
si et album Σ²F, album uel si et album ℑ   omne b:
hominem *codices*   et homo F, homo homo S²Σ²ℑTE   6. 7
albus albus ℑ²: et albus F, albus *ceteri*   7 et *om.* Σℑ¹   indefinitum FE (*corr.* E²)   7. 8 albus et ℑ (et *del.* ℑ²)   8. 9
simplicitas est Σℑ (*corr.* Σ²ℑ²) simplicitatem F   9 est
et E²   10 et Socr. — si homo *om.* F   et b: ut SE,
erit E²   et homo SE (et *del.* E²) et si homo *add.* b: *om.*
codices   9—11 *pro Aristotelis textu post* amplius *habent Boetii*
expositionem primae editionis p. 158, 12—17 (si — bipes) TΣℑ;
deinde addunt Aristotelis textum mancum, ut est in F: socrates
socrates et homo et bipes et homo bipes Σℑ, *quae rursus de-*
let ℑ² *cf. vol.* I *p.* 17   12 uerae E   12. 13 praedicantur T
13 eam F   14 tenet SFE   si *om.* F   et *om.* F
15 si non F   uera E   coniunctae FE (*corr.* E²) coniuncta b   16 praedicationem F

quoque verum est. quae si coniuncta dicantur, ut est
Socrates animal bipes est, a propria veritate non discrepat. atque haec quidem in genere et ea differentia
quae substantialis est Socrati. quod si de accidenti
quoque dicatur, potest idem nihilo minus evenire. si 5
quis enim sic dicat: Socrates homo est, verum est,
rursus Socrates calvus est, hoc quoque verum est. quod
si iungat dicens Socrates homo calvus est, veram rursus ex coniunctis faciet praedicationem. atque in his
quidem ea quae singillatim vere dicebantur, iuncta 10
veraciter praedicata sunt. sunt autem alia in quibus
singillatim quidem praedicata vera sunt, iuncta vero
qualitatem veritatis amittunt. ut si quis dicat, quoniam Socrates bonus est, verum est, rursus Socrates
quoque citharoedus est, sit hoc quoque verum. haec 15
coniungere non necesse est, ut sit verum Socrates bonus
citharoedus est. potest enim bonus quidem esse homo
et cum sit citharoedus, non tamen esse bonus, sed in
alia re quidem bonus, in alia tantum artis illius co-
gnitor, non tamen in ipsa perfectus. hoc autem faci- 20
lius tali liquebit exemplo: si quis enim dicat, quoniam
Tiberius Graccus malus est, verum est, rursus Tiberius Graccus orator est, hoc quoque verum est. si
coniungens dicat: Tiberius igitur malus orator est,
falso dixerit, optimus enim orator fuit. sed ne quis 25
nos ita dicentes ignorare putet oratoris esse definitionem virum bonum dicendi peritum, aliter ista dicta
sunt, ad exemplum potius quam ad veritatem. atque

2 a] et T   2. 3 discrepant T   3 genere sunt T
10 singulatim E (saepius)   11 aliqua T   15 quoque om. b
citharidus S F, citharedus S²T, cytharedus E   sic S   uerum est F (est del. F²)   16 contingere S (corr. S²)   17 citharidus S F, citharedus S² et ceteri (item 18)   20 perfecta
SFE (corr. S²E²)   22 tyberius FE   grecus F   uerum
est G²T: om. ceteri   22. 23 tyberius F   24 coniung.] quis
iungens E²   est orator T   26 dicentis SFE (corr. S²E²)
27 ista TE²: ita ceteri   28 adque F

haec quidem proposita ab Aristotele sunt, cuius in
textu verba sic constant: quoniam vero, inquit, alia
quidem praedicantur coniuncta et conposita, ut
ex his unum praedicamentum fiat eorum quae extra
5 vere dicta sunt, alia vero cum extra singillatimque vere
praedicarentur iuncta veram non faciunt praedicationem, inquirendum est quae eorum sit differentia. exempla autem horum talia sunt. eorum quidem, quae
p. 420 extra praedicantur vere nec | si coniuncta sunt natu-
10 ram veritatis amittunt, tale exemplum est: de homine
verum est dicere, quoniam et animal est et bipes,
rursus quoniam animal bipes verum est de eodem homine dicere, ut de Socrate. de eodem quoque Socrate
et hominem extra et album, si ita contingit, verum
15 est dicere et de eo praedicare animal bipes a veritate
non discrepat. atque haec quidem extra singillatimque praedicantur vere et iuncta vera sunt. quod si
de aliquo praedicetur, quoniam citharoedus est, et verum sit et rursus quoniam bonus est, et verum sit,
20 non necesse est dici quoniam bonus citharoedus est.
potest enim esse solum quidem citharoedus, bonus
autem homo. hucusque quidem ista disposuit. quoniam autem videbantur quidam arbitrari, quod omnia
quae singillatim vere praedicarentur eadem quoque
25 conposita recte dicerentur, contra hos dicit, quoniam
multa erunt inconvenientia multaque inpossibilia sunt,
si quis dicat omne quod singillatim praedicatur veraciter id iunctum vere praedicari. de homine enim
verum est dicere quoniam homo est. nam de Socrate

2 texta T, texto *ceteri* (*corr.* E¹)   consistant F   5 *alt.* uere
TE²: re *ceteri*, recte S²   7. 8 et exempla F (et *del.* F²)   9 sic
E²   sunt *del.* E²   12 uero F   14 contigit S E (*corr.* S²E²)
15 eodem b   animal bipes] hominem album?   16 discrepat
non F   17 que] quae *codices* (*ego corr.*)   18 praedicentur SF
citharidus F (*item post*)   21 solum quidem esse F   22 huius-
que SFE (*corr.* S²E²)   24 praedicantur T   26 sunt *delen-*
dum?   27 praedicantur T (*corr.* T¹)   29 *pr.* est *om.* S (*add.* S¹)

qui homo est vere dicitur quoniam homo est. rursus
de eodem vere potest dici quoniam albus est. quare
et si haec iungas et ut unum praedices, verum est
dicere de aliquo homine quoniam homo albus est. sed
homo qui albus est verum est de eo dicere quoniam 5
albus est: quare etiam haec si iungas: erit igitur praedicatio Socrates homo albus albus est. nam de Socrate
verum erat dicere quoniam homo albus est. sed de
homine albo verum est dicere quoniam albus est. haec
iuncta homo albus albus faciunt. quod si de eodem 10
homine albo album rursus praedicari velis, verum est:
quocirca et si iungas: erit igitur praedicatio homo
albus albus albus est. atque hoc idem in infinitum.
rursus si quis de aliquo homine dicat quoniam ille
homo musicus est, si verum dicat adiciatque quoniam 15
idem homo ambulans est, verum dicit, si iungat quoniam ille homo ambulans musicus est. sed si verum
est de aliquo homine praedicare quod sit ambulans
musicus, de ambulante autem musico verum est dicere
quoniam musicus est, erit ille homo homo ambulans 20
musicus musicus. sed de eodem verum est dicere quoniam ambulans est, verum igitur erit de eo rursus
dicere quoniam homo ambulans ambulans musicus
musicus est. amplius quoque Socrates Socrates est et
rursus homo: erit igitur Socrates Socrates homo. sed 25
et bipes: erit igitur Socrates Socrates homo bipes. sed
de Socrate verum est dicere quoniam Socrates homo
bipes est. sed cum dixi hominem de eo, iam et bipe-

1 quon.] quia F   5 *ante* verum *add.* E²: et homo est et albus
6 homo albus E²   igitur *om.* b   7 homo albus albus est b:
albus homo est S T E, est homo albus F, albus albus homo
homo est E²   10 *alt.* albus *om.* E¹   11 praedicare b
12 iunctas S F (*corr.* S²F²) iuncta sunt T   13 *tert.* albus *add.*
E²: *om. ceteri*   quidem F   in *om.* T   20 *alt.* homo *del.*
E²   23 homo *om.* S   14—24 *haec non integra videntur,
quod praedicatio* albus *non commemoratur*   24 *alt.* est *om.* F
27 uerus E (*corr.* E²)

dem dixi (omnis enim homo bipes est): verum est ergo
de eo dicere quoniam bipes est. sed verum erat dicere quoniam Socrates Socrates homo bipes est: vera
erit igitur praedicatio Socrates homo bipes bipes est.
5 sed rursus hominem dixi atque in eo aliud bipes nominavi (omnis enim homo bipes est): Socrates igitur
homo bipes bipes bipes est. et hoc in infinitum pro-
tractum superflua loquacitas invenitur. non igitur fieri
potest ut modis omnibus quicquid extra dicitur id
10 iunctum vere praedicetur.

    Quoniam ergo si quis simpliciter ponat con-
plexiones fieri plurima inconvenientia contingit dicere manifestum est; quemadmodum autem ponendum, nunc dicimus. eorum igitur
15 quae praedicantur et de quibus praedicantur
quaecumque secundum accidens dicuntur vel
de eodem vel alterum de altero, haec non erunt
unum, ut homo albus est et musicus, sed non
est idem album et musicum; accidentia enim
20 sunt utraque eidem. nec si album musicum
verum est dicere, tamen non erit album musicum unum aliquid; secundum accidens enim
musicum album. quare non erit album musicum. quocirca nec citharoedus bonus simpli-
25 citer, sed animal bipes; non enim secundum
accidens. amplius nec quaecumque insunt in
altero. quare neque album frequenter neque

    4 igitur erit E   Socrates Socrates b   bipes homo E
alt. bipes *add.* E³: *om. codices*   7. 8 protactum S F (*corr.*
S²), protracto b   8 loquaquitas S (*corr.* S²)   11 quis] quidem ΣΣ (*corr.* Σ²Σ²)   12 plurima ΣΣ: plura *ceteri*   12.
13 contingere (*om.* dicere) S²ΣΣ   14 ponendum ΣΣ: ponendum est Σ² *et ceteri*   dicemus S²F²ΣΣ   igitur *om.* STE
    16 quae S F T E (*corr.* S²)   19 album et musicum *ego*:
musicum et album STE (musicus T: *corr.* T²) musicus et albus FΣΣ   22 enim dicitur F²   23 erit unum F²
25 enim ΣΣ: enim erit Σ² *et ceteri*   27 altero *ego* (*cf. vol.* I
p. 160, 10): alio *codices*   album *om.* S¹F¹E¹

homo homo animal vel bipes; insunt enim in
homine bipes et animal.

   Quae superius conprehendit ea nunc apertissima
ratione determinat dicens de his solis extra praedicatis veraciter non posse unam praedicationem fieri 5
veram, si coniuncta | sint, quaecumque aut accidentia p. 421
sunt eidem, aut cum unum alii accidit, accidens aliud
de illo accidenti praedicatur. si quis enim de Socrate
dicat quoniam Socrates citharoedus est, rursus Socrates bonus est, si utraque veraciter praedicet, duo acci- 10
dentia de uno subiecto praedicavit, id est de Socrate.
quocirca non potest ex his una fieri praedicatio, ut
dicatur Socrates citharoedus bonus est. rursus si de
Socrate praedicetur musicus (sit enim Socrates musicus), de musico autem si praedicetur albus, et hoc 15
fortasse sit verum, non tamen iam necesse est musicum album esse. si enim sit musicus Socrates, si de
eodem musico albus praedicetur, praedicatur quidem
de Socrate subiecto musicus, de musico autem quod
est accidens praedicatur album, rursus aliud accidens: 20
ergo non potest hic una fieri vera propositio ut dicatur: Socrates musicus albus est. neque enim semper
musicus albus esse potest, sed hanc naturam habent
accidentia, ut veniant et recedant. ergo si eius, qui
musicus albus est, in sole stantis cutem calor fusca- 25
verit, non erit quidem albus cum sit musicus. quocirca neque tunc cum vere praedicabatur, quoniam
Socrates musicus albus est, neque tunc fuit recta vera-
que praedicatio. non enim habet permanendi naturam accidens, ut semper vere praedicetur. ratio autem 30
verborum sic constat: quoniam ergo, inquit, si quis

---

   1 *alt.* homo *del.* E²   bibes T   2 animal et bipes ΣΤ
   13 si *del.* E¹   16 est socratem S²   20 aliud b: aliud
est *codices*   23 potest esse F   naturam *om.* F¹
25 statis SFE (*corr.* F²E²) aestatis S²E¹   27 cum *om.* T

dicat omnino quomodolibet conplexiones fieri, id est
ut quod singillatim praedicaveras hoc conplexum co-
nexumque proponas, plurima inconvenientia dicere contingit (multa enim concurrunt inpossibilia, sicut supra
5 ipse monstravit, tunc quando ad nimiam loquacitatem
perduxit eos eadem frequenter nomina repetentes),
quemadmodum ponendum est nunc dicimus, id est
quemadmodum autem debent quae singillatim vere dicuntur iuncta praedicari, nunc, inquit, dicimus. omnia,
10 inquit, quae praedicantur de alio et rursus de quibus
alia praedicantur duplici modo sunt: aut enim accidentia sunt aut substantialia. et aliae quidem praedicationes sunt secundum accidens, quotiens aut duo
accidentia de substantia aut accidens de accidenti ali-
15 cui substantiae praedicatur, alia vero non secundum
accidens, quotiens aliquid de aliquo substantialiter dicetur. eorum igitur quaecumque secundum accidens
dicuntur, eorum si vel duo sint accidentia et de eodem
praedicentur vel si alterum accidens de altero acci-
20 denti dicatur, ex his non potest una fieri propositio
neque erit unum si iuncta sint. homo enim et albus
est et musicus, sed album musicum, quoniam in unam
formam non concurrunt, non facient unam propositionem. non enim idem album et musicum. utraque
25 enim eidem sunt accidentia, non tamen idem sunt.
nec si album de musico praedicemus, id est accidens
de accidenti, et hoc verum sit, non tamen necesse est
id quod musicum est esse album. neque enim unum
est aliquid. accidenter enim id quod musicum est

    5 loquaquitatem S (*corr.* S²)   7 quemadmodum autem T
9 coniuncta E²   dicemus S²   10 inquit *del.* F²E²   quae
om. S¹FE   quibusdam SFE (*corr.* F²)   11 et haec duplici
E²   14. 15 alicuius FT   16. 17 dicitur TE   18 eorum *del.*
G² *om.* T   si *om.* SFE (vel si E²) G¹   20 praedicatio b
    21 erit] enim S, enim erit T   et] et si T (si *del.* T²)
24 idem est T

album est. quoniam enim id ipsum cui musicum accidit album est, idcirco musicum album dicitur. non
est autem idem musicum album. quocirca eadem ratione tenetur, ut non possit idem esse citharoedus
bonus nec in unum corpus coniuncta faciant aliquid 5
unum, quamquam singillatim vere praedicentur. quod
si quis aliquid substantialiter praedicet duasque res
singillatim dicat, possunt in unam propositionem redire,
quae substantialiter vere seiuncte separatimque praedicantur. homo enim, cum et animal sit et bipes, est 10
animal bipes et fit ex his una praedicatio. nam neque animal secundum accidens inest homini nec bipes.
quod per hoc ostendit quod ait: sed animal bipes;
non enim secundum accidens. addit quoque illud,
quoniam nec ea iuncta recte praedicantur, quaecum- 15
que vel latenter vel in prolatione in aliquo terminorum continentur, qui in propositione positi sunt. idcirco enim de homine albo non debet dici albus, ut
veniat praedicatio homo albus albus, quoniam iam in
homine albo continetur album. rursus de homine id- 20
circo non debet praedicari bipes, quoniam licet non
sit prolatum, tamen qui homo est bipes est. sed de
homine si quis bipes praedicet, de re duos habente
pedes deque hac differentia quod est bipes praedicat
bipes. quocirca erit hic quoque homo bipes bipes. 25
homo enim continet intra se bipes et qui dicit hominem cum sua differentia dicit. si quis ergo ad hunc
praedicet bipes, de re duos habente pedes bipedem
praedicavit. erit igitur homo bipes bipes. sed ita prae-
dicari non | debet. continetur enim in homine bipes, p. 422

    1 idem T (*corr.* T²)   5 facient S   6 uere — 8 singilla-
tim *om.* T¹   9 seiunctae FE (*corr.* E²)   10. 11 est an. bipes *om.* T¹   14 est enim T   addidit T   20 albo *om.* F
continentur F (*corr.* F²)   23 habenti F   26 dicunt T²
(*item* 27)   27 adhuc T (*corr.* T¹)   28 duo F (*corr.* F²)
bipedem] sibi pedem SFTE (*corr.* T²)   29 predicabit T
30 continentur F (*corr.* F²)

ad quod si rursus bipes praedices, molestissimam facies repetitionem. hoc enim est quod ait: amplius
nec quaecumque insunt in alio: continentur vel
prolatione, ut in eo quod est homo albus (continetur
5 in eo albus, quoniam per prolationem iam dictum est)
aut potestate et vi, ut in eo quod est homo continetur bipes, quamquam dictum penitus non sit.

Verum autem dicere de aliquo et simpliciter, ut quendam hominem hominem aut quen-
10 dam album hominem album; non semper autem,
sed quando in adiecto quidem aliquid oppositorum inest quae consequitur contradictio, non
verum sed falsum est, ut mortuum hominem hominem dicere, quando autem non inest, verum.
15 Haec quaestio contraria superiori est. illic enim
quaerebatur, si quae singillatim praedicabantur, an
semper eadem vere coniuncta conpositaque dicerentur,
hic autem converso ordine idem quaerit, an ea quae
conposita vere praedicantur singillatim dicta vere di-
20 cantur. post obitum enim Socratis possumus dicere
hoc cadaver homo mortuus est et hominem mortuum-
que iungentes unam inde veram facere praedicationem.
solum autem hominem dicere cadaver illud non est
verum. rursus eundem Socratem vivum verum est di-
25 cere quoniam animal bipes est et singillatim verum

3 altero? alio id est E² continenter S²F³E³ con-
tinentur] vel latenter T vel] aut b 5 per om. T (add.
T¹) 7 poenitus E 8 uerum ego (cf. infra p. 372, 21): uerum est codices 9 ut] aut 𝔖 alt. hominem om. 𝔖¹
10 hominem album album E (transp. E²) autem non semper E, an certe non semper E² 11 quidem Σ𝔖: quidem id
est praedicato ceteri 12 quaedam T¹𝔖², quia T² 13 alt.
hominem om. TΣ¹, non hominem SE (non del. S²) 14 autem
om. E (add. E¹) dicere uerum F (dicere del. F²) uerum
Σ𝔖: uerum est 𝔖² et ceteri 16 praedicabentur S (corr. S²)
praedicarentur E 17 seposique S, sepositaque S²FE (corr.
E²) 18 id T

est dicere quoniam animal est. quare quaeritur quae
sit huius quoque differentia praedicationis, ut cum
coniuncta dicuntur et vere de subiectis praedicantur
alias quidem et extra dici vere possint, alias vero
praeter illam coniunctionem simplicia si dicantur falsa 5
sint. hoc autem quasi dubitans dixit. ita enim legendum est, quasi si dubitans diceret sic: verum est autem
dicere de aliquo conpositum coniunctumque aliquid,
ut de aliquo homine hominem aut de aliquo albo album, ita ut et horum aliquid simpliciter praedicetur, 10
an certe non semper? et dat regulam qua pernosca-
mus, an quae conposita dicuntur eadem singillatim
dici possint an minime. quotiens enim talia sunt quae
praedicantur cum alio, ut in se non habeant contradictionem praedicata, possunt dici et separata vera- 15
citer. quod si habeant in se aliquam contradictionem
quae praedicantur et conposita dicuntur vere, separata
vere praedicari non possunt. qui ⟨enim⟩ dicit cadaver hominem mortuum vere dicit, solum autem hominem dicere vere non potest, idcirco quoniam prius 20
cum coniunctione praedicavit dicens hominem mortuum, mortuusque quod adiacet hominis praedicamento
(cum homine enim praedicatum est mortuus) contradictionem tenet contra hominem. est enim homo animal, mortuus vero non animal: ergo mortuus et homo 25
contradictionem quandam inter se habent. illud est
enim animal, illud vero non animal. quocirca quoniam inter se haec habent quandam contrarietatem,

4 dici uere dici (om. possint) F   6 sint ego: sunt codices
7 si om. F (add. F¹)   10 et T: ex ceteri, del. F²E², extra S²
     11 semper non certe T²   11. 12 pernoscamur S (corr. S²)
13 alia SFTG   15 praedicari SF, praedicati S²G, praedi-
canti E (corr. G²E²)   et dici F²   separatae S   18 praedicari uere E   quae SFE (corr. S²F²) ut ea quae E¹
enim ego add.: om. codices   19 autem] et item E (corr. E¹)
22 mortuusque quod ego: mortuus quod codices (an vero quod?)
23 praedicamentum T   25 uere S   26 habet SF

separatus homo de mortuo homine solus non dicitur.
eodem quoque modo est et si quis dicat manum esse
marmoream statuae: verum dicit, solum autem manum
dicere esse eam quae statuae est falsum est. habet
5 enim manus potestatem dandi accipiendique, sed illa
marmorea non habet. ergo est quaedam contradictio
inter manum et manum marmoream, quod illa dare
atque accipere potest, illa non potest. haec enim sibi
contradictionis opponuntur modo. ergo quotienscum-
10 que tale aliquid praedicatur, ut homo de cadavere, cui
tale aliquid coniunctum sit atque adiaceat, quod faciat
contradictionem contra praedicatum (ut hic adiacet mortuus homo simulque praedicatur de cadavere, ut faciat
contra ipsum hominem contradictionem eamque in se
15 contineat), non potest separari una praedicatio, ut
singillatim dicatur, sin vero non sit ista contradictio,
potest: ut in eo quod est Socrates animal bipes est.
animal et bipes nulla contradictione opponuntur: quocirca potest de eo et animal singillatim atque simpli-
20 citer et bipes dici. sensus quidem huiusmodi est, ordo
autem se sic habet. dubitans enim dixit: verum au·
tem dicere de aliquo conposite et conexe et rursus
simpliciter, ut quendam hominem hominem aut quendam album album, an certe non semper, sed tunc
25 quando in adiecto, id est in eo quod adiectum cum
aliquo praedicatur, inest aliquid oppositorum talium
p. 423 quaecumque consequitur contradictio, | id est quam
oppositionem mox contradictio consequatur, ut oppositionem hominis et mortui sequitur contradictio, ani-
30 mal scilicet et non animal: si igitur sic sint, non est

---

2 est *delendum?* 6 est *om.* F (*add.* F¹) 9 contradictio
T (*corr.* T²) 10 tale est F cui E¹: quod ei *codices* (ut
ei?) 11 tale *om.* F 12. 13 mortuo G²T 13 homini F¹
21. 22 est autem TE² 23 ut *add.* F²: *om. codices* 25 iectum
S (*corr.* S²) adiecto T² 29 sequitur T: sequatur *ceteri*
30 est *om.* F (*add.* F¹)

verum simpliciter praedicari, sed falsum, ut mortuum hominem, quem coniuncte vere dicere possis, eundem hominem solum non vere praedicabis. quando autem haec oppositio in his quae praedicantur non inest, verum est quod coniuncte praedicaveris et simpliciter 5 praedicare. adiectum est autem in quo venit aliquotiens oppositio huiusmodi, ut in eo quod est homo mortuus mortuus adicitur homini. aliter enim vere homo de cadavere non potest praedicari.

Vel etiam quando inest quidem semper non 10 verum, quando vero non inest, non semper verum, ut Homerus est aliquid, ut poeta. ergo etiam est an non? secundum accidens enim praedicatur esse de Homero; quoniam ⟨enim⟩ poeta est, sed non secundum se, praedicatur 15 de Homero quoniam est. quare in quantiscumque praedicamentis neque contrarietas inest, si definitiones pro nominibus dicantur, et secundum se praedicantur et non secundum accidens, in his et simpliciter uerum erit dicere. 20 quod autem non est, quoniam opinabile est, non verum dicere esse aliquid. opinatio enim eius non est, quoniam est, sed quoniam non est.

Quoniam supra dixerat, quando esset in adiecto contradictio, non esse verum simpliciter praedicare, 25 quando vero non esset, verum esse quod coniuncte

1 ut] et F   3 autem *ego*: enim *codices*   4 dicantur S (*corr.* S¹)   inest T: est *ceteri*   6 evenit?   10. 11 non uerum] falsum ΣΧ   11 ,uerum est SFTE   est S (*corr.* S²) 11. 12 uerum est *codices* (*cf. vol. I p. 18, 11*)   12 *pr.* ut *om.* S¹ E¹   13 an] aut S²E²TΣΧ   est enim Χ   14 Homero] homine Σ (*corr.* Σ²)   enim *ego add.: om. codices* (*cf. vol. I p. 18, 13*)   16 Homero] homine uero Σ (*corr.* Σ²)   enim quoniam Χ (enim *del.* Χ²)   17 contrarietas aliqua aut ulla oppositio ΣΧE²   18 praedicantur ΣΧ   et quae uel ΣΧ 19 praedicentur STE   22 uerum F: est uerum *ceteri* 26 esse b: esset *codices*   non iuncte SFE (*corr.* S²F²E²)

diceretur simpliciter dicere, hoc ipsum quoniam videbatur in aliquibus non esse verum, consequenter emen-
dat. ait enim verum esse illud quod supra dictum
est, quandocumque in adiecto esset aliqua contradictio,
5 non esse verum simpliciter praedicare, quod coniuncte
diceretur, quando autem non inest contradictio, non
semper verum esse praedicare simpliciter, quod coniuncte vere diceretur, sed aliquotiens verum, aliquotiens vero falsum. huius rei tale exemplum est: cum
10 dico Homerus poeta est, est et poeta coniuncte de
Homero vere praedicavi. sin vero dixero Homerus est,
falsum est, quamquam non sit aliqua contradictio inter
est et poetam, neque in adiecto est ulla talis est oppositio quam consequatur contradictio. cur autem hoc
15 eveniat, talis ratio est: de Homero enim poetam quidem principaliter praedicamus, cum dicimus Homerus
poeta est, est autem verbum de poeta quidem praedicamus principaliter, de Homero autem secundo loco.
non enim idcirco praedicamus esse, quia Homerus est,
20 sed quia poeta est. sublato igitur eo quod principaliter praedicatur, id est poeta, licet nullam contradictionem habeat est, quod adiacet poetae, contra poetam, non fit vera praedicatio dicendo Homerus est.
secundum accidens enim est praedicatur, non princi-
25 paliter. sublata autem principali praedicatione, quod
secundum accidens praedicabatur, falsum continuo reperitur. quod autem addit: quare in quantiscumque praedicamentis neque contrarietas inest,
si definitiones pro nominibus dicantur, et se-
30 cundum se praedicantur et non secundum acci-

---

2 alibus S E (*corr.* S² E¹) aliis *ceteri*   consequentur S
(*corr.* S²)   5 coniuncte uere F   6 inesset?   7 esse *ego:* est
codices   8 uerum] uere T (*corr.* T¹)   11 praedicabitur SE
(*corr.* S²E²)   13 talis est S: talis *ceteri*   28 neque in E
(in *del.* E²)   29 definitionis FE (*corr.* F²E²)   30 praedicentur *codices* (*ego corr.*)

dens, in his et simpliciter verum erit dicere
huiusmodi est:

Ea quae superius dixit una ratione collegit dicens: quaecumque eo modo praedicantur, ut neque in
nominibus neque in definitionibus propriis aliquam 5
teneant contrarietatem, haec et extra simpliciterque
praedicata vera sunt, ut in eo quod est homo mortuus
mortuus atque homo: haec quidem nominibus nullius contrarietatis contradictionisve sunt, sed si horum
pro nominibus definitiones sumantur, mox contrarietas 10
oppositionis agnoscitur. si quis enim dederit hominis
definitionem, dicit animal esse rationale, si quis mortui, dicit esse corpus, verum vita privatum atque in-
animum atque ex hoc tota vis contradictionis adparet.
quocirca si sumantur definitiones pro nominibus et in 15
his aliqua contrarietas inesse videbitur vel si secundum accidens aliquid praedicetur, ut est de Homero,
cum de poeta principaliter praedicetur, non praedica-
buntur simpliciter vere quaecumque conposita praedicabantur. quod si neque contrarietas ulla sit et per 20
se praedicentur et non per accidens, quicquid conposite vere dicitur, hoc simpliciter vere praedicatur.
quoniam | autem fuerunt quidam qui hoc ipsum quod p. 424
non est esse dicerent totum syllogismum his propositionibus coniungentes: quod non est opinabile est, 25
quod autem opinabile est est: igitur est quod non est:
hoc igitur dicit: si verum est praedicare, inquit, de

3 colligit E²   5 omnibus *codices* (*corr.* S²F²T²E²)
     8 mortuus *add.* G²T: *om. ceteri*   in omnib; T, in nomi-
nib; G¹   11 dederit *om.* F (*add.* F¹)   13 verum *om.* b
14 inanimatum E G²   appareret S F E G (*corr.* S²E²G²), apparet *om.* B (*add.* B¹)   15 et *om.* T (*add.* T¹)   22 hoc
et b   25 non *om.* SFE¹G¹   quoniam opinabile T (qu. *del.*
T²)   est *om.* G¹   26 quod — op. est *om.* T¹   *alt.* est]
non est S²   quod opinabile est est. quod autem non est
opinabile est. est igitur quod non est *in marg.* S²   27 igitur
delendum?

eo quod non est quoniam opinabile est, est quidem
verbum de opinabili praedicamus, de eo autem quod
non est secundum accidens. quoniam enim quod non
est opinabile est, idcirco secundo loco de eo quod non
5 est verbum est praedicamus. quare non possumus
simpliciter dicere esse quod non est. idcirco enim
opinabile est, quia non est. scibile enim esset, si per
se esset, non opinabile, sicut Homerus idcirco esse
dicitur, quia poeta est, non quia per se est. vel certe
10 idcirco dicitur Homerus esse poeta, quia poesis ipsius
exstat et permanet, sicut aliquos in filiis suis saepe
vivere dicimus. quocirca id quod non est idcirco esse
dicitur opinabile, quoniam ipsius est opinatio, non
autem quoniam id quod non est per se aliquid esse
15 potest. his igitur ante perstructis atque ordine ter-
minatis ad propositionum modos, rem in dialectica
utilissimam, de propositionibus tractatum disputatio-
nemque convertit. restat nunc de propositionum modis oppositionumque disserere. multis enim dubitatum
20 est rationibus, an idem modus esset propositionum
sine modo positarum, qui illarum quoque quae propriis modis et qualitatibus terminantur. incohat autem
de his rebus dubitationem sic.

12. His vero determinatis perspiciendum
25 quemadmodum se habent negationes et adfirmationes ad se invicem hae scilicet quae sunt

2 opinabile SFE   4 de eo *om.* F   5 *alt.* est *om.* S¹T¹
7 *pr.* est *om.* S¹   12 quodcirca SF (*corr.* S²)   12.13 dicitur
esse T   15 praestructis? perstrictis b   16 dialecticam S
17 utilimam S, utillimam S²FTEG² (*corr.* E²), ultimam G
19 propositionumque S (*corr.* S²) oppositioneque? (de prop. cum
modis oppositionibus?)   21 positorum SFE (*corr.* F²E¹) propositarum T   quae] qui SFE (*corr.* E²)   22 id quod autem
SFEJG (id quod *del.* E²G², autem *del.* F²)   23 dubitationem *om.* T¹, dubitatur F²   24 perspiciendum est *codices hic,
cf. infra*   25 sese S²ΣΤ   habent Σ: habeant Σ² *et ceteri*
(*cf. vol. I p. 166,22*)   26 ad se ΣΤ: ad *ceteri* eae ΣΤ (*corr.* Τ²)

de possibile esse et non possibile et contingere et non contingere et de inpossibili et de
necessario; habet enim aliquas dubitationes.

Omnis propositio aut sine ullo modo simpliciter
pronuntiatur, ut Socrates ambulat vel dies est vel 5
quicquid simpliciter et sine ulla qualitate praedicatur.
sunt autem aliae quae cum propriis dicuntur modis,
ut est Socrates velociter ambulat. ambulationi enim
Socratis modus est additus, cum dicimus eum velociter ambulare. quomodo enim ambulet, significat id 10
quod de ambulatione eius velociter praedicamus. similiter autem si quis dicat Socrates bene doctus est,
quemadmodum sit doctus ostendit nec solum doctus
dixit, sed modum quoque doctrinae Socratis adiungit.
sed quoniam sunt modi alii per quos aliquid posse 15
fieri dicimus, aliquid esse, aliquid necesse esse, aliquid contingere, quaeritur in his quoque quemadmodum fieri contradictionis debeat oppositio. in his enim
propositionibus, quae simpliciter et sine ullo modo
praedicantur, facile locus contradictionis agnoscitur. 20
huius enim adfirmationis quae est Socrates ambulat
negatio si ad verbum ponatur, ut est Socrates non
ambulat, rectissime oppositione facta ambulare a Socrate disiunxit. rursus huius propositionis quae est
Socrates philosophus est, si quis ad est verbum ne- 25
gationem ponat, integram faciet negationem dicens:
Socrates philosophus non est. neque enim fieri potest
ut ad aliud in simplicibus adfirmationibus negatio

1 de S²ΣΤ: *om. ceteri*   non] non esse S²ΣΤ   2 de
inpossibili F²E²: inpossibile (*vel* imp.) *ceteri*   3 habent S²
F²E²Σ²Τ   5 *pr.* vel *ego*: ut *codices*   6 praedicantur E
(*corr.* E²), *deinde addunt*: aut cum modo profertur G²T (proferuntur G²)   7 sint SFEG (*corr.* S²F²E²G²)   aut F, autem
del. E² *om.* B (uel sunt E²)   quaecumq; *codices* (*corr.* S²T²
E²G²)   8 enim] autem E   13 doctum S²   14 adiunxit b
16 inesse E²B, esse impossibile G²T   18 his *om.* S¹F¹
22 aduerbium F (*corr.* F²)   28 ad *om.* SF¹TE¹

ponatur nisi ad id verbum quod totius vim continet propositionis. si quis enim in hac propositione quae est
homo albus est non dicat fieri negationem eam quae
est homo albus non est, sed potius homo non albus
5 est, hoc modo falsum ostenditur: proposito lapide interrogetur de eo an lapis ille homo albus sit, ut si
ille negaverit ponens negationem eius quae est homo
albus est eam quae dicit homo non albus est dicatur
ei: si non est de hoc lapide vera adfirmatio quae di-
10 cit homo albus est, vera erit de eo negatio ea scilicet
quae dicit homo non albus est. sed haec quoque falsa
est. omnino enim lapis homo non est atque ideo de
eo non poterit praedicari quoniam homo non albus
est. quod si neque adfirmatio neque negatio de eo
15 vera est, hoc autem inpossibile est, ut contradictoriae
adfirmationes et negationes de eodem praedicatae utrae-
p. 425 que falsae sint, constat non esse eius adfirmationis |
quae dicit homo albus est illam negationem quae dicit homo non albus est, sed potius eam per quam
20 proponitur quoniam albus non est. nusquam igitur
alibi ponenda negatio est in his quae simpliciter et
sine modo aliquo praedicantur nisi ad verbum quod
totam continet propositionem. de his autem sufficienter supra iam diximus. in his autem in quibus aliqui
25 modus adponitur dubitatio est, an ad modum illum
ponatur negativa particula an locum suum servet ad
verbum, sicut in his quoque propositionibus fiebat,

1 ponat ST   ni F   uerbum iungatur S², uerbum posita T   3 dicit E (corr. E²)   fieri in E (in del. E²)
5 ostendit F²   propositum lapidem SFE (corr. S²E²)   5. 6
si interrogetur F²   6 sit post homo G   an albus GE (an
del. G²E²)   ut] et?   7 eius affirmationis S²   8 dicit] est
F   9 de] sed GFE (corr. E²), ex F², sed si de G²T   uera
est G²T   10 homo — 11 dicit om. S¹   10 non erit F²
12 at F, ac F²   13 alt. non om. S¹FTE¹   15 contradictorie E²
17 sunt TE (corr. T²E²)   21 neg.] propositio SFEG (corr.
S²E²G²)   24 iam supra iam T   iam om. F

quae simplices et sine modo ullo proponebantur. nam
si servet locum suum negativa particula, ut ponatur
ad verbum, proprietas contradictionis excidit et verum
inter se falsumque non dividit. modus enim quidam
est faciendi aliquid, quotiens dicimus possibile esse vel 5
necesse esse vel quicquid huiusmodi est. ergo si quis
me dicat nunc posse ambulare, idem neget negationem ponens ad verbum quod est ambulare dicatque
me posse non ambulare, adfirmatio et negatio contradictoriae de eodem dictae verae simul invenientur. me 10
namque et ambulare posse et non ambulare posse
manifestum est. quod si in hoc modo possibilitatis
non recte verbo particula negativa coniungitur, etiam
in his quoque quae nullam habent differentiam, an
ad modum an ad verbum negatio ponatur, custodienda 15
est talis oppositio quae huic speciei propositionum
quae cum modo proferuntur conveniat. in hac ⟨enim⟩
propositione quae dicit Socrates velociter ambulat, sive
quis ita neget Socrates velociter non ambulat ad verbum ponens negationem sive sic Socrates non velo- 20
citer ambulat modo negativam particulam iungens,
prope simile esse videbitur. dividit enim cum adfirmatione veritatem falsitatemque utroque modo apta
negatio. sed quoniam sunt plurimi modi, in quibus
si ad verbum iungatur particula negativa, non est ne- 25
gatio superius enuntiatae adfirmationis, idcirco servanda est in omnibus secundum modum propositionibus ista oppositio, ut uno eodemque modo cunctarum

3 excedit *codices* (*corr.* S²E²) 5 est *om.* T¹ 7 si
idem F², idemque E² 9. 10 contradictorie S F T E²
10 dictae *om.* S¹, dicta F (*corr.* F²) 12 si *om.* T¹ 14 his
om. F¹ 15 *alt.* ad *om.* F (*add.* F¹) uerbum est S T E (est *del.*
T²E²) 16 positio? propositum G (*corr.* G²) propositae G¹
17 proferuntur *ante* quae S F E (*transp.* S²F²E²) conueniant
F E (*corr.* F²E²)conueniat *ante* quae G T ut in F²T E² enim
ego add.: *om. codices* 18 si F (*corr.* F¹) 23 aptata T 24 plures b 28 oppositio T²: propositio *codices*, positio G², negatio F²

fieri oppositiones dicantur, ut in illis quidem negatio
quae simplices sunt rem neget, in his autem quae
cum modo sunt modum neget, ut in eo quod est Socrates ambulat rem ipsam id est ambulat neget ad-
5 imatque propositio dicens Socrates non ambulat, in
illis autem quae cum modo sunt rem quidem esse
consentiat, modum neget, ut in ea propositione quae
dicit Socrates velociter ambulat negatio dicat Socrates
non velociter ambulat, ut sive ambulet sive non am-
10 bulet nulla sit differentia, modum autem id est velociter ambulandi perimat ex adverso constituta negatio.
quamquam in quibusdam hoc non sit: simul enim cum
modo ipso etiam rem perimi necesse est, ut in eo quod
est Socrates potest ambulare, Socrates non potest am-
15 bulare et modum et rem modo ipsi iuncta particula
negationis intercipit. sed hoc in his fere evenit, in
quibus non fieri quidem aliquid dicitur et actus ipsius
additur modus, sed potius faciendi in futuro modus,
ut si quis dicat Socratem ambulare posse, non quod
20 iam ambulet, sed quod eum sit ambulare possibile.
hic si possibili negatio coniungatur, etiam rem illam
tulisse videbitur de qua illa possibilitas praedicatur.
si quis autem dicat quoniam Socrates velociter ambulat, facere eum aliquid dicit modumque illi actui
25 iungit, ut quemadmodum illud faciat quod facere dicitur quilibet agnoscat. in his res quidem permanet,
modus autem subruitur, ut superius dictum. an certe
illud magis verius est dicendum, quod semper huius-

---

1 oppositionis E (*corr.* E²)　　2 in his *om.* S¹　　4 *pr.*
ambulat *om.* S¹　　5 oppositio S², negatio F²　　6 illis] his E
autem] enim S　　9 (*item* 9. 10) ambulat S (*corr.* S²)　　12 fit F
simul b: similiter *codices*　　13 res *codices* (*corr.* E²)　　15 coniuncta E²　　17 quibusdam S (*corr.* S²)　　18 non additur
S²T　　aditur F　　20 eum] cum F (*del.* F²)　　21 si *om.* E
(*add.* E¹)　　illam rem S　　ipsam b　　22 praedicabatur b
23 enim F　　26 permanent E²　　27 dictum est S²T E²

modi propositiones modum quidem auferant, rem vero
de qua modus ille praedicatur non perimant? et in
quibus ponitur res, ut in eo quod est Socrates velociter ambulat, et in quibus praedicatur actus ipse et
praesens, quia fiat atque agatur, manifestum est mo- 5
dum quidem subrui, rem vero quae fieri dicitur per-
manere, ut cum dicimus Socrates non velociter ambulat, ambulare eum quidem non subtractum est, sed
tantum haec negatio velocitatem ab ambulatione disiunxit. in his autem quae possibilitatem aliquid in 10
futuro faciendi per modum ponunt nullus omnino actus
ponitur, sed tantum modus. ad quem modum iuncta
negatio modum quidem perimit, sed res illa de qua
modus praedicabatur non permanet, idcirco quoniam
nec tunc cum praedicabatur cum modo aliquid fieri 15
agive propositum est, ut si quis dicat Socratem pos-
sibile est ambulare, | positus quidem modus est, res p. 426
vero actu constituta non est. non enim dictum est
quoniam ambulat, sed quoniam eum possibile est ambulare. hanc ergo possibilitatem tollit negatio in pro- 20
positione quae dicit Socratem non possibile est ambulare, sed in eadem propositione res de qua dicebatur
modus ille non permanet. hoc autem idcirco evenit,
quia ne in adfirmatione quidem posita est res de qua
praedicatus est modus. atque ideo non a negatione 25
perempta res, quippe quam negatio positam non invenit, sed tantum modus, qui etiam ab adfirmatione
constitutus est. magna autem distantia est, an ad
modum negatio ponatur an ad verbum. nam si ad
verbum ponam, praedicatio a subiecto disiungitur, ut 30
est Socrates non ambulat. nam ambulat quod prae-

2 et in his quidem in?   3. 4 velociter *om. codices* (*add.*
S²E¹)   8 substractum S   10 possibilitate S F   12 puni-
tur F (*corr.* F²)   14 praedicabitur T   17 *pr.* est] esse T
18 actus *codices* (*corr.* S²)   19 inpossibile F (*in del.* F²)
24 nec T   26 est res S²T E²   31 uelociter non S²

dicatio est a subiecto quod est Socrates divisum est.
sin vero ad modum ponatur, non praedicatio a subiecto dividitur, sed a praedicatione potius disiungitur
modus, ut in eo quod est Socrates non velociter am-
5 bulat non ambulationem a Socrate propositio ista disiunxit, sed velocitatem ab ambulatione id est modum
a praedicato. et hoc in his facilius evidentiusque adparet, quaecumque ita praedicantur, ∗ ∗ ∗ ac fieri. oportet
autem quid possibile, quid necessarium, quid inesse
10 definire eorumque significationes ostendere, quod nobis
et ad huius loci subtilitatem proderit, quem tractamus,
et superiora quaecumque de contingentibus dicta sunt
magis liquebunt et Analyticorum nobis mentem apertissima luce vulgabit. quattuor modi sunt quos Ari-
15 stoteles in hoc libro de interpretatione disponit: aut
enim esse aliquid dicitur aut contingere esse aut possibile esse aut necesse esse. quorum contingere esse
et possibile esse idem significat nec quicquam discrepat dicere cras posse esse circenses et rursus cras
20 contingere esse circenses, nisi hoc tantum quod possibile quidem potest privatione subduci, contingens vero
minime. contra enim id quod dicitur possibile esse
et negatio possibilitatis infertur aliquotiens, ut est non
possibile esse, et privatio, ut est inpossibile esse. nam-
25 que quod dicimus inpossibile esse privatio possibilitatis est. in contingenti autem quamquam idem significet sola tantum opponitur negatio, nulla vero privatio

1 praedic.] imaginatio SFEG (*corr.* S²F²E²G²)   5 oppositio S²   5. 6 disiungit T²   8 *post* praedicantur *lacunae
signum posui*: ut fieri aliquid dicatur S², ut praesens actus cum
modo fiat F², ut et fieri et non fieri posse dicantur E²B   fiunt
G²T   9 sit possibile S²   10 sit definire G²T   11 suptili-
tatem F   quam S (*corr.* S²)   14 uulgauit SFE (*corr.* S²E²)
uulgabunt T   quod SFE (*corr.* S²E¹)   15 disponet SFE
(*corr.* E²)   18 significant T   20. 21 possibili F²   21 priuatio F   subdici SFEG (*corr.* S²E¹G²) subici F²   27 tamen
ed. princ.

reperitur: ut in eo quod est contingens, si hoc perimere volumus, dicimus non contingens et hoc negatio est, incontingens autem nullus dixerit quod est privatio. cum igitur contingens esse et possibile esse idem significent, multa in his diversitas est secundum 5 Porphyrium quae sunt necessaria et inesse tantum significantia et contingentia vel possibilia. quod enim esse aliquid dicitur, de praesenti tempore iudicatur. si quid enim nunc alicui inest, hoc esse praedicatur, quod vero ita inest, ut semper sit ·et numquam mu- 10 tetur, illud necesse esse dicitur, ut soli motus lunaeque cum terra obstitit defectus. quae autem contingere dicuntur vel possibilia esse, illorum neque secundum praesens neque secundum aliquam inmutabilitatem speculamur eventum, sed tantum respicimus quantum con- 15 tingentis propositio pollicetur. quod enim posse esse vel contingere dicitur, nondum quidem est, sed esse poterit. sive autem eveniat sive non eveniat, quia tamen esse potest, contingens vel possibilis dicitur propositio. non enim ex eventu diiudicantur huius- 20 modi propositiones, sed potius ex significatione hoc modo: si quis enim dicat posse cras esse circenses, possibilis est contingensque adfirmatio. quod si cras sint circenses, non tamen aliquid est actu propositionis contingentis vel possibilis permutatum, ut necesse 25 fuisse videatur, quod illa possibiliter promittebat. quod si rursus non sint circenses, omnino nec sic aliquid permutatum est, ut necesse fuisse non esse circenses

---

1 ut] nam? 2 haec b 6 et *om.* S¹FE¹ 7 et non S (non *del.* S²) 9 inest S²T²: est *ceteri* 11 et illud E² solis T 13 illarum SFE 14 inmutabilem E (*corr.* E²) 19 tantum *codices* (*corr.* b) vel *ego*: ut SF, et S²T, aut E 24 est] ex F² actu et S² 24. 25 propositiones contingentes vel possibiles SFEG (*corr.* F²E²G²) 25 permutatum est SFEG (est *del.* E²G²) permutatae non sunt S² 26 fuisse *in ras.* S² illae S² promittebant S² 27 sic] si SFE (*corr.* S²F²E²)

videatur. non enim (ut dictum est) secundum eventum ista iudicantur, sed potius secundum ipsius propositionis promissum. quid enim dicit quisquis dixerit cras posse esse circenses? hoc, ut opinor, sive sint
5 sive non sint nulla tamen interclusum esse necessitate, ne non sint. quare quattuor modorum duo quidem idem sunt, contingens atque possibile, hi autem duo cum duobus reliquis atque ipsi reliqui a se dissentiunt. possibile enim et contingens distat ab ea propositione
10 quae esse aliquid dicit. haec enim secundum possibilitatem futuri temporis adfirmationem proponit, illa vero secundum praesentis actum. utraeque vero, et ea quae esse et ea quae possibile esse vel contingere
p. 427 significat, a | necessaria propositione disiunctae sunt.
15 necessitas enim non modo inesse vult aliquid, sed etiam inmutabiliter inesse, ut illud quod esse dicitur numquam esse non possit. quocirca consequentiae quoque ordinis evidenter adparent. quod enim est necessarium sine eo quod est esse vel contingere esse
20 vel possibile esse dici non potest. quidquid enim necessarium est et est et esse potest vel si esse non posset, nec esset omnino. quod si non esset, nec necesse esse diceretur. quare omne necessarium et est et possibile est. sed neque omne est necessarium est
25 (possunt enim esse quaedam, quae ut sint non est necesse, ut Socratem ambulare vel cetera quae de separabilibus accidentibus sumuntur) vel rursus quod contingit esse vel esse possibile est mox esse necesse

3 quid enim dicit *del.* F² 4 ut *del.* S² 7 eidem SEG (*corr.* S²E²) sint S (*corr.* S²) sunt id est F 14 significauit *codices* (*ego corr.*) 17 non esse non F² consequentia S²F²T 18 apparuit *codices* (*corr.* E²) 19 uel non SFEG (non *del.* S²F²E²G², *item* 20) contingit F 22 posset] possit SFE 24 sed — p. 385, 2 possibilitas *om.* G (*add.* G¹) 24 non aeque b *pr.* est] esse G², uel esse T, quod est E² 25 enim *om.* T 26 de *om.* S¹ 27 vel] neq; T, *supra* uel *scr.* s. neq; E² quod *in ras.* S²

est. quare necesse est quidem sequuntur esse et possibilitas, sed neque esse neque possibile esse necessitas
ulla consequitur. rursus omne esse sequitur posse esse.
quod enim est et potest esse. nam si esse non posset,
sine ulla dubitatione nec esset. possibile autem esse 5
non consequitur esse. quod enim possibile est potest
et non esse, ut me possibile est quidem nunc proce-
dere, sed hoc mihi non est esse. non enim nunc pro-
cedo. quare gradatim haec omnis est consequentia.
necesse est namque et esse sequitur et possibilitas. 10
rursus esse eadem sequitur possibilitas, possibilitatem
autem nec esse sequitur nec necessitas. liquet ergo,
quoniam duo modi sunt possibilium: unum quod iam
sequitur necessitatem, alterum quod non sequitur ipsa
necessitas. nam cum dico necesse est ut nunc sol 15
moveatur, hoc etiam possibile est, cum vero dico possibile est me nunc sumere codicem, non est necesse.
recte igitur ab Aristotele paulo post dubitabitur, utrum
sit illud possibile quod necessitati conveniat. sed cum
ad eadem loca venerimus, quid sibi ista possibilium 20
similitudo velit vel quemadmodum discerni possit agno-
scemus. nunc autem quoniam adfirmativarum propositionum consequentias explicuimus, negativarum rursus
consequentias exploremus. harum namque quattuor
propositionum, quae fiunt ex esse, ex necesse esse, ex 25
possibile esse vel contingit esse, quattuor negationes
sunt id est non esse, non necesse esse, non possibile
esse vel non contingere esse. sed quemadmodum adfirmationes contingere esse et possibile esse eaedem

1 *pr.* est] non est S²   *alt.* est] esse T   4 possit F T E
(*corr.* T²)   5 ulla *om.* S¹   6 possibile est esse b   9 gra-
tim S F E (*corr.* S²F²E²)   10 est namque] namq, esse T
10. 11 et poss. — sequitur *om.* S   16 uero *om.* E   17 necesse est T   18 ergo T   dubitatur F T   utrum T: ut
S F E, an F²E¹   20 eum locum?   21 uel *om.* S¹   21. 22
agnoscimus F   22 adfirmationem S (*corr.* S²)   26 possibili F²

Boetii comment. II.   25

erant secundum significationum similitudinem, ita quoque negationes eaedem sunt. neque enim discrepat
quicquam dicere non possibile est quam si enuntiet
non contingit. consequentiae autem se in adfirmativis
5 habebant hoc modo, ut necessarias propositiones sequerentur esse aliquid significantes atque possibiles,
eas autem quae esse aliquid dicerent eaedem possibiles
sequerentur, sed neque possibilibus esse aliquid significantes nec necessariae consentiebant. in negativis
10 vero e contra est. negationem enim possibilitatis sequitur et eius quae est esse aliquid significantis negatio et necessariae. negationem vero necessarii neque
eius quod est esse neque eius quod est possibile esse
negatio sequitur. disponantur enim in ordinem omnes
15 hoc modo:

Possibile esse	Non possibile esse.
Contingens esse	Non contingens esse.
Esse	Non esse.
Necesse esse	Non necesse esse.

20   Repetendum igitur breviter est adfirmativarum consequentias, ut quemadmodum e converso sint in negativis evidentius patefiat. esse sequitur possibilitas et
contingentia, possibilitatem vero et contingentiam esse
non sequitur, necesse esse vero sequitur et esse et
25 possibilitas et contingentia, possibilitatem autem et
contingentiam nec esse sequitur nec necessitas. in
negationibus vero e contra est. non posse esse et
non contingere sequitur non esse. quicquid enim non
potest esse non est. non esse autem non posse esse

3 enuntietur?   7 eis F²   dicerent — 8 aliquid *om.* F
9 nec *del.* F²   non consentiebant F²   10 e *om.* SE¹
11 ea F²   12 necessaria F²   13 *prius* eius *in ras.* S³
pr. quod] quid S (*corr.* S²)   20 ad adfirmatiuarum E²   20.
21 consequentia S²F²   21 enerso S (con *add.* S²)   sit?
24 esse vero *om.* F (*spatio relicto*), vero esse b   27 e *om.* T
contrario b   29 est] esse SE (*corr.* S²E²)

non sequitur. quod enim non est non omnino interclusum est ut esse non possit. nunc ego enim Tra-
iani forum non video, sed non est necesse ut non
videam. fieri enim potest ut propius accedens videam.
rursus non posse esse et non contingens esse nec 5
non esse sequitur nec non necesse esse. | quod enim p. 428
esse non potest non videbitur vere dici, quoniam illud
non necesse est esse, sed potius quoniam illud necesse est non esse. negationem autem necessitatis,
id est non necesse esse, neque non esse sequitur ne- 10
que non possibile esse. me enim cum ambulo non
necesse est ambulare. neque enim ex necessitate quisquam ambulat. nec rursus quod non est necesse id
non potest fieri. quisquis enim ambulat non quidem
illi ambulare necesse est, sed tamen potest. atque 15
ideo quod non est necesse esse non omnino interclusum est ut esse non possit. et de non contingenti
eadem ratio est. diverso igitur modo quam in adfirmationibus negativa conversio est. illic enim necessitatem et essentia et possibilitas sequebatur, essen- 20
tiam autem possibilitas, sed neque possibilitatem essentia vel necessitas nec rursus essentiam necessitas
sequebatur. hic autem non possibile esse et non esse
et non necesse esse consequitur. sed neque non necesse esse non esse sequitur neque utrasque possibili- 25
tatis negatio, quae non posse aliquid esse proponit.
an magis illud dicendum est, quod sicut se in adfirmationibus habet, ita quoque in negationibus, ut Theo-

---

phrastus acutissime perspexit? fuit enim consequentia in adfirmativis, ut necessitatem et esse consequeretur et possibilitas, possibilitatem vero nec esse nec
necessitas sequeretur. idem quoque penitus perspi-
5 cientibus in negationibus adparebit. veniens namque
negatio in necessario faciensque huiusmodi negationem
quae dicit non necesse est vim necessitatis infringit
et totam propositionem ad possibile duxit. quod enim
non necesse est esse fracto rigore necessitatis ad possi-
10 bilitatem perductum est. sed possibilitatem nec esse
sequebatur nec necessitas. recte igitur fractam necessitatem et ad possibile perductam, cum negatio
dicit non necesse esse, nec non esse nec non contingere esse consequitur. rursus qui dicit possibile esse,
15 si ei disiunctio negationis addatur, tollit possibile et
ad necessitatis perpetuitatem negativa forma totam
propositionem revocat, ut est non possibile. quod enim
non possibile est fieri non potest ut sit, quod autem
fieri non potest ut sit necesse est ut non sit. ergo
20 necessariam quandam vim habet haec propositio in
qua dicimus non posse esse aliquid. sed necessitatem
sequebatur et essentia et possibilitas. non necesse
autem esse ad possibilitatem respicit. recte igitur non
necesse esse, quod est iam possibilitatis, sequetur pro-
25 positionem quae dicit non posse esse, quod est necessitatis. alii ergo ordines propositionum sunt, vis
tamen eadem, ut necessitatem cuncta sequantur, possibilitatem vero necessitas non sequatur. hic oritur

4 sequeretur *post* esse T   poenitus E   7 est] esse T,
est esse E² 8 ducit T   9 est *om.* S¹   13 necesse est
esse T   14 quae E²   est esse T   15 tollo SFT
16 formam S (*corr.* S²) *om.* F   17 *post* possibile *addit* b:
quod enim est possibile, non est adhuc, quando dicitur, sed
in futuro, sic quidem negatio illius in necessitatem versa de
eo quod est mutare non poterit   18 non est S²   est *om.*
SF, est esse b   19. 20 necessariam ergo T   20 quadam F
(*corr.* F²)   24 sequitur S²

quaestio subdifficilis. nam si necessitatem sequitur
possibilitas, non necesse autem possibilitati confine est,
cur non necesse esse sequatur id quod dicimus non
necesse esse? nam si possibilitas sequitur necessitatem, non necesse autem esse possibilitatem, sequi de- 5
bet necessitatem id quod non necesse praedicamus.
quae hoc modo dissolvitur: non possibile esse quamquam vim habeat necessitatis, differt tamen a necessitate, quod illud adfirmativam habet speciem, illud vero
negativam. sic etiam possibile esse et non necesse 10
esse differunt eo tantum, quod illud est adfirmativum,
illud vero negativum, cum vis significationis eadem sit.
sed necessitatem adfirmatio possibilitatis et contingentis sequebatur. quamquam tamen possibilitatem imi-
tetur eique consentiat id quod dicimus non necesse 15
esse, tamen negatio quaedam est. recte igitur adfirmationem quod est necesse esse non sequitur negatio
per quam aliquid non necesse esse proponimus. et
hanc quidem huius solutionem quaestionis Theophrastus
vir doctissimus repperit. nos autem his determinatis 20
ad sequentia procedamus. sunt enim, ut ipse ait Aristoteles, in his multae dubitationes. sed totius textus
plenissimum sensum primo ponimus. quod etsi longum est, tamen ne intercisa videatur esse sententia
non gravabor adponere. 25

Nam si eorum quae conplectuntur illae sibi
invicem oppositae sunt contradictiones, quaecumque secundum esse et non esse disponun-

---

2 confinis S E   5 esse quod diximus F²   possibilitatem tenet S²   6 non *del.* F²   necesse esse E²   7 sol-
uitur T   8 autem G (*corr.* G¹), autem tamen E (autem *del.*
E²)   9 quod] ut SFEG (*corr.* E²G¹, *item* 11)   14 tamen
om. S, enim S¹ (*del.* S²)   17 quem T, quae F²T²   19 theo-
prassus F (theofrastus F²)   23 ponamus b   qui — lon-
gus b   si et S (*transp.* S²)   24 intercessa SFE (*corr.*
S²F²E¹) interscissa E²   25 opponere SFGE, exponere E¹
28 et b: uel *codices*

p. 429 tur, ut eius quae est esse hominem | negatio
est non esse hominem, non, esse non hominem
et eius quae est esse album hominem, non,
esse non album hominem, sed non esse album
5 hominem. si enim de omnibus aut dictio aut
negatio, lignum erit verum dicere esse non
album hominem. quod si hoc modo, et quantiscumque esse non additur, idem faciet quod pro
esse dicitur, ut eius, quae est ambulat homo,
10 non, ambulat non homo negatio est, sed non
ambulat homo; nihil enim differt dicere hominem ambulare vel hominem ambulantem esse.
quare si hoc modo in omnibus, et eius quae est
possibile esse negatio est possibile non esse,
15 ⟨sed⟩ non, non possibile esse. videtur autem
idem posse et esse et non esse; omne enim
quod est possibile dividi vel ambulare et non

2 *alt.* non] non autem ea quae est TE²Σ𝔗, *om.* F, non
ea quae dicit F²   esse *om.* F (*post* hominem *add.* F²)
3—5 et eius quae est esse album hominem negatio est ea
(eius Σ, *corr.* Σ¹) quae est non esse album hominem, sed non
ea quae est esse non album h. Σ𝔗, *idem habet* T, *nisi quod*
prius ea quae est *om.*   4 *pr.* non *om.* F   sed *om.* F
non ea quae dicit F²   5 non hominem F²   dictio est E
aut *om.* 𝔗¹   6 negatio] dictio S, negatio uera S²Σ𝔗, neg.
uera est T𝔗²   6—7 lignum — hominem *om.* Σ¹𝔗¹   7 *post*
hominem *add.*: cum lignum falsum sit dicere esse album hominem erit uerum de eo dicere esse non album hominem S²Σ𝔗
(*cf. vol. I p. 19*)   si in 𝔗   8 facit S (*corr.* S²) FTE   9 ut]
et F (*corr.* F²)   ambulare E (*corr.* E²)   10—11 non amb.
— homo *om.* S¹   10 non ambulat non homo negatio est E:
ambulat non homo (*om. pr.* non *et* negatio est) F, non ea quae
est amb. non h. F², negatio est non amb. non h. S² (non neg.
est non amb. non h. S³), ambulat non homo negatio non est
T𝔗², negatio est non ea quae est amb. non h. Σ𝔗   sed
ea quae est Σ𝔗² (sed — homo *om.* 𝔗¹)   13 omnibus est T𝔗²
      14 possibile est esse F²   et negatio TE, et negationem
(*om.* est) F (*corr.* E²F²)   possibile est F²   15 sed *add.* b
(*cf. I. ed.*): *om. codices*   *pr.* non *om.* SFE, non ea quae est
S²F²E² *et ceteri*   est esse F²   16 possibile S²F (*corr.* F²)E²Σ𝔗

ambulare et non dividi possibile est. ratio autem, quoniam omne quod sic possibile est non semper actu est, quare inerit ei etiam negatio; potest igitur et non ambulare quod est ambulabile et non videri quod est visibile. at vero inpossibile de eodem veras oppositas esse dictiones; non igitur est ista negatio. contingit enim ex his aut idem ipsum dicere et negare simul de eodem aut non secundum esse et non esse quae adponuntur fieri adfirmationes vel negationes. si ergo illud inpossibilius, hoc erit magis eligendum. est igitur negatio eius quae est possibile esse non possibile esse. eadem quoque ratio est et in eo quod est contingens esse; etenim eius negatio non contingens esse. et in aliis quoque simili modo, ut necessario et inpossibili. fiunt enim quemadmodum in illis esse et non esse adpositiones, subiectae vero res hoc quidem album, illud vero homo, eodem quoque modo hoc loco esse quidem subiectum fit, posse vero et contingere adpositiones determinantes quemadmodum in illis esse et non esse veritatem, simi-

1. 2 autem *ego*: autem est *codices* (*cf. I. ed.*)   3 actu *ego*: in actu *codices* (*cf. I. ed.*)   inheret SFTE (*corr.* S²T²E²) ei] erit Σ, uel fiet iam *in marg.* Σ², uel si etiam erit 𝔗 (*corr.* 𝔗³)   4 non *om.* 𝔗¹   quod est ambulabile *om.* S¹F¹E¹ 5 ambulare T   6 est de S²FTE²Σ𝔗   oppositas ueras *codices* (*cf. infra*)   7 ita Σ, uel ista Σ²𝔗   10 et] uel *codices* (*cf. infra*)   opponuntur F²Σ𝔗 (*corr.* 𝔗²)   11 inpossibilius est *codices* (*cf. I. ed.*)   13 non] ea quae est non TE²Σ𝔗 14. 15 contingere STE   15 negatio est F²T𝔗²   15. 16 contingere *codices* (*corr.* b)   17 in necessario et in inp. F²E²   18 in illis quemadmodum Σ𝔗 (*transp.* 𝔗²)   18 oppositiones Σ𝔗 (*corr.* Σ²)   19 subiecto F   huius Σ𝔗 (*corr.* Σ²) 20 quo S (*corr.* S²)   21 possibile S²Σ𝔗   22 determinantis SFE (*corr.* S²F²E²)   21. 22 admodum *om.* 𝔗¹   23 ueritatem et falsitatem diuidunt F²

liter autem hae etiam in esse possibile et esse
non possibile.

Haec Aristotele subtiliter discutiente illud oportet
agnoscere, quod multum differt ipsius possibilitatis
5 vim naturamque definire vel propriae scientiae qualitate concludere et possibilem enuntiationem qualis esse
debeat iudicare. namque in possibilis cognitione illud
solum perspicitur, an id quod dicitur fieri possit nullo
extrinsecus impediente casu. quod etiamsi accidat, nihil
10 de statu prioris possibilitatis. ipsius possibilis enuntiationis diiudicatio plurimum differt, quod mox poterit
ex ipsa de possibilibus enuntiationibus disputatione
cognosci. nam sicut non est idem hominis definitionem respondere quaerentibus et ipsam definitionem
15 alio termino definitionis includere, ita non idem est
de possibili enuntiatione et quid ipsum possibile est
tractare. unde fit ut, cum possibile atque contingens
idem in significationibus sit, diversum esse in enuntiationibus videatur. supra namque docuimus possi-
20 bilitatem et contingentiam eiusdem significationis esse,
ut quod contingeret fieri idem esset possibile, quod
possibile esset idem quoque contingeret. sed possibilis enuntiatio non est eadem quae contingens. neque
enim si quis possibilem adfirmationem proponat eique
25 opponat contingentem negationem, rectam faciet contradictionem. si quis enim dicat quodlibet illud esse
possibile, alius respondeat negans rem illam contingere, licet quantum in significatione est priorem possibilitatem abstulerit, non tamen est dicenda contra-

---

1 in] in eo quod est E², ut in eo quod est F², id est
Tℐ²   8 id *om.* T¹   posse FE (*corr.* E²)   10 *post* possibilitatis *add.*: permotatur (*sic*) S², mutat F², permutatur E¹,
permutabitur G²T   a quo ipsius G²T, uerum ipsius E¹,
ipsius uero S², *post* ipsius *interpungendum?*   13 si quod FE
(*corr.* E²)   16 et *add.* F²: *om.* codices quod codices (*corr.* b)
20 significationis *om.* S¹   21 contigerit T   27 illam
rem T   27. 28 non contingere S²

dictio, in qua alii termini in negatione, alii in adfirmatione enuntiati sunt. possibilis enim adfirmatio de
possibilitate negationem, non de contingentia habere
debebit. idem quoque in contingentibus. neque enim
si quis aliquid contingere dixerit, opponenda illi est 5
possibilitatis negatio, licet idem sit possibile quod contingens. constat igitur diversissimam esse rationem
modi per se diiudicandi et enuntiationis, quae cum
modo et cum qualitate praedicatur. unde fit ut, quamquam idem in significationibus possibilitas et contin- 10
gentia sint, quasi diversae ab Aristotele in modorum
ordine proponantur. illud autem ignorandum non est,
quod Stoicis universalius videatur esse quo distet
possibile a necessario. dividunt enim enuntiationes hoc
modo: enuntiationum, inquiunt, aliae sunt possibiles, 15
aliae inpossibiles, possibilium aliae sunt necessariae,
aliae non necessariae, rursus non necessariarum aliae
sunt possibiles, aliae vero inpossibiles: stulte atque
inprovide idem possibile et genus non necessarii et
speciem constituentes. novit autem Aristoteles et id 20
possibile quod non necessarium est et id possibile rursus quod esse necessarium potest. eodem namque modo
non dicitur possibile esse, quod vel ex falsitate in
verum transit aliquando vel rursus ex veritate in falsum. ut si quis dicat nunc, quoniam dies est, verum 25
dixerit, idem si hoc nocte praedicet, falsum est et
haec veritas propositionis in falsum est permutata.
sic ergo quaedam sunt possibilitates, ut eas et esse
et non esse contingat, quae non eodem modo dicuntur quemadmodum illae quae mutabilem naturam non 30
habent, ut hae scilicet quas necessarias dicimus. ut

5 dixit S F E   6 est S (corr. S²)   12 uero T   13 in-
stoicis F, ///stoicis S E   quod istet E, del. E²   distat G
(corr. G²)   17 necessariorum T, necessarium E (corr. E²)
18 aliae vero inpossibiles om. T   24. 25 falso S F E (corr. E²)
25 est om. F   28 si E (corr. E²)   31 pr. ut delendum?

si quis dicat solem moveri vel solem possibile esse
moveri, haec numquam ex veritate in falsitatem muta-
bitur. sed nunc de Aristotelis Stoicorumque dissen-
sione tacendum est. illud tamen solum studiosius per-
5 quirendum est, quo loco sit ponenda negatio in his
propositionibus, in quibus modus aliqui praedicatur,
ut quae dicentur esse possibiles enuntiationes. possibiles, contingentes et necessariae et quaecumque cum
p. 430 modo sunt propositiones illae veraciter esse | dicentur,
10 in quarum significationibus rei de qua praedicantur
subsistendi qualitas invenitur, ut cum dico Socrates
bene loquitur, modus quidam est loquendi Socratem.
ergo sicut in his propositionibus, quaecumque cuiuslibet illius rei subsistentiam promittunt, ad ipsam sub-
15 sistentiam negatio ponitur (ut cum dicimus Socrates
est, ad esse aptatur negatio, cum negamus Socrates
non est), ita quoque in his quae modum subsisten-
tiae dicunt ad eum modum ponenda negatio est, qui
ad illam subsistentiam videtur adiectus, ut cum dici-
20 mus Socrates bene loquitur, modus ipsius rei est id
quod praedicatum est bene: ad hunc igitur modum et
qualitatem ponenda negatio est. possibiles autem propositiones vel contingentes eas esse dicimus, in quibus modus ipse monstratur et potius non esse de modo
25 dicitur, sed modus de eo quod est esse. cum enim
dicimus possibile esse, esse quidem quiddam dicimus,
quemadmodum autem sit additum est, id est possibile, ut non necessarium neque aliquo alio modo nisi
tantum secundum potestatem dicatur. fit ergo esse

2 falsitate SF   4 ita dicendum S   6 aliquis E²   7 ut
ego: at S, aut S² *et ceteri*   9 illud S   *post* esse *addit*:
secundum modum sicut aliae secundum esse E²   . 14 sub-
sistendiam S (d *in* c *mutat* S²)   16 est — Socrates (20) *om.*
T¹   19 adiecta SFE (*corr.* S²E²)   24 ipse *om.* S¹   non
potius E²   28 necessario T   29 dicantur FTE (*corr.* F²E²)
esse *om.* S¹FE¹

subiectum, praedicatio vero modus vel contingens vel
possibilis vel necessarius vel quilibet alius. atque hae
quidem propositiones secundum modum dicuntur, in
quibus de substantia nihil ambigitur, de modo autem
et qualitate sola tractatur. sin vero subiciatur qui- 5
dem modus, praedicetur vero esse, tunc de substantia
rei quaeritur non de modo, ut si quis dicat possibile
est, ut ipsum possibile in rebus esse pronuntiet, huic
propositioni nullus modus adiectus est. cum enim dicimus possibile esse modum habere, hoc per se ita non 10
dicimus, sed particulam propositionis ablatam. ita enim
perspicimus quasi si cum propositione esset iuncta.
quam si cum propria propositione iunxerimus, et quali
modo praedicetur adparet. cum enim dicimus possibile est, ut modum significet, particula propositionis 15
est. quam si suo corpori adgregemus facientes aliquam propositionem, quid modus ille profiteatur agnoscimus. age enim id quod dixi possibile est coniun-
gamus aliis praedicamentis atque inde una enuntiatio
conficiatur dicamusque Socratem ambulare possibile 20
est. videsne modum in propositione possibile, ut etiam
sive Socrates ambulet sive non ambulet, posse eum
tamen ambulare ex ipso propositionis modo quilibet
agnoscat? ita igitur auferentes de toto partem possibilem enuntiationem quasi si tota sit propositio spe- 25
culamur, ut in his dictionibus fieri solet, quae pluralitatem determinant, ut si dubitemus contra omnis an
nullus ponatur an non omnis, ita eas speculemur, quasi
si integras propositiones, quas determinationes propo-

1 subiecto SFE (corr. S²E²)   9 modus om. F   11 enim
S: eam S² et ceteri (enim eam?)   12 esse FE (corr. E²)
13 propositione] pro T (corr. T²)   et del. S²   15 est esse S²
   16 corpore S   20 confiteatur G (corr. G²)   Socratem]
elimannum F   22 non ambulet G², non ambulat T
sive non ambulet om. S¹FTE¹G   28 speculemur T: speculamur ceteri   29 si del. S²E², om. T

sitionum esse manifestum est. concludenti igitur dicendum est: in his quae modum praedicant omnes aliae res subiectae sunt vel esse vel ambulare vel legere vel dicere vel quicquid aliud cum aliquo modo fieri
5 dicetur, in his autem ubi modus ipse ⟨subicitur, esse vero⟩ praedicatur, ut integra sit propositio, non enim propositionis, non est cum modo propositio, sed ibi tantum de subsistentia modi proponitur. ut si qui dicat possibile est, quiddam in rebus dicit esse possi-
10 bile, et rursus contingens est, quiddam in rebus dicit esse quod contingat, et rursus necesse est, esse quiddam dicit in rebus quod sit necesse: hic non de modo, sed de solo esse tractatur. quare quotiens esse quidem subicitur, modus autem praedicatur, ut cum dici-
15 mus Socratem ambulare possibile est, ad modum iungenda negatio est, quotiens vero modus subicitur, esse autem praedicatur, ad esse ponenda negatio est. ut cum dicimus possibile est, quia ita dicimus tamquam si diceremus possibilitas est, et cum dicimus contin-
20 gere est, ita dicimus tamquam si diceremus contingentia est, ad esse ponenda negatio est dicendumque possibile non est, quod idem valet tamquam si diceretur possibilitas non est. eodem quoque modo et de contingentia. non autem perfecte speculantibus idem
25 semper videri debet subiectum, quod primo loco reperiri dicitur, idem praedicatum semper, quod secundo loco praedicatur. in quibusdam enim verum est, in

1 est *om.* S¹   2 omnes *del.* S²   3 subiecta F
5 modis T   ipsae S (*corr.* S²)   subicitur esse vero *add.*
b: *om. codices*   6 non praedicatur S²E²   6. 7 non enim propositionis *del.* S²   enim *delendum?*   6 ut — 7 propositio *del.*
et ibi *in* ubi *mutat* E²   8 si *om.* T¹   9 *alt.* possibile — *pr.* esse
(11) *om.* E¹   10 quid T (dam *add.* T²)   11 contingit S,
contingens T (*corr.* S²T²)   14 cum *om.* T   15 Socratem
ambulare *om.* S¹   non possibile T²   24 id?   25. 26 reperiri
delendum?   26 idem E: id enim E² *et ceteri* (id autem?)
praedicatur *codices* (*corr.* S²)   27 praedicatur] ponitur S²

aliis vero ex significatione potius propositionum colli-
gimus, qui terminus subiectus sit, qui vero praedicatus. nam cum dico homo animal est, prius mihi
necesse est dicere hominem, post praedicare animal
atque ideo subiectum dicitur homo, animal vero prae- 5
dicatur. in his autem in quibus modus additur sic
est: cum dicimus Socrates bene loquitur, idem valet
tamquam si dicamus Socrates bene loquens est et |
hic quidem bene prius dictum est, postea vero loquens p. 431
est et videtur subiectum quidem esse id quod dictum 10
est bene, praedicatum autem id quod dictum loquens
est. sed hoc falsum est. et hinc facillime poterit inveniri, quod loquentem quidem esse eum nullus ignorat, quisquis audit Socratem bene loquentem esse, vim
autem totius propositionis modus continet. in id enim 15
intendendus est animus, non si loquatur. hoc enim
indubitatum est. nam qui eum bene dicit loqui, loqui
quoque consentit. quare ad modum intendendus est
animus, ad id quod dictum est bene. Socrates enim
bene loquitur quod dixit, loqui quidem non sufficit 20
dicere, nisi etiam dicat bene. continet igitur totam
propositionem modus. sed rursus propositionem continet praedicatio: modus igitur in his propositionibus
potius praedicatur. concludendum igitur universaliter
est omnem modorum contradictionem non secundum 25
esse verbum fieri nec secundum id rursus verbum quod
in se esse contineat, sed potius secundum modum.
continere autem in se verba id quod est esse dicuntur, ut cum dicimus loquitur. tantundem enim valet
tamquam si dicamus loquens est. quare quaecumque 30
propositiones quemlibet illum in se retineant modum,

1 propositionem T (*corr.* T¹)   6 sicut E   11 dictum
est b   12 est. et] esse?   huic T (hoc hinc?)   hoc poteritS²
13 eum] cum F T   16 intendus S (*corr.* S²)   17 eum] cum F
18 quemadmodum S (quem *del.* S²)   20 qui?   22 rursus
totam b   24 potius *om.* T   31 inseret ineant E (*corr.* E²)

dubitandum non est quin non ad id quod ponit esse
negatio iuste adplicetur, sed potius ad eum modum
quo aliquid esse fierive pronuntietur. omnis namque
cum modo adfirmatio talis est, ut non intendere de-
5 beat animum auditor ad id quod esse dicitur, sed ad
id potius quomodo illud esse dicatur. ut cum dicimus Socrates bene loquitur, non perspiciendum est an
loquatur, sed illuc potius animi dirigenda intentio est
quemadmodum loquatur. hoc enim videtur totam con-
10 tinere propositionem. ergo contra possibile esse non
est ea negatio quae dicit possibile non esse, sed non
possibile esse. eodem modo et contra eam quae dicit
contingere esse non ea quae enuntiat contingere non
esse, sed potius ea negatio est quae dicit non con-
15 tingere esse. idem quoque et in necessariis inpossi-
bilibusque modis ceterisque, quae nunc Aristoteles pro
solita brevitate transgressus est, faciendum videtur.
sed quoniam commentationis virtus est non solum universaliter vim sensus expromere, verum etiam textus
20 ipsius sermonibus ordinique conectere, ea quae superius confuse dicta sunt nunc per sermonum ipsorum
ab Aristotele dictorum ordinem dividamus. his vero
determinatis perspiciendum quemadmodum se
habent negationes et adfirmationes ad ⟨se⟩
25 invicem hae scilicet quae sunt de possibile esse
et non possibile et contingere et non contingere et ⟨de⟩ inpossibili et de necessario; habet enim aliquas dubitationes. perspiciendum,
inquit, est de adfirmationibus negationibusque, qua

3 quod SFEG (*corr.* S²E²) qui G²T   pronuntiet *codices*
(*corr.* S²)   8 illic *codices* (*corr.* b)   14 est *om.* F   20 co-
metere SEG (*corr.* S²G²) committere FT (*corr.* T²) E²G¹
23 perspiciendum est S²T   24 habent b: habeant *codices*
se *ego add.: om. codices*   25 haeae S (*corr.* S²) heae FE   de
om. T   27 de *add.* b: *om. codices* . possibile S, impossibile S², inpossibile *ceteri* (*corr.* b)   27. 28 habent S²T

ratione videantur opponi in his propositionibus, quas quidam modus continet, ut in his quae sunt possibiles vel contingentes vel necessariae vel inpossibiles vel verae vel falsae vel bene vel male vel quicquid aliqua qualitate praedicatur. habet enim, inquit, aliquas 5 dubitationes et quas dubitationes habeat continuo eas subicit. nam si eorum quae conplectuntur illae sibi invicem oppositae sunt contradictiones, quaecumque secundum esse et non esse disponuntur. sensus totus huiusmodi est: in omni- 10 bus conplexionibus propositionum illa in his oppositio valet, quaecumque secundum esse et non esse fit. ut cum dicimus homo est, huius negatio homo non est, sed non ea quae dicit non homo est. et rursus eius quae proponit est albus homo illa negatio est quae 15 dicit non est albus homo, non ea quae proponit est non albus homo. hoc ipsum autem, quoniam eius quae dicit est albus homo non est negatio ea quae dicit est non albus homo, sed potius ea quae dicit non est albus homo, sic demonstrat: si enim de omnibus 20 aut dictio aut negatio, lignum erit verum dicere esse non album hominem. breviter dictum est, sed ita posse videtur exponi: propositum, inquit, sit lignum, de quo duae enuntiationes dicantur. illud tamen nobis manifestum sit de omnibus, si adfirmatio 25 vera est, falsam esse negationem, eam scilicet quae contradictorie opponitur, et si vera negatio, falsam adfirmationem. pronuntietur igitur de proposito ligno, quoniam lignum hoc est albus homo. hoc falsum est.

3 necessariis FE (corr. E²)   inpossibilis FE (corr. E²)
4 uere uel false E²   6 habet T   8 illa F   9 et ego: uel codices   13 est om. T¹   neg. est b   16 non ea om. T¹
21 dictio est E²   negatio uera S², negatio uera est T   22
non om. S¹   23 posse] per se F   27 neg. est b   27. 28
falsa adfirmatione codices (ego corr.)   28 adfirmatio esse E²
lignum FE (corr. E²)

si igitur haec adfirmatio falsa est, vera debet eius esse negatio. si igitur ea est negatio adfirmationis quae dicit est albus homo ea quae negat dicens est non albus | homo, haec negatio vere praedicabitur de ligno dicente quolibet quod lignum hoc est non albus homo. sed hoc fieri non potest. perspicue enim falsum est lignum esse non album hominem. quod enim omnino homo non est nec non albus homo esse potest. falsae igitur utraeque, et adfirmatio quae dicit de ligno quoniam est albus homo et negatio de eo quae dicit quoniam est non albus homo. quod si sunt falsae utraeque, haec negatio illius adfirmationis non est. quaerenda igitur est alia quae cum ea verum dividat atque falsum. qua in re nulla alia reperietur contra eam quae dicit est albus homo praeter eam quae dicit non est albus homo. nam si ea dicitur esse adfirmationis huius quae dicit est albus homo negatio quae enuntiat est non albus homo, erit ut de ligno de quo adfirmatio dicta falsa est vera sit enuntiata negatio eritque de ligno verum dicere, quoniam lignum hoc est non albus homo, sed hoc inpossibile est. constat igitur neque eam propositionem quae dicit est non albus homo illius adfirmationis esse negationem quae proponit est albus homo et eam quae dicit non est albus homo negationem esse eiusdem adfirmationis quae dicit est albus homo. videsne igitur ut prope in omnibus adfirmationes et negationes secundum esse vel non esse fiant? illa enim album quod esse dixit, illa negat album non esse dicens, rursus illa dicit hominem esse, illa vero negat dicens hominem non esse et in ceteris eodem modo est. quod

p. 432

5

10

15

20

25

30

si hoc modo, et in quantiscumque esse non additur, idem faciet quod pro esse dicitur, ut
eius, quae est ambulat homo, non ea quae est
ambulat non homo negatio est, sed ea quae est
non ambulat homo; nihil enim differt ⟨dicere⟩ 5
hominem ambulare vel hominem ambulantem
esse. nec hoc solum, inquit, in his evenire potest
propositionibus, quae secundum esse vel non esse disponuntur, sed etiam in his quaecumque verbis talibus
continentur, ut verba illa vim eius quod est esse con- 10
cludant, ut est homo ambulat: ambulat continet in
se esse. idem enim est ambulat quod est ambulans.
ad haec igitur verba quae in propositionibus esse continent aptanda negatio est. si enim omnis contradictio
secundum esse vel non esse fit, haec autem verba esse 15
propria significatione concludunt quoniamque verba
haec ita ponuntur tamquam si hoc ipsum esse poneretur, manifestum est ad ea verba quae esse continent
negationem poni oportere ad earum similitudinem propositionum, quae secundum esse et non esse supra 20
dicta ratione sibimet opponuntur. his igitur ante praedictis quid inconveniens ex his possit esse persequitur. quare si hoc modo in omnibus, et eius
quae est possibile esse negatio est possibile
non esse, ⟨sed⟩ non, non possibile esse. vide- 25
tur autem idem posse et esse et non esse; omne
enim quod est possibile dividi vel ambulare et
non ambulare et non dividi possibile est. supe-

1 est et T   in *delendum?*   3 *et* 4 ea quae est *delen-*
dum? 4 quae //// est E   5 dicere *add.* b: *om. codices*   7 nec]
et T (*corr.* T²)   hoc est T   8 vel] et?   12 *pr.* est *om.* S¹F
est ambulans est TE²   15 vel] et?   16 significatio S (*corr.*
S²)   17 ipsud SFE (*corr.* S²E²)   esse *om.* T¹   19 opor-
tere] potero F   20 uel T   22 quod S (*corr.* S²)   posse
SFE (*corr.* S²E²)   23 modo *om.* F   25 sed *add.* b: *om.*
codices (et E²)   *pr.* non *om. codices:* non ea quae est S²T²E²

Boetii comment. II.   26

rius demonstratum est quemadmodum in his quae
conplectuntur enuntiationibus secundum esse potius et
non esse fierent oppositiones, nunc hoc dicit: si hoc,
inquit, in omnibus propositionibus faciendum est, ut
5 earum contradictiones secundum esse et non esse ponantur, et in his quae aliquid possibile esse pronuntiant non ita ponenda negatio est, ut dicat non possibile esse, sed potius secundum non esse constituenda
est, ut dicatur possibile non esse negationem eius esse
10 quae dicit possibile esse. sed si hoc dicimus, inquit,
adfirmatio et negatio contradictoriae verum inter se
falsumque non dividunt. omne enim quod potest esse
idem etiam potest non esse. quod enim potest dividi
idem potest non dividi et quod potest ambulare idem
15 potest et non ambulare. quae autem sit huiusmodi
possibilitas, per quam cum dicitur aliquid fieri posse,
illud tamen relinquatur posse non fieri, consequenter
explanat dicens: ratio autem est, quoniam omne
quod sic possibile est non semper in actu est,
20 quare inerit ei etiam negatio; potest igitur et
non ambulare quod est ambulabile et non videri quod est visibile. at vero inpossibile est
p. 433 de eodem | veras oppositas esse dictiones; non
igitur est ista negatio. causa est igitur, inquit,
25 cur id quod posse esse dicitur idem possit non esse,
quod omne quod possibile dicimus ita pronuntiamus,
ut non semper in actu sit, id est non sit necessarium.
omne namque quod semper in actu est necessarium
est, ut sol semper movetur: itaque illi semper agitur
30 motus. si quis autem me dicat ambulare posse, quo-

---

1 quae *om.* T¹   7 *alt.* non *om.* T¹   8 sed etiam T .
11 contradictorie E²   13 non *om.* E¹   15 et *om.* TE
non potest T   18 est *delendum?*   omne] ne FE (*corr.* E²)
19 sit SFE (*corr.* S²E²)   est *om.* S¹FE¹   in *delendum?*
20 igitur *om.* S¹   21 ambulabile] ambulare T   22 *alt.* est
delendum?   23 eo *codices* (*corr.* S²E²)   25 cur *om.* T 29 atque?

niam mihi ambulationis motus non semper agitur et
inest mihi aliquotiens non ambulare, inest quoque illud
ut vere de me dicatur posse me non ambulare, cum
vere pronuntietur posse ambulare. ergo quaecumque
non semper in actu sunt et posse esse et posse non 5
esse recipiunt. potest igitur et quod est ambulabile,
id est quod ambulare potest, non ambulare et quod
est visibile non videri. quocirca docetur non esse negationem eius quae dicit posse esse eam quae proponit posse non esse, idcirco quod utraeque sunt verae 10
in his quae (ut ipse ait) non semper actu sunt.
contingit enim unum ex utrisque quae Aristoteles
dicit: aut idem ipsum dicere et negare simul de
eodem aut non secundum esse et non esse quae
adponuntur fieri adfirmationes vel negationes, 15
ut aut idem sint adfirmatio et negatio sibique consentiant, si secundum esse et non esse in omnibus contradictio fit, ut est in eo quod est posse esse et posse
non esse (idem enim utraeque sunt sibique consentiunt
et si quis eam dicit contradictionem esse contradictio- 20
nem sibi consentire dicit), aut certe non in omnibus
negationibus secundum esse et non esse ea quae
adponuntur fieri adfirmationes vel negationes, id est non in omnibus negationibus secundum
adpositionem esse vel non esse vel eorum verborum 25
quae esse continent fieri contradictionem. si ergo
illud, inquit, inpossibilius est, hoc erit magis
eligendum. duo supra posuerat quae ex supra dictis
rationibus evenirent: aut unum et idem ipsum esse

---

3 de me *om.* T   8 uidere SFTE (*corr.* E²)   docet F
15 apponantur T (*item* 23)   vel] et b   16 id est ut b   18
alt. est *om.* T   22 negationibus *delendum?*   affirmationibus
et neg. E² (*item* 24)   eas T   22 ea — 25 non esse *om.* F
    25 oppositionem E²   *pr.* vel] et?   29 aut] ut SFEG
(*corr.* E²), aut ut TG²   et] aut SFEG (*corr.* E²G²), atque
S², *om.* T   esset S²G²

dicere et negare simul de eodem, id est ut dictio et negatio idem essent simul de eodem praedicatae sibique consentirent, aut non secundum esse vel non esse fieri contradictionem. sed videntur utraque quasi quo-

5 dammodo inconvenientia esse, quippe cum illud unum etiam inpossibile sit, ut adfirmatio negatioque consentiant, illud alterum id est non secundum esse et non esse fieri oppositiones inconsentiens sit aliis propositionibus, in quibus hoc modo contradictionem fieri

10 manifestum est. nunc ergo hoc dicit: quoniam utrumque, inquit, inconveniens est, unum autem ex his erit eligendum, quod minus est inpossibile, hoc sumendum est. minus autem est inpossibile, ut secundum esse et non esse non fiant oppositiones. hoc enim nihil

15 prohibet, illud autem inpossibilius, ut adfirmatio negatioque consentiant. hoc igitur erit eligendum potius: has quae cum modo sunt propositiones non eas habere oppositiones, quae secundum esse et non esse fiunt, sed potius eas quae ad modum ponuntur. non

20 autem ita dixit inpossibilius est, tamquam si altera inpossibilis sit, sed ad hoc potius rettulit quod utraeque quasi inconvenientes videntur, quarum unam etiam inpossibilem esse non dubium est. hinc quoque disponit secundum modum aliquem pronuntiatarum pro-

25 positionum quae esse negationes ponuntur. dicit enim: est igitur negatio eius quae est possibile esse ea quae est non possibile esse, negationem scilicet

---

1 et b: aut *codices*   simul aut negare T (*transp.* T²)
3 et?   4. 5 quodadmodum FE (quodadmodo E²)   8 inconueniens S²   10 hoc ergo T   15 inpossibilius est F
16 igitur *om.* E¹   17 cum *om.* T¹   18 et T: uel *ceteri*
19 ea F   20 si *del.* E²   alteri T altera res? ratio? alterum inpossibile b   21 ad *om.* T¹   21. 22 utraque b   22 inconueniens G (*corr.* G²), inconvenientia b   quorum unum b
23 inpossibile G (*corr.* G²) b   quoque] ergo? vero?   24 aliquid SFE, *del.* E²   25 negationes *om.* G¹   ponuntur S²: ponunt *codices* (disponunt G, dis *del.* G²)

addens non ad esse verbum, sed ad modum·quod est
possibile. eandem quoque rationem dicit esse et in
contingentibus. eius enim quae est contingere esse
negatio | est non contingere esse. docet etiam de ne- p. 434
cessario et inpossibili sibi idem videri. quae autem 5
natura huius oppositionis sit, licet breviter, veracissime tamen expressa est, de qua nos superius diutius
locuti sumus. quod si quis perspicacius intendit, illius
intellegentiam loci cum hac gradatim proficiscente expositione communicat.   10

   Fiunt enim quemadmodum in illis esse et
non esse adpositiones, subiectae vero res hoc
quidem album, illud vero homo, eodem quoque
modo hoc loco esse quidem subiectum fit, posse
vero et contingere adpositiones determinantes 15
quemadmodum in illis esse et non esse veritatem, similiter autem hae etiam in esse possibile et esse non possibile.

   Adpositiones vocat praedicationes. dicit ergo in his
propositionibus, quae praeter aliquem modum dicun- 20
tur, praedicantur quidem semper esse et non esse vel
ea verba quae esse continent, subiciuntur vero res de
quibus illa praedicantur, ut album, cum dicimus album
est, vel homo, cum dicimus homo est. atque ideo
quoniam in his praedicatio totam continet propositio- 25
nem veritatemque et falsitatem praedicatio illa determinat, praedicatur autem esse vel quicquid esse continet,
iure secundum esse et non esse contradictiones ponuntur. in his autem, id est in quibus modus aliqui praedicatur, esse quidem subiectum est vel ea verba quae 30
esse continent, modus autem solus quodammodo prae-

   9 gradati T   10 communicet b   17 in] id est T, in
eo quod est E²   18 *Arist. textum continuat usque ad* non inpossibile non esse b   23 ut *om.* T¹   24 est *om.* SFE¹
uel hominem *codices (corr.* b)   30 est *om.* SFE¹   31 quodadmodo FE (*item p.* 406, 3)

dicatur. ñam quod dicitur esse solum sine modo aliquo
ipsius rei substantia pronuntiatur et quaeritur in eo
quodammodo an sit: idcirco esse ponente adfirmatione
dicit negatio non esse. in his autem in quibus modus
5 aliquis est non dicitur aliquid esse, sed cum qualitate
quadam esse, ut esse quidem nec adfirmatio ambigat
nec negatio, de qualitate autem, id est quomodo sit,
tunc inter aliquos dubitatur. atque ideo ponente aliquo,
quoniam Socrates bene loquitur, non ponitur negatio,
10 quoniam bene non loquitur, sed quoniam non bene
loquitur, idcirco quoniam (ut dictum est) non ad esse
vel ad ea verba quae esse continent ⟨nec⟩ propositionem totam conficiunt, sed potius ad modum intenditur
animus audientis, cum adfirmatio aliquid esse pronun-
15 tiat. si igitur haec continent totius propositionis vim,
quod autem propositionis vim continet praedicatur et
secundum id quod praedicatur semper oppositiones
fiunt, recte solis modis vis negationis adponitur. his
autem rationabiliter constitutis illud rursus exsequitur,
20 quod non modo contradictio non est posse esse et posse
non esse, verum etiam huiusmodi propositiones, quae
cum modis positae, negationem tamen habent ad esse
coniunctam, omnino negationes non sunt, sed adfirmationes. possunt enim earum negationes aliae reperiri.
25 ait enim: eius vero quae est possibile non esse
p.435 negatio | est non possibile non esse. in tantum,
inquit, non est ulla contradictio eius quae est posse
esse et eius quae est posse non esse, ut ea quae dicit

1 quando? solum esse T modo *om.* F 2 predi-
catur pronuntiatur T (predicatur *del.* T¹) 12 vel ad *in ras.*
S² nec *ego add.:* om. *codices* (et S², propositionemque T²)
sed transpositione scribere malim sed potius ad ea quae prop.
totam conficiunt 13 non conficiunt S² confiunt T (*corr.*
T¹) constituunt b modos T² 14 cum] quo? quomodo?
15 hoc b continet S (*corr.* S²) b (hic continet? hi continent?)
16. 17 et — praedicatur *om.* T¹ 22 modo sunt b 24 aliae
om. F 28 dicunt T (*corr.* T²)

posse non esse non esse negatio, sed potius adfirmatio
convincatur. adfirmatio autem adfirmationi numquam
contradictorie opponitur. docetur autem esse adfirmatio ea quae dicit posse non esse, quod eius alia quaedam negatio reperitur, ea scilicet quae dicit non posse 5
non esse. simulque illud adiungit: cum sint, inquit,
huius propositionis quae dicit aliquid posse esse duae
quae videantur esse negationes, ea scilicet quae dicit
posse non esse et ea quae proponit non posse esse,
hinc agnoscitur quae harum sit contradictoria contra 10
eam quae dicit posse esse adfirmationem: quae enim
verum falsumque cum ea dividit, ipsa eius potius potest
esse quam ea quae illi consentit. ei autem quae est
posse esse consentit ea quae dicit posse non esse, ut
supra iam docui: ea quae dicit non posse esse si falsa 15
est, vera est ea quae dicit posse esse, haec rursus si
falsa est, vera est illa quae enuntiat non posse esse.
dividunt igitur hae veritatem falsitatemque, quod in
singulis exemplis facillime poterit inveniri. age enim
dicat quis posse me ambulare, ille verum dixerit, si 20
quis vero dicat non posse me ambulare, mentitus est.
rursus si quis dicat posse solem consistere, mentitur,
si quis vero dicat non posse solem consistere, de ipsius
nullus ambigit veritate. dividunt igitur veritatem falsitatemque hae scilicet quae dicunt posse esse et non 25
posse esse, illae vero se sequuntur quae dicunt posse
esse et posse non esse. quae igitur consentiunt, contradictiones non sunt, quae autem veritatem inter se falsitatemque dividunt, ipsas contradictiones magis esse

1 negatio non esse T   3 ponitur T   6 sit SE (corr.
S²E²) om. T   8 quae om. T   uidentur S (corr. S²)
9 alt. posse om. S¹   12 ista? illa?   eius E: esse SF, om. T
13 aut T   15 docuit F   ea autem b   16 sed haec TE²
sed si SFE (sed del. S², transp. E²)   22 mentitur — 23 consistere om. S¹FE¹   23 autem S   dicat om. S   24 nullius
E (corr. E²)   25. 26 non posse] posse non T (corr. T²)   26 sese b

putandum est. quod per hoc ait: quare et sequi sese invicem videbuntur. quae autem propositiones sese sequantur dicit: idem enim possibile est esse et non esse. cur autem sese sequantur monstrat adiciens:

5 non enim contradictiones sibi invicem sunt. si enim contradictiones essent, numquam sese sequerentur. sed quae sint contradictiones declarat dicens: sed possibile esse et non possibile esse numquam simul sunt. cur autem numquam simul sint, non tacuit. ait

10 namque: opponuntur enim. nam idcirco numquam simul sunt et veritatem falsitatemque dividunt, quoniam opponuntur. docet quoque eius propositionis quae dicit posse non esse illam esse negationem quae proponit non posse non esse. ex eadem vi ad proposi-

15 tionem transit. dicit enim: at vero possibile non esse et non possibile non esse numquam simul sunt, per quod ostenditur illam esse adfirmationem, illam vero negationem. universaliter enim quaecumque idem de eodem haec ponit, haec aufert, si illa sit adfirma-

20 tio, illa negatio et nihil aequivocationis aut universalium determinationis inpediat, contradictorie sibimet opponuntur. cetera iam ita ut ait per se expedita sunt, ut longa expositione non egeant, nisi quaedam in eorum ordine permiscenda sunt, quae id quod per

25 se est lucidum clarius monstrent. persequitur enim similiter ceteros modos dicens quae propositiones quarum adfirmationum non sint negationes et quae sint

---

1 sese] esse se E (esse *del.* E²)   3 est *delendum?*
4 sequantur sese T (*transp.* T²)   5 non enim] nam T   *post*
invicem *in marg. add.* E²: huiusmodi possibile est esse et possibile est non esse   6 sese] esse S, se S²   9 quur S   10 nam]
namque T   12 propositiones F   13 *alt.* esse *om.* T¹   14 et
ex S²E² (et eadem via?)   ad hanc b   oppositionem G²T²
(propotionem T)   17 sunt *in ras.* S²   affirmationem esse T
   19 hoc ponit FE (*corr.* F²E²)   21 inpediant SFEG (*corr.*
S²E²)   22 ut T: *om. ceteri*   ait *del.* S²E²   25 est *om.* T¹
   monstret SFEG (*corr.* S²E²G²), per quae — monstretur b

et eas, quas negationes non esse dicit, ut adfirmationes esse demonstret, alias negationes opponit. similiter autem, inquit, et eius propositionis quae est
necessarium esse non est ea negatio quae dicit
necessarium non esse (haec enim adfirmatio est, 5
sicut mox negatione opposita conprobavit), sed potius
ea negatio est eius quae est necessarium esse quae
dicit non necessarium esse. eodem quoque modo
cuncta persequitur dicens: eius vero quae est necessarium non esse, quam supra dixerat non esse 10
oppositam ei quae dicit necessarium esse, illa negatio
est quae proponit non necessarium non esse. quaecumque enim negationem ad esse positam habent, illas
si cum modo sint adfirmationes esse putandas. eius
vero quae est inpossibile esse, non est ea nega 15
tio quae dicit inpossibile non esse (non enim ad
modum habet negativam particulam iunctam), sed potius ea quae dicit non inpossibile esse. hae namque inter se verum falsumque dividunt. illius vero
quae ad esse habet negativam particulam, quam ad 20
firmationem esse manifestum est, id est eius quae
dicit inpossibile non esse, ea negatio est quae dicit non inpossibile non esse. concludit etiam breviter id quod superius demonstravit dicens: | et uni p. 436
versaliter vero (quemadmodum dictum est) esse 25

1 eis S²   ut] in SF (*corr.* S²)   2 demonstrent T
post opponit *hunc Aristot. textum in marg. addit* E²: similiter autem et eius quae est necessarium esse non ea quae est
necessarium non esse sed non necessarium esse; eius autem
(uero E³) quae est necessarium non esse ea quae est non necessarium non esse. et eius quae est inpossibile esse non inpossibile non esse ·(*sic omissis ceteris*). *deinde sequuntur:* et
uniuersaliter — uerum non uerum   4 ea *om.* T   6 sicut b:
si quod SFE, quod S²E²T   9 coniuncta T   11 esse *in
ras.* S²   13 ad non esse SFEG (non *del.* E²G²)   14 *ad
putandas addit:* s. dicit S² (illae — putandae sunt b)   17 habent T   20 habet *om.* T¹   23 possibile T   etiam] autem?
     24 et *in ras.* S²   25 uero Σᵀ: *om. ceteri*

quidem et non esse oportet ponere quemadmodum subiecta, negationem vero et adfirmationem haec facientem ad unum adponere et
has putare oportet esse oppositas dictiones.

5　Universaliter, inquit, dicimus, sicut supra iam dictum est, in his propositionibus quae modos additos
habent esse et non esse subiecta potius fieri, modos
vero praedicari atque ideo ad unum quemlibet modum,
id est secundum unum, fieri debere adfirmationem sem-
10　per et negationem, ut sicut adfirmationem praedicatus
modus continet, ita negativa particula ad modum iuncta
totam contineat negationem. proponit autem eas quas
putat esse oppositas dictiones hoc modo:

Possibile	Non possibile
Contingens	Non contingens
Inpossibile	Non inpossibile
Necessarium	Non necessarium.

Quod autem addidit verum non verum, ad hoc pertinet, ut omnes modos includeret. vere enim modus
20　quidam est, sicut et bene, sicut velociter, sicut laete,
sicut graviter, et quicumque modi sunt, hoc modo facienda est contradictio: verum est, non verum est,
non autem non est verum, velociter ambulare, non
velociter ambulare, sed non illa quae dicit velociter
25　non ambulare. concludenti igitur semper ad modum
iungenda negatio est. illae enim semper sibimet opponuntur, ut supra iam dictum est, quae secundum praedicationes habent negativas particulas iunctas. praedicantur autem in his modi, ut supra iam monstravimus.

---

2 subiecta *om.* Σ¹𝔗¹   3 unum id est (idem Σ, *del.* Σ²)
tantummodo ad modum Σ𝔗   opponere FE   4 opp. dictio-
nes] oppositiones T (*corr.* T²)   dictiones et negationes Σ𝔗
14 Possibile Contradictoriae Non possibile T (*item in tribus
reliquis*)   17 uerum non uerum *add.* S³   19 modos ut
omnes T   20 laeue T, lente T³   22 *pr.* est *om.* S¹   26 illa S
29 modis FE (*corr.* E³)

secundum modos igitur in his negatio posita integram vim contradictionis efficiet.

Expeditis modorum oppositionibus de consequentia propositionum atque consensu habebitur subtilis utilisque tractatus. si igitur possibile esse simpliciter 5 diceretur, simplex et facilis propositionum videretur esse consensus nec quicquam in earum consequentia posset errari: nunc autem quoniam dupliciter dicitur, secundum diversos modos non eaedem propositionum sunt consequentiae. quod autem dico tale est. possi- 10 bilis duae sunt partes: unum quod cum non sit esse potest, alterum quod ideo praedicatur esse possibile, quia iam est quidem. prior pars corruptibilibus et permutabilibus propria est. in mortalibus enim Socrates potest esse cum non fuit, sicut ipsi quoque mortales, 15 qui sunt id quod antea non fuerant. potest enim homo cum non loquitur loqui et cum non ambulat ambulare. ergo haec pars secundum id dicitur quod non quidem iam est, esse tamen potest. illa vero alia pars possibilis quae secundum id dicitur, quod iam 20 est aliquid actu, non potestate, utrisque se naturis adcommodat, et sempiternis scilicet et mortalibus. nam quod in sempiternis est esse possibile est, rursus quod est in mortalibus nec hoc a subsistendi possibilitate discedit, sed tantum differt, quia id quod in aeternis 25 est nullo modo permutatur et semper esse necesse est, illud vero quod in rebus mortalibus invenitur poterit et non esse et ut sit non est necesse. ego namque cum scribo inest mihi scribere, quocirca et scribere

1 modus SFE, modum S² 5 esset F 6 et *om.* T¹
9 aduersos S (*corr.* S²) modos diuersos T 11 cum *om.* E¹
13 prior quidem b 14 mortabilibus G Socrates] quod
est? 15 sicut *om.* F mortalis SFENJ (*corr.* S²E²)
16 fuerat SFENJ (*corr.* S²E²) 17 *alt.* non *om.* T 19 alia
in ras. S² 20 possibilis pars T 21 se] ex SFE (*corr.*
S²E²) 25 differunt E 26 esse *om.* T 28 ergo TE (*corr.* E¹)

mihi possibile est, sed quoniam sum ipse mortalis,
non est haec potestas scribendi necessaria: neque enim
ex necessitate scribo. at vero cum caelo dicimus inesse motum, nulla dubitatio est quin necesse sit cae-
5 lum moveri. in mortalibus igitur rebus cum est aliquid et esse potest et ut sit non est necesse, in sempiternis autem quod est necesse est esse et quia est
esse possibile est. cum igitur principaliter possibilis
duae sint partes: una quae secundum id dicitur quod
10 cum non sit esse tamen potest, altera quae secundum
id praedicatur quod iam est aliquid actu non solum
potestate, huiusmodi possibile quod iam sit actu duas
ex se species profert: unam quae cum sit non est necessaria, alteram quae cum sit illud quoque habet ut
15 eam esse necesse sit. nec hoc solius Aristotelis subtilitas deprehendit, verum Diodorus quoque possibile
ita definit: quod est aut erit. unde Aristoteles id quod
Diodorus ait erit illud possibile putat quod cum non
sit fieri tamen potest, quod autem dixit Diodorus est
20 id possibile Aristoteles interpretatur quod idcirco dicitur esse possibile, quia iam actu est. cuius possi-
p. 437 bilitatis | modi duas partes esse docuimus: unam quam
necessariam dicimus, alteram quam non necessariam
praedicamus. huius autem non necessariae duae rur-
25 sus partes sunt: una quae a potestate pervenit ad
actum, altera quae semper actu fuit, a quando res illa
quae susceptibilis ipsius est fuit. et illa quidem quae
a possibilitate ad actum venit utriusque partis contradictionis susceptibilis est, ut nunc ego qui scribo ex
30 potestate ad actum veni et agens possum scribere.

5 est *om.* F   10 non *om.* S¹F   17 autem F   erit S²:
non est SFE, non erit est T (non est erit T²)   18 erit] non
est E²   20 iccirco F   22 modi *om.* T   24 non *om.* S¹
FE¹G¹   25 sunt partes F   26 a quando SNE: quando
FTG² aliquando GE² (*item p.* 413, 11)   27 suptibilis S (*corr.*
S²)   29 ergo S (*corr.* S²)

ante enim quam scriberem erat mihi scribendi potentia, sed ex potestate scribendi veni ad actum scribendi.
quare utraque mihi conveniunt et non scribere et scribere. possum enim et non scribere, possum et scribere, quae est quodammodo contradictio. atque ideo 5
quaecumque ex potestate ad actum venerunt, ea et
facere possum et non facere et esse et non esse, ut
qui loquitur, quia antea potuit loqui quam loqueretur
et nunc ideo potest loqui quia loquitur, et potest loqui
et potest non loqui. alia vero quae numquam ante 10
potestate fuit, sed semper actu, a quando res ipsa fuit
quae aliquid potestate esse diceretur, ad unam rem
tantum apta est, ut ignis numquam fuit potestate calidus, ut postea actu calidus sentiretur, nec nix anté
frigida potestate, post actu, sed a quando fuit ignis 15
actu calidus fuit, a quando nix actu frigida. quocirca
hae potentiae non sunt aptae ad utraque. neque enim
ignis frigus incutere nec nix calidum quicquam possit
efficere. quare facienda a principio huiusmodi divisio:
possibilis alia pars est quae cum non sit esse tamen 20
potest, alia vero quae actu est et ideo possibilis dicitur. si enim non posset, nec esset omnino. huius
autem possibilitatis quae secundum illum dicitur modum, quod iam est actu, duae partes sunt: una secundum id quod ex necessitate esse dicimus, altera se- 25
cundum id quod cum sit non tamen esse ex necessitate

aliquid arbitramur. huius autem non necessariae possibilitatis duae sunt aliae partes: una quae quoniam ex potestate ad actum venit et esse et non esse recipiet facultatem, altera quae quia numquam actum habere
5 destitit, a quando fuit id quod dicitur ei esse possibile, ad unam tantum partem apta est atque possibilis, eam scilicet quam actus semper exercuit, ut igni calor vel nivi frigus vel adamanti durities vel aquae liquor. sed nullus arbitretur ex necessariae possibilitatis specie
10 esse id quod dicimus numquam potestate fuisse actus quosdam in quibusdam rebus, ut igni calorem. ipse enim ignis exstingui potest. in illis autem quae necessaria sunt non modo qualitas a subiecta re discedere numquam debet, quod videtur etiam in igni, a
15 quo sua caloris qualitas non recedit, sed etiam illud quod subiecta illa substantia inmortalis esse videatur, quod igni non accidit. solem enim et cetera mundi huius corpora quae superna sunt et caelestia inmortalia Peripatetica disciplina putat atque ideo consen-
20 tienter sibi dicit solem necessario moveri, quod non modo a sole motus ille numquam recedit, sed ne sol ipse esse quidem desinet. his igitur praedictis id ad quod haec praemissa sunt id est consequentia propositionum diligentius exsequenda est.
25   **13.** Et consequentiae vero secundum ordinem fiunt ita ponentibus: illi enim quae est possibile esse illa quae est contingere esse, et hoc illi convertitur, et non inpossibile esse

1 aliquod T, *delendum?*   non *om.* T¹   1. 2 potestatis SF, possibilitas T (*corr.* T²)   3 recipit S²F, *om.* T¹   5 a quando SE: aliquando FGNE², quando G²T   6 atque *om.* T   7 actu b   8 duries S, duricies S²   15 sui T   redit T (*corr.* T²)   17 accedit SF, accedet E, accidet S²   18 corpura S (*corr.* S²)   20 dicet SFE, docet b   21 illie T reccedit T   22 quidem esse?   desinit? (net *in ras.* S) 25 et ΣΤ: *om. ceteri*   27 est *om.* ΣΤ¹   contingit ΣΤ 28 conuertit ΣΤ¹   et ΣΤ: et ea quae est *ceteri*

et non necessarium esse; illi vero quae est possibile non esse et contingere non esse ea quae
est non necessarium non esse et non inpossibile non esse; illi vero quae est non possibile
esse et non contingens esse illa quae est ne-   5
cessarium non esse et inpossibile esse; illi vero
quae est non possibile non esse et non contingens non esse illa quae est necesse esse et inpossibile non esse. consideretur autem ex subscriptione quemadmodum dicimus.   10

Haec Aristoteles consentienter his quae nos supra
praemisimus addidit de consequentia propositionum.
quae etsi manifesta sunt acute perspicientibus, tamen
ne nos nihil | huic quoque loco addidisse videamur p. 438
brevissima ea expositione percurrimus. primum voluit 15
demonstrare, quoniam quaecumque de possibili dicerentur eadem etiam de contingenti dici veracissime
possint atque ideo ait illi quae est possibile esse
consequentem esse illam quae dicit aliquid contingere.
et ne in his aliquid discrepans videretur, adiecit di- 20
cens et hoc illi convertitur, ut intellegeremus quod
esset possibile hoc contingere et quod contingeret illud
esse possibile. quare quae sibi convertuntur, ea aequalia sunt atque eadem. quicquid igitur in possibili dici
potest, idem in contingenti praedicatur. haec ergo, 25
id est possibile atque contingens, sequi dixit illas propositiones quae dicerent non inpossibile esse et eas
quae necessarium negant id est non necesse esse ali-

1 et *om.* ΣΤ   1. 2 et possibile ΣΤ (et *del.* Τ²)   3. 4
possibile SFE (*corr.* S²E²)   8 necessae T (*corr.* T²)   9 consideretur b: consideratur SFE, considerentur TΣΤ, considera-
tor (= θεωρείσθω)?   9. 10 suscriptione S (*corr.* S²)   10 quae
admodum E   13 quod *codices* (*corr.* E²)   14 loco *in ras.* S
     15 uoluit *om.* T¹   16 possibile SE   18 possunt b,
possent?   19 aliquid] illiquid SFEG (*corr.* S²E²G²)
22 contingere SFE   23 esset *codices* (*corr.* b)   26. 27 illam
propositionem quae diceret b   27. 28 eam — negat b

quid praedicant. ait enim: illi enim quae est possibile esse illa quae est contingere esse, et hoc
illi convertitur, et ea quae est non inpossibile
esse et non necessarium esse, tamquam si hoc
5 diceret: et possibile est sequitur contingentia et haec
utraque sibi convertuntur, sed has sequitur non inpossibile esse et non necessarium esse. hoc quam
recte dictum sit neminem latet. nam quod est possibile esse atque esse contingit, ut sit inpossibile non
10 est. nam si esset inpossibile, non diceretur posse esse,
quod ut non esset ratio inpossibilitatis adstringeret.
ergo id quod potest esse non est inpossibile esse. similiter non est necesse esse id quod posse esse dicitur. hoc autem idcirco evenit, quia id quod possibile
15 praedicamus ad utramque partem facile vertitur. nam
et ut sit fieri potest et ut non sit. at vero necessitas et inpossibilitas in alterutra parte constringitur.
nam quod inpossibile est esse numquam potest. porro
autem quod necesse est non esse numquam potest.
20 ergo id quod negamus inpossibile esse consentire facimus possibilitati. id autem quod negamus necessarium rursus eidem naturae vim possibilitatis adiungimus [ut sit hoc modo dicendum] et ut verius loquamur,
ita dicendum est: quod possibile est et esse poterit
25 et non esse, rursus quod inpossibile est esse non potest,
quod necesse est non esse non potest. ergo si inpossibilem enuntiationem negationis adiectione frangamus
dicentes non inpossibile esse, illi partem possibilitatis

1 praedicant *ego*: praedicare *codices* (praedicarent?)   aliquid praedicare *om.* b   3 conuertit F   5 *pr. et delendum?*
esse b   6 utreq; T (hae utraeque?)   conuertunt F   9 atque *ego*: idque *codices* (quodque?)   et ut S²   10 est] esse
FEG (*corr.* G²)   posse] possibile F   11 non *om.* T¹
possibilitatis S (*corr.* S²)   adstringet S (*corr.* S²)   14 autem
om. T¹   16 *pr. et om.* T¹   18 est esse esse E   23 ut — dicendum *uncis inclusi*   loquamur *om.* T¹   28 dicentis E
(*corr.* E²)   parem T, parti?

adiungimus in qua esse posse aliquid dicitur, sin vero
necessariae propositionis rigorem negatione minuamus
dicentes non necesse esse, illud evenit ut ad eam partem necessariam propositionem adplicemus, quae in
possibilitate est, ut possit non esse. quare possibili- 5
tatem sequitur non esse inpossibile, idcirco quia quod
possibile est fieri potest. eandem rursus possibilitatem
sequitur propositio quae dicit non necesse esse, idcirco
quia quod possibile est poterit et non esse. aliter
idem dicimus: quod possibile est non est verum di- 10
cere, quoniam inpossibile est, quia fieri potest. rursus
quod possibile est non est verum dicere, quoniam necesse est esse. potest enim quod possibile est esse
idem non esse. quare si de possibilitate inpossibilitas et necessitas recte dici non potest, eorum nega- 15
tiones possibilitati consentient, quae sunt non inpossibile esse et non necessarium esse. sed meminisse
debemus eandem semper in omnibus de contingenti
et de possibili esse rationem, de eo scilicet possibili
quod cum adhuc non sit poterit tamen esse aut non 20
esse. aliam rursus consequentiam dicit hoc modo:
illi vero quae est possibile non esse et contingere non esse ea quae est non necessarium
non esse et non inpossibile non esse. propter
eandem causam has quoque esse consequentias dixit. 25
illi enim quae est possibile non esse et ei quae est contingere non esse illam consentire ait quae dicat non
necesse esse non esse et non inpossibile esse non esse.
hoc autem ideo quia quod potest non esse potest et
esse et rursus quod contingit non esse contingit et esse. 30

7 poterit b   11 quia] qua E (*corr.* E²)   13 *alt.* est *om.* S¹
15 earum?   16 consentiunt T (*corr.* T²)   17 necesse T
19 possibile (*prius*) SE (*corr.* E²)   22 quod *codices* (*corr.* b)
et *om.* SFE¹   24 non (*post* et) *om.* T¹   25 hanc quoque
consequentiam dicit b   consequentes?   27 consentirent T
(*corr.* T²)   dicit T   29 autem *om.* T   30 *alt.* et *om.* SFE

Boetii commant. II.   27

at vero quod necesse est non esse illud non potest
esse, quod autem inpossibile est non esse illud non
esse non poterit. quare a possibili utraeque discrepant. nam quia possibilitas posse esse aliquid pro-
5 mittit, contrarium sentit ea quae dicit necesse esse
non esse. rursus quia possibilitas habet in se vim,
ut id quod potest esse possit et non esse, dissentit
ab ea multumque discrepat quae dicit inpossibile esse
non esse. quod si propositio quae praedicat necesse
10 esse non esse et rursus quae dicit inpossibile esse
non esse a possibilitate dissentiunt, recte nimirum
harum negationes possibilitati consentire creduntur.
possibiles autem propositiones voco huiusmodi quae
p. 439 vel in adfirmatione | vel in negatione possibilitatem
15 aliquam monstrant altera parte non interclusa, ut quae
dicit possibile esse aliquid esse ab hac non interclu-
ditur ea per quam dici poterit possibile esse non esse
vel si quis dicat possibile aliquid non esse, ab hac
rursus non interclusum est, ut esse possit. atque ideo
20 adfirmationem quae praedicat posse esse possibilem
voco nec minus eam quae dicit aliquid posse non esse.
et in istis propositionibus quas Aristoteles ponit, in
quibus dicit possibile non esse, non videatur ita dicere
tamquam si hoc modo pronuntiet, ut velit intendere
25 aliquid inpossibile esse cum dicit possibile non esse.
ita enim hanc propositionem dicit non quo possibilitatem illam auferat, sed quo dicat possibile esse aliquid ut non sit. subaudiendum enim est adiungen-
dumque ad possibile verbum quod est esse, ut cum

4 nam quia S²: namq; *codices*   possibilitati quae E²
5 sunt T   ea *om.* T¹   9 si *om.* S¹   11 non esse *bis ponunt* FE (*alt. del.* E²)   12 possibiliti T   13 possibilis autem
propositionis loco (loca G²T) *codices: corr.* S²   15 monstramus SF (*corr.* S²)   interclusa sunt G²T   16. 17 tercludi-
tur T (in *add.* T²)   19 inclusum S (*corr.* S²)   20 adfirmationem G²TE²: negationem *ceteri*, propositionem S²   21 posse
om. T¹   25 non *om.* E¹   28 enim *om.* T¹

ille dicit possibile non esse nos intellegamus possibile
esse non esse, id est possibile esse ut non sit. tertiam
consequentiam ponit hanc in qua consentire dicit illi
quae est non possibile esse et non contingens
esse illam quae dicit necessarium non esse et in- 5
possibile esse. hoc ita planum est ut expositione
non egeat. quod enim non possibile est hoc fieri non
potest, quod fieri non potest necesse est ut non sit,
quod autem necesse est ut non sit ut sit inpossibile
est. recte igitur dicitur eam propositionem quae dicit 10
aliquid non posse esse et eam quae dicit non contingere esse consequi illas quae esse cum necesse est negant et quae inpossibilitatem adfirmant [non est contingens scilicet esse et non necessarium esse]. reliquam
consequentiam, in qua eas propositiones quae dicerent 15
non possibile esse aliquid non esse et non contingere non esse illas quae proponerent necesse
esse et inpossibile non esse, neque ullam habet
obscuritatem. nam quod non est possibile ut non sit
hoc inpossibile est ut non sit. id quod enim dicimus 20
inpossibile esse idem valet tamquam si dicamus non
possibile esse. quod enim facit negatio in ea interpretatione in qua dicimus non possibile, idem facit
privatio in ea in qua dicimus inpossibile. quod autem
inpossibile est non esse late patet, quia necesse est 25
esse. ergo et quod non est possibile ut non sit manifestum est quoniam esse necesse est. idem quoque

2 *alt.* non *om.* T¹   4 possibilitatem T   contingere T
(*corr.* T²)   5 necessario *codices* (*corr.* b)   6 ut — 8 *alt.*
potest *om.* T¹   7 indigeat T   non possib.] inpossibile T
8 quod — potest *om.* S¹   9 ut sit *om.* E   10 dixit T
(*corr.* T²)   12. 13 quae necesse esse negant E²   13 negat
— adfirmat?   13. 14 non — esse, *inepti additamentum, uncis
inclusi*   non est contingens] impossibile S²G²T   14 non
necess.] necessarium non S²G²TE²   14. 15 reliqua consequentia?   s. ponit E²   17 illis b   18 consentire dicit neque b
20 enim quod E²   24 *alt.* in *om.* F   25 paret T (*corr.* T²)

et de contingenti dicendum est. describit autem eas
hoc modo, ut non solum mente et ratione capiantur,
verum etiam subiectae oculis faciliores intellectu sint.
nos autem, ut sit lucidior explanatio, de his duos
5 facimus ordines. et in primo quidem eas proposuimus quae praecedunt, in secundo vero eas quae sequuntur, ut sit multa facultas vel per se earum rationes non intellegentibus, ad descriptionem tamen respi-
cientibus, quae quam sequatur agnoscere.

Praecedentes	Sequentes
10	
Possibile esse	Non inpossibile esse
Contingens esse	Non necesse esse

Praecedentes	Sequentes
Possibile non esse	Non necessarium non esse
15 Contingens non esse	Non inpossibile non esse

Praecedentes	Sequentes
Non possibile esse	Necessarium non esse
Non contingens esse	Inpossibile esse

Praecedentes	Sequentes
20 Non possibile non esse	Necesse esse
Non contingens non esse	Inpossibile non esse.

Hac igitur descriptione facta, quid Aristoteles communiter de propositionibus universaliterque tractaverit,
nulli sollertius intuenti videtur ambiguum. cetera vero
25 quae singillatim de eorum consequentiis disputavit,
quoniam defetigari lectores nolumus, sextum volumen
expediet.

3 facilior intellectus sit *codices* (*ego corr.*)   4. 5 facimus
duos T (*transp.* T²)   5 fecimus?   7 ut *om.* S¹   10—21
inter binas praecedentes et sequentes in medio addit Consequentes T   22 quod T   24 sollertius *et* ambiguū S, *sed* soll
et uū *in ras.*   25 earum?   26 defatigari F E   noluinus (*sic*) S

LIBER SEXTUS.

| Sextus hic liber longae commentationi terminum p. **440**
ponit, quae quodam magno labore constiterit ac temporis mora. nam et plurimorum sunt in unum coa-
cervatae sententiae et duorum ferme annorum spatium 5
continuo commentandi sudore consumpsimus. neque
ego arbitror quibusdam sinistre interpretantibus glo-
riose factum videri, ut quod dici breviter posset id
nos ostentatione doctrinae non ad lectorum scientiam
potius quam prolixitate ad fastidium tenderemus. qui- 10
bus responsum velim non haec tam mendaciter esse
sensuros, si prioris commenti perlegerent brevitatem.
nam neque brevius explicari potuit angustissimorum
obscuritas inpedita sermonum et quam multa ad plenam libri huius intellegentiam desint agnoscitur. quid 15
autem utrumque opus legentibus utilitatis exhibeat,
hinc facillime mihi videtur posse perpendi, quod cum
hanc secundam editionem in manus quisquam primum
sumpserit rerum ipsarum spatiosa varietate confundi-
tur, ut qui in maioribus intendere mentem nequit edi- 20
tionis primae brevitatem simplicitatemque desideret.

1 EXPLICIT LIBER · V · INCIPIT LIBER · VI · S EXPLICIT LIBER
QVINTVS · INCIPIT LIBER SEXTVS · T EXPLICIT LIBER · V · INCIPIT · VI · G
ANICII · MANLII · SEVERINI · BOETII · V̄ · C̄L · ET ILL̄ · EXC̄S · ŌRD · ATQ ·
PATRICII · AEDITIONIS S̄CDAE IN PERIERMENIAS ARISTLS LIB · QVINTVS
EXPL̄ · INCIPIT EIVSDEM LIBER SEXTVS ∶· J S̄ECDAE EDITIOÑ · EXPOSIT ·
IN ARIS̄T · PERIHERM̄ · INCIPIT LĪB · SEXTVS.,. E *subscr. om.* F
    2 longae *om.* F   3 quae quodam G²T: quod namque? S,
quodamque (*vel* quodam quae) S² *et ceteri*, et quod F²   quó-
dam *delendum?*   4 mora expediet F²   6 commentati E
(*corr.* E²)   7 enim ego T   11 tamen T   12 perlege-
rint E²   15 desit FT (*corr.* F²T¹)   agnoscit SFEJ (*corr.*
S²) agnoscent b   16 exibeat F (*corr.* F²)   17 perpendere
codices (*corr.* S²)   videntur posse perpendere?   18 quispiam? primum *om.* F   19 spatiosa E²: spacium SF, spatium E; *om.* T, fortasse F² (spatio et? *an delendum, ut ex
dittographia vocabuli* ipsarum *natum?*)   20 in *om.* T¹, *del.* E²
maiorem T   21 simplicitemq; T   desiderat *codices* (*corr.* S²E²)

quod si quis ad prioris editionis duos libros lector
accesserit, sumpsisse sibi ad scientiam quiddam fortasse
videbitur, sed cum postremo hanc secundam cognoverit
editionem, quam multa in prima ignorarit agnoscit.
5 nec homines a legendo longum opus labore deterreat,
cum nos non inpedierit ad scribendum. sed ne ipsum
quoque prooemium tendi longius videatur, ad Aristotelis
seriem et ad ea quae de consequentia propositionum
diligenter exsequitur revertamur. ea quae communiter
10 universaliterque de propositionibus omnibus et de earum ad se invicem consequentiis speculanda fuerant in
superiori propositionum ipsarum descriptione disposuit,
nunc vero quae singillatim singulis accidunt diligentissimo tractatu persequitur. ait enim ita:
15   Ergo inpossibile et non inpossibile illud
quod est contingens et possibile et non contingens et non possibile sequitur quidem contradictorie, sed conversim; illud enim quod est
possibile esse negatio inpossibilis, negatio-
20 nem vero adfirmatio; illud enim quod est non
possibile esse illud quod est inpossibile esse;
adfirmatio enim est inpossibile esse, non inpossibile vero negatio.
    Consequentia propositionum (ut superior descriptio
25 docet) secundum possibile et necessarium facta est.
quam rem illa quoque secuta est, ut et de contin-

1 ad prioris *om.* T¹   2 sumpsissime S (*corr.* S²)   3 ui-
bitur T (*corr.* T¹)   4 ignoraret *codices* (*ego corr.*)   agnoscet?
5 labor?   7 prohemium SFTE², prohymium E, proemium
S²T²   protendi F²   8 oppositionum *codices* (*corr.* F²)
9 exequi S (*corr.* S²)   ea]et?   13 accedunt SFE (*corr.* E²)   15 *alt.*
inposs.] possibile Σ (*corr.* Σ²)   16 *prius* et *om.* S¹   18 illi
Σ (*corr.* Σ²)   est non S (non *del.* S²)   19 negatio —
21 *pr.* esse *om.* Σ¹   negatio inpossibilis] illud quod est non
inpossibile esse ΣΤ (*corr.* Τ²)   20 illi ΣΤ   enim *om.* Τ
22 esse *om.* ΣΤ   22. 23 possibile S²Σ²Τ   26 et de *ego:*
ex *codices*

gentibus et inpossibilibus propositionibus consequentiisque diceretur. nam cum contingens recto modo
possibili consentiat, inpossibile converso ordine necessarium est, ut paulo post docebimus. speculatur ergo
de possibili contingenti et inpossibili, quemadmodum 5
ad se invicem vel quas habeant consequentias idque
constituit hoc modo dicens: inpossibile et non inpossibile sequuntur quidem possibile et non possibile contradictorie quidem, sed conversim. hoc autem huiusmodi est: scimus adfirmationem privatoriam esse eam 10
quae dicit inpossibile esse, huius vero negationem non
inpossibile esse, rursus adfirmationem possibilem eam
quae dicit possibile esse, huius negationem quae proponit non possibile esse. sequitur ergo adfirmationem
possibilem negatio inpossibilitatis. nam | quod possi- p. 441
bile est idem est non inpossibile. alioquin si ea quae 16
dicit non inpossibile est non sequitur possibilitatem,
sequitur eius adfirmatio, id est inpossibile esse. erit
ergo quod possibile est inpossibile, quod fieri non
potest. quod si inpossibilitas possibilitatem non se- 20
quitur, non inpossibile esse sequitur possibilitatem. at
vero negationem possibilitatis sequitur adfirmatio inpossibilitatis. nam quod non possibile est inpossibile
est. eandem enim vim optinet negatio in propositionibus quam etiam privatio. et de contingenti eodem 25
modo. nam quod contingens est illud est non inpossibile. nam si contingens et possibile se sequuntur, possibile vero et non inpossibile consentiunt, contingens et
non inpossibile idem designant. rursus non contingens

  1 et consequentiisque S E (et del. S², que del. E²) et in
consequentiis T (in del. T²)   3 inp.] inpossibili T   4 speculator
T (corr. T²)   5 et contingenti F²   6 id quod T (corr. T²)
8 alt. possibile om. S¹   11 vero] ergo S   17 esse b   18 adfirmatio G²T: negatio ceteri   19 non om. T¹   22 negatio
T (corr. T²)   negationem sequitur T (negationem del. T²)
22. 23 possibilitatis T (corr. T¹)   24 est om. T¹   25 de om. T¹
    28 cont. etiam et b

et inpossibile idem videri poterit perspicienti, quod non
contingens quidem et non possibile idem sentiunt. sed
non possibile inpossibilitati consentit. quocirca et non
contingens quoque inpossibile aliquid esse denuntiat.
5 fit ergo ut adfirmatio inpossibilitatis contradictionem
possibilitatis sequatur, sed non ut adfirmatio adfirmationem, nec ut negatio negationem, sed conversim, id
est ut adfirmatio negationi, negatio vero adfirmationi
consentiat. adfirmationem namque quae est possibile
10 esse sequitur negatio inpossibilis quae dicit non inpossibile esse, negationem vero possibilitatis quae est
non possibile esse sequitur inpossibilitatis adfirmatio
quae proponit inpossibile esse. idem quoque et de
contingenti dicendum est. adfirmationem namque con-
15 tingentis sequitur negatio inpossibilitatis, negationem
vero contingentis sequitur adfirmatio inpossibilitatis.
omnino enim quicquid de possibilitate proponitur idem
de contingentibus iudicatur. disponantur ergo hoc modo: primum quidem adfirmatio inpossibilis, contra eam
20 negatio inpossibilis, et sub adfirmatione inpossibili ponantur ex contingentibus et possibilibus, quas ipsa
sequitur inpossibilitas, sub negatione vero inpossibilitatis illae possibilis et contingentis propositiones, quibus ipsa inpossibilitatis negatio consentit, hoc modo:

25 **Adfirmatio** **Contradictio** **Negatio**

Inpossibile esse   Non   inpossibile
  esse

---

2 consentiunt T, sentiunt *in ras.* S   5 adfirmatio] contradictio? *an* adf. et negatio?   5 inpossibilitatis — 6 adfirmatio *om.* S¹   6 ut *om.* S   7 nec non ut F   conuertim T
(*corr.* T¹)   9 est /////////// possibile E   10 impossibilitatis b
11 non esse F (non *del.* F²)   18 disponatur T   20. 21 ponatur *codices* (*corr.* F²T²)   21 contingenti et possibili?   negationes quas F², propositiones quas T   24 hoc modo *om.* S
  25—p. 425, 5 *descriptio in ras. in* S E   *dextra et sinistra*
titulum Consequentes *addit* T   25 contradictoriae FT (*item*
p. 425, 3)

Negatio	Contradictio	Adfirmatio
Non possibile esse		Possibile esse
Negatio	Contradictio	Adfirmatio
Non contingens esse		Contingens esse.

5

Patet ergo ut contradictiones quidem aliis contradictionibus consentiant. qua in re illud quoque manifestum est, quod adfirmationes negationibus, negationes vero adfirmationibus consentiunt. sensus ergo totus talis est, sermonum vero ratio haec est: in- 10 possibile, inquit, et non inpossibile scilicet quod est contradictio duas contradictiones id est illud quod est contingens et possibile et non contingens et non possibile sequitur quidem contradictorie (nam una contradictio inpossibilis duas sequitur 15 contradictiones, id est contingens et non contingens, possibile et non possibile), sed quamquam contradictionem sequatur alia contradictio, conversim tamen sibi consentiunt. nam quod est possibile esse sequitur negatio inpossibilis, ut superior descriptio do- 20 cet, negationem vero possibilis adfirmatio scilicet inpossibilis. nam quod est non possibile consentit ei quod est inpossibile. est autem adfirmatio inpossibilis ea quae dicit inpossibile esse. et quamquam involuta sit sermonum ratio, tamen si quis secundum superio- 25 rem expositionem ad ipsius Aristotelis sermones su-

6 quidem *om.* S¹   aliquis T   10 est *om.* F   haec *om.* T   12 illud *om.* F   13 inpossibile FE (in *del.* E², non possibile F²)   15 inpossibilis et non inpossibilis E² sequitur *om.* T¹   16 contingens et *om.* T   17 *pr.* possibile *om.* T   *post* non possibile *addit* T: altera contradictio non inpossibile item sequitur duas contradictiones id est possibile et contingens   20 seperior T (*corr.* T¹)   21 possibili F (*corr.* F²)   23 autem] enim?   24 *addendum videtur*: negatio vero ea quae est non inpossibile esse

periores redeat et quod illis deest ex nostra expositione conpenset, sensus planissimus a ratione non deviat.

Necessarium vero quemadmodum, conside-5 randum est. manifestum quoniam non eodem modo, sed contrariae sequuntur, contradictoriae autem extra. non enim est negatio eius, quod est necesse non esse, non necesse esse, contingit enim veras esse in eodem utrasque; 10 quod enim est necessarium non esse, non est necessarium esse.

Inpossibilis atque possibilis dudum conparatione p.442 didicimus, quod adfirmationem possibilem | inpossibilis negatio sequeretur, rursus negationi possibilis inpossi-15 bilis adfirmatio consentiret. quaerens ergo nunc, quemadmodum possibilium et necessariarum propositionum fiat consequentia, dicit non eodem modo in his evenire quemadmodum in illis evenit quae ex possibilis et inpossibilis conparationibus nascebantur. in illis enim 20 contradictiones oppositae contradictiones rursus oppositas sequebantur, ut adfirmationem negatio, negationem adfirmatio sequeretur. in his autem hoc est in necessariis et possibilibus non eodem modo est, sed contrariae quidem sequuntur, contradictoriae vero et 25 oppositae extra sunt et non sequuntur. et prius quidem quae sint contrariae, quae contradictoriae disponamus. propositionis enim quae dicit necesse esse ea quae proponit non necesse esse contradictoria est, ea

---

4 quemadmodum sit F E²   5 manifestum est *codices* (*cf.* *vol. I p. 184, 19*)   6 contrariae 𝔗: contrariae quidem *ceteri* 7 extra sunt F E²   9 easdem FE (*corr.* E²)   10 *alt.* est] esse 𝔗   12 conparationem *codices* (*corr.* E²)   15 adf.] negatio T (*corr.* T²)   17 consequentiae S F (*corr.* S²) fiant consequentiae b   23 possibilis F (*corr.* F¹)   24 contradictione T (*corr.* T¹)   25 appositae E (*corr.* E²)   24. 25 contradictorie vero oppositae?   26 sunt T

vero quae dicit necesse esse non esse contraria: ut si
quis dicat solem necesse esse moveri, huic est opposita contradictorie solem non necesse esse moveri, contraria vero solem necesse esse non moveri. possibilem
igitur propositionem sequitur contradictio necessarii, 5
contradictionem vero possibilis non sequitur necessitas (quod eveniret si in his sese oppositae sequerentur) sed potius ea quae est contraria necessitati. age
enim propositioni quae dicit possibile esse videamus
quae ex necessariis consentiat. illa quidem quae dicit 10
necesse esse non ei poterit consentire. quod enim possibile est esse potest et non esse, quod autem esse necesse est non esse non poterit. ergo si possibilitatem
necessitas non sequitur, sequitur eam necessitatis contradictio. non sequitur ergo propositionem eam quae 15
dicit possibile esse ea scilicet quae proponit necesse
esse: sequitur ergo propositionem possibilem contradictio necessitatis quae proponit non necesse esse. sed
contradictioni possibilis necessitas non consentit. neque enim dicere possumus, quoniam eam propositionem 20
quae dicit non possibile esse sequatur ea quae proponit necesse esse, sed potius contraria necessariae illa
quae dicit necesse esse non esse. nam cum non possibile est, necesse est non esse. disponantur enim hae
scilicet quae se sequuntur et sub his necessaria et quae 25
sit contradictio, quae contrarietas adscribatur.

2 esse] est T   5 necessaria E (corr. E²)   6. 7 necessitas sequitur T (transp. T²)   7 sese] esse SFE (corr. S²,
non necesse esse et necesse esse E²)   9 propositioni ego:
oppositioni codices (appositioni E, corr. E¹, oppositionis T²)
    10 consentiat ego: consentiunt SFE, consentiant T
quidem om. S¹   16 scilicet om. T   proponit] dicit T   non
necesse F (non del. F²)   24 est esse T   haec SFEG (corr.
S²E²) haee T   25 quae se] quas E²   necessaria ego: necessariae codices

Possibile   Non possibile
Non necesse esse   Necesse esse non esse

Necesse esse.

5   Nulli ergo dubium est quin adfirmationem possibilis
sequatur necessarii negatio, negationem vero possibilis
necessarium non sequatur, sed potius contrarietas necessarii. nam cum possibile esse sequatur contradictio
necessitatis, quod est non necesse est, contradictionem
10   possibilis quae dicit non possibile esse non sequitur
necessitas ipsa, sed potius contraria ea scilicet quae
proponit necesse esse non esse. sensus ergo huiusmodi est, talis vero est ordo sermonum: **necessarium
vero, inquit, quemadmodum id est quas habeat
15   consequentias, considerandum est.** primo quidem
definit dicens: **manifestum est quoniam non eodem modo, quo loco** subaudiendum est: **quemadmodum in his quae sunt possibiles et inpossibiles, sed
contrariae sequuntur, contradictoriae vero ex-
20   tra sunt et non sequuntur.** namque contradictionem
possibilis necessarii non contradictio, sed (ut supra
docuimus) contrarietas sequebatur. non enim contradictio contradictioni in hac necessarii consequentia
p. 443   consentiebat. sequebatur | namque possibilitatem illud
25   quod est non necessarium, non possibile autem seque-

1 possibile esse (*bis*) b   *in medio* Contradictio *add.* T
3 contradictoriae b   contrarietas E²: contrariae *ceteri*   3 *d*
4 *om.* S¹   1—4 *dextra et sinistra* Consequentes *add.* T
9 quae b   *alt.* est] esse E²   13 ordo est F E   14 quemadmodum sit S²E²   15 quid S G (*corr.* S²) quod G²T E, que E¹
18 in *om.* S F E   21 necessarii G²T: contrarii *ceteri* (contrario S) *del.* S²E²   23 necessaria T   25 *pr.* non *om.* T¹

batur ea propositio quae diceret necesse esse non esse,
non autem necesse esse. sed rursus necesse esse non
esse et non necesse esse non sunt contradictiones, sed
non necesse esse quidem negatio necessarii est, illa
vero quae dicit necesse esse non esse contraria neces- 5
sarii. contra se autem non sunt contradictoriae. possunt enim in uno eodemque simul inveniri. quod per
hoc ait quod dixit: contingit enim veras esse in
eodem utrasque. nam quod est necessarium non
esse, non est necessarium esse, ut quoniam ne- 10
cesse est hominem quadrupedem non esse, non necesse
est esse hominem quadrupedem. nam si hoc falsum
est, necesse erit hominem esse quadrupedem, cum necesse sit non esse. quocirca manifestum est, quoniam
simul aliquando inveniri possunt non necesse esse et 15
rursus necesse esse non esse propositiones. quae cum
ita sint, contradictiones non sunt. causam vero reddens
cur, cum secundum possibilis ⟨et inpossibilis⟩ conparationem ad contradictiones sit reddita consequentia,
non eodem modo in necessariis potuerit evenire, sic dicit: 20

Causa autem cur non consequatur similiter
ceteris, quoniam contrarie inpossibile necessario redditur idem valens. nam si inpossibile est esse, necesse est hoc, non esse, sed
non esse; si vero inpossibile non esse, hoc 25
necessarium est esse. quare si illa similiter

1 dicit b   2 non autem non *codices* (*corr.* S²E²)   5 *pr.*
esse *om.* S   7 simul *om.* T¹   8 contigit E   16 cum] non
S²   17 ita sint G²T: *om. ceteri* (contrarie sunt E²)   non
add. G²E²: *om. codices*   18 circum E (*corr.* E²)   et inpossibilis *ego add.: om. codices*   18. 19 conparationem] contradictionem S   19 contradictionis F   20 notuerit F   21 autem
ΣΧ: autem est Χ² *et ceteri*   sequatur ΣΧ, consequantur E²
24 non necesse Χ   haec ΣΧ (*corr.* Χ²)   non ΣΧ: non
quidem *ceteri* (*cf. infra*)   sed *ego*: sed potius *codices* (*cf. infra*) sed non esse *om.* ΣΧ   25 sin E²   inpossibile est T

possibile et non, haec e contrario: nam idem
significat necessarium et inpossibile, sed
(quemadmodum dictum est) contrarie.

Causa est, inquit, cur consequentia in necessariis
5 ita reddatur, quod necessarium semper inpossibili contraria ratione consentit. nam quod inpossibile est esse
hoc necesse est non esse, et rursus quod necesse est
esse hoc inpossibile est non esse. fit igitur contrarietas quaedam. nam cum inpossibilitas esse habet, ne-
10 cessitas non esse, et cum necessitas esse, inpossibilitas
non esse. ergo idem valet inpossibilitas et necessitas
non eodem modo reddita, sed si necessitas secundum
esse, inpossibilitas secundum non esse, et si inpossibilitas secundum esse, secundum non esse necessitas.
15 quare idcirco evenit ista contrario modo consensio.
nam ubi est inpossibile esse, ibi est necesse non esse,
sed inpossibile esse et non possibile esse consentiunt:
igitur non possibile esse et necesse non esse consentiunt. nulli ergo dubium est idcirco necesse esse non
20 esse sequi possibilis negationem, quoniam inpossibilitas quae sequitur possibilis negationem consentit ei
quae dicit necesse non esse. hoc autem ideo quia inpossibilitas et necessitas idem valent (ut dixi) si contrarie proponantur. quare quod dicitur hoc modo est:
25 causa autem est, inquit, cur non consequatur
similiter ceteris, id est quae secundum possibile et
inpossibile factae sunt, quoniam contrarie inpossibile necessario redditur idem valens, id est con-

1 possibili? (= τῷ δυνατῷ)   haec om. S¹E¹   e om.
SFE¹Σ𝔗   2 possibile codices (corr. S²Σ²)   sed om. T¹, et
Σ𝔗, sed et F   3 contrariae codices (corr. T²E²) conversim b
9 esse] sese FE (corr. E²)   9. 10 necesse T   12 si om.
F¹T   15 consentio SF, consequentia S²   16 ibi eras. in S
18 non necesse non SFE (corr. S²E²)   23. 24 contrariae codices (corr. E²)   24 quere T (corr. T¹)   25 quur S   consequantur SFE   27 facta FT   28 necessariae SFE (corr. S²)

trario modo reddita et pronuntiata inpossibilitas necessitati idem valet. nam si inpossibile est esse,
necesse est hoc, non esse, sed necesse non esse
hoc est quod inpossibile est esse. nullus ergo dixerit
quoniam esse necesse est, sed potius quoniam necesse 5
est non esse, tamquam si ita dixisset: nam si inpossibile est esse, necesse est ʽhoc non esse, sed non putandum est quoniam inpossibile est esse hoc est quod
necesse est esse. quod si rursus inpossibile est non
esse, hoc necesse est esse. conversim igitur et con-10
trarie inpossibilitas necessitati redditur idem valens
[id est contrario modo reddita et pronuntiata inpossibilitatis necessitati]. quod si inpossibilitas ad possibile
simili contradictione et contradictionum conversione
consequentiam reddit, idem autem valet inpossibilitas 15
et necessitas contrarie praedicata, nulli dubium est
quin recte hic contraria et non opposita fuerit consequentia. an certe ita exponendum est: quoniam in
consequentia inpossibilis et non inpossibilis ad eas quae
proponebant possibile et non possibile eam quae est 20
non possibile ea quae dicit aliquid esse inpossibile
sequebatur, contrarie vero inpossibile idem valet quod
necessarium, manifestum est quoniam, si similiter se
habet, id est eo modo quo dictum est, inpossibile ad
consequentiam possibilis et non possibilis,] inpossibile p. 444
vero ei quod est non possibile consentaneum sit, id 26
quod e contrario idem valet, id est necessarium non
esse, id sequi eam propositionem quam etiam inpossi-

3 necesse est T　　7 *alt.* non *om.* T¹　　10 et *om.* T¹
12. 13 id est — necessitati *uncis inclusi (cf. supra v. 1. 2)*
13 necessitati idem ualet E²　　ad non T　　15 aut F　　ualet
om. T¹　　17 hinc S, *om.* T　　18 ita *om.* T¹　　21 non *om.*
T¹　　possibilis S (*corr.* S²)　　23 est *om.* F　　24 inpossibile
et non inpossibile G²T　　25 sequentiam S (*corr.* S²)　　26 sit]
est? (*an* 24 habeat?)　　27 id est *om.* S¹FEG¹　　necessario
SFEG (*corr.* G²)　　28 sequitur?　　eam sequi G　　etiam]
eam S (*corr.* S²)

bilitas sequebatur. est autem contrarie idem valens
inpossibilitati ea quae est necessarium non esse sequiturque inpossibilitas eam propositionem quae est non
possibile esse: et necessarium non esse igitur sequitur
5 eam quae est non possibile esse, ut sit sensus hic:
quoniam inpossibile necessario idem potest e contrario, similiter vero sese habet, id est eo modo quo
dictum est, inpossibilis consequentia ad eas quae sunt
possibile et non possibile * * *

10 An certe inpossibile sic poni necessarii
contradictiones? nam quod est necessarium
esse, possibile est esse, nam si non, negatio
consequetur; necesse enim aut dicere aut negare. quare si non possibile est esse, inpossi-
15 bile est esse: inpossibile igitur est esse quod
necesse est esse, quod est inconveniens. at vero
illud quod est possibile esse non inpossibile
esse sequitur, hoc vero illud quod est non necessarium esse. quare contingit quod est ne-
20 cessarium esse non necessarium esse, quod est
inconveniens. at vero neque necessarium esse
sequitur possibile esse neque necessarium non
esse; illi enim utraque contingit accidere, horum autem utrumlibet verum fuerit, non erunt
25 illa vera. simul enim possibile esse et non
esse; sin vero necesse esse vel non esse, non

2 necessario SFEG (corr. G²)   3 que] quae F   non om. F
4 et om. b   necessario SFEG (corr. G²)   7 eodem F
8 quae sunt] quasi codices (corr. S²T²E²G²)   9 post possibile
lacunae signum posui   8 consequentia — 10 inpossibile in ras.
in T   10 aut ΣΤ   inp. est codices (esse Τ) cf. vol. I p. 191, 19
necessariae ΣΤ (corr. Σ²)   13 consequitur codices (corr. ed
princ.)   enim ego: est enim Τ, enim est ceteri   14 si om. Σ¹
14. 15 inp. est esse om. Σ   15 inpossibile om. Τ¹   est esse
om. Τ¹   18 est om. T¹   non om. Τ¹   20 alt. esse om. ΣΤ¹
23 accedere FE (corr. E²)   24 fuerint SFE (corr. S²E²)
25 esse ΣΤ: est esse ceteri (est del. E²)   26 nec. est esse
codices (cf. vol. I p. 23, 5)

erit possibile utrumque. relinquitur ergo non necessarium non esse sequi possibile esse. hoc enim verum est et de necesse esse. haec enim fit contradictio eius quae sequitur non possibile esse; illud enim sequitur inpossibile esse 5 et necesse non esse, cuius negatio non necesse non esse. sequuntur igitur et hae contradictiones secundum praedictum modum et nihil inpossibile contingit sic positis.

Superius quidem propositionum facta conversio est 10 ita, ut possibilem propositionem necessarii negatio sequeretur. atque his ita positis non evenit, ut contradictio contradictionem sequeretur nec ut converso modo sequeretur, quod in illis scilicet eveniebat in quibus possibilium et inpossibilium sequentia considerabatur, 15 quoniam contradictio necessarii, quod est scilicet non necessarium esse, sequebatur possibilem propositionem, possibilis vero contradictionem non consecuta est necessitas, sed contrarium necessitatis. hoc permutare volens intendit ita constituere consequentias, ut simili 20 modo contradictio quidem contradictioni consentiat, sed conversim. hoc autem hac ratione disponit. dicit enim: erravi fortasse quod necessarii et possibilis consequentiam ex possibili incohavi et non ex necessario, ut eius hoc consensionem metiretur. posuit enim prae- 25

2 sequi] ei quod FΣ𝔗 (ei quod est 𝔗²)   esse] est enim · 𝔗, est esse Σ𝔗²   3 non esse F𝔗𝔗² (non *del.* Σ²)   esse *om.* T   4 non Σ𝔗: id quod est non *ceteri*   5 sequitur *ego*: sequitur hoc quod est Σ𝔗, sequitur id quod est *ceteri* (sequitur *om.* T)   possibile Σ (*corr.* Σ²) non possibile S F T E² (*corr.* S²)   6 et *del.* E²   necesse b: necesse esse *codices*   negatio Σ𝔗: negatio est *ceteri*   necesse b: necesse esse *codices*   7 haec Σ𝔗   10 consensio?   12 ut *om.* T¹   13 neq; T   15 consequ. b   16 neces T (sarii *add.* T²)   18 non] nunc S F (*corr.* S²)   20 ita *om.* T¹   et T   22 disposuit T   24 *alt.* ex *om.* T   25 consensionem *ego*: consensione *codices* (consentione F, consequentia S²)   mentiretur T²

cedens possibile esse eique sicut consentiens non necessarium esse. et haec quidem superius. nunc autem convertit et dicit: an fortasse, inquit, errore lapsi ita has consequentias constituimus, ut primo poneremus
5 possibile esse, huic autem adiungeremus velut consequens necessarii negationem quae diceret non necesse esse? ac potius illud verum est, ut posito prius necessario necessitati possibilitas consentiens subsequatur? videtur enim omnem necessariam propositionem
10 possibilitas subsequi. quod si quis neget, illi confitendum est, quoniam negatio possibilis sequitur necessitatem. in omnibus enim aut adfirmatio aut negatio est. ergo si necessariam propositionem non sequitur possibilitas, possibilitatis negatio consequitur. [ut ita
15 dicatur] ergo recta consequentia ita dicit: quod necesse est esse non possibile est esse. sed dudum dictum est, quod ei propositioni quae proponeret non possibile esse inpossibilitas consentiret. sed non possibile esse consequitur necessitatem, et inpossibilitas igitur consequi-
p. 445 tur necessitatem. | erit itaque recta propositionum con-
21 sequentia: si necesse est esse, inpossibile est esse. sed hoc fieri non potest. si igitur inpossibilitas non sequitur necessitatem, sequitur autem propositio quae aliquid non posse esse denuntiat inpossibilem propo-
25 sitionem, necessariae propositioni possibilitatis negatio quae est non possibile esse non consentit. quod si haec necessariae enuntiationi non consentit, consentiet adfirmatio. necessitatem igitur possibilitas consequi-

---

1 sicut G²T: sit FE, fuit SE² 7 an E² 8 necessitatis E (*corr.* E²) 12 enim *om.* SFT¹E¹ 14. 15 ut ita dicatur *uncis inclusi* (*cf. p. 416, 23*) 16 *alt.* esse *om.* T 17 poneret FE 18 consentiret T: constaret *ceteri* non *om.* T¹ 19 necessitati FT et *om.* T 19. 20 consequetur b 20 necessitati *codices* (*corr.* E²) 21 necessaria T 23 sequitur autem] non sequitur S² 23—24 propositionem — inpossibilis propositio? 24. 25 inpossibilis igitur propositio S² 25 propositionis SFE (*corr.* E²) propositioni et S²

tur. erit ergo recta propositionum consequentia hoc
modo: si necesse est esse, possibile est esse. sed rursus
alia nobis ex his inpedimenta nascuntur. nam si quis
dicat necessitati propositionem possibilem consentire,
quoniam possibilitati ea propositio quae dicit non in- 5
possibile esse et rursus ea quae enuntiat non necesse
esse consentit, quod superior ordo praedocuit, erit ut
necessariae propositioni consentiat ea quae dicit non
necesse esse. erit igitur recta consequentia: si necesse
est esse, non necesse est esse. sed hoc rursus est 10
inpossibile. quod si ita est, aliquid in possibilis consequentiis propositionum permutandum est, ut possit
ipsa sibi ratio consentire. aut igitur illud primo inconvenienter dictum est, quod necessarii negatio adfirmationem possibilem sequeretur, ut ea quae est non 15
necesse esse sequatur eam quae dicit possibile esse,
vel certe illud non recte sensimus ad possibilem propositionem necessarium consentire. quod quia perab-
surdum est (nullus enim dixerit necessitati possibilitatem esse contrariam: evenit enim quod necesse est 20
hoc fieri non posse) rectaque est haec consequentia:
si necesse est, possibile est, fit ut potius necessarii
negatio propositionem possibilem non sequatur. sed
cum haec dicuntur, illud intellegi placet, quod necessitatem possibilitas sequatur, ut id quod necesse est, 25
hoc dicatur esse possibile, illud autem quod per se
possibile est non modis omnibus sit necesse. nam si
necesse est, fieri non potest ut non sit, quod vero
possibile est, et non esse potest. igitur quod possi-

7 perdocuit F   8 necessarii *codices* (*corr.* E²)   10 *pr.* est
om. F   11. 12 aliquid inpossibile, consequentiae — permutan-
dae sunt S²   13 oratio T   15 non *om.* S¹E¹   16 ea FE
(*corr.* E²)   17 ad *del.* E²   18 ad necessarium E² (ad necessariam b)   19 necessitatem E (*corr.* E²)   21 est *om.* T¹

22 necessarii] necessarium G²T (non necessarium?)   23
negatio *add.* S²: *om. codices* (contradictio E²)   25 possibilitatem E (*corr.* E²)   29 est *om.* F   et] et esse et T

bile est non est necesse. dico autem, quia neque ea
propositio sequitur possibilitatem, quae necessitati omnino contraria est. est namque necessariae propositioni
contraria ea quae dicit necesse est non esse. hanc possi-
5 bilitati consentire nullus inpellet. nam quod necesse
est non esse, illud non potest esse, quod autem possibile est, et esse et non esse potest. necessitas ergo
propositionis quae secundum esse praedicatur idcirco
non sequitur possibilitatem, quoniam possibilitas qui-
10 dem et non esse potest, necessitas vero quae secundum esse est non esse non potest. rursus necessitas
quae secundum non esse praedicatur a possibilitate
differt eamque non sequitur, quod necessitas ea quae
secundum non esse dicitur non potest esse, possibile
15 vero et esse et non esse potest. quid igitur ut neque
opposita negatio necessarii possibilitatem sequatur,
quae non necesse esse proponit, neque ipsa necessitas
adfirmandi quae dicit necesse esse neque huic contraria quae dicit necesse esse non esse? sed in his quattuor
20 videbuntur. est enim necessaria adfirmatio quae dicit
necesse esse, huic opposita est ea quae praedicatur
non necesse esse, rursus contraria necessitati adfirmatio
est quae dicit necesse est non esse, huic opponitur ea
quae proponit non necesse est non esse, quod sub-
25 iecta docet subscriptio:

Necesse est esse	Non necesse est esse
Necesse est non esse	Non necesse est non esse.

Si igitur neque ea quae dicit necesse est esse neque huic opposita quae proponit non necesse est esse
30 nec necessitati contraria, cuius sententia est quoniam

3 namque] autem T   5 implet S (corr. S²)   15 igitur
dicendum est S²   22 adfirmatio om. T¹   23 alt. est] esse T
(corr. T²) ·   25 suscriptio ST, descriptio b   26 in medio
add.: Oppositae T (item 27)   26 et 27 sinistra add.: Contrariae T   30 huius S (corr. S²)

necesse est non esse, possibilitati consentit, restat ut
ei consentiat quarta quae dicit non necesse est non
esse, quae scilicet quarta aliquatenus etiam ipsi necessitati consentit, necessitas vero possibilitati minime.
omne enim quod necesse est esse et possibile est esse 5
et ut non sit non est necesse. idcirco autem haec
propositio quae dicit non necesse est non esse necessitati consentit, quia necessitati quidem contraria est
ea quae dicit necesse est non esse, haec vero opposita
est huic propositioni quae dicit necesse est non esse, 10
ea scilicet quae proponit non necesse est non esse:
quare consentiet ei propositio quae contraria | est sibi- p.446
met oppositae adfirmationi. quod si quis attentius in-
spicit et ad supra scriptum omnino revertitur, facile
cognoscit. si igitur possibile est (ut dictum est) se- 15
quitur ea propositio quae dicit non necesse est non
esse, negationem possibilis sequitur huic opposita quae
dicit necesse est non esse eritque huiusmodi consequentia: si possibile est, non necesse est non esse,
rursus si non possibile est, necesse est non esse. reversa 20
est igitur illa consequentia quae contradictorie quidem
fiebat, sed conversim, sicut supra de possibilibus ⟨et
inpossibilibus⟩ dictum est. hic namque adfirmationem
possibilem negatio sequitur quae necessarium quidem
destruit, sed id quod ad non esse ponitur, ea scilicet 25
quae dicit non necesse est non esse, rursus negationem possibilis adfirmatio sequitur necessaria quae secundum non esse ponitur. est igitur hic quoque eadem
conversio, ut contradictio quidem contradictionem sequatur, sed conversim, ut adfirmatio negationi, negatio 30
vero adfirmationi conveniat. melius vero hoc si sub

---

1 non *om.* F¹   2 *alt.* non *om.* T   6 et *om.* T   est]
esse E (*corr.* E²)   7 *alt.* non *om.* T¹   15 esse T   ut *om.* S¹
16 *pr.* non — 18 dicit *om.* T¹   19 possibile est esse T (*item* 20)
    20 *pr.* non *om.* E¹   22. 23 et inpossibilibus *ego add.*: *om.*
codices (de impossibilibus b)   24 non sequitur S²   25 quod *om.* T

oculos caderet liquere credidimus atque ideo apertis-
sime sententiam rei subiectae dispositionis nos ordo
commoneat.

Adfirmatio possibilis	Negatio possibilis opposita
Secundum esse	Secundum esse
Possibile esse	Non possibile esse
Negatio necessaria	Adfirmatio necessaria
Secundum non esse	Secundum non esse
Non necesse est non esse	Necesse est non esse.

10   Omnis quidem sententia est talis, ordo autem sermonum huiusmodi est: postquam dixit de possibilium
et inpossibilium consequentia, quod contradictiones quidem contradictionibus convenirent, sed conversim, id
est quod adfirmatio negationi, negatio vero consentiret
15 adfirmationi, haec eadem, inquit, consequentia quemadmodum in necessariis evenit, videndum est. speculatus igitur et de necessariis idem non repperit. nam
cum dixisset necessarii negationem consentire possibilitati, adfirmatio necessaria negationi possibilitatis
20 non consensit. eiusdem rei reddens causas illud arguit,
quod inpossibilitas necessitati idem valeret contrarie
reddita. quam rem emendare volens ita dixit: an certe,
inquit, inpossibile est sic poni necessarii contradictiones? ut negationem scilicet necessarii possi-
25 bilitati consentire diceremus. addit autem dubitationem

    1 caderet *ego*: cadere S, cadet S²FE, cadat T   1. 2 aper-
tissimae E, opertissime T (*corr.* T²)   4 opposita *om.* T
6 est esse (*bis*) b   *in medio add.*: oppositae T (*item* 9)   4—9
dextra et sinistra add.: Consentientes T   10 talis est S² *et
ceteri*   14 negatio *om.* S¹   15. 16 quae admodum FE
16 euenit G²T: inuenit S (*sed in* in ras.), F, inuenitur S²E,
eueniat b   19 negationis F   20 causam?   arguet SFE (*corr.* E²)
    21 possibilitas SFE (*corr.* S²E²)   ualere *codices* (*corr.* b)
contrariae *codices* (*corr.* T²E²)   22 reddita b: reddita est
codices   23 necessariae SF (*corr.* S²) contrariae E

quandam, quae ita sese habet. nam quod est, inquit, necessarium esse, illud sine dubio possibile
est esse. nam si non, id est si quod necessarium
est possibile non est, negatio possibilitatis consequitur. necesse est enim in omnibus rebus aut 5
dicere id est adfirmare aut certe negare. in omnibus namque rebus aut adfirmatio vera est aut negatio. quare si non possibile est esse, id est si
hoc est non possibile esse [quod inpossibile est, fiet
id] quod necessarium est esse, sequitur autem propo- 10
sitionem quae dicit non possibile est esse illa quae
proponit inpossibile est esse, fit aliquid inpossibile
ut dicatur: inpossibile igitur est esse id quod
necesse est esse. sed hoc inconveniens est. ergo
hic docuit, quod necessitatem possibilitas sequeretur. 15
nunc autem aliud addit: quoniam supra dixit possibili
propositioni necessariae adfirmationis negationem consentire, nunc de eadem re dubitationem dicens: at
vero illud quod est possibile esse non inpossibile esse sequitur. nam quod possibile est, hoc 20
non est inpossibile, sed quod non est inpossibile esse
non necesse est esse. ergo si non inpossibile esse sequitur possibilitatem, non inpossibilitatem autem sequitur id quod dicitur non necessarium esse sequiturque
possibilem propositionem id quod dicimus non neces- 25

3 *pr.* est *om.* T¹   4 *alt.* est] esse T   4. 5 consequetur?
5 est *om.* b   6 dicere *om.* T (*add.* T¹)   8 *pr.* si *om.* S¹
9 est (*post* hoc) *om.* G¹   9. 10 quod — id *uncis inclusi*
9 inpossibile est esse G²T   10 quod est G (est *del.* G²)
esse] impossibile esse S²   11 est *om.* F   12 et fit E²
15 hinc?   16 illud T   18 parat dicens S², facit dicens T,
profert dicens b   19 est possibile *ego:* inpossibile S, inpossibile est S²FE, possibile est TE² 19. 20 impossibile E²: est
possibile SFE, est impossibile T, possibile S²   20 quitur
S (se *add.* S²)   est *om.* SFE¹   21 quod *om.* T¹
22 non *om.* T¹   non *om.* T   inpossibile b: possibile *co-*
dices   esse] est F, est esse S²TE   23 possibilitatem b: inpossibilitatem SFE, non impossibilitatem T

sarium esse, nulli dubium est quin, si necessitatem possibilitas sequitur, sequatur adfirmationem necessariam negatio necessariae. quare contingit quod est necessarium esse id ipsum non necessarium esse. 5 quod est inconveniens. constat ergo quoniam adfirmationem possibilem non sequitur opposita negatio necessariae adfirmationi, idcirco quod illud removendum est: aut, quod supra diximus, ne sequatur possibilem adfirmationem negatio necessariae, aut ne ne- 10 cessitatem possibilitas sequatur. quod quia fieri nullo modo potest, illud est removendum, ne possibilitatem necessitati opposita negatio subsequatur. igitur ea quae dicit non necesse est esse non sequitur possibilitatem. et quia haec omnia in medio tacuerat, supra dictis 15 addit: at vero neque necessarium esse sequitur possibile esse, hoc scilicet sententiae includens possibilitati non consentire necessarium, nec hoc solum,

p. 447 sed neque illud quod dicimus necessarium | non esse. hoc ut tractatum sit ipse planius monstrat. illi 20 enim id est possibili utraque contingit accidere et .esse scilicet et non esse, horum autem, id est necessarii secundum esse et necessarii secundum non esse, utrumlibet verum fuerit, non erunt illa vera. hoc ipse exponit. de possibili enim utroque ita 25 dicit: simul enim possibile est et esse et non esse (hoc est ergo quod ait: illi enim utraque contingit accidere); sin vero, inquit, necesse est esse

3 necessariae] necessaria T, necessarii b   7 affirmationis T   8 aut quod *ego:* quod ut *codices* (quod *del.* S²E²) ne si G²T   9 necessarie G, necessaria G²T   aut *ego:* ut *codices*   ne *om.* S¹FG¹, *del.* E²   10 sequitur E²   11 possibilitatis SFET² (*corr.* S²E²)   12 necessitati E²: ne necessitatem E, necessitatem SFT², necessitatis S²T   14 tacuerit *codices* (*corr.* E²)   15 esse T: *om. ceteri*   16 esse *om.* S¹ haec hoc S (haec *del.* S²)   18 necessaria SFE (*corr.* S²E²) 20 id est *om.* E¹   accedere FE (*corr.* E²)   24 possibile S utraque S², utrumque?   ita *om.* F   25 *pr.* et *om.* T¹ 26. 27 contigit S (*corr.* S²)   27 accedere SFE (*corr.* S²E²)

vel non esse, id est si non potest non esse et non
poterit esse, **non erit possibile utrumque**, ut si
esse necesse est, non poterit non esse vel si non esse
necesse est, non poterit esse. tres igitur propositiones non necesse esse, necesse esse, necesse esse non 5
esse possibilitatem non sequuntur. relinquitur ergo
id est ut quarta propositio, quae opponitur necessario
⟨quod⟩ secundum non esse adfirmatur, possibilitatem
sequatur, id est **non necessarium non esse sequi
possibile esse**. sed quia possibile consentit neces- 10
sario, haec quoque necessario consentit. namque hoc
est quod dixit: **hoc enim verum est et de necesse**
esse. nam quod necesse est, non necesse est ut non
sit. haec igitur propositio quae dicit non necesse est
non esse contradictio est eius adfirmationis quae se- 15
quitur negationem possibilitatis eam scilicet quae dicit
non possibile esse. nam cum adfirmationem eam quae
est scilicet possibile esse sequatur necessarii secundum
non esse negatio ea quae proponit non necesse est
non esse, negationem possibilis eam scilicet quae pro- 20
ponit non possibile est esse sequitur adfirmatio necessaria secundum non esse quae dicit necesse est non esse,
quam eandem quae proponit non possibile esse, quae
est scilicet negatio possibilitatis, inpossibilis adfirmatio
sequitur quae proponit inpossibile esse. hoc est ergo 25
quod ait: **haec enim fit contradictio eius quae**
sequitur id quod est non possibile esse. nam cum
possibilem adfirmationem sequatur necessariae secun-

1 vel] et TE   et E²: et si T, *om. ceteri,* vel?   3 *alt.*
non *om.* S¹FE¹   6 non *om.* T¹   sequitur E (*corr.* E²)
7 id est *delendum?*   ut *om.* T   necessariae T   8 quod
ego add.: om. codices   adfirmatur SFE (*del.* E²): oppositioni
T, affirmationi T², adfirmationis S²   9 necessario SFE (*corr.*
E²)   11 consentit necessario E   13 *pr.* est] est esse T
19 negationem F   21 est *om.* E¹   23 eadem SFE (*corr.*
S²E²)   27 est *om.* E¹   28 necessaria T

dum non esse negatio quae dicit non necesse est non
esse, haec necessaria secundum non esse negatio contradictio est eius quae sequitur negationem possibilitatis.
illud enim, id est negationem possibilitatis, sequi-
5 tur id quod est inpossibile. nam cum negatio possibilitatis sit quae dicit non possibile esse, hanc sequitur ea quae dicit inpossibile est esse, cui consentit ea
quae dicit necesse esse non esse. sequitur igitur possibilis propositionis negationem ea quae dicit necesse
10 esse non esse, cuius est contradictio ea quae dicit non
necesse esse non esse. fit ergo hic quoque ut contradictio contradictionem sequatur, sed conversim. quod
ait per hoc cum dixit: sequuntur igitur et hae
contradictiones secundum praedictum modum
15 eum scilicet, ut adfirmatio negationem, negatio vero
sequatur adfirmationem, et nihil quidem erit vel inconveniens vel inpossibile ita positis consequentiis, ut
adfirmationem quidem possibilem negatio necessarii
secundum non esse sequatur, negationi vero possibilis
20 adfirmatio necessaria secundum non esse consentiat.
quibus explicitis alias rursus adicit dubitationes.

Supra namque consequentias ita disposuit, ut praecedens necessarium possibilitas sequeretur, nunc de
eodem ipso ambigit. sive enim quis ponat consentire
25 necessario possibile, sive quis neget, utrumque videtur incongruum, quoniam si quis neget possibilitatem

---

1 est *om.* F   2 necessariae?   8 non esse *om.* S¹   8. 9
inpossibilis SFE (*corr.* S²E²)   9 non necesse SFEG (non *del.*
S²E²G²)   10 esse non esse *om.* S¹FEG (est non esse G²T,
non esse E²)   est *om.* GT   est ea G²   11 hic G²T: id
ceteri   19 esse *om.* T¹   21 dicit S (*corr.* S²)   dubitationem S (*corr.* S²)   *post* dubitationes *Arist. textum usque ad*
hoc autem falsum est *in marg. add.* E² *et in textu* B (*sed hic
tantum prima et postrema verba, quae vocula* usque *iunguntur*)
22 namque *om.* B   24 quis ponat T: disponat *ceteri*
25 si S (ue *add.* S²)   quis *om.* T¹   26 quoniam S²: quae
nam SFE, namque TE²   possibilem S (*corr.* S²)

necessitati congruere, is dicit quoniam possibilitatis
negatio necessariae propositioni conveniet. si quis enim
abnuat propositioni quae dicit aliquid necesse esse consentire eam quae proponit possibile esse, is illud abnuere non potest, quia negatio possibilitatis necessitati 5
consentiat, eritque integra consequentia: si necesse est
esse, non possibile est | esse, quandoquidem illa falsa p. 448
est consequentia quae dicit: si necesse est esse, possibile est esse. quod si hoc fieri non potest, ut possibilitatis negatio necessariae consentiat adfirmationi, 10
illud verum est adfirmationem possibilem necessariae
convenire. sed in hoc quoque maior inerit difficultas.
omne namque quod possibile est esse, possibile est et
non esse. sed si possibilitas necessitatem sequitur, erit
id quod necesse est ut possit esse et possit non esse se- 15
cundum naturam scilicet possibilitatis, quae ipsi convenit necessitati. sed hoc inpossibile est: non igitur
possibilitas sequitur necessitatem. quod si possibilitas
necessitatem non sequitur, negatio possibilitatis sequitur, ea scilicet quae est non possibile esse, evenient- 20
que ea rursus incommoda, quae dudum eum eum locum
tractaremus expressimus. quod si quis possibilitatis non
velit esse negationem eam quae dicit non possibile esse,
sed potius eam quae dicit possibile esse non esse, quamquam ille non recto ordine adfirmationem negationi 25
adcommodet dictumque supra sit, quotiens cum modo
propositiones dicuntur ad modos ipsos potius negationem poni oportere quam ad verba, dandae tamen manus sunt, ut cum eo quoque concesso, quod ad de-

---

1 id b   3 annuat *codices* (*corr.* S²)   4 non possibile E²
is] et si E²   4. 5 annuere *codices* (*corr.* S²)   6 erit E²
7 non *del.* E²   8. 9 non possibile E²   10 necessaria F   ad-
firmationi] negationi S (*corr.* S²)   11 illud ad F   15 est]
est esse T   17 sed si E (si *del.* E²)   20. 21 euenienter T
(*corr.* T²)   24 *pr.* esse *om.* F   25 affirmationi negationem b
26 quotienscumq; modo F

fensionem utile aliquibus videri possit, argumentationis
falsam sententiam fregerimus, penitus atque altius sit
veritas constituta. sit ergo haec negatio possibilitatis
quam ipsi volunt, id est ea quae dicit possibile esse
5 non esse, sed haec quoque necessitati non convenit.
si quis enim dicat quoniam possibile esse necessarium
non sequitur, sequitur mox possibilis contradictio necessitatem. quod si quis contradictionem possibilis
ponat eam quae dicit possibile esse non esse eaque
10 necessitati consentire putatur, erit secundum eum recta
consequentia: si necesse est esse, possibile est non esse,
sed hoc fieri non potest. quod enim necesse est esse
non potest non esse. si igitur possibilitas non sequitur necessitatem (erit enim quod necesse est contin-
15 gens, possibile namque et contingens idem valet), negationes possibilitatis, sive ea quae dicit non possibile
esse, sive ea cuius sententia est possibile esse non esse,
necessitati convenient. sed utrumque inpossibile est.
quod si haec non sequuntur, sequitur ea quae est ea-
20 rum adfirmatio, id est possibilitas. sed hoc quoque
fieri non potest, ut saepius supra monstravi. haec ergo
huiusmodi quaestio in sequenti ordine ab ipso resol-
vitur. nunc quoniam quaestionis supra dictae talis
sensus est, verba ipsa sermonumque ordo videatur. ait
25 namque ita:

　Dubitabit autem, inquit, aliquis, si illud quod
est necessarium esse possibile esse sequitur,

　2 fregeremus FE (*corr.* E²) 　4 esse *om.* S (*sed* non esse
(*v.* 5) *in ras.*) 　7 *alt.* sequitur] sed T 　9 possibile esse non
esse eaque S²: possibile esse non eam quae SFE, possibile non
esse eamque TE² (possibile esse non esse quae?) 　10 putat
TE² cum S (*corr.* S²) 　recta *om.* T¹ 　15 possibile
om. S¹ 　15. 16 negatio T 　17 sentia E (*corr.* E²)
cuius sententia est] quae dicit T 　20 possibilitas T: possibilitatis *ceteri* 　23 nunc autem b 　25 *post* ita *Aristotelis
textus inserendus videtur* 　26 dubitauit SFE∑∑ (*corr.* E²)
27 *alt.* esse *om.* ∑∑

id est si necessitati possibilitas consentit. nam si non
sequitur, id est si neget aliquis ut possibilitas necessitatem sequatur, contradictio consequitur, possibilitatis scilicet contradictio. nam quod possibilitas
non sequitur, contradictio possibilitatis sequitur, ea 5
scilicet quae dicit non possibile esse. et praeter-
misit quod ex his esset inpossibile. hoc autem est ut,
si necessitatem possibilitas non sequatur et contradictio
possibilitatis consentiat, sit recta consequentia: si necessarium est esse, non possibile est esse, quod est 10
inconveniens. et si quis non hanc dicat esse contradictionem, id est si quis neget possibilitatis contradictionem esse quae dicit non possibile esse, illud
certe ei necesse est dicere quod possibilitatis contradictio ea sit quae dicit possibile esse non esse. sed 15
utraeque falsae sunt de necesse esse. nam quod
necesse est, fieri non potest ut non possibile sit, et
rursus quod necesse est, fieri non potest ut possibile
sit non esse. rursus idem videtur esse possibile
incidi et non incidi. possibilitas enim adfirmationi 20
negationique communis est. namque et esse et non
esse potest quod possibile esse dicitur. hoc autem
falsum est, id est de necessario praedicari. necessarium namque si est, non esse non poterit; si non est,
nulla ratione contingit. quod si quis dicat quoniam 25
possibilitas necessitatem sequitur, eadem possibilitas
consentit contingenti et erit necesse esse contingere non esse, id est erit contingens id quod ne-

1 consentiat S²   3 sequitur ΣΣ (sequetur?)   15 *pr.* esse
om. ΣΣ   16 de necesse esse *om.* ΣΣ   19 at uero rursus
ΣΣ   uidetur rursus idem E (uidêtur *post* non incidi E²)
20 et non incidi *om.* T¹   22 *alt.* esse *om.* F (*add.* F¹)
23 id est *del.* E²   24 non esse E²: nec esse (*vel* necesse) *codi-*
ces   *ad* si non est *in marg. add.:* al. si necesse est non esse
S² (si non esse non potest?)   22—25 hoc — contingit *trans-*
ponenda videntur post p. 446, 7: contingens non esse   26
sequitur *om.* S¹   27. 28 contingens b

cesse esse praedicatur. nam si quod possibile est potest
non esse, quod autem potest non esse contingit ut non
sit, non dubium est quin, si necessitatem possibilitas
sequitur, sequatur eam quoque et contingentia. sed
5 contingens possumus dicere in negatione, ut dicatur
contingit non esse: est igitur quod necesse est esse
p. 449 contingens non esse. | hoc autem falsum est. atque
hic quidem ordo sermonum est, ut in aliis fere omnibus perplexus atque constrictus: alias enim similitudo
10 enuntiationum, alias id quod deest inplicitam reddit
obscuramque sententiam. quod si quis Aristotelis verbis seriem nostrae expositionis adnectat et quod illic
propter similitudinem confusum est per expositionis
nostrae distinctionem ac separationem disgreget, quod
15 vero in Aristotelis sermonibus minus est hinc conpenset, sententiae ratio totius elucebit. nunc ergo quoniam
proposuit quaestionem, eam continenter exsequitur his
verbis:

Manifestum autem quoniam non omne possi-
20 bile vel esse vel ambulare et opposita valet,
sed est in quibus non sit verum, et primum
quidem in his quae non secundum rationem
possunt, ut ignis calfactibilis et habet vim inrationabilem. ergo secundum rationem pote-
25 states ipsae eaedem plurimorum etiam contrariorum. inrationabiles vero non omnes, sed
quemadmodum dictum est, ignem non est pos-

---

1 esse] est enim SFE, est esse S² (quod est necesse; necesse esse enim praedicatur E²)   6 contingens T (corr. T¹)
8 in om. E¹   10 reddi SFE (corr. S²E²) om. T (obscuramque reddit T²)   11 quod] quos F (corr. F¹)   14. 15 quod uero]
quidue S²   19 autem S: est autem S² et ceteri, autem est
ΣΤ   22 quidem om. SFE¹   23 calefictibilis F, calefactibilis
TE²ΣΤ   23. 24 rationabilem SFE (corr. S²E²)   24. 25 potestatis E (corr. E²)   25 ipsae om. S?E¹, ipse F   haeedem F,
eadem Τ   25. 26 contrariorum sunt codices (cf. vol. I p. 199,
21)   26 inrationabilis — omnis SFTE (corr. S²E²)

sibile calefacere et non, nec quaecumque alia
semper agunt. aliqua vero possunt et secundum inrationabiles potestates simul quaedam
opposita. sed hoc quidem idcirco dictum est,
quoniam non omnis potestas oppositorum est, 5
nec quaecumque secundum eandem speciem dicuntur.

Cum de possibilis et necessarii consequentia dubi-
tasset cumque si possibilitas necessitati ⟨non consentiret, inpossibilitas⟩ consentiret, quod erat incommo- 10
dum, vel si possibilitas rursus necessitatem sequeretur,
necessitas ipsa cui possibilitas consentiret in se et esse
et non esse susciperet, nunc incongruentem ambiguitatem rationabili argumentatione dissolvit dicens: non
vere illud metui, ne possibilitas necessitatem sequens 15
ipsam naturam necessitatis atque rigorem frangeret,
ut id quod necesse esset in contingentiam permutetur.
neque enim, inquit, omne quod possibile est esse et
possibile est non esse. sunt enim plura quae unam
tantum vim continent et ad negationem nullo modo 20
sint apta, ut in his possibilitatibus quas inrationabilis
actus efficit. nam cum sit possibile ignem calefacere,
non est possibile ut non calefaciat. quare haec potestas non potest opposita. si qua enim potestas opposita potest, illa et esse potest et non esse et facere 25
et non facere, quae vero non potest opposita, unam

. *p.* 446, 27 — 447, 1 possibile non est E (*transp.* E¹) non
esse possibile E²Σℭ 1· nec] uel FE²Σℭ 2 alia ℭ
(*corr.* ℭ²) 3 quaedam simul T, simul *om.* SFE 4 oppositae E (*corr.* E²) 9. 10 non consentiret, inpossibilitas *ego
add.: om. codices* 12 in se eadem E² 13 susciperet consequeretur T 15 illum SFE (*corr.* E²) metuere S²
17 contingentia SFE (*corr.* E²) permutaretur b 21 sunt
E² inrationabiles S (*corr.* S²) 22 affectus E (*corr.* E²)
23 calefiat T (*corr.* T²) 24 potest] est T (*corr.* T²) 25 et
illa et F et non esse *in ras.* S²

rem tantum potest, quae adfirmationem tantum dat,
negationem vero repudiet. si quis ergo ponat possibilitatem necessitati consentire, non idcirco iam necesse est ipsam necessitatem in contingentiam verti,
5 cui contingenti scilicet possibilitas consentit. non enim,
inquit, omne possibile utrumque potest, id est et posse
esse et posse non esse, atque ideo non omne possibile
contingentiae consentit. docet autem hoc his modis:
in his, inquit, quae non secundum rationem pos-
10 sunt, possibilitas quae esse dicitur non valet opposita,
ut ignem calefacere inrationale est. nulla enim ratio
est cur ignis calefaciat: omnium namque quae naturaliter fiunt nulla ratio est. ergo haec quorum potestas
inrationabilis est non possunt opposita, ut ignis non
15 potest calefacere et non calefacere. si enim utrumque
possint, opposita possunt. calefacere enim et non calefacere opposita sunt. cum ergo inrationabiles potestates et opposita agendi non habeant facultatem, illa
quae secundum rationem fiunt ad oppositorum aecum
20 actum poterunt retineri, ut quicquid ex voluntate et ratione conceptum est ad utrumque valeat, ⟨ut⟩ medicinam mihi exercere et possibile est et possibile non
est vel rursus ambulare. quod enim quisquis animi
ratione vel adpetentia vult, hoc ex ratione venire di-
25 citur. et in his omnibus illa potestas est quae ad utrumque valeat, id est et ad adfirmationem et ad negationem, ut sit scilicet et non sit. in his autem quae sunt

1 ad affirmationem E²B² dat] accedat E²B² 2 repu-
lit G, repudiat G²TB ergo G²T: om. ceteri, enim E²
6 posse om. T 8 modis his E, his verbis? 9 inquit] autem B
non om. S¹FE¹G¹ 11 irrationabile E² 13 post est add.:
quod naturaliter fit ratio non est T, quod delet et in marginem
reicit T² 16 possunt F 17 oppositae FE (corr. E²)
19 adq; F (q; del. F²) aequum S²E², om. T 21 concoeptum E ut ego add.: om. codices (medicinam namque b)
23 ambulare uel non ambulare E² 24 adpotentia S (corr.
S²) 26 pr. et om. E

inrationabilia, licet in solis evenire possit, ut ea potestas quae dicitur non etiam possit opposita, tamen
non omnis inrationabilis potestas opposita non potest,
ut aqua et friget et humida est: ergo et frigescere
potest facile et humectari, sed eadem permutata in 5
calidam potest frigescendi | non habere vim, cum non p.450
possit humectandi amittere potestatem, dum aqua sit.
quocirca non omnis potestas opposita valet, sed valet
quidem opposita potestas ea quae secundum rationabiles motus valuit, illa vero potestas quae opposita 10
non valet in solis inrationabilibus invenitur, licet non
in omnibus. sunt enim inrationabiles potestates quae
utrumque possint, ut id quod dictum est de aquae fri-
gore. et tota quidem sententiae vis talis est, nunc
quis sermonum ordo sit explicetur. manifestum, in- 15
quit, est quoniam non omne possibile vel esse
vel ambulare et opposita valet. quod ita dictum
esse manifestum est, non ut putaremus quoniam omne
quod ambulare potest vel quod esse potest non possit
opposita, id est non possit non esse: hoc enim videtur 20
textus ostendere, sed nemo ita intellegat potiusque sic
dictum videatur: manifestum est quoniam non omne
possibile, ut possibile frequenter solemus usurpare, cum
dicimus possibile esse ambulare, opposita valet. neque
enim quod omnis potestas adfirmationi negationique con- 25
veniat, sed sunt quaedam quae unum tantum possint,
ut supra iam diximus. atque hoc apertius intellegitur,
si ita dicamus: manifestum est autem quoniam non

---

3 *alt.* non *om.* S¹FTE¹G 4 *prim.* et *om.* G 5 hu-
mectare? 6 uim non habere E cum S²: ut quod SFEG,
quamquam G²T, ut quod non potest oppositum non possit E²
  7 aliqua SFE (*corr.* S²E²) 8 ualet opposita E sed
ualet *om.* T¹ 10 ualet S² 12 in *om.* S¹TE, *del.* F²
potestas S (*corr.* S²) 16 quod F 17 et *om.* SFE 18 esse]
est S (*corr.* S²) 19 non] non esse SFE (esse *del.* E²) non
etiam? 19 *et* 20 posset? 21 textu T 24 esse vel? et opposita? 25 quod *om.* b (inquit? est ut ?) 25. 26 conuenit b

omne possibile et opposita valet, quoniam scilicet possibile frequenter et de esse et de ambulare praedicamus. hoc ita cogitans facilius quis agnoscit, quid ipsius textus verba denuntient, cum etiam adminiculari quis

5 debeat obscuris sensibus patientia atque consensu, quod ad sententiam potius dicentis exspectet, etsi se sermonum ratio ita non habeat. hoc ergo ita constituto manifestum esse scilicet non omnes potestates opposita valere, sed esse quasdam in quibus non sit verum

10 dicere quoniam opposita valent, [et] datur exemplum: in his quidem primum quae inrationabiliter possunt, id est non secundum aliquam rationem, quarum scilicet potestatum reddi ratio non potest, quod ipsarum natura sit, ut quoniam ignis calfactibilis est, idcirco

15 de eo ratio reddi non potest: hoc namque illi naturaliter adest. et haec quidem ignis potestas non valet opposita, scilicet ⟨cum⟩ sit inrationalis, quae vero rationabiles sunt et secundum rationabilem potestatem eaedem plurimorum etiam contrariorum sunt.

20 nam quibus ratio dominatur, ad utraque opposita natura ipsorum apta est, ut eaedem potestates sint plurimorum quae sunt contraria, ut si est mihi possibile ambulare, quoniam hoc ex ratione et ex voluntate fit, sit possibile non ambulare et est haec potestas non

25 unius, sed plurimorum eorumque contrariorum. licet enim adfirmatio et negatio sit quodammodo ambulare et non

4 amminiculari S F E, amminiculum T   5. 6 quod ad] quoad S² 6 spectet E² se *om.* b 7 constituente T 8 est E² omnis potestatis F E (*corr.* E²) 10 et *uncis inclusi* (datur exemplum: et?) 12 est *om.* S 14 sit natura E ignis *om.* S¹ F E¹ G¹ calefactibilis T E² 16 et *ego:* ut *codices* ualeat b 17 scilicet *ego:* licet *codices* cum *ego add.:* *om. codices* inrationabilis E 18 rationales T (*corr.* T¹) secundum rationem potestates? 19 hae aedem E (*corr.* E²) 20 dominator E (*corr.* E²) 21 potestas T (*corr.* T²) 22 contraria *om.* S¹ 24 sit] est? haec potestas *ego:* hoc potestatis *codices* 26 quodadmodo E

ambulare, tamen nunc ab Aristotele in contrarii vice
disponitur. et hoc quidem in omnibus rationabilibus
potestatibus planum est eas plurimorum esse contrariorum et opposita valere, quae vero secundum rationem non sunt, licet sint quaedam quae opposita valeant, 5
non tamen omnia. nam cum aqua frigendi habeat potestatem, quod est inrationabile, est ei rursus alia potestas calefaciendi, cum ipsa sit calefacta, sed non in
omnibus potestatibus inrationabilibus hoc inveniri potest. ignis enim (ut dictum est) unam calefaciendi tan- 10
tum videtur habere potestatem. hoc est enim quod
ait: inrationabiles vero non omnes, id est opposita valent, sed quemadmodum dictum est, ignem
non est possibile calefácere et non, daturque in
omnibus regula quae non sint possibilia contrariorum, 15
ea scilicet quae semper unam rem actu continent, ut
ignis semper calet, sol semper movetur et cetera huiusmodi, quod per hoc ait quod dixit: nec quaecumque alia semper agunt. aliqua vero possunt quaedam opposita etiam secundum inrationabiles potestates, 20
ut dictum est de aqua. sed hoc idcirco dictum esse
testatur, ut cognosceremus nihil evenire contrariorum,
si quis diceret possibilitatem necessario consentire. cum
enim non omnis possibilitas contraria valeret, ea scilicet necessitati consentit, quae contraria non valet, 25
sed unam rem semper agit. hoc est enim quod ait:
sed hoc quidem idcirco dictum est, quoniam
non omnis potestas oppositorum est, nec quaecumque secundum eandem speciem dicuntur.

2 ponitur?   5 ualent S (*corr.* S²)   6 aliqua SFE (*corr.*
S²E²)   frigefaciendi b   habeant SFE (*corr.* S²E²)
11 est *om.* E¹   12 in rationabilibus SFE (*corr.* E²), in irra-
tionabilibus S², irrationabilis T   omnis *codices* (*corr.* S²E²)
13 ualet T   14 possibile est T   20 inrationales F
22 cognosceremur S (*corr.* S²)   24 ualeat?   26 enim] ei
SFE (*corr.* E², *del.* S²)   27 quoniam *om.* S¹

quod ait: nec quaecumque secundum eandem speciem dicuntur tale est: non modo, inquit, ⟨non⟩ omne
quod dicitur possibile contrariorum esse potest, sed
etiam quae sub eadem specie sunt quaedam contraria
5 non possunt, ut ea quae sunt inrationabilium. nam
p.451 cum omnium inrationabilium in eo quod inrationabilia |
sunt una sit species, tamen ne in his quidem inveniri
potest, ut in omnibus eadem sit contrariorum potestas,
ut de igne quod supra iam dictum est. nam cum eius
10 inrationabilis sit potestas, non tamen talis est ut ad
contraria transferatur. recte igitur dictum est, quoniam nec quae sub eadem specie sunt poterunt omnia
contrariorum esse potentia. nam cum ignis potestas
cum aliis omnibus potestatibus inrationabilibus sub ea-
15 dem sit specie, quod inrationabilis est potestas, tamen
non valet opposita. atque hoc quidem quod adtemptare possit totam quaestionem, non tamen validissime
dissolvere praedixit: quo vero maxime dirigat dubitationem ambiguitatemque constituat, ipse continuata
20 oratione adicit dicens:

Quaedam vero potestates aequivocae sunt.
possibile enim non simpliciter dicitur, sed hoc
quidem quoniam verum est ut in actu, ut possibile est ambulare quoniam ambulat, et om-
25 nino possibile est esse quoniam iam est actu
quod dicitur possibile, illud vero quod forsitan aget, ut possibile est ambulare quoniam
ambulabit. et haec quidem in mobilibus solis
est potestas, illa vero et in inmobilibus. in

---

2 non *om.* T   *alt.* non *ego add.: om. codices* (inquit//////
omne S)   3 non potest G²TE²   7 nec T   9 iam supra T
14. 15 eadem E²: ea *codices*   15 quae b   16 hoc b: haec
codices   16. 17 adtemptare S, *sed* re *in ras.*   18 solvere?
quod b   25 actu est Σ   27 agit SFTE (*corr.* S²E²)
ut] quod SFTE   28 ambulauit FE (*corr.* E²)   29 in *om.* Σ¹
mobilibus SFE (*corr.* S²)

utrisque vero verum est dicere non inpossibile
esse ambulare vel esse, et quod ambulat iam
et agit et ambulabile. sic igitur possibile non
est verum de necessario simpliciter dicere, alterum autem verum est. quare quoniam partem 5
universale sequitur, illud quod ex necessitate
est sequitur posse esse, sed non omnino.

Quid haec sententia contineret, quam nunc Aristoteles proposuit, quinto quidem libro diligenter expressimus et nunc eam breviter exsequimur. expositionis 10
enim causa doctrinaeque hunc nobis secundum expositionis sumpsimus laborem, non augendi prolixitate
fastidii. talis ergo est tota sententia: possibile quod
frequenter in rebus dicimus non simpliciter dicitur
atque ideo quoniam possibile a potestate traductum 15
est, ipsa quoque potestas aequivoca est. hoc hinc
manifestum est, quod quaedam possibilitates ad hoc
dicuntur non quoniam aguntur, sed quoniam ut agan-
tur nihil inpedit, ut si de aliquo sano corpore omni-
busque aliis quae inpedire poterant remotis sedente 20
dicatur possibile esse eum ambulare, non quoniam
ambularet, sed quoniam ut ambularet nihil omnino
prohibet. quaedam vero potestates ita dicuntur quoniam iam actu sunt atque aguntur, ut si quis de ambulante homine dicat possibile eum esse ambulare. 25
atque ideo illa possibilitas quae non secundum actum
aliquem dicitur, sed secundum id quod posset agere
dicitur, eo quod agere non prohibetur, a potestate pos-

---

1 possibile T (*corr.* T²) 2 et *om.* S¹ 3 si Σ (*corr.* Σ²)
inpossibile F 5 autem ΣΤ: autem dicere *ceteri* parti TE
(*corr.* E²) 6 ex *om.* FTE¹ 10 exsequamur b 12 sum-
simus S (*corr.* S²) sumimus E 13 est *om.* F est ergo E
sententia tota E 18 non aguntur SFEG (non *del.* S²E²G²)
nunc aguntur? 19 impediet (impediat?) S (*corr.* S²) si
quis T 21 dicat T cum S (*corr.* S²) ambulare eum E,
eum *delere vult* E² 22 ambulat b quod S (*corr.* S²)
ambulet b 23 possibilitates b 24 acta F (*item p.* 454, 5)

sibilitas nominatur. haec vero quae iam agit atque
in actu est, actus ipse, possibilitas appellatur. duae
ergo significationes sunt possibilitatis: una quae eam
possibilitatem designat quae est potestate, quae scilicet
5 actu non sit, altera quae eam possibilitatem significet
quae iam actu sit. haec autem possibilitas quae iam
actu est aut ex potestate ad actum transit aut semper
in actu naturaliter fuit, ut cum homo ex eo quod sedet ambulat, potest ambulare atque ideo ex potestate
10 in actum vertit, sol vero cum movetur, numquam ex
potestate in actum vertit (neque enim aliquando hunc
motum non egit) neque ignis ut nunc caleret, aliquando non caluit. ergo ea rursus possibilitas quae
secundum actum aliquem dicitur duas intra se species
5 continet: unam quae talem actum possibilitatis designet, quem non esse non liceat, et haec dicitur
necessaria et numquam ex potestate in actum vertit,
sed in actu naturaliter mansit; alterum vero quod liceat et non esse, quod scilicet ex potestate in actum
20 migravit, et hoc non necessarium, cum sit actu. et
haec talis potestas, quae ex potestate in actum vertit,
in solis mobilibus est, hoc est quae moveri possunt,
haec autem sunt corporalia. incorporalia enim non
moveri quibus rationibus adstruatur paulo post dice-
25 mus. illae vero quae semper in actu propria naturae
qualitate manserunt, et in mobilibus inveniuntur, ut
p.452 igni calor qui semper actu et numquam fuerit | po-

1 quae iam] quaedam FE (*corr.* E²) 3 uero E 5 signi-
ficet] scilicet S (*corr.* S²) 6 autem] enim T 7 transiit?
9 atque] et G 10 uenit G² (*item postea*) 11 uertitur S²
13 eas F 15 possibilitatis *om.* T¹ 16 quae F 18
actum S (*corr.* S²) alteram uero quam T 20 non *om.*
S¹FTE¹ necesse T cum *in ras.* T actus *codices*
(*corr.* b) 21 possibilitas b ex potestate *om.* S¹ uertet
STE (*corr.* E²), uertitur S² 23 incorporaliter T enim]
uero b 24 astruatur TE² 25 illa SE 26 mansuerunt
S (*corr.* S²), mansurae T 27 color S (*corr.* S²)

testate, et in his quae sunt inmobilia, haec autem
sunt incorporalia et divina. quare potestas ea quae
ex potestate in actum migravit solorum est corrupti-
bilium et corporalium, ea vero quae semper actu fuit
divinis corporalibusque communis est. ut igitur tota 5
ratio breviter accingatur, ita dicendum est: possibilitas aequivoca est et multa significans. est enim una
possibilitas quae ipsa quidem non sit in actu, esse
tamen possit atque ideo de ea possibilitas praedicetur,
est autem alia quae iam est actu. haec autem pote- 10
stas quae iam actu est non est aequivoca, sed genus.
habet enim sub se species eam potestatem quae actu
quidem est, sed ex potestate migraverit, aliam vero
quae actu est, sed ex potestate non migravit. et illa
quidem quae ex potestate non migraverit, ipsa dicitur 15
necessaria, quae numquam relinquet subiectum, illa
vero quae ex potestate ad actum transiit sine ulla
dubitatione dicitur non necessaria, idcirco quod poterit relinquere aliquando subiectum. sed de his utrisque, scilicet quae vel in potestate vel in actu possi- 20
bilitates dicuntur, communis poterit esse praedicatio,
si dicamus utrasque esse non inpossibiles. nam et
qui potest ambulare, cum non ambulet, et qui iam
ambulat, verum est de his dicere quoniam non est
inpossibile eos id agere quod possunt agere vel agunt. 25
cum vero sub significatione possibilitatis duo sint:
una possibilitas quae actu non est, alia vero quae
actu est, illa possibilitas quae secundum potestatem
dicitur necessario non adcommodatur neque aliquando
necessitati poterit consentire. restat igitur, ut sub ea 30
possibilitate necessitas ponatur quae actu est. sed ea

2 possibilitas b   13 migrauit T b   14 migrauerit T
15 migrauit b   17 transiit *ego*: transiet *codices*   18 quod
E²: ut SFE, quia T   20. 21 possibilitatis *codices* (*corr.* b)
24 ambulet TE (*corr.* E²)   25 eos *del.* S²   26 duae?
sunt E   27 non *om.* T   28 non est T   est illa *om.* S¹

quoque habet unam speciem per quam ex potestate
in actum migrat, quae est non necessaria: quare ne
in hac quidem potest poni necessitas. restat igitur
ut, quoniam id quod necesse est esse nullus negat
5 esse possibile, sub possibili est autem et ea quae potestate esse dicitur, sed necessitas non ponitur neque
sub ea potestate quae actu est et poterit subiectum
relinquere, ponatur sub eo actu qui subiectum relinquere non potest, ut sit necessitas possibilitas quae
10 sit actu et subiectum numquam relinquat, eo quod
ad actum ex potestate non venerit. species igitur
quaedam erit necessitas possibilitatis, siquidem illic
ponitur, ubi est ea possibilitas quae actu semper est.
quod quoniam speciem sequitur genus et ubi est spe-
15 cies genus deesse non potest, sequitur speciem suam,
id est necessitatem, genus proprium, id est possibilitas, sed non omne. ea vero possibilitas necessitatem
non sequitur, quae potestate tantum est, non etiam
actu, neque ea quae cum sit actu relinquere subiectum
20 potest, sed ea tantum quae cum actu sit numquam
poterit a subiecto discedere. sequitur ergo possibilitas
necessitatem nihilque evenit inpossibile, sed ea, ut
dictum est, quae in actu sit et numquam in subiecto
natura esse desistat. totus quidem sensus huiusmodi
25 est, ratio vero verborum ita constabit: quaedam
vero, inquit, potestates aequivocae sunt. hoc
idcirco dictum est, quoniam non omnis potestas aequivoca est. est enim potestas quae ut genus sit, ea
scilicet quae secundum actum praedicatur. quemad-
30 modum autem quaedam potestates aequivocae sint
exsequitur dicens: possibile enim non simpliciter

2 actu F　　　5 est] esse S²　　　6 sed *del.* S²　　　sed sub
ea? sub qua?　　　8 poni potest ponatur T　　　10 relinquit S
(*corr.* S²)　　14 quod *in ras.* S　　　15 sequitur *post* suam T
22 que *om.* T　　　euenerit E　　　eadem T　　　23 subiectum
SFE (*corr.* E²), subiecti S²T　　　26 aequiuoca F (*item* 30)

dicitur, et hoc partitur: sed hoc quidem quoniam verum est ut in actu, ut possibile est ambulare, quoniam ambulat, et omnino possibile est esse, quoniam iam est actu quod dicitur possibile. hoc planius nihil poterit demonstrari, 5 quin illud possibile dicat, quod iam agitur. quod si quis possibile esse neget, hoc agi et fieri atque esse dicit quod inpossibile est, sed hoc omnem modum inrationabilitatis excedit. aliam vero partem significationis possibilitatis hanc dicit: illud vero quod for- 10 sitan aget, et dat huius exemplum, ut possibile est ambulare, quoniam ambulabit. non ergo quod iam agit, sed quod forsitan aget, id est quod ut agat fortasse nihil prohibet. et haec quidem, inquit, in mobilibus solis est potestas, haec sci- 15 licet possibilitas quae potestate dicitur non secundum actum. mobilia vero, ut dictum est, sola corpora dicit. illa vero, id est quae actu sunt, et in inmobilibus, id est divinis. atque ideo addidit haec cum dicit et in inmobilibus, ut non suspicemur in solis 20 esse divinis actus possibilitatem, sed etiam in mortalibus atque corporeis. in utrisque vero verum est dicere non inpossibile esse ambulare vel esse, et quod ambulat iam et quod agit et ambulabile. in utrisque, inquit, significationibus una prae- 25 dicatio poterit convenire, ut dicamus non esse inpos-

1 equidem T   3 quoniam iam S²TE   4 iam *om.* S¹
5 poterat T . 7 agi *ego*: agit SFT, ait GE   11 agit *codices* (*corr.* S²E²), *item* 13   12 ambulauit FE (*corr.* E²) 13 id est *om.* F   14 agatur E²   15 in] im TE (*corr.* E²) 16 quae *add.* S²: *om. codices*   17 ut *om.* T   18 sunt] est b   in *om.* S   18. 19 immobilibus S: mobilibus *ceteri* 19 id] ut S²E²G²T   divinis *ego*: ignis *codices*   *post* ignis *add.*: et in immobilibus G²T²   haec addidit G   20 in *om.* ST   immobilibus ST: mobilibus *ceteri*   21 possibilitate F   in] im E

sibile vel ambulare quod iam ambulat vel ambulare quod potest ambulare et non ambulat, quod per hoc ait quod dixit ambulabile. ambulabile enim est
p.453 quod non | quidem ambulet, possit tamen ambulare.
5 his addit: sic igitur possibile non est verum de necessario simpliciter dicere, id est sic possibile, quemadmodum aequivoce possibilitas praedicatur, non est verum de necessario simpliciter et universaliter atque omnino praedicare, hoc est non omne possibile
10 necessario consentit. alterum autem id est possibile verum est, hoc est de necessario praedicare, illud scilicet quod secundum actum dicitur inmutabilem. quare quoniam partem suam, id est speciem, id quod est universale, id est genus, sequitur,
15 illud quod ex necessitate est, quod scilicet species est possibilitatis, sequitur posse esse, id est possibilitas, sed non, inquit, omnino. nam illa possibilitas, quae in actu praedicatur et relinquere subiectum potest, non sequitur necessitatem, sed ea
20 tantum, quae cum in actu sit neque ex potestate in actum vertit neque poterit subiectum relinquere. atque haec quidem quae Aristoteles dixit huiusmodi sunt, quae vero nos distulimus, ut doceremus inmobilia esse divina, mobilia vero sola corpora vocari
25 brevissime demonstrandum est. sex motus species esse manifestum est, sicut in praedicamentorum libro Aristoteles digessit, quamquam hoc in physicis permuta-

---

26. 27 Arist. categ. c. 14.

---

1 uel ambulare quod iam ambulat *in codicibus post* non ambulat (2) *leguntur (corr. b)* 4 ambulat T *(corr. T¹)* 5 possibile *om.* S¹ utrum T 7 quod quemadmodum E² 12. 13 inmutabile E 16 possibilitatem SFE *(corr. S²E²)* posse] possibile T 17 omnino inquit T 20 sint T *(corr. T²)* 21 uertitur S², uenit T 24 diuina hoc modo se habent T 27 fysicis SE, phisicis T, syricis G *(corr. G²)*

verit. sed nunc ita ponamus tamquam si omnino sex
sint. si secundum nullam motus speciem moveri divina atque incorporalia ratio declaravit, ordine convincitur non moveri divina. ergo neque generantur
neque corrumpuntur neque crescunt neque minuuntur 5
neque de loco in locum transeunt, quippe quae pleni-
tudine naturae suae ubique tota sunt nec de deo aliquid intellegi fas est, nec rursus aliquibus passionibus
permutantur. quod si secundum nullum horum mo-
tuum divinarum rerum permutabilis est natura, mani- 10
festum est ea ompino non esse mobilia atque sex
motus hos solis corporibus evenire. atque hoc quidem de plurimis quae de ea re possunt dici rationibus atque argumentis limasse sufficiat. nunc quoniam
Aristoteles consentire necessario possibilitatem non 15
omnem docuit et quae ei conveniret expressit, rursus
de ipsorum consequentia et quid primo, quid posterius
poni debeat, memoriter subicit dicens:

Et est quidem fortasse principium quod
necessarium est et quod non necessarium om- 20
nium vel esse vel non esse, et alia ut horum
consequentia considerare oportet. manifestum
est autem ex his quae dicta sunt, quoniam
quod ex necessitate est secundum actum est,
quare si priora sempiterna, et quae actu sunt 25
potestate priora sunt. et haec quidem sine
potestate actu sunt, ut primae substantiae,

3 declarabit S²G²T, declarauerit b   4 divina *bis ponen-*
dum?   neque T: quae SFEG, quae non S², quae neque Ē²G²B
5 neque crescunt *om.* S¹   8 nec de rursus *codices* (de *del.*
S²E²)   9. 10 motum *codices* (*corr.* b)   12 haec b   13 pluribus G   14 libasse b   sufficiat S, *sed* ciat *in ras.*   quia T
17 et quid E   20 necessarium ΣX: necessarium est *ceteri*
21 ut b (*cf. vol. I p. 205, 7 et 25*): quemadmodum S²FE²ΣX,
om. STE   horum] ista X, ista horum F (*cf. infra*)   23
autem est TE   24 quae X   non ex F   25 priora sunt
FΣX   27 ut] et STE (*corr.* S²T²E²), et ut FX (*corr.* X²)

alia vero cum potestate, quae natura priora
sunt, tempore vero posteriora, alia vero numquam sunt actu, sed potestate solum.

Postquam de possibilis et necessarii consequentia
5 quid videretur exposuit, haec ad emendationem quodammodo superioris ordinis adponit, ut quoniam superius a possibili incohans ceteras omnes propositiones ad possibile et contingens et ad eorum consensum
reduxit, nunc hoc rationabiliter mutet, ut non potius
10 a possibilitate incohandum sit, sed a necessitate. nam
si quis animadvertat diligentius superiorem descriptionem, primo positum est possibile et contingens et ad
eadem cunctorum consensus relatus est. nunc autem
hoc permutatum videtur. dicit enim fortasse hoc esse
15 rectius, ut magis propositionum consequentia a necessariis incohetur. est autem totus sensus huiusmodi:
quoniam, inquit, necessaria sempiterna sunt, quae
autem sempiterna sunt omnium aliorum quae sempiterna non sunt principium sunt, necesse est ut id
20 quod necessarium est ceteris omnibus prius esse videatur. ergo consequentiae quoque eodem modo faciendae sunt, ut primo quidem necessitas, post vero
possibilitas et cetera proponantur, sintque consequentiae hoc modo:

25 Necesse esse   Non necesse esse
   Non possibile esse non esse   Possibile esse non esse

   Necesse esse non esse   Non necesse esse non esse
   Non possibile esse   Possibile esse |

---

1 uero sunt actu E²Σ   potestate *ego* (*cf. vol. I p. 206,
24*): possibilitate *codices*   2 tempora T (*corr.* T²)   4 et b:
uel *codices*   5 exponit SFE   8 earum F, horum T   11
adnimuertat (*sic*) F, advertat b   12 esse F   13 eam T
est relatus F   14 permutandum b   17 sunt — 18. 19
sempiterna *om.* S¹   19 non *om.* F   25—28 *om.* T¹, *sed
spatio relicto.* Consequentes *sinistra binis add.* T   26 *pr.*

Videsne igitur ut primo quidem necesse esse et non p. 454
necesse esse propositum sit, secundo vero loco ad necessitatis cetera consensum consequentiamque relata
sint? hoc est ergo quod dixit fortasse principium
quoddam esse omnium vel esse vel non esse id quod 5
esset necessarium, ut a necessario speculandarum propositionum principium sumeretur, quod esse aliarum
propositionum vel non esse secundum consequentiam
consensum constitueret. et quoniam prius positum
est necesse esse, huic consentit ea quae dicit non 10
possibile esse non esse. istius ergo propositionis quae
dicit non esse possibile ut non sit, quae scilicet non
esse denuntiat (tollit enim possibile quod modus est),
principium est necessitas, cui sine ulla dubitatione
consentit. et rursus quoniam ei quae dicit non ne- 15
cesse esse consentit ea quae dicit possibile est non
esse, huius propositionis, quae aliquid esse constituit,
id est possibile, principium est ea propositio quae
dicit non necesse est. ergo sive adfirmative necessitas
proponatur sive negative, vide principium quoddam 20
esse ceterorum et cetera velut his, id est necessariis,
consentientia iudicari oportere. et hoc est quod ait:
et alia quemadmodum ista consequentia considerare oportet. cur autem istud eveniat, consequenter
ostendit dicens: quoniam ea quae necessaria sunt actu 25

possibile esse] esse possibile SFE (corr. S²E²), possibile est T,
possibile b   alt. possibile esse] possibile est T, possibile b
        non esse om. S¹, in ras. in E   27 necesse est et non
necesse est T   27 et 28 om. b

        1 esse necesse F   3 consequentiaq; F   6 esset] non
sit F   8 consequentia SF (corr. S²), consequentiae T   9
consensumq; S²   12 scilicet] dicit G (corr. G²)   13 denuntiat om. G¹   14 cui om. G¹   16 est] esse b   19 est]
esse b   20 uidetur E²B   20. 21 quoddam esse principium F
        22 conscientia S (corr. S²)   23 quae admodum SE (corr.
E²)   quemadmodum ista] ut horum b

sunt, ut frequenter supra monstratum est, ea vero
quae necessaria sunt sempiterna sunt, quae vero sempiterna sunt priora sunt his quorum sunt huiusmodi
potestates quae in actu nondum sint, manifestum est
5 quoniam et quae actu sunt et ⟨ex⟩ potestate ad actum
non veniunt priora sunt. sed de eo actu loquimur,
qui ex potestate ad actum non venit, sed semper actu
propriae naturae constitutione permansit, ut cum ignis
calet vel sol movetur et cetera huiusmodi ita sunt, ut
10 actum numquam reliquerint neque ab his actus afue-
rit aliquando neque ex potestate ad hunc venerint
actum. quoniam ergo huiusmodi fuerunt ut semper
essent, quae autem semper sunt, ea omnibus sunt
priora, erunt etiam potestate secundum propriam na-
15 turam priora. sed quae priora semper sempiterna
sunt et rursus eadem necessaria, actu sunt et necesse
est, ut ea quae actu sunt his quae sunt potestate
priora sint. post haec fit ab Aristotele divisio rerum
hoc modo: rerum aliae sunt actu semper, qui ex po-
20 testate non venerit, et istae sunt quarum nullae sunt
potestates, sed semper in actu sunt. aliae vero quae
in actum ex potestate migraverint, quarum quidem
substantia et actus secundum tempus posterior est
potestate, natura vero prior. in omnibus enim illud
25 quod est actu prius est et nobilius quam id quod potestate est. illud enim quod potestate est adhuc ad
actum festinat atque ideo perfectio quidem est actus,

1 monstratum est *om.* G[1], memoratum est F   2 *alt.* quae]
quoniam T (*corr.* T²)   4 potestates — 6 ueniunt *om.* F
5 *pr.* et] ea? et ea quae T   ex *add.* b: *om. codices*   6 non
om. T[1]   9 cetera *post* sunt F   ista S (*corr.* S²)   10 re-
linquerint S (*corr.* S²)   10. 11 abfuerit T   12 fuerint S
(*corr.* S²)   13 semper *om.* STE[1]   15 semper *delendum?*
18 sint b: sunt *codices*   fit *om.* T[1]   20 istae tales F
quorum *codices* (*corr.* b), *item* 22   22 migrauerit S (*corr.* S²),
migrauerunt F   24 potestati F   istud F   26. 27 ad actum
adhuc T   27 perfectior E²   quaedam b

potestas vero adhuc quiddam est inperfectum, quod
tunc perficitur cum ad actum aliquando pervenerit.
quod autem perfectum est eo quod est inperfectum
generosius et prius esse manifestum est. nam si res
quae ad actum suum ex potestate venerunt, prius 5
fuerunt potestate, post vero actu, ergo actus earum
rerum posterior est potestate, si ad tempus referamus,
prior vero eadem potestate, si ad naturam. et hoc est
quod ait: alias res esse, quae cum possibilitate sunt
et actu sunt, sed actum potestate tempore quidem 10
posteriorem habeant, natura vero priorem, quasdam
autem res esse in quibus sola potestas sit, numquam
actus, ut numerus infinitus. crescere enim potest in
infinita numerus, quicumque vero numerus dictus sit
vel centum vel mille vel decem milia et ceteri finitos 15
esse necesse est. ergo actu numerus numquam est
infinitus, quoniam vero potest in infinita concrescere,
idcirco solum potestate est infinitus. eodem quoque
modo et tempus. quantumcumque enim tempus dixeris finitum est, sed quoniam tempus potest in infinita 20
concrescere, idcirco dicimus tempus esse infinitum,
quod potestate sit infinitum, non actu. nihil enim
actu esse poterit infinitum. quod autem supra dixit
quae semper actu essent primas esse substantias, non
ita putandum est primas eum substantias dicere quem- 25
admodum in categoriis, ubi primas substantias individuas dicit. hic autem primas substantias quae sem-

---

26 Arist. categ. c. 5.

---

2 ad actum] adhuc tum F (*corr.* F¹) peruenerint SFE
(*corr.* S²E²) 7 tempus] potestatem T 9 res esse] res se
S (*corr.* S²) quae cum] quaecumq; S (*corr.* S²) potestate?
15 ·c· F uel decem milia *om.* F finitos *ego*: finitus
codices, finitum E² 16 ńquam E 17 in infinitis S (*corr.*
S²) potest] post S (*corr.* S²) in *om.* S¹FE¹ con *om.*
F¹T 18 solam T, sola T² postate S 19 quantum
enim cumq; F 25 eum] enim F 26 cathegoriis FT²

per actu sunt idcirco nominat quia, ut dictum est,
quae semper actu sunt principalia ceterarum rerum
sunt atque ideo primas eas substantias esse necesse
4 est. |

p. 455　　**14.** Utrum autem contraria est adfirmatio
negationi et oratio orationi quae dicit quoniam omnis homo iustus est ei quae est nullus
homo iustus est an omnis homo iustus est ei
quae est omnis homo iniustus est? Callias
10 iustus est, Callias iustus non est, Callias iniustus est: quae harum contraria est?

Post propositionum consequentias pertractatas easque subtili inquisitione dispositas illud exoritur inquirendum, quod magnam in se utilitatem ita prae-
15 fert, ut quanta in eo vis utilitatis sit, prima quoque
fronte legentium mentibus ingeratur. nam cum sit
manifestum, quoniam adfirmationem opposita negatio
semper oppugnat maximeque perimet universalem adfirmationem universalis negatio quoniamque non igno-
20 ratur, quod adfirmatio quae contrarium adfirmat ipsa
quoque contrarii perimat propositionem, quaeritur
quae magis perimat magisque oppugnet adfirmativam,
utrumne ea quae universalis negatio est an ea quae
contrarii vel privationis adfirmatio. sit enim positum
25 hanc esse adfirmationem quae proponit omnis homo
iustus est: hanc ergo duae perimunt propositiones,
et universalis scilicet negatio quae dicit quoniam
nullus homo iustus est et ea quae privationem

---

2 principia S (*corr.* S²) b　　7 est *om.* Σ　　ei — an o.
h. i. est (8) *om.* Σ¹　　nullius F (*corr.* F²)　　8 iustus *om.* Σ
　aut FΣℨ　　9 gallias Σ (*item post*)　　10 Callias i. n.
est *om.* S¹FTE¹ℨ　　11 horum *codices* (*corr.* b)　　14. 15
profert GT　　15 quanta G²T²: quantam T, quantum *ceteri*
vis *om.* b　　18 obpugnat F (*item* 22)　　perimat E², perimit?
　20 adfirmatio priuatoria E²　　27 scilicet *om.* F　　28
privationem] propositionem T (*corr.* T²)

iustitiae praedicat adfirmando, ea scilicet quae dicit
omnis homo iniustus est. adfirmatio igitur quae
proponit omnis homo iustus est perimitur et a negatione propria universali quae dicit nullus homo iustus
est et ab adfirmatione privatoria quae proponit omnis 5
homo iniustus est. cum igitur ab utrisque perimatur,
quod autem perimitur ei quod [eam] perimit videtur
esse contrarium quoniamque a duobus, ut dictum est,
perimitur et duae unius contrariae esse non possunt,
quae duarum propositionum quas supra memoravimus, 10
id est negationis universalis et privatoriae adfirmativae, contraria sit universali adfirmationi superius conprehensae? in qua re quam sit utilis quaestio nullus
ignorat, qui cogitat, quia nisi hoc ab Aristotele quae-
situm enodatumque esset, magnam fore dubitationem, 15
an illud reciperetur, ut duo unius possent esse contraria, quod manifesto fieri non potest. nam cum duo
unam rem perimant, quis esset qui dubitaret aut
unam rem duabus opponi aut duabus unam rem per-
imentibus quaeri oportere, quae magis earum videre- 20
tur contraria? contrarias autem nunc dicimus non
secundum eum modum, quem Aristoteles in praedicamentis explicuit, sed tantum ad id quod res rem vel
propositio perimit propositionem, ut quasi hoc modo

---

22 Arist. categ. c. 10. 11.

---

1 affirmationem T (*corr.* T²)   6 igitur] enim F   7
quae (*item post*) b   perimetur S F T E (*corr.* E²)   eam] se
G²T, *uncis inclusi,* rem?   uideatur?   8 contraria b
duabus b   10 monstrauimus S   11 negationes uniuersales
F (*corr.* F²)   12 est T²   12. 13 conprehensae quaerendum
est E²B   14 hoc *om.* F   15 enudatumq; F   magna foret
dubitatio b   fodere G (*corr.* G²)   17 manifeste T E
duo] dico E (*corr.* E²)   18 *post* perimant *nonnulla verba
erasa sunt in* S   qui non E²   dubitet S (*corr.* S²), quis est
qui dubitet?   20 earum magis G   20. 21 earum contraria
esse uideatur F   24 perimat F

quaeratur: adfirmatio universalis secundum quam magis perimitur, utrumne secundum eam quae universalis est negatio an secundum eam quae vel privationem praedicat vel quodlibet aliud quod ex ipsa oppositione
5 vim contrarii repraesentet? unde etiam illud latere non oportet, nulli esse dubium inter universalem adfirmationem privatoriam et universalem negationem quae esset opposita contrarie. supra enim iam dictum est adfirmationi universali negationem universalem
10 esse contrariam, sed hic, ut dictum est, non hoc dicitur, sed illud potius quae magis perimat rem. nam quae magis perimit ea propemodum magis videbitur esse contraria. atque ideo non solum de universalibus proposuit, sed ne suspicaretur quis quod illam contra-
15 rietatem diceret quam vel in praedicamentis locutus est vel rursus supra cum de universali adfirmatione et negatione loqueretur, de particularibus adiecit, quibus non erat contrariae oppositionis adfirmatio atque negatio. nam si recte superius conprehensa memini-
20 mus, adfirmatio universalis et negatio universalis contrariae esse dicebantur. nec solum hoc, sed etiam secundum iustum et iniustum constituit quaestionem, quod habitus et privatio potius est quam ulla contrarietas. quare, ut diximus, intellegendum est esse nunc
25 in quaestione, quae propositio quam propositionem proxime efficaciusque destruat ac perimat. huius inquirendae rei via exsistet hoc modo: |

p. 456   Nam si ea quae sunt in voce sequuntur ea

---

1 queritur T (*corr.* T²)   3 ac SFE (*corr.* E²)   5 representat T   5.6 non oportet nulli latere F   8 contrariae *codices* (*ego corr.*)   11 quod F   14 suspicatur T (*corr.* T¹)   quis suspicaretur F   15 de qua?   locus S (*corr.* S²)   17 et *om.* S¹   particularibus] singularibus?
18 erant T   oppositionis *ego:* propositiones T, propositionis *ceteri*   20 uniuersalis negatio F   27 viam insistit?   28 sequitur SE (*corr.* S²E²)

quae sunt in anima, illic autem contraria est
opinio contrarii, ut omnis homo iustus ei quae
est omnis homo iniustus, etiam in his quae
sunt in voce adfirmationibus necesse est similiter sese habere. quod si neque illic contrarii 5
opinatio contraria est, nec adfirmatio adfirmationi erit contraria, sed ea quae dicta est
negatio. quare considerandum est, quae opinatio vera falsae opinioni contraria est, utrum
negationis an certe ea quae contrarium esse 10
opinatur. dico autem hoc modo. est quaedam
opinatio vera boni quoniam bonum est, alia
vero quoniam non bonum falsa, alia vero quoniam malum. quaenam ergo harum contraria
est verae? et si est una, secundum quam 15
contraria?

Haec investigatio, quae magis sit universali adfirmationi contraria, utrumne privatoria universalis adfirmatio an universalis negatio, hinc sumitur quod
omnis fere proprietas, quam in vocibus venire necesse 20
est, ex opinionibus venit quas voces ipsae significant.
quod igitur quaerendum in vocibus est, hoc prius est
in opinionibus perspiciendum. neque enim fieri potest
ut, cum vocum significatio ex opinionibus veniat, quas
scilicet voces ipsae significant, non prius proprietates 25
vocum in opinionibus reperiantur. requirendum igitur

1 illi FEΣ (corr. E²Σ²)   aut F   2 contrariae FE
(corr. E²)   iustus Σℸ: iustus est ceteri   3 iniustus Σℸ:
iniustus est ceteri   aut etiam SFE (aut del. S²E²)   5
contraria F   7 erit Σ: om. ceteri   dicta est Σ: est dicta
ceteri   8 quare om. E¹   cui S²Σ   10 negationi S²Σ
ei S²Σ   13 non bonum ego (cf. vol. I p. 209, 13): non bonum est codices (bonum non est F)   falsa ante quoniam codices praeter Σℸ   uero falsa E²   14 malum Σℸ: malum
est ceteri   quae FΣℸ   ergo om. Σℸ   eorum Σ, horum ℸ
17 haec ℸ: haec est ceteri   20 evenire b   22. 23 in
opinionibus est F   23 perficiendum ℸ   26 sq. est igitur F

est quemadmodum se ista in opinionibus posita habeant, ut quod in his fuerit repertum ad voces rationabiliter transferatur. quaeratur igitur prius in opinionibus hoc modo: si opinio privatoriae universalis ad-
5 firmationis magis est contraria opinioni simplicis universalis adfirmationis quam opinio universalis negationis, manifestum quoniam privatoria universalis adfirmatio magis perimit universalem simplicem adfirmationem quam universalis negatio. quod si illud
10 magis ratio reppererit, quod opinio negationis universalis opinionem adfirmationis universalis magis perimat potius quam opinio privatoriae adfirmationis opinionem universalis adfirmationis, constat quod universalis negatio magis contraria est universali adfir-
15 mationi potius quam privatoria adfirmatio. hoc autem
ut inveniatur, ita faciendum est: ponatur opinio quaedam vera, contra eam duae falsae, quarum una adfirmatio sit privatoria, altera universalis negatio. de
duabus igitur falsis quam mendaciorem ratio invenerit,
20 eam dicimus verae opinioni magis esse contrariam.
sint igitur tres opiniones, una vera, duae falsae, et
sit quidem vera haec quae id quod bonum est bonum
esse arbitratur, ea scilicet quam dicit Aristoteles opinionem esse boni quoniam bonum est; sit autem
25 ex falsis una quae id quod bonum est non bonum
esse arbitratur, quam Aristoteles dicit falsam opinio-

2 in *om.* S¹   4 opinioni SFE (*corr.* S²E²)   priuatoria E²   6 opinioni SFE (*corr.* S²E²)   7 est quoniam
TE²   priuatoriam SFE (*corr.* S²E²)   11 uniuersalis adfirmationis F   magis — 13 adfirmationis *om.* F   12 ac potius E²   12. 13 opinionem univ. adf. *om.* b   13 perimat
constat E²   16 ponitur F   18 fit T (*item* 22)   22 haec
uera F   24. 25 sit autem ex falsis una G²T: *om. ceteri* (altera S², alia falsa E², falsa vero una b)·   25 quae — 26 arbitratur S²G²TE²: *om. ceteri*   26 arbitratur et haec S²
quam — non bonum est (*p. 469, 1*) S²: *om. codices* (ea est
quae ab aristotele data est opinio boni quoniam non bonum
est E²)

nem boni quoniam non bonum est; reliqua quae
id quod bonum est malum esse arbitratur ea est quae
ab Aristotele dicta est opinio boni quoniam malum
est. ex his igitur tribus, una vera, duabus falsis,
quaerendum est quae magis sit contraria verae. sed 5
quia contingit saepe et negationem et privationem
unum significare, in his praesertim contrariis in quibus nulla medietas invenitur, addit: et si est una,
secundum quam contraria? hoc autem huiusmodi
est: in his contrariis in quibus nulla medietas est 10
idem negatio valet quod etiam privatio, in his vero
in quibus est quaedam medietas adfirmatio privatoria
et negatio non eiusdem significationis sunt. age enim
sint huiusmodi contraria quae sint inmediata genitum
esse et ingenitum esse. in contrariis igitur inmediatis 15
idem privatoria adfirmatio quod negatio valet, in his
autem quae medietatem habent non idem. neque enim
aequum est dicere quemlibet illum esse malum et
rursus non esse bonum. nam cum bonum negatur,
potest aliquid medium audientis animus suspicari; 20
cum vero malum ponitur, tota audientis suspicio in
contrarium reiecta est, atque ideo non idem significant.
sed quia saepe (ut dictum est) privatio vel contrarietas negationi consentit, quotiens tales quaedam propositiones reperiuntur, in quibus nihil negatione dis- 25
crepet privatoria adfirmatio, quaerendum est, ut Ari-
stoteli videtur, secundum quam potius prolationem |

3 data *codices* (*corr.* S²)   1 reliqua — 3. 4 malum est]
reliqua quae id quod bonum est non bonum esse arbitrabatur.
tercia quae id quod bonum est malum esse arbitrabatur ea
est ab aristotile data est in opinionibus boni quoniam malum
est. B   6 sepe contingit F   11 priuatio est SFT   13. 14
enim sunt E   15 inmedietatis FE (*corr.* F²E²)   16 idem]
id est FE (*corr.* E²)   21 suspitio F, suspicatio b   22 est
reiecta F   27 praelationem SFE, praedicationem S², relationem E²

p. 457 vel opinionem verae adfirmationi vel opinioni contraria
propositio vel opinio fiat. quamquam enim interdum
idem significent, alio tamen modo ipsis propositionibus utuntur. nam qui negationem ponit id quod est
5 dicit non esse, qui vero privationem id quod non est
dicit esse. cum igitur diversum initium et diversa
intentio quodammodo sit propositionum sub eadem
significatione, et quae earum magis verae propositioni
contraria sit et secundum quem motum animi magis
10 vera propositio perimatur quaerendum est. hoc est
enim quod ait: et si est una, secundum quam
contraria? non enim dicit quoniam omnino negatio et
privatio idem sunt, sed in his in quibus idem sunt, hoc
est in inmediatis contrariis, et quando idem significant,
15 quoniam non secundum unum motum animi unam significationem dicunt, qui contrarium vel privationem ponunt
et qui negationem, secundum quam contraria magis
est propositio, utrumne secundum eam quae privationem ponit an secundum eam quae negationem? post
20 hoc quemadmodum sit contrarietatis natura designat.

　　Nam arbitrari contrarias opiniones definiri
in eo, quod contrariorum sunt, falsum est.
boni enim quoniam bonum est et mali quoniam malum eadem fortasse et vera, sive plu-
25 res sive una sit. sunt autem ista contraria.
sed non eo quod contrariorum sint contrariae
sunt, sed magis eo quod contrarie.

1 contrario S (*corr.* S²)　　2 opinioni F　　3 significet T
modo tamen F　　4 utimur b　　6 non esse F (non *del.*
F²)　　7 quodadmodo E　　sit *om.* S¹　　8 et *delendum?*
9 magis *om.* S¹　　14 est enim mediatis S (*corr.* S²)　　in
om. T　　inmedietatis E　　15 quoniam non secundum unum
om. T¹　　20 haec b　　quae admodum E　　21 diffiniri F
22 falsum est *om.* Σ¹　　24 fortasse *ego* (*cf. infra*): fortasse
est opinio SFTE, fortasse opinio est Σ, opinio est fortasse 𝔛
etiam et uerae Σ　　24. 25 plures sint Σ𝔛　　25 sit
uera Σ𝔛　　26 eo Σ𝔛: est in eo F, in eo *ceteri*　　sint *om.*

Sensus quidem breviter expeditus, sed summa rationis veritate contextus est. cum enim de contrariis disputat, quemadmodum contrariae opiniones esse possint prima fronte disponit. arbitratur enim quidam contrarias esse opiniones, quae de contrariis aliquid 5 arbitrarentur, sed hoc falsum esse convincitur. neque enim si bonum et malum contrarium est et aliqui de bono et malo opinetur, mox necesse est ut contrarietas subsequatur. age enim quilibet de bono opinetur quoniam bonum est et rursus de malo opinetur quo- 10 niam malum est. cum igitur idem de bono et de malo opinetur, illud quoniam bonum, illud quoniam malum, tamen contrariae opiniones non sunt. neque enim contrarium est opinari id quod bonum est bonum esse et id quod malum est malum esse. utrae- 15 que enim verae sunt, opinionum autem contrarietas in falsitate cognoscitur. quo autem modo huiusmodi opiniones contrariae esse possunt, quae de eadem quodammodo adfectione animi proficiscuntur, id est opiniones cognoscentes quod verum est? non igitur 20 si quis contrariorum aliquam opinionem habeat et quicquam de contrariis arbitretur, statim necesse est subsequi in opinionibus contrarietatem. ergo non est contrarietas opinionum in ea arbitratione, quae contrariorum est vel quae de contrariis habetur, sed po- 25 tius contrarietas in opinionibus tunc fit, quotiens de una eademque re contrarie quisquam opinatur. ut

Σ, sunt T (corr. T²)   26. 27 sunt contrariae ΣΣ   27 contrariae codices (corr. E²)

1 expeditur B (corr. B²)   sed] ac B   3 disputet G quae admodum E (corr. E²)   4 arbitrabantur E²B, arbitrantur?   6 arbitrentur F   7 si om. F (add. F¹)   aliquis S² et ceteri   8 opponitur F   9 bono et de malo F   12 bonum est F   17 in ueritate et in falsitate E²   18 aedem E (corr. E²)   20 quae quod (vel que quod) SFEG (corr. S² G²), quidque quod E²   est uerum F   26 fid E (corr. E²) 27 quis b

quaelibet res sit proposita bona: de ea si quis contrario modo opinetur, quoniam bonum est, de eadem
rursus quoniam malum est, opinio quae id quod est
bonum bonum esse putat vera est, altera vero quae
5 id quod est bonum malum esse arbitratur falsa est,
vera autem et falsa contrariae sunt. recte igitur has
opiniones quas veritas falsitasque disiungit contrarias
esse dicimus et sunt non contrariorum, sed de una
eademque re per contrarietatem ductae. recte igitur
10 dictum est non oportere definire contrarias opiniones
in eo quod ·contrariorum sint, sed potius in eo quod
de eadem re contrarie suspicentur. ordo vero sermonum talis est: nam arbitrari, inquit, contrarias
opiniones definiri in eo, quod contrariorum
15 sint, id est in eo quod quaedam de contrariis opinentur, falsum est. quomodo autem falsum sit ipse
declarat. boni enim quoniam bonum est et mali
quoniam malum est eadem fortasse est, id est
non sibi sunt contrariae opiniones, sed utraeque idem
20 sunt. quemadmodum autem idem sint ipse subiunxit
dicens et vera. idcirco enim idem sunt, quia verae
sunt, contrarietas autem in veritate, ut dictum est, et
falsitate est posita. qua in re si consentiunt, idem in
veritate et falsitate esse videbuntur. nec hoc nume-
p. 458 rositas inpediet. sive enim | plures sive una sit,
26 in eo quod verae sunt idem sunt. sunt autem, inquit, ista contraria, id est quae in opinionibus ver-

---

2 eodem *codices* (*corr.* b)   3. 4 bonum est FT   4
putet F (*corr.* F¹)   uero est F   5 est *om.* T   bonum
est F   arbitretur F   7 quae T   9 edemque E (*corr.* E²)
   dictae b   10 oportere b: potero S?FG, potere E, putare
G²T, posse S³E²   diffinire F, definiri?   11 sunt F, sint
in ras. in S   12 suspicientur E (*corr.* E²)   14 diffiniri F
   15 quod *om.* E¹   18 fortasse est opinio T   19 utraq;
SFT   20 quae admodum E   sunt F   23 quam in rem
SFEG (*corr.* S³E²), quam rem T, quare b   id est F

santur. sed non eo quod vel contrariorum sunt vel de contrariis arbitrantur, contrariae opiniones inveniuntur, sed ipsarum contrarietas inde nascitur, quod de una re contrario modo opinantur. hoc est quod ait: sed magis eo quod contrarie. hic enim 5 contrarie adverbii loco positum est, tamquam si diceret: sed magis ea re contrariae sunt, quod contrarie opinantur, et subintellegimus de una scilicet re. si enim non de una re contrarie opinentur, sed de pluribus, poterunt non esse contrariae. quod facile caute- 10 que perspiciens unusquisque reperiet.

Si ergo est boni quoniam est bonum opinatio, est autem quoniam non bonum, est vero quoniam aliquid aliud quod non est neque potest esse, aliarum quidem nulla ponenda 15 est, neque quaecumque esse quod non est opinantur neque quaecumque non esse quod est (infinitae enim utraeque sunt, et quaecumque esse opinantur quod non est et quaecumque non esse quod est), sed in quibus est fallacia. 20 hae autem ex quibus sunt generationes. ex oppositis vero generationes, quare etiam fallacia.

1 in eo FTE   3 ipsorum *codices* (*corr.* b)   5 in eo T
6 aduerbii E² : aduerso *codices*   7 contrariae — 9 re
om. T¹   8 opinentur T   9 non de una re b : de una re
non *codices*   10 quid S (*corr.* S²)   10. 11 caute?   12
ergo *om.* S¹Σ (est ergo Σ²)   bonum est F   12. 13 opinio
Σ   13 bonum est E   14 aliud ΣX : aliud est *ceteri*   15
aliorum ΣX   16. 17 opinatur ΣXTE²   17 est] non est X
(non *del.* X²)   18 infinita — utraq; Σ   sunt utraeq; X
quaecumque ΣX : quae *ceteri*   19 opinatur SEΣ   quaecumque *ego* : quae *codices*   21 hae autem *ego* (*cf. vol. I p.*
213, 25): haec est autem SFTE, haec autem est ΣX   ex
quibus F : ex his ex quibus F¹ *et ceteri*   sunt X : sunt et
ceteri   22 positis X   uero sunt X   etiam ΣX : et *ceteri*
23 *post* fallacia *addunt*: si ergo quod bonum est et bonum
(et bonum *om.* F) et non malum est. SFE (*del.* E²)

Validam quidem sententiam brevissimis sermonibus clausit, cuius, ut breviter dicendum sit, haec vis est: qui de contrarietate propositionum nosse quaerebat, debebat primo quae propositionum non esset infinita
5 constituere atque ad eam vim contrarietatis aptare. in omnibus enim contrariis unum uni contrarium est. si autem sit quaedam in propositionibus infinitas, illa tota infinitas propositionum uni propositioni contraria esse non poterit. hoc sumendo totum textum argu-
10 mentationis ingreditur aitque non solum exspectari oportere in propositionibus quod falsa verae sit contraria, sed quod inter omnes falsas illa falsa sit verae contraria, quae una est et non infinita. possunt autem esse infinitae propositiones et falsae, potest una finita
15 eadem quoque falsa, quae verae contraria esse rationabiliter ponenda est. volens ergo constare, quoniam negatio potius contraria sit adfirmationi quam ea adfirmatio quae contrarium ponit, hoc dicit: potest, inquit, esse opinatio quaedam quae id quod est de una-
20 quaque re esse opinetur. est etiam alia quae id quod non est rem ullam esse arbitretur. est alia quae id quod secum habet res ulla proposita non eam habere putet. est rursus alia quae id quod est res ipsa non eam id esse arbitretur. ut autem hoc per vagatum
25 luceat exemplum, sumpsit propositum de quo opinaretur aliquis id quod est bonum. si quis igitur hoc

1 ualedam S E (*corr.* S² E²) 2 ut *om.* S¹ 4 sunt non F, non *del.* S² G², *om.* T essent G (*corr.* G²) infinita *ego*: infinitas *codices* (finitas S²) 9 totum sumendo F 10 atque S E (*corr.* S²) 12 uere F 15 eademq; T contrariae S F E (*corr.* S² E²) 16 uolo T (*corr.* T²) constituere E²
17. 18 eam adfirmationem E (*corr.* E²) 18 contrariorum S F E (*corr.* E²) 20 alia] illa S 21 illam T E² arbitratur T est etiam F, est autem b 22 quae F illa T E²
22. 23 habet reputet F 23 putat T id *om.* E¹ 24 arbitratur S F T 25. 26 opinatur T 26 aliquid S (*corr.* S²) bonum est F

bonum bonum esse opinetur, vere opinabitur. rursus
si quis hoc esse bonum quod non est bonum putet,
false opinabitur: ut si quis arbitretur quoniam bonum
laedit, quoniam inutile est, quoniam bonum iniustum
est, is ea de bono opinabitur quae non sunt et hoc 5
falsum est. rursus qui id quod in se habet bonum
non habere arbitratur, is opinabitur hoc modo: bonum
non esse utile, bonum non esse iustum, bonum non
esse expetendum, et is quoque fallitur. quod si quis
sit qui hoc ipsum quod est bonum, non esse bonum 10
arbitretur, ut non putet bonum neque malum esse, id
est quod non est, neque ⟨non⟩ expetendum esse, id
est quod in sese habet, sed id quod est ipsum bonum
non esse, ita arbitratur bonum non esse bonum. ceterae igitur omnes opiniones infinitae sunt. possumus 15
enim permulta colligere falsa quae cum non sint de
unaquaque re ea tamen esse dicamus, ut in eo ipso
bono possum dicere, quia malum est, possum quia
turpe, quia iniustum, quia vitabile, quia periculosum,
et cetera quaecumque in bono nullus inveniet et haec 20
sunt infinita. rursus possum dicere ea quae habet
bonum non esse in bono, ut si dicam bonum non
esse utile, bonum non esse expetendum, bonum non
esse quod auget atque haec quidem rursus infinita
sunt. sed quando id quod est aliqua res aufert opinio, 25
hoc facere nisi semel non potest. neque enim aliqua
per id effici possunt, si quod bonum est non esse
bonum arbitratur. ergo ceterae quaecumque aut id

---

1 *pr.* bonum *om.* T¹   opinabitur] opinatur T (*corr.* T²)
     2 bonum esse T   5 opinabitur de bono T   et] ex E
(*corr.* E²)   6 qui id] quid S (*corr.* S²)   7 arbitretur F
8 utile esse F   10 ipsud SE (*corr.* S²E²)   12 *pr.* est
om. T   non *ego add.: om. codices*   13 sed] se E (*corr.* E²)
     14 *pr.* non T: *om. ceteri*   16 cumq; S (q; *del.* S²)
non *om.* F¹   sit T (*corr.* T²)   21 rursum F   23 non
om. T¹   esse *om.* S   bonum *om.* S   27 est *om.* S¹
28 arbitretur T   cetera S

quod non est bonum esse arbitrantur aut id quod
p.459 habet in sese bonum non esse arbitrantur | falsae
sunt, sed in infinitum. bonum autem ita nunc usur-
pat, tamquam si dicat bonitas. si quis autem ipsam
5 bonitatem non esse bonum arbitretur, is et falsus est
et definito modo falsus est. sed in falsis quae definita
sunt et una numero, ea magis et proxime veris videntur esse contraria. una enim res semper uni rei
est contraria. quocirca recte haec magis contraria
10 est quae negat id quod est potius quam ea quae negat vel id quod in sese habet vel adfirmat quod in
se non habet. hoc autem ut ostenderet non recto
sermone usus est, sed ad quiddam aliud orationem
detorsit, quae res confusionem non minimam fecit.
15 nam cum dixisset non debere nos illas potius ponere
contrarias verae opinioni quae infinitae sunt, subiunxit
illud quod ait: sed in quibus est fallacia. haec
autem est ex his ex quibus sunt et generationes. hoc
autem talem sententiam claudit: inquit opiniones veris
20 opinionibus opponendum esse contrarias in quibus
principium est fallaciae. fallaciae autem ex his nascuntur ex quibus etiam et generationes, generationes
autem in oppositis inveniuntur. hoc autem tale est:
omnis generatio ex permutatione eius quod fuit surgit.
25 nisi enim id quod fuit prius esse desierit, non potest
esse generatio. omne enim quod gignitur in aliam
quodammodo formam substantiae permutatur. ergo
cum non fuerit id quod fuit tunc gignitur et est quiddam aliud quam fuit et qui fallitur id quod est quae-

---

2 esse] habere b   3 in *om.* T¹   infinitum] factum S
(*corr.* S²)   6 diffinita F (*ut solet*)   13 sermone] ordine T²
    ad id T   15 illa S (*corr.* S²)   17 in *om.* SFE¹
17. 18 hae autem sunt b   18 ex quibus *om.* T¹   19 eas
inquit?   20 opponendas S²   est S (*corr.* S²)   21 est
principium T   fallaciae autem *om.* SFE¹   22 quibus] his
T   et *om.* T¹   27 quodadmodo E   28 quod non T (non
del. T²)   28. 29 quoddam T

libet res non esse arbitratur. nam qui quod bonum
est malum esse putat fallitur, sed fieri aliter non potest ut sit malum, nisi non sit bonum et in ceteris
eodem modo. fallacia igitur est et principium fallaciae
est, quod quis id quod est aliqua res non eam esse 5
arbitratur. haec autem fallacia ex his est ex quibus
sunt generationes. omnis enim, ut dixi, generatio ex
detrimento surget, ut quod fit dulce non fit ex albo,
sed ex non dulci, et rursus quod fit album non fit ex
duro, sed ex non albo, et ceterae generationes ex ne- 10
gationibus potius proficiscuntur et est prima inde fallacia. quod si ubi prima fallacia [ex quibus sunt
generationes], ibi integerrima falsitas est et proxima
verae opinioni, haec autem in oppositis reperiuntur,
hoc est in adfirmationibus et negationibus, dubium 15
non est quin negationis opinatio magis contraria sit
ea opinione quae contrarium aliquid in arbitratione
confirmat. et sensus quidem huiusmodi est, verba
autem sese sic habent: si ergo est, inquit, boni
quoniam est bonum opinatio, quae scilicet vera 20
est, est autem quoniam non bonum est, quae
falsa est ac definita, est vero quoniam aliquid
aliud est quod non est neque potest esse, id est
ea quae id esse adscribit quod non est, aliarum

1 qui S²T: *om. ceteri,* si E² 3 in T: *om. ceteri* (de b)
5 est quod] cum b 7 generationes sunt F 7. 8 et deter-
minato G (*corr.* G²) 8 surgit b sit F fit S, *sed it in ras.*
9 non *om.* F (non ex F¹) dulci] maro F, amaro GE (*corr.*
G²E²), non dulci *in ras.* S² 10 sed *om.* T¹ non ex SF (*corr.*
S²) 10. 11 negationibus *ego:* generationibus SFE, oppositis
T 12 ibi S²E² fallacia est T ex] in T, id est ex G²
ex — 13 generationes *uncis inclusi* 13 ibi G²T: ubi *ceteri*
integer una E (*corr.* E²) proximi T 14 haec S²E²: non
haec *codices* (hae?) autem nisi G²T 15 haec SFE (*corr.*
S²E²) neg.] generationibus S (*corr.* S²) 16 negationibus
S (*corr.* S²) 17 ea opinione *ego:* ei opinioni *codices* 19
autem *om.* T 21 est bonum F 24 ea *om.* F ascribit
SF, asscribit T

quidem omnium nulla ponenda est, dicit, neque
quaecumque esse quod non est opinatur, id est
quae id quod non est res proposita esse eam putat,
neque quaecumque non esse quod est, id est
5 neque ea quae id quod habet res proposita in opinionibus negat. cur autem istae non ponantur contrariae
docet hoc modo: infinitae enim, inquit, utraeque
sunt, et quae esse opinantur quod non est, et
quae non esse quod est. sed quae magis ponenda
10 est? in quibus est, inquit, fallacia, id est in quibus principium fallaciae. principium autem fallaciae
unde ducitur? ex his ducitur, ex quibus sunt et
generationes. unde autem sunt generationes? ex
oppositis. omnis enim, ut dictum est, generatio ex
15 eo quoniam non est id quod fuit, quod scilicet ad
negationem vergit. quare, inquit, etiam fallacia
et principium fallaciae in oppositis invenitur, ubi etiam
generationes, ex quibus est ipsa fallacia.

Si ergo quod bonum est et bonum et non
20 malum est, et hoc quidem secundum se, illud
vero secundum accidens (accidit enim ei malo
non esse), magis autem in unoquoque est vera
quae secundum se est, etiam falsa, siquidem
et vera. ergo ea quae est quoniam non est

---

1 dicit *del.* S²E²   2 opinantur *et* 3 putant?   3 eam
esse F   ///////// putet S (putat S¹)   3 quod — 5 id *om.* T¹
      5 posita E   5 eae *et* 6 negant?   6 istae *ego*: ista
codices   non ista T   ponantur *ego*: opinantur *codices*
7 inquit *om.* T   8 *et* 9 quaecumque?   8 opinatur SFE
9 non *om.* S¹   esse quod non F (*transp.* F²)   10. 11 quibus
est E²   11 fallaciae est b   principium autem fallaciae E²:
om. codices   12 dicitur S (*prius*)   13 autem *om.* F   14 enim
om. S¹   14. 15 ex eo est T, ex eo surgit E²   15 quod b
      quoniam — fuit] quod non est fit S²   19 quod bonum
est ΣΤ: quod est bonum T, esse bonum (*om.* quod) SFE (*corr.*
E²)   non *om.* F (*add.* F¹)   21 ei *om.* SFE¹   malum
codices (*cf. vol. I p. 215, 6*)   22 in unoquoque *om.* SFE¹
23 quae ΣΤ: quae est *ceteri*   sese ΣΤ

bonum quod bonum est eius quod secundum
se est falsa est, illa vero quae est quoniam
malum eius quod est secundum accidens. quare
magis erit falsa | de bono ea quae est negatio- p.460
nis opinio quam ea quae est contrarii.

Licet haec omnia in primae editionis secundo commentario diligentissime explicuerimus, ne tamen curta expositio huius libri esse videatur, hic quoque eadem repetentes explicabimus. est namque ingressus huius argumentationis huiusmodi: si, inquit, posita vera propositione plures sint quae eam perimunt falsae, illa inter eas verae propositioni magis erit contraria, quaecumque magis est falsa. quaerendum igitur est quae inter plures falsas propositiones magis falsa sit, ut ea verae propositioni magis videatur esse contraria. hoc autem per veritatem dicendum est. nam cum vere et per ipsam rem aliquid dici possit et per accidens, illud tamen maxime veritatis naturam tenet, quod secundum rem ipsam dicitur potius quam quod secundum accidens venit. ut si quis de bono opinetur, quoniam bonum est, hic secundum ipsam rem veram opinionem habet, sin vero aliquis arbitretur, quoniam bonum utile est, verum quidem opinabitur, sed ista veritas de bono per accidens fit boni. accidit

1 quod bonum est *om.* S^1E^1 1.2 eius quod secundum se est] si est SE, secundum se consistens S^2, secundum se consistentis E^2, secundum se consistens si est F, secundum se T, secundum se continens (consistentes Σ^2) Σ, aliter eius quae secundum se est · secundum se consistentis $\mathfrak{T}$ (*cf. infra*) 3 quod $\Sigma\mathfrak{T}$: quae *ceteri* 5 contraria $F\Sigma\mathfrak{T}$ 6 dictionis T (*corr.* T^2) 7 tam SFEG (*corr.* S^2E^2) spurca S, cur ea E (*corr.* S^2E^2) 8 libri huius G hic b: id *codices* eandem B 9 explicauimus SFE (*corr.* S^2) ingressus textum E^3 10 hoc modo E^3 inquit] quid S (*corr.* S^2) 11 sunt F 13 magis *om.* F est igitur F 14 in plurimis T 16 discendum? 18 tenet naturam F 19 rem — 20 secundum *om.* F 20 euenit? 20. 21 operetur F 22 ueram *om.* S^1

enim bono ut utile quoque sit. quare illa quae bonum bonum esse arbitratur per se vera est, id est secundum ipsam rem vera est, illa vero quae id quod bonum est utile esse opinatur per accidens boni vera
5 est. quare propinquior naturae bonitatis est ea quae id quod bonum est bonum esse arbitratur quam ea quae id quod bonum est utile. quod si ita est, verior illa est quae secundum ipsam rem vera est potius quam ea quae secundum accidens videtur. his igitur
10 ita constitutis et de falsitate idem dicendum. falsa enim propositio quae illi verae contraria est, quae secundum se est, magis falsa est quam ea quae illam veram perimit, quae secundum accidens vera est. nam si verior ea quae de ipsa natura rei verum aliquid
15 opinatur, illa erit magis falsa quae perimit veriorem. quod si illa, quamquam sit vera, minus tamen, quae de rei accidente pronuntiat, minus quoque illa erit falsa quae minus veriorem perimit. his igitur ita constitutis videamus nunc quemadmodum se in his
20 habeant opinionibus vel propositionibus de quibus nunc tractatur. idem igitur sit exemplum: ut supra dictum, id quod est bonum et bonum est et non malum, sed quod bonum est secundum ipsam rem est, quod vero malum non est accidit ei. nam id quod
25 bonum est per naturam bonum est, quod vero malum non est secundo loco et quasi accidenter est. ergo opinio de bono quoniam bonum est verior erit propinquiorque naturae ea opinione quae est de bono

1 sit *om.* F   2 arbitratur esse F   5 quare *ego*: in quam (*vel* inquam) rem *codices* (in qua re S², quamobrem b)   10 dicendum est b   11 *alt.* quae b: ea quae *codices*   12 illa F   14 si *om.* T   si sit?   ea uerior est F   ea est S²TE   15 opinetur T (*corr.* T²)   18 veriorem] falsiorem SFE (*corr.* E²)   perit F (*corr.* F¹)   20 habeat?   de] uel de SFE (uel *del.* S²E²)   21 sit igitur F   22 dictum est TE²   24 non *om.* S¹ (non malum S²)   id *om.* S¹

quoniam malum non est. si igitur ita est et ea quae
veriorem opinionem perimit magis falsa est quam ea
quae illam quae quamquam vera sit minus tamen est
vera, manifestum est quoniam negatio magis est falsior quam ea adfirmatio quae contrarium ponit. nam 5
negatio dicit non esse bonum quod bonum est, adfirmatio vero malum esse quod bonum est: negatio ea
quae est non esse bonum quod bonum illam secundum se opinionem veram perimit quae dicit bonum
esse quod bonum est, illa vero adfirmatio contrarii 10
quae est malum esse quod bonum est illam opinionem
perimit veram quae de bono secundum accidens est,
id est non malum esse quod bonum est. constat igitur magis falsam esse opinionem quae dicit non esse
bonum quod bonum est potius quam eam quae opi- 15
natur malum esse quod bonum est. quod si haec
falsior, magis contraria: magis igitur contraria est
negationis opinio quam contrariae adfirmationis. ex-
pedito igitur sensu verba ipsa discutienda sunt. si
ergo, inquit, quod bonum est sit bonum et non sit 20
malum, et hoc quidem secundum se, id est ut quod
bonum est bonum sit, illud vero secundum accidens, hoc est quod bonum est ut malum non sit,
(accidit enim ei malum non esse), magis autem
in unoquoque est vera, quae secundum se est, 25
nam quod secundum uniuscuiusque naturam est pro-

3 quae illam quae T: quae *codices,* quae eam opinionem
perimit quae S²   3. 4 uera est F   5 affirmatio ea T
6 bonum *in ras.* S²   quoniam T   8 est illam E²   13
id est] idem SE (*corr.* S²E²)   esse *om.* SFE   13 constat
— 16 bonum est *om.* F   15 ea SE (*corr.* E²)   15. 16 opinetur E (*corr.* E²)   16 haec] est b   18 adfirmationes FE
(*corr.* E²)   20 *alt.* bonum *om.* S¹FE¹, bonum sit TE²B
21 ut quod b: inquid SF, inquit S² *et ceteri* (inquit quod B)
   22 est B: *et ceteri*   sit *ego:* esse *codices* (esse dicatur b)
   24 malo?   non *om.* S¹   26 uniuscuiuscumq; F (unius-
cuiuscuius F²)

pinquius est ei rei cui secundum naturam: quocirca
et veritas secundum rem, quia rei proxima est, verior
est quam est ea quae secundum accidens est (hoc est
enim quod ait: magis autem in unoquoque est
5 vera quae secundum se est): quod si hoc ita est,
etiam falsa, id est etiam illa est falsitas magis falsior quae illam perimit opinionem vel propositionem
quae secundum se vera est, siquidem illa secundum
9 naturam rei vera verior est quam quae secundum ac-
p. 461 cidens | vera est, hoc est enim quod dixit: siquidem
et vera. hoc igitur disponens exemplo confirmat:
ergo ea quae est quoniam non est bonum quod
bonum est eius quod secundum se est falsa
est, hoc est illa quae opinatur ⟨id quod bonum est
15 non esse bonum opponitur⟩ illi opinioni quae secundum
se vera fuit. hoc enim haec verba demonstrant, quod
dixit: ergo ea quae est quoniam non est bonum
quod bonum est eius quod secundum se est
falsa est, id est quae ipsum bonum negat bonum
20 esse per se verae propositionis falsa est, id est opposita. falsitas enim veritati opponitur. illa vero quae
est quoniam malum eius quod est secundum
accidens, hoc est illa opinio quae id quod bonum
est malum arbitratur esse falsa est et apta ei propo-
25 sitioni quae est secundum accidens vera, id est quae

     1 cui est b   naturam est TE²   2 est *om.* F   3 est
(*ante* ea) *om.* T¹E?   6 id est] idem SE (*corr.* S²E²)
etiam] falsa etiam T (*om.* falsitas)   8 — 10 illa secundum
accidens uera uerior est quam quae secundum naturam rei
uera est SFEG: *ego transpositione correxi* (quam *delent,* ut
illa — uera *ablativus comparationis sit,* S²E²G², *om.* T, minus
uerior E³B)   10 dixit] ait T   11 dispones T (*corr.* T¹),
exponens b   13 quae T   14 opinatur] opponitur S²,
opinatur negationem T   14 id — 15 opponitur *ego add.*:
om. codices   16 quod] cum b   18 *alt.* quod] quae T
19 neg. bonum] bonum negat T   22 quod] quae TE²
25 est *post* accidens T

opinabatur bonum non esse malum. quare magis
erit falsa de bono ea quae est negationis opinio quam ea quae est contrarii, id est magis
contraria est negatio quam adfirmatio contrarii, siquidem cum sint de bono utraeque praedicatae, falsior 5
tamen negatio reperitur. sed quod dixit bono accidere, ut malum non sit, non ita intellegendum est,
quemadmodum solemus dicere substantiae aliquid accidere. neque enim fieri potest, sed accidere hic intellegendum est secundo loco dici. principaliter enim 10
quod est bonum dicitur bonum, secundo vero loco dicitur non est malum. hoc autem tractum est a similitudine substantiae et accidentis. unaquaeque enim
substantia principaliter quidem substantia est, secundo
vero vel alba vel bipeda vel iacens vel quicquid sub- 15
stantiis accidere potest.

Falsus est autem magis circa singula qui
habet contrariam opinionem; contraria enim
eorum quae plurimum circa idem differunt.
quod si harum contraria est altera, magis vero 20
contraria contradictionis, manifestum est quoniam haec erit contraria.

Vis omnis argumentationis, ut brevissime expedia-
tur, huiusmodi est: omne verum aut secundum se verum est aut secundum accidens, quare necesse est 25
etiam falsum aut secundum se falsum esse aut per
accidens. verum autem illud esse verius constat quod
secundum se est potius quam illud quod per accidens.

3 contrarii — magis *om.* S¹   5 falŝior b: uerior *codices*
9 accedere E (*corr.* E²)   11 est bonum] bonum est F
12 esse?   tractatum S (*corr.* S²)   15 uero loco T   17 falsum Σ   est *om.* F   autem est T   17.18 quae habent Σ
     18 habet et F   contrariam] contrarium E (*corr.* E²)
contrarium enim est ΣЖ   19 eorum sunt SFTE (*cf. vol. I
p. 217, 19*)   20 horum Ж   24. 25 uerum se uerum S (*pr.
uerum del.* S²)   26 se *om.* E¹   28 per *om.* S¹

qui vero contrariam de re aliqua habet opinionem
quam res ipsa est, necesse est ut plurimum falsus sit.
etenim contrarietas opinionum, quotiens de una eademque re longissime a se absistentes opiniones sunt.
5 quod igitur magis falsum est, hoc erit etiam falsum
contrarium. illud enim quod magis a veritate abest,
hoc magis falsum est. in opinionibus vero quae a se
plurimum differunt, ea sunt contraria. illa igitur in
opinionibus contraria est quae plurimum falsa est. est
10 autem, ut dictum est, plurimum falsa, quae secundum
se falsa est, id est quae illam perimit propositionem
quae secundum se vera est. quocirca (haec enim est
negatio) negatio contraria est adfirmationi potius quam
ea adfirmatio quae contrarium ponit. talis igitur
15 sensus his verbis includitur: falsus est autem magis, inquit, circa singula qui habet contrariam
opinionem. quamquam enim possit esse quilibet
falsus, etiamsi de eadem re contrariam non habeat
opinionem, ille tamen magis fallitur qui contrarium
20 aliquid opinatur. hoc autem cur eveniat dicit: contraria enim eorum sunt quae plurimum circa
idem differunt. idcirco enim maxime falsa contraria
opinantur, quia contrarietas non nisi in plurimum dis-
crepantibus invenitur. quod si harum contraria
25 est altera, id est quod si harum propositionum, quae
per se falsa est vel quae per accidens, unam contrariam esse necesse est, magis vero contraria contradictionis, hoc est magis autem falsa negatio

3 est enim E² opinionum est T 4 abstinentes F
5 *alt.* falsum] magis E², *om.* b 6 contrarium] plurimum T¹
12 quocirca *del.* E², *om.* b enim *ego:* autem *codices*
12. 13 negatio est T 13 negatio igitur S² *et ceteri* 15
autem est F autem *om.* T 16 qui] quid E (*corr.* E²)
18 non habet contrariam F habet SFT 20. 21 contrarium F 23 opinatur TE² (*corr.* T¹), opponitur E³ 24
earum T 25 id est *om.* T quod *del.* E² 26 vel] et?
28 autem *om.* F

(hoc enim quod ait: magis vero contraria hoc
sensit tamquam si dixisset: magis vero falsa contradictionis est, id est magis vero falsa negatio est), concludit: si illa, ut dictum est superius, ita sunt, manifestum esse, quoniam haec, id est contradictionis, 5
erit contraria.

Illa vero quae est quoniam malum est quod
bonum inplicita est; etenim quoniam non bonum est necesse est fere idem ipsum opinari.

Postquam idcirco contrariam potius negationem 10
esse monstravit, quod haec magis esset falsa | quam p. 462
ea quae contrarium adfirmaret, et distinctione falsitatis contrariam esse propositionem opinionemque quae
rem propositam negaret edocuit, nunc ex simplicibus
inplicitisque propositionibus opinionibusque idem niti- 15
tur adprobare. dicit enim, quod ea adfirmatio quae
contrarium ponit inplicita et non simplex sit. idcirco
autem inplicita est, quod quae arbitratur id quod bonum est malum esse mox illi quoque opinari necesse
est id quod bonum est bonum non esse. neque enim 20
aliter esse malum potest, nisi bonum non sit. quare
qui quod bonum est malum esse arbitratur, et rem
bonam malum putat et eandem ipsam non esse bonum.
non igitur simplex est haec opinio de bono, quoniam
malum est. continet enim intra se illam, quoniam non 25
est bonum. qui vero opinatur non esse bonum quod
bonum est, non illi quoque necesse est opinari quo-

1 est enim E² 2 sentit? 4 est *om.* SE 7 illud Σ
8 est bonum ΣℲE², bonum est F non *om.* Σ¹ 8. 9 bonum
non F 9 fere *om.* FΣℲ 10 contrarium SFE (*corr.* E²)
11 esse] sese SFE (*corr.* S²E²) 12 contrariam T (*corr.*
T²) 13 contrarium S (*corr.* S²) 14 edocuit S, *sed* e *in
ras.* S² 15 implicitam (*om.* que) T 17 sit simplex E
19 illam b, illud? 22 qui quod] quidquid SFE (*corr.* S²E²)
22. 23 bonam rem F 23 purat S (*corr.* S²) 24 opinio haec T 27 illud? neccesse T

niam malum est. potest enim et non esse aliquid
bonum et malum non esse. atque hoc quidem in his
innititur rebus in quibus aliqua medietas poterit inveniri. hoc quoque cautissime addidit. his igitur ita
5 positis quoniam contrarii opinio non est simplex, simplex vero est negationis, necesse est ut contra simplicem opinionem simplex potius videatur esse contrarium. est autem simplex opinio boni quoniam bonum est vera, simplex vero boni quoniam non bonum
10 est falsa. simplici igitur opinioni de bono quoniam
bonum est simplex erit contraria, negationis scilicet,
quae est boni quoniam non est bonum. tota vero vis
huius argumentationis hinc tracta est: quotiens vera
est quaedam propositio et duae quae eam perimere
15 possint, si una earum nihil indigens alterius veram
propositionem perimat, reliqua vero praeter alteram
eandem veram propositionem perimere non possit, illa
magis dicenda contraria est, quae sibi sufficiens nec
reliquae indigens propositam propositionem perimere
20 valet. veram autem propositionem de bono quoniam
bonum est sola perimere potest et ad illius verae interitum est sibi ipsa sufficiens illa quae opinatur non
esse bonum quod bonum est. illa vero quae opinatur
malum esse sibi sola non sufficiet, nisi illa quoque
25 ei auxilietur, quae est id quod bonum est bonum non
esse. idcirco enim contraria illa aufert, quia secum
negationem trahit. manifestum est hanc quae ad ve-

3 nititur T, inuenitur E² 4. 5 positis ita F 5 contraria
T non simplex est F 7 esse uideatur F 7. 8 contraria?
8 autem *om.* F 9 bonum non E 14 propositio quaedam
est F 15 possunt FT 16 alteram *om.* T¹ 21 sola
quae dicit quoniam non bonum est S², sola negatio b 22
illa quae opinatur G²T: *om. ceteri*, ea quae proponit E³B
22. 23 non — est G²TE²B: *om. ceteri* 24 ni F 25 auxi-
liaetur E 26 illam b *supra* aufert *scr.* s. ueram E²
27 trait F (*corr.* F¹) ergo est?

rae propositionis interitum sibi ipsa sufficit recte
magis videri contrariam quam eam quae sibi ipsa
non sufficit, nisi ei vis negativae propositionis addatur.

Amplius, si etiam in aliis similiter oportet 5
se habere, et hic videbitur bene esse dictum;
aut enim ubique ea quae est contradictionis
aut nusquam. quibus vero non est contraria,
de his est quidem falsa ea quae est verae opposita, ut qui hominem non putat hominem 10
falsus est. si ergo hae contrariae sunt, et aliae
contradictionis.

Quod de his, inquit, propositionibus dicimus si hoc
in omnibus invenitur, firmum debet esse quod dicimus.
neque enim verisimile est in aliis quidem propositio- 15
nibus negationes esse contrarias, in aliis vero adfirmationes quae contrarium ponunt, sed si hoc in omnibus propositionibus invenitur et contradictionibus, ut
contradictio potius contraria sit, id est negatio, quam
quae contrarium habet, nihil est dubium quin haec 20
ratio consistat in omnibus: sin vero in aliis ea quae
contrarium ponit magis contraria est quam negatio,
hic quoque ita sese manifestum est non habere. ubi
enim inveniri potest contrarietas, in his dubitatio est,
quaenam sit contraria, utrumne ea quae contrarium 25
adfirmat an ea quae id quod propositum est negat.
ergo in his in quibus dubium non est quemadmodum

     1 sufficit S, *sed* t *in ras.* S²   2 ipsa *om.* T   6 uidetur
𝛴𝔗   8 contraria 𝛴: contrarium *ceteri*   9 uera SF   10
qui *in ras.* SE   putet 𝛴   11 haec SFE (*corr.* E²)   aliae
𝛴: illae aliae quae sunt *ceteri*   12 contradictiones 𝛴 (illae
aliae quae sunt contradictionis et aliae contradictiones 𝔗)
13 conpropositionibus SF (*corr.* S²), conpositionibus E   si
om. S¹FT   14 quod *om.* F (*add.* F¹)   16 esse *om.* F
17 hoc S, *sed* o *in ras.* S²   17. 18 omnibus aliis? ceteris
omnibus?   19 quam *om.* SFE¹G¹   20 habet et FTEG (et
del. E²)   23 sese] esse T   non *delendum?*   24 autem?

sit hoc speculandum est. dubium autem non est in his in quibus nulla est contrarietas, ut in substantiis. hic enim solae sunt contrariae negationes. si ergo huic opinioni quae est de homine quoniam homo est
5 illa opponitur quae est de homine quoniam homo non est, manifestum est in aliis quoque in quibus contrarietas invenitur locum contrarietatis negationem potius optinere. [nam si in his in quibus contrarietas est, ut in bono vel malo, manifestum est potius illam
10 esse contrariam quae bonum negaret quam eam quae
p. 463 malum opponeret ei quae id quod | bonum est bonum esse arbitretur, nec in his eam contrariam esse oporteret in quibus contrarietas nulla est.] quid enim attinet cum de homine dicimus, quod contrarium non
15 habet, ibi esse negationem contrariam, cum vero de bono, quod contrarium habet, ibi non esse, sed potius eam quae contrarium poneret? quodcumque enim convertitur a negatione suam vim in omnibus servare debet. quod ergo dicitur ab Aristotele, ut breviter ex-
20 plicem, tale est: si in aliis negatio est contraria, hic quoque negationem esse contrariam manifestum est; quod si in aliis minime, in his quoque quae supra posuit. sed in omnibus aliis in quibus contrarietas non invenitur contradictio contrarietatis locum tenet,
25 et in his igitur in quibus est aliqua contrarietas eundem locum neque alium tenebit. quod in his verbis

1 autem *om.* S[1]   2 contrarietas est F   4 huic T: huic contrariae *ceteri* (huic uerae?)   7 contrarietas T (*corr.* T[2]) 8 nam — 13 est *uncis inclusi*   8 si non S[2]   his] aliis F 9 in malo F   11 oponeret F, optineret E (*corr.* E[2])   11 ei — 12 arbitretur *del.* S[2]   12 arbitratur T   esse contrariam F   11 ei — 13 oporteret *bis scripta sunt in* SFEG (*corr.* S[2])   13 nulla contrarietas F   17 opponeret T quocumque E[2]   enim *om.* F[1]   18 negatio (*del.* a) E[2] 19 dicit F   22 nec in his S[2], neque in his E[2], nec his B (minime *bis ponendum?*)   quae *om.* G[1]   24 non *om.* F 26 in *om.* b

explicuit: amplius, si etiam in aliis similiter
oportet se habere, et hic videbitur bene esse
dictum. nam si in ceteris omnibus ita se habere
necesse est, et in his quae supra sunt dicta ita sese
habet et id quod dictum est optime dictum esse vide- 5
bitur. aut enim ubique ea quae est contradictionis * * * alicubi quidem contrariam reperiri, alicubi vero minime. quibus vero non est contrarium, ut in substantiis in quibus nulla est contraria
(hoc enim nos, si bene meminimus, praedicamenta 10
docuerunt), de his est quidem falsa ea quae est
verae opposita, id est in his invenitur quidem opposita falsa opinio verae opinioni, sed quae sit ista
manifestum est. nam ubi nulla contrarietas, liquet
contradictionis esse contrarietatem. ut qui hominem 15
non putat hominem falsus est. haec enim sola
contrarietas verae propositionis invenitur. si ergo
hae contrariae sunt, et illae aliae quae sunt contradictionis, id est si in his quae contrarietatem
non habent negationes sunt contrariae (necesse est 20
enim aliquas esse contrarias), in aliis omnibus etiam
in quibus est aliqua contrarietas, ut bono et malo,
negatio locum optinet contrarietatis.

Amplius similiter se habet boni quoniam
bonum est et non boni quoniam non bonum 25

4 et] sicut S² in *om.* S¹FTE¹ dicta sunt F ita
om. S 5 *alt.* dictum *post* uidebitur F 5. 6 uidetur G
7 *post* contradictionis *lacunae signum posui:* aut nusquam
add. S²TE²G², aut nusquam si contingat B, aut nusquam:
neque enim verisimile est contradictionem? quidem *om.* B
contrarium G²T repperi F 8 minime falsum est S²,
minime s. possumus E², minime manifestum est G²T 8. 9
contraria? 9 contrarietas G²T 13 falsa *om.* S¹ 14 contrarietas est S²TE² 16 putat *post* qui (15) F 18 hae. *om.*
S¹FE, horum T² sint SE (*corr.* E²) (*prius*) 19 si *om.*
T¹ 21 contrariae SFE (*corr.* S²), contrarie E² 22 ut] ut
in T 23 tenet F 24 habet ΣΣ: habent *ceteri*

est, et super has boni quoniam non bonum est
et non boni quoniam bonum est. illi ergo quae
est non boni quoniam non bonum verae opinioni quae est contraria? non enim ea quae
5 dicit quoniam malum; simul enim aliquando
erit vera, numquam autem vera verae contraria
est; est enim quiddam non bonum malum,
quare contingit simul veras esse. at vero nec
illa quae est non malum; simul enim et haec
10 erunt. relinquitur ergo ei quae est non boni
quoniam non bonum contraria ea quae est non
boni quoniam bonum, quare et ea quae est
boni quoniam non bonum ei quae est boni
quoniam bonum.

15　　Quaecumque superius dicta sunt, ea rursus validiore per proportionem argumentatione confirmat.
proportio autem est rerum inter se invicem similitudo.
si igitur positae sint res quattuor, quarum duae sint
praecedentes, reliquae sequentes, et sic se habeat pri-
20 ma ad secundam quemadmodum tertia ad quartam,
necesse est ita sese habere primam ad tertiam quemadmodum fuerit secunda ad quartam. hoc enim ipsum

·

1 et super — 2 bonum est *om.* S¹   2 bonum] non bonum F   igitur 𝔛   3 quia F   uerae Σ𝔛: est uerae *ceteri*
4 quae Σ𝔛: quae ita F, quaenam *ceteri*   enim *om.* S¹E¹
5 malum est *codices* (*cf. vol. I p. 27, 4*)   6 erit uera
Σ𝔛: erunt uerae *ceteri*   7 quoddam 𝔛   8 esse ueras *hic*
codices (*cf. infra*)   9 ha S, hae S²TE   10 relinquitur
ergo] sequitur enim Σ (*corr.* Σ²)   11 bonum Σ: bonum est
ceteri   ea *om.* Σ¹   12 bonum Σ𝔛: bonum est *ceteri*
quae est *om.* SFE   13 quoniam *om.* Σ¹   bonum Σ𝔛: bonum est *ceteri* (bonum est est F, *pr.* est *del.* F²)   ei *om.*
S¹FE, et Σ (*corr.* Σ²)   non boni Σ𝔛 (non *del.* Σ²)   14
bonum Σ𝔛: bonum est *ceteri*   16 propositionem SFE (*corr.*
S²), per portionem T, proportionum (*om.* per) T²E²   17 propositio F   autem *om.* F   18 ergo T   duae sunt F
19 habent F, habebat T (*corr.* T²)   22 autem?

breviter facillimeque numeris agnoscamus. sit enim
primus numerus II, secundus VI, rursus incohantibus
tertius IIII, quartus XII.

II   VI

IIII   XII   5

In his igitur praecedentes quidem sunt duo et quattuor, sequentes vero sex et duodecim. sunt autem
ut duo ad sex, ita quattuor ad duodecim. nam sicut
duo senarii tertia pars est, ita quaternarius duodenarii
tertia pars est. quocirca sicuti quaternarius praece- 10
dens ad sequentem, ita alius praecedens ad alium sequentem erit; ut praecedens ad praecedentem, ita sequens ad sequentem. sed duo ad quattuor qui sunt
praecedentes medietas est, et sex igitur ad duodecim
medietas est. igitur in omni proportione hoc respi- 15
ciendum, quod si de quattuor propositis rebus sicut
prima est ad secundam, ita tertia ad quartam, erit ut
prima ad tertiam, ita secunda ad quartam. ista igitur
numerorum proportio ad propositionum vim naturam-
que transferatur sintque duae propositiones | primae, p. 464
quarum una praecedens, altera sequens, et aliae rur- 21
sus duae, quarum una praecedens, altera similiter sequens, et in his sit aliqua similitudo. sit enim prima
boni quoniam bonum est, hanc sequatur boni quoniam

---

1 brebiter S (*corr.* S²)   agnoscimus E   2 VI] IIII E²
3 IIII] VI E²   XII] duodecim TE   4. 5 *ad* II *et* IIII precedentes, *ad* VI *et* XII sequentes *add.* T   6 duae SFE (*corr.*
S²E²)   et *om.* SFE   9 senarii] denarii SF (*corr.* S²)
10. 11 praecedens//////////////////////ad (ad *in ras.*) S   12 erunt SE
et ut b   13 duo *om.* S¹FE (*post* praecedentes [14] II *add.*
E²)   15 est est?   in *add.* E²: *om. codices*   propositione SFE
(*corr.* S²E²)   15. 16 respiciendum est T   16 si] se S (*corr.*
S²)   17 tertiam FE (*corr.* E²)   18 ita erit S²   igitur
om. F   · 19 proportio] proositio S (*corr.* S²), propositio F,
positio S¹TE   naturam T (*corr.* T²)   20 sintque] si neq;
F   24 *sq.* hanc — est *om.* S¹

bonum non est. rursus sit praecedens tertia non boni
quoniam non bonum est, hanc autem sequens quarta
non boni quoniam bonum est.

I
5 Boni quoniam bonum est

II
Boni quoniam bonum non est

III
Non boni quoniam non bonum est

IIII
Non boni quoniam bonum est.

Praesciatur igitur in his quae sit proportionis similitudo. est enim ut prima boni quoniam bonum est
10 ad secundam boni quoniam bonum non est, ita tertia
non boni quoniam bonum non est ad quartam non
boni quoniam bonum est. nam sicut boni quoniam
bonum est vera propositio est, falsa autem boni quoniam non est bonum, ita quoque non boni quoniam
15 non est bonum vera propositio est, falsa autem non
boni quoniam bonum est. quod si ita est et eodem
modo sese habet opinio boni quoniam bonum est ad
opinionem quae est boni quoniam bonum non est,
quemadmodum etiam opinio non boni quoniam non
20 bonum est ad opinionem non boni quoniam bonum
est, et quemadmodum se habet prima ad tertiam, ita
sese habebit secunda ad quartam. quemadmodum sese
habet igitur boni quoniam bonum est ad eam quae
est non boni quoniam non bonum est, cum utraeque
25 sint verae, ita sese habet opinio boni quoniam bonum
non est ad opinionem non boni quoniam bonum est,
quod ipsae quoque utraeque sunt falsae. nam ut istae

1 non bonum F   prorsus SFE (*corr.* S²E³)   3 quoniam non FE (non *del.* E²)   5 bonum non] non bonum T
4—7 *ad* I *et* III precedentes, *ad* II *et* IIII sequentes *add.* T
8 perspiciatur E²B   propositionis SEG (*corr.* G²), propositiones F   12 non est E (non *del.* E²)   13 falsae F   19.
20 bonum non F   22 habet S (*corr.* S²)   habebit//////////
secunda E   se S   24 est non] non est F   *alt.* non *om.*
T (bonum non T²)   27 sint FT

simul verae, ita illae simul falsae. quocirca ut est
prima ad tertiam, ita secunda ad quartam. ostensa
igitur hac proportione inmutato ordine eaedem disponantur. sed sit prior opinio ea quae est non boni
quoniam bonum non est eamque sequatur boni quo- 5
niam bonum est et sub his praecedens tertia non boni
quoniam bonum est, quarta sequens boni quoniam
bonum non est.

<table>
<tr><td>I vera</td><td>II vera</td></tr>
</table>

I vera	**II vera**	
Non boni quoniam bonum non est	Boni quoniam bonum est	10
III falsa	**IIII falsa**	
Non boni quoniam bonum est	Boni quoniam bonum non est.	

Ut igitur superius demonstratum est, ita se habet
opinio non boni quoniam non bonum est ad eam opinionem quae est boni quoniam bonum est, quemad- 15
modum non boni quoniam bonum est ad eam quae
est boni quoniam non est bonum. ut enim illae simul
verae, ita hae simul falsae eademque proportio est.
quocirca erit sicut prima quae est non boni quoniam
non bonum est ad tertiam eam quae est non boni 20
quoniam bonum est, ita erit secunda boni quoniam
bonum est ad quartam boni quoniam non est bonum.
requirendum igitur est quemadmodum hic nunc sit
prima ad tertiam, ut ex eo speculemur, quemadmodum
sit secunda ad quartam. dico enim, quoniam huic 25
opinioni quae arbitratur non esse bonum quod bonum
non est contraria illa est quae arbitratur id quod

---

1 uerae sunt T   3 propositione FTE² in mutato? *an*
in *delendum?*   4 sit *post* opinio F   5 eam quae FE (*corr.*
E²)   sequantur S (*corr.* S²)   8 non *om.* F   10 bonum
non] non bonum T (*item* 12)   9—12 *dextra et sinistra* Contrariae *add.* T   14 *pr.* non *om.* S¹F¹E¹   *alt.* non *om.* F¹
17 enim *om.* F   18 eadem quoque F   propositio FE (*corr.*
S²E²)   20 eam *om.* F, ea E   21 non bonum F (non *del.* F²)
23 est igitur F   nunc] non F   26 opinio S (*corr.* S²)
26. 27 bonum non S²: non bonum T, non *om. ceteri*

bonum non est bonum esse. age enim, si potis est,
contra eam opinionem quae id quod bonum non est
non bonum putat sit ea quae id quod bonum non
est malum putat. sed hoc fieri non potest. contrariae
5 enim opiniones simul numquam verae sunt, possunt
autem simul hae esse verae. si quis enim parricidium
quod non est bonum putet non esse bonum, idem
quoque parricidium quod per naturam non est bonum
malum putet, vere in utraque opinione arbitratur.
10 igitur non est contraria opinio ei quae id quod bonum
non est non bonum putat ea quae id quod bonum
non est malum arbitratur. rursus ponatur eidem opinioni de non bono quoniam non est bonum contraria
ea quae arbitratur id quod non est bonum non esse
p. 465 malum. id quoque | interdum est. fieri enim potest
16 ut id quod bonum non est nec malum sit. neque
enim omnia quaecumque bona non sunt statim mala
sunt, sed est ut bona quidem non sint, nec tamen
mala sint. si quis enim lapidem nequiquam iacentem,
20 quod per se bonum non est, non bonum esse putet,
vere arbitrabitur, idem ipsum lapidem, quod per se
bonum non est, si non malum putet, nihil eius opinioni falsitatis incurrit. quare quoniam ea quae est
non boni quoniam non bonum est et cum ea quae
25 est non boni quoniam malum est et cum ea quae est
non boni quoniam non est malum vera aliquotiens

---

1 non est bonum F   non esse E² positis F   2 non
om. T¹   5 opiniones enim F   6 patricidium E (corr. E²),
item 8   7 quod — 8 parricidium bis scripta sunt in SFE
(corr. F²E²)   7 putat T   9 in om. b   10 ei T: ea ceteri
11 non bonum — 12 non est om. F   11 ei S²E²   12
opponatur S²   eadem SFE (corr. S²E²)   15 interdum ego:
iteratum codices, ratum B², contrarium non b   18 quidem
post est F•   nec tamen T: tamen nec ceteri   19 enim T:
igitur ceteri   20 non bonum — 22 non est om. F   22. 23
opinionis SFE (corr. S²)   23 quoniam om. F¹   25 non
om. S¹FE¹

invenitur, neutri contraria est. restat igitur ut ei sit
contraria opinio non boni quoniam non bonum est
quae opinatur id quod non est bonum bonum esse,
haec autem est non boni quoniam bonum est. contraria igitur est non boni quoniam non bonum est ei 5
quae est non boni quoniam bonum est. sed hic ita
sese habebat opinio non boni quoniam bonum est ad
opinionem non boni quoniam non bonum est, quemadmodum opinio boni quoniam bonum est ad eandem
opinionem quae est boni quoniam non est bonum. 10
sed prima tertiaque contrariae, secunda igitur quarta-
que secundum similitudinem proportionis sunt sine
ulla dubitatione contrariae. potest vero et simplicius
intellegi hoc modo: si boni quoniam bonum est opinio
et non boni quoniam non est bonum opinio similes 15
secundum veritatem sunt, boni autem quoniam non
est bonum et rursus non boni quoniam bonum est
ipsae quoque similes secundum falsitatem sunt, si una
falsarum uni verarum opinionum inventa fuerit contraria, erit reliqua falsa reliquae verae contraria, quod 20
sola efficit similitudo. ostenditur autem una falsa uni
verae, quemadmodum supra exposuimus, contraria,
hoc est ea quae dicit id quod non est bonum bonum
esse ei quae arbitratur id quod non est bonum non
esse bonum. relinquitur igitur ea quae arbitratur id 25
quod bonum est non esse bonum contraria esse ei
quae opinatur id quod bonum est esse bonum. qua
in re colligitur negationem potius quam contrarium

2 quoniam non E (*sed* non *erasum*): non *om. ceteri*   3
quae T: quoniam *ceteri*   bonum non bonum T   4 hae S E
(*corr.* S²E²)   7 habet F   non bonum T   est *om.* E¹
8 *alt.* non *om.* T   10 *pr.* est *om.* S¹   12 propositionis F
13 simplicis T (*corr.* T²)   18 secundum falsitatem similes F
    19 falsa S²   uniuersarum S F E, uni uerae opinioni S²
20 contrariae F   22 exposuit T   23 id *om.* E   27 bonum esse F   28 in *delendum?*

ponentem adfirmationem verae adfirmationi esse contrariam. perplexa igitur sententia his modis quibus
diximus expedita est, sed se sic habet ordo sermonum:
amplius, inquit, similiter se habet boni quoniam
5 bonum est et non boni quoniam non bonum
est, quae utraeque verae sunt, et super has boni
quoniam non bonum est et non boni quoniam
bonum est, quae sunt utraeque mendaces. illi ergo
quae est non boni quoniam non bonum est ve-
10 rae opinioni quaenam est contraria? hoc quasi
interrogativo modo dictum est. non enim ea quae
dicit quoniam malum est, quoniam simul aliquando
esse poterit vera. hoc autem in contrariis non potest
inveniri. numquam enim vera verae contraria
15 est. quemadmodum autem fieri potest, ut simul sint
verae? quoniam est quiddam non bonum malum,
quare contingit simul veras esse. at vero nec
illa quae est non malum; simul enim et hae
erunt, id est possunt aliquando simul esse verae, in
20 his praesertim rebus quae inter bonum malumque
sunt. relinquitur ergo ei quae est non boni
quoniam non bonum, quae scilicet vera est, contraria ea quae est non boni quoniam bonum
est, quae falsa est et simul vera non potest inveniri.
25 quare, ad similitudinem superius positam proportionis revertitur, ut dicat et eam quae est boni quoniam non bonum est ei quae est boni quoniam

7 bonum non F   8 utraeque E²: uerae quae *codices*
9 *pr.* non *om.* S¹FE¹   bonum non F   11 enim *om.* SFE
      13 poterunt uerae b   13. 14 inueniri non potest F
17 ac F   18 illa *om.* T¹   est quoniam E   et *del.* F²
haec? ·   22 bonum est FT   23 ei S (*corr.* S²)   non bonum T (non *del.* T²)   25. 26 proportionis B: propositio SF
E G, *del.* E², proportio G²T   26 ea SFE (*corr.* S²E²), ei T
      26. 27 quoniam bonum est eam quae est boni quoniam
non bonum est T   27 *sq.* ei — bonum est *om.* SFEJG, *post*
contrariam *habet* B

bonum est contrariam. quod si quis ea quae superius dicta sunt diligentius intuetur, nec in totius sententiae statu nec quicquam in ordine fallitur.

Manifestum vero quoniam nihil interest, nec si universaliter ponamus adfirmationem; 5 **huic enim universalis negatio contraria erit, ut opinioni quae opinatur quoniam omne quod est bonum bonum est ea quae est quoniam nihil eorum quae bona sunt bonum est.**

In superiori argumentatione omnia de indefinitis 10 explicuit, sed quoniam fortasse aliquis poterat suspicari non eandem rationem esse posse in his propositionibus quae sunt definitae atque in his aliquid interesse, utrum eadem demonstratio ⟨quae⟩ in his quae indefinitae sunt eveniret, hoc addit nihil interesse, utrum 15 eandem demonstrationem, quam ipse | superius in pro- p. 466 positionibus indefinitis fecit, quisquam faciat in universalibus, quae iam sine dubio definitae sunt. si quis enim secundum indefinitarum propositionum superiorem dispositionem definitas disponat easque secundum 20 praedictum modum speculetur, non aliam universalis adfirmationis opinioni contrariam reperiet quam eam quae est universalis negationis opinio. nihil enim interest inter indefinitas definitasque propositiones, nisi quod indefinitae quidem sine determinatione, definitae 25

3 falsitur S (*corr.* S²)   4 vero *ego*: ergo est SFTE, est ergo ΣΣ   5 si *om.* S¹Σ¹   ponimus T   6 erit contraria Σ   7 ut] quod SE (*corr.* S²E²), ut quod F   8 bonum est F   *alt.* bonum *om.* S¹E¹   ea quae est] uel F   quoniam *om.* Σ   9 bonum est] non bona sunt FΣ (*corr.* Σ²)   10 de *om.* S¹   infinitis F   14 quae *ego add.*: *om. codices* in his G²T: *om. ceteri*   14. 15 indefinitae *ego*: ei definitae SFEG, et definitae G²T   demonstratio quae in indefinitis est definitis S², demonstratio eis quae definitae B   16 eadem F (*corr.* F²)   demonstratione F   17 faciat] facit T (*corr.* T²)   19 infinitarum F   20 disponit E   22 ea F   24 definitas indefinitasq; F   25 quo SE (*corr.* S²E²)   definitae SFE (*corr.* S²E²)   indefinitae SFE (*corr.* S²E²)

vero cum augmento determinationis sunt, vel universalitatis vel particularitatis. hoc est enim quod ait: nihil interest, nec si universaliter ponatur adfirmatio. universali namque adfirmationi universalis con
5 traria erit negatio, ut opinioni quae opinatur quoniam omne quod est bonum bonum est, quae scilicet est universalis adfirmationis, ea sit contraria quae est quoniam nihil eorum quae bona sunt bonum est, hoc est opinio universalis negatio
10 nis. hoc autem cur fiat ostendit.

Nam ea quae est boni quoniam bonum, si universaliter sit bonum, eadem est ei quae opinatur quicquid est bonum quoniam bonum est. ⟨hoc autem⟩ nihil differt ab eo quod est
15 omne quod est bonum bonum est. similiter autem et in non bono.

Gradatim indefinitam propositionem ad similitudinem universalis adduxit. dicit autem: quaecumque fuerit indefinita propositio, ei si quod in sermone so
20 lemus dicere quicquid addatur, universalis fit, ut nihil ómnino distet ea quae ad rem in adfirmatione omne praedicat. ut ea opinio vel propositio quae est de bono quoniam bonum est hoc scilicet opinatur, quoniam bonum bonum est, huic si addatur quicquid, ut
25 ita dicamus: quicquid bonum est bonum est, nihil differt ab ea quae opinatur omne bonum bonum esse. quare eadem vis est superioris demonstrationis in

---

1 argumento SF   2 est *om.* S¹FE   5 negationi ut opinio S (*corr.* S²)   6 bonum est T   *alt.* bonum *om.* S¹F   7 sit] erit?   11 ea *om.* Σ bonum Σ: bonum est ceteri   12 ea Σ ei b: et SFTE, *om.* $\Sigma\mathfrak{T}$ 13 est bonum *ego*: bonum est *codices*   14 hoc autem *add.* b: *om. codices* (*cf. vol. I p. 222, 23*)   nihil enim E²   14. 15 nihil—bonum est *om.* Σ 14 eo quod b: ea quae *codices*   16 in *om.* Σ
21 adfirmationem SFE (*corr.* S²E²)   omnem SFE (*corr.* E²)   23. 24 hoc — bonum est *om.* b   26 est F   27 superioris est F   superius T

propositionibus indefinitis, quae etiam in universalibus,
quae parvulum quiddam distant, quod non ad qualitatem nec ad vim propositionis, sed ad quantitatem
refertur. universalitas enim quantitatis ponitur. et
sensus quidem huiusmodi est, verba vero sic sunt. 5
superius proposuerat nihil interesse, an indefinita esset
propositio an universalis. cur autem nihil intersit hoc
modo dicit: nam ea quae est boni quoniam bonum est, id est indefinita adfirmatio, si universaliter sit bonum, id est si bonum universaliter pro- 10
feratur, eadem est ei quae opinatur quicquid
bonum est quoniam bonum est, id est nihil discrepat ab ea opinione quae opinatur quicquid bonum
est bonum esse. huiusmodi autem opinio nihil differt ab ea, quae aperte universaliter proponitur, quae 15
est omne quod est bonum bonum est. similiter
autem et in non bono, id est non bonum quoque
eadem ratione dicimus. ea namque propositio vel
opinio quae opinatur non bonum esse quod non bonum est, si ei adicitur universalitas, nihil differt ab 20
ea quae dicit quicquid non bonum est non est bonum.
haec autem nullo distat ab ea, quae universaliter
aperte proponitur, quae est omne quod bonum non
est non est bonum.

Quare si in opinione sic se habet, sunt 25
autem hae quae sunt in voce adfirmationes et

4 quantitati S²   ponitur *ego*: opponitur SFEG, apponitur S²G²T   6 indefinitas F   esse SF (*corr.* S²)   7
propositiones F   nihil *om.* F   8 ea] eius F   10 si *om.* F
    11 ei b: et *codices*   12 est bonum quoniam?   14 est
quoniam F   15 quae aperte *om.* T¹   proponitur *om.* T¹
16 bonum est F   16. 17 similiter — bono *om.* SFE¹G¹J
17 id est *del.* S²   19. 20 quod non bonum est G²T: *om. ceteri*
(*an* non bonum *bis ponendum?*)   21 *alt.* est. *om.* S¹   22
haec — 24 est bonum *om.* F   22 nullo modo T   25 sic se
Σ: se sic *ceteri*   habent SFTE (*corr.* E²)   26 ea STEΣ,
heae E², haec ea F   in *om.* E¹   in uoce *om.* Σ   26 *sq.*
adfirmationis et negationis SFTEΣ (*corr.* F²E²)

negationes notae earum quae sunt in anima,
manifestum est, quoniam etiam adfirmationi
contraria quidem negatio circa idem universalis, ut ei quae est quoniam omne bonum bo-
5 num est vel quoniam omnis homo bonus ea
quae est vel quoniam nullum vel nullus, contradictorie autem aut non omnis aut non
omne.

Superiores omnes argumentationes ad unum colli-
10 git redigitque ad conclusionem omnem quaestionis
vim. supra enim negationes et adfirmationes earumque contrarietates de opinionibus pensari oportere
praedixerat, nunc vero quoniam in opinionibus repperit illam contrariam esse, quae esset universalis ne-
15 gatio, idem refert ad propositiones, quas manifestum
est, quoniam voces sunt et significativae, passiones
animi designare. in principio enim libri significativas
voces passiones animae monstrare veraciter docuit,
nunc ea velut probaturus est: quoniam in opinionibus
p. 467 illa potius contraria universali | adfirmationi reperta
21 est, quae esset universalis negatio potius quam ea
quae contrarium universali adfirmationi adfirmaret,
idem quoque arbitratur in vocibus provenire, hoc est
adfirmationi universali non adfirmationem contrariam
25 rem ponentem, sed universalem negationem esse con-

---

1 eorum *codices* (*cf. vol. I p. 27, 24*)   3 quidem $\Sigma\mathfrak{T}$:
quidem est *ceteri*   4 quoniam *om.* $\Sigma\mathfrak{T}$, *item* 5   5 homo
omnis F   bonus $\Sigma\mathfrak{T}$: bonus est *ceteri*   7 non *om.* S¹E¹
omnes SE (*corr.* S²E²), omnis homo FΣ non *om.* S¹
8 omnes SFE (*corr.* S²E²)   9 superius F   omnes]
autem F   ad unum *ego*: a bonum S, ad bonum S² *et ceteri*
9. 10 colligit T²E²: tollit *codices*   10 redegit quae S
11 enim] eam S (*corr.* S²)   13 uero *om.* S¹   opinibus E
(*corr.* E¹)   14 esse T   16 sunt *om.* T¹   19 uelud F
20 contraria docuit S (docuit *del.* S²)   23 proferre F (*supra
scr.* uel uenire F¹)   24 contrarium T   25 rem ponentem]
reponentem SFTE (*corr.* E²)

trariam, contradictorias vero eas quae, cum adfirmatio
universalis esset, particularis negatio inveniretur. atque hoc quidem planissime dictum est nec aliquis in
verbis error est, sed nos, ut cetera nihil ambiguum
relinquentes ipsorum quoque verborum, eorum ordi- 5
nem persequemur. ait enim: quare si in opinione
se sic habet, id est quod opinio negationis contraria
invenitur opinioni adfirmationis potius quam contrarium ponens adfirmatio, sunt autem hae quae sunt
in voce adfirmationes et negationes notae ea- 10
rum quae sunt in anima (nam sicut in voce adfirmatio et negatio est, ita quoque etiam in opinione,
cum ipse animus in cogitatione sua aliquid adfirmat
aut quid negat, quod nos alio loco diligentius expe-
diemus): ergo quoniam adfirmationes et negationes 15
quae sunt in voce notae earum sunt adfirmationum
vel negationum quae sunt in anima, manifestum
est, quoniam etiam adfirmationi contraria
quidem est negatio circa idem universalis.
circa idem autem addidit, ne disiunctas adfirmationes 20
et negationes contrarias diceremus, sed ut adfirmatio
et negatio de una eademque re illa quidem universaliter adfirmaret, illa vero universaliter negaret. earum
autem exempla haec sunt: ut ei quae est quoniam

1 contradictoriam uero eam T   5 uerborum G²T: uerborum sed SFEGJ, uerborum uim S², uerborum sensum E²B
      eorum *del.* G², *om.* T, eorumque S², et ordinem eorum B²
(ordinem eorum B)   5. 6 ordine SFEGJ (*corr.* S²G²)   7 sic se?
9 pones T (*corr.* T²)   autem sunt haec F   10 adfirmationis
et negationis FTE (*corr.* E²)   10. 11 eorum *codices* (*corr.* b)
      13 aliqua S (*corr.* S²)   14 aliquid E²   14. 15 expedi-
uimus E² (expediimus?)   15 adfirmationis et negationis SFE
(*corr.* E²)   16 *pr.* sunt] si SFE (*corr.* S²E²)   18 etiam *om.* F
      19 circa] contra SFE (*corr.* S²E²)   20 disiunctim E²
adfirmationis E (*corr.* E²)   21 sed ut E²B: et ait *ceteri*
22 negatio esset E²B   illa F: illam *ceteri*, et illam E²B
23 adfirmare *codices* (*ego corr.*)   illam *codices* (*ego corr.*)
negare *codices* (*ego corr.*)

omne bonum bonum est vel quoniam omnis
homo bonus est ea quae est quoniam nullum,
id est nullum bonum bonum est, quae contraria est,
vel nullus, hoc est quoniam nullus homo bonus est.
5 contradictoria autem aut non omnis, id est non
omnis homo bonus est contra eam quae dicit omnis
homo bonus est, aut non omne, hoc est non omne
bonum bonum est contra eam quae dicit quoniam
omne bonum bonum est. constat igitur in his pro-
10 positionibus quas supra proposuit illam magis esse
contrariam, adfirmationi quae dicit omnis homo iustus
est eam quae dicit nullus homo iustus est potius
quam eam quae dicit omnis homo iniustus est.

Manifestum autem quoniam et veram verae
15 non contingit esse contrariam nec opinionem
nec contradictionem. contrariae enim sunt
quae circa opposita sunt, circa eadem autem
contingit verum dicere eundem; simul autem
eidem non contingit inesse contraria.

20　　Post haec libri terminum expedit in ea specu-
latione et demonstratione, per quam, licet verum
sit manifestumque omnibus duas propositiones veras
non esse contrarias, tamen id ipsum demonstrare
conatur. est autem huius argumentationis ingressus
25 huiusmodi: ea quae sunt contraria opposita sunt, opposita vero non possunt eidem simul inesse: contraria igitur eidem simul inesse non possunt. de quibus
autem aliquid simul verum dici potest, illa simul
eidem inesse possunt, quae vero simul eidem inesse

3 quae *om.* b　　5 contradictorie?　　aut] ut SFE　　9.
10 propositio T (*corr.* T²)　　10 illam *om.* b　　13 omnis *om.*
SFE　　iustus F　　14 autem *ego*: est autem *codices* (*cf. infra*)
　　15. 16 opinione nec contradictione Σ²　　16 contraria T
E²ΣΧ　　17 quae circa] quocirca F　　18 continget T　　19
contrariam SF (*corr.* S²)　　22 que *om.* T¹　　24 ingressus T
(*corr.* T²)　　28 autem *om.* S¹　　non potest S²　　29 esse F
non possunt SFE (non *del.* E²)

non possunt, de his simul verae propositiones, adfirmatio et negatio, esse non possunt. sed contraria
simul eidem inesse non possunt: quae igitur simul
verum dicunt contrariae non sunt, idcirco quoniam
de quibus et adfirmatio et negatio simul verae esse 5
possunt, illa simul eidem insunt. quocirca quae simul
verae sunt contrariae non sunt. sensus hic est, verba
autem sic constant: manifestum autem est, inquit,
quoniam et veram verae non contingit esse
contrariam, id est duas veras propositiones non 10
posse esse contrarias, nec opinionem nec contradictionem: si opinio non est vera verae contraria,
multo magis nec contradictio quae ex opinionibus venit. contradictio autem hic pro contrarietate posuit:
de ea enim non agebatur. contrariae enim sunt 15
quae circa opposita sunt, id est omne contrarium
oppositum. circa eadem autem contingit verum
dicere, idcirco quod de his solis et negatio et adfirmatio verae simul esse possunt, quae eidem simul
esse contingit, simul autem eidem non contingit 20
inesse contraria, ut concludatur: quoniam de quibus adfirmatio et negatio simul verae sunt, ea simul
eidem inesse possunt, contraria vero simul eidem in-
esse | non possunt, quae simul verae sunt non possunt p. 468
esse contraria.   25

Noster quoque labor iam tranquillo constitit portu.
nihil enim, ut arbitror, relictum est quod ad plenam

2 contrariae SFE (corr. E²) T²   6 illae FE   12 opinio
non est] opinionem F   uera om. T   14 contradictionem
S²T   15 contraria E²   autem T   16 contrarium est E²
17 opposita T   non contingit SFEG (non del. F²E²G²)
18 dicere eundem?   19 non possunt SFEG (non del.
E²G²)   idem codices (corr. b)   20 inesse?   21 inesse]
simul esse SFEG (corr. E²G², simul del. S²)   23. 24 inesse]
esse SFE   24 quae ergo E²B   uera TE²   25 contrariae?   26 consistit TB

huius libri notitiam pertineret. quare si rem propositam studio diligentiaque perfecimus, erit perutile his qui harum rerum scientia conplectendarum cupiditate tenebuntur: sin vero minus id effecimus, quod nobis

5 propositum fuit, ut obscurissimas libri sententias enodaremus, labori nostro nihil ut aliis nocituro, et si non proderit, obloquitur.

1 pertinere T (*corr.* T²)　　3 et cupiditate T　　4 efficimus STE (*corr.* S²)　　5 sententia T (*corr.* T²)　　6 ut *om.* B nocitura G (*corr.* G²)　　7 non *om.* T¹　　proderit *ego*: oportebit *codices*　　obliquitur S (*corr.* S²)

ANICII · MANLII · SEVERINI · BOETII · VIRI ILLVSTRIS · EXCONSL ORDINE · PATRITII · IN PERIERMENIAS ARISTOTELIS · EDITIONIS SCDAE · LIBER · VI · EXPLICIT · S　　FINIT ·, F　　EXPLICIT LIBER · VI · T AN · MALL · SEV · BOETII · VC · ET ILL · EX CS · ORD · PATRITII SCDAE EDIT · EXPOSITIONV · IN ARIST · PERIHERMENIAS · EXPL · LIB · SEXTVS ·, E EXPLICIT COMENTV MAIVS IN PERIER · J　　EXPLICIT COMENTARIVS B　　*subscriptionem om.* G

INDEX NOMINUM.

I = prima editio. II = secunda editio.

INDEX RERUM ET VERBORUM.

(Insunt etiam quaedam grammatica.)

I = prima editio. II = secunda editio.

amplius II 16, 29. 127, 25,
190, 24.
$= \overset{\text{..}}{\varepsilon}\tau\iota$ I 113, 8. 160, 10.
220, 3. II 201, 28 *etc.*
$= \overset{\text{..}}{\varepsilon}\tau\iota \ \delta\acute{\varepsilon}$ I 219, 8. II 487, 5.
amplius quoque I 152, 24. II
60, 10. 133, 22. 134, 26 *etc.*
an I 51, 18. 123, 23. 129, 29.
162, 16. II 203, 8. 224, 27.
296, 8. 315, 29. 316, 4. 332,
26. 334, 5. 339, 12. 360, 20.
370, 16 *etc.*
nihil differt an — an I 140,
21. *cf.* II 379, 14. 499, 6.
nihil differt negare an adfirmare I 210, 3.
multum differre an — an I
141, 7.
nihil eas interesset falsas an
veras putari II 208, 6. *cf.*
344, 16.
an — an II 45, 29. 229, 14.
262, 1 *etc.*
an certe I 141, 8. 207, 25.
II 252, 21. 316, 10. 371,
11 *etc.*
$= \overset{\text{..}}{\eta}$ I 191, 19. II 28, 11.
432, 10. 467, 10.
an vero II 262, 2.
$\mathring{\alpha}\nu\alpha\lambda\upsilon\tau\iota\varkappa\acute{\alpha}$ II 293, 26.
analyticorum II 382, 13.
analyticos II 4, 1. 12, 20.
in analyticis I 135, 6. II 12,
22. 172, 30.
angularis I 86, 5. 92, 24. 99,
16 *etc.* II 151, 18 *etc.*
angulares $= \tau\grave{\alpha}\varsigma \ \varkappa\alpha\tau\grave{\alpha} \ \delta\iota\acute{\alpha}$-
$\mu\varepsilon\tau\varrho o\nu$ I 188, 11. II 294, 15
(*cf.* II 309, 5).
angulariter I 94, 11. 137, 27.
II 154, 17 *etc.*
angustia I 32, 6.
angustissime II 251, 15.
angustissimorum obscuritas —
sermonum II 421, 13.

anima $= \psi\upsilon\chi\acute{\eta}$ I 36, 23. 41,
11 *et* 16. II 25, 7 *etc.*
$= \delta\iota\acute{\alpha}\nu o\iota\alpha$ II 467, 1.
anima *et* animus *promiscue:*
I 37, 7 *et* 17. 39, 21 *et* 23.
40, 1. 211, 28. II 11, 21 *sq.*
13, 8. 34, 14 *et* 21. 58, 1.
500, 17 *sq.* 501, 11 *et* 13.
anima inmortalis I 153, 14 *sqq.*
II 113, 8 *etc.*
quid est anima? II 359, 24.
ut in anima II 34, 21.
anima velut inligata corporibus II 232, 2.
animal rationale mortale I 74,
1 *et* 3. 75, 6. 101, 13. II 41,
5. 53, 10. 74, 24. 110, 17.
111, 23 *etc.*
animal gressibile bipes I
74, 7 *et* 16. II 96, 25. 101,
5 *etc.*
animal rationale bipes I 151,
14. 152, 21.
animal mansuetum bipes I
152, 3. II 351, 20.
animal rationale mortale
mentis et disciplinae capax
II 108, 19. *cf.* 109, 1.
animans II 53, 19. 196, 27.
animatus I 163, 23. II 12, 17.
353, 9.
animosius II 343, 7.
ante praecognita II 154, 23.
ante praedictis II 401, 21.
ante praemisit II 25, 27.
ante praenuntiaverit II 228,
4. *cf.* 260, 21.
antequam I 113, 16. 120, 13.
123, 22. II 19, 7. 20, 9. 88,
12 *etc.*
antiqui I 59, 24. 127, 14. II
62, 22.
antiquiores I 52, 27. 59, 18.
II 24, 15.
antiquiores causae II 246, 16.

Boetii comment. II.   33

proveniet I 124, 28). eveniet ut I 111, 24. II 19, 7 *etc.*

eventus (*pl.*) II 228, 1 *etc.* eventuum II 218, 16. 225, 11 *etc.* eventibus I 119, 21.

evidenter II 384, 18. evidentius II 382, 7. 386, 22.

exactum diligentemque II 11, 16.

ex adverso II 127, 1. 380, 11.

examinatio II 196, 6. 197, 10.

excellentissimus I 132, 5.

exinde I 65, 30.

exorbitat II 18, 4.

expeditissime II 67, 26.

explanatio I 132, 7. II 71, 17. 420, 4.

explicuit I 155, 20. II 26, 14. 59, 2. 385, 23. 465, 23. 479, 7 *etc.*

    explicaturum II 126, 24. explicitum est I 51, 17. II 25, 22.

    explicitis II 198, 20. 442, 21.

exploro II 385, 24.

expositor I 132, 5. II 7, 8. 106, 20. 157, 30. 271, 27.

expromo II 106, 16. 398, 19.

exsecutio II 19, 10.

exsequor I 46, 5. 54, 8. 93, 5. 108, 12 *etc.* II 12, 12. 80, 15. 174, 20 *etc.*

exstantia II 110, 7.

extero I 120, 14 *sq.*

    exteretur = καταϱιβήσεται II 233, 5 *etc.*

extra = χωϱίς I 55, 22. 139, 3. 155, 19 *etc.* II 65, 30 *etc.* — I 47, 18 *et* 25 *et* 28. 48, 2 *et* 6 *et* 17 *etc.* II 66, 31 *etc.*

    extra singillatim I 156, 16.

      extra singillatimque II 364, 5 *et* 16.

    singillatim atque extra I 158, 22.

= extrinsecus II 231, 9. 234, 13.

extrinsecus = ἐκτός I 128, 27. II 263, 17 *sq.* — I 49, 26. 129, 21 *et* 24. II 13, 8. 103, 31. 110, 10 *etc.*

F.

fabrico I 206, 25 *sq.*

facilitas naturae II 190, 4.

facio: faciens propositionem II 258, 4. facit considerationem II 265, 10 *et* 15. facit — enuntiari I 142, 1. *cf.* II 88, 31. 142, 12 *etc.* faciunt ut I 142, 14.

factura = γένεσις II 233, 8. 238, 3 *sqq.*

facultas — agnoscere II 420, 7.

fallacia = ἡ ἀπάτη I 213, 25 *sqq.* II 473, 20 *etc.*

falsior I 217, 14. 218, 9. II 481, 4 *et* 18. 482, 6. 483, 5.

falso II 48, 13. 127, 28 *etc.*

falsus est = διέψευσται I 217, 17. II 483, 17 *etc.*

famulantes I 73, 11. famulantur I 208, 6.

fastidiosus II 185, 16.

fastidium II 251, 7. 453, 13.

fatalis necessitas II 218, 17. 223, 11. fatalis ratio II 217, 22.

fato omnia fieri II 197, 24.

feralibus seminariis II 79, 5.

fere = ἴσως II 485, 9.

ferme II 421, 5.

ferrum II 287, 22 *sqq.*

ficticii exempli ratione I 101, 23.

fictum nomen II 137, 5.

filum II 79, 14.

firmus ad II 132, 8.

flatus II 4, 21 *sq.* 5, 1 *et* 26. 53, 17.

flecti II 15, 6.

fluo II 29, 17. 182, 5.

foedus = αἰσχρός I 95, 10.

fons actuum nostrorum II 230, 5.

foret II 31, 4.

forma I 133, 25. 156, 12. II 5, 18. 34, 3 et 17. 56, 22. 137, 6. 368, 23.

formo I 152, 14. 167, 27. II 112, 20 etc.

formula II 23, 19. 30, 26. 31, 19 etc.

fortasse = ἴσως I 151, 24. 205, 5. 211, 12. 351, 20 etc.

fortis et fortitudo aequivocum II 131, 10 sqq.

forum II 387, 3.

fremitus leonis II 60, 27.

frequenter = πολλάκις I 160, 11. II 362, 8 etc.

   frequentius II 188, 5 et 13. 240, 16. 248, 15 etc.

a frequentiori et a rariori argumentum II 248, 13.

frigescere II 449, 4 et 6.

friget II 449, 4. frigendi II 451, 6.

frivola ratio II 230, 6.

frons: prima fronte II 471, 4. prima quoque fronte II 464, 15.

frustra est II 220, 11 etc.

fuscaverit II 367, 25.

fusci coloris I 89, 14.

futurae enuntiationes II 209, 5 etc.

   in futuro contingentes II 208, 3. 251, 17.

   futura vel contingentia I 108, 24. II 189, 23 sq. 200, 10.

   contingentia et futura II 191, 19 etc.

   futuris id est contingentibus I 107, 22.

   contingentium futurorum diversitas I 115, 1.

   in futuris et contingentibus contradictionibus I 123, 1.

de futuris et contingentibus propositionibus I 125, 17. II 244, 16. 249, 5.

futurum: victurus est (pro vivet) I 78, 19. dicturus est I 109, 3. cenaturus est I 113, 18. 123, 18. futurum est I 128, 18. II 128, 19. ambulaturus est I 202, 22. moturi sunt II 189, 5. cf. II 202, 18. 225, 7. 245, 13.

G.

garalus II 32, 18.

gaudia I 46, 12.

geminus II 108, 9. 127, 5. 186, 4. 202, 10. 251, 8. 270, 28 etc.

gemitus II 31, 23. 54, 19 sqq.

gemma II 146, 7.

gemmula II 146, 8.

generalia accidentia I 58, 11.

generaliter II 45, 31.

generatio et corruptio I 202, 28 sqq. II 220, 1 sq. 238, 4. 239, 13. 245, 3. 247, 25. 249, 26. 250, 9.

   generationes = γενέσεις I 213, 26 sq. II 473, 21 sq.

generosius II 463, 4.

genetivus I 53, 15. 54, 3. II 64, 22. 65, 2.

genus I 46, 3. II 53, 1. 455, 11 etc.

   genus suis partibus prius II 124, 23.

   speciem sequitur genus I 204, 21. II 456, 14.

   genus univoce de speciebus praedicatur II 119, 16.

geometricos libros (Albini) II 4, 5.

gerundium et gerundivum: principium — consequentias inveniendi I 205, 10 et 21 cf.

8. 118, 11. 121, 30. 124, 30.
144, 15. 146, 18. 268, 8. 269,
4. 417, 15. 454, 18. 455, 26.
465, 7 *et* 17.

pro masculino: II 115, 12.
303, 17. 405, 1. 406, 15.

nexus II 209, 28. iudiciorum
nexibus II 230, 12.

niger: nigri coloris I 89, 15.
nigerrimus (= niger) II 169,
22.

nigredo I 58, 16.

nihil ad (*sine verbo*) I 155, 9.
II 22, 13. 95, 27. (nihil ad —
pertineret II 32, 2. nihil attinet ad II 55, 22. 158, 9. non
est ad II 354, 28.)

nihil de (*sine verbo*) II 392, 9.
(de necessitate — nihil moveret II 229, 12.)

nimirum II 7, 28. 10, 9. 418, 11.

nisi (= sed) I 58, 20. 63, 31.
II 51, 12. 394, 28. 408, 23.
(= sed non) I 136, 5.
(= nisi ut) I 218, 28. II 54,
11. 193, 12. 223, 7. 477, 3.
485, 21. nisi ut II 120, 7.
nisi si I 103, 3. nisi tantum quod II 281, 6.

nobilius II 462, 25.

nodus atque ligamen II 186, 16.

nomen = ὄνομα I 35, 4. 43,
15. 45, 30. 50, 10 *et* 12 *etc.*
II 8, 11. 13, 25 *etc.*
dimidium nomen nihil de-
signat I 49, 22. II 57, 28.
n. sunt diversa I 46, 24. II
55, 1 *sqq.* 94, 7.
sine tempore sunt I 47, 12.
II 56, 26 *sqq.*
n. simplicia et conposita I
49, 2. II 58, 22 *sqq.*
finitum nomen I 129, 12. 132,
26 *etc.* II 251, 22 *etc.*
n. definitum I 52, 28.

n. infinitum I 51, 23. 127,
12 *sqq.* 146, 15 *sqq.* II 61,
7 *etc.*

n. appellativum II 61, 32 *sqq.*

n. proprium II 61, 31. 139, 14.

n. universale II 256, 9.

n. singulare II 256, 10.

n. rectum II 63, 21 *etc.*

casus nominis I 53, 6. II
63, 19 *sqq.*

nomina rerum II 71, 21.

nominatim II 324, 16.

nominativus I 53, 15 *et* 21. 54,
7. II 64, 25. 65, 2 *sqq.*
nominativus articulus I 62, 21.

nominativus absolutus: omne
quod fit I 120, 19. illa I 125,
26 *et* 28. vox II 32, 17. solum
dictum II 50, 10. at vero illa
II 241, 29. illi autem II 289,
7. illi vero II 290, 11. id
autem II 416, 21.

non erit nec I 208, 26.

non homo = οὐκ ἄνθρωπος
I 51, 20. 127, 13 *sqq.* 138, 27.
146, 12 *etc.* II 61, 4 *etc.*

non modo non — verum etiam
nec II 146, 6. *cf.* 406, 20.
452, 2.

norma II 199, 4.

nosse II 474, 3.

nota = σύμβολον I 36, 23. 50,
10. II 25, 7. 59, 29 *etc.*
= σημεῖον I 36, 27. 56, 15.
57, 24. II 25, 11. 66, 2 *etc.*

notat II 154, 29. 171, 6. notaverint II 288, 20. notans I
179, 21. II 295, 25. notatus
est II 11, 7.

notio II 163, 17. 226, 5. 316, 20.

notitia II 192, 14. 208, 18. 225,
20. 504, 1.

nullatenus II 35, 13.

nullus quid sit II 145, 26.

nullo (*dat.*) II 77, 5. nullo
= nulla re II 499, 22.

nullorum (= nullius rei) II
77, 12.

numerositas I 207, 7. II 7, 19.
323, 8. 472, 24.

numerosus II 108, 15.

numerosiores II 269, 11.

numerus infinitus I 207, 3. II
463, 13.

in numerum tendo II 139,
21. in numerum emitto II
139, 23.

nummus II 31, 13 *sq. et* 27 *sq.*

numne II 46, 12.

numquid — an I 164, 28.

nuncupatio I 67, 12. 122, 11.
II 82, 23.

nuncupo I 33, 3. 59, 21. 77,
15. II 6, 15. 16, 13 *etc.*

O.

obliqui casus II 63, 18 *etc.*

obloquitur II 504, 7.

obluctatio II 193, 6.

obscuritates II 291, 2.

obsisto II 383, 12.

oculi instrumenta videndi I 70,
4. II 93, 25.

tres oculos I 122, 18.

odorantur II 55, 12.

in omnibus = πανταχοῦ I 171,
3. II 390, 13.

omnimodis II 183, 28.

omnipotens I 35, 13. 71, 5.
II 9, 7.

opinabile = δοξαστόν I 166,
3. II 378, 21.

opinantur = δοξάζουσιν I 212,
14. 213, 19. II 467, 11 *etc.*

opinatio = δόξα I 166, 4. 208,
21 *etc.* II 373, 22 *etc.*

opinio = δόξα I 210, 22. II
467, 2 *etc.*

opponi = ἀντικεῖσθαι I 80,
27. 91, 26. II 129, 10 *etc.*

opponuntur = ἀντίκεινται
II 408, 10.

oppositae sunt = ἀντίκεινται
I 138, 26. 167, 23. II 310,
22 *etc.*

opposita = ἀντικειμένη I
79, 15 *sq.* 93, 14. 98, 24 *etc.*
II 126, 21 *etc.*

oppositorum = τῶν ἀντι-
κειμένων I 164, 1. II 370, 11.

opposita contraria vocavit
I 200, 2. *cf.* II 451, 1.

oppositiones = ἀντιθέσεις I
130, 4. 139, 3. II 263, 21 *etc.*

oppugno II 464, 18 *etc.*

optativa oratio I 71, 1.

optio I 154, 28. 155, 11. II
359, 13. 360, 2 *et* 6.

opus philosophi primum I 74, 22.

orandi ordo II 20, 16.

oratio = λόγος I 35, 6. 51,
22. 66, 26 *etc.* II 8, 11. 13,
27 *etc.*

oratio philosophica vel dialectica II 10, 18.

oratio rerum naturalium supellex I 70, 7. II 93, 2.

oratio simplex conpositaque
I 77, 5. II 9, 16. 82, 5.
106, 22. 115, 10.

orationis species I 70, 28.
71, 21. II 95, 8.

orationis partes II 14, 29.

orationes perfectae — in-
perfectae II 8, 31. 16, 2.
81, 7. 95, 11.

orationes unae multaeque I
75, 3. II 96, 28. 106, 21.

tres orationes II 29, 17. 30,
3. 36, 11. 42, 15.

orationum differentiae I 35,
12. II 95, 26.

orationum partes II 9, 6.

25 *et* 27 *etc.* II 168, 1 *etc.*
(*at cf.* II 473, 20).
— ὅσα I 80, 28. 124, 10.
158, 29 *etc.* II 64, 17 *etc.*
omnem — quicumque II 104,
12. omne — quodcumque
II 79, 16. omnes — quicumque II 136, 27. 160, 27
(*cf.* II 137, 17). omnia quaecumque I 58, 3. 110, 24.
112, 10 *etc.* II 61, 8. 98,
19 *etc.*
quidam I 166, 6. II 119, 11.
208, 1. 217, 20. 293, 28. 317,
1. 364, 23.
    quendam quodammodo II
    79, 14. *cf.* II 158, 8. 186,
    6. 218, 10. 246, 17.
      quiddam quodammodo I
      62, 16.
      quaedam pauca II 186, 10.
      quiddam (= quidquam) I
      147, 21. quidam (= qui-
      libet) II 360, 5.
      quidam *bis positum* II
      414, 11.
quidem *bis positum* II 268, 13.
quiescit = ἠρέμησεν I 62, 7.
II 71, 6.
quilibet I 36, 18. 81, 5. 207,
6 *etc.* II 8, 14. 33, 33 *etc.*
    quilibet unus II 131, 24. 191,
    21 (*cf.* unus).
    quaelibet illa II 215, 26. 216,
    6. 392, 26. 394, 14. 397,
    31. 469, 18.
    quodlibet (= quidlibet) I
    110, 1. II 89, 30.
    = ὁτιοῦν I 113, 10. II 102, 1.
    = ὁποτερονοῦν I 118, 7. II
    217, 11.
    in quolibet = ἐφ’ ὁτουοῦν
    I 60, 3. II 69, 27.
quin (= quam ut, nisi ut) II
457, 6.

quinam: quaenam = ποτέρα
I 209, 14. II 467, 14.
quinarius II 133, 17. 268, 20.
quippe I 43, 4. II 73, 5. quippe
cum II 87, 11. 404, 5. quippe
qui *c. indic.* I 78, 3. II 21,
33. 57, 17. 158, 1. 381, 26.
459, 6.
quispiam: cuipiam II 68, 29.
quisquam (?) = quispiam II
421, 18. 471, 27. 497, 17 (*cf.*
I 76, 14. II 131, 10).
quisque II 221, 9. ad plures
quosque II 137, 17. ad res
quasque II 77, 11. de singulis quibusque II 138, 2. *cf.*
162, 28.
quisquis (= si quis) II 228, 3.
cf. 397, 30.
    = quis, quisque II 448, 23.
    omne quidquid II 17, 33.
    204, 19.
    quaequae alia II 55, 17.
quivis: quemvis illum I 118, 1.
quo: non quo — sed quo II
418, 26.
quocirca II 237, 13.
quod (*pro infinitivo*) I 72, 26.
76, 26. 94, 2. 106, 25. 222,
15. 224, 5. II 17, 3. 18, 19.
19, 20. 21, 20. 23, 23 *etc.*
constat quod I 80, 11. II
468, 13. manifestum est quod
I 128, 17. = δῆλον ὅτι I
119, 1. II 227, 14.
    hac ratione — quod (= ut)
    II 317, 6.
    non quod — sed quod I 65,
    21. II 60, 23. 245, 19. 338,
    7. 380, 19.
    quod *sequente infinitivo:* I
    160, 21.
    = nam (*in oratione obliqua*)
    II 19, 22.

quod quoniam II 37, 27. 456, 14.

quomodolibet II 368, 1. quomodolibet aliter II 344, 10. 346, 10.

quoniam (*pro infinitivo*) I 60, 13. 62, 1. 65, 7. 73, 3. 76, 20. 79, 21. 95, 7 *etc.* II 8, 3. 12, 16. 23, 6 *etc.* manifestum est quoniam I 83, 3. 142, 12 *etc.* II 49, 23. = δῆλον ὅτι I 79, 14 *etc.* II 126, 19 *etc.* = φανερὸν ὅτι I 97, 20. 144, 24 *etc.* II 173, 14 *etc.*

   quoniam *c. coni.* II 38, 14. 259, 9.

   — *sequente infinitivo* I 165, 26. II 49, 23. 106, 5. 344, 5. 431, 23.

quoque — et I 188, 13. II 10, 32. 259, 24. 328, 27. 372, 2. 391, 14. 396, 23. 405, 2. 463, 18.

   quoque et II 169, 26. 206, 17. 321, 17. 398, 15. 424, 13. 446, 4 (*cf.* ita).

   quoque — etiam I 33, 12. 140, 28. quoque etiam I 110, 10. II 39, 21. 70, 3. 501, 12.

   quoque *bis positum* II 38, 13. 70, 3 *sq.* 188, 28. 342, 7.

   quoque *solito saepius usurpatur et inprimis ad* ita, sic, ipse, idem, *alia adplicatur.*

quorsum istuc I 55, 12.

quousque II 187, 25.

R.

raptae sunt II 268, 16 (= redactae sunt 268, 25).

rapto II 215, 19.

rariores II 269, 15.

ratio = λόγος I 54, 11. 122, 21. 128, 28 *etc.* II 65, 8 *etc.*

ratio id est definitio I 54, 17. 72, 26. 73, 2. II 101, 15. ratio et definitio II 65, 9. ratio atque potestas II 94, 11. ratio verborum sic constat II 367, 30. *cf.* 456, 25 (*cf.* ordo). nulla naturae ratione I 224, 16. nulla rerum ratione I 107, 16. II 313, 14. 327, 5. inmutabili rerum ratione I 119, 12.

ratiocinandi norma II 199, 3.

rationabilis I 199, 26. II 255, 12. 303, 19 *sqq.* 447, 14 *etc.*

rationabilitas II 303, 22.

rationabiliter II 269, 2. 347, 13. 406, 19. 460, 9 *etc.*

rationale I 74, 1 *et* 3. II 158, 5 *etc.*

rationalitas II 158, 6.

recipio II 10, 21. 37, 11. 223, 13. reciperetur ut II 465, 16.

reclamo II 172, 16.

rectitudo II 198, 14.

rectus I 54, 6. II 64, 23. recto sermone II 476, 12.

redundo II 26, 9.

regula II 352, 10. 356, 23. regulam dat I 177, 26. II 371, 11. datur regula II 451, 14. regulam daturus I 156, 7.

relatio II 154, 13.

relatum I 94, 13. II 134, 3.

relinquo I 60, 22. 72, 26. II 213, 10 *etc.*

   relinquantur = ἀφείσθωσαν I 71, 14. II 95, 5.

removendum est ne II 440, 7 *et* 11.

repertor II 11, 17.

repraesento II 466, 5.

reprehensibilis II 358, 5.

repugnans II 199, 8.

repugnantia II 199, 9.

reputatio II 43, 16.

res I 37, 7. II 20, 16 *sqq.* res propria I 57, 11. res *et* intellectus II 75, 13. res *et* orationes II 246, 20.

resolutorios libros I 135, 8. in resolutoriis I 135, 7. II 121, ·29. 264, 6.
priorum resolutoriorum II 293, 26.

respicio II 145, 10. 278, 27 *sqq.* 279, 1 *etc.*

responsor II 360, 8.

restituere poenas II 224, 26.

retexuit II 26, 21.

reticuit I 39, 9. 188, 15. II 66. 8. 258, 18.

retro II 70, 20.

reversa est II 437, 20.

revolvit quoniam I 99, 21. revolverit I 100, 9.

rhetoricae = ῥητορικῆς I 71, 14. II 95, 5.

ridiculum II 88, 9.

rigor necessitatis II 388, 9. *cf.* 417, 2. 447, 16.

risibilis I 91, 15 *sqq.* II 162, 15 *etc.*

roboratus II 74, 27.

rubri coloris I 89, 14. rubrum I 209, 26.

rursum I 34, 22. rursus I 37, 23. 41, 4 *et* 6. 43, 11 *etc. bis positum* I 130, 25.

S.

saeculum: aureo saeculo I 143, 1. II 326, 2. in aureo saeculo II 326, 7. ferreo saeculo I 143, 2. II 326, 4. in ferreo II 326, 8.

sagittarius (*sidus*) II 234, 4.

saltare II 94, 23.

sane II 57, 1.

satisfacimus I 73, 7. II 251, 6.

scalpere caput II 218, 18.

scamnum I 62, 24 *sqq.*

scholae II 71, 14.

scibile II 376, 7. scibilia I 166, 10.

scindapsos II 53, 29. 59, 22 *sqq.*

scindo II 190, 24 *sqq.*

scriptio II 274, 17. scriptio alia II 271, 20.

scriptura II 273, 21 *et* 28. 274, 13. 354, 14. alia scriptura I 40, 25. scripturae culpa II 272, 14.

scrobem demittens II 194, 9. scr. deponens II 224, 4 *sq.* scr. fodere II 224, 8.

scruposa (*vel* scrupulosa) semita I 31, 4.

scrupulum dissolvit I 118, 11.

secari I 201, 6 *sqq.* II 7, 14. 236, 24 *etc.*

secta I 31, 2. II 352, 2.

sectio II 141, 14.

secundarius II 33, 30.

secundum se = καθ᾽ ἑαυτό I 69, 10. 215, 5 *et* 8. II 80, 26. 373, 15 *etc.*
secundum sui naturam I 107, 30.

sed = πλήν I 138, 11. II 294, 15.

sedes: in mentis sedibus II 34, 6.

seiuncte II 369, 9.

semel II 10, 20. semel — secundo I 48, 25.

seminariis II 79, 5.

semita I 31, 4. facilior semita II 186, 6..

sempiterna = τὰ ἀΐδια I 206, 7. II 459, 25. — I 205, 15 *etc.* II 186, 25 *etc.*

senarius II 133, 18. 268, 8. 491, 9.

senecta II 188, 11 *sqq.* 240, 18. 248, 21.

sensibilis II 24, 17. 53, 16. 353, 10.

ADDENDA ET CORRIGENDA.

vol. I *p.* 36, 6 proponendo *in textum recipiendum erat.*
    p. 135, 18 *lege* quemadmodum.
vol. II *p.* 4 *in adnotatione adde* 11 caelata? *v. indicem.*

CPSIA information can be obtained
at www.ICGtesting.com
Printed in the USA
BVOW09s1615230318
511433BV00008B/84/P